2019年重庆师范大学教材建设基金资助项目

重庆市"十二五"重点学科"考古学"资助项目

重庆师范大学历史与社会学院资助项目

三峡考古文化教程

杨 华 唐春生 著

科学出版社

北京

内 容 简 介

本书广泛搜集了三峡地区截至目前所发现的自旧石器时代至元明时期的考古资料，结合相关学科的知识，对三峡地区考古文化进行了全面分析，厘清了三峡地区各个历史时期考古文化的内涵及其演变序列。本书对三峡地区考古文化与周邻地区考古文化的关系，三峡地区古代人类居住环境以及农业、饲养业、渔猎业、盐业、手工业等方面的探讨，尤为深入。本书资料翔实，论述清晰，观点独到，是一部系统研究长江三峡地区考古文化的重要著作。

本书可供高等院校师生学习研究三峡区域考古文化阅读参考，也可供文博、考古爱好者及历史学、民族学、民俗学专家研读与参考。

图书在版编目（CIP）数据

三峡考古文化教程 / 杨华，唐春生著. —北京：科学出版社，2022.10
ISBN 978-7-03-073554-6

Ⅰ.①三⋯　Ⅱ.①杨⋯②唐⋯　Ⅲ.①三峡–考古–教材　Ⅳ.①K872.719.4

中国版本图书馆CIP数据核字（2022）第193971号

责任编辑：王光明　董　苗 / 责任校对：贾娜娜　姜丽策
责任印制：肖　兴 / 封面设计：金舵手世纪

科学出版社 出版
北京东黄城根北街16号
邮政编码：100717
http://www.sciencep.com

北京汇瑞嘉合文化发展有限公司 印刷
科学出版社发行　各地新华书店经销

*

2022年10月第　一　版　开本：787×1092　1/16
2022年10月第一次印刷　印张：27 1/4　插页：10
字数：645 000
定价：268.00元
（如有印装质量问题，我社负责调换）

目　　录

第一章　绪论 ……………………………………………………………………（1）

　第一节　三峡地区的自然地理环境概况 …………………………………（1）

　第二节　古人类对居址的选择 ……………………………………………（2）

　第三节　三峡地区考古文化遗存的发现（掘）史略 ……………………（4）

　第四节　先秦时期考古文化资料概况 ……………………………………（5）

　　一、旧石器时代 ……………………………………………………………（5）

　　二、新石器时代 ……………………………………………………………（6）

　　三、夏商时期 ………………………………………………………………（7）

　　四、西周时期 ………………………………………………………………（10）

　　五、春秋、战国时期 ………………………………………………………（11）

　第五节　秦汉至宋元明时期考古文化资料概况 …………………………（14）

　　一、秦汉时期 ………………………………………………………………（14）

　　二、三国两晋南北朝时期 …………………………………………………（15）

　　三、隋唐时期 ………………………………………………………………（17）

　　四、宋元明时期 ……………………………………………………………（18）

第二章　旧石器时代考古文化 …………………………………………………（20）

　第一节　旧石器时代考古文化概述 ………………………………………（20）

　第二节　旧石器时代考古文化遗存 ………………………………………（26）

　　一、旧石器时代早期 ………………………………………………………（26）

　　二、旧石器时代中期 ………………………………………………………（30）

　　三、旧石器时代晚期 ………………………………………………………（32）

　第三节　人类居住遗址的考古发现资料 …………………………………（35）

　第四节　旧石器时代三峡地区考古文化遗存的认识 ……………………（38）

第三章 新石器时代考古文化 (44)

第一节 新石器时代考古文化概述 (44)
一、新石器时代早期 (44)
二、新石器时代中期 (45)
三、新石器时代晚期 (46)

第二节 新石器时代考古文化遗存 (47)
一、瞿塘峡以东地区 (47)
二、瞿塘峡以西地区 (61)
三、归纳和认识 (69)

第三节 新石器时代的社会经济、技术 (70)
一、农业、畜牧业、渔业、狩猎业 (70)
二、手工业生产 (90)
三、归纳和认识 (91)

第四节 房屋建筑遗迹 (95)
一、新石器时代早期城背溪文化遗存中的房屋建筑遗迹 (96)
二、新石器时代中期大溪文化遗存中的房屋建筑遗迹 (97)
三、新石器时代晚期龙山文化遗存中的房屋建筑遗迹 (98)
四、归纳和认识 (100)

第五节 埋葬习俗文化 (101)
一、三峡地区新石器时代的墓葬发现情况 (101)
二、归纳和认识 (109)

第六节 对三峡地区新石器时代考古文化遗存的认识 (114)
一、文化发展序列及其年代 (114)
二、大溪文化的彩陶及刻划符号 (116)
三、农业生产方面的情况 (121)
四、渔猎业在社会经济生活中的位置 (122)

第四章 夏商时期考古文化 (124)

第一节 夏商时期考古文化概述 (124)
第二节 夏商时期考古文化遗存 (125)
一、夏时期 (125)
二、商时期 (132)
三、归纳和认识 (140)

第三节　夏商时期的社会经济、技术 ……………………………………（141）
　　一、夏商时期的社会经济、技术概况 ………………………………（141）
　　二、手工业生产 ………………………………………………………（142）
　　三、归纳和认识 ………………………………………………………（158）
第四节　埋葬习俗文化 ………………………………………………………（159）
　　一、墓葬资料的发现情况 ……………………………………………（160）
　　二、归纳和认识 ………………………………………………………（168）
第五节　对三峡地区夏商时期考古文化遗存的认识 ………………………（171）

第五章　西周、春秋战国时期考古文化 ………………………………（175）

第一节　西周、春秋战国时期考古文化概述 ………………………………（175）
第二节　西周、春秋战国时期考古文化遗存 ………………………………（182）
　　一、西周时期考古文化遗存 …………………………………………（182）
　　二、春秋战国时期考古文化遗存 ……………………………………（187）
　　三、归纳和认识 ………………………………………………………（190）
第三节　西周、春秋战国时期的社会经济、技术 …………………………（191）
　　一、青铜器 ……………………………………………………………（191）
　　二、铁器 ………………………………………………………………（199）
　　三、窑业 ………………………………………………………………（202）
　　四、归纳和认识 ………………………………………………………（208）
第四节　建筑遗迹 ……………………………………………………………（209）
　　一、西周时期的房屋建筑遗迹 ………………………………………（209）
　　二、西周时期的水利工程建设遗迹 …………………………………（214）
　　三、西周时期的水田遗迹 ……………………………………………（215）
　　四、春秋战国时期的房屋建筑遗迹 …………………………………（216）
　　五、西周、东周时期的瓦材 …………………………………………（219）
　　六、归纳和认识 ………………………………………………………（224）
第五节　城市（址）建筑遗迹 ………………………………………………（225）
　　一、秭归"丹阳城" …………………………………………………（225）
　　二、宜昌"夷陵城" …………………………………………………（226）
　　三、秭归"楚王城"及巫山"楚方城" ……………………………（227）
　　四、重庆"江州城" …………………………………………………（228）
　　五、特殊的城市建筑形式 ……………………………………………（230）

第六节　埋葬习俗文化 …………………………………………（231）
　　　一、西周时期的墓葬 …………………………………………（231）
　　　二、春秋战国时期墓葬 ………………………………………（235）
　　　三、归纳和认识 ………………………………………………（245）
　　第七节　本时期三峡地区考古文化遗存的认识 ………………（248）

第六章　秦汉时期考古文化 …………………………………………（250）
　　第一节　秦汉时期的人类居住遗址 ……………………………（250）
　　　一、秦代的人类居住遗址及墓葬 ……………………………（250）
　　　二、汉代的人类居住遗址 ……………………………………（251）
　　　三、归纳和认识 ………………………………………………（257）
　　第二节　秦汉时期的房屋建筑遗迹 ……………………………（258）
　　第三节　秦汉时期的城址建筑遗迹 ……………………………（263）
　　第四节　手工业与商品经济的发展 ……………………………（265）
　　　一、陶器 ………………………………………………………（265）
　　　二、青铜器 ……………………………………………………（266）
　　　三、铁器 ………………………………………………………（267）
　　　四、货币 ………………………………………………………（268）
　　　五、两汉时期的双唇罐 ………………………………………（269）
　　　六、归纳和认识 ………………………………………………（273）
　　第五节　埋葬习俗文化 …………………………………………（273）
　　　一、秦时期的墓葬 ……………………………………………（274）
　　　二、西汉时期的墓葬 …………………………………………（277）
　　　三、东汉时期的墓葬 …………………………………………（279）
　　　四、崖葬墓的资料 ……………………………………………（283）
　　　五、归纳和认识 ………………………………………………（284）

第七章　三国两晋南北朝时期考古文化 ……………………………（289）
　　第一节　三国两晋南北朝时期考古文化概述 …………………（289）
　　第二节　三国两晋南北朝时期的人类居住遗址 ………………（290）
　　第三节　房屋建筑遗迹 …………………………………………（293）
　　　一、房屋建筑遗迹的发现情况 ………………………………（293）
　　　二、归纳和认识 ………………………………………………（296）
　　第四节　城址建筑遗迹 …………………………………………（298）

第五节　埋葬习俗文化 …………………………………………………（299）
　一、墓葬资料的发现情况 …………………………………………（299）
　二、归纳和认识 ……………………………………………………（305）
第六节　出土遗物 ………………………………………………………（308）
　一、陶器 ……………………………………………………………（308）
　二、瓷器 ……………………………………………………………（308）
　三、青铜器 …………………………………………………………（310）
　四、其他 ……………………………………………………………（311）

第八章　隋唐时期考古文化 …………………………………………（313）

第一节　隋唐时期考古文化概述 ………………………………………（313）
第二节　隋唐时期的人类居住遗址 ……………………………………（314）
第三节　房屋建筑遗迹 …………………………………………………（317）
第四节　城址建筑遗迹 …………………………………………………（321）
第五节　埋葬习俗文化 …………………………………………………（322）
第六节　出土遗物 ………………………………………………………（328）
　一、陶器、釉陶器 …………………………………………………（328）
　二、瓷器 ……………………………………………………………（329）
　三、青铜器 …………………………………………………………（330）
　四、其他 ……………………………………………………………（332）

第九章　宋元明时期考古文化 …………………………………………（334）

第一节　宋元明时期考古文化概述 ……………………………………（334）
第二节　宋元明时期的人类居住遗址 …………………………………（336）
第三节　房屋建筑遗迹 …………………………………………………（340）
　一、房屋建筑遗迹的发现 …………………………………………（340）
　二、归纳和认识 ……………………………………………………（344）
第四节　城址建筑遗迹 …………………………………………………（345）
第五节　埋葬习俗文化 …………………………………………………（350）
　一、宋代墓葬 ………………………………………………………（351）
　二、元代墓葬 ………………………………………………………（358）
　三、明代墓葬 ………………………………………………………（360）
　四、归纳和认识 ……………………………………………………（364）

第六节　瓷器、陶器、其他 （366）
　　一、瓷器 （366）
　　二、陶器 （367）
　　三、其他 （368）
　　四、归纳和认识 （368）
第七节　其他遗存 （368）
　　一、陶楼 （368）
　　二、农业遗迹 （370）
　　三、窑址、瓷器窖藏 （370）

第十章　三峡地区的巴、楚文化 （373）
第一节　三峡地区巴文化遗存的考古发现 （373）
　　一、早期的巴文化遗存 （374）
　　二、晚期的巴文化遗存 （379）
　　三、归纳和认识 （385）
第二节　三峡地区楚文化遗存的考古发现 （385）
　　一、西周中、晚期至春秋早期的楚文化遗存 （386）
　　二、春秋中期至战国早期的楚文化遗存 （387）
　　三、战国中、晚期的楚文化遗存 （389）
　　四、归纳和认识 （390）
第三节　文献典籍对巴、楚二族的历史书写 （391）
　　一、文献典籍对巴民族的记载 （391）
　　二、文献典籍对楚民族的记载 （394）
　　三、归纳和认识 （395）
第四节　对三峡地区巴楚文化的分析 （396）
　　一、西周时期 （397）
　　二、春秋、战国时期 （398）
　　三、归纳和认识 （400）
第五节　关于廪君巴人的考古发现 （400）
　　一、廪君巴人与"巫诞""三苗" （401）
　　二、廪君巴人的活动范围——清江流域的考古发现 （402）
　　三、廪君巴人出现的时间及迁徙路线 （404）
　　四、归纳和认识 （405）

第六节　巴人人骨体质特征的考古发现 …………………………………（406）
　　一、三峡地区新石器时代人骨标本 ………………………………………（406）
　　二、三峡地区夏商时期人骨标本 …………………………………………（408）
　　三、三峡地区东周、汉代人骨标本 ………………………………………（410）
　　四、归纳和认识 ……………………………………………………………（413）

后记 ……………………………………………………………………………（415）

插图目录

图2-1　巫山猿人左侧下颌骨一段 ··（27）
图2-2　巫山龙骨坡遗址中出土的石质工具 ···（28）
图2-3　长阳人左上颌骨化石 ··（31）
图2-4　铜梁张二塘遗址中出土的石制品生产工具 ·······························（33）
图2-5　三峡地区远古时期"窝棚"建筑遗迹示意图 ·····························（36）
图2-6　南方及三峡地区"巢居"建筑的发展示意图 ·····························（36）
图3-1　新石器时代城背溪文化遗存中的石制工具 ·······························（50）
图3-2　新石器时代城背溪文化遗存中的陶器（一）·····························（51）
图3-3　新石器时代城背溪文化遗存中的陶器（二）·····························（52）
图3-4　宜昌三斗坪遗址中新石器时代大溪文化时期M2平、剖面图 ······（53）
图3-5　三峡地区新石器时代大溪文化遗存中的骨制工具 ······················（55）
图3-6　宜昌中堡岛遗址中出土的新石器时代屈家岭文化遗存中的陶器 ···（57）
图3-7　三峡东部地区新石器时代晚期遗址中的石器 ···························（59）
图3-8　三峡地区新石器时代石家河文化遗存中的陶器 ·······················（60）
图3-9　丰都玉溪遗址（下层）新石器时代的陶器 ·······························（63）
图3-10　三峡西部地区新石器时代中期偏晚时期（相当于三峡东部地区大溪文化
　　　　晚期）遗存中的陶器 ··（65）
图3-11　三峡西部地区新石器时代晚期遗址中的陶器 ·························（67）
图3-12　三峡西部地区新石器时代晚期遗址中的石器 ·························（68）
图3-13　三峡东部地区新石器时代陶支座上的穗纹和"田"字纹 ············（72）
图3-14　三峡地区新石器时代遗址中出土的家养动物骨骼 ···················（78）
图3-15　三峡地区新石器时代、夏商时期遗址中的鱼骨标本 ···············（81）
图3-16　三峡东部地区新石器时代遗址中出土的石网坠 ······················（82）
图3-17　三峡西部地区新石器时代晚期、夏商时期遗址中出土的石网坠 ···（83）
图3-18　三峡东部地区新石器时代、夏商时期遗址中出土的陶网坠 ······（84）
图3-19　宜都王家渡新石器时代遗址中出土的"人抱大鱼"陶塑像 ········（84）

图3-20　清江中游长阳境内新石器时代中期大溪文化遗址中出土的部分动物骨骼
　　……………………………………………………………………………（87）
图3-21　清江下游长阳县境内新石器时代遗址中出土的部分动物骨骼…………（88）
图3-22　湖南澧县八十垱新石器时代早期遗址中的芦席………………………（92）
图3-23　三峡地区新石器时代早、中期遗址中出土的骨锥………………………（93）
图3-24　三峡地区新石器时代中期（大溪文化）遗址中出土的陶、石、骨纺轮
　　……………………………………………………………………………（94）
图3-25　秭归朝天嘴遗址新石器时代早期文化遗存中F3平面图………………（96）
图3-26　宜都红花套遗址新石器时代中期大溪文化遗存中的毛竹擎檐柱示意图
　　……………………………………………………………………………（98）
图3-27　当阳季家湖遗址新石器时代晚期石家河文化遗存中的"半地穴式"房址
　　平、剖面图…………………………………………………………………（99）
图3-28　枝江关庙山遗址新石器时代屈家岭文化遗存中的瓮棺葬葬具…………（105）
图3-29　忠县哨棚嘴遗址新石器时代晚期遗存中的墓葬M1平、剖面图　………（107）
图3-30　奉节、巫山新石器时代晚期遗存中的墓葬平面图………………………（108）
图3-31　三峡地区新石器时代中期大溪文化遗存中出土的彩陶片………………（117）
图3-32　宜昌杨家湾遗址新石器时代中期大溪文化遗存中出土的刻划符号　…（120）
图4-1　万州塘房坪遗址夏时期日用生活陶器……………………………………（129）
图4-2　秭归官庄坪遗址夏时期日用生活陶器……………………………………（131）
图4-3　忠县哨棚嘴遗址商周时期日用生活陶器…………………………………（137）
图4-4　秭归长府沱遗址商时期日用生活陶器……………………………………（139）
图4-5　三峡地区商时期青铜工具…………………………………………………（143）
图4-6　三峡地区夏商时期的陶纺轮………………………………………………（146）
图4-7　三峡地区商时期的陶纺轮…………………………………………………（147）
图4-8　秭归大沙坝遗址中的Y1平、剖面图………………………………………（151）
图4-9　忠县中坝新石器时代晚期遗址中的Y15平、剖面图　……………………（153）
图4-10　忠县中坝、瓦渣地、哨棚嘴盐业遗址中出土的制盐陶器………………（155）
图4-11　三峡地区出土的商、西周、东周时期制盐陶器尖底杯…………………（156）
图4-12　秭归官庄坪遗址夏时期地层中的（1997年发掘）M22平、剖面图及出土的
　　陶器…………………………………………………………………………（161）
图4-13　秭归柳林溪遗址中的（1998年发掘）夏时期M1平、剖面图　…………（162）
图4-14　宜昌杨家嘴遗址中的商时期墓葬分布图及墓葬平、剖面图……………（164）
图4-15　长阳香炉石遗址东北面崖墓（1995年发掘）中层墓葬平面图…………（165）
图4-16　长阳香炉石遗址东北面崖墓下层墓葬平面图……………………………（165）

图4-17	长阳香炉石遗址东北面崖墓出土器物	（166）
图4-18	长阳深潭湾遗址崖墓（1990年发掘）第8层人骨	（167）
图4-19	三峡地区先秦时期的瓮棺葬	（170）
图5-1	三峡西部地区东周时期陶器（一）	（177）
图5-2	三峡西部地区东周时期陶器（二）	（178）
图5-3	三峡东部地区东周时期陶器（一）	（179）
图5-4	三峡东部地区东周时期陶器（二）	（180）
图5-5	巫山大昌双堰塘遗址中出土的西周时期陶器	（183）
图5-6	巫山大昌双堰塘遗址中出土的西周时期骨、角器	（184）
图5-7	云阳晒经遗址中出土的西周时期陶器	（185）
图5-8	宜昌上磨垴遗址中出土的西周时期陶器	（187）
图5-9	三峡地区西周、春秋时期遗址中出土的青铜器	（192）
图5-10	三峡地区战国时期墓葬中出土的青铜器	（195）
图5-11	三峡地区出土的东周时期青铜兵器	（196）
图5-12	三峡地区周代青铜器上的"巴蜀图语"	（197）
图5-13	三峡东部地区春秋战国时期的部分铁器	（201）
图5-14	三峡西部地区春秋战国时期的部分铁器	（203）
图5-15	奉节新浦遗址中的东周时期Y1平、剖面图	（205）
图5-16	秭归官庄坪遗址中的东周时期Y2平、剖面图	（206）
图5-17	云阳李家坝遗址中的东周时期Y2平、剖面图	（207）
图5-18	巫山蓝家寨遗址中的东周时期Y2平、剖面图	（208）
图5-19	酉阳清源遗址西周时期F1平、剖面图	（211）
图5-20	酉阳清源遗址西周时期F8平、剖面图	（212）
图5-21	秭归庙坪遗址西周时期F2平、剖面图	（213）
图5-22	宜昌上磨垴西周遗存中的石墙基平、剖面图	（213）
图5-23	巫山双堰塘遗址中的西周时期坑洞、沟槽（水利建筑遗迹）平、剖面图	（214）
图5-24	万州麻柳沱遗址中的东周时期F1平、剖面图	（216）
图5-25	忠县中坝遗址中的东周时期F15平、剖面图	（218）
图5-26	三峡东部地区东周时期的板瓦、筒瓦	（221）
图5-27	三峡西部地区西周、东周时期的板瓦、筒瓦	（223）
图5-28	秭归张家坪遗址西周时期M2平、剖面图	（232）
图5-29	酉阳清源遗址西周时期M6平、剖面图	（233）
图5-30	忠县瓦渣地遗址西周时期M4平、剖面图	（234）

图5-31　秭归庙坪遗址春秋时期M3平面图 ……………………………………（236）
图5-32　云阳李家坝遗址春秋时期M48平、剖面图与随葬品组合图…………（238）
图5-33　涪陵小田溪战国时期土坑墓M1平剖面及器物分布示意图 …………（242）
图5-34　开县余家坝遗址战国时期墓葬中出土铜器………………………………（243）
图5-35　万州中坝子遗址东周时期W3平、剖面图………………………………（245）
图6-1　云阳李家坝遗址汉代F2平、剖面图………………………………………（260）
图6-2　云阳佘家嘴遗址汉代F9墙基残迹平、剖面图 ……………………………（261）
图6-3　秭归土地湾遗址汉代F1平、剖面图………………………………………（262）
图6-4　三峡地区的汉代墓葬中的陶俑 ……………………………………………（266）
图6-5　三峡地区秦汉时期墓葬中出土的铜器及陶摇钱树底座 …………………（267）
图6-6　万州包上秦代墓葬中出土的铁器 …………………………………………（268）
图6-7　三峡地区汉墓中出土的铜钱拓片 …………………………………………（269）
图6-8　三峡地区汉至宋明时期的双唇罐分期图 …………………………………（270）
图6-9　万州包上秦代墓葬中出土的陶器 …………………………………………（275）
图6-10　万州包上秦代墓葬中M16平、剖面图……………………………………（276）
图6-11　巫山林家码头汉代的瓮棺葬、瓦棺葬墓平、剖面图……………………（278）
图6-12　云阳马沱汉代墓地M38平面图……………………………………………（280）
图6-13　云阳马沱汉代墓地M43刀形砖室墓平、剖面图…………………………（281）
图6-14　秭归蟒蛇寨东汉墓地M7"凸"字形石室券顶墓平、剖面图　…………（282）
图7-1　万州中坝子遗址六朝时期房址F2～F4平面图……………………………（295）
图7-2　三峡地区六朝时期的砖瓦拓片 ……………………………………………（296）
图7-3　秭归咤神庙遗址中出土的六朝时期板瓦、筒瓦平、剖面图………………（297）
图7-4　万州糖坊墓群三国时期砖室墓M10平、剖面图及砖纹拓片　……………（302）
图7-5　万州糖坊墓群南朝时期"凸"字形砖室墓M15平、剖面图及砖纹拓片
　　　………………………………………………………………………………（303）
图7-6　万州瓦子坪墓地南朝时期M8平、剖面图，砖纹拓片及部分器物图……（304）
图7-7　巴东东瀼口六朝时期墓地出土的青瓷器……………………………………（309）
图8-1　巫山江东嘴遗址N区T6～T8唐宋时期柱洞分布平面图…………………（317）
图8-2　巫山跳石遗址A区唐宋时期F2平面图 ……………………………………（319）
图8-3　云阳佘家嘴遗址唐宋时期F10、F7房基平、剖面图………………………（320）
图8-4　云阳佘家嘴遗址唐宋时期L1平、剖面图…………………………………（321）
图8-5　巫山江东嘴唐墓M5平、剖面图及出土器物………………………………（324）
图8-6　奉节宝塔坪唐墓（M1006）平、剖面图……………………………………（325）
图8-7　奉节宝塔坪唐墓（M1005、M1006）出土器物……………………………（325）

图8-8	巴东罗坪唐墓平面图及部分出土器物	（326）
图8-9	丰都观石滩唐墓出土器物	（331）
图9-1	巴东地主坪遗址T2北壁剖面图	（341）
图9-2	巫山跳石遗址宋代F3平、剖面图	（341）
图9-3	巴东堰塘湾遗址明代F1平、剖面图	（342）
图9-4	巴东堰塘湾遗址明代F2、F3平面图	（343）
图9-5	江津侯石坝宋墓M1平、剖面图	（352）
图9-6	江津侯石坝宋墓（M1）墓室构件雕刻图案	（353）
图9-7	奉节宝塔坪宋墓M1018出土器物	（353）
图9-8	奉节宝塔坪宋墓M5011平、剖面图	（354）
图9-9	奉节宝塔坪宋墓M4001平、剖面图	（355）
图9-10	巫山小三峡水泥厂宋墓M5平、剖面图	（356）
图9-11	巫山小三峡水泥厂宋墓M5出土器物	（357）
图9-12	重庆两路口劳动村元墓M1平、剖面图	（359）
图9-13	重庆两路口劳动村元墓M1壁龛雕刻的花卉	（360）
图9-14	巴东旧县坪明墓M2平、剖面图	（362）
图9-15	巴东旧县坪明墓M2隔墙陶质窗花平、剖面图	（363）
图9-16	秭归狮子包明墓陶楼	（369）

第一章 绪 论

第一节 三峡地区的自然地理环境概况

三峡地区西起江津，东止宜昌，处位于长江上游的下段，属我国第二级阶地的东部边缘地带。东与富饶的江汉、洞庭湖平原相连，西接重庆江津，南邻武陵、大娄山脉，北傍大巴山脉，伏卧于长江峡谷腹地。巫山山脉自东北向西南穿插于该地区的巫溪、巫山、巴东（中部）、建始（北部）、恩施等区县，地理坐标为北纬28°09′~32°12′、东经106°54′~112°04′，总面积约106835.6平方千米（其中重庆市面积为82400平方千米，宜昌市面积为21084平方千米，巴东县面积为3351.6平方千米），属亚热带季风性湿润气候区。

这一区域地理结构复杂，高峰峻岭与低山峡谷相连，山地面积约占69%，丘陵面积约占27%，平原、平坝、盆地面积约占4%。海拔多在500~1500米。从重庆市西部的江津区往东至湖北宜昌市，是今人通常所指的三峡地区的范围，其东西全长700余千米。而历史上所称的三峡地区，则是指重庆奉节瞿塘峡西口至湖北宜昌南津关之间约200千米的地段。长江以南津关为界，始划分为上游和中游。

从三峡自然地理及考古发现（主要指新石器时代至战国时期的考古发现）的内涵、性质来分析，该地区的文化存在着一定的差异。为便于研究，不少学者大致以瞿塘峡西口的白帝城为界，将其分为三峡东部和西部两个区域。

三峡西部地区自重庆市江津区向东至奉节，全长500余千米，主要为中生代内陆湖沼沉积所构成的丘陵地带，海拔一般在400~500米。若再细分，大体以万州为界，东西地势也有一定差异。自江津至重庆城区，逐渐由山区向低山丘陵地带过渡，属四川盆地东南部平行岭谷区的一部分，而万州西南部，则为典型的丘陵地带。这一区域里，谷地地势开阔，海拔多在300~700米，面积约12905平方千米。其中长江左岸的梁平坝子为古代湖积平原，位于梁平县中部，介于东西两岭之间，地势平坦、开阔，海拔450米左右，面积为100.73平方千米；忠县介于精华、猫耳两岭之间，其西南为浅丘平原，地貌为浅丘间有平坝及片状高丘，海拔为450~550米，面积488平方千米。自万州往东至奉节，两岸山势逐渐逼紧、升高。

三峡东部地区　长江由西向东流至奉节白帝城后，便进入了举世闻名的长江三峡（瞿塘峡、巫峡和西陵峡）。

三峡的峡谷间分布着三大宽谷地段，即巫山大宁河宽谷（亦称巫山宽谷）、秭归香溪宽谷（亦称秭归宽谷）和秭归庙南宽谷。三峡峡谷河道狭窄，如瞿塘峡江面，最宽处约150米，最窄处不到50米。峡谷内长江的最深处位于奉节风箱峡、石板峡附近，水深达140米，最浅处位于巫峡虎豹滩一带，枯水时水深只有3~4米。三峡两岸峡壁高度一般为20~50米，山顶海拔为1000~1700米，巫峡地段个别高峰达2300米以上。三峡宽谷长度为103千米，江面一般宽250米。庙南宽谷开阔，宽500~1000米，谷坡较缓，是三峡江段中最为开阔的一段。三峡临江的岸坡高度不足百米，两岸山顶海拔一般都在500米以上。

三峡是自然资源极其丰富的地区。主要资源的特征可概括为：水能资源蕴藏量大，生物资源品种繁多，农林特产丰富。例如，水能资源，除长江外，其流域面积大于50平方千米的河流就有450余条，总长度达12700多千米。又如矿藏资源，三峡地区各个地质时期的矿产都有积聚，据勘察，品类多达60余种；仅金属矿藏——铁、铜、铅、锌、铝、金、银、锡等，就多达20余种。至于动物资源，兽类有80多种，鸟类231种，爬行动物类27种，两栖类20种。

三峡地区以山地农业经济为主，主要有玉米、水稻、小麦、土豆、蚕豆、红薯等农作物。如前所言，三峡地区地理结构特殊，面积仅10.67万平方千米，但总人口却有3483.41万人（三峡库区人口约1780.22万人），人口平均密度超过全国一倍多，每平方千米人数为250人。其耕地仅153万公顷，人均耕地只占0.09公顷。中华人民共和国成立以前，人口多，耕地少，工业不发达，各类资源又不易开发出来，这一地区的经济比较落后[①]。

第二节　古人类对居址的选择

三峡地区的奉节以东为山地，奉节以西基本上属于平行岭谷低山丘陵地区，高差悬殊。自奉节以西至重庆主城这一区域，地理条件相对较好，考古成果表明，在长江及一些支流两岸的缓坡上，密集地分布着一些古人类的居住遗址，时代至少可从距今约10万年的旧石器时代中期开始，并延续至旧石器时代晚期，再到新石器时代早期、中期、晚期。考古发现显示，三峡地区的远古人类世世代代一直在此居住，从未间断。

---

① 中国科学院环境评价部、长江水资源保护科学研究所：《长江三峡水利枢纽环境影响报告书简写本》，科学出版社，1996年，第23页。

三峡地区自奉节以东，地理条件相对要恶劣些。由白帝城下的夔门往东8千米，至巫山大溪镇以西，是悬崖峭壁的瞿塘峡，此段无人居住。大溪镇东行至巫山县城（大宁河从城东侧流过），为长约25千米的宽谷地段，自然条件较好，居民较多。大宁河口至湖北巴东官渡口，全长约40千米，自然条件又趋恶劣，基本上无人居住。巴东官渡口到秭归县城以东的香溪镇，全长45千米，为香溪宽谷地段，自然条件也较好，居民也较多。香溪河口至宜昌南津关为西陵峡，此段全长75千米，其间从庙河至莲沱为宽谷地带。莲沱以下至宜昌南津关，除石牌有人类居住外，其他为峡谷陡壁地段，无人居住。

由上可知，整个三峡地区除峡谷以外，共有三个宽谷地段，它们由西向东依次是：第一宽谷地段，瞿塘峡东口至巫山大宁河口；第二宽谷地段，巴东官渡口至秭归香溪镇；第三宽谷地段，秭归庙河至宜昌莲沱。

长江三峡的峡谷地段，两岸群峰环峙，悬崖相对，峡谷一般较窄，最窄处水面仅约100余米，每至夏秋时节，洪水猛涨，浩浩荡荡的江水从峡谷奔腾而出，一泻千里。在全长约90千米的三峡峡谷地段里，很少有人居住。而在那些宽谷地段，由于两岸坡度平缓，蜿蜒起伏的山丘间分布着一些大小不等且土层较厚的阶地，土壤肥沃，难以被洪水淹没，成为古人类活动的理想之地。据考古发掘资料，至少自距今1万多年以来，即从新石器时代初期直至明清的各个历史时期，人类一直在三峡地区繁衍生息，为该地区的文明和发展谱写了一曲曲灿烂的历史乐章。

三峡地区的宽谷地段，古人类文化遗迹随处可见。考古调查和发掘资料表明，这类遗存多分布于长江两岸及支流注入长江的冲积台地上。这些台地离长江水面一般会有一定高度，发生一般性洪水也不易被淹没（特大洪水例外）。例如，著名的巫山大溪遗址便位于大溪入江口的第三级阶地上，其高度距常年水位约30米。其他的古人类遗址，如位于嘉陵江、乌江、渚井河、小江、大宁河、香溪河、清江河等在长江支流两岸的古人类文化遗址，也都分布于山前缓坡台地上。

人类选择长江及其支流的一些宽谷地段作为居住生活之地，是因为此地有三大特点和优势。

第一，利用宽谷地段的缓坡和台地，可进行农作物耕种。在这一地带的新石器时代聚落遗址堆积层中，出土有大量的石制生产工具，主要有斧、锄、铲、锛、耜、镢、刀等。例如，1979年的宜昌中堡岛遗址，仅在240平方米的范围内，就出土了大溪文化时期的石制的农业生产工具3644件，这在中国新石器时代考古发现中是非常少见的。

第二，远古时期，长江三峡及支流两岸森林密布，气候温和，野生动物较多，为原始先民的狩猎提供了方便。考古人员在遗址堆积层中发现有大量的狩猎工具，如石镞、骨镞、骨矛、石球及大量的兽骨等。

第三，远古时期的三峡地区有着丰富的渔业资源。在一些新石器时代人类居住遗址中，经常出土石制或陶制的网坠，如在秭归朝天嘴、宜昌中堡岛、大坪、白庙等新石器时代遗址中即出土了大量的石网坠。这些网坠都较大，直径在12～15厘米，有的网坠上还刻有系网绳的凹槽。此外，在不少遗址中还出土过一些骨制的鱼钩、鱼镖、鱼叉等。这说明捕鱼在这一地域的古人生活中占有一定的地位。

三峡地区的远古人类在同大自然的斗争中，不得不利用三峡地区的特殊环境以求生存。三峡地区宽谷地段的一些缓坡、台地、平坝、小岛，均成为远古人类居住的理想之地，宜昌的中堡岛遗址即是如此。即便在近现代，这些缓坡、台地、平坝和小岛同样是三峡地区人们的主要聚居之地，只是随着交通的发展和人口的增长，仅靠江边及溪边的耕地已远远不能满足人们的需要，因此人们不得不向后山开发。如今三峡沿岸的一些高山地区已经梯田层层，很多地方都已有人类居住了。

第三节 三峡地区考古文化遗存的发现（掘）史略

与我国其他地区相比，三峡地区的文物考古工作起步较晚，20世纪上半叶，仅做过一些零星的调查，如20世纪二三十年代，美国学者格尔阶·纳尔逊（N. C. Nelson）、传教士埃德加（J. H. Edgar）等先后到三峡地区进行过实地考察，发现了大溪、跳石、碛石等文化遗址，并获得了一些动植物标本和化石资料，至今这些标本仍珍藏于美国纽约自然博物馆[①]。由此，三峡地区文物考古工作的历史序幕被拉开。

还需提及的是，早在南北朝时期的《南齐书·祥瑞志》中就曾记载："建元元年（479年）十月，涪陵郡蜑民田健所住岩间，……获古钟一枚，又有一器名淳（錞）于，蜑人以为神物奉祠之。"南宋洪迈所著《容斋续笔·古錞于》也曾记载，绍熙三年（1192年）在湖北长阳境内发现过青铜虎钮錞于一件，重三十五斤。以上青铜器的出土，一是非正式发掘，二是没有做具体研究，因而那个年代里的学人对这些青铜器的记述，还算不上真正意义上的考古。而现代意义的考古，应是人们为了认识人类发生和发展的进程而主动进行的有目的的科学发掘[②]。但古人能将这些青铜器的发现真实地记录于文献中，这为后来人们对三峡地区文物考古的研究提供了一些重要线索。

自20世纪50年代以来，为配合三峡大坝水电工程和葛洲坝水电工程建设，文物部门先后对三峡地区进行了多次大规模的文物调查，参加单位主要有四川、重庆、湖北、北京等地的有关文博单位和高等院校。20世纪50～80年代初，大规模的考古发掘

---

① 丁永忠：《三峡地区先秦人文历史述略》，《三峡文化研究》（第一集），重庆大学出版社，1997年，第313页。

② 安金槐：《中国考古》，上海古籍出版社，1992年，第2页。

项目主要有：1959、1975年对巫山大溪遗址的发掘；1972、1980、1983年对涪陵小田溪古墓群的发掘；1971~1981年对宜昌前坪古墓群的多次发掘；1973年对宜都红花套遗址进行的发掘；20世纪80年代对著名的宜昌中堡岛、杨家湾、秭归朝天嘴、柳林溪等属于长江葛洲坝水库淹没区的古遗址、古墓群的发掘。20世纪90年代以后，为配合三峡大坝工程建设，国家文物局陆续从全国调集了近百家从事文物、考古、地质地理、古生物、人类学、民族学研究的高等院校和科研单位，组成了一支浩浩荡荡的文物考古队伍，对三峡地区重庆至宜昌长江及支流沿岸的古文化遗存进行了有组织、有计划、有步骤的大规模抢救性发掘。

20世纪50年代以来的文物调查、勘探资料表明，在三峡大坝的施工区和淹没区内，分布有自远古至明清时期的古遗址、古墓葬（群）共829处[①]，地面文物（含水下）共453处，地下文物埋藏总面积达3000余万平方米。在829处古遗址和古墓葬群中，旧石器时代至秦汉时期的遗址、墓葬（群）共700余处。秦汉以后各时期的文化遗存一般都叠压在上述新石器时代至战国时期的文化遗存之上。2008年底，三峡库区大规模的田野勘探与文物发掘工作基本完成，总勘探面积约1600万平方米，发掘面积近190万平方米，获得各类文物及标本约24.7万件（套）[②]。今天，三峡库区的后续文物保护工作仍在进行。

通过对三峡地区部分古遗址、古墓葬的发掘，获得了大量旧石器时期至明清各个历史时期的文物资料，为我们研究三峡地区从旧石器时代至明清时期历史文化的发展建立起了一个完整的文化序列，同时也使我们对三峡文化的谱系及族群的归属有了一个比较清晰的认识。

第四节　先秦时期考古文化资料概况

一、旧石器时代

三峡地区旧石器时代考古工作的开展可追溯到19世纪。1870年，英国人欧文（Owen）在三峡地区考察时，搜集到了一批哺乳动物化石标本。20世纪二三十年代，美国古生物学家葛兰阶（Granger）到三峡地区的万县（今重庆市万州区）盐井沟平坝一带进行考察，也搜集到了大量的哺乳动物化石。其后美国自然历史博物馆中亚探险

---

① 郝国胜：《三峡文物保护研究》，科学出版社，2018年，第42页。
② 参见中国文化遗产研究院：《三峡库区地下文物保护项目全面汇总评估总结报告》，2010年。

考古队的纳尔逊（N. C. Nelson）、传教士埃德加（J. H. Edgar）等先后到三峡地区进行考察，又获得了一些动植物标本。20世纪30年代，中国著名的古生物学家杨仲健、古人类学家贾兰坡等一行到三峡万县盐井沟一带进行过考察，同样发现了一批哺乳动物化石。

20世纪50~70年代，中国科学院古脊椎动物与古人类研究所的有关专家先后数次到三峡地区进行考察，这一阶段的考察目标主要集中在海拔较高的山地。考察人员在三峡东部地区的巫山、巴东、建始、长阳等地，陆续发现了大批的哺乳动物化石、巨猿化石和零星的早期人类化石。20世纪80年代以后，为配合三峡工程建设，中国科学院古脊椎动物与古人类研究所与当地省市的文物部门联合组成的调查队，重点对三峡地区长江沿岸的一些二、三级阶地及半高山地带的溶洞等进行了多次调查，发现了100余处旧石器时代遗存及有关地点、古人类和古脊椎动物化石地点。尤其在三峡库区重庆段长江沿岸的第二、三级阶地上，分布有72处旧石器时代遗址、石器制作场及古脊椎动物化石地点[1]。湖北段的巴东、秭归、兴山发现旧石器时代遗存及有关地点、古人类和古脊椎动物化石地点有30余处[2]。这些旧石器时代文化遗迹的发现，说明三峡地区也是我国人类产生、发展的重要地区之一。

二、新石器时代

1925~1926年，美国学者纳尔逊（N. C. Neisoh）等一行到三峡地区调查时，曾在巫山大溪与长江交汇处的江边采集到一些石器和陶片，并在断面上观察到了一些包含鱼骨、人骨的地层堆积[3]，由此拉开了对长江三峡地区田野考古调查、研究工作的序幕。

1958、1959、1975年，四川省长江三峡水库文物调查队、四川省长江流域委员会文物考古队及四川省博物馆，先后对大溪遗址进行了多次调查和三次大规模的发掘。1960年，中国科学院考古研究所长江队在西陵峡及附近地区先后进行了两次考古调查，发现了宜昌杨家湾、四渡河、秭归朝天嘴等遗址。他们在对巫山大溪遗址发掘并整理后发现，巫山大溪遗址的文化内涵特色鲜明，自成体系。基于此，自20世纪70年

---

[1] 高星、裴树文：《三峡远古人类的足迹——三峡库区旧石器时代考古的发现和研究》，巴蜀书社，2010年，第13~17页。

[2] 陈振裕：《湖北三峡库区的考古与发现》，《长江三峡工程坝区出土文物图集》，科学出版社，1997年，第vii页。

[3] 林向：《大溪文化与巫山大溪遗址》，《中国考古学会第二次年会论文集》，文物出版社，1980年，第124页。

代初期以来，这类遗存普遍被考古学界命名为"大溪文化"。此外，1994年，中国社会科学院考古研究所又在巫山大宁河下游发现了属于巫山"大溪文化"遗存的欧家老屋遗址[①]。

20世纪七八十年代，为配合葛洲坝工程建设，文物部门又对长江西陵峡地区进行了多次调查和大规模的考古发掘，其中正式发掘的遗址主要有秭归朝天嘴、龚家大沟、柳林溪，宜昌中堡岛、杨家湾、伍相庙、黄土包、三斗坪、黄陵庙、白狮湾、清水滩等。宜昌中堡岛遗址是长江西陵峡地区保存最完好且面积最大的遗址。在这类遗址的堆积中除发现丰富的大溪文化堆积层外，同时还发现了相当于新石器时代早期"城背溪文化"的遗存堆积及新石器时代晚期"屈家岭文化"和新石器时代末期"石家河文化"（即龙山文化）的遗存堆积。

20世纪90年代以来，为配合长江三峡大坝的建设，在国家文物局直接组织领导下，调集了全国数十家有关高等院校及考古、文博单位的考古工作者，对三峡地区重庆至宜昌地段进行了大规模的文物考古调查和抢救性发掘。大量的调查和发掘所获甚丰，尤其在三峡西部的重庆地段，获得了一批新的考古学文化资料，为我们研究和了解这一地域的历史文化提供了可靠的实物证据。

据考古调查和发掘资料获知，在三峡地区发现的新石器时代遗址有160余处，其中湖北地段近百处，重庆地段60余处。通过对这些新资料的披露、整理和研究，已基本建立起三峡地区自新石器时代早期至末期各阶段原始文化的演变和发展序列。

三、夏商时期

三峡地区夏商时期文化遗存的发现情况大致可分为以下几个阶段。

（一）20世纪五六十年代

为配合三峡水利工程建设，四川、重庆、湖北、北京等省、直辖市的文物部门对三峡地区长江及部分支流沿岸进行了大规模的文物调查，发现了一大批先秦时期的人

---

① 吴耀利：《巫山县欧家老屋新石器时代遗址》，《中国考古学年鉴·1995年》，文物出版社，1997年，第215页。

类居住遗址和一些采集点①。据中国科学院考古研究所（现中国社会科学院考古研究所，下同）人员在湖北西陵峡地区所获得的标本分析，其中的第二类遗存陶器上多饰细密绳纹、S形纹和圆圈形印纹，结合这些陶器的纹饰、器形和方凿卜甲等来看，推定其时代相当于中原西周或稍早时期②。四川省的文物考古工作人员在川东（现渝东）地区长江沿岸调查时，也采集到了许多遗物标本，据比较分析，认为其中有些遗物的年代约相当于中原殷商至西周时期③。无论在渝东还是鄂西地区，调查获得的标本中都包含夏商时期的遗物，只是限于当时的认识水平，那时还没能将夏商时期的遗物从中区分出来。

为了能对以上调查发现的古文化遗址的性质和内涵有一个基本的了解和认识，中国科学院考古研究所重点选择了宜昌杨家湾、三斗坪和秭归朝天嘴、鲢鱼山等遗址进行了试掘。考古学家对出土遗物整理后认为，这些遗存的时代包括新石器时代末期、西周或稍早时期及东周时期④。此外，四川省长江流域文物保护委员会文物考古队与四川大学历史系联合对忠县㽏井沟遗址进行了试掘，地点选择在何家院子、汪家院子、吴家院子等地。出土遗物有陶器、石器、鱼骨、残骨器和卜骨、铜器等。㽏井沟遗址的特点是：出土遗物以陶器的口缘饰波浪纹、腹饰绳纹的釜形器最多，其次是角杯。在文化层中出土了卜骨，原料为兽骨，从卜骨的钻孔痕迹来看，似乎是用铜工具制作的。同时文化层中出土了铜锥。该遗址的时代下限很可能已进入青铜时代⑤。尽管当时还没有确切断定㽏井沟遗址的具体年代，但据出土遗物的特征分析，其年代应包括夏商时期。

---

① 四川省博物馆：《川东长江沿岸新石器时代遗址调查简报》，《考古》1959年第8期；四川省博物馆：《四川省长江三峡水库考古调查简报》，《考古》1959年第8期；四川省长江流域文物保护委员会文物考古队：《四川忠县㽏井沟遗址的试掘》，《考古》1962年第8期；中国科学院考古研究所长江三峡工作组：《长江西陵峡考古调查与试掘》，《考古》1961年第5期；杨锡璋：《长江中游湖北地区考古调查》，《考古》1960年第10期；袁明森、庞有林：《四川忠县发现新石器时代遗址》，《考古通讯》1958年第5期。

② 中国科学院考古研究所长江三峡工作组：《长江西陵峡考古调查与试掘》，《考古》1961年第5期。

③ 四川省博物馆：《四川省长江三峡水库考古调查简报》，《考古》1959年第8期。

④ 中国科学院考古研究所四川工作站：《长江西陵峡考古调查与试掘》，《考古》1961年第5期。

⑤ 四川省长江流域文物保护委员会文物考古队：《四川忠县㽏井沟遗址的试掘》，《考古》1962年第8期。

（二）20世纪七八十年代

1. 重庆三峡库区（原川东地区）

1980年，重庆市博物馆组织文物考古人员对重庆江津至涪陵的长江河段进行了考古调查，发现了新石器时代遗址20余处，并对其中的江津王爷庙遗址进行了试掘。据对遗址地点采集标本的比较和分析，调查者初步认为，遗址的年代大约在距今4000年[①]。但实际上，这些所谓的新石器时代遗址，其遗物年代构成复杂，其中不仅有新石器时代遗物，还包含夏商时期和周代遗物。1987年，中国社会科学院考古研究所四川工作队在渝东万县地区，以大宁河流域和长江沿岸地区为重点进行了一次考古调查，共调查、复查遗址22处，其中有明确文化堆积层的遗址18处。对这批遗存的文化性质，至今尚缺乏以典型遗址作为标准的分析和对比，调查者仍初步认为，这批遗址可能包含不同时期的文化内涵。不过《四川万县地区考古调查简报》中对此亦没有给出具体的说明，只认为这批遗存应是今渝东地区的一种考古学文化[②]。

2. 湖北三峡库区

1979年，湖北省宜昌博物馆、四川大学历史系联合对宜昌中堡岛、白庙遗址进行了考古发掘，出土了一批二里头文化时期的陶器和商时期文化的陶器[③]。白庙遗存的年代为新石器时代末至夏时期早期。1983～1984年，由湖北省博物馆、宜昌博物馆、北京大学考古系联合组成的考古队对西陵峡出口东部的宜都城背溪、栗树窝、花庙堤、茶店子、蒋家桥、王家渡、石板巷子等遗址进行了考古发掘，在这些遗址中发现了大量新石器时代末至夏商时期的遗物[④]。在西陵峡南岸的清江流域，发现并发掘了香炉石、深潭湾、桅杆坪等夏商时期遗址[⑤]。1980～1989年，为配合葛洲坝水利工程建设，湖北省考古部门对位于三峡区域的巴东、秭归、兴山、宜昌夷陵区（原宜昌县）的长江及支流沿岸进行了数次考古调查和勘探，同时对部分古遗址如宜昌夷陵区中堡岛、白庙、杨家嘴、下岸、小溪口、路家河、伍相庙，秭归朝天嘴、柳林溪、官庄坪等进行了考古发掘。这些遗址中都发现了夏商时期的文化遗存。

---

① 重庆市博物馆：《重庆市长江河段新石器时代遗址调查与试掘》，《考古》1992年第12期。
② 中国社会科学院考古研究所四川工作队：《四川万县地区考古调查简报》，《考古》1990年第4期。
③ 湖北省宜昌地区博物馆、四川大学历史系：《宜昌中堡岛新石器时代遗址》，《考古学报》1987年第1期。
④ 湖北省文物考古研究所：《宜都城背溪》，文物出版社，2001年，第290页。
⑤ 湖北省清江隔河岩考古队、湖北省文物考古研究所：《清江考古》，科学出版社，2004年。

（三）20世纪90年代以来

为配合三峡大坝工程建设，文物部门对重庆至宜昌长江及支流沿岸的水库淹没区、迁建区内的830余处文物地点进行了清理，其中近200处为夏商时期文化遗址。据文献记载，三峡地区曾是巴人的起源地，而巴文化的起源或兴盛阶段正是夏商时期。在以上数百处文物地点或文化遗址中，以宜昌白庙、下岸，秭归柳林溪、官庄坪、卜庄河等为代表的遗存被考古学界称为"白庙文化"或"白庙遗存""白庙类型"[①]，其时代大致与中原龙山文化煤山类型晚期和二里头文化的时代相当。三峡地区以秭归"朝天嘴类型"、宜昌"路家河文化"等为代表的商时期文化遗存的发现，建立起了一个完整的考古学文化序列。在重庆三峡库区，20世纪90年代以前也陆续开展过一些文物考古工作，但主要是古墓葬的发掘，古遗址的发掘较为零星，除对巫山大溪遗址进行过几次正式发掘外，其余都是小型试掘。因此，重庆地区新石器时代至夏商时期文化遗存的情况一直处在模糊不清的状态中。20世纪90年代以来，这一地区的文物考古发掘工作开展得轰轰烈烈，近百处夏商时期的遗址被清理出来。以忠县哨棚嘴三期文化遗存、忠县中坝遗存、奉节老关庙遗存、巫山魏家梁子遗存等为代表的夏时期文化遗存和以万州中坝子遗存、忠县哨棚嘴四期文化遗存、丰都石地坝文化遗存、云阳李家坝遗存等为代表的商时期文化遗存，其发展序列同样也已建立起来，中间没有缺环。

四、西周时期

20世纪七八十年代，为配合长江葛洲坝水利工程建设，文物考古部门及一些高校考古专业的师生就曾在湖北三峡库区发掘出一批属于西周时期的人类居住遗址，但遗址地点不多，所获也不丰富。仅据当时发掘出的材料，还无法清楚地认识湖北三峡库区西周时期遗存的文化面貌。不过，通过对这些西周文化遗存材料的整理，我们大致上还是可以对湖北三峡库区西周遗存的文化面貌获得一些了解。20世纪90年代以来，为配合三峡大坝水利工程建设，文物部门对湖北三峡库区水位在175米以下的古文化遗址、墓葬等进行了大规模的考古发掘，发现的西周时期的文化遗存资料越来越多，

---

① 卢德佩：《鄂西新发现的古文化遗存》，《考古》1986年第1期；杨权喜：《三峡地区的白庙遗存》，《中国文物报》1993年12月19日第三版；湖北省文物考古研究所：《1985～1986年宜昌白庙遗址发掘简报》，《江汉考古》1996年第3期；高应勤：《长江西陵峡考古学文化发展序列综论》，《长江论坛》1997年第5期。

内容也越来越丰富，从而使我们对湖北三峡库区西周文化遗存的面貌有了更清楚的认识。尤其值得重视的是，在这些已揭露出的西周文化遗存资料中，我们清楚地看到，湖北三峡库区西周早期和晚期的文化因素前后难以衔接，文化面貌明显有别，它们实际属于两种不同的文化——西周早期为地道的巴文化，晚期则主要是楚文化。

20世纪90年代以前，重庆三峡库区西周时期考古发现资料仅有一些零星的调查和试掘简报，从简报来看，当时对西周时期的文化遗物还缺少认识，考古人员只是将采集到的实物标本笼统称为"商周"或"周代"遗物，也就是说，大家对当时重庆三峡库区西周时期文化面貌的认识还处在一种模糊不清的状态中。20世纪90年代以来，随着该地区考古事业的发展，一批西周时期的人类居住遗址陆续被揭露出来。据已公布的考古发掘资料，重庆三峡库区西周时期的文化面貌已能粗略地呈现在我们目前。

五、春秋、战国时期

三峡地区春秋战国时期文化遗存的发现情况大致可分为以下两个阶段。

（一）20世纪50～80年代的考古发现

1. 重庆三峡库区

早在20世纪50年代，四川省博物馆、四川长江流域文物保护委员会文物考古队、重庆市博物馆、四川大学历史系等文博单位，对三峡库区重庆段长江及支流沿岸地区开展过两次较大规模的文物调查，共发现新石器时代至战国时期遗址地点36处[①]，经粗略判断，属于商周时期的遗址10余处。除上述两次较大规模的文物考古调查外，考古人员还曾先后对忠县何家院子、汪家院子遗址进行了考古发掘与试掘，对九龙坡冬笋坝墓葬群进行了正式考古发掘。

1959年7～8月，考古工作者对忠县㽏井沟遗址群的何家院子、汪家院子、吴家院子等三个地点进行了试掘，共揭露遗址面积192平方米，遗址堆积层中出土了较多的春秋、战国时期的遗物，其中陶器类主要有杯、釜、大口尊、罐、豆、缸、盆、盏等，石器类主要有斧、锛等。此外，还发现了一座周代的陶窑，出土陶杯多达200余件[②]。

1954～1957年，为配合成渝铁路建设，西南博物院（今重庆市博物馆）、四川省

[①] 四川省博物馆：《四川省长江三峡水库考古调查简报》，《考古》1959年第8期。
[②] 四川省长江流域文物保护委员会文物考古队：《四川忠县㽏井沟遗址的试掘》，《考古》1962年第8期。

文物管理委员会联合对原巴县冬笋坝（今九龙坡区铜罐驿镇冬笋坝）发掘古墓97座，其中战国墓12座①。这些战国墓多为狭长形土坑墓，葬具为船棺。随葬器物中陶器类有釜、罐、豆、盂、钵等，铜器类有釜、剑、矛、戟、钺、甑、釜、罐等，以青铜兵器最为常见。

1972年和1980年，文物部门先后两次在涪陵小田溪清理出一批战国至秦汉时期的巴人墓葬，墓葬中出土了大量的青铜器，尤其在M1内，仅编钟就有14件。此外，还有一些玉器、陶器等②。墓葬中随葬青铜器，表明墓主人应为上层贵族。

总的说来，20世纪50~80年代，重庆地区文物考古工作开展得不多，除了两次调查和四次发掘以外，其他多为零星的调查和小型的发掘，因此，与全国其他省、市（区）相比，这一阶段该地区的文物考古工作尚处于较落后的状态。

2. 湖北三峡库区

1958年，中国科学院考古研究所长江队对西陵峡及附近部分地区进行了文物考古调查③。1960年，该队对这一地区进行了第二次调查。两次调查共发现文物点49处，其中古遗址12处，采集点37处④。与此同时，长江队还选择了宜昌三斗坪、白庙子、秭归柳林溪、鲢鱼山等四处比较重要的遗址进行了试掘，在其中的三处遗址地层中发现了春秋、战国时期的文化遗物。

1971~1981年，为配合长江葛洲坝水利工程建设，在葛洲坝施工区内的宜昌前坪、后坪、葛洲坝等地先后发掘了一批战国时期的墓葬，这些墓葬多为岩坑墓或土坑墓。此外，在前坪长江边的台地上，还发现了春秋、战国时期的居住遗址⑤。

1978~1980年，鄂西恩施自治州博物馆对巴东西瀼口墓群先后进行了三次发掘，也清理出了一批战国时期的墓葬。

1979~1981年，为配合葛洲坝水利工程建设，湖北省博物馆、四川大学历史系、宜昌地区博物馆等文博单位，在长江西陵峡地区发掘了秭归鲢鱼山、官庄坪、朝天嘴、柳林溪、龚家大沟，宜昌杨家湾、小溪口、中堡岛等10余处古遗址，有8处发现了周代遗物，其中小溪口、柳林溪、官庄坪、中堡岛等遗址中出土遗物的年代包含西周、春秋、战国三个历史阶段，文化性质属于楚文化和巴文化，以楚文化为主。

---

① 前西南博物院、四川省文物管理委员会：《四川巴县冬笋坝战国和汉墓清理简报》，《考古通讯》1958年第1期。

② 四川省博物馆、重庆市博物馆、涪陵县文化馆：《四川涪陵地区小田溪战国土坑墓清理简报》，《文物》1974年第5期。

③ 杨锡璋：《长江中游湖北地区考古调查》，《考古》1960年第1期。

④ 中国科学院考古研究所长江队三峡考古工作组：《长江西陵峡考古调查与试掘》，《考古》1961年第5期。

⑤ 湖北省博物馆：《宜昌前坪战国两汉墓》，《考古学报》1976年第2期。

（二）20世纪八九十年代考古发现的资料情况

1. 重庆三峡库区

1993~1995年，由国家文物局出面组织了中国社会科学院考古研究所、中国文物研究所、四川大学历史系考古专业、四川省文物考古研究所、重庆市博物馆、北京大学考古系等20多个文博考古单位对重庆三峡库区进行了大规模的文物考古调查，调查发现，仅地下文物点就多达590处[1]，其中遗址310处，墓葬280处，属春秋、战国时期的居住遗址19处，墓葬8处[2]。

据考古发掘资料，现在重庆三峡库区已发掘且比较重要的并判明是春秋、战国时期居住遗址的主要有涪陵蔺市、镇安、石沱，丰都玉溪、玉溪坪、石地坝、凤凰嘴，忠县瞀井沟、中坝、瓦渣地、老鸹冲、哨棚嘴、崖脚，万州庙湾沱、中坝子、黄柏溪、大周溪、苏和坪、上中坝、麻柳溪，云阳乔家院子、李家坝、东阳子，开县余家坝，奉节新浦、毛狗堆、陈家坪、老油坊，巫山跳石、蓝家寨、琵琶洲、张家湾、江东嘴、涂家坝、下沱、培石、柏树林等。春秋、战国时期的墓地（群）主要有巫山水田湾、秀峰一中、胡家包、神女路，奉节上关、宝塔坪，云阳李家坝、乔家院子、故陵，万州中坝子、大地坪、大周溪，忠县崖脚、老鸹冲、中坝，涪陵八卦村、镇安、小田溪等。

2. 湖北三峡库区

20世纪八九十年代，为配合长江葛洲坝和三峡大坝建设，湖北省文物考古研究所、武汉大学考古系、宜昌博物馆、鄂西恩施州博物馆等文博单位先后对湖北三峡库区沿岸进行了两次大规模的考古调查，共发现地下文物点239处，其中属于春秋、战国时期的遗址达100余处。

20世纪50年代以来的文物考古发掘资料表明，在已发掘的一些遗址中，保存较好且时代特征较明显的春秋、战国时期遗址主要有巴东雷家坪、土寨子、宝塔河、旧县坪、官渡口粮站、红庙岭、楠木园，秭归白水河、官庄坪、乔家坝、张家坪、旧州河、东门头、龚家大沟、庙坪、玉种地、窑湾、卜庄河、柳林溪、盐局、渡口、沙湾、王家湾、坟园窝、杨泗庙、曲溪口、朝天嘴、大沙坝、茅坪、下尾子，宜昌（夷

---

[1] 邹后曦：《重庆库区1997年度考古收获》，《三峡文化研究》（第2集），重庆大学出版社，1999年，第22页。

[2] 邹后曦、白九江：《重庆市三峡库区文物概况与保护规划简述》，《三峡文化研究》（第2集），重庆大学出版社，1999年，第8页。

陵区)下岸溪、中堡岛、三斗坪、小溪口、杨家嘴、覃家沱、朱家台、周家湾、黄土包、鹿角包、上磨垴、白庙、三家沱、朱其沱、窝棚墩、三游洞、望洲坪、王家沟、兴山陈家湾、甘家坡等。主要墓地（群）有宜昌（西陵区）前坪、后坪、葛洲坝，秭归卜庄河、张家坪、官庄坪、庙坪、柳林溪，巴东宝塔河、西瀼口、红庙岭等。

有关春秋战国时期的房屋建筑、埋葬习俗方面的资料情况详见后文。

第五节 秦汉至宋元明时期考古文化资料概况

一、秦汉时期

战国中期末，秦先灭蜀而后灭巴，于是先进的秦文化涌入三峡地区，形成了秦、巴、楚等多重文化交融的现象。例如，在巴县冬笋坝（今重庆市九龙坡区铜罐驿镇）、涪陵小田溪、云阳李家坝、宜昌前坪等墓地中，都发现了秦人墓。在有些巴人墓和楚人墓中，也发现带有秦文化风格的铜器、陶器等。具有秦文化因素的器物组合有鼎、盒、壶，另有铜镜、铜剑和半两钱等，部分铜器上还铸有秦文字。先进的秦文化虽大量传入三峡地区，但本地的巴、蜀土著文化因素依然占主导地位，出土的大量陶器、铜器、铁器、漆木器等都沿袭了战国时期本地土著文化的特征。

在三峡地区各区县，发现的秦汉时期文化遗存主要有城址、房址、灰坑、灰沟、井、墓葬、窑址、窖藏坑等。

1994年，在云阳旧县坪发掘了汉"朐忍"县治旧址。朐忍县是汉代巴郡所辖的11县之一，《汉书·地理志》有载。云阳李家坝曾出土了"朐忍丞印"封泥，为朐忍县旧址在云阳旧县坪提供了佐证。为云阳旧县坪朐忍故址提供决定性证明的重要发现，是2003~2004年发掘出的朐忍令景云碑以及官衙台基。

1994年，在万州发掘出了一座汉代古城"圈椅城"。该城址高出长江水面100余米，背山面水，面积在4万平方米以上，形状大致为圆角方形。城墙由黄土堆筑，城址两侧保存有完好的城垣。此外，在湖北西陵峡地区三游洞山坡上，也发现了一座保存完好的东汉时期的军事堡垒，砌砖上模印有"延光四年"（125年）的纪年铭文。

秦祚短暂，对三峡地区的影响较小，因此其文化遗存也较少。两汉时期的文化遗存在三峡地区则有大量发现，其中墓葬资料最为丰富。较为典型的墓地有重庆市区临江支路，巴县冬笋坝（今九龙坡区铜罐驿镇）、干溪沟，涪陵易家坪，丰都汇南、高家镇，忠县花灯坟，万州上河坝、大地坪、松林包，云阳李家坝，巫山麦沱、陈家坝、安全、江东嘴、瓦岗槽、水田湾，巴东碉楼包、西瀼口、黄家梁子、茅寨子湾，秭归卜庄河、东门头、土地湾、台子湾，宜昌前坪等。这些墓地的规模有大有小，小的有几座或十几座墓葬，大的有几十甚至上百座墓葬。墓葬类型丰富，有土坑、石室、崖墓、岩坑、砖室、悬棺、土洞、瓮棺葬等。这些墓葬的演变及延续关系也十分清晰。西汉时期以土坑墓居多，至东汉时期，墓葬则多为砖室墓或崖墓。

两汉时期还有较多的合葬墓，且多为多人合葬，反映出同一家族合葬一处的情形。例如，在卜庄河的一座墓葬中，有人骨架10余具；在何家坪M5内，有人骨架5具。东汉时期的合葬墓相对更多一些，如在万州钟嘴、大周溪、塘坊、瓦子坪，丰都汇南、高家镇，巴东西瀼口、黄家梁子、碉楼包、龙船河，秭归台子湾、蟒蛇寨等地的墓葬中，都发现了这种合葬墓，一般为家族聚集合葬。这种家族合葬的传统习俗在三峡地区延续的时间非常长，从西汉时期开始，一直延续到唐宋元时期。

汉代墓葬中的出土器物种类丰富，数量可观。其中一件出土于秭归台子湾的东汉鎏金摇钱树，其最大枝干上的叶片长达21厘米，树根上塑有龙、象，树梢上塑有龙、凤（朱雀）；摇钱树上还塑有蟾蜍托日月的图景，也有戴冠持幡的道士以及蟾蜍、兽首人身、神马等神物，非常精美。另外在巫山小三峡水泥厂出土了一件鄂尔多斯式青铜带饰，这为研究北方草原文化的传播及对南方地区文化的影响提供了宝贵的实物资料。1982年，在重庆市出土了一枚东汉时期的金质"偏将军印章"；1985年，在宜都陆城又发现了一件三国时期的龟纽银质"偏将军印章"。1997年，在巫山麦沱东汉墓地中清理出了数件青铜棺饰，这些棺饰上以阴线鎏金的方式刻画了西王母和四神的图像。同时在秭归卜庄河的一座东汉墓中，考古人员清理出了2件虎形铜带钩，带钩呈长条形，横剖面呈三角形，钩头作蛇状，圆形扣纽。汉墓中还流行随葬各种人物俑、动物俑以及陶制的塘、灶、井、房屋、生活用品等。这些随葬品的形象能使我们了解当时人们的生活状态，也能使我们窥见他们事死如事生的观念以及对未来世界的憧憬。

二、三国两晋南北朝时期

三国时期的三峡地区被孙吴、蜀汉两国瓜分，西陵峡以东为孙吴辖地，巫峡以西为蜀汉辖地。在三峡地区开展的考古工作中，发现了较密集的三国两晋南北朝时期的居住遗址。这些遗址多分布在长江及其支流沿岸，一般都叠压在秦汉时期的居住遗址之上。遗址的堆积层中发现了多种遗迹，主要有房址、城址、灰坑、窑址、墓葬等，其中以城址、房址和墓葬最为丰富。

房址中较为重要的发现有云阳李家坝遗址和万州中坝子遗址。1997年，考古工作者在云阳李家坝遗址两晋文化层中发现了一座大型房屋建筑基址，出土了大量板瓦和筒瓦。1998年，考古工作者在万州中坝子遗址中清理出一组房屋院落基址，该基址由三座房屋和经人工整理的院落构成，其居址结构成为我们研究当时人们居住情况的重要实物资料。

城址发现中较重要的有1997年对巫山古城进行的较大规模勘探及对城墙的解剖[①]。发掘资料证明，巫山古城始建于魏晋，这与《水经注》中的记载相吻合。早在西晋太康元年（280年），巫山县城就从大昌盆地搬迁于此。著名的"楚王城"也是城址发掘中重要的发现。关于"楚王城"，《水经注·江水》中记载："江水又东迳城北，其城凭岭作固，二百一十步，夹溪临谷，据山枕江，北对丹阳城。"而考古发掘确认，"楚王城"城垣南北长930、东西宽210米，总面积约0.2平方千米。发掘时发现，城垣残高尚存2.7、残宽2米。在城垣底部清理出的遗物中，年代最早的为南北朝时期，更早年代的遗物没有发现，因此可以确定，"楚王城"的始建年代应该是在南北朝时期。

在三峡地区发现的三国两晋南北朝时期的墓葬不仅数量多，且类型丰富。其中具有代表性的墓地主要有宜都陆城、刘家老屋、石板巷子、解放村、乌龟包、陈家冲、白洪溪、宜昌西陵区星火路、市一中、金岭、前坪、西坝、后坪、樵湖岭、点军区古坟嘴、高家冲、下河、范家湖、秭归蟒蛇寨、陶家坡、东门头、胜利街、老坟园、卜庄河、巴东宝塔河、西瀼口、老屋场、王家湾、东瀼口、茅寨子湾、焦家湾、孔包河、龙堆包、炮台子、地主坪、巫山麦沱、江东嘴、奉节上关、万州大地坪、忠县花灯坟、丰都江南、高家镇、巴县岩口崖、木耳厂、石柱庙、青岗坡崖、拂耳岩崖、长寿青龙屋基崖、张家湾崖、临江寨崖、滴水岩崖、江北区刘家崖、七岩崖、马槽崖、菜牛湾崖、石岭岗、新寨村等。墓葬类型有砖室墓、石室墓、崖墓、瓮棺葬、悬棺葬、土坑墓等。其中多数墓葬为崖墓和砖室墓，这是自东汉以来三峡地区一直流行的墓葬形制。土坑墓、瓮棺葬墓数量较少，而悬棺葬从战国时期一直到隋唐时期都有发现，延续时间相对较长。

墓葬中多有随葬品，种类主要有陶器、铜器、瓷器、铁器、钱币等。其中陶器主要为罐、釜、俑、钵、盘、甑、方塘、房屋、灶、仓等，铜器主要为铃、带钩、镜、镯、铺首、环、珠、扣、刀、剑等，瓷器主要为罐、壶、碗、盘、杯等，铁器主要为棺钉、凿、斧、刀、剪刀、环、挂钩等，钱币主要有"直百五铢""五铢""大泉五十""剪边五铢"等。另外还有银指环、铅珠、烧料珠、玛瑙珠等。

墓内棺椁多已腐朽，从清理出的人骨及其他遗物可以判断，这一时期的合葬墓仍较常见，合葬形式有多穴葬、多人单穴葬。多人葬的合葬墓应为家族式合葬，承袭了秦汉的家族式合葬传统。

---

① 中国社会科学院考古研究所长江三峡工作队、巫山县文物管理所：《巫山古城遗址的勘探与发掘》，《重庆库区考古报告集·1997卷》，科学出版社，2001年。

三、隋唐时期

三峡地区作为长江航运的必经之地，经过历朝历代的经营，其经济文化发展在隋唐时期相当繁盛，也为后世留下了丰富的遗迹和遗物。在这里发掘出了一批隋唐时期的城址和集镇遗址，主要有潼南崇龛县址、永川东汉万寿县址、大足曲水铺昌州城址、潼南崇龛城址、黔江庸州城址、黔江石城县故城、武隆故城、武隆信宁故城、云阳明月坝集镇、巴东旧县坪等。其中，巴东旧县坪遗址和云阳明月坝遗址经过大规模考古发掘，取得巨大收获。

巴东旧县坪遗址占地30万平方米，2001~2002年，考古发掘共揭露城址面积17000余平方米。遗址文化堆积丰富，包含从商周时期到明清各时期的文化遗迹。其中隋唐至宋代的遗迹遗物都保存完好，有房屋、庙宇、街道、酒肆的基址等。被完整揭露的还有六朝时期的城址及宋代巴东县治。同时，遗址中还出土了大量遗物，主要有石器、陶瓷器、建材等。石器主要为生产工具，如用于粮食加工的石磨、石臼等；陶瓷器主要为生活用具，如碗、盏、杯、盘等，瓷器的窑口多样，有北方钧窑、汝窑、定窑、磁州窑、耀州窑的产品，也有南方建德窑、景德镇窑、龙泉窑、湖泗窑的产品；建材有瓦当、板瓦、筒瓦、砖石等。

云阳明月坝集镇遗址占地面积25万平方米，2000~2002年，考古发掘共揭露遗址面积26000平方米，清理出了一些建筑基址，其建筑年代上限为唐代中晚期，下限晚至五代或北宋初年[①]。基址中遗存丰厚，可分为上下两层，其中唐代遗存主要有房址、灰坑、道路、窑址以及墓葬等。遗址中出土了大量瓷器，种类丰富，这些瓷器出自多个著名窑口，其中较多的有邛窑、青羊宫窑、长沙窑、越窑、邢窑、定窑等。这些遗存遗物为我们研究三峡地区唐代集镇的结构、布局、规模、物质文化特点以及区域经济、道路变迁等提供了极为重要的实物资料。

隋唐时期的墓葬主要有秭归庙坪、望江，巴东罗家坪、西瀼口、孔包河、白羊坪，奉节上关、宝塔坪，云阳明月坝，万州塘房坪等。初唐刺史冉仁才及夫人汉南王女的合葬墓及丰都玉溪坪等地的墓葬内，都放置有随葬品，但多寡不均，小型墓中的随葬品数量很少。随葬品主要有铜器、铁器、瓷器、玉器等。铜器主要有饰件、带扣等，瓷器有罐、碗、壶、盘、灯、注壶等。另有铁器、玉簪等。

---

① 李映福：《明月坝唐代集镇遗址初步研究》，《重庆·2001三峡文物保护学术研讨会论文集》，科学出版社，2003年。

在众多考古发掘的墓葬中，20世纪70年代发掘的万州冉仁才及夫人汉南王女的合葬墓较为重要。这是三峡地区规格较高的一座墓葬，该墓室内壁顶上用石灰抹平，并绘有星象及青、白二虎，墓内出土文物多达100余件[①]。

四、宋元明时期

自宋代开始到明代，是三峡地区政治、经济、文化诸方面发展的大繁荣时期。由于时代离现代更近，各种技艺更为纯熟精良，因此考古发现的宋元明时期的遗迹数量更多。

考古发掘出的这一时段的城址也较多，其中多为宋代军事堡垒性质的山城，如合川钓鱼城、万州天生城、云阳磐石城、奉节白帝城、巫山天赐城、江北多功城等。2010年，考古工作者在位于重庆渝中区解放东路的巴县衙门片区老鼓楼遗址清理出了一些宋元至明清时期的房址、道路等遗迹，该遗址后来被确定为南宋四川制置使余玠组织抗蒙时期的衙署遗址。

除上述城址、房屋基址和墓葬外，还发现了大量这一时期的窑址、盐井和水文遗址等。例如，在丰都和万州，都发现了大量唐宋时期的窑址、冶铁遗址，为我们研究三峡地区手工业的历史提供了重要的实物资料。

此外在云阳李家坝遗址地层中，发现了唐宋和明清时期的水田遗迹，考古发掘清理出了田埂、水口、稻窝、人脚印、牛蹄印等。另外还需着重一提的是三峡峡谷悬崖上的栈道遗迹，这些遗迹大多分布在大宁河沿岸的山崖上。栈道在古时南接三峡，北达陕西，是连接川渝陕三地的一条交通要道。据考证，大宁河栈道始建于秦代或西汉之初。

尤需提及的是，三峡地区自古以来就是重要的产盐区域，在忠县、开州、云阳、奉节、巫山、巫溪等地，都发现了大量盐井。考古资料显示，这些盐井的开采利用，从汉代一直沿用至清代，数千年来从未间断。以往在三峡地区的很多遗址中都发现了圜底罐、尖底杯等器物，这些器物正是煮盐熬盐的工具。三峡地区出土的圜底罐、尖底杯等，其时代最早可追溯至商周时期甚至新石器时代晚期，由此亦可见三峡地区产盐制盐的历史之悠久。圜底罐、尖底杯等制盐生产工具的发现，为我们研究三峡地区乃至中国盐业发展的历史提供了重要的实物资料。

三峡地区发现的宋明墓葬数量较多，各区县几乎都有发现。此时期的墓葬多为石室墓，墓室中一般设有壁龛。也有少量土坑竖穴墓和砖室墓。合葬墓依然流行。较重

---

① 四川省博物馆：《四川万县唐墓》，《考古学报》1980年第4期。

要的墓葬有元末明初农民起义军领袖明玉珍的睿陵、铜梁明代李三溪夫妇墓、铜梁张淑佩夫妇墓等。墓中随葬品较丰富，主要有铜器、瓷器、陶器、铁器等。铜器有墓主人收藏的商周青铜器、铜牌、铜钱币，瓷器有碗、罐、碟、杯等，陶器主要有陶楼等明器。另有少量金环、银发簪、契砖等。

兹据上文所述，我们对本章归纳如下。

三峡地区地上和地下的文物资料都十分丰富。年代从旧石器时代早期开始直到明清时期，各历史阶段的文化遗存（物）都有发现。仅三峡库区涉及的文物古迹就多达1089处（后三峡考古又有一些新发现），其中地下文物埋葬面积至少在3000余万平方米。据统计，在三峡地区清理出旧石器时代至明清时期各类文物多达25万余件，珍贵文物多达1万余件。如此之多的文物出土，以及各种遗迹材料的发现，向我们展示出了三峡地区古代劳动人民在那漫长的岁月里，以自己的聪明、才干和实践，谱写出了辉煌灿烂的历史篇章。这些珍贵历史文物以及各种遗迹材料的发现，不仅使我们对三峡地区古代人类活动分布规律有了一些比较清楚的认识，而且也为我们研究三峡地区文明进程、环境变迁等都提供了重要的实物资料。

第二章　旧石器时代考古文化

第一节　旧石器时代考古文化概述

20世纪50年代以前，中国旧石器时代的人类化石出土及旧石器文化的考古重点偏重北方地区，如著名的"河套人"（1922年发现）、"北京猿人"（1927年发现）、"山顶洞人"（1933年发现），都是在北方地区发现的。除内蒙古、北京以外，在甘肃（1920年发现）、宁夏（1923年发现）、陕西（1929年发现）、山西（1929年发现）等地，也有一些零星的石制品发现。而在中国南方地区，则只在湖北、四川的几处地点有零星的石制品和古生物化石出土。

20世纪50年代以后，随着考古事业的发展，在整个中国大地上，旧石器时代的文化遗址和古人类化石地点逐渐呈现在世人面前。长江三峡地区自然也不例外，不仅发现有百余处旧石器时代遗存及有关地点、古人类与古脊椎动物化石地点，而且还发现了当今亚洲之冠的"巫山猿人"（1985、1986年发现）和著名的"长阳人"（1957年发现）等。显而易见，这些旧石器文化遗迹和古人类化石的发现，无疑显示长江三峡地区也是中国古人类的重要起源地区之一。

三峡地区属于旧石器时代的人类化石，其年代前可追溯到距今200多万年前的"建始人""巫山人"时期，后可延续到距今1万年左右的新石器时代早期。三峡地区考古发现的属于旧石器时代的人类化石年代包括早、中、晚各时期，其中属于旧石器时代早期直立人的可以"建始人""巫山人"为代表，属于旧石器时代中期（偏早阶段）智人的可以"长阳人"为代表，属于旧石器时代晚期智人的可以奉节"草堂人"、巫山"迷宫洞人"为代表。在三峡周邻地区，考古发现的人类化石地点有云南"元谋人"、湖北"郧阳人"（属于早期直立人）、贵州"桐梓人"（属于早期智人）、四川"资阳人"、湖南"石门人"（属于晚期智人）等。据古人类学家研究分析，这些人类化石皆属于蒙古人（Mongliod）种，与欧洲及其他古人类的特征相差较远。

在"建始人""巫山人"遗址堆积层中，除已发现的人类化石外，伴随出土的还有"巨猿"化石。此外在巫山东南的巴东县也多次发现"巨猿"化石，仅在1968年，中国科学院古脊椎动物与古人类研究所的一个考察组在巴东考察时，就收集到巨猿化石200余件。建始、巫山、巴东一带发现的巨猿化石，距今年代在200万年以前，比广西武鸣、巴马等洞穴中发现的巨猿化石年代要早，是我国迄今发现的年代最早的巨猿化石的代表。

从巫山龙骨坡旧石器时代早期遗址堆积层中出土的直立人化石与巨猿化石同在一个水平层面（第7水平层）的材料来看，表明在更新世早期时，巨猿曾一度与人类生活在同一自然环境里。

以上三峡及周邻地区古人类化石的发现，引起了世界学术界的关注，也为考古工作者继续在三峡地区寻找远古人类的遗迹带来了更大的希望。我们相信，随着三峡地区考古工作的深入开展，还可能会有更早、更重要的远古人类化石和文化遗迹被发掘出来。

在三峡地区，旧石器时代各个历史时期的人类居住遗址较多，文化遗物也相当丰富。在属于旧石器时代早期的巫山龙骨坡遗址堆积层中，不仅出土了古人类化石，而且还出土石制品9件；在建始高坪区金塘村巨猿洞遗址堆积层中，发现了早期直立人下臼齿化石及包括巨猿在内的哺乳动物化石，并伴出数量较多的骨器和石器；丰都烟墩堡遗址堆积层中也出土了数千件石制品（以石片石器为主）。在属于旧石器时代中期的丰都桂花树遗址堆积层中，出土的石制品多达1500余件；丰都井水湾遗址堆积层中，出土的石制品（以大、中型石器为主）更多达2000余件；宜都九道河遗址堆积层中，出土石制品400余件，同时还有一些动物化石。在属于旧石器时代晚期的奉节横路遗址堆积层中，出土石制品105件；重庆市九龙坡（桃花溪）遗址堆积层中，出土石制品69件（以砍砸器为主）；铜梁张二塘西郭水库遗址堆积层中，出土石制品300余件，并有一些动物化石伴出。在属于旧石器时代晚（末）期与新石器时代早期相交的奉节洋安渡遗址堆积层中，出土石制品616件，其中已有磨制石器出现，同时还有一些动物化石伴出；长阳榨洞遗址堆积层中，出土石制品20余件，也有一些动物化石伴出；奉节柿子坪遗址堆积层中，出土石制品26件，伴随出土的也有一些动物化石（表2-1）。

由以上介绍可知，有关三峡地区旧石器时代考古材料的发现，不仅填补了三峡地区早期人类历史的空白，而且也为研究中国旧石器时代考古文化提供了一批重要的实物资料。恩格斯指出："有了人，我们就开始有了历史。"[①]三峡地区旧石器时代早期"建始人""巫山人"化石的发现，使我们有理由宣称，中华民族至少在距今200万年以前就开始在长江三峡地区拉开了人类社会发展的历史序幕。

---

① 中共中央马克思、恩格斯、列宁、斯大林著作编译局：《马克思恩格斯选集》（第3卷），人民出版社，1972年，第457页。

表2-1 长江三峡地区（第四纪）旧石器时代文化遗址与古人类化石发现情况

序号	地点名称	地理位置区位	地理坐标	发现遗物	文化性质	石器时代	距今年代	资料来源
1	铜梁遗址	重庆市铜梁县张二塘	东经106°02′ 北纬29°56′	石制品、动物化石	与黔西观音洞有一定联系	旧石器晚期	3万~2万年	《古脊椎动物与古人类》1981年第4期
2	桃花溪遗址	重庆市九龙坡区桃花溪	东经106°32′ 北纬29°31′	石制品、植物化石	与铜梁文化相近	旧石器晚期	2万年左右	《人类学学报》1992年第2期
3	马王场地点	重庆市大渡口区	东经106°33′ 北纬29°31′	石制品	与铜梁文化相近	旧石器晚期	2万年左右	《历史考古文集》，1984年
4	新房地点	重庆市巴南区广阳	—	石制品	与桃花溪文化相近	旧石器晚期	2万年左右	《历史考古文集》，1984年
5	江巴濑地点	重庆市江津莲花石	—	石制品	与桃花溪文化相近	旧石器晚期	2万年左右	《历史考古文集》，1984年
6	桂花树遗址	重庆市丰都县高家镇	东经107°50′ 北纬30°00′	石制品	南方砾石工业系统	旧石器早期	—	《中国文物报》1996年1月28日第一版
7	烟墩堡遗址	重庆市丰都县新城	东经107°43′ 北纬29°52′	石制品	南方砾石工业特点	旧石器早期	约73万年	《三峡远古人类的足迹》，巴蜀书社，2010年，第20页
8	井水湾遗址	重庆市丰都县新城	东经107°57′ 北纬30°00′	石制品	多为大、中型石器	旧石器中期	约10万年前	《重庆库区考古报告集·1998卷》，科学出版社，2003年
9	高家镇遗址	重庆市丰都县高家镇	东经107°57′ 北纬30°00′	石制品	南方砾石工业（大型、巨型砾石工业）	旧石器中期	约10万年	《重庆库区考古报告集·1997卷》，科学出版社，2001年
10	冉家路口遗址	重庆市丰都县镇江镇	东经107°44′ 北纬29°55′	石制品、动物化石	南、北文化兼有	旧石器中期	约10万年	《重庆库区考古报告集·1999卷》，科学出版社，2006年

续表

序号	地点名称	地理位置/区位	地理坐标	发现遗物	文化性质	石器时代	距今年代	资料来源
11	池地坝地点	重庆市丰都县镇江镇	东经107°44′北纬29°55′	石制品	南方砾石工业系统	旧石器中期	约10万年	《三峡远古人类的足迹》，巴蜀书社，2010年，第14页
12	范家河地点	重庆市丰都县高家镇	东经107°51′北纬30°00′	石制品	南方砾石工业特点	旧石器中期	—	《三峡远古人类的足迹》，巴蜀书社，2010年，第13页
13	枣子坪遗址	重庆市丰都县名山镇	—	石制品	南方砾石工业特点	旧石器中期	—	《三峡远古人类的足迹》，巴蜀书社，2010年，第95～105页
14	唐家河地点	重庆市忠县东溪口镇	东经107°04′北纬30°46′	石制品、动物化石	南方砾石工业特点	旧石器晚期	约8000年	《重庆库区考古报告集·1999卷》，科学出版社，2006年
15	横路遗址	重庆市奉节县安坪	东经109°25′北纬30°07′	石制品	以小型和中型为主	旧石器晚期向新石器时代过渡	约1万年	《重庆库区考古报告集·1998卷》，科学出版社，2003年
16	洋安渡遗址	重庆市奉节县永安镇	东经109°30′北纬31°01′	石制品、动物化石	—	旧石器晚期向新石器时代过渡	—	《中国文物报》2001年4月18日第一版
17	鱼复浦遗址	重庆市奉节县永安镇	东经109°32′北纬31°02′	石制品、骨制标本	以石片石器为主的工业	旧石器晚期向新石器时代过渡	—	《重庆库区考古报告集·1997卷》，科学出版社，2001年
18	草堂人	重庆市奉节县草堂镇	—	古人类胫骨化石	—	旧石器晚期	—	《三峡远古人类的足迹》，巴蜀书社，2010年，第15页
19	龙骨坡遗址	重庆市巫山县庙宇镇	东经109°04′北纬31°21′	古人类化石、石制品、动物化石	直立人巫山亚种	旧石器早期	196万～179万年 204万～201万年	《巫山人遗址》，海洋出版社，1991年
20	迷宫洞遗址	重庆市巫山县河梁镇	东经108°52′北纬30°32′	古人类化石、石制品、动物化石	砾石石器工业	旧石器晚期	2.1万～1.17万年前	《迷宫洞遗址》，中华文史出版社，2015年，第115页

续表

序号	地点名称	地理位置/区位	地理坐标	发现遗物	文化性质	石器时代	距今年代	资料来源
21	犀牛洞遗址	湖北省神农架林区红坪西北岩	—	石制品、动物化石	以石片石器为主	旧石器晚期	—	《人类学报》1998年第17期
22	建始人遗址	湖北建始县高坪镇龙骨洞	东经110°04′北纬30°39′	古人类化石、石制品、动物化石	属古爪哇魁人，以小型石器为主	旧石器早期	215万~195万年	《建始人遗址》，科学出版社，2004年
23	福利溪遗址	湖北省巴东县官渡口镇	—	石制品	砾石石器工业	旧石器晚期向新石器过渡	—	《湖北库区考古报告集》（第二卷），科学出版社，2005年
24	高桅子遗址	湖北省巴东县信陵镇	—	石制品	砾石石器工业	旧石器晚期向新石器过渡	—	《湖北库区考古报告集》（第二卷），科学出版社，2005年
25	长阳人地点	湖北省长阳县赵家堰区下钟家湾	东经110°50′北纬30°15′	古人类化石、动物化石	与安徽巢县人相近	旧石器中期	约19.5万年	《古脊椎动物学报》1957年第3期
26	果酒洞地点	湖北省长阳县龙舟坪镇	—	颅骨化石	晚期智人	旧石器晚期	—	《古脊椎动物与古人类》1981年第2期
27	伴峡小洞遗址	湖北省长阳县渔峡口镇	—	石制品、用火遗迹、动物化石	—	旧石器中期	(12.6±1.08)万年	《清江考古》，科学出版社，2004年
28	鲢鱼山遗址	湖北省长阳县庄溪镇	—	动物化石、用火遗迹	—	旧石器中期	12万~9万年	《清江考古》，科学出版社，2004年

续表

序号	地点名称	地理位置区位	地理坐标	发现遗物	文化性质	石器时代	距今年代	资料来源
29	伴峡榨洞遗址	湖北省长阳县渔峡口镇	—	石制品、骨制品、动物化石	以石片为主的工业	旧石器晚期	2.7万年	《清江考古》，科学出版社，2004年
30	玉虚洞遗址	湖北省秭归县香溪镇（现归州镇）	—	石制品	以大型石器为主	旧石器早期	约30万年	《中国文物报》1994年4月3日第一版
31	九道河遗址	湖北省宜都市枝城镇	—	石制品、动物化石	以大型石器为主，与湖北大冶龙头文化相近	旧石器中期	约20万年	《考古与文物》1990年第1期
32	九里岗遗址	湖北省当阳市清溪镇	—	石制品	以大型石器为主，与宜都九道河石器文化相近	旧石器中期	约20万年	《中国文物地图册·湖北分册》，西安地图出版社，2002年
33	孙家岗地点	湖北省秭归县两河口镇	—	石制品	—	—	—	《人类学学报》1999年第2期

注：据《中国文物报》1994年4月3日第一版披露，在三峡地区的湖北巴东楠木园、大坪、鳊鱼溪、马家村、官渡口、秭归三门洞、大坪、万古寺、李家园、八字门、兴山万家岭、深渡河等地，皆发现了旧石器时代的石制品，另在重庆市万州盐井沟（汉动物化石）、大地坪、奉节藕塘、忠县乌杨等地也采集到一些旧石器时代的石制品，但因对上述地点还没有进行全面深入的发掘整理，崔家湾、李家坝、水田坝、锁龙坪、万古寺、李家园、或有的虽已整理但资料还没有公布出来，故其文化性质、所处时代都还不是很清楚，故在本表中暂未列举出来。"—"表示数据信息待补

第二节 旧石器时代考古文化遗存

考古调查和发掘资料表明,三峡地区属于旧石器时代遗存及有关地点、古人类与古脊椎动物化石地点共有100余处(包括洞穴遗址和旷野遗址),其中重庆地段内70余处[①],湖北地段内30余处[②]。文化内涵包括早、中、晚各个历史阶段;距今年代约自200多万年前始直至距今约1万年,基本上可与新石器时代早期相衔接。

一、旧石器时代早期

属于这一历史阶段的旧石器遗迹地点不太多,重要的遗存有"建始人"和"巫山猿人"化石及其遗址,巴东、建始巨猿动物群化石,秭归玉虚洞、孙家洞遗址,万州大周遗址。在湖北长阳、巴东、建始、利川、秭归,重庆巫山、奉节等地海拔700~1000米的半高山地带一些发育较好的溶洞里,常有巨猿和各类动物化石出土;丰都烟墩堡遗址内出土了大量的石制品。

下面我们以几个典型遗址为例,对这一时期文化遗存的状况做详细介绍。

(一)巫山龙骨坡遗址

该遗址位于重庆市巫山县庙宇镇龙坪村的龙骨坡。1985年10月13日,中国科学院古脊椎动物与古人类研究所等单位在龙骨坡首次发掘出古人类化石,研究者将该人类化石命名为"巫山人"[③]。1986年10月24日,考古人员在该遗址又发现了古人类化石。此外,在1985~1988年,还发现了15枚"巨猿牙齿"化石[④]。

上述两件古人类化石,一件为左侧残破的下颌骨(图2-1),另一件为一上门齿。经研究鉴定,"巫山人"属直立人,为直立人巫山亚种:Homo erectus.Wushanensis。

1985年第一次发掘时,在该遗址地层中仅出土两件石制品,为凸刃砍砸器和石锤。第二次发掘时则获石器20件,有手镐、手锛、薄刃斧、砍砸器、石片、石锤等

---

① 高星、裴树文:《三峡远古人类的足迹——三峡库区旧石器时代考古的发现和研究》,巴蜀书社,2010年,第13~17页。
② 陈振裕:《湖北三峡库区的考古与发现》,《长江三峡工程坝区出土文物图集》,科学出版社,1997年,第vii页。
③ 黄万波、方其仁等:《巫山猿人遗址》,海洋出版社,1991年,第19、157页。
④ 黄万波、方其仁等:《巫山猿人遗址》,海洋出版社,1991年,第4~7页。

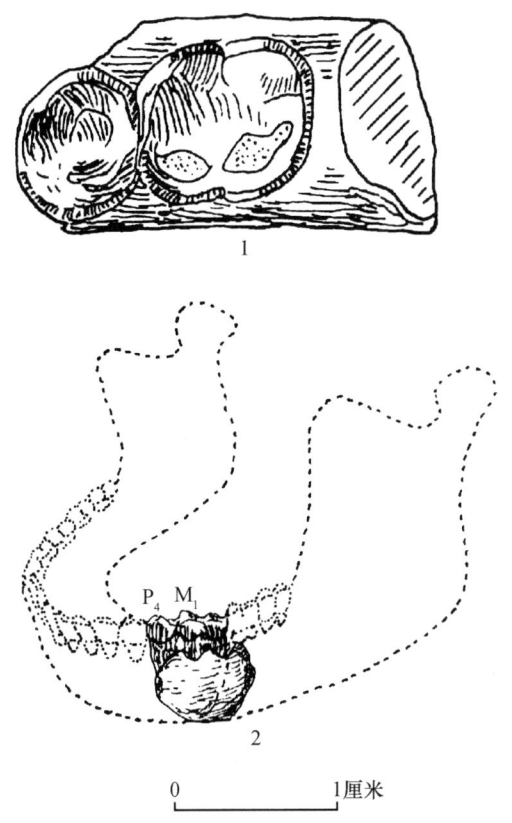

图2-1 巫山猿人左侧下颌骨一段
1. P_4-M_1嚼面视 2. 左侧下颌骨及其在牙床的相关位置

（图2-2）。其中砍砸器为两面加工，石锤的砸击（坑疤）痕迹明显，这类带有砸击坑疤的石锤曾在周口店北京人遗址地层中发现过。整体上看，这些石器加工粗糙，使用痕迹明显，表现出相当的原始性[①]。龙骨坡石制品的发现，为我们研究早更新世人类的活动和分布情况增加了新的资料。

在该遗址地层中还发现有骨制品多件，系以动物的胫骨、尺骨、桡骨或其他较大的骨片加工而成，其前端一般呈尖刃状。这表明，早在旧石器时代早期，长江三峡地区的古人类就已有了使用骨制品的历史。除骨制品外，遗址地层中还出土了动物化石4000余件，有爬行动物、鸟类、哺乳动物等共120种。

经测定，"巫山人"的年代距今约204万～201万年，属早更新世早期，比"元谋人"早30万年[②]。这是迄今在我国发现的最早的人类化石，著名的古人类学家贾兰坡先

---

① 徐自强：《巫山龙骨坡遗址发掘研究综述》，《中国文物报》1998年4月15日第二版。
② 黄万波、方其仁等：《巫山猿人遗址》，海洋出版社，1991年，第147、157页。

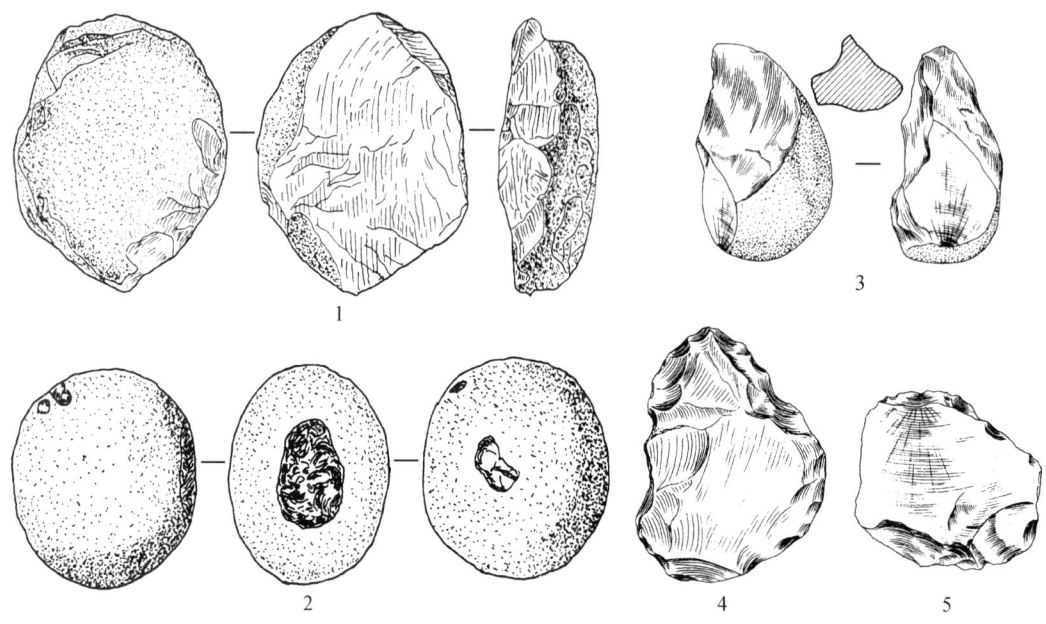

图2-2 巫山龙骨坡遗址中出土的石质工具
1. 凸刃砍砸器 2. 砸击石锤 3. 手镐 4. 薄刃斧 5. 石片

生称"巫山人"化石为"亚洲金牌"①。

（二）建始、巴东巨猿化石遗址

1968年，中国科学院古脊椎动物与古人类研究所在鄂西建始、巴东一带陆续发现了280多枚巨猿牙齿化石，经调查，这些化石多出土于建始县高坪镇的"龙骨洞"中。1970年，研究所的考察队发现了"龙骨洞"（又称"巨猿洞"）遗址。遗址位于湖北省建始县高坪镇金塘村，地理坐标为东经110°05′，北纬30°40′。洞底海拔750米，高出龙骨河水面约85米。经对龙骨洞遗址的正式发掘，获得了3枚似人似猿的高等灵长类动物牙齿化石和5枚巨猿牙齿化石。1982年，又在猫坪镇罗家坝收集到了巨猿牙齿化石14枚。

1998～2000年，有关部门先后对龙骨洞遗址进行了三次考古发掘，从7个发掘地点的情况获知，龙骨洞遗址的地层堆积一般厚2～4米，堆积层最多的可分17层，最少

---

① 黄万波、徐自强先生在《关于东亚直立人（homo erectus）兴起的时间和地域》一文中指出："直立人在分类学上属于（Homo）直立人种（erectus），俗名称猿人。年代为距今200万年至20万年之间。……自20世纪中叶，学术界普遍将这一阶段的化石人类统一归并为人属（Homo）直立人种（erectus），不再使用猿人属名和地方种名"（《龙骨坡史前文化志》第二卷，中华书局，2000年）。有鉴于此，前称"巫山猿人"现通称"巫山人"。

的5层。该遗址共清理出石制品632件,骨制品65件,以及大量的哺乳动物化石。石制品类主要有石核、人工石块、小石器、石屑、石片、石器(主要有刮削器、尖状器、雕刻器、石锤等);骨制品类主要有骨片、尖状器、似骨铲等。据第一地点取样测试年代,第3层下部时代为距今195万年,第6层中部时代为距今215万年,出土人类化石的层位(第8层)时代则早于215万年,文化遗物出土层位(第2~11层)可能距今242万~180万年。发掘整理者认为"龙骨洞古人类"应为古哇魁人[①]。

此前统计,在巴东、建始、巫山等地已发现"巨猿化石"共300余枚。研究表明,"巨猿牙齿"比人类牙齿更加粗大,推测巨猿身高约有2.74米[②]。古人类学者研究认为,建始远古"巨猿"应为"南方古猿";有学者认为,也可能代表南方古猿分布在亚洲的一个新种[③]。

研究表明,巴东、建始远古"巨猿"可能是猿类系统的一个旁支,其生存时期从更新世初期经更新世早期到更新世中期[④],距今约215万年~195万年。

(三)丰都烟墩堡遗址十大考古发现

该遗址位于长江右岸丰都新城建设区的一个山梁上,地理坐标为北纬29°52′18″,东经107°43′41″,面积2000平方米。

1994年4月至1998年4月,中国科学院古脊椎动物与古人类研究所三峡考古队曾先后对烟墩堡遗址进行了四次考古发掘,出土遗物11309件,其中石制品1341件。

在以上1341件石制品中,1998年以前出土的即达1000余件,类型包括石核、石片、石器、人工碎石四大类。作为加工工具的石器有刮削器、凹缺器、端刮器、砍砸器、尖状器、雕刻器等。特别值得一提的是,在遗址地层中,到处都散落着大量的石片石器。如此之多的石制品同出土于一处的现象,在当时中国南方地区旧石器时代的考古发掘史上还是首次。

烟墩堡遗址旧石器制作所采用的原料多为砾石,其组合中的大部分砍砸器直接用砾石简单加工而成,因此具有南方砾石加工的特点。以石器中的主要类型刮削器为例,大部分系用石片制作而成,而在众多的石制品中,可被称为石器的制品只占石制品总数的8%,因而烟墩堡遗址多少也具有一些北方石片石器制作的特征。烟墩堡遗址地处长江上游,遗址中出土的石制品包括有南北两种手工业的双重特点。这一重要旧石器时期遗址的发现,为我们研究南北旧石器工业的发展提供了可供对比的研究资

---

① 郑绍华:《建始人遗址》,科学出版社,2004年,第36页。
② 杨宝成、黄锡全:《湖北考古发现与研究》,武汉大学出版社,1995年,第7页。
③ 高建:《与鄂西巨猿共生的南方古猿牙齿化石》,《古脊椎动物与古人类》1975年第1期。
④ 吴汝康:《古人类学》,文物出版社,1989年,第125页。

料,也为我们研究东南亚地区的旧石器发展情况提供了可供对比的研究资料[1]。

关于丰都烟墩堡旧石器遗址的年代与性质,古人类学专家根据其地层中出土石制品的种类、数量、特色等分析,认为该遗址可能代表旧石器时代中期的一种新的旧石器文化[2]。其年代虽然在《丰都烟墩堡遗址发掘报告》中被归为旧石器时代中期,但报告中也提到不排除其年代为旧石器时代早期。高星、裴树文认为,烟墩堡遗址未出土可供测定绝对年代的样品。谢明对第四级阶地中的堆积物进行了古地磁测定,年代为距今0.73百万年,为中更新世早期[3]。此外,烟墩堡遗址的(堆积物)似网纹红土,这也是中更新世(早期)的典型沉积。因此,烟墩堡遗址的年代可以推测为中更新世早期,属旧石器时代早期[4]。

二、旧石器时代中期

1956年在湖北长阳发现的"长阳人"化石,即属旧石器时代中期的早期智人。考古确认的旧石器时代中期遗址有丰都高家镇、冉家路口池坝岭、范家河,万州大地坪、庙沟,忠县乌杨,神农架犀牛洞,宜都九道河,当阳九里岗等[5]。此外,在长阳、巴东、建始等地的一些洞穴中,还多有这一时期的动物化石出土。三峡地区旧石器时代中期遗址年代在距今20万~5万年。

这一时期出土的石制品比较丰富,数量较前更多,如在丰都高家镇遗址,出土的石制品标本有2500余件。这些石制品一般可分大、中、小型,主要器类有尖状器、敲砸器、石核、刮削器、石球、石锤、石砧、钝背刀、凹缺器、盘状器和一些复合工具等。遗址中还出土了一些动物化石,主要有犀牛、东方剑齿象、大熊猫、貘、水鹿、斑鹿、豪猪、野猪、牛等20多种。

以下对旧石器时代中期的长阳人化石地点、丰都高家镇遗址进行介绍。

---

[1] 中国科学院古脊椎动物与古人类研究所、重庆自然博物馆、丰都县文物管理所:《丰都烟墩堡遗址发掘报告》,《重庆库区考古报告集·1997卷》,科学出版社,2001年,第687页。

[2] 谢明:《长江三峡地区第四纪以来新构造上升速度和形式》,《第四纪研究》1990年第4期,第308~315页。

[3] 谢明:《长江三峡地区第四纪以来新构造上升速度和形式》,《第四纪研究》1990年第4期,第308~315页。

[4] 高星、裴树文:《三峡远古人类的足迹:三峡库区旧石器时代考古的发现和研究》,巴蜀书社,2010年,第35页。

[5] 高星、裴树文:《三峡远古人类的足迹:三峡库区旧石器时代考古的发现和研究》,巴蜀书社,2010年,第162页;湖北省文物考古研究所:《神农架犀牛洞旧石器时代遗址发掘报告》,《人类学报》1998年第17卷第2期;杨华:《三峡远古时代考古文化》,重庆出版社,2007年,第14页。

（一）长阳人化石地点

"长阳人"化石地点在长阳县赵家堰区黄家塘乡下钟家湾村的一个龙骨洞中，其地位于三峡出口的长江南岸，地理坐标为东经110°50′，北纬30°15′。洞穴距地面农田高约10米。

1956年，当地农民挖龙骨时，在洞穴中发现了一件人类的上颌骨化石（图2-3），次年，贾兰坡先生在此主持了一次专业发掘，又获得了一件人类左下第二前臼齿化石。经鉴定，"长阳人"介于猿人和现

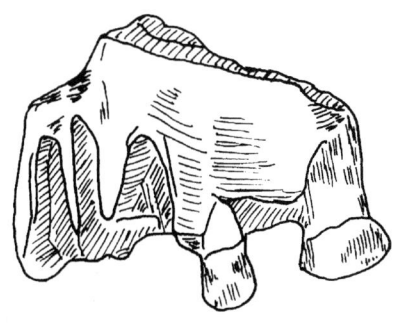

图2-3　长阳人左上颌骨化石

代人之间，其时代属于旧石器时代中期，地质年代为晚更新世早期，距今约19.5万年，与著名的"北京猿人"时代相当。

与长阳人化石共存的动物化石主要有大熊猫、古豺、洞穴鬣狗、东方剑齿象、中国犀、竹鼠、巨貘等，属于典型的华南大熊猫-剑齿象动物群。这类动物群生存的时代为中更新世末期到晚更新世早期。

长阳人及其动物群化石的发现，为过去长江中下游阶地形成的时代问题提供了可靠的对比资料，从而解决了长江各阶地形成的时代问题，同时也为南方的地层划分提供了可靠的依据①。

（二）丰都高家镇遗址

该遗址位于重庆市丰都县高家镇桂花村二社，属于长江的第三级阶地，地理坐标为北纬30°00′16″，东经107°57′54″，海拔为174.42～177.2米，文化层厚约2.5米。

1995年10～12月，中国科学院古脊椎动物与古人类研究所三峡旧石器考古队对该遗址进行了发掘，并举办了一期"三峡旧石器时代考古培训班"。1998年2～4月，该考古队再次对该遗址进行了大规模的考古发掘。两次发掘面积共514平方米，其中1995年发掘64平方米。

遗址共出土石制品2500余件（1995年出土1500余件）。出土的石制品可分为四种类型：第一类是精制品，为具有明显加工的有一定造型的规整的石制品；第二类是粗制品，为稍微加以修理尚无一定造型的石制品，包括一些制作不成功的石制品；第三类是具有人工痕迹的石头断块；第四类是石核（按台面和石片疤的数量划分）。所有

---

① 张之恒、吴建民：《中国旧石器时代》，南京大学出版社，1991年，第202页。

石制品还有微型、小型、中型、大型、巨型之分。常见的石制品多为石核、石片，均为砾石或砾石的剥制品。岩性主要有石英砂岩、粉砂岩、英安岩、安山岩，其次是凝灰岩、流纹岩、石英岩等。

出土的石器组合有巨型和大型石核砍砸器、石片砍砸器、刮削器、似手镐、似手斧、盘状器、尖状器、铲状器等。加工方法以锤击法为主，也有碰砧法。按器物的原形和加工方式，可将这些石制品分为四种类型，即砾石单面加工，砾石双面加工，石片单面加工，石片双面加工。石制品、石器的原料均为河流砾石。

高家镇遗址分布面积广，遗址地层中出土石制品数量多，其中石核的数量占绝大多数，石片、断块也占有一定的比例。而成型的石器较少，精制品、粗制品分别只占石制品总数的5.88%和5.46%。遗址内不见用火遗迹和动物骨骼化石等。据这一现象分析，该遗址应该不是人类的生活遗址，而是人类较长时间内的石料采集及石器制造加工场所[①]。

从高家镇遗址中石制品的组合及制作技术来看，这些石制品显示了我国南方旧石器制作的鲜明特点，与我国南方其他地区的旧石器比较，其间存在着许多的相同之处。高家镇旧石器遗址的发掘资料弥补了过去我国南方较少发现露天旧石器遗址和旧石器地点的不足，且高家镇遗址也是华南地区乃至东南亚地区较为罕见的旷野类遗址。

经比较研究，该遗址所处的时代属于中更新世中期，也有人认为应属晚更新世早期。类似的遗址在三峡库区还有丰都范家河、池坝岭、冉家路口等[②]。

三、旧石器时代晚期

旧石器时代晚期遗址在三峡地区普遍都有发现，人类化石也时有发现，资料内容丰富。属于旧石器时代晚期智人的资料有奉节"草堂人"、巫山"河梁人"。遗址主要有重庆铜梁、九龙坡马王场，合川沙桥角村；湖北巴东一带属于旧石器时代晚期的遗址更有10多处，其中李家湾、高桄子等遗址保存得较为完好。

旧石器时代晚期出土的石制品较以前数量更多、种类也更齐全。器形一般较粗大，形状规整，主要器形有砍砸器、尖状器、刮削器、石锤、石砧、凹缺器、石核、石片等。

---

① 中国科学院古脊椎动物与古人类研究所、重庆自然博物馆、丰都县文物管理所：《丰都高家镇遗址发掘报告》，《重庆库区考古报告集·1997卷》，科学出版社，2001年，第675页。

② 邹后曦：《1999年度重庆库区考古发掘的重要收获》，《三峡文化研究》，汕头大学出版社，2002年，第27、28页。

旧石器时代晚期遗址的年代又划分为偏早阶段和偏晚阶段。铜梁文化诸遗址距今年代约为（21550±310）年[①]，奉节横路遗址距今年代约为（10070±8000）年，巫山迷宫洞遗址距今年代约为2.1万～1.17万年前，长阳桅杆坪遗址（下层）距今年代约为（10070±190）年[②]。在这类晚期文化遗存中，有不少遗存之上叠压着新石器时代的文化遗存，从地层学角度观察，这些新石器时代的文化遗存应与该地区旧石器时代晚期文化遗存有着一定的联系。

我们重点介绍铜梁张二塘遗址。该遗址位于重庆市西北约60千米处的铜梁县西郊，地理坐标为东经106°2′，北纬29°56′。1976年在该地修西郊水库时，在距地表8米的沼泽相地层中发现了一批石制品及植物化石。由于铜梁张二塘遗址各类遗迹丰富，遗物特色鲜明，因而被学术界命名为"铜梁文化"[③]。

铜梁张二塘遗址共出土石制品300余件，包括石核、石片、石锤、刮削器、砍砸器、尖状器等（图2-4）六类，其中以刮削器数量最多，达114件。器形可分为单刃、双刃、复刃和圆端刃等。尖状器一般用石片制作，加工比较粗糙，器身较大，其修理大

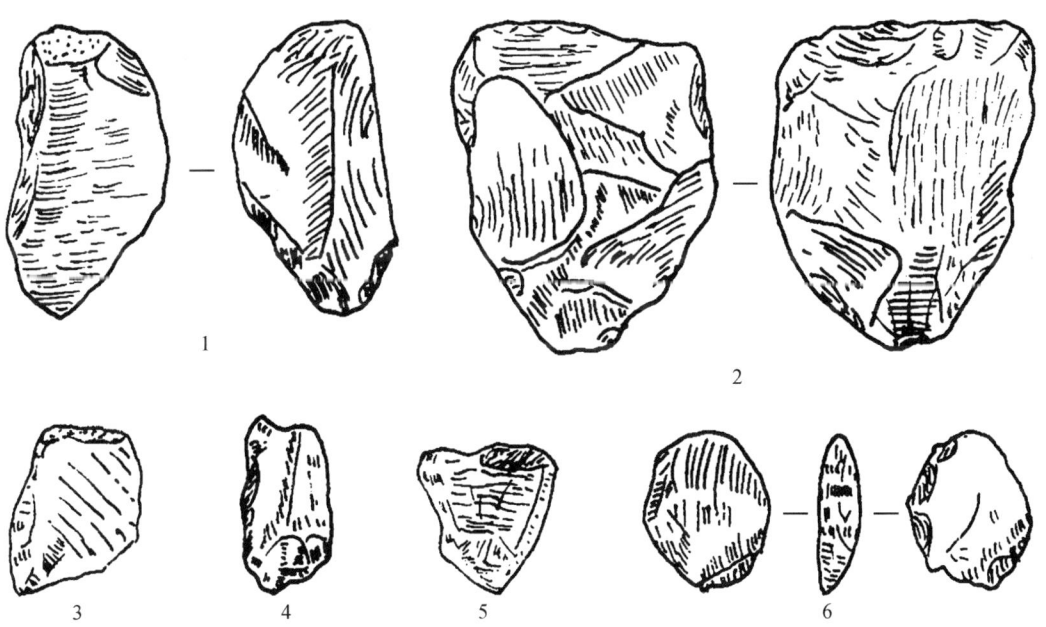

图2-4 铜梁张二塘遗址中出土的石制品生产工具
1.尖状器 2.锛形砍砸器 3、4.端刮器 5.单刃刮削器 6.多刃刮削器

[①] 李宣民、张森水：《铜梁旧石器文化之研究》，《古脊椎动物与古人类》1981年第4期。

[②] 白九江：《重庆地区的新石器文化——以三峡地区为中心》，巴蜀书社，2010年，第25页；陈少坤：《迷宫洞遗址》，中国文史出版社，2015年，第116页；张典维：《巴人起源于清江的历史佐证》，《三峡文化研究》1997年第3期。

[③] 李宣民、张森水：《铜梁旧石器文化之研究》，《古脊椎动物与古人类》1981年第4期，第359～371页。

多使用锤击法进行复向加工。制作石制品的原料则采自距该遗址20千米的涪江第三级阶地。

遗址出土的哺乳动物化石有东方剑齿象、印度象、巨貘、中国犀等，属于典型的华南"大熊猫-剑齿象动物群"。

研究人员对地层中出土的各种植物孢粉进行了分析，发现乔木植物30种，灌木植物13种，蕨类植物14种。这无疑说明，这一地带在晚更新世时期，草木繁茂，气候宜人，相比现在可能要热一些，大体相当于热带或亚热带气候。

还需提及是，铜梁张二塘遗址可分为8个堆积层，在遗址的第4层和第5层的上部发现了1件石斧及一些残陶器的腹片，这件石斧和残陶片的时代已属于新石器时代。铜梁遗址是长江上游重庆市境内首次发现的旧石器文化和新石器文化在地层上有直接叠压关系的石器地点。该遗址的发现为这一地区内第四纪地层的划分提供了重要的资料。

铜梁张二塘文化遗址的地质年代属于晚期更新世，据张森水先生研究，其可能处于晚更新世中期。据对地层中"乌木"的^{14}C测定，其年代约距今（21550±310）年。

经对以上旧石器时代人类化石与遗址的介绍，我们认识到，早在距今215万年左右的旧石器时代早期，三峡地区便开始有了人类的足迹。这一点随着"巫山人""长阳人""长阳果酒洞人""奉节草堂人""巫山河梁人"等古人类化石的发现而得到了证明。此后至旧石器时代末期及其后，三峡地区的原始人类在这一地区繁衍生息，从未间断。我国人类学家、考古学专家推测，以上远古人类化石的发现绝非"终点"，在三峡地区，还可能有更早、更重要的远古时期人类化石及遗址在将来的考古活动中被发现。

同我国其他地区一样，三峡地区旧石器时代的先民在开始使用打制石器作为生产生活用具时，其制作都较为简单，选料也多采取就近的河滩砾石，石器器形较为单一，多巨型石器。随着时间的推移，越往后则石器的种类越齐全，制作技术越先进。在居住方面，除穴居外，从旧石器时代晚期开始，三峡地区的先民已经开始在地面搭建一些较简陋的窝棚了。另外，在湖北长阳鲢鱼山遗址还发现了用火的遗迹，这表明三峡地区的先民至少在旧石器时代中期就已经学会使用火了。不仅如此，人们在旧石器时代晚期的重庆奉节鱼复浦遗址中还发现了三峡地区目前考古发现的时代最早的陶片[①]，这说明人们不仅学会了用火，甚至已经会烧制简单的陶器了。

---

① 中国科学院古脊椎动物与古人类研究所、重庆自然博物馆、奉节县白帝城博物馆等：《奉节鱼复浦遗址旧石器时代考古发掘报告》，《重庆库区考古报告集·1997卷》，科学出版社，2001年，第157页。

第三节　人类居住遗址的考古发现资料

在三峡地区，考古发现的远古人类居住遗址亦可谓丰富，依据考古发现资料，我们可将三峡地区旧石器时代人类的居住情况分为两种形式。

第一，这一地区的远古人类多以天然山洞为居所，如"建始人"遗址、"巫山人"遗址、"秭归玉虚洞遗址"等，均是如此。这一历史阶段距今200万～20万年左右。人类在这种最初期的阶段依"洞穴"而居的情形在史籍中多有记载，在《春秋命历序》中即有极其生动的相关描述："合离绝世，民始穴居，衣皮毛。"《墨子》卷一《辞过》载："古之民，未知为宫室时，就陵阜以居，穴而处。"这一时期的人类洞穴而居，自然也就不可能有什么居所建筑的遗迹可寻了。

第二，除"穴居"以外，在三峡地区尤其在西陵峡口处的鄂西及湘西北的平原和丘陵地带，考古人员也发现了不少属于旧石器时代早期和中期的人类居住遗迹，在这些遗迹地点及其附近，一无山冈，二无洞穴，因此推测当时此地的古人类可能是居住在树上的，也就是所谓的"巢居"。典籍文献对"巢居"有较为生动的记述："古者禽兽多而人民少，于是民皆巢居以避之。"①"上古之世，人民少而禽兽众，人民不胜禽兽虫蛇，有圣人作，构木为巢，以避群害……号之曰有巢氏。"②恩格斯在《家庭、私有制和国家的起源》中也指出，远古时期，"人还住在自己最初居住的地方，即住在热带或亚热带的森林中。他们至少是部分地住在树上，只有这样才可以说明，为什么他们在大猛兽中间还能生存"。即便到了现代，也还有一些民族仍保留着这种"巢居"的习惯。

实际上，自旧石器时代中期以后，除仍有一些原始人类留在深山以山洞为居以外（如"长阳人""长阳果酒洞人"及"神农架犀牛洞""枝城九道河""巫山迷宫洞"等遗址的古人类），更多的原始人类则开始进入丘陵和平原地带生活。如在三峡及两湖西部地区的一些缓坡、丘陵及平原上，即有较多的属于旧石器时代中期及其后的远古人类遗址或遗迹地点，这些遗址及遗迹地点主要包括重庆马王场、九龙坡，铜梁西廊水库，丰都高家镇、井水湾，奉节鱼复浦，巴东楠木园、高桅子、东瀼口、大坪、沿渡河、鳊鱼溪、马家村、官渡口，当阳九里岗、天柱山，枝江肖家山、安福寺，远安孙家岗，江陵鸡公山等。在湖南西北地区澧水流域沿岸的二级台地上，也都发现有这类旧石器时代中期（也有一些早期）及以后的遗址，在这些遗址地点及附近

---

① 孙通海译注：《庄子·盗跖篇》，中华书局，2007年，第268页。
② 《韩非子》校注组编写，周勋初修订：《韩非子校注·五蠹》，凤凰出版社，2016年，第548页。

同样也没有山冈和山洞。以上这些遗址的古人类应多是如文献典籍记载的那样"构木为巢"而居的。可见到了旧石器时代晚期，仍有一些古人类是在树上生活的。当然，这一时期也可能已有一些远古人类开始在地面上搭盖起一些简陋的茅棚（窝棚）来作为居所了（图2-5），只是人们在树上搭建一些简易的棚架居住（图2-6）的情况可能居多。

现将西陵峡出口处长江北岸和南岸的两处旧石器时代晚期的人类居址遗迹情况简述如下。

图2-5　三峡地区远古时期"窝棚"建筑遗迹示意图

（参考王宗礼：《楚国土木工程研究》，湖北科学技术出版社，1995年，第12页"楚故地工棚之形"）

图2-6　南方及三峡地区"巢居"建筑的发展示意图

1. 参见中国艺术研究院《中国建筑艺术史》编写组：《中国建筑艺术史》（上），文物出版社，1999年
2. 参见张良皋：《土家吊脚楼与楚建筑——论楚建筑的源与流》，《湖北民族学院学报》1990年第1期

（一）江陵鸡公山遗址

该遗址位于江陵县荆州镇郢北村的一个小山冈上，其地在西陵峡口东部约85千米处，属于古长江的第二级阶地，海拔约50米。遗址面积约1000平方米。遗址地层堆积分为上、下两个层位单元，其中上文化层厚0.1~0.25米，下文化层厚约0.5米。

在该遗址地层中不仅出土了数以万计的石制品，同时还在遗址的北部清理出了5个由砾石和各类石制品围成的圆形石圈，石圈形状和大小基本相同，直径多在2米余（不足1米的有一处），据民族学、考古学研究，该石圈可能是当时人类居住过的圆形窝棚基址的原始居住面[①]。这一重要建筑遗迹的发现，填补了中国旧石器时代考古发现中"窝棚"建筑遗迹的空白。

据研究测定，江陵鸡公山遗址的年代为：上文化层距今2万~1万年，下文化层距今5万~4万年。

（二）临澧竹马村遗址

该遗址位于湘西北临澧县官亭乡竹马村，其地在长江西陵峡口东南约125千米处，地理环境为洞庭湖平原向武陵山脉的过渡地带，海拔50米。

该遗址为旧石器时代晚期的一个高台建筑，其基址建筑在一个高出一般地面约6米的台地上，基址的下面叠压着该台地的原始网纹红土层，其上又叠压着新石器时代早期的"彭头山文化类型"遗存。

这一建筑遗迹是经过人工夯筑的高台建筑基址，台基残高0.5米，形状呈椭圆形，南北长7.1、东西宽约5米，建筑面积约35平方米。

在遗迹的南端设有一供人出入的门道，门道长1.5、宽0.65米。由门道进入室内有一长约4、深0.8米的灰沟。在紧靠土台西南近门道处的网纹红土中经清理发现一水池，水池略呈椭圆形，直径约0.5、深0.4米。此外在土台的外缘，似有用于立柱的沟槽[②]。

据研究，该地区新石器时代早期的一些居住遗址中也多见这种台式建筑，并且这种建筑形式在当时还比较流行[③]。由此看来，这种台式建筑的形式是承袭了当地旧石器时代晚期建筑形式的一些因素的，也可以说，新石器时代早期的这种建筑形式是旧石

---

① 《中国1992十大新发现评选揭晓》，《中国文物报》1993年1月17日第一版；刘德银：《我国旧石器时代考古的重大突破——湖北江陵鸡公山发现旧石器时代居址》，《中国文物报》1993年5月2日第一版。

② 储友信：《湖南发现旧石器时代末高台建筑》，《中国文物报》1997年4月6日第一版。

③ 储友信：《旧石器时代旷野遗址》，《江汉考古》1998年第1期。

器时代建筑形式的向后发展及延续。

综上所述，三峡地区早期的原始人类即相当于旧石器时代早期和中期的原住民，他们普遍都有在洞穴里居住的历史，特别是早期，这种现象更为明显。而生活在三峡地区江河、溪流沿岸缓坡及西陵峡口以东丘陵和平原一带的原始人类，则多在树上"构木为巢"，搭盖一些"棚架"以作居所。此外，也有一些原始人类会在地面搭盖一种简易的"茅棚"或"窝棚"来作为栖身之所。

三峡地区早期人类的这些居所虽极其简陋，但毕竟也有些房屋建筑的意味。尽管它们在我们现代人看来显得原始、落后且难以抵挡风雨的侵蚀和虫害的困扰，但这毕竟预示着三峡地区的原始"建筑"已经拉开了序幕。正是早期人类开创的这些极其简陋的"棚架""茅棚""窝棚"等，为以后人类居所建筑的发展奠定了基础。事实上，当历史演变至旧石器时代晚期时，人类的居所建筑就已经向前跨进了一步，前述之江陵鸡公山的"窝棚"遗迹、临澧竹马村的"台式建筑基址"遗迹等，其建筑在旧石器时代晚期时无疑已可称得上较为先进的居所建筑了，而这些较先进的正式建筑则应是在该地区旧石器时代早期和中期的一些最原始的建筑基础上，经过不断的探索和革新后发展起来的。

第四节　旧石器时代三峡地区考古文化遗存的认识

经过前面对长江三峡区域考古发现的旧石器时代遗址中各类古脊椎动物化石、古人类化石及植物标本等一系列资料的介绍和分析，我们大致上可做以下几点归纳。

（一）中华民族的祖先200多万年前就已在三峡地区繁衍生息

"建始人""巫山人""长阳人""长阳果酒洞人""奉节草堂人""巫山河梁人"等人类化石的发现无疑可以证明，至少自距今215万年左右的"建始人"（旧石器时代早期）开始至距今13000余年的"巫山河梁人"（旧石器时代末期），其间210余万年，中华民族的祖先就一直在这一地区繁衍生息，因而许多学者认为，长江三峡地区应是中华民族的祖先最早活动的地区之一。贾兰坡先生称"巫山猿人"化石为"亚洲金牌"，这标志着这一地区的古人类化石对于三峡古人类研究有着非同寻常的意义。这是很值得重视和深入研究的课题。

（二）三峡地区的考古地层学资料在我国考古学中是较为罕见的

三峡区域的旧石器时代遗址如重庆市铜梁张二塘遗址、奉节柿子坪遗址、奉节洋安渡遗址、奉节鱼复浦遗址、湘西北竹马遗址、长阳伴峡榨洞遗址等，地层堆积层次分明，时代前后连接紧密，反映的情形基本上表现为上层多为新石器时代遗存，下层多为旧石器时代遗存。尤其是竹马遗址，下层属于旧石器时代末期，上层为新石器时代早期（相当于彭头山文化时期，距今约在8000年以前）。

（三）有承袭关系的旧石器时代石器的制作随着时间的推进而不断发展进步

从铜梁张二塘遗址中的石制品到江陵鸡公山遗址中的石制品，乃至湘西北澧水、资水中下游旧石器时代遗址中的石制品等，它们之间都存在着某些共同的特征，均属于华南砾石石器传统文化[1]。在石器加工方面，随着时间的推移，其原料除一部分除来自附近河滩的砾石外，外来的燧石结核类等优质石料的比重在逐渐增大，修理石器的技术也有所提高，已可修整出各类小型工具，甚至还能制作出一些小而薄的石片，可供用于制作复合工具使用[2]。

（四）旧石器时代晚期人类已开始进行房屋居址建筑

旧石器时代晚期人类已开始进行房屋建筑的典型例证目前当首推江陵鸡公山"窝棚"建筑遗址和临澧竹马村高台建筑遗迹。江陵鸡公山旧石器时代晚期遗址地层中清理出的古人类活动的居住面有5个由砾石和石制品密集围成的圆形石圈，其形状和大小基本一致，显为某种建筑遗迹的基址。在与鸡公山隔江相望的临澧县竹马村发现的旧石器时代末期遗址地层中清理出了一高台式建筑遗迹，这一发现为我们研究旧石器时代晚期的建筑提供了重要的实物资料。

（五）烟墩堡遗址

丰都烟墩堡旧石器时代遗址是1996年度重要的考古发现，1996年度"全国十大考

---

[1] 张之恒、吴建民：《中国旧石器时代文化》，南京大学出版社，1991年，第204页。
[2] 王幼平：《更新世环境与中国南方旧石器文化发展》，北京大学出版社，1997年，第72页。

古新发现"之一。在遗址中，人们清理出了1万余件各类标本，其中石制品类型繁多，特色鲜明，为过去中国南方旧石器时代遗址发掘中所仅见，因而其代表着一种新的旧石器文化。鉴于此，丰都烟墩堡遗址继江陵鸡公山遗址被评为1992年度"全国十大考古新发现之一"，后又被评为1996年度"全国十大考古新发现"之一[①]。

（六）旧石器时代遗址反映的三峡远古气候与环境

三峡地区已发掘的建始人遗址（距今200多万年前）、巫山龙骨坡遗址及相当于旧石器时代早、中、晚各历史阶段的诸遗址及化石地点（包括旧石器时代末期的奉节鱼复浦遗址、巴东高楩子遗址等），其地层堆积中出土的各类哺乳动物化石表明，最早阶段的巫山龙骨坡遗址和建始巨猿洞地层中的哺乳动物群等，皆属于"华南大熊猫-剑齿象动物群"；中期阶段的长阳人化石及其共生的哺乳动物群、宜都枝城九道河遗址的哺乳动物群等，也都属于"华南大熊猫-剑齿象动物群"；晚期阶段的巫山迷宫洞等遗址的哺乳动物群，仍然属于"华南大熊猫-剑齿象动物群"。这些动物主要习惯于在常绿植物生长的热带森林、沼泽、山间草地、丘陵竹丛和平川草甸之中活动。由此可见，自距今200多万年而至今，三峡地区的气候与环境变化不是很大。虽说从建始人遗址、巫山龙骨坡遗址堆积层中出土的动物化石标本以及孢粉组合分析可知，在建始人、巫山人生活时期的早期（第四纪早期），三峡的气候曾一度有过相对干冷的阶段，平均气温曾低于目前6～7℃，但总体上三峡地区的气候仍属于热带和亚热带气候。那时的三峡地区到处都生长着以常绿阔叶树木为主的植物，再加上三峡地区石灰岩分布广泛，溶洞发育，各种动物繁多，果木丰富，优越的自然环境和宜人的气候为远古人类提供了栖息和繁衍的理想场所，这也是三峡地区时有旧石器时代遗址和人类及动物化石出土的本质原因。

（七）由巫山迷宫洞旧石器时代遗址孢粉测试进一步论证三峡地区的古气候环境

巫山迷宫洞旧石器时代洞穴遗址的孢粉材料显示，在被子植物中出现了桤木和木兰的花粉。而据研究，桤木花粉的出现，反映为有水的环境；而木兰花粉的存在，则体现出亚热带气候因素。巫山迷宫洞遗址孢粉组合中经常出现的其他多数种属如蕨类植物紫萁孢、凤尾蕨、水龙骨等，实际上也都是喜湿热的亚热带植物。此外，在遗址

[①] 《1992年中国十大考古新发现》，《中国文物报》1993年1月17日第一版；《1996年中国全国十大考古新发现评选揭晓》，《中国文物报》1997年2月2日第一版。

堆积层中，还发现了较多的喜暖动物，这同样说明在"巫山河梁人"生活时期，长江干流中段的古地理环境是处在亚热带湿润气候条件下的，那时该地区的森林和湿地面积尚未缩小，犀、貘、象、羚羊、马、鹿等大型哺乳动物时常出没于林间草地和植被繁茂的山川、平坝①。据对迷宫洞遗址动物群组合特征、孢粉的组织成分及孢粉化石的综合分析，专家们认为，迷宫洞动物群生存时期的古环境大致是："气温季节变化明显，冬季的温度较现代低，季节性的器物变化可能与现代华北南部地区更加相似；温度较现代低，但比现代华北地区高；山间谷地比现代更宽阔，森林相对稀疏，林间灌丛和草地发育。"②

（八）三峡地区旧石器时代文化与周邻地区旧石器时代文化的关系

1. 与三峡东部两湖地区旧石器时代文化的关系

从长江三峡出口北岸的鄂西北到南岸的湘西澧（水）、沅（水）流域，有众多山系环绕其间，其概况是，从鄂西北向南至湘西地区，依次有秦岭山脉、武当山脉、荆山山脉、黄牛山脉、武陵山脉。考古发现，在这些山脉的余脉地带密集地分布着古人类化石地点及旧石器文化遗址（地点）。湖北、湖南两省发现的旧石器遗址地点，绝大多数都分布在这一环绕地带。据不完全统计，自20世纪80年代以来，考古人员已在这一地带发现了属于旧石器时代的遗址（包括一些遗迹地点）近300处。

从这些旧石器时代遗址分布的地理环境来看，无论是山区（包括洞穴）遗址还是低山丘陵及平原地区的遗址，其附近必有河流；事实上，鄂西（北）及湘西的这些旧石器时代遗址（地点）其大多数就是分布在河流沿岸的阶地之上的。三峡地区的旧石器时代遗址的分布情况亦与之相似，也多分布在长江沿岸及其他一些支流的阶地上。

从出土器物来看，据对这一环绕地带旧石器时代遗物中最具特色的尖状器的比较分析，不少研究旧石器文化的学者都认为，在旧石器时代，北方与南方两湖地区的旧石器文化有过密切的交往关系。而三峡地区出土的旧石器时代的石器，加工简单、粗糙，具有华南砾石工业的特点，这些特点与三峡东部两湖地区石器文化的特点基本一样。20世纪70年代，在三峡西部地区发现的著名的铜梁张二塘旧石器时代晚期遗址（后命名为"铜梁文化"），也出土了一些旧石器时代早中期的大尖状器类，这说明

---

① 参见黄万波等：《巫山迷宫洞旧石器时代洞穴遗址1999年试掘报告》，《龙骨坡史前文化志》（第2卷），中华书局，2000年。

② 陈少坤：《迷宫洞遗址》，中国文史出版社，2015年，第113页。

铜梁张二塘石器文化与东部地区早、中期的旧石器文化有较多的相似之处①。

从遗址的时代来看，在三峡东部的两湖地区，属于旧石器时代早、中、晚期的遗址均多有发现，尤其是旧石器时代早期的遗址，发现的遗址总数量占有一定的比例。而从迄今公布的材料来看，三峡地区属于旧石器时代早期的遗址却较少，而中、晚期的遗址较多。因此，从时代、地理环境等方面来综合分析，推测三峡地区"可能是连接华南与四川盆地旧石器工业的纽带"②。

2. 与三峡西部四川盆地旧石器时代文化的关系

四川盆地位于四川省与重庆市东部，西倚青藏高原，南接云贵高原，北界秦岭，群山环绕。在这一区域里，考古部门先后发现了一些古人类化石和旧石器遗址（包括一些采集点）。从目前已公布的旧石器时代文化遗存的材料来看，其时代都属于旧石器时代晚期。目前还没有发现旧石器时代早、中期的文化遗存。

根据遗址中出土器物的情况，我们可将四川盆地的旧石器时代文化按东、西两个区域来做一个大致的划分，其中东部区域可视为是以"铜梁文化""资阳人B地点文化"为代表的南方大石器（包括中型石器）工业文化，而西部区域则可视为是以"富林文化""狮子山地点文化"为代表的北方小石器工业文化。其中，东部区域的文化与重庆地区的旧石器时代晚期文化的面貌有一定的共性，即四川东部文化不仅具有长江三峡地区同时期旧石器时代文化的特征，还继承了三峡东部地区旧石器时代早、中期的一些传统特征。此外，铜梁文化、资阳人B地点文化的旧石器中，还体现出了与南边贵州地区某些旧石器文化相似的文化因素。

而从地理环境上来看，三峡地区与四川盆地多有河流可通，交通方便，远古时期的人类沿着河流向西进入四川盆地应该是可以做到的。由此可见，三峡地区的旧石器文化不仅与四川盆地旧石器文化联系密切，而且此地还是沟通我国华南与四川盆地旧石器文化交流的天然走廊。

---

① 王幼平：《更新世环境与中国南方旧石器文化发展》，北京大学出版社，1997年，第111页。

② 王幼平：《更新世环境与中国南方旧石器文化发展》，北京大学出版社，1997年，第115页。

教学重点：

(1) 旧石器时代考古资料的整体情况。

(2) 旧石器时代早、中、晚期重要文化遗存。

(3) 旧石器时代的代表性石器及其衍化。

(4) 三峡地区旧石器时代与周邻地区旧石器时代文化的关系。

(5) 远古时期的长江水位探讨。

教学难点：

三峡地区旧石器时代重要遗存反映的古文化现象及远古人类生活概貌。

第三章 新石器时代考古文化

第一节 新石器时代考古文化概述

在三峡地区的一些宽谷、缓坡和山前台地上，密集地分布着一些新石器时代的人类居住遗址。最近的考古调查与发掘资料表明，这些新石器时代的人类居住遗址，共有200余处。其分布与数量方面，三峡东部地区似比西部地区分布更为广泛，数量也更多一些，其文化内涵也更为丰富。这些遗址的时代涵盖了新石器时代的早、中、晚三个历史阶段，中间无空环，是研究我国新石器时代历史发展的重要地区之一。

一、新石器时代早期

三峡东部地区发现的新石器时代早期遗址主要有宜昌窝棚墩、路家河、三斗坪、伍相庙、杨家嘴、秭归朝天嘴、柳林溪、东门头、玉种地、巴东店子头、楠木园、白羊坪、宜都城背溪、花庙堤、栗树窝、孙家河、枝城北、金子山、青龙山等[1]。西部地区发现的较少，主要遗址有巫山刘家坝、丰都玉溪、奉节鱼复浦[2]等。

出土遗物有石器、陶器、骨器等。石器类主要有斧、锛、凿等。绝大多数石器制作比较粗糙，器物表面不甚平滑，器形不太规整，显现出相当的原始性。但也有少部分小型石器制作比较规整，刃部大多经过磨制，相当锋利。陶器类以圜底器为多见，

---

[1] 国家文物局：《中国文物地图集·湖北分册》（下），西安地图出版社，2002年，第209页（窝棚墩）、210页（路家河）、209页（三斗坪）、208页（伍相布）、210页（杨家嘴）、216页（朝天嘴、柳林溪）、215页（玉种地）；国务院三峡工程建设委员会办公室、国家文物局：《秭归东门头》，科学出版社，2010年，第29~76页；郝国胜：《三峡文物保护研究》，科学出版社，2018年，第77页（玉种地）、79页（店子头、楠木国、白羊坪）；湖北省文物考古研究所：《宜都城背溪》，文物出版社，2001年，第1~67页（城背溪）、171~174页（花庙堤）、96~97页（栗树窝）、147~169页（孙家河）、102~125页（枝城北）、80~95页（金子山）、127~146页（青龙山）。

[2] 重庆市博物馆：《重庆市考古五十年》，文物出版社，1999年，第360、361页。

次为圈足器、平底器。器形主要有壶、罐、釜、钵、碗、盘、支座等。制法一般采用泥片贴筑法，以手制为主，器形一般不太规整，是较原始的文化遗物。

在奉节鱼复浦遗址中，出土的石器、骨器标本多达1000余件，此外，还发现了12个烧土堆及烧石、烧骨。奉节鱼复浦遗址的年代约在距今8000～7000年（有学者认为鱼复浦遗址是旧石器时代晚期遗存）。其他位于西陵峡地区的诸遗址，年代亦多在距今8000～7000年，基本上可与该地区新石器时代中期大溪文化的年代相衔接。

二、新石器时代中期

属于这一历史阶段的遗址可以1959年发掘的巫山大溪遗址为代表，该遗址文化被考古学命名为"大溪文化"[①]。除巫山大溪遗址以外，秭归老坟园、白水河、朝天嘴（二期文化）、龚家大沟、柳林碛、巴东店子头、土寨子，宜昌中堡岛、杨家湾、白狮湾、黄土包、清水滩、伍相庙、巫山江东嘴、欧家老屋、大脚洞等[②]，也都属于这一时期的遗址。从调查、发掘资料得知，属于巫山大溪文化类型的遗存多分布在三峡东部地区，三峡西部地区只有零星发现。

出土遗物主要为石器和陶器，但已较前更丰富更先进。石器类主要有斧、锛、凿、球、锄、铲、雕刻器、盘状器、砍砸器、杵、镞、尖状器、纺轮、砺石等。制作方法上，一般是先将原石打制成毛坯，然后再磨制而成，多有弧刃。陶器类主要有壶、罐、釜、簋、钵、碗、盘、杯、瓶、盖、支座等。多为手制，采用泥条盘筑法。圈足器大多是将器身与圈足分别制作好后再黏接而成的。可喜的是，这一时期的陶器中已出现描绘图案的各类彩陶，甚至还发现了300余片刻有各种符号的陶片。据研究，这类陶片上的"刻划符号"当与我国文字的起源有一定关系。

有的遗址地层中，还发现有成批的墓葬和房屋建筑遗迹。

据测定，三峡东部地区的这类大溪文化遗存的年代约在距今6300～5000年[③]。

过去认为，大溪文化遗物不过瞿塘峡以西地区，而近年来的考古发现资料显示，

[①] 何介钧：《试论大溪文化》，《中国考古学会第二次年会论文集》，文物出版社，1982年。

[②] 杨华：《三峡远古时代考古文化》，重庆出版社，2007年，第105～113页；郝国胜：《三峡文物保护研究》，科学出版社，2018年，第75、76、79页（店子头、土寨子）；国家文物局：《中国文物地图集·重庆分册》（下），文物出版社，2010年，第427、428页（江东嘴、欧家老屋）。

[③] 中国社会科学院考古研究所：《中国考古学新石器时代卷》，中国社会科学出版社，2010年，第424页。

大溪文化遗物在瞿塘峡以西地区的奉节洋安渡遗址[①]、云阳故陵战国墓葬[②]、丰都玉溪遗址[③]等遗址及墓葬中皆有发现。

三、新石器时代晚期

新石器时代晚期的文化遗存在三峡地区广有分布，三峡东部地区主要以"屈家岭文化""石家河文化"遗存为代表；西部地区主要以"玉溪坪文化"（也有学者称为"哨棚嘴文化"）、"中坝文化"遗存为代表。屈家岭文化类型的遗存主要有宜昌中堡岛、杨家湾、清水滩、秭归渡口、官庄坪、鸽子窝、仓坪等。石家河文化类型的遗存主要有宜昌白庙子、下岸溪、下尾子、王家湾、黄土嘴、庙坪、旧州河、何家坪、巴东雷家坪等。属于玉溪坪文化类型的遗址主要有涪陵陈家嘴，丰都玉溪坪、秦家院，忠县哨棚嘴、瓦渣地、杜家院子，万州苏和坪、涪溪口、黄柏溪，云阳大地坪等[④]。中坝文化类型的遗存主要有涪陵蔺市、大河口，丰都玉溪坪，忠县中坝、哨棚嘴、杜家院子、奉节老关庙，巫山大溪、魏家院子、锁龙等[⑤]。另在渝西嘉陵江中下游、渝东南乌江下游也发现了玉溪坪文化、中坝文化的遗址[⑥]。

这类遗址出土的石器种类较多，主要有斧、锄、铲、耙、镰、砍伐器、凿、锛、石杵、磨盘、网坠、矛、匕、刀、镞、石球等。不过需要指出的是，虽然石器的种类和数量都比较多，但与三峡地区大溪文化遗存中出土的石器种类、数量相比，都已有减少或减退的趋势。陶器的器类和器形则更为丰富。屈家岭文化类型的器形主要有双腹碗、双腹豆、双腹鼎、壶形器、高圈足杯、蛋壳彩陶碗、杯、罐形鼎、盆、碟、锅、尊形器、钵、器盖、陶球、罐、纺轮等；石家河文化类型的器形主要有深腹罐、

---

① 邹后曦、袁东山：《重庆峡江地区的新石器文化》，《重庆·2001三峡文物保护学术研讨会论文集》，科学出版社，2003年。

② 邹后曦、袁东山：《重庆峡江地区的新石器文化》，《重庆·2001三峡文物保护学术研讨会论文集》，科学出版社，2003年。

③ 白九江、蒋晓春：《丰都县玉溪新石器时代至唐代遗址》，《重庆历史与文化》2000年第1期。

④ 国家文物局：《中国文物地图集·湖北分册》（下），西安地图出版社，2002年，第208~211页（中堡岛、杨家湾、清水滩等），第521页（雷家坪）；杨华：《三峡远古时代考古文化》，重庆出版社，2007年，第113页（渡口、官庄坪、仓坪等）、第118页（白庙子、下岸溪、王家湾、黄土嘴、庙坪等）；白九江：《重庆地区的新石器文化——以三峡地区为中心》，巴蜀书社，2010年，第112页（玉溪坪、秦家院、哨棚嘴、瓦渣地、杜家院子、苏和坪等）。

⑤ 杨华：《三峡远古时代考古文化》，重庆出版社，2007年，第123页。

⑥ 白九江：《重庆地区的新石器文化——以三峡地区为中心》，巴蜀书社，2010年，第147~154页。

圈足盘、鼓腹罐、大口罐、鼎、釜、瓶、杯、平底钵、竹节豆、甗、器座、擂钵等；哨棚嘴文化类型常见的器形有侈口深腹盆、宽平沿直腹或鼓腹盆、小花边深腹罐、侈口鼓腹罐、高领罐、浅盘豆、钵、杯、尖底器、瓮、纺轮等。

经测定，上述文化类型的年代分别是：屈家岭文化年代为距今5300~4600年，石家河文化年代为距今4600~4000年，玉溪坪文化、中坝文化的距今年代与三峡东部地区的屈家岭文化、石家河文化相当[①]。

第二节 新石器时代考古文化遗存

依据整个三峡地区考古发现的新石器时代诸遗存的文化内涵及近年来学术界研究的基本结论，我们拟将这一地域考古发现的属于新石器时代遗存的资料分为上、下两个文化圈（区）予以介绍。这两个区域大致上以瞿塘峡为界，其东我们称为瞿塘峡以东地区，其西则称为瞿塘峡以西地区。

一、瞿塘峡以东地区

（一）新石器时代早期

相当于新石器时代早期遗存的遗址主要有宜昌路家河、三斗坪、伍相庙、窝棚墩、杨家嘴、秭归朝天嘴、柳林溪、东门头等。1994~1995年，武汉大学历史系考古专业师生又在巴东沿江两岸发现了几处新石器时代早期的文化遗存，分别为巴东白羊坪、火焰石、楠木园遗存。据统计，在西陵峡地区，这类遗存有近30处。此外，在西陵峡出口处还发现了宜都花庙堤、枝城北、白水港、孙家河、栗树窝子、金子山、城背溪、枝江青龙山、当阳朱家湾以及西陵峡南岸的长阳桅杆坪等10余处遗址。现择选两处最具代表性的遗址资料介绍如下。

1. 长阳桅杆坪遗址

桅杆坪遗址位于长阳渔峡口镇盐池温泉对岸的台地上，其地在长江西陵峡南端的清江河中游处。遗址现残存面积约5000平方米，遗址地面到处都散落着一些新石器时代的石器和残陶片，有的田坎断面上还能看到一些新石器时代的墓葬痕迹。

---

① 白九江：《重庆地区的新石器文化——以三峡地区为中心》，巴蜀书社，2010年，第25页。

1991~1992年，湖北省清江隔河岩考古队先后两次对该遗址进行了考古发掘，共揭露遗址面积近500平方米。据发掘资料披露，遗址堆积层从地表向下至生土，最深处达1.5米，古文化遗物多出土在靠下部1米以内的堆积层中，而在1米以上的上部堆积层中发现较少。遗址的地层堆积可分为5个层位，第4层为新石器时代中期偏早阶段，接近于城背溪文化的年代；第5层相当于新石器时代初期阶段。这里，我们仅将遗址第4、5层的资料简述如下。

在第20号探方的第4层中，出土遗物主要有石器、陶器、骨器。其中石器有石斧和石片，另发现了较多的小块黑色燧石石料、大小铁矿石等；陶器仅有釜、罐，另还有夹炭陶片和夹蚌陶片；骨器有铲、笄及一些被火烧过的动物碎骨。在第16号探方的第4层中发现墓葬一座，墓葬的情况大致是，墓圹及葬具不清，人骨架头西脚东，为仰身直肢葬，无任何随葬品。墓主人年龄在30~35岁，为男性壮年个体。经测量和测算，该男子身高可能在175~180厘米。据对人骨标本的测定，其距今年代为（5790±110）年，树轮校正年代为距今6800年左右，接近于"城背溪文化遗存"的年代[①]。

第5层在绝大多数探方中不见，仅见于第20号探方、第22号探方（沟）。出土遗物的种类和数量都不多，只有少许石器、角器和陶片。石器有铲、锤、石片、砺石。除石器外，还发现了小块矿石以及若干黑色细小的燧石打制石片。角器由灰白色麋鹿角主枝和一眉枝稍作加工而成。另在探方中还发现了动物骨骸，多为碎骨。出土的陶片仅一块，为泥质灰黑陶，残长约8、宽6、厚0.7厘米，破碎松软。对于这块陶片，中国社会科学院考古研究所实验室结合同层位的动物标本测定，其年代为距今（10070±190）年，即距今10000年左右[②]，属于新石器时代初期阶段。除石器、角器、陶片等遗物外，在本层之下还发现了一些似与房屋有关的基址，主要是一些大石头（约10余个）。发掘报告对这一遗迹现象的解释是："房基仅存用作柱础的大石头10余个，每个大石头向上的一面都比较平整，若不作为柱础，也是人们聚会时较好的坐凳。"

上述考古发现资料证明，桅杆坪遗址是一处从旧石器时代末期向新石器时代过渡的文化遗存，遗址的发掘填补了三峡东部地区过去不见新石器时代早期（偏早阶段）人类活动的历史空白。

---

① 湖北省清江隔河岩考古队、湖北省文物考古研究所：《清江考古》，科学出版社，2004年，第41~77页。

② 湖北省清江隔河岩考古队、湖北省文物考古研究所：《清江考古》，科学出版社，2004年，第77页。

2. 宜都城背溪遗址

1982年，宜昌博物馆文物普查队在宜都调查时发现了城背溪遗址[①]，次年，由北京大学考古系、湖北省博物馆、宜昌博物馆联合组成的考古队对城背溪遗址进行了正式考古发掘。从发掘出土的各类遗物标本分析，考古工作者认为其中有一些遗物可能属于新石器时代偏早阶段。为了能获得更多实物资料，湖北省博物馆于1984年再次对该遗址进行了发掘。

据发掘资料可知，遗址的地层堆积可分上、下两个文化层。上层属夏商时期文化，下层属新石器时代早期文化。新石器时代早期的遗物主要为石器和陶器。

石器以打制、琢制和磨制为主，其中又以打制的刮削器出土数量最多，其次是砍砸器、打制石斧。磨制石器不太多，一般多仅磨制刃部，通体磨光者少见。所用石料为紧挨着遗址的江滩河卵石。器形有斧、锛、球、凿、刮削器、网坠、石核、石片、砍砸器（图3-1，1、4、9）等。

陶器以夹砂夹炭红褐陶为主，灰褐陶、泥质陶次之，另有一部分器表为红色，胎为黑色的陶片。陶器多采用泥片贴筑法制作而成，从陶片断面可明显观察到有好几层。多数陶器外表有纹饰，纹样主要有绳纹、细绳纹、压印纹、刻划纹等。在这几种纹样中，以浅而错乱的绳纹最为常见。器形主要有釜、罐、钵、盆、壶、支座、小口瓶、碟（图3-2，2、3、6；图3-3，5、9、11、12）等。

经对以上陶器与鄂西、湘西北以及江汉平原等邻近地区出土的同时代陶器的比较分析，发现城背溪遗址下层文化中出土的陶器无论是陶质、陶色、器形还是陶器外表的纹样等，与湘西北的"彭头山文化""石门皂市下层文化"等遗存中的遗物都极相似。城背溪文化的相对年代，上限不超过公元前6500年，下线为公元前5000年[②]，基本上与石门皂市下层文化的年代相当，但要略晚于彭头山文化的年代。鉴于城背溪遗址地层中的出土遗物在湖北省过去的考古发现中极为少见，应属于一种新的考古学文化遗存，因此，考古研究者特将这一具有较独特文化面貌的遗存命名为"城背溪文化"。

（二）新石器时代中期

众多的考古学资料证明，大溪文化是继"城背溪文化"之后发展起来的一种相当于新石器时代中期的文化。大溪文化于1959年在巫山县大溪镇发掘后命名。在三峡地区，除巫山大溪遗址以外，类似的遗址还有巫山大脚洞，长阳西寺坪，秭归朝天嘴

[①] 1982年10月，宜昌博物馆的文物干部程耀庭、高应勤、王家德、杨华等首次调查发现。

[②] 湖北省文物考古研究所：《宜都城背溪》，文物出版社，2001年，第282页。

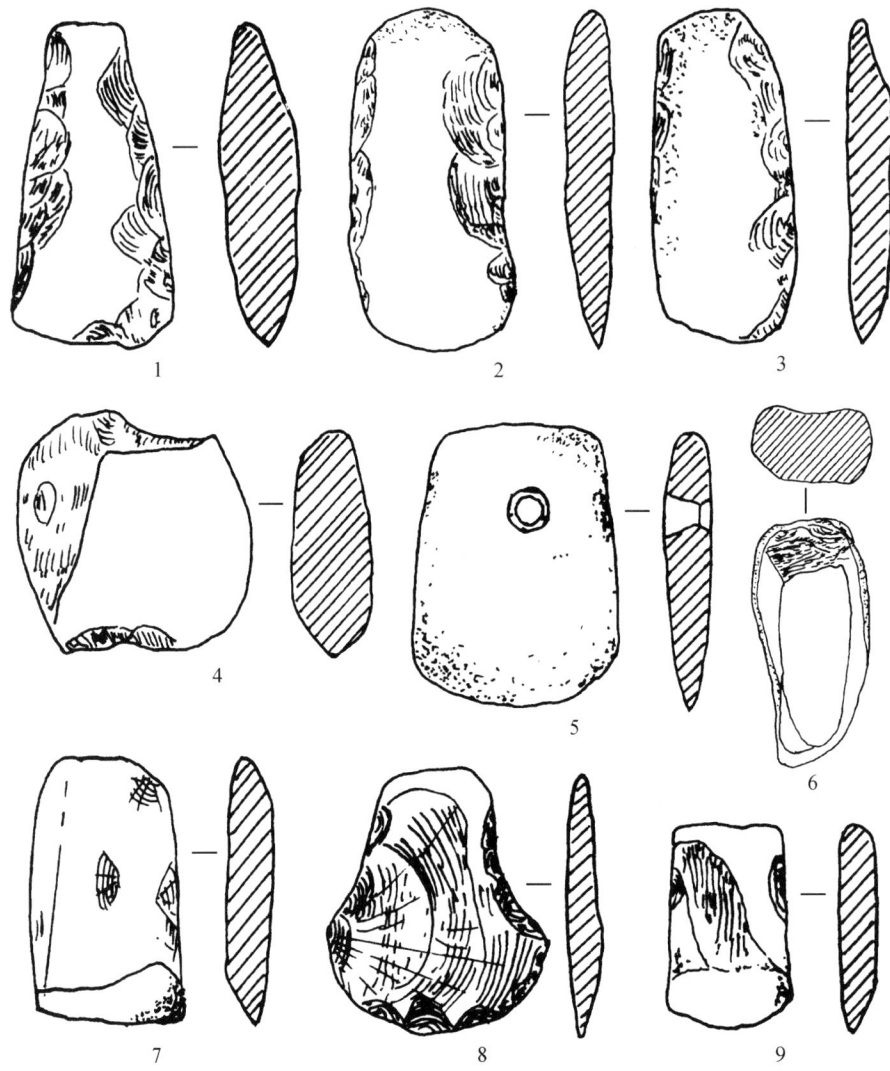

图3-1 新石器时代城背溪文化遗存中的石制工具
1~3、8、9.斧 4.网坠 5.砍砸器 6.砺石 7.锛
（1、4、9出土于城背溪，2、3、6、8出土于柳林溪，5、7出土于朝天嘴）

（二期文化）、龚家大沟、长府沱，宜昌中堡岛、杨家湾、伍相庙、黄土包、三斗坪、黄陵庙、清水滩、白狮湾等，这类遗存在西陵峡地区分布十分密集。现择举两处最具代表性的遗址资料介绍如下。

1. 宜昌三斗坪遗址

该遗址位于宜昌夷陵区原三斗坪镇东侧，西北与中堡岛遗址（现三峡大坝坝址）相距1千米，隔长江与对岸台地上的覃家沱、白狮湾遗址相望。该遗址原面积较大，受长江洪水的冲刷，破坏已相当严重，20世纪60年代初，中国科学院考古研究所试

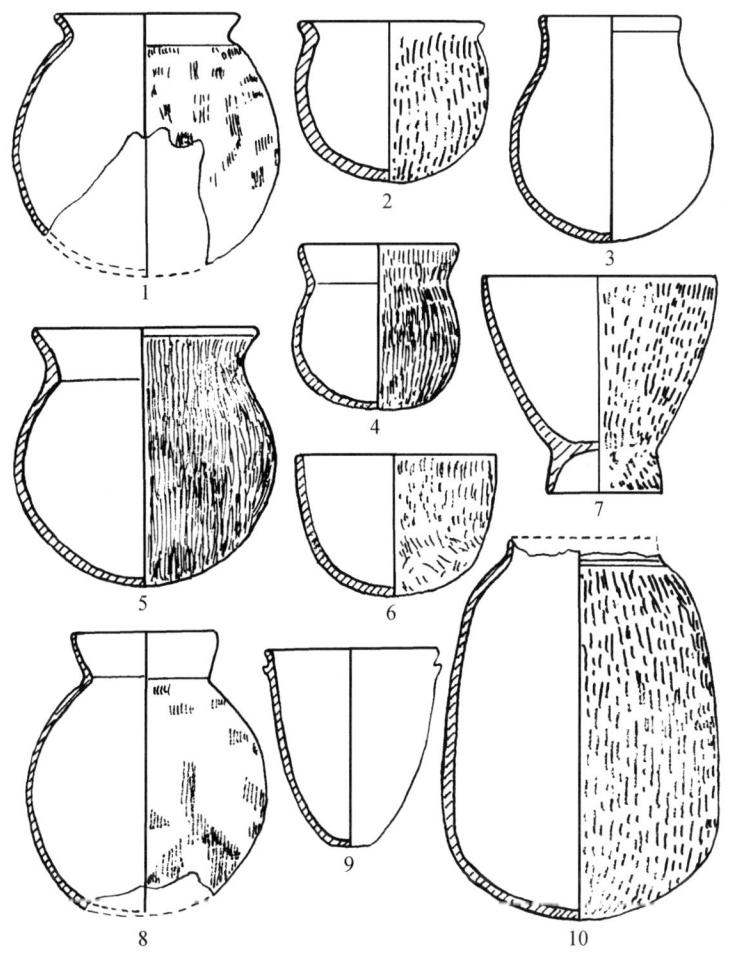

图3-2 新石器时代城背溪文化遗存中的陶器（一）
1~5.釜 6.钵 7.圈足碗 8.高领罐 9.大口高领罐 10.壶
（1、8出土于秭归柳林溪，2、3、6出土于宜都城背溪，余出土于秭归朝天嘴）

掘时测得遗址残存面积仅1500余平方米[①]。在遗址处的江边河漫滩上，石器、残陶器（片）、瓦块、青瓷器（片）等随处可见。由此推测，该遗址原文化内涵应是比较丰富的。

三斗坪遗址大溪文化堆积出土遗物主要有石器、陶器、骨器等。石器类以打制石器为主，器形有斧、锛、凿、球、石片等。陶器类以夹砂、夹炭陶为主，次为泥质陶。纹饰主要有线纹（占21%）、绳纹（占17%）、刻划纹、戳印纹（占2.5%）等，另有一定数量的彩绘陶。主要器形有鼎、釜、罐、壶、钵、豆、碗、盆、支座等。骨器较少，仅见骨锥。

---

① 中国科学院考古研究所长江队三峡工作组：《长江西陵峡考古调查与试掘》，《考古》1961年第5期。

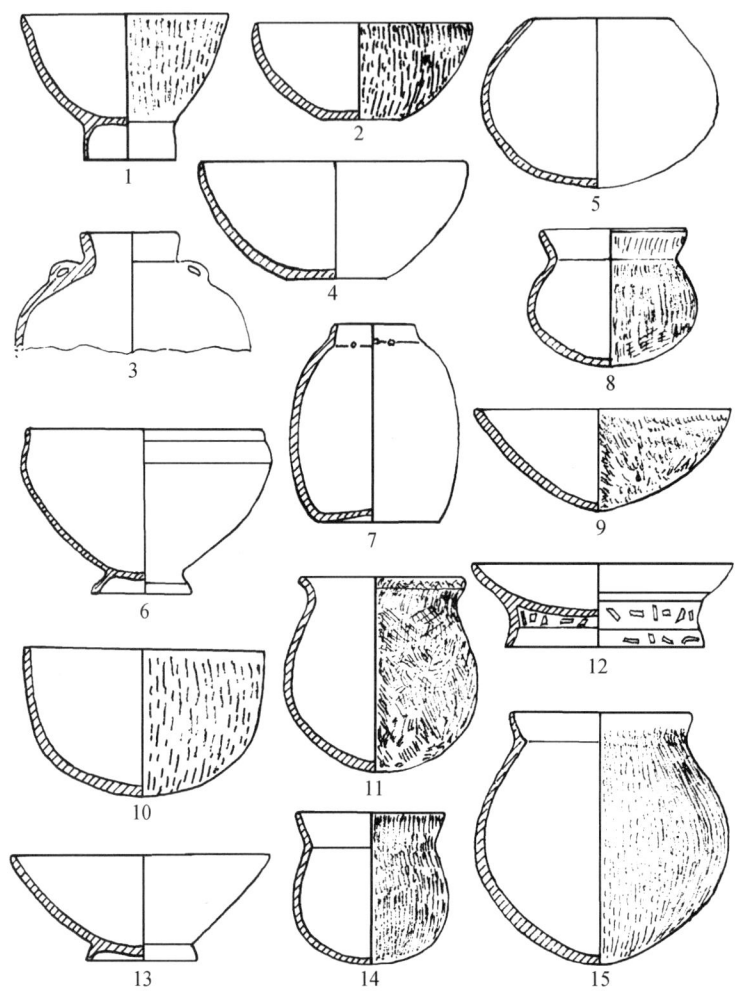

图3-3 新石器时代城背溪文化遗存中的陶器（二）

1、4、13.碗 2.平底钵 3.双耳罐 5、10.圜底钵 6.圈足碗 7.壶 8.罐 9.钵 11、14、15.釜 12.圈足盘
（1、4、7、8、13~15出土于秭归朝天嘴，2、3、6、10出土于秭归柳林溪，5、9、11、12出土于宜都城背溪）

在遗址地层中还清理出了一批大溪文化的墓葬，共8座。墓葬分前后两排，每排大致在一条线上，呈西北—东南方向排列。墓葬皆为浅土坑墓，平面形状有长椭圆形和不规则的圆形。葬式比较复杂，主要有蜷曲式、蹲坐式、仰身屈肢式等。骨架弯曲的程度比较大，如M2骨架背弯曲，下肢屈，靠拢，蹲踞，双膝接近头部（图3-4）。以上这种葬式在长阳清江流域及巫山大溪文化遗址中也有发现。墓内基本上不见随葬品，但有的墓内放有一石块。

该遗址大溪文化地层中出土的陶器一般都是较大型的器物，小型器皿较少。陶器的形态、陶质、陶色及纹饰等都较接近城背溪文化陶器的特点，但两者间也存在一些差异，如彩陶的纹样就比城背溪彩陶的图案要复杂些，数量也要多些，装饰的艺术水

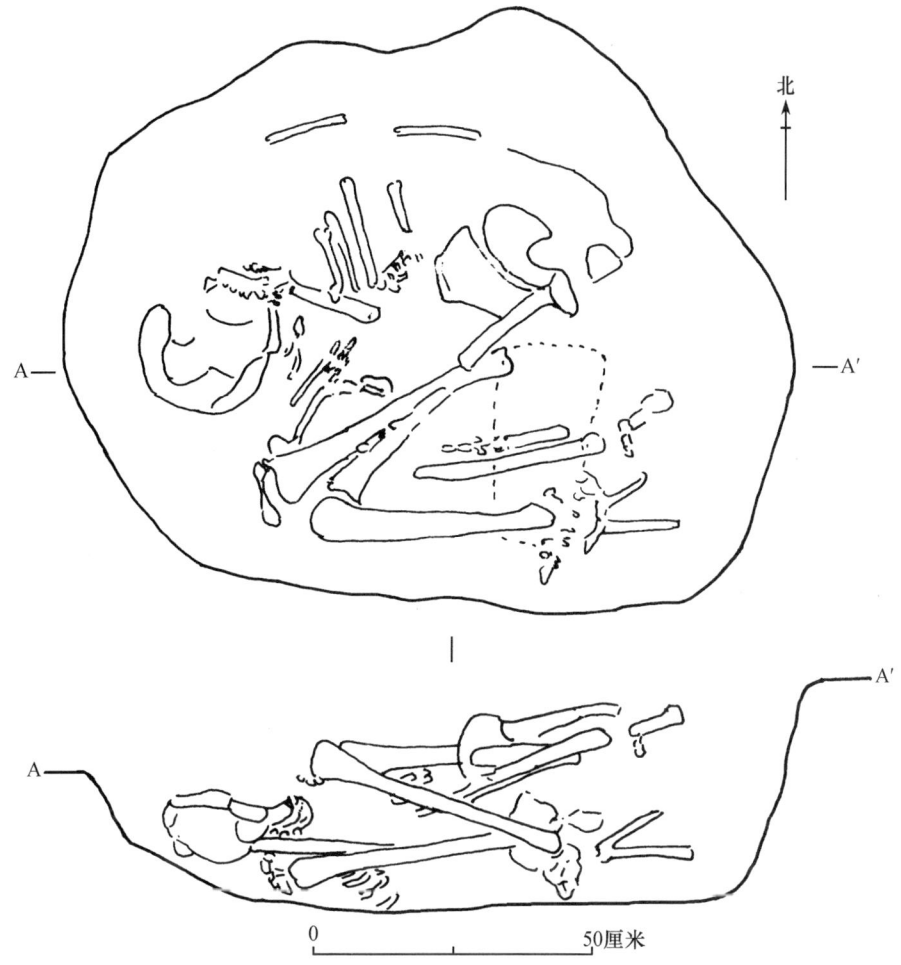

图3-4 宜昌三斗坪遗址中新石器时代大溪文化时期M2平、剖面图

平也要高些。因此,三斗坪遗址第5、6层堆积的形成年代当在大溪文化早期阶段[①]。

2. 长阳西寺坪遗址

该遗址是清江流域考古发掘的一处面积最大的新石器时代大溪文化类型的遗址,东距长阳县津洋口镇约1千米,清江自西南向东北流经西寺坪,属于清江南岸的一级台地,此台地略高于清江常年水面6~7.5米(此处清江河边的海拔高程约为76米)。遗址占地面积达1万平方米以上。

1987年3~12月,湖北省清江隔河岩考古队对该遗址进行了较大规模的考古发掘。遗址的第3层为新石器时代文化堆积层,厚达0.2~1米。遗址的文化堆积层虽不太厚,

---

① 湖北省文物考古研究所:《1985~1986年三峡地区三斗坪遗址发掘简报》,《三峡考古之发现》(二),湖北科学技术出版社,2000年。

但堆积层内所包含的遗物却非常丰富，出土了大量石器、陶器、骨器以及一些动物碎骨和炭末等。

出土的石器共有1577件，以磨制石器为主（完整器有392件），打制石器次之（完整器有36件）。常见的器形有斧、锄、铲、锛、凿、砺石、敲砸器、盘状石制品等。这盘状石制品是一种此前未曾见过的打制石制品，有大、中、小三种型号之分，数量多达933件。发掘者认为，盘状石制品"很可能是用作铺平地面的石材"[①]。

出土的陶器也十分丰富，据统计，陶片数量多达10万余片，完整的和可以复原的陶器就有631件。器形有釜、碗、钵、盘、罐、杯、尊、球、盆、器盖、器座、支座等。

骨器类绝大多数是用动物肢骨稍加磨制而成的，也有极少数骨器未经磨制就直接投入使用了。主要器形有铲、凿、针、锥、鱼钩、镞、刀、笄等（图3-5）。

遗址中出土的动物骨骸类别也较丰富，有哺乳动物的啮齿类、灵长类、食肉类、奇蹄类、偶蹄类、长鼻类等七类17种以及鱼类等。

遗址中发现的新石器时代的文化遗迹有灰坑32个、房屋基址1座（编号F1）、红烧土遗迹1处。灰坑的坑口平面多为不太规则的圆形和椭圆形，不少灰坑中都发现了陶器，如在第4号灰坑中，就出土残陶器38件，经修复获得复原器32件。房屋基址为一椭圆形遗迹，该房址叠压在第3层下，分布在5个探方内（约120平方米）。房址内发现了红烧土块平面和柱洞9个。此外，还有占地面积约10平方米的红烧土遗迹1处，该红烧土遗迹"可能是一座灶膛"[②]。

西寺坪遗址几个靠河边的探方主要出土的是骨器，这里可能是当时制作骨器的加工场。遗址中发现了家猪、水牛的骨骸，这证明当时已经有了饲养业。一些水生物如鱼、蚌、螺的骨骸以及一些兽骨遗骸的发现，又说明渔猎业在社会经济中仍占有较重要的位置。

将发现的陶器与邻近的一些新石器时代遗址中出土的陶器进行比较分析后可知，西寺坪遗址的年代约相当于新石器时代中期，接近于长江西陵峡地区宜昌杨家湾遗址所处的年代[③]。

---

① 湖北省清江隔河岩考古队、湖北省文物考古研究所：《清江考古》，科学出版社，2004年，第100页。

② 湖北省清江隔河岩考古队、湖北省文物考古研究所：《清江考古》，科学出版社，2004年，第86页。

③ 湖北省清江隔河岩考古队、湖北省文物考古研究所：《清江考古》，科学出版社，2004年，第147、148页。

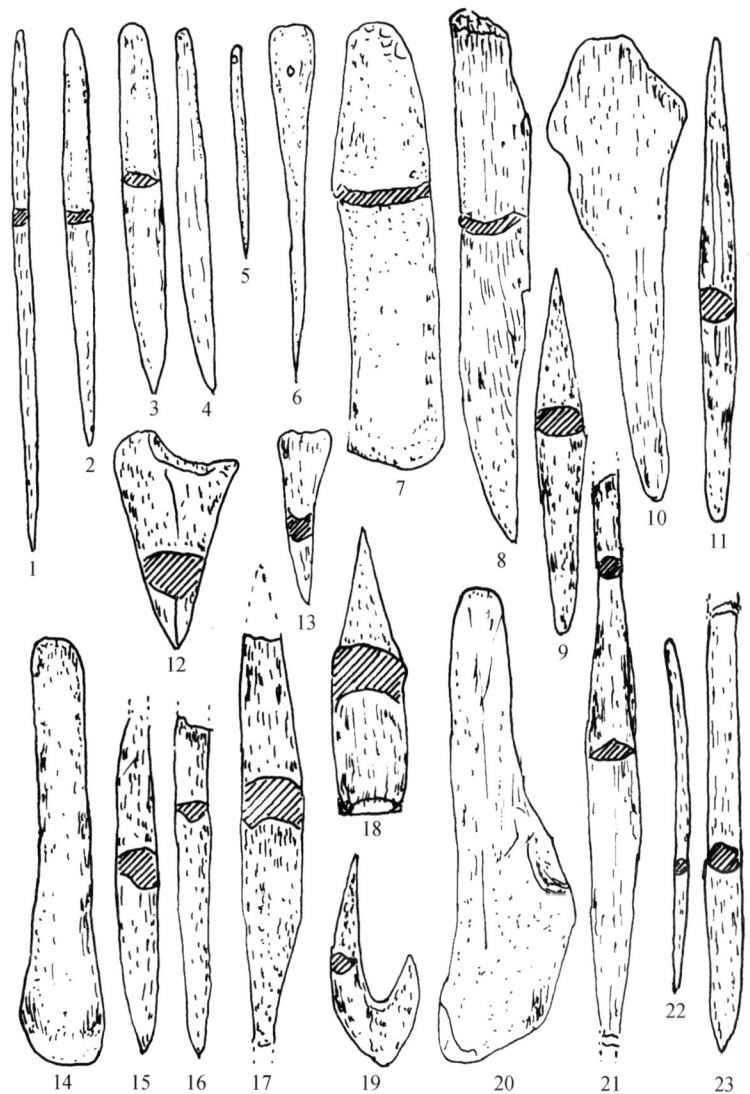

图3-5 三峡地区新石器时代大溪文化遗存中的骨制工具

1~4、11~13、15、16、21.锥 5、6、22.针 7.凿 8、18.矛 9、23.镞 10、20.匕 14.刮刀
17.枪头 19.镖

（1~8、10、14、20、21出土于巫山大溪，9、11~13、18、19、22出土于宜昌清水滩，15~17、23出土于中堡岛）

（三）新石器时代晚期

20世纪50年代以来的考古调查和发掘资料表明，在长江三峡地区相当于新石器时代晚期的遗存，主要有属于江汉地区的屈家岭文化遗存和石家河文化遗存。这类遗存多分布在西陵峡地区，且主要分布在西陵峡以东的地区。不过，近年来考古人员在巫山大溪遗址中发现了属于屈家岭文化的陶器，甚至在瞿塘峡以西地区的奉节、云阳、

万州、忠县、丰都、涪陵等一些新石器时代遗址的地层中，也常见一些属于屈家岭文化遗存的典型器类。

现将新石器时代晚期屈家岭文化、石家河文化遗存的资料简述如下。

1. 屈家岭文化遗存

考古发现的属于屈家岭文化的遗存，分布地域我们可以视为在西陵峡地区范围内，主要遗址有宜昌中堡岛、杨家湾、清水滩，西陵峡口处的望洲坪，秭归渡口、苍坪、官庄坪，巴东李家湾等。在西陵峡地区，这类文化遗存一般都叠压在大溪文化晚期遗存之上，如巴东李家湾，宜昌杨家湾、中堡岛、清水滩，宜都红花套等，皆是如此。下面以宜昌中堡岛遗址为例进行介绍。

宜昌中堡岛遗址发掘于1985年，属于屈家岭文化遗存的堆积层是第9、10层，厚度接近2米，出土遗物有石器、陶器。

石器类：总量接近3000件。制作石器的原料多就近采自河漫滩上的砾石，这类遗址的江边砾石丰富。石器制作方法有打制、琢制、磨制，与大溪文化时期相比，磨制石器的数量有所增多，石器的制作也相当规整。器形主要有斧、锄、铲、凿、锛、雕刻器、尖状器、敲砸器等。

陶器类：以灰陶为主，黑陶次之，泥质灰陶再次之，另有一定数量的黄陶、红陶和蛋壳陶。陶器多为手制，也有再经慢轮修整的。以素面为主，也见有凸弦纹、瓦棱纹、篮纹、篦划纹等纹饰。有的还在器物圈足上饰镂孔，镂孔一般由圆形、半月形、斜长方形组合而成，这类器物多为陶豆。此外，还发现了一定数量的彩绘陶，主要为黑、褐、红三色彩绘。常见的器形有双腹碗、双腹豆、双腹鼎、壶形器、高圈足杯、蛋壳陶碗和杯、卷边足的罐形鼎、罐、盆、三矮足碟、锅、尊形器、钵、器盖、陶球、高领扁腹圈足壶等（图3-6）。大件器形有陶缸。还见有较多的陶纺轮。有相当部分器物比较精致，少数薄胎者可与蛋壳陶媲美。

特别值得一提的是，1993年10~12月，宜昌博物馆的考古人员在中堡岛的中部发掘时，清理出了一批新石器时代晚期屈家岭文化的器物坑23个，集中分布于约80平方米的范围内，其中的21个之间有相互叠压的打破关系。坑口多呈椭圆形，少数近圆形，内壁为斜形或直形。坑口长径一般约1.8、短径一般约1.2、残深0.25~0.8米。

23个器物坑内共出土石器、陶器、玉器等多达1000余件。石器以经过磨制且十分精致的斧、锛、凿为主，次为石杵、石环等。陶器器形主要有圈足杯、双腹豆、双腹碗、盂形器、斜壁杯、弧壁平底杯、细颈壶、簋、器盖、杯、纺轮等。玉器有璜、环、镯等，形体规整，制作精细，尤其是钻孔技术，已体现出较高的工艺水平。这批器物坑的真正用途，笔者认为，可能与当时人们的祭祀活动有一定关系。

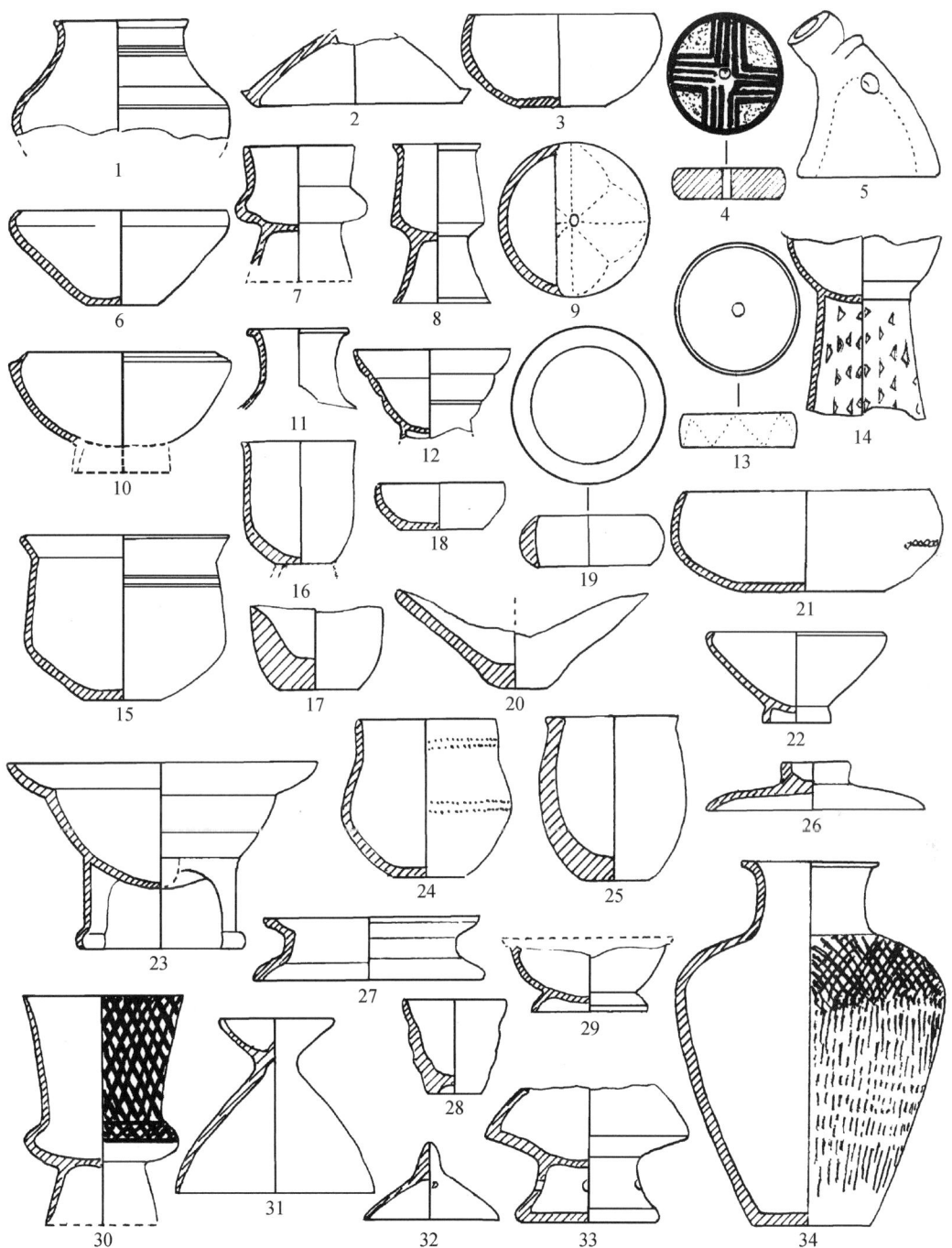

图3-6 宜昌中堡岛遗址中出土的新石器时代屈家岭文化遗存中的陶器

1、11、30、34.壶 2、26、31、32.器盖 3、6.盆 4、13.纺轮 5.器座 7.壶形器 8、16.高足杯 9.球 10、22.碗 12、14、23、29.豆 15.缸 17、25、28.杯 18、21.钵 19.环 20.锅 24.罐 27.支座 33.盂形器

（1~4、7~13、15~20为1979年出土，5、6、14、21~34为1985~1986年出土）

中堡岛遗址器物坑的发现堪称重大发现，其在"长江三峡地区乃至整个长江流域都是首次发现"①，为我们研究该区域原始聚落的社会组织形成及生活方式等提供了珍贵的实物资料。

2. 石家河文化遗存

在三峡地区，考古发现的属于新石器时代晚期石家河文化类型的遗存基本上与前面介绍的屈家岭文化遗存一样，主要分布在西陵峡地区，主要遗存有秭归下尾子、黄土咀、旧州河、望家湾、庙坪，宜昌中堡岛、下岸、白庙子、杨家嘴上层等。现将这些遗址中最有代表性的宜昌白庙遗址和秭归庙坪遗址的资料介绍如下。

（1）宜昌白庙遗址

该遗址位于西陵峡南岸，在宜昌市夷陵区三斗坪镇东岳庙村十组长江边的二级台地上，东距黄陵庙6千米，西距三斗坪镇（现为三峡大坝坝址）约2.5千米。遗址东西长约140、南北长约100米，总面积约14000平方米。该遗址于1958年由中国科学院考古研究所调查发现，1979年和1981年宜昌博物馆先后两次进行了试掘。1986年和1993年，湖北省文物考古研究所又对该遗址进行了两次大规模的考古发掘，发掘面积约1000平方米②。

该遗址文化堆积厚0.5~2.5米，从地表开始共可分12个堆积层，其中第7~12层为古代文化堆积层，堆积层中出土的遗物有石器和陶器。

石器的数量较多，制作石器的原料为采自河边漫滩上的砾石，有硅质岩、泥岩、砂岩、黑曜石、石英石等。大件石器多以硅质细砂岩为主要原料，小件石器多用泥岩为原料，更小件的石器如雕刻器、凿等，则一般用硅质细砂岩为原料，而刮削器等则多以黑曜石、石英石制作。石器大都经过磨制，磨制石器占石器总数的80%以上，其他则基本为打制石器。主要器形有斧、锛、凿、雕刻器、矛、钺、镞、杵、敲砸器、刮削器、网坠、砺石、石饼等（图3-7），其中石斧、石锛约占出土石器数量的50%。

陶器以夹砂红陶和泥质灰陶为大宗。器物多手制，但多经过慢轮加工。纹饰主要有绳纹、方格纹、篮纹、戳印纹、锥刺纹、弦纹、刻划纹、叶脉纹等。主要器形有圆柱足圆腹鼎、三足鬶、三足盉、盆形甑、圈足盘、粗柄豆、细柄豆、敛口钵、碗、单耳杯、尖底缸、擂钵、器座、陶塑人像、高领罐、橄榄形罐、高领圈足壶、圜底釜、卷沿瓮（图3-8）等。这些器物以大口深腹小平底罐最为丰富。这些罐可分大、中、小型，一般都有烟炱痕迹。

---

① 杨华：《三峡远古时代考古文化》，重庆出版社，2007年，第114页。
② 湖北省文物考古研究所：《1985~1986年宜昌白庙遗址发掘简报》，《江汉考古》1996年第3期；湖北省文物考古研究所三峡考古队：《湖北宜昌白庙遗址1993年发掘简报》，《江汉考古》1994年第1期。

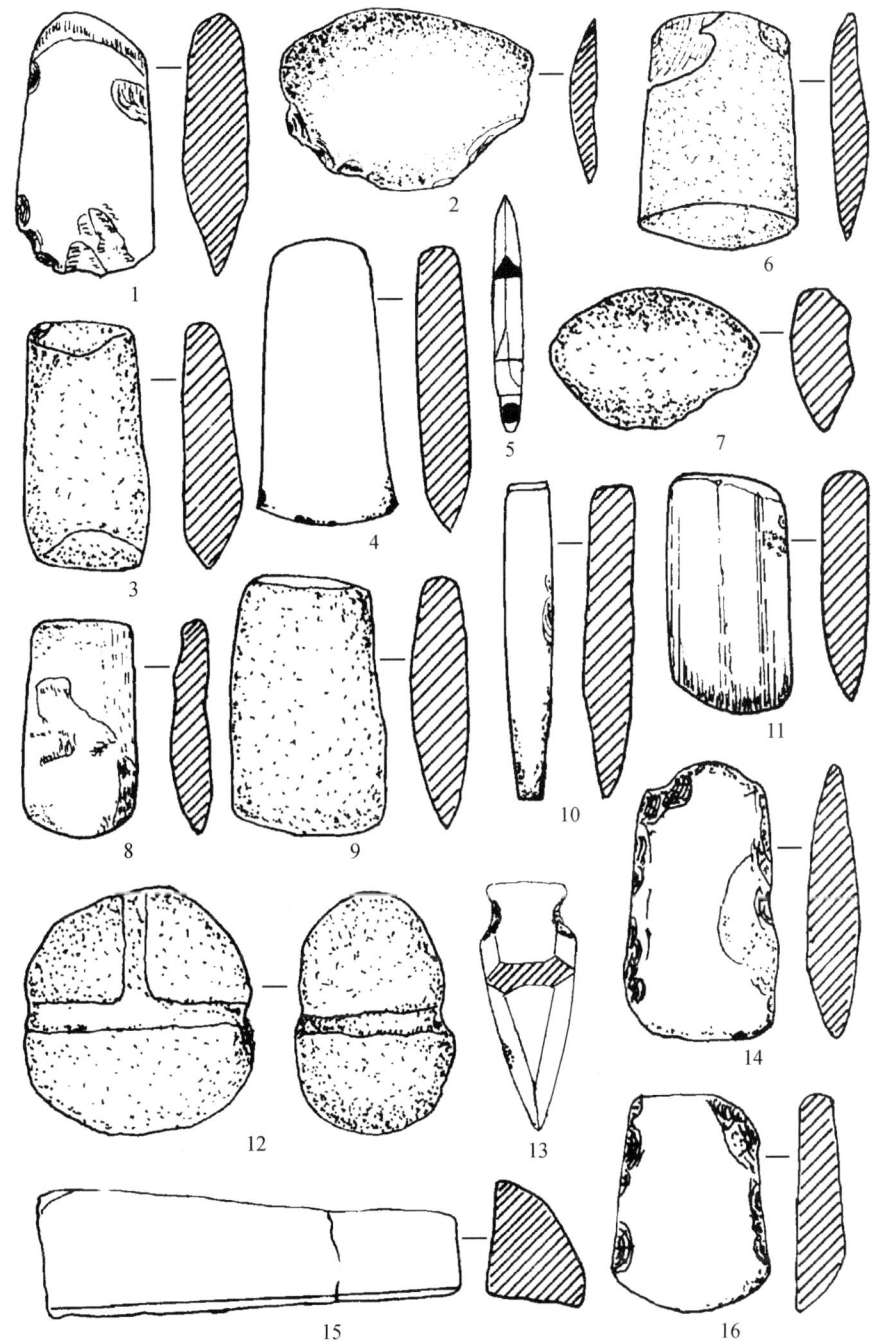

图3-7 三峡东部地区新石器时代晚期遗址中的石器

1、4、6、9、11、14.斧 2.斧 3、8、16.锛 5、13.矛 7.砍砸器 10.凿 12.网坠 15.砺石
(1出土于巴东雷家坪, 2、6、7出土于秭归下尾子, 3、9出土于宜昌下岸, 4、5、12出土于宜昌大坪,
8、10、11、13、15、16出土于宜昌白庙, 14出土于秭归庙坪)

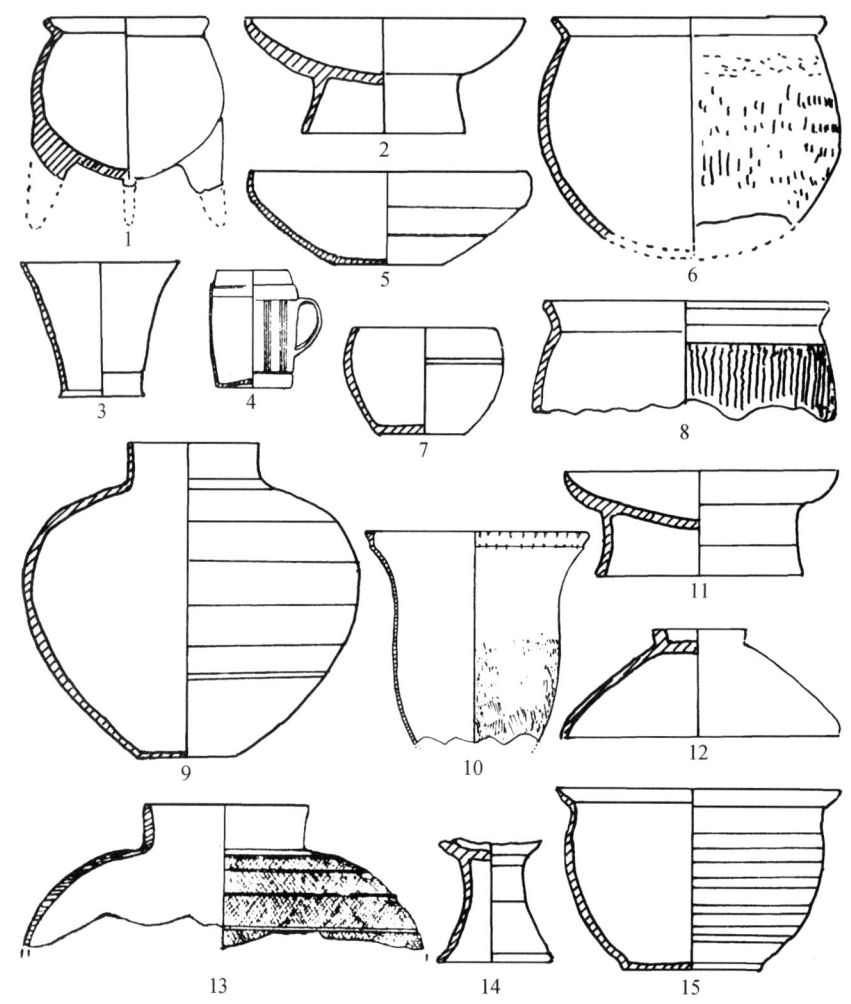

图3-8 三峡地区新石器时代石家河文化遗存中的陶器
1.鼎 2、11.盘 3.甂 4.杯 8.罐 6.釜 5、7.钵 9、13.瓮 10.尊 12.器盖 14.豆 15.甑

白庙遗址地层堆积中出土的鼎、甑、圈足盘、豆、直领罐、高领瓮、尖底缸等器类，基本上与西陵峡口宜都石板巷子、当阳季家湖（考古学称之为"季石遗址"）等遗存中出土的同类器物相似。陶器的器形如中口罐、橄榄形罐、花边口沿器、三足鬶、三足盉，以及陶器多灰陶和多施粗、细竖篮纹、斜篮纹、方格纹等，明显都强烈地受到河南龙山文化以及二里头早期文化的影响。

（2）秭归庙坪遗址

该遗址位于长江西陵峡南岸的一座山坡上，对岸为秭归县归州镇。遗址面积约10000平方米。1996年5月至1997年8月，湖北省文物考古研究所对庙坪遗址进行了大规模的考古发掘，共揭露遗址面积1000余平方米。遗址文化层厚约1米，出土了大量新石器时代晚期及西周时期的遗物。

庙坪遗址新石器时代堆积层中出土的石器多为大型打制石器，主要有斧、锛、锄、凿等。陶器以夹砂灰陶、泥质灰陶为主。纹饰有篮纹、绳纹、附加堆纹等。陶器类型较丰富，典型的器形主要有釜、罐、鼎、缸、盆、豆、碗、钵、杯、器盖、纺轮等。

该遗址的堆积层中，还清理出了一座新石器时代晚期的石家河文化墓葬，墓葬形制为长方形土坑竖穴墓，随葬品皆为陶器，器类有折沿平底方格纹罐、直领圆腹平底灰陶罐等。

若对庙坪遗址堆积层出土的各类遗物的特征进行分析，并将其与鄂西、汉江至洞庭湖流域地区同时期文化遗物相比较，则不难看出，庙坪新石器时代遗址的年代应相当于石家河文化早、中期阶段[①]。

二、瞿塘峡以西地区

据考古调查和发掘资料，瞿塘峡（包括巫山部分地段）以西新石器时代遗址，由东向西主要有巫山地段的魏家梁子、琵琶洲、江东嘴，奉节地段的鱼复浦、老关庙（下层）、杜家坪、老油坊，云阳地段的东阳子，万州地段的中坝子、黄柏溪、苏和坪、大地嘴，忠县地段的中坝、瓦渣地、哨棚嘴，丰都地段的玉溪、玉溪坪、凤凰嘴、黄柳嘴、花庙，涪陵地段的东场口、镇安河嘴、石沱河嘴，长寿地段的陈家湾、杨家湾、渡口、石湾，重庆主城地段的江北区寸滩、朝阳河、水文站、唐家沱、羊坝滩、赵家溪，渝北区的文家湾、唐草湾、观音阁，合川沙梁子，南岸区的鸡冠石、大沙溪、老君坡，巴南区的沙浣、团结河嘴、薛家溪、干溪沟、新房后湾、飞机场，江津的王爷庙等，共70余处。这类遗址中部分保存较好，但多数遗址因数千年来遭受长江及支流洪水的冲击，有的只保留了局部，有的甚至基本上已被破坏掉。

上述遗址绝大多数都属于新石器时代晚期，早期的较少。可以说，自20世纪50年代发现新石器时代中期、晚期的文化遗存以来，一直到20世纪90年代初，在瞿塘峡以西地区，很少发现相当于新石器时代早期的文化遗存。及至20世纪90年代末，随着三峡地区田野考古工作的深入开展，才零星地见到了一些新石器时代早期的文化遗存。考古"地层学"资料证实，这类新石器时代早期的文化遗存（物），有的直接叠压在旧石器时代晚期文化遗存之上，也有的叠压在新石器时代晚期文化遗存之下，而其中的出土遗物，又与瞿塘峡以东地区新石器时代早期的文化遗存相似，由此可以证明，

---

① 湖北省文物考古研究所三峡考古队：《湖北秭归县庙坪遗址1995年试掘简报》，《湖北考古之发现》（二），湖北科学技术出版社，2000年。

瞿塘峡以西地区确有新石器时代早期人类遗址的存在。

还需说明的是，从巫峡以西至重庆江津地区发现的70余处遗址中，除丰都玉溪（下层）、巫山大溪、欧家老屋、大脚洞等遗址以外，其余基本上属于同一个考古学文化类型，只是若再仔细观察，这些新石器时代晚期文化遗址又有偏早阶段和偏晚阶段的区别。

为便于统一讨论，本节中我们特将巫山大溪、欧家老屋、大脚洞等几处新石器时代中期的遗址归入长江西陵峡乃至两湖地区的大溪文化分布区域来予以介绍。下面我们将从巫峡以西地区众多的遗址中，选择几处具有代表性的遗址来进行介绍。

（一）新石器时代早期文化

考古发现的属于新石器时代早期的遗址并不多，目前已知且最有代表性的主要有武隆盐店嘴、丰都玉溪、奉节横路、巫山南门、刘家坝等，这几处新石器时代早期的遗址都是最近几年才发现的。其中丰都玉溪遗址是由重庆市博物馆考古队于1999年5月至次年1月发掘出的，而奉节横路遗址则是在1998年发掘出的。现将丰都玉溪遗址的资料简述如下。

玉溪遗址位于丰都县高家镇北约3千米的金刚村北第2级台地上，海拔为155~158米，遗址现存面积8万余平方米。据当地60多岁的村民介绍，多年前，该遗址原边沿区域较现在向长江江心延伸至少30米。1992年，四川省文物考古研究所发现该遗址较现在的河坎向江心伸出7~8米远，在河坎边上还能见到至少2米以上的文化层。发掘时遗址已被大量冲毁，在其西端的河漫滩上，俯拾即见一些完整石器、残石器、残陶器（片）以及六朝至明清时代的残瓷器（片）等。由此可见，玉溪遗址此前应是一处文化内涵十分丰富的古人类遗址。

1998~2001年，重庆市博物馆考古队对玉溪遗址前后进行了数次大规模的考古发掘，揭露遗址面积达6000余平方米，在商周文化层下发现了大量的新石器时代晚期遗物，最底层出土了一些新石器时代早期的文化遗物，同时还有一些鱼、蚌类骨渣及鹿头骨等兽骨。出土的石器较多，有大、小型之分。大型石器以打制为主，石料为河边的砾石，加工粗糙、简单，多数石片是直接使用的。也有少部分石器的刃部经过磨制。器形主要有斧、锄、刮削器、敲砸器、研磨器等。小型石器皆为黑色燧石制作而成，主要为小石片、小石核[①]。骨器较少，制作精细，器形有锥、针等。陶器大多数为夹砂红褐陶，主要采用泥片贴筑法制成；纹饰也比较单一，仅见绳纹；质地粗疏，

---

① 邹后曦：《略谈1999年度重庆库区考古发掘的重要收获》，《重庆历史与文化》2000年第1期。

火候较低;器形也较单一,能分辨出器形的主要有圜底釜、斜直壁圈足碗、敛口盆等(图3-9);器物的口部一般都饰一种很浅的花边。

玉溪遗址早期地层中出土的器物,无论是陶器还是石器,都给人一种比较原始的感觉。陶器的器形与西陵峡及西陵峡出口处的鄂西、湘西地区的"城背溪文化类型"(湖北)及"石门皂市下层文化类型"(湖南)等遗存中的出土遗物相似,年代大约距今7000年[①]。

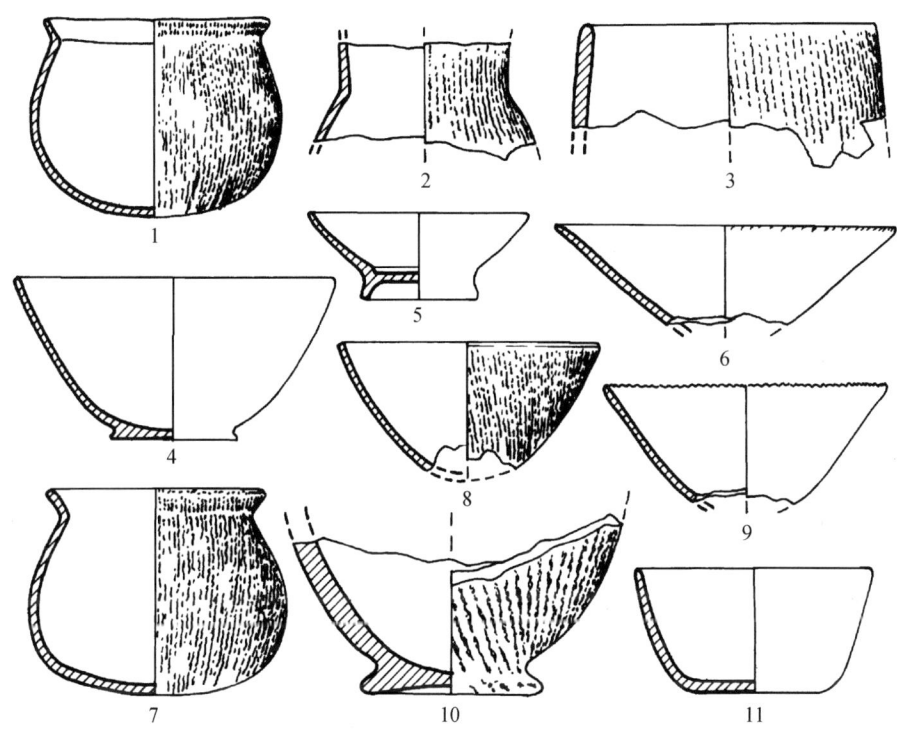

图3-9 丰都玉溪遗址(下层)新石器时代的陶器
1、7.釜 2.高领罐 3、11.深腹钵 4.平底碗 5、6、9.碗 8、10.钵

(二)新石器时代中期文化遗存

到目前为止,关于瞿塘峡以西地区可被直接判明为新石器时代中期文化遗存的正式报告还没有公布出来,但近30年来,随着三峡地区考古工作的深入开展,已陆续有相当于新石器时代中期文化遗存的资料披露。就目前已公布的资料来看,只有丰都玉

---

① 邹后曦:《略谈1999年度重庆库区考古发掘的重要收获》,《重庆历史与文化》2000年第1期。

溪上层文化遗存[1]、玉溪坪下层文化遗存（玉溪坪一期文化）、忠县哨棚嘴一期文化遗存等较为典型，其他则仅为一些零星发现。上述的三处较典型的文化遗存又以哨棚嘴一期文化遗存的内容最为丰富，时代也最早。这里我们将哨棚嘴一期文化遗存的情况做以下介绍。

哨棚嘴遗址位于忠县忠州镇红星村五组，西南距忠县县城约2千米，地处㽏井河与长江交汇处。哨棚嘴遗址最先发现于1957年，是由四川博物馆川东调查小组在三峡地区调查时首次发现的，当时称㽏井沟遗址[2]。1993年和1999年，文物部门先后对该遗址进行过小型试掘。北京大学考古系对哨棚嘴遗址进行了三次正式发掘，1994年第一次发掘，揭露遗址面积116平方米；1997年11月～1998年1月进行了第二次发掘，揭露遗址面积750平方米；1999年11月～2000年1月进行了第三次发掘，揭露遗址面积307平方米[3]。以下我们以1999年度的发掘资料来做探讨。

1999年对哨棚嘴遗址的发掘，确定了该遗址中最早文化遗存的时代相当于三峡东部新石器时代中期的大溪文化时期。据发掘报告记载，哨棚嘴遗址的地层堆积相当厚，其西区文化层可达3米，东区可达2米多。相当于大溪文化的堆积层集中在西区的第9大层至第16大层和东区的第24大层至第32大层。据哨棚嘴遗址地层的叠压关系并结合地层包含物（主要是陶器）的横向比较，考古人员将这些堆积层的文化遗存称为"哨棚嘴一期文化"遗存。

哨棚嘴一期文化的遗物特色鲜明。陶器多为手制，采用泥条盘筑的方法，将器物的口部、器身和器底分段制成后再接为一体，成型后再使用慢轮修整。器物口唇部自早期至晚期皆流行压印、戳印或滚印花边口，在器物表面多饰滚印绳纹构成的菱格纹或滚印绳纹，有的器物腹外饰数道箍带纹（图3-10）。

关于哨棚嘴一期文化的年代，因采集样品的测定年代数据还没有公布，故发掘整理者只能依据器物的比较分析后认为"哨棚嘴一期文化"的时代约相当于三峡东部新石器时代中期大溪文化的中、晚期，其年代范围大致在公元前4000～前3000年[4]。

---

[1] 白九江、蒋晓春：《丰都县玉溪新石器时代至唐代遗址》，《重庆历史与文化》2000年第1期。
[2] 四川省博物馆：《川东长江沿岸新石器时代遗址调查简报》，《考古》1957年8期。
[3] 重庆市文物局、重庆市移民局：《重庆库区考古报告集·1999卷》，科学出版社，2006年，第533页。
[4] 重庆市文物局、重庆市移民局：《重庆库区考古报告集·1999卷》，科学出版社，2006年，第568页。

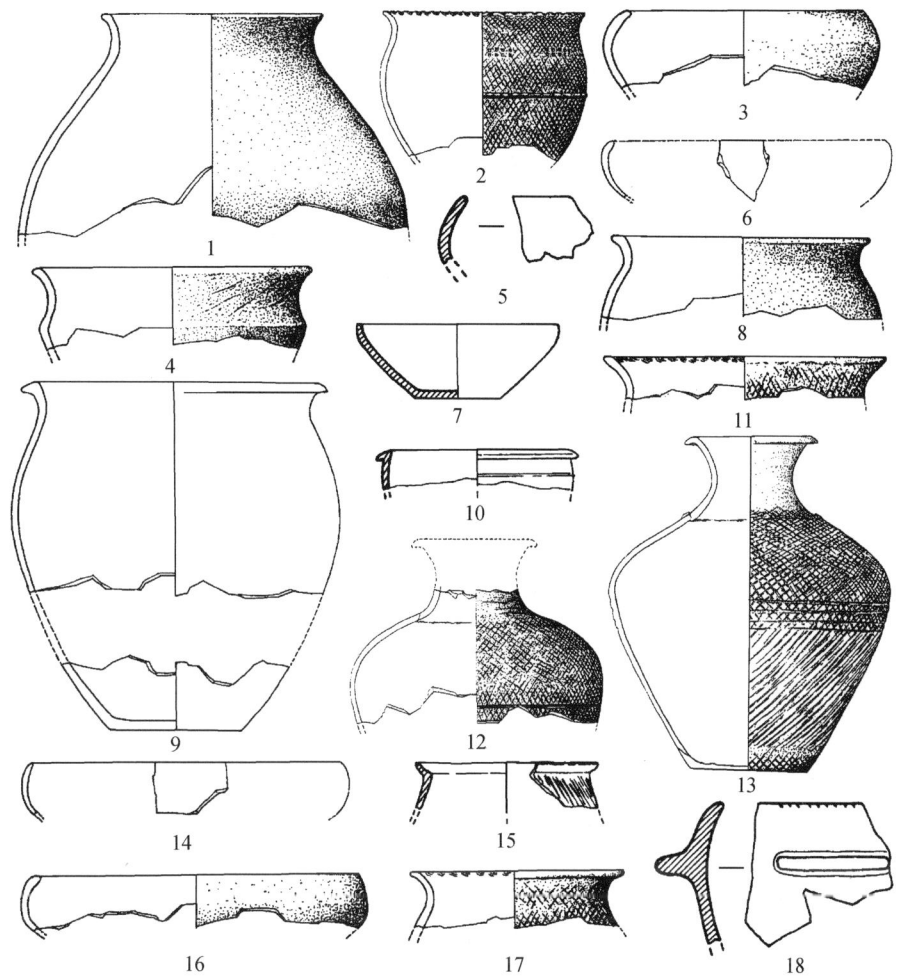

图3-10 三峡西部地区新石器时代中期偏晚时期（相当于三峡东部地区大溪文化晚期）遗存中的陶器
1.小口溜肩鼓腹罐 2、11、17.花边口卷沿鼓腹罐 3、5、6、14、16.敛口钵 4、8.卷沿鼓腹罐 7.敞口钵
9.卷沿大口鼓腹罐 10.卷沿盆 12、13.小口高领瓮 15.折沿釜 18.附耳钵
（5、7、10、15、18出土于丰都玉溪上层，余皆出土于忠县哨棚嘴）

（三）新石器时代晚期文化遗存

前面列举的一些三峡西部地区的新石器时代遗址，其时代绝大多数都属于新石器时代晚期。这些遗址的情况，不少考古发掘报告已予公布，更有一些考古发掘报告正在编写和待刊之中。现举巫山魏家梁子、奉节老关庙两遗址资料介绍于下。

1. 巫山魏家梁子遗址

该遗址位于巫山县大宁河下游左岸的第二级阶地上，1992年文物普查时发现，1993年冬，中国社会科学院考古研究所长江三峡考古工作队与巫山县文物管理所再次进行了复查。大宁河为巫山县境内长江北岸的主要支流，自北向南流经县城东面注入长江，遗址所在地高出河面约20米，残存面积约1500平方米。1994年春，中国社会科学院考古研究所对其进行了正式考古发掘，共揭露遗址面积150平方米。

该遗址地层堆积最深处可达2米左右，可分为5个单位，第3~5层是主要文化堆积层，三个文化堆积层可分别代表该遗址的上、中、下三个遗存单位。经整理研究，该遗存有早、晚两个时期，上层（第3层）为晚期，中、下层（第4、5层）为早期。主要遗迹有居住基址1处，灶坑3个，柱洞3个，墓葬1座。遗物有石器、骨器、陶器和动物骨骼等。

石器类：以磨制石器为主，次为打制石器。具有代表性的打制石器均以青灰色泥岩或砂岩制成，第二次修整的痕迹较明显，器形有石片刮削器和砍伐器两种。磨制石器多以青灰色砂岩制成，主要器形有斧、锛、凿、镞、磨石、石球等。

除用作生产工具的石器外，还有少量骨制工具和陶纺轮。

骨器和陶纺纶：骨器皆通体磨光，有锥、不知名器（似为滑轮）等。陶纺轮形如圆台，有的表面饰点线纹。

陶器类：以夹砂陶为主，且以夹细砂陶居多，少量夹粗砂陶。陶色主要有红褐、褐、灰褐、灰黑、黑皮等。陶器制作以泥条盘筑为主，少数为轮制或经慢轮修整。多数陶器口沿经过加厚处理，并在唇部压有花边。陶器纹饰以绳纹、方格纹为主，划纹、堆纹、凸弦纹、篮纹、镂孔次之。主要器形有罐、钵、盆、盘、杯、高圈足器等，又以罐类最为丰富，占总数的31%，有深腹罐、高领罐、侈口罐、瓶口罐、敛口罐、折肩罐、筒形罐等（图3-11，3、6、7、8、11、13）。此外，高圈足器也占有相当大的比例。

魏家梁子遗址的时代，中国社会科学院考古研究所科技中心测定的数据共有5个，除其中1个数据偏晚外，其余4个数据分别为公元前1513年、前1517年、前1326年、前1381年，参照成都平原及川东地区几处遗址的 ^{14}C 测定年代数据，其绝对年代在距今4750~4000年，与江汉地区的石家河文化时代相当（石家河文化上限距今约4400年）[①]。

2. 奉节老关庙下层遗存

该遗址位于瞿塘峡西端的奉节县城东，在长江北岸一地势自东向西呈阶梯状倾斜的台地上，海拔150~182米，面积约4000平方米。1993年，吉林大学考古系首次调查时发现了该遗址并进行了试掘。1994、1995年，吉林大学考古系又先后对该遗址进行

---

① 中国社会科学院考古研究所长江三峡考古工作：《四川巫山县魏家梁子遗址的发掘》，《考古》1996年第8期。

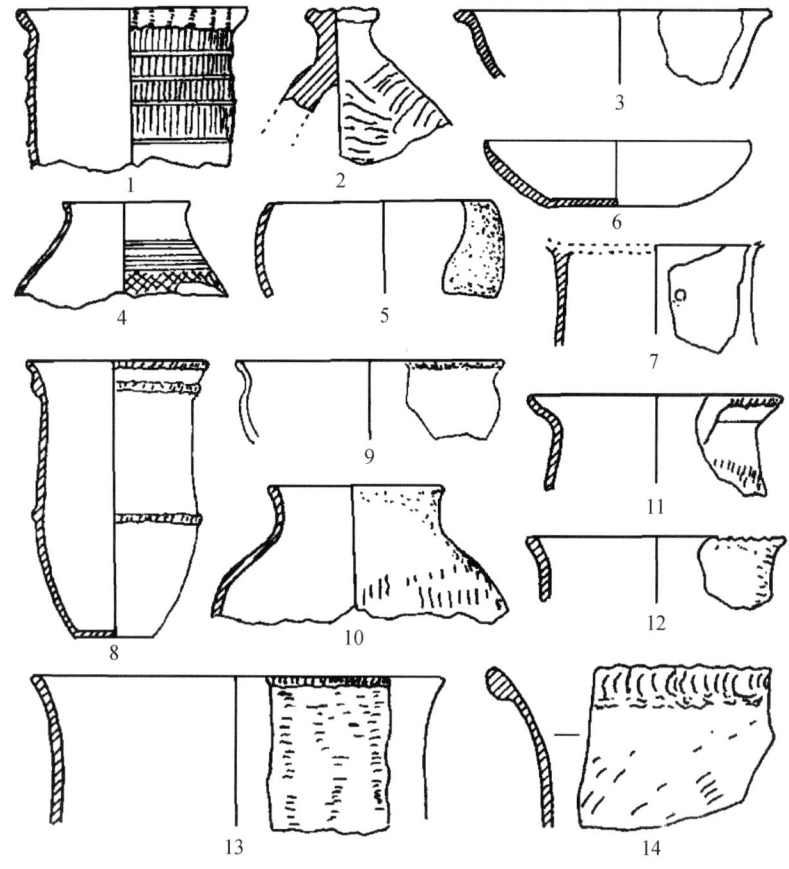

图3-11 三峡西部地区新石器时代晚期遗址中的陶器
1、4、8、11、13、14.罐 2.器盖 3、12.盆 5、6、9.钵 7.圈足器 10.釜
(1、2、4、14出土于奉节老关庙,3、6、7、8、11、13出土于巫山魏家梁子,5、9、10、12出土于江津王爷庙)

了两次发掘,共揭露遗址面积500多平方米。遗址共有4个堆积层,其中第1~3层破坏严重,各个不同时代的遗物都混在一起,真正的原生堆积是第4层。

老关庙遗址的出土遗物主要是陶器,有少量石器。石器既有打制的也有磨制的,器形仅见斧、锛(图3-12,6)、纺轮。

陶器多为生活用具,以夹砂陶为主,夹砂陶中又有夹粗砂和夹细砂两种。据统计,夹粗砂陶占82.2%,夹细砂陶占17.1%;泥质陶少量,占0.7%,未见细泥质陶。陶器的颜色以红褐色居多,黑褐色及灰色次之。器物多为手制,轮制陶极少见或不见。多数陶器有泥条盘筑痕迹。有相当部分夹砂陶器的口沿经过加工处理,唇部多压出花边、短线或凹槽。底部多为平底或尖底,圈足器少见。器物纹饰极为普遍,外表为素面的陶器极少量。以绳纹为多见,绳纹陶占总数的94.5%。绳纹一般印痕较深,纹理清晰,纹饰内容丰富,有横向、竖向、斜向、交错四种,极具特色。此外,也见有极少量的网格纹、斜线三角纹、"人"字纹、弦纹、篮纹、戳印纹、附加堆纹等。陶器器

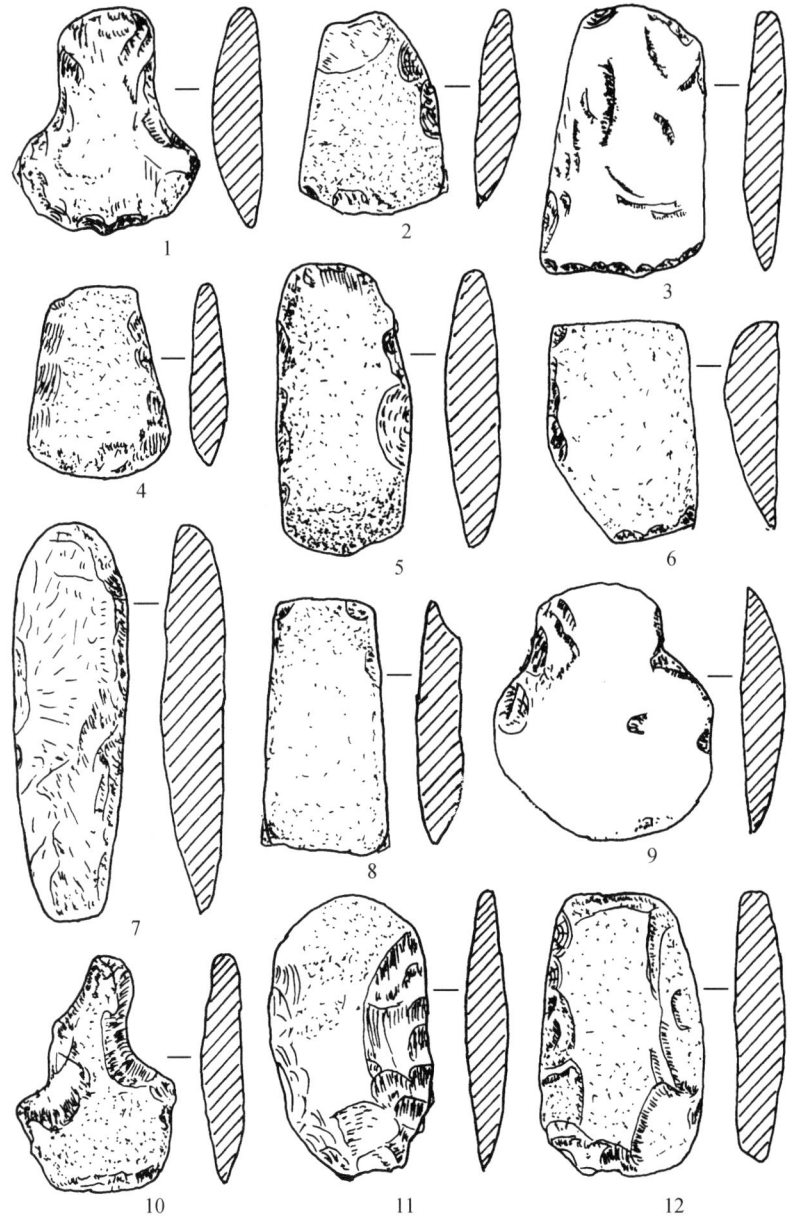

图3-12 三峡西部地区新石器时代晚期遗址中的石器

1、7、10.锄　2、6.锛　3、4、5、8、12.斧　9、11.砍砸器

（1、10出土于江北文家湾，2、7出土于忠县耸井沟，3、12出土于丰都玉溪，4出土于江津王爷庙，5出土于江北观音阁，6出土于奉节老关庙，8出土于丰都黄燕嘴，9出土于万县小涪，11出土于巫山江东嘴）

形以夹砂平底罐最为常见（图3-11，1、2、4、14）。

值得注意的是，在老关庙遗址下层文化堆积层中发现了一座长方形竖穴土坑墓。墓主为一成年男性，头朝南向，仰身屈肢。随葬器物有石铲一件、陶器一件。石铲经过磨制，表面光滑，刃部锋利，顶端有一钻孔，制作较精。陶器为一件高圈足豆，泥质灰陶，轮制，豆盘较浅，圈足较高，上部有三个对称的圆形镂孔。

据发掘者研究，该墓无论是从死者的葬式还是从出土陶器的陶质陶色和器形来分析，其在瞿塘峡以西地区尚属孤例，目前无法比较。但这类墓葬及陶器在瞿塘峡以东鄂西地区的"青龙泉三期文化"遗存中却较常见。因此，该墓的时代当与"青龙泉三期文化"或"石家河文化"的早期接近，相当于中原"龙山文化"时代的早期[①]。

由于老关庙遗址下层文化堆积层中出土的典型器物群似乎代表了一种新的文化遗存，因而主持发掘者曾将该遗址命名为"老关庙下层文化"[②]。

三、归纳和认识

通过以上介绍，我们可以发现，新石器时代早期，三峡地区的远古人类主要集中在西陵峡地段活动，新石器时代中期及以后，整个三峡地区人类的聚落地点逐渐增多。但就文化面貌而言，三峡地区大致以瞿塘峡为界，分为东西两个不同性质的考古学文化类型。这些遗址的出土遗物一般有石器、陶器和骨器三大类，遗迹有房址、灰坑、灰沟、墓葬等。其中石器仍然为主要的生产工具，在制作方面，新石器时代早中期以打制为主，到晚期以磨制为主，且由刃部磨光到普遍出现通体磨光，器形较为规整。更为重要的是，遗址中出现了石纺轮。陶器是新石器时代的一项伟大发明，它成为人们的主要生活用具。陶器的制作、纹饰及器形的演变等是判定不同时代考古文化遗存性质的重要依据，其制作技术随时间的推移而进步，器形也更加丰富，纹饰从素面到线纹、绳纹、刻划纹等不断演变，新石器时代中期还出现了彩绘纹饰。尤其值得关注的是，从新石器时代早中晚期的陶器上，我们还发现了类似于文字的刻划符号。在建筑遗迹方面，新石器时代早期就发现了用石块作为柱础的房基。另外，在遗址中发现的新石器时代墓葬开始增多，且葬式多样，随葬品从无到有，有些随葬品还能反映社会分工的不同，有的甚至能表现出现实生活中已出现了贫富差距。

---

① 赵宾福、王鲁茂：《老关庙下层文化初论》，《四川考古论文集》，文物出版社，1996年。
② 赵宾福、王鲁茂：《老关庙下层文化初论》，《四川考古论文集》，文物出版社，1996年。

第三节 新石器时代的社会经济、技术

一、农业、畜牧业、渔业、狩猎业

（一）农业

农业是人类社会发展到一定阶段的产物，它是社会生产技术和生产经验发展到一定的水平时才可能产生的。植物的种植是采集发展的结果。人们在长期的采集活动中，掌握了一些野生植物的生长规律，进行了人工栽培的尝试。与此同时，还创造出适于农业耕作的工具，使砍伐树木、开荒种地成为可能。

从自然条件来看，长江三峡地处江汉平原西部、成都平原东部，属中亚热带湿润气候，年平均气温在15～17℃，雨量充沛，通常可达1000～1200毫米，腹地的万州至奉节的长江以北及大巴山东端以南的这一区域，山峰海拔多在300～1400米，属低山丘陵地带，自然地理条件优越。这里自古以来就是川东地区农业的主要分布区，据土壤学研究，三峡地区长江及支流沿岸的一些台地、平坝、缓坡地带，土地肥沃，一些亚热带植物在这里均能生长，适宜农业种植。据古气候学研究，距今8000～2500年为我国历史上的仰韶温暖期，当时的气温和湿润程度都普遍高于现在，长江流域及其以南地区植被分布界线要比现今略为偏北①。先秦时期，三峡峡谷具有南亚热带气候特征，与现今气候区划相比，其位于更偏南的一次级区划，约相当于岭南—两广区域②。

晋常璩的《华阳国志·巴志》中，记载了东周时期三峡地区（古代巴国所在地）"土植五谷，牲具六畜"的景象。五谷一般指稻、黍、稷、麦、豆。这里我们从有关东周时期"五谷"的记载并结合这一区域的考古发现来探索新石器时代人们种植"五谷"中的稻、黍、稷、麦的情况来做以下介绍。

1. 稻

稻为一年生禾本科草本作物，喜温暖、潮湿，是我国长江流域及其以南地区最主要的粮食作物。三峡地区长江及其支流沿岸地势较平坦且有水源的地方是适宜种植水稻的，而西陵峡出口东部的宜都、枝江、当阳等地区，地势开阔，更是水稻种植的理

---

① 龚高法、张丕远、张瑾瑢：《历史时期我国气候带的变迁及生物分布界限的推移》，《历史地理》1987年第1期。

② 武仙竹：《长江三峡动物考古学研究》，重庆出版社，2007年，第377页。

想之地。

考古人员在江西省仙人洞和吊桶环遗址旧石器时代晚期和新石器时代初期的堆积中清理出了距今12000年前的野生稻植物蛋白石，当时这里的人们可能已尝试稻的人工种植。在湖南省道县玉蟾岩遗址的地层中也清理出了距今1万年以前的稻粒，经鉴定，其中1粒属于野生稻，其余2粒属于古栽培稻。这说明我国栽培水稻的历史可追溯到距今1万年以前[1]。三峡地区发现的稻壳和稻谷遗存也可追溯到新石器时代早期。

（1）新石器时代早期和中期

1981年，湖北省文物考古研究所在对湖北秭归柳林溪遗址进行发掘时，在属于新石器时代早期文化地层（第4层）的陶器上，发现陶器胎内夹有稻谷壳[2]，这显然是当时的人们在制作陶器时有意掺杂进去的。1983年和1984年，北京大学考古系、湖北省博物馆联合对宜都城背溪遗址进行了考古发掘，在属于新石器时代早期文化地层（第4层）的陶器上，发现陶器胎内夹有炭化稻谷和稻草痕迹。经测定和分析，城背溪遗存的年代大约为距今8500～7500年前[3]。柳林溪和城背溪遗址中的稻谷遗迹说明，三峡地区早在距今8000年左右（柳林溪稍晚，约在距今7000年以前）就已经有了种植水稻的历史，这是目前三峡地区考古发现的最早的水稻遗存。

除以上陶胎内掺稻谷壳的情况外，在柳林溪遗址的一些陶器如釜、罐、瓮、钵、盂等器类的外表上也多饰米粒状纹样，以釜、罐上最为常见，无论大釜、小釜，还是大罐、小罐，其器表腹部多饰米粒状绳纹。瓮、钵、盂上也有，只是较少。这类现象或许也可以作为那时有稻谷种植的旁证。

在新石器时代（中期）大溪文化时期的陶器胎内掺杂谷壳和碾碎的谷壳末、房屋基址用稻草和稻壳混合生土填垫居住面、陶器上彩绘或刻划谷穗纹等（图3-13），再加上考古发掘中发现含有谷壳遗迹的地点明显增多，这些现象表明，此时期种植水稻的面积在扩展，技术也有了一定的提高。

（2）新石器时代晚期

1983～1984年，由湖北省博物馆、宜昌博物馆和北京大学考古系等单位联合组成的考古队对宜都城背溪等12处遗址进行了考古发掘，在其中的鸡脑河、蒋家桥、茶店子、王家渡、石板巷子等新石器时代晚期遗址中，清理出了大量的陶器，不少的陶器胎内都发现了稻谷壳遗迹[4]。

---

[1] 陈文华：《中国古代农业文明史》，江西科学技术出版社，2005年，第55页。
[2] 湖北省文物考古研究所：《1981年秭归县柳林溪发掘的新石器早期文化遗存》，《江汉考古》1994年第1期。
[3] 湖北省文物考古研究所：《宜都城背溪》，文物出版社，2001年，第2、78页。
[4] 湖北省文物考古研究所：《宜都城背溪》，文物出版社，2001年，第198、236、224、248、277页。

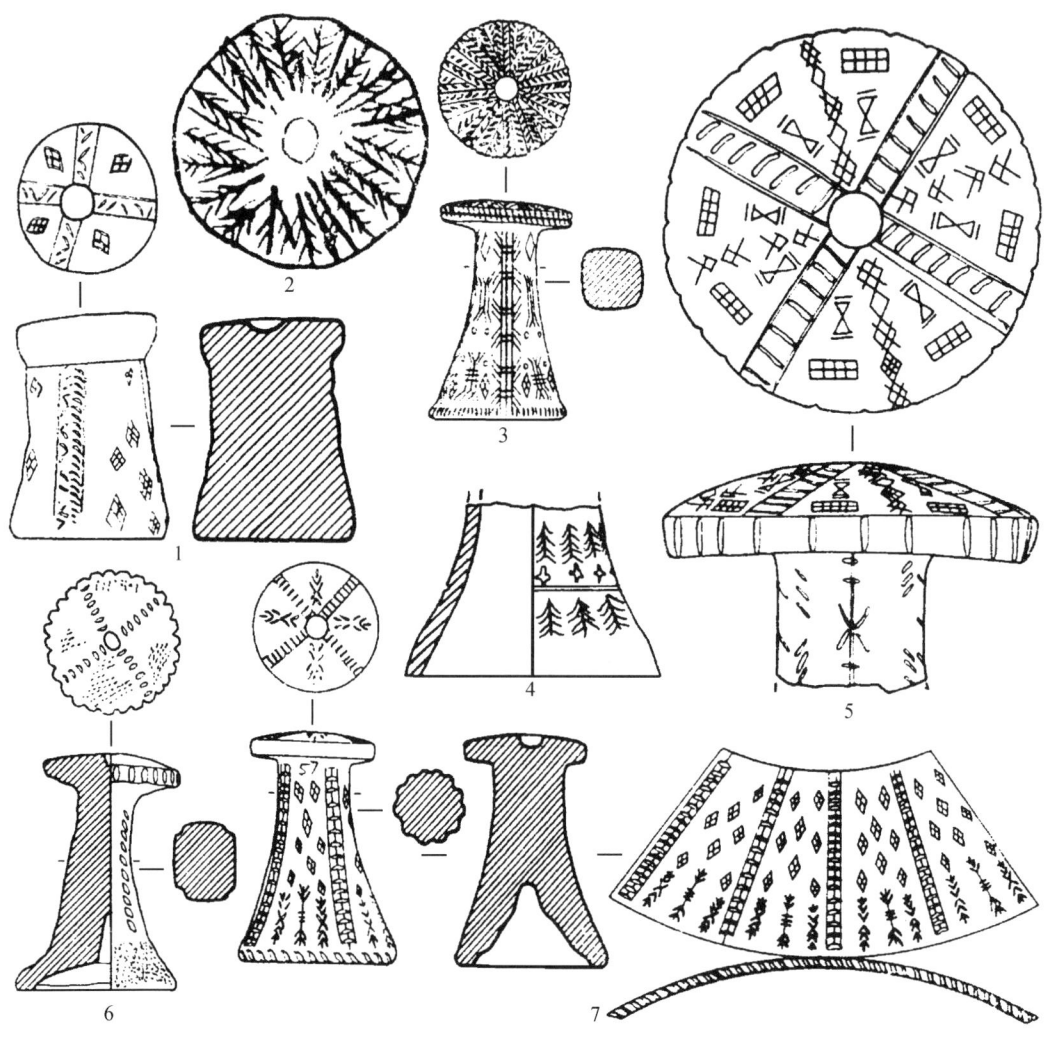

图3-13 三峡东部地区新石器时代陶支座上的穗纹和"田"字纹
1. 异形支座 2. 支座顶部的刻画纹 3. Ⅲ式支座 4. 器座 5、6. B型支座 7. Aa型Ⅲ式支座
（1、3、5～7出土于秭归柳林溪，2出土于宜都孙家河，4出土于宜昌中堡岛）

到目前为止，三峡西部地区新石器时代早、中期的遗址地层中一直都没有有关水稻及其他农作物遗迹资料的报道，而在一些新石器时代晚期的遗址地层中，有关水稻和其他农作物的遗迹则陆续有所发现。1980年，重庆市博物馆对江津王爷庙遗址进行了试掘，在新石器时代晚期的地层中发掘出一批陶器，其中的一件陶器器耳（王：30）"通体饰麦穗纹"[①]。同年，该馆在江北区羊坝滩遗址调查时，采集到陶片数十块，其中的一件陶钵为"泥质灰陶，敞口，唇部饰麦穗纹"[②]。2002年和2003年，

---

① 重庆市博物馆：《重庆市长江河段新石器时代遗址调查与试掘》，《考古》1992年第12期。
② 重庆市博物馆：《重庆市长江河段新石器时代遗址调查与试掘》，《考古》1992年第12期。

湖南省株洲市文物管理处在对重庆三峡库区云阳大地坪遗址发掘时，在新石器时代晚期堆积层中清理出了水稻、果核的遗迹。经湖南省文物考古研究所测定，水稻印痕表面可以清晰地看到稻谷乳头状突起的压痕，水稻实体表面较光滑，保留有5%的水稻乳头状突起。其遗迹无论印痕还是实体均未见芒，性质类似现代的栽培水稻。经比较，该遗址的年代为距今5000～4500年[①]。

虽然考古人员在三峡地区发现的属于新石器时代的水稻遗迹资料还不是很多，内容也不是很丰富，但我们仍然可以说这一时期的水稻遗迹已遍及整个三峡地区。而此前，稻作物遗迹则主要发现于三峡东部地区，自巫峡以西不见有发现资料信息披露。这是因为，三峡东部地区至少在新石器时代早期偏晚阶段即距今7000年左右，就开始有了栽培水稻的历史。新石器时代中期即距今6000年左右，栽培水稻有了进一步发展，尤其在三峡出口处东部地区的大溪文化诸遗址中，普遍都有水稻遗迹被发现。新石器时代晚期，考古人员已在三峡西部地区清理出了距今5000～4500年的水稻遗迹，这表明三峡地区的水稻栽培已更为广泛、普遍。这一发展趋势大致与三峡东部地区的湖北、湖南等地的原始农业发展状况相符，只是时代稍晚而已。

据对上述水稻遗迹地点、时代、数量以及稻作表现方式等诸多现象的分析，三峡地区的水稻栽培似乎呈现由东向西发展的趋势，也就是说，三峡西部地区远古居民的水稻栽培技术应该是受到三峡东部地区的影响或传授而产生的，而三峡东部地区远古居民的水稻栽培技术则是受湖北、湖南地区新石器时代早期人们水稻栽培技术的影响而产生的。在三峡出口东南不远处的澧县彭头山遗址出土的稻作物，其年代在距今11600～7000年；八十垱遗址出土的炭化米的年代为距今8400～7700年[②]。三峡东部地区与湘西北的澧阳平原相接，且城背溪文化的陶器与湖南彭头山文化、八十垱遗存、石门皂市下层文化遗存的陶器极为相似，据此我们认为，城背溪文化时期三峡地区的稻作农业受到湖南澧阳地区彭头山、八十垱等地稻作农业的影响甚或直接传授应是毋庸置疑的。

2. 黍、稷

黍、稷为禾本科一年生草本作物，生长期短，喜温暖，抗旱力极强，特别适合在我国北方尤其是西北地区生长。稷，即粟或小米，古代被列为五谷之首、百谷之长。而粟（又称中国粟）则主要产于黄河流域。从世界各大古代农业文明地区的历史和考

---

① 席道合：《重庆云阳大地坪发掘新石器时代聚落遗址》，《中国文物报》2003年7月30日第一版。

② 湖南省文物考古研究所、国际日本文化研究中心：《澧县城头山——中日合作澧阳平原环境考古与有关综合研究》，文物出版社，2007年，第6页。

古资料可知，稷或粟是在中国本土最早被驯化的农业栽培作物之一。在三峡地区，除了一些地理条件相对较好且水源充足的地方可种植水稻外，在地理条件相对较差且水源缺乏的低山和缓坡地带，远古先民也会因地制宜地种植这类耐旱的黍、稷之类的作物。

近30年来，有学者在研究三峡西部地区古代农业经济时撰文说："历史文献和考古发掘都表明早在五六千年前的新石器时代，重庆地区无论渝东、渝西都已经有了最初的农业，原始农业在巴渝大地全面普及，这和全国农业文化的起始是同步的，而且，当时的重庆，不仅有旱地农业，也有水田农业。"①虽说三峡西部重庆地区的原始农业与"全国农业文化的起始是同步的"这一认识的理论依据似乎还不够充分，也没有确凿的考古学证据，但称此地的原始农业"有旱地农业，也有水田农业"，则是可以肯定的。这里我们结合三峡地区考古发现的实物资料来做一番考察。

1990、1997～2001年，四川省文物考古研究所、北京大学考古文博学院等多家文博考古单位先后对忠县中坝遗址进行了多次发掘，在浮选样品中共发现了各种炭化植物种子1235粒。经鉴定，绝大多数属于栽培作物遗迹，包括黍、粟和稻谷三种谷物的炭化籽粒，合计1161粒，占所有出土植物种子总数的94%。在这些栽培作物中，以旱作物黍、粟为主②，时代包括新石器时代晚期、夏商时期。中坝遗址新石器时代晚期的稻作物年代大致与云阳大坪遗址新石器时代晚期的水稻年代相当。

据考古发现资料，在中国新石器时代发现了粟（即稷或小米）的遗址有黄河流域的河北武安磁山遗址，其窖穴中发现了大量炭化粟；西北渭河上游的甘肃秦安大地湾第一期文化遗存中也发现了炭化粟，时代为距今8000年左右；又在大地湾一期文化遗存中发现了粟的近产品——炭化黍，其标本是目前发现的同类标本中年代最早的③。正因为如此，研究者一般认为粟的发源地当为中国华北、西北地区。1998～2001年，考古部门在湘西北澧县城头山大溪文化遗存中清理出了距今5600年前（或更早）的炭化粟，据说这是迄今发现的长江以南地区最早的粟④。更值得注意的是，在澧县八十垱遗址地层中清理出的植物遗迹中还发现了稻、菱、芡实及桃、野葡萄、狗尾草等，年代距今8000～6000年⑤。从年代上来讲，三峡地区出土的这些黍、稷、粟、类似小米的狗尾草籽等旱作物的年代似偏晚，那么三峡地区的这类旱作物是不是当时本地的人们

---

① 卢华语：《川渝经济探研》，重庆出版社，2002年，第90页。
② 四川省文物考古研究院、北京大学考古文博学院、美国加州大学洛杉矶分校（ULA）等：《中坝遗址的盐业考古研究》，《四川文物》2007年第1期。
③ 段渝：《巴蜀文化研究》（第三辑），巴蜀书社，2006年，第183页。
④ 湖南省文物考古研究所、国际日本文化研究中心：《澧县城头山——中日合作澧阳平原环境考古与有关综合研究》，文物出版社，2007年，第96页。
⑤ 湖南省文物考古研究所：《彭头山与八十垱》，科学出版社，2006年，第541～543页。

培育出来的呢？目前支持这一说法的证据欠缺。我们认为，这些旱作物可能是由外地引进的，并且极有可能是由三峡出口东部的湖北、湖南地区传入或引进的。从地望上看，湖北北部地接中原地区；从年代上讲，其东南不远的澧县城头山、八十垱遗址中发现有与三峡地区同类的植物且时代明显偏早，三峡地区的远古先民直接培育出这些旱作植物的可能性不大。不过就种植时间而论，三峡地区种植这类旱作植物的历史至少可追溯到距今约5000年前的新石器时代晚期。

3. 麦

中国是世界上种植小麦的起源中心。在新石器时代晚期遗址中，考古人员发现了许多麦的遗迹。例如，在西北地区甘肃省的民乐县东灰山新石器遗址中发现了小麦和大麦的炭化籽粒，年代距今约5000年。在更遥远的新疆孔雀河下游古墓中出土了数百粒小麦，年代距今约4000年[1]。那么在三峡地区，是否如长江下游和西北地区那样也在新石器时期就有麦类作物的种植呢？考古发现证实，三峡地区在新石器时代晚期即有种植麦的历史。

1980年，重庆市博物馆的文物干部对当时重庆所属的巴县、长寿、江津、南岸、江北、涪陵地区长江河段进行了文物考古调查，共发现新石器时代遗址22处。在江北区羊坝滩遗址的陶器上发现了麦穗纹饰。又在江津王爷庙遗址发现的一件器耳上，发现其通体饰麦穗纹。两遗址的年代距今约4000年[2]。虽然考古发现中至今尚没能见到有关炭化麦粒遗迹的报道，但这些"麦穗纹"陶器，表明此时期麦作物的栽培技术已经比较成熟。倘如是，则三峡地区麦作物种植之起始，未尝不可以再往前追溯到新石器时代晚期。正是因为三峡地区早在距今4000年以前就已经有了种植麦作物的历史，随后的新石器时代末期及夏商周时期遗址中陶器上多采用"麦"（麦穗）纹来装饰器物的外表，这印证了后来文献史籍如《山海经》《华阳国志》等关于"百谷所聚""土植五谷"的记载。

前已述及，三峡地区多山地、丘陵，缓坡、平坝、台地较少，人们因地制宜地利用三峡地区的地理环境，在地势相对稍高且水源条件较差的后山坡及丘陵上种植黍、稷等旱作植物，而在地势相对较低且水源条件较好的缓坡、台地、平坝上种植水稻作物。不过当时的耕作水平不会很高，尤其是旱作物，可能多是广种薄收。正如《山海经·大荒南经》在描述远古时期三峡地区人们的农耕生产时说的，这里"有载民之国（今巫山一带），帝舜生无淫，降载处，是谓巫载民。巫载民肦姓，食谷，不绩不经，服也；不稼不穑，食也。爰有歌舞之鸟，鸾鸟自歌，凤鸟自舞；爰有百兽，相群

---

[1] 陈文华：《中国古代农业文明史》，江西科学技术出版社，2005年，第55页。
[2] 重庆市博物馆：《重庆市长江河段新石器时代遗址调查与试掘》，《考古》1992年第12期。

爱处，百谷所聚""不嫁不穑，食也"。郭璞注云："言五谷自生也；种之为稼，收之为穑。"① 巴蜀文化研究者据此认为，远古时期三峡地区的人们"尚处在粗耕农业时代，故不稼不穑，实行广种薄收，就能维持生计。百谷之中，应有稻、麦、稷等"②。由此亦可以认定，当时三峡地区的农耕作物中除水稻外，无疑还有旱作物粟、黍、稷、麦等。

（二）畜牧业

与农业一样，畜牧业的产生也是人类社会发展到一定阶段的产物，它与人们的生产技术和生产经验相关。动物的驯养起源于人们的狩猎活动。由于弓箭在狩猎中的使用，人们能够捕捉到活的动物。随着捕获量增加与食用稍有盈余的情况出现，"拘兽以为畜"③的驯养方法就逐渐产生了。

从自然环境来看，三峡地区主要为山地、丘陵，新石器时代至商周时期，这里到处都覆盖着茂密的森林。尽管自新石器时代以来，先民们就在长江及支流沿岸的台地、平坝、缓坡地带从事农耕与开发建设，但因那时的人口不多，农业生产也没有真正形成规模，耕作以及建设和开发的面积还很小，因而三峡地区的原始森林没有遭到大的破坏。如此优越的自然环境，为各类野生动物的生存与繁衍提供了条件。因此，远古先民那时能轻松地捕获到动物，在食用盈余的情况下就开始对其进行圈养驯化了。

考古资料表明，三峡地区的居民早在新石器时代就有了饲养家猪、家犬和家鸡的历史，其中家猪的饲养最早，年代至少可追溯到距今约7000年以前的新石器时代早期。家犬和家鸡的饲养年代要晚些，但至少也在距今约6000年以前的新石器时代中期。考古资料显示，在新石器时代遗址中，一般都有大量的动物骨骼出土。这些动物，虽然绝大多数为野生动物，但同时也伴出有一些家养动物，只不过有的遗址中的家养动物骨骼稍多一些，有的遗址中略少一些。为便于讨论，我们先将近年来三峡地区考古发现的具有代表性的家畜遗存资料按时代早晚简述如下。

（1）1997、1998和2000年，湖北省文物考古研究所在秭归柳林溪遗址地层中，清理出了2件家猪的标本（图3-14，2、3），这2件标本皆发现于第8层堆积中。该家猪右下犬齿标本的主要特征是形态较小，齿冠很短。牢固的齿根和带有较大磨蚀面的齿

---

① 栾保群：《山海经详注》，中华书局，2019年，第542页。
② 重庆市博物馆古代史部：《重庆在祖国历史上的地位》，《巴渝文化》（第一辑），重庆出版社，1989年。
③ 《淮南鸿烈解》卷八《本训经》，文渊阁四库全书本。

冠，表明它属于一个成年个体①。据发掘报告，柳林溪遗址第8层堆积属于第一期文化遗存，年代当在新石器时代早期城背溪文化和新石器时代中期大溪文化早期之间，绝对年代距今7000~6000年。此外，在柳林溪遗址的第6层中还发现了鸡的骨骸，形状与家鸡很相似。在北方的中原地区，有关新石器时代家鸡的遗迹发现零星，如在河北磁山遗址发现过鸡骨遗存。而在我国南方地区，似乎还没有发现过。三峡地区新石器时代家鸡骨骸的发现，增添了中国家鸡饲养的早期材料②。柳林溪家鸡骨骸出土于第6层，年代相当于新石器时代中期即大溪文化早期阶段，约在距今6000年以前。总之，柳林溪遗址新石器时代动物骨骸中的家猪、家鸡的发现，反映至少在新石器时代中期，三峡地区便开始饲养家猪和家鸡等畜禽了，只是家猪的饲养年代稍早，家鸡的饲养年代稍晚。

（2）2000年秋到2003年夏，在楠木园遗址（经整理后命名为"楠木园文化"）新石器时代地层中清理出动物骨骸共10497块，全部属于脊椎动物，以鱼骨数量最多，其可鉴定标本数达到全部动物的90%以上，其次为哺乳动物，仅占7%左右。而在这7%的哺乳动物骨骸中发现了属于家猪的骨骸。依据地层和出土器物，可将楠木园文化遗存分为早、晚两期。据^{14}C年代测定，早期年代为公元前5400~前5100年；晚期年代为公元前5100~前4800年③。这个年代数据比秭归柳林溪遗址家猪饲养的年代还要早约400年。这是目前三峡地区考古发现中所见到的新石器时代家猪饲养的最早资料之一。

据对柳林溪遗址中动物骨骸的数据比例统计，家畜动物的个体比例仅占整个动物总数的3.7%，这也就是说，柳林溪遗址家畜饲养的时代虽说较早，但家畜饲养的规模不大，当时柳林溪居民的肉食来源主要不是家养动物而是三峡地区丰富的野生动物。楠木园遗址中的家猪，在早、晚时期的动物总数中所占比例也不高，早期可鉴定标本数的占比为1.2%，晚期为4.3%。从这个比例来看，当时楠木园居民的主要肉食资源与柳林溪遗址居民的一样，依赖的是这个地区丰富的野生动物资源，家畜饲养仅占十分次要的地位④。

（3）1991~1992年，湖北省文物考古研究所先后两次对清江流域的长阳桅杆坪遗址进行了考古发掘，在属于新石器时代中期的大溪文化遗存中清理出了大量的动物骨骸，其中有家猪和家犬骨骸（图3-14，1、5）。根据牙齿的磨耗和萌出分析，全部材料可代表最小个体数为21。据对以上猪类死亡年龄的比例关系和家猪上下颌骨的长宽

---

① 国务院三峡工程建设委员会办公室、国家文物局：《秭归柳林溪》，科学出版社，2003年，第272~274页。
② 武仙竹：《长江三峡动物考古学研究》，重庆出版社，2007年，第276页。
③ 国务院三峡工程建设委员会办公室、国家文物局：《巴东楠木园》，科学出版社，2006年，第404页。
④ 国务院三峡工程建设委员会办公室、国家文物局：《巴东楠木园》，科学出版社，2006年，第150页。

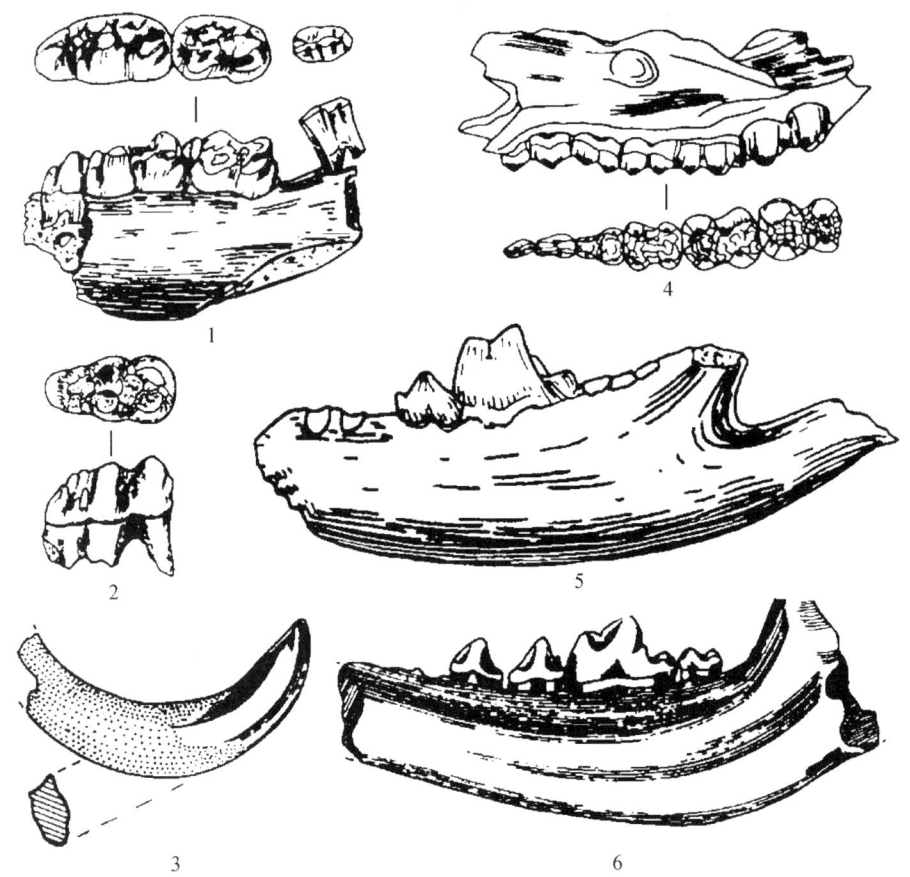

图3-14 三峡地区新石器时代遗址中出土的家养动物骨骼
1、5.长阳桅杆坪遗址家猪左上颌骨、狗左下颌骨 2.秭归柳林溪遗址家猪右M3 3.秭归柳林溪遗址家猪右下犬齿
4.秭归卜庄河遗址家猪左上颌骨 6.长阳沙嘴遗址狗右下颌骨

尺寸、形态及齿尖结构的分析，可以判断其为饲养的家猪[1]。该遗址中还发现了家犬标本1件，为一左侧下颌骨。经测定，该家犬为一年轻个体[2]。

在清江流域的长阳西寺坪新石器时代中期大溪文化遗存和长阳沙嘴新石器时代中期大溪文化遗存中，都发现了家猪的骨骼。西寺坪遗址家猪材料可代表最小个体数为3，其中老年1，青壮2。沙嘴遗址家猪材料最小个体数为4，其中中年1，青年3[3]。此外，在沙嘴遗址大溪文化遗存中发现了狗的右下颌骨（图3-14，6）。

---

[1] 陈全家、王善才、张典维：《清江流域古动物遗存研究》，科学出版社，2004年，第71、72页。

[2] 陈全家、王善才、张典维：《清江流域古动物遗存研究》，科学出版社，2004年，第58页。

[3] 陈全家、王善才、张典维：《清江流域古动物遗存研究》，科学出版社，2004年，第97、110页。

（4）1991～2006年，湖北省宜昌博物馆对秭归卜庄河遗址共进行了15次发掘，揭露遗址面积36216平方米。在A区新石器时代晚期石家河文化层中（第8、7层）都发现了家猪骨骼（图3-14，4）。家猪最小个体数为1[①]。

（5）1995～1997年，湖北省文物考古研究所在秭归庙坪遗址新石器时代晚期石家河文化遗存中清理出一批动物骨骼，其中猪骨标本3件。结合庙坪遗址附近的数处新石器时代遗址都发现了家猪的骨骼情况分析，这些出土的猪骨可能也属家猪。不过，即便认定为家猪，其在当时的肉食资源中所占的比例也是非常小的。研究者分析，在这个遗址中生活的龙山文化时期和两周文化时期的居民在获取肉食资源时仍都是以渔猎为主的[②]。

（6）1997、1998、2000年，北京大学考古文博学院先后对忠县瓦渣地遗址进行了大规模的考古发掘。遗址地层堆积从上往下共32层，根据地层叠压及出土遗物，可将整个堆积从早到晚分为三期：第一期文化遗存为第32～24层，时代为新石器时代晚期（相当屈家岭文化至石家河文化初），在第一期遗存中清理出一批动物骨骼，其中家畜动物标本有猪、狗、牛。另外的动物骨骼标本属于野生动物。按最小个体数（MNI）统计，家畜约占总数的48.6%，野生动物约占51.2%。在家畜中以猪为多，约占家畜总数的50%，其次为狗（38.9%），牛数量最少（11.1%）。据所有动物骨骼统计数据，野生动物的数量要多于家畜，这反映了狩猎和捕捞仍是获取肉类食物的重要生产活动[③]。

（三）渔业

三峡地区渔业生产历史悠久，考古发现表明，三峡地区的先民们至少在距今约7000多年以前就开始有了渔业生产的历史。虽然三峡地区农业和家畜饲养业的产生可追溯到距今约7000年以前，但受长江两岸山地狭小的影响，农业和家畜饲养业明显落后于三峡以东的两湖平原地区。因此，为了能在相对恶劣的环境下生存发展，三峡地区的先民们开始进行渔业生产，将长江中丰富的鱼类资源作为他们食物的主要来源之一。从三峡地区一些新石器时代遗址地层中发现的动物骨骼遗存来看，当时人们对鱼类捕捞的历史要早于家畜饲养，这应与三峡地区的鱼类资源丰富且又容易捕获有关。

[①] 国务院三峡工程建设委员会办公室、国家文物局：《秭归卜庄河》，科学出版社，2008年，第838页。

[②] 国务院三峡工程建设委员会办公室、国家文物局：《秭归卜庄河》，科学出版社，2008年，第305页。

[③] 重庆市文物局、重庆市移民局：《重庆·2001三峡文物保护学术研讨会论文集》，科学出版社，2003年，第275～278页。

在新石器时代遗址地层中，普遍都发现了大量鱼骨，不少遗址中甚至还堆积成了一个个被考古发掘者称为"鱼骨层""鱼骨坑"的遗迹，而且此种现象往往时代越早就越突出。不仅如此，在新石器时代中期大溪文化墓葬中还发现了用大鱼为死者殉葬的情景。以上现象表明，三峡地区的先民们认识鱼类资源并利用这一资源的历史是相当早的。

从三峡地区新石器时代遗址地层中出土的鱼骨标本来看，三峡东部地区的鱼种主要有草鱼、青鱼、鳙鱼、鲢鱼、鲌鱼、鳜鱼、黄鳝鱼、鲟鱼等，爬行类有龟、扬子鳄（图3-15，1~4、8），三峡西部地区的鱼种主要有草鱼、青鱼、鲟鱼、鳙鱼、鲶鱼、鳜鱼等，爬行动物有龟、鳖等。

除鱼类遗骨外，在三峡地区一些新石器时期遗址中，还发现了其他一些水生动物遗迹，主要有矛蚌、黄喉水龟、螺等，此外还有蜗牛。这类动物骨骸的数量不多。这些动物，有的可能是当时人们食用过的，有的也不一定是食用过的，如蜗牛，它是陆地上一种较小的软体动物，有冬眠的习惯，天气寒冷时，它就会停止外部活动而钻入地下，因此就不宜将其纳入当时人们的食用范围。

在一些新石器时期遗物中普遍都发现了捕鱼工具，主要有网坠、鱼钩、鱼镖、矛等（图3-16），种类多种多样。网坠有石质和陶质两种。石质的一般都较大，陶质的一般较小。就石网坠的形体来看，三峡东部和西部也存在着一定的差异，东部地区多为一种形体较大的椭圆形网坠（图3-16），而西部地区则多为一种扁薄形的亚腰体网坠（图3-17）。此外，在三峡地区还多见一种橄榄形陶网坠和管状陶网坠（图3-18），以前者居多。

在三峡地区新石器时代遗址中，我们还曾发现一种造型比较特殊的陶塑人像，这种陶塑中的人物双手环抱一条大鱼，如1983年，在宜都王家渡新石器时代晚期石家河文化遗址的一条水沟遗迹中清理出一件陶塑人像，该人像为泥质红陶，捏制，抱长形器（鱼），盘坐式，头残，右肩窄，左肩宽，身着长袍，腰前托长形器（鱼），右手前抱，左手后托（图3-19）[①]。这种人抱大鱼的陶塑人像在江汉地区的天门石家河文化遗址中更是屡有出土。那么，新石器时代晚期遗址中屡屡发现的这种人抱大鱼塑像，究竟反映了当时人们的一种什么样的思想意识呢？我们认为，其一，可能反映了当时人们捕获大鱼后庆祝丰收的情景；其二，可能表现了当时人们对经常捕获到大鱼的一种祈望，故这种陶塑或许是祭祀仪式活动中专门使用的一种祭器。这种"双手怀抱大鱼"的陶塑也反映出当时人们已经具有了捕获大鱼的生产工具和生产能力。这些造型别致的陶塑人像艺术品应该是当时人们真实生活的写照，也表现了当时工匠（陶工）们的创作天分和浪漫情怀。

---

① 湖北省文物考古研究所：《宜都城背溪》，文物出版社，2001年，第248页。

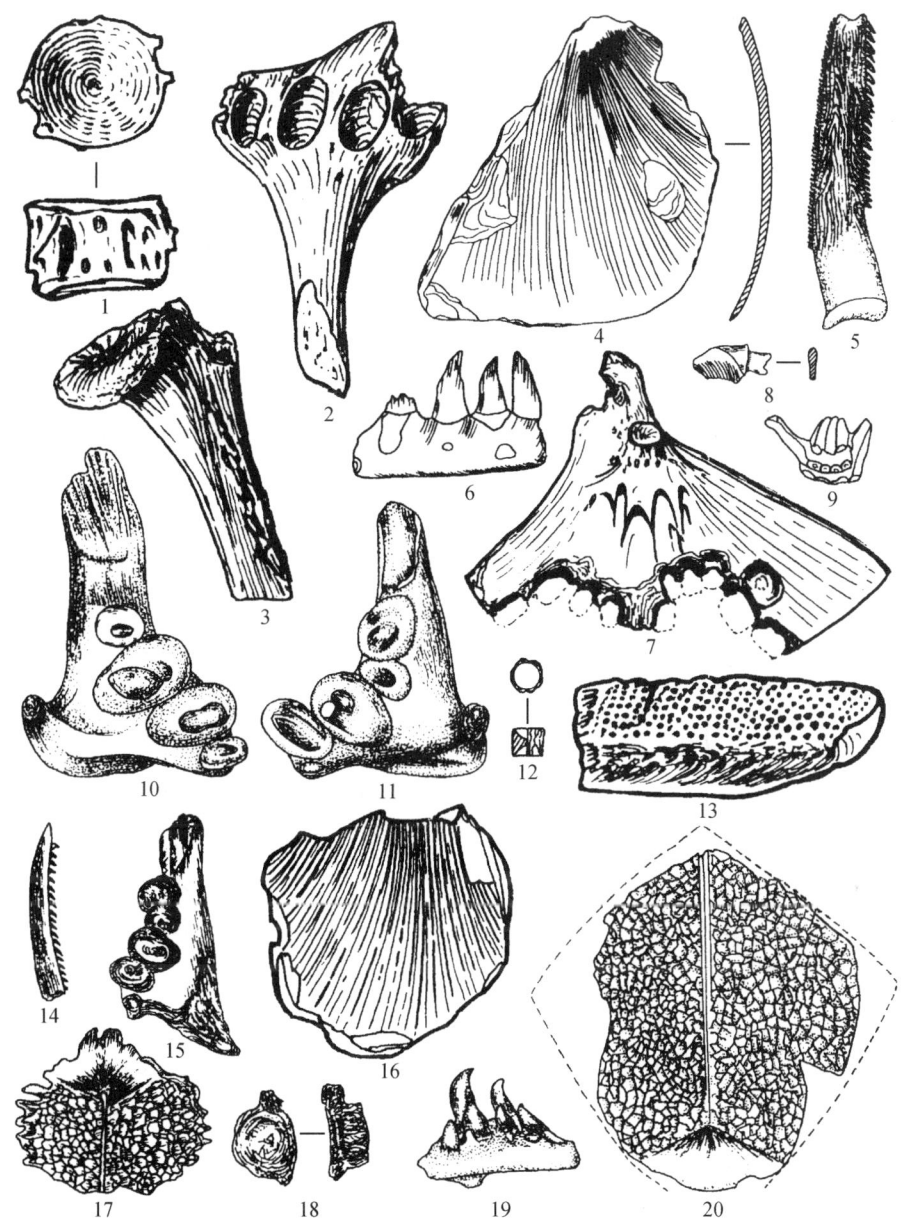

图3-15 三峡地区新石器时代、夏商时期遗址中的鱼骨标本

1. 青鱼椎骨　2. 青鱼咽喉齿　3. 鲢鱼胸鳍　4. 青鱼鳃右鳃盖骨　5. 黄颡鱼胸鳍　6. 鳡鱼左下咽骨　7. 鳙左鳃盖骨　8. 草鱼下咽齿　9. 中华倒刺鲃右下咽骨　10、11. 青鱼下咽齿　12. 中华倒刺鲃椎骨　13. 鲶鱼左下颌骨　14. 鲤鱼末位背鳍刺　15. 较大的青鱼右齿　16. 鲤鱼左侧鳃盖骨　17. 中华鲟侧鳞板　18. 大草鱼的胸椎　19. 鳡鱼左下咽骨　20. 中华鲟背鳞板

（1出土于长阳西寺坪，2、3出土于长阳桅杆坪，4、6、8、9出土于秭归卜庄河，5、10～12、14、17～20出土于秭归何光嘴，7、13、16出土于长阳香炉石；1～3为新石器时代中期大溪文化，4、8为新石器时代晚期石家河文化，余为商时期）

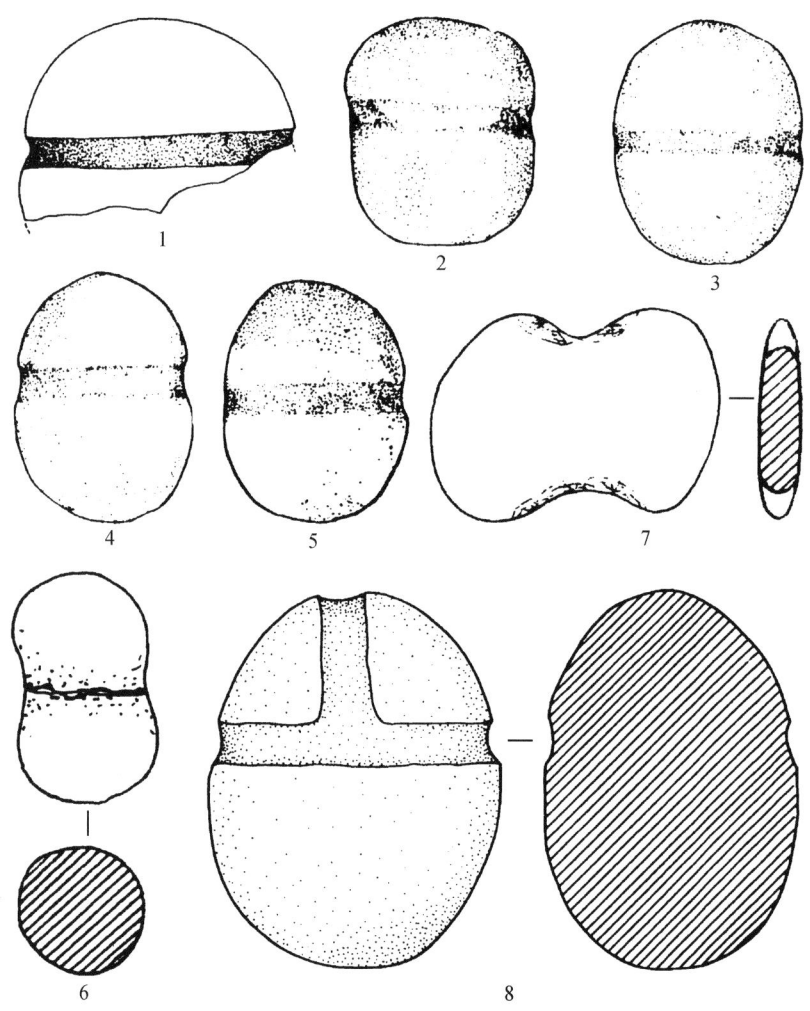

图3-16 三峡东部地区新石器时代遗址中出土的石网坠
1.秭归朝天嘴遗址 2~5.宜昌伍相庙遗址 6.长阳西寺坪遗址 7.宜昌中堡岛遗址 8.秭归卜庄河遗址
（1~6为新石器时代中期大溪文化，7为新石器时代晚期屈家岭文化，8为新石器时代晚期石家河文化）

（四）狩猎业

据调查，在三峡地区，已知的陆生脊椎动物有哺乳纲85种，鸟纲237种，爬行纲27种，两栖纲20种，共369种[①]。远古时期的这些陆地野生动物成群结队地出没于林间及江河边，既与三峡地区的古居民相处为伴，也在自然界的食物链中成为高智商的人类捕获和猎取的对象。那时候，狩猎和捕鱼在当时人们求生存的自然法则中占有相当重

---

① 水利部、国家环境保护局长江流域水资源保护局：《长江三峡工程生态与环境问答》，科学出版社，1997年，第31页。

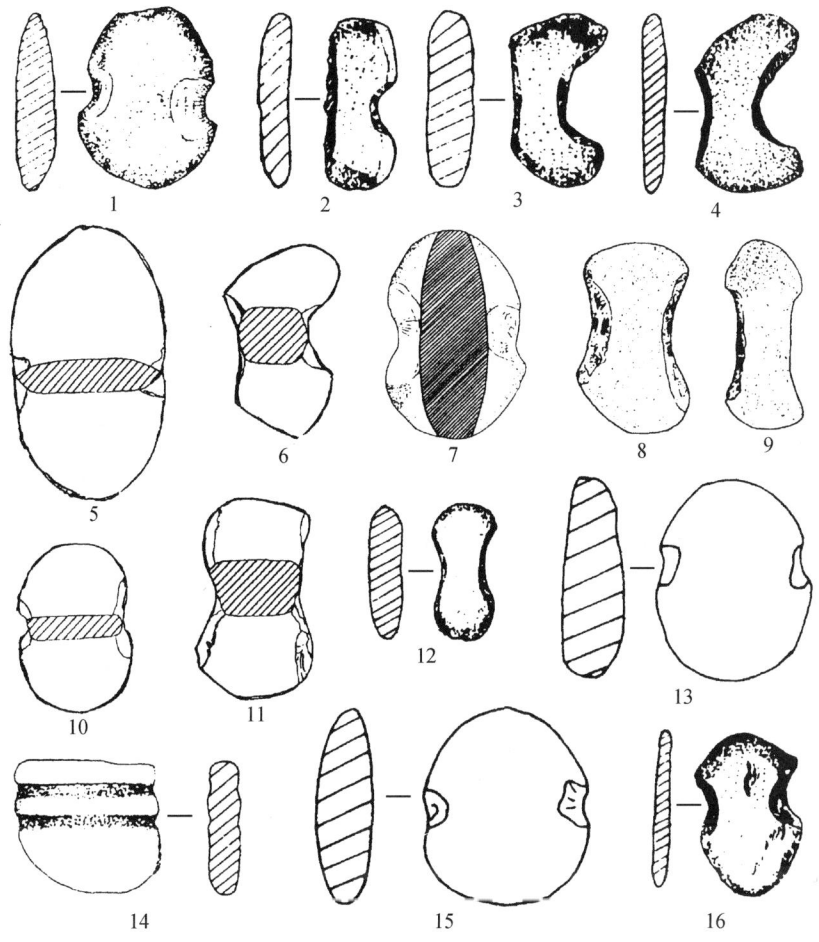

图3-17 三峡西部地区新石器时代晚期、夏商时期遗址中出土的石网坠
1. 江北羊坝滩遗址 2、3. 巴县干溪沟遗址 4. 江北文家湾遗址 5、6、10、11. 万州涪溪口遗址 7. 巫山江东嘴遗址 8、9. 巫山琵琶洲遗址 12. 江津王爷庙遗址 13、15. 万州大周溪遗址 14. 奉节新浦遗址 16. 涪陵镇安遗址
（1~4、7~9、12为新时代晚期，5、6、10、11、13~15为新石器末至夏时期早期，16为商时期）

要的地位。

在三峡地区的一些距今约1万年前的新石器时代初期的远古遗址中，已发现了不少的动物化石。在新石器时代早、中、晚期的各遗址中，各类动物骨骼的遗存则更为丰富。除在一些遗址的各层位中普遍发现了动物骨骼夹入其间外，还在不少的遗址地层中发现了被考古发掘者称为"骨渣层""骨渣坑"的大量动物骨骼堆积。不仅如此，考古资料还显示，在新石器时代的墓葬中还见有随葬野生动物的现象。下面我们按遗址时代的早、中、晚先对几处重要遗址的资料做如下介绍。

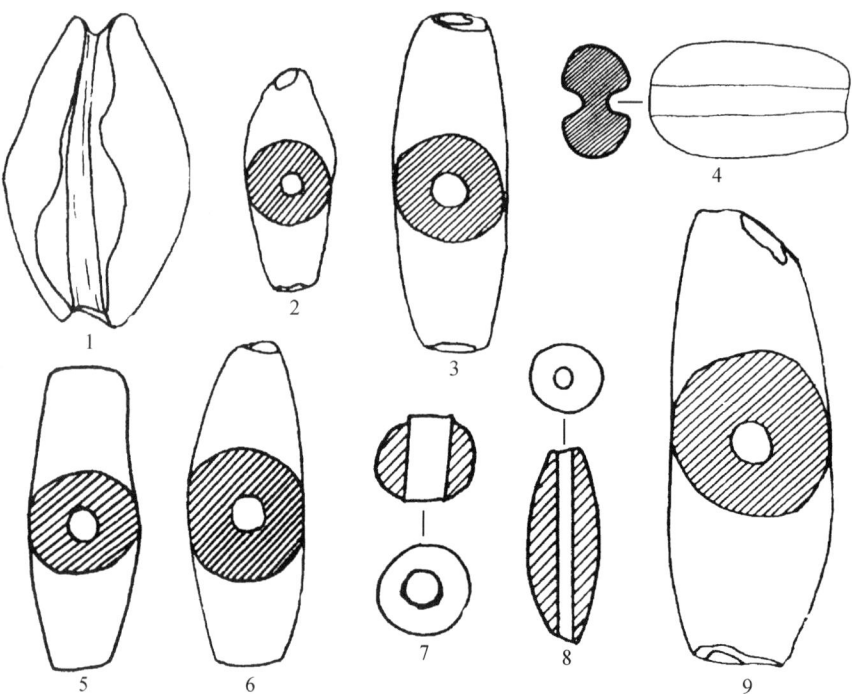

图3-18 三峡东部地区新石器时代、夏商时期遗址中出土的陶网坠

1、2.长阳西坪寺遗址 3、9.长阳桅杆坪遗址 4.宜都鸡脑河遗址 5、6.长阳香炉石遗址
7、8.巴东茅寨子湾遗址

（1、2、3、9为新石器时代中期大溪文化，4为新石器时代末期或夏早期，5~8为商时期）

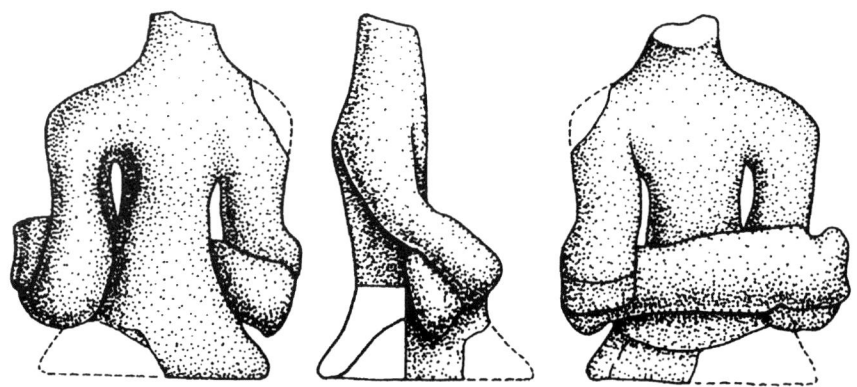

图3-19 宜都王家渡新石器时代遗址中出土的"人抱大鱼"陶塑像

1. 新石器时代早期

2000年，中国科学院古脊椎动物与古人类研究所的考古工作者在对奉节三坨遗址发掘时，在距地面1.5~3米的堆积层中出土了动物化石标本20件，种类包括豪猪、鹿类、羊、猪等，此外还有一些小型哺乳动物及无脊椎的螺类等。化石中以羊类的标本为最多。与动物化石伴出的还有一些石器。在该遗址上部的近现代扰乱层中发现了属于大溪文化的陶器，其下部原始堆积中无陶片。据发掘者分析，该遗址的时代应早于大溪文化时期，再加上动物骨骼已石化，故其年代应处于旧石器时代与新石器时代的过渡时期[①]。

在三峡东部地区的巴东楠木园文化遗存中，出土了大量的动物骨骼。在哺乳类动物骨骼中，主要有亚洲象、豪猪、猴、狗、獾、熊、猪、鹿、麋鹿、其他中小型鹿科、圣水牛等。楠木园遗存可分为早期和晚期，距今7400~6800年。从遗址地层中发现的动物品种来看，早期和晚期大致一样，但出土数量上有一定的差别。楠木园遗址中出土动物的骨骼总数为9985件，其中早期3890件，占总数的38.96%；晚期6095件，占总数的61.04%。早期的动物群中，哺乳动物有190件，仅占总数的4.88%，而鱼类为3681件，占总数的94.63%。晚期文化遗存的动物中，哺乳动物为466件，约占总数的7.65%。而鱼类为5577件，占总数的91.5%[②]。这个遗址中的动物骨骼情况显示，当时这里居民们的狩猎活动不如捕鱼业，居民们的肉食资源多由捕鱼来获得。

在三峡西部地区的奉节鱼复浦遗址中，出土遗物有石器、陶器（片）、动物骨骼等。动物骨骼标本大多为大小不同的骨片，有一部分是带完整或比较完整齿列的上、下颌，另有一定数量的牙齿。标本多已石化。经初步鉴定，这些动物化石的种类主要有狼、猪、鹿以及鱼、螺等。据^{14}C测定年代，该遗址为距今（7560±110）年[③]。

1998年发掘的丰都玉溪遗址，其第19~22层因出土遗物比较独特而被发掘者称为"玉溪下层遗存"[④]，文化面貌与三峡东部地区的城背溪文化相似，距今约7000年。该遗址内出土了大量动物骨骼，经初步鉴定，其中哺乳类动物有鹿、羊、水牛、狼等。

---

① 中国科学院古脊椎动物与古人类研究所、重庆市文物局：《奉节三坨石器地点发掘报告》，《重庆库区考古报告集·2000卷》，科学出版社，2007年。

② 国务院三峡工程建设委员会办公室、国家文物局：《巴东楠木园》，科学出版社，2006年，第147页。

③ 重庆市文物局、重庆市移民局：《重庆库区考古报告集·1997卷》，科学出版社，2001年，第151页。

④ 邹后曦、袁东山：《重庆峡江地区的新石器文化》，《重庆·2001三峡文物保护学术研讨会论文集》，科学出版社，2003年。

2. 新石器时代中期

这一时期的动物遗存主要见于三峡东部地区，三峡西部地区仅零星发现。

1991年发掘的长阳桅杆坪遗址，其文化性质属于大溪文化，距今6400~5000年。在遗址第三堆积层中出土了大量哺乳动物骨骸，种类主要有豪猪、大熊猫、黑熊、猪獾、豹、猎豹、猕猴、红面猴、苏门犀、水鹿等（图3-20）。除了这些哺乳动物骨骸外，还有鱼类骨骸，但可供鉴定的标本不多，仅见鲢鱼1件，青鱼1件。从出土的鱼类骨骸很少，却有大量野生哺乳动物骨骸遗存，且伴出野生动物的雕塑品及狩猎工具来分析，可以确认狩猎经济在当时人们的生活中占有重要位置①。

1987年发掘的长阳西寺坪遗址和1988年发掘的长阳沙嘴遗址，其文化性质均属大溪文化，距今6000~5500年。在这两处遗址地层中同样也发现了较多的动物骨骸（图3-20，24；图3-21），种类与桅杆坪遗址中的动物种类大致一样。两遗址中鱼类骨骸的数量也很少，西寺坪遗址中仅发现草鱼标本1件、青鱼标本8件；沙嘴遗址中鱼类标本仅草鱼、青鱼各1件②。据此看来，这两处遗址中的动物骨骸所反映的现象与桅杆坪遗址相似，也说明狩猎经济在当时此地人们的日常生活中占有重要位置。

位于瞿塘峡西口的奉节洋安渡遗址，在其第4层堆积中清理出了大量的动物骨骸，标本共301件。这些动物骨骸多破碎零散，经辨认，其中有哺乳动物的头骨碎片、下颌骨、趾骨、脊椎骨等，另有大量鱼类的鳃盖骨和脊椎骨。据对哺乳动物残骸的鉴定，其种类主要有猪、鹿、豪猪、猕猴等。在这些动物中，猪和鹿类的骨骸最多。这些动物骨骸应该是古人类食肉之后当作垃圾抛弃于此处的③。从第4层堆积中出土的陶器来看，其文化面貌属大溪文化，但上部地层中又含有哨棚嘴文化和屈家岭文化的因素，这说明该遗址中还包括新石器时代晚期文化的遗存④。

3. 新石器时代晚期

这一时期遗址中出土动物骨骸较多且鉴定工作做得较细致的有秭归官庄坪、庙坪、卜庄河，重庆忠县中坝、瓦渣地，巫山魏家梁子遗址等。

官庄坪遗址包括屈家岭文化、石家河文化，由于该遗址遭到了严重破坏，故出土

---

① 陈全家、王善才、张典维：《清江流域古动物遗存研究》，科学出版社，2004年，第84页。
② 湖北省清江隔河岩考古队、湖北省文物考古研究所：《清江考古》，科学出版社，2004年，第143、153页。
③ 重庆市文物局、重庆市移民局：《重庆库区报告集·2000卷》，科学出版社，2007年，第482页。
④ 中国科学院古脊椎动物与古人类研究所：《奉节洋安渡石器遗址发掘报告》，《重庆库区考古报告集·2000卷》，科学出版社，2007年。

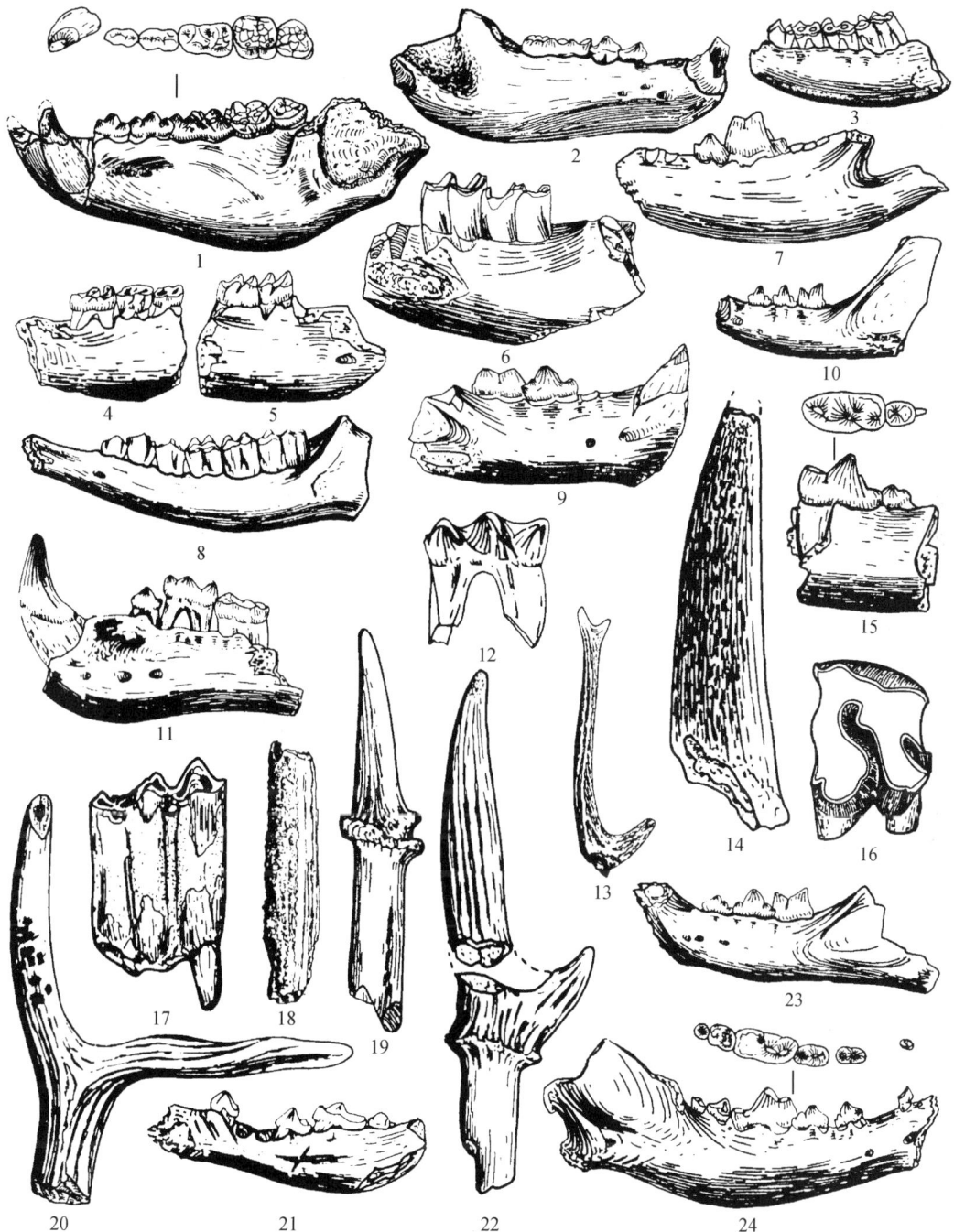

图3-20 清江中游长阳境内新石器时代中期大溪文化遗址中出土的部分动物骨骼
1.大熊猫下颌骨 2.猪獾右下颌骨 3.麝左下颌骨 4.红面猴右下颌骨 5.猴右下颌骨 6.苏门犀左下颌骨
7.狗左下颌骨 8.獐左下颌骨 9.豹右下颌骨 10.猞猁左下颌骨 11.黑熊左侧下颌骨 12.中国貘牙齿左P1
13.水鹿左角 14.苏门羚角 15.豺左下颌骨 16.苏门犀左臼齿左上DM3 17.圣水牛下M3 18.梅花鹿角主枝
19.黑鹿右角 20.麋鹿右角 21.食蟹獴右下颌骨 22.小鹿右 23.豹猫左下颌骨 24.狗右下颌骨
（1～23出土于长阳榨杆坪遗址，24出土于长阳沙嘴遗址）

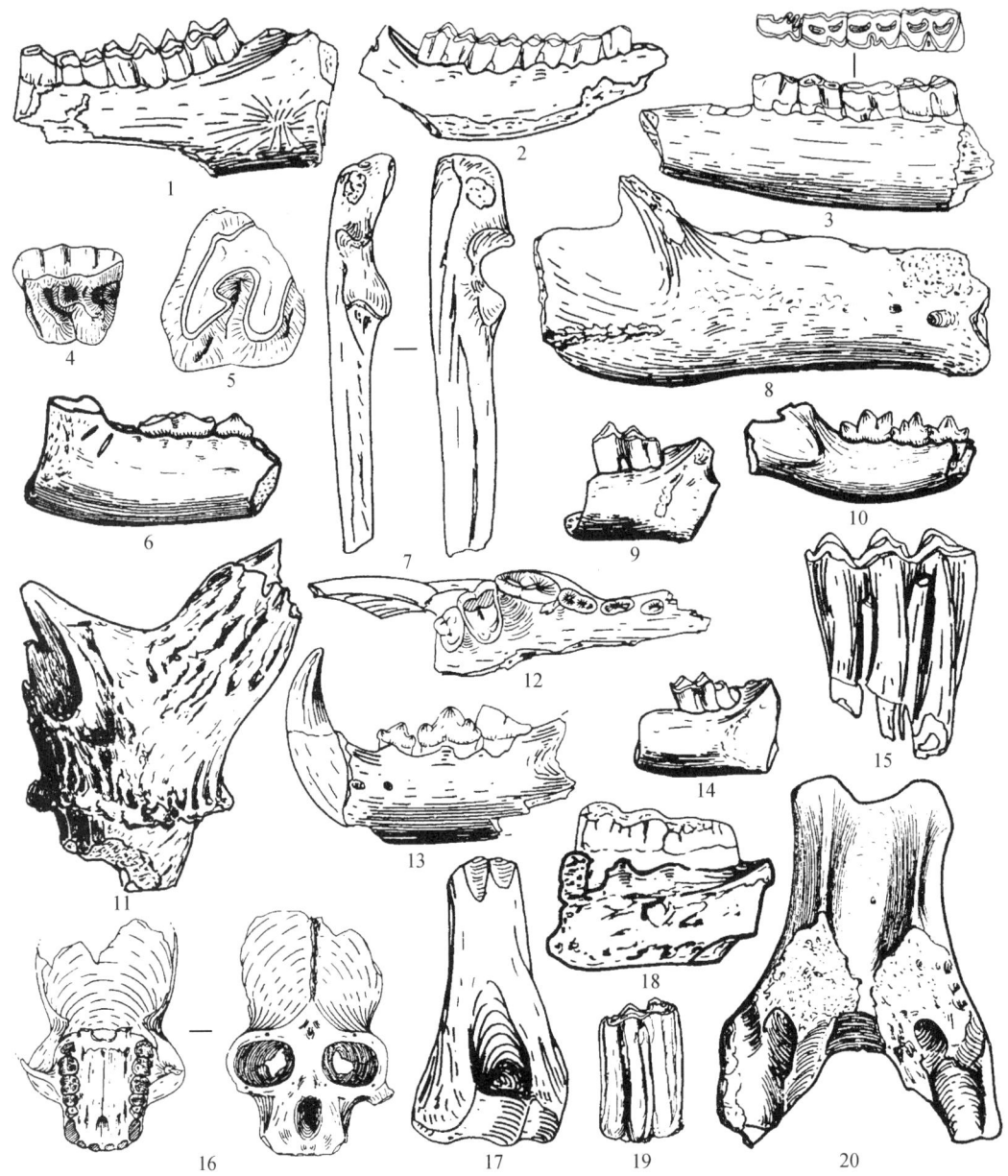

图3-21 清江下游长阳县境内新石器时代遗址中出土的部分动物骨骼

1. 苏门羚左下颌骨 2. 獐右下颌骨 3. 水鹿左下颌骨 4. 苏门犀牙齿左上DM2 5. 苏门犀牙齿右上M3 6. 猪獾右下颌骨 7. 猪獾右尺骨 8. 黑熊右下颌骨 9. 獐左下颌骨 10. 食蟹獴右下颌骨 11. 水鹿右角 12. 狗右上颌骨 13. 豹左下颌骨 14. 麝左下颌骨 15. 水牛右下M3 16. 红面猴头骨 17. 大角鹿右侧肱骨 18. 野猪左下颌骨 19. 水牛右下M3 20. 苏门犀下颌骨

(1、12、15出土于沙嘴遗址，2、16出土于深潭湾遗址，余皆出土于西寺坪遗址)

动物骨骼不多，在屈家岭文化遗存中仅发现了野马、水鹿，另有鱼鳃盖骨（可能是青鱼或草鱼）1件。在遗址的石家河文化遗存中还清理出了一座墓葬，墓葬中见有一大熊猫的下颌骨。遗址动物骨骼中另有大苏门羚、獐、水鹿、青羊、野猪、大角鹿等[①]。

庙坪遗址为石家河文化遗存，大约在距今4500～4200年。在该遗址中发现的可供鉴定的动物标本共有114件，其中哺乳动物10件，占全部动物总数的8%，种类有梅花鹿、小型鹿科、猪等（猪的骨骼很小，是家猪还是野猪无法辨别）。鱼类骨骼标本较多，达97件，占全部动物骨骼总数的91.2%。这说明当时庙坪先民的肉食主要是鱼类，其次才是其他野生动物[②]。

忠县瓦渣地遗址的第32～24层为新石器时代晚期文化遗存（发掘报告称之为"第一期文化"）。2000年考古发掘时，在其中一个探方中发现哺乳动物骨骼100件，种类主要有猪獾、狗、豪猪、犀牛、黄牛、水鹿、麂、猪等。其中猪、牛、狗为家畜，约占全部哺乳动物总数的48.6%；其余的应是狩猎捕获的野生动物，约占全部哺乳动物总数的51.2%。同时还出土了大量的鱼类骨骼，据统计，其数量约占全部动物骨骼的72.4%。这个遗址中的动物骨骼是以鱼类为主的[③]。

在忠县中坝遗址的新石器时代晚期地层中，出土了较多的动物骨骼，经鉴定有哺乳动物27种、鱼类16种、龟类2种、两栖动物2种。另有家猪，但数量很少。哺乳动物的骨骼主要有猕猴、金丝猴、兔、豪猪、狗、狐、貉、熊、貂、狗獾、水獭、犀牛、猪、白唇鹿、马鹿、麋鹿、毛冠鹿、獐、黄麂、黄牛、水牛等。在全部动物总数量中，鱼类的骨骼比哺乳动物的数量要多三倍左右[④]。

在巫山魏家梁子遗址的下层、中层、上层堆积中都发现了一些动物骨骼，以中、上层出土数量最多。

据对三峡地区远古时期遗址中出土动物骨骼数量比例的分析，可见鱼类动物和野生哺乳动物当为三峡地区远古居民的主要肉食来源，渔猎业在当时人们的生活中占有十分重要的位置，而家畜饲养还较为薄弱。在新石器时代遗址的兽类和鱼类骨骼中，鱼骨的数量大大多于哺乳类动物骨骼。这一现象显示，当时此地居民的捕鱼活动显然要多于狩猎活动。

---

① 国务院三峡工程建设委员会办公室、国家文物局：《秭归官庄坪》，科学出版社，2005年，第616、617页。

② 国务院三峡工程建设委员会办公室、国家文物局：《秭归官庄坪》，科学出版社，2005年，第48页。

③ 黄蕴平、朱萍：《忠县瓦渣地遗址T363动物遗骸初步观察》，《重庆·2001三峡文物保护学术研讨会论文集》，科学出版社，2003年。

④ 袁靖：《论长江流域新石器时代居民获取肉食资源的方式》，《新世纪的中国考古学》，科学出版社，2005年，第978页。

二、手工业生产

（一）骨器

远古时期的三峡地区，各类动物资源丰富。在三峡地区新石器时代遗址地层中发现的各类动物骨骸，被古生物研究者称之为"远古动物群"。经鉴定，此类"远古动物群"的种类主要包括两大类，即森林性动物类和水生动物类。三峡地区的古人类除食用这些动物外，还利用这些动物的坚硬骨骼制作出了各类用具，这些用具被考古学称为骨器或骨制品。

这些骨器主要有生产工具、生活用具、兵器和装饰品，此外还有一些可能是用于祭祀的甲骨。这类骨制工具中有一种骨铲，是利用兽类的肩胛骨制作的，可能是用于农业种植的起土工具。此外还发现了用作兵器或狩猎的工具镞。特别值得一提的是，在新石器时代中期的大溪文化遗存中还发现了锯切技术的痕迹，如在湖北巴东鸭子嘴遗址大溪文化遗存中发现的水鹿，其右角标本上无论主枝、眉枝，均被使用锯切技术从底部锯切，留下了整齐、平滑的锯切面[①]。西陵峡地区宜昌中堡岛遗址大溪文化三期遗存中出土的大型哺乳动物管状骨标本（骨饰），为"用肢骨劈裂磨制而成，一端切割整齐，表面刻有两道凹槽；一侧边缘穿一个孔"[②]。

（二）纺织业

早在旧石器时代，中华民族的祖先就开始利用狩猎所获的野兽皮毛或采集的树叶、草茎来裹身以遮风御寒了，这是人类向文明社会迈进的开端，也是远古先民们向"穿衣服"迈进的第一步。在著名的北京山顶洞人遗址中，出土了一枚当时人们用于缝纫的骨针，残长约8.2厘米。从残破的针眼仍能看出其是经刮挖而制成的。另外，考古人员在辽宁海城仙人洞和广西柳州乐岩蘑菇洞中，也发现了骨针，这说明我国远古时期的先民们至少在距今20000年以前就已开始有了用骨针将兽皮或其他植物连缀成"衣服"的技术。其后无论在我国北方还是南方的一些新石器时代早、中、晚期遗址中，考古人员都发现过葛布、麻布的残块（片），这说明中国新石器时代的先民们已经开始用葛、麻等植物纤维纺织的布来制作衣服了。不仅如此，在我国古代的游牧民

[①] 湖北省文物考古研究所：《巴东鸭子嘴遗址（西区）发掘简报》，《湖北库区考古报告集》（第二卷），科学出版社，2005年。

[②] 湖北省宜昌地区博物馆、四川大学历史系：《宜昌中堡岛新石器时代遗址》，《考古学报》1987年第1期。

族地区，先民们在距今3800年前就开创了用羊毛编织毛布和毛毯的历史①。

先秦时期的文献典籍对早期人类活动的历史情景多有描绘，那时的人类处于生产力极度低下的自然状态，原始粗犷。《庄子·盗跖》记载："古者民不知衣服，夏多积薪，冬则炀之，故命之曰知生之民。"后来，人们在与大自然的长期艰苦斗争中，逐渐知道了可用某些植物及动物皮毛来遮身蔽体，及至有了圣人（如尧）的教导，人们才懂得了将裘皮和丝麻制成衣裳。《韩非子·五蠹》的记述更为精彩："古者丈夫不耕，草木之实足食也；妇人不织，禽兽之皮足衣也。……冬日麑裘，夏日葛衣。"

业已发掘的一些新石器时代城背溪文化和大溪文化遗存，比较强烈地反映出当时已有了较发达的石器业、骨器制造业和制陶业。在这一类遗址中，出土了一些用于缝纫的骨针、骨锥以及大量的陶纺轮、石纺轮、骨纺轮。此外，在西陵峡出口东南的湖南澧县八十垱新石器时代早期遗址中，出土了用芦片编制的芦席。芦片较细薄，编制时双片交错，经纬分明，方法较复杂（图3-22）。另发现了用藤类、麻类、竹类编织而成的绳索。这些资料说明，早在新石器时代早期的城背溪文化时期，三峡区域的先民们就已经开始有了纺织技艺了。到了新石器时代中期的大溪文化时期，纺织技术有了更进一步的提高并达到了一定的水平。至新石器时代晚期的屈家岭文化、玉溪坪文化以后，纺织业的水平得到了更大的发展。可以说，三峡地区新石器时代先民们在纺织业方面的成就为后来夏商时期人们在纺织业方面的继续发展奠定了基础。

在三峡地区一些新石器时代的遗址中，常有一些与纺织、缝纫密切相关的骨针、骨锥、陶纺轮等遗物出土。有些陶器上还发现了一些与纺织有关的遗物。这些纺织工具及遗物的发现，为我们探索三峡地区古代纺织业技术的发生与发展提供了宝贵的实物证据。

三、归纳和认识

通过对以上关于三峡地区新石器时代农业、畜牧业、渔业、狩猎业、纺织业以及骨器制作的介绍，我们大致可以勾勒出该地区新石器时代社会经济生活的场景。

（一）农业

三峡先民已经开始种植稻、黍、麦等农作物了，只是由于三峡地区大多土地贫瘠，可耕作面积较少，故其农作物种植业不太发达。在长期的生活实践中，三峡先民又掌握了陶器制作技术，其制作多为生活用具。其后人们还在陶器胎内掺入稻谷壳，

---

① 黄能馥、陈娟娟：《中国服装史》，中国旅游出版社，2001年，第3页。

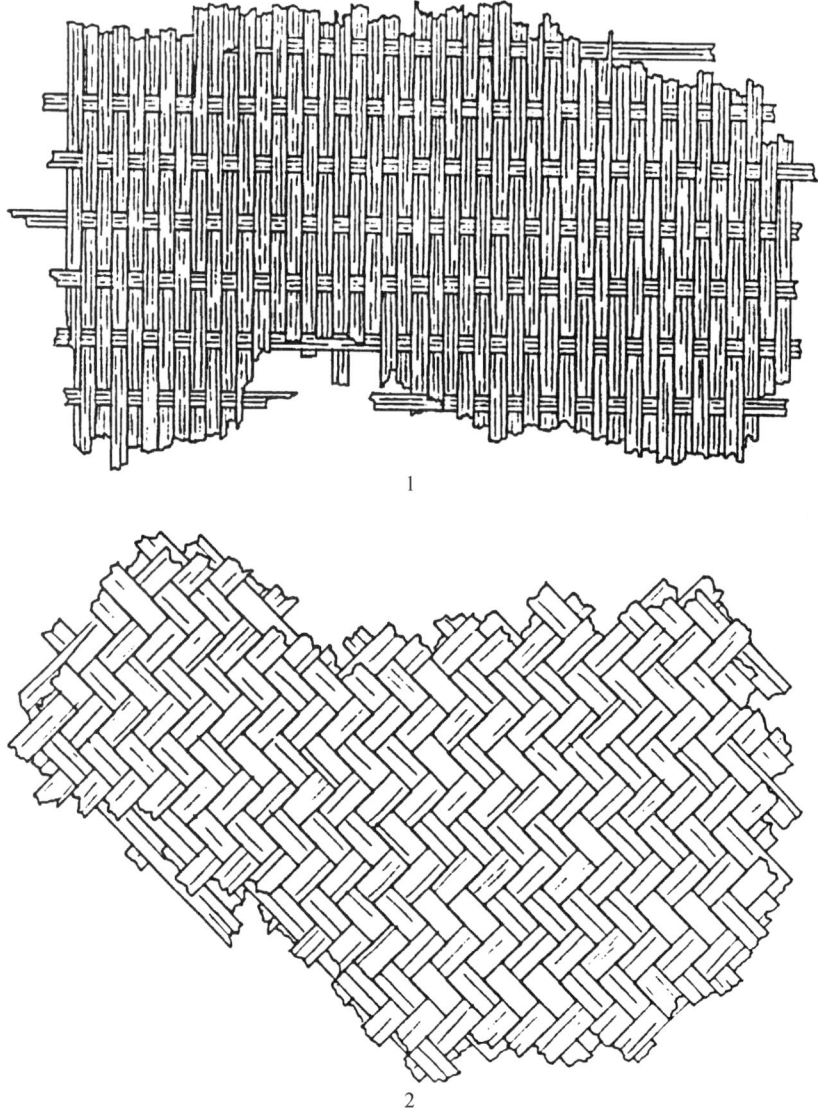

图3-22 湖南澧县八十垱新石器时代早期遗址中的芦席

用米粒纹和麦穗纹等装饰陶器外表，这种情况在某种意义上标志着农业的同步发展。由于农业的发展，旧石器时代的打制石器已显得过于粗糙，不能满足生产力的需求，于是在新石器时代早期，人们开始磨制石器的刃部，到中晚期时，更流行将石器通体磨光。

（二）畜牧业

三峡地区的先民在新石器早中期已开始驯养猪和狗，有的还开始饲养鸡；大概到了新石器时代晚期，人们又开始饲养牛了，但人们的肉食来源主要还是靠捕捞和狩猎。

（三）渔业

三峡地区生活在河流附近的先民很早就开始使用石网坠制成的网来进行捕捞了，而三峡东部地区的人们还使用大型网坠制成的渔网来捕捞大鱼。那时的人们吃过鱼后的鱼骨，经长期的堆积在地层中形成了厚厚的"鱼骨层"和"鱼骨坑"，足见当时渔业的繁盛。由于鱼类成为人们肉食的主要来源之一，人们对鱼似乎也产生了一种特殊的情感，在新石器时代中期的大溪文化地区，人们开始用鱼来陪葬，到石家河文化时期，人们还制作了双手怀抱大鱼的陶塑，这种陶塑或有可能是祭祀仪式中的一种祭器。

（四）狩猎业

生活在山地丘陵的人们将该地森林里的丰富野生动物作为肉食的主要来源，以弥补农耕和家畜饲养的不足。由于家畜饲养、渔业、狩猎业的发展，人们开始使用动物骨骼来制作生产工具和生活用具，如骨铲、骨镞、骨锯、骨锥、骨针等（图3-23），

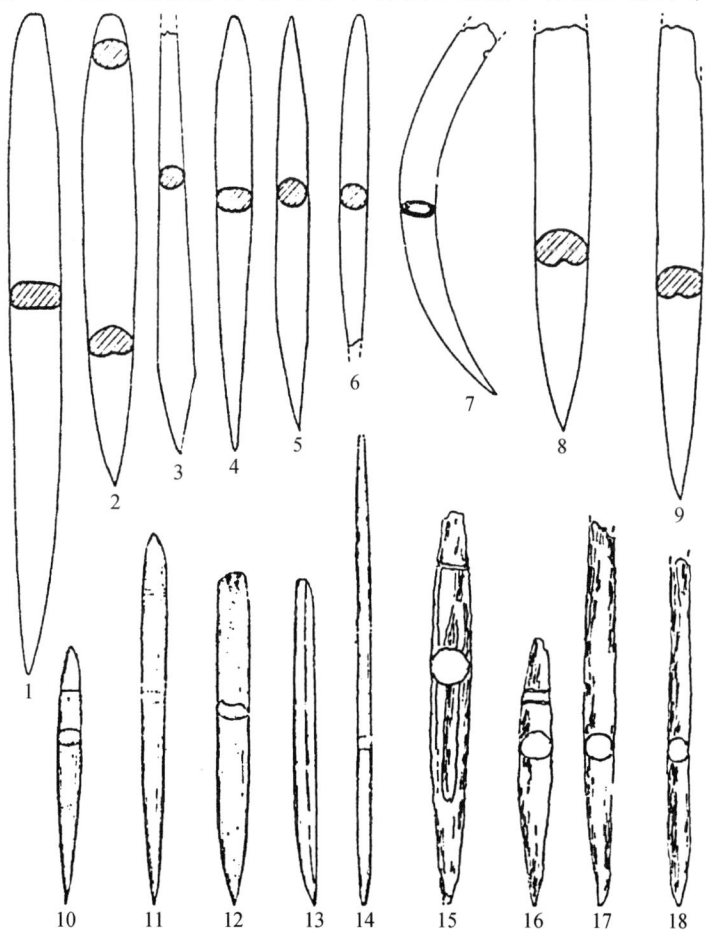

图3-23　三峡地区新石器时代早、中期遗址中出土的骨锥
1~9.秭归朝天嘴遗址出土（新石器时代早期）　10~18.巫山大溪遗址出土（新石器时代中期）

与此同时，人们还发明了陶纺轮等纺织工具（图3-24），从而纺出"线"，编出"布"，并用骨针来缝制兽皮和纺织品。

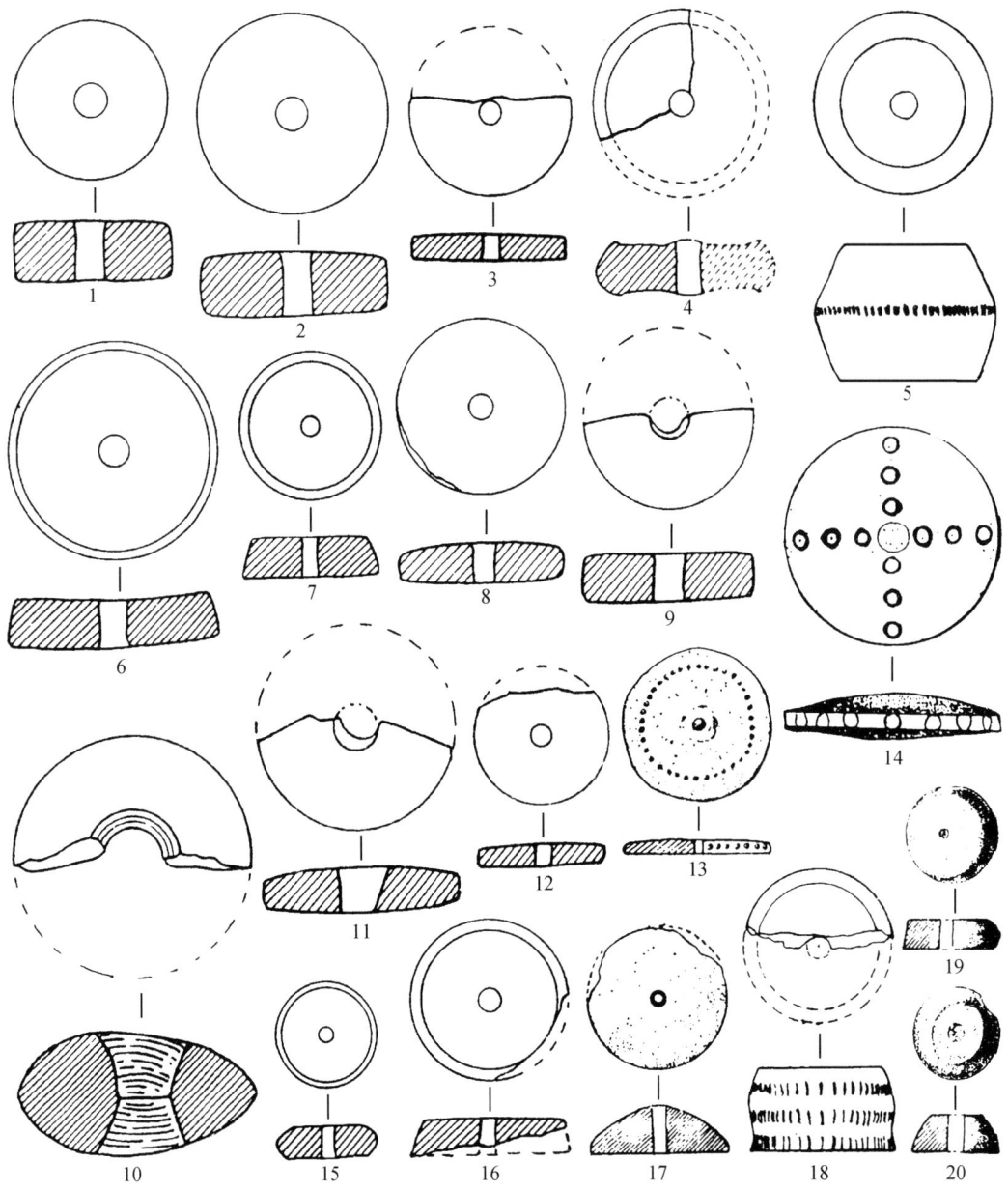

图3-24　三峡地区新石器时代中期（大溪文化）遗址中出土的陶、石、骨纺轮

1~4、6~12、15、16.长阳西寺坪遗址出土　5、14、18.宜昌清水滩遗址出土　13、17、19、20.巫山大溪遗址出土

（1、2、4~8、13~18为陶质，3、9、10~12为石质，19、20为骨质）

第四节　房屋建筑遗迹

房屋是人类赖以遮风避雨的场所，古代的房屋建筑往往会考虑与地理环境相适应。三峡地区地处中国南方的高山峡谷地区，受地理环境的影响，远古先民在房屋建造方面往往构思奇巧，形式独特。南方地区由于雨水多，较潮湿，人们便创造了一种高于地面平台的"台式建筑"；以及为避虫、蛇、兽之害，还普遍流行"干栏式建筑"。

从大溪文化时期开始，三峡地区的原始居民在搭建地面式建筑时，就开始在房屋墙体的底部铺垫一些起稳定作用并能防潮的石块。这一建筑技术后来又得到了发展，其技艺更加成熟。这种填垫石块的建筑方法大体是，建房时，在墙体基部挖一沟槽，然后将石块铺垫其中，形成墙基，再选用一些大小适宜的石块在墙基上垒砌成墙体。这种垒筑墙基的建筑形式现今在三峡地区以及我国西南地区的一些山区仍随处可见，今人称这种填垫石块的方法为下"墙脚石"或"墙基石"。三峡地区新石器时代的这种建筑形式，到底是不是当时的三峡先民所发明和创造的呢？这里我们暂不做结论。但这一建筑技术在三峡地区至少可追溯到距今约6000年以前的大溪文化时期，往后这种建筑形式一直沿用到现在，可谓源远流长了。

截至目前，在三峡及两湖地区发现的新石器时代早期的一些遗址中，见有房屋建筑遗迹披露的似只有湖北秭归朝天嘴、湘西北澧县城头山、八十垱等遗址[1]。据笔者所知，除以上已披露的资料外，在三峡地区的一些属于城背溪文化的遗址中，还常会见到一些与房屋建筑有关的红烧土，有的零星分布，有的则成片分布。除见有红烧土外，还常见有房屋柱洞。当然，由于三峡地区的这类古人居址多临江而建，调查或发现时大都已遭到了人为或自然的破坏，加上这一时期的遗址地点及分布范围又远不如其后的新石器时代中期那么多、那么广，因而所能见到的柱洞多较零星，也很难找到其中的规律。而在新石器时代中期及以后的遗址地层中，房屋建筑的遗迹则较为丰富了，见于报道的资料也要多一些。

现将这一历史时期的房屋建筑遗迹资料择选几例介绍如下。

---

[1] 杨华：《三峡远古时代考古文化》，重庆出版社，2007年，第157页。

一、新石器时代早期城背溪文化遗存中的房屋建筑遗迹

1986年,国家文物局三峡考古队、湖北省宜昌博物馆联合对秭归朝天嘴遗址进行了大规模的考古发掘,在该遗址的第14层下清理出一座新石器时代早期(城背溪文化)偏晚阶段的房屋建筑遗迹(图3-25)。编号F3。

F3房址开口于第14层下,打破第15层及生土,房址已遭到破坏,其形状和结构已不是十分清楚。根据残存的遗迹看,该房平面呈刀把形,长5.5、最宽处5.8、最窄处2米。

房址内发现了垫土,垫土距地表1~2.93、厚0.2~0.5米,为暗红色黏土。垫土中含砂量较大,包含物少见,仅发现一些红烧土块及少量陶片等。较大的红烧土块直径为10厘米左右,不见夯筑迹象,局部垫土上保留有较硬的平面。据此推测,这层垫土应该是房屋的居住面。

在房址内还发现柱洞5个,其中D4、D5距离较近,位于刀把弧折处。D1、D2、D3位于房址中部偏南,排列有序,每两个柱洞之间的距离约为0.7米。D1、D2、D3底部都填有起稳定作用的鹅卵石和碎石块[①]。

垫土层中清理出的陶片为夹砂、夹蚌、夹炭陶,陶片饰绳纹。另有石斧、骨锥各一件。

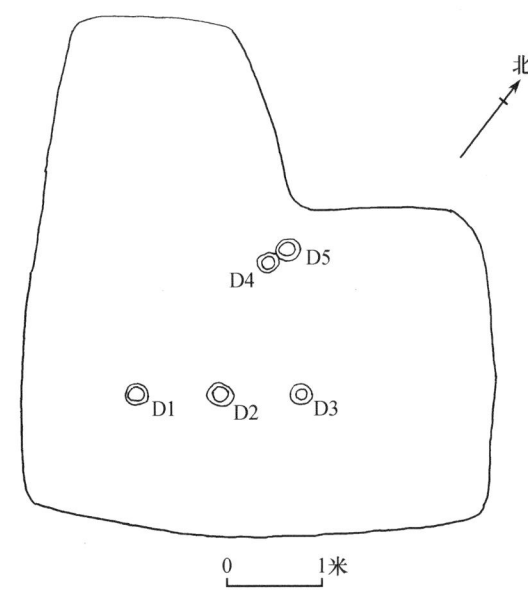

图3-25 秭归朝天嘴遗址新石器时代早期文化遗存中F3平面图

---

① 国家文物局三峡考古队:《朝天嘴与中堡岛》,文物出版社,2001年,第16页。

二、新石器时代中期大溪文化遗存中的房屋建筑遗迹

三峡地区考古发现的属于大溪文化时期的遗址较多,主要分布在瞿塘峡以东地区(包括西陵峡出口处的部分地区),遗址共有50余处,经考古正式发掘且文化内涵丰富的遗址主要有巫山大溪、欧家老屋,秭归柳林溪、龚家大沟、朝天嘴,宜昌中堡岛、三斗坪、杨家湾、清水滩、伍相庙、白狮湾,宜都红花套,长阳桅杆坪、西寺坪,枝江关庙山,当阳冯山、杨木岗、朱家湾等。在以上遗址的地层中,基本上都发现了房屋建筑遗迹。现选择几处最具代表性的遗迹资料介绍如下。

1. 枝江关庙山大溪文化遗存中的房屋建筑遗迹

该遗址位于西陵峡出口长江北岸约70千米处,占地面积4万多平方米。1978~1980年,考古人员在遗址中共清理出房基10余座。房屋多为地面式建筑,呈长方形或方形,面积多在30~70平方米,有大、中、小三种形式。现以F22为例进行介绍。

F22房基为方形,门向西。墙长约6、厚0.27~0.36米,墙基深0.1~0.3米,墙面用草拌泥抹平。居住面和墙壁均被烧烤成红烧土。墙基内共清理出圆形柱洞24个。房子中间设一火塘,火塘中间有一道隔墙,屋中有柱洞16个。室外有散水,并有门道、门槛。根据墙壁和柱洞排列的形状,可知这座房屋原为四面坡式,正脊为东西向[①]。从房屋的现存遗迹观察,可辨认出此房屋的建筑过程大抵可分以下三个步骤。

第一,筑墙,铺垫层,建火塘和居住面。

第二,烧烤墙壁和居住面。

第三,竖立屋内支柱、覆盖屋顶和铺设散水[②]。

2. 宜都红花套大溪文化遗存中的房屋建筑遗迹

在西陵峡口东约30千米处的宜都红花套新石器时代遗址大溪文化层中,考古人员发现了一些房屋建筑基址遗迹。观察发现,房屋的平面形状与枝江关庙山大溪文化遗存中的房屋大致相同,房屋的墙基多用石块砌筑,墙体用泥抹平而成抹泥墙,并经火烘烤。房址布置讲究,较为规整。尤其值得注意的是,根据当时红花套区域的气候条件,遗址的居民们在长期的实践中摸索出了一种"毛竹擎檐柱"方法(图3-26)。这是一种墙基加固与承檐结构的建筑方式,是建筑形式的一种发展。这种形式的房屋布置与现在湘、鄂、渝、川、黔等地山区近代居民的房屋形式几乎一样。这是多雨气候

---

① 杨宝成、黄锡全:《湖北考古发现与研究》,武汉大学出版社,1995年,第41页。
② 张绪球:《长江中游新石器时代文化概论》,湖北科学技术出版社,1992年,第157页。

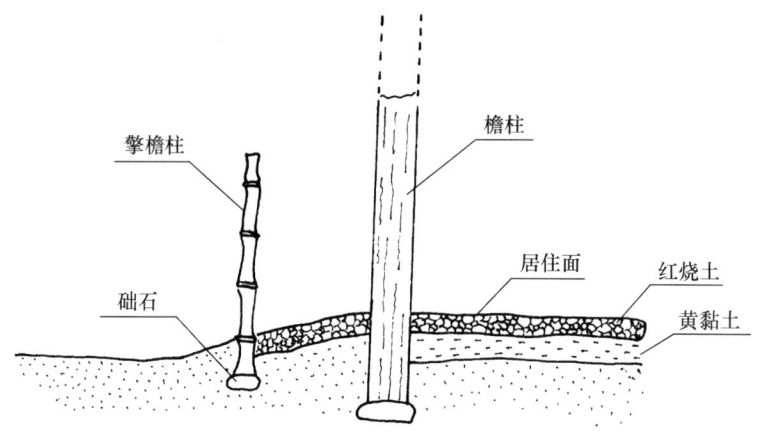

图3-26 宜都红花套遗址新石器时代中期大溪文化遗存中的毛竹擎檐柱示意图

条件所促成的[①]。

此外，在关庙山遗址中还清理出了一批半地穴式的房屋建筑，在红花套新石器时代的大溪文化遗存中也清理出了两座圆形的半地穴式房屋建筑遗迹。

根据以上介绍，可知三峡地区大溪文化时期的房屋建筑有三种形式：一是地面台式建筑，二是干栏式建筑（吊脚楼），三是半地穴式建筑。

需提及的是，新石器时代大溪文化时期三峡地区的原始人类仍然还有一些是居住在山洞里的，如1987年在巫山错开峡西南海拔1100米的太平村大脚洞中，即发现了大溪文化时期人类在山洞里居住过的遗迹，发现的遗物为属于大溪文化时期的陶器和骨器。除此之外，还发现了当时人们用火后遗留下来的灰烬和灰屑[②]。此外，在西陵峡南岸的长阳榨洞、巴山洞中，也发现了大溪文化时期人类居住过的遗迹，出土了大批的石器和陶器。

三、新石器时代晚期龙山文化遗存中的房屋建筑遗迹

在三峡及三峡出口处的部分地区，考古发现的新石器时代晚期龙山文化（西陵峡地区属"石家河文化"，巫山及以西地区属"哨棚嘴文化"）遗址中普遍都发现了当时人们建房后散落下来的红烧土块及房屋柱洞，但较完整的房屋建筑遗迹不是太多。现从考古发现的一些残存的房屋建筑遗迹中择选出保存较完整的两处简述如下。

---

① 国家文物局三峡考古队：《朝天嘴与中堡岛》，文物出版社，2001年，第218页。
② 黄万波、方其仁等：《巫山猿人遗址》，海洋出版社，1991年，第180页。

1. 当阳季家湖龙山文化遗存中的房屋建筑遗迹

该遗址位于西陵峡出口长江北岸75千米处。1979年，在龙山文化（石家河文化）的地层中清理出一座"半地穴式"房屋（房址东部被现代沟扰乱）。该房屋建筑由门道、房室、平台三个部分组合而成（图3-27）。

门道　房子的门道设在西壁南部，为斜坡式，由西向东倾斜，深0.72～1.31、宽0.8～0.9、坡长3.6米，坡度18°。房底铺有一层白膏泥，门道与房室西壁呈弧角相连。房穴东西长0.65～1.65、南北宽2.95米，穴底距当时的地面深约1米。

房室　居住面分上、下两层，下层居住面是在生土上填一层0.1米以上的含细沙白膏泥筑成，白膏泥上面再铺一层灰烬层，在房室的西南角还发现了四件日用陶器。在下层居住面上又用白膏泥筑0.1～0.59米的垫层，其上部为灰黑色堆积，堆积层中夹有一些陶片、兽骨和小型石器。

平台　房屋平台位于门道北侧，呈长方形，东西长2.5、南北宽1.54米，比房屋内的下层居住面高0.77米，系用纯净黄土筑成，台面平整，台面上的堆积与室内上层堆积相连，在西北角处平放有一件残粗砂红陶罐[①]。

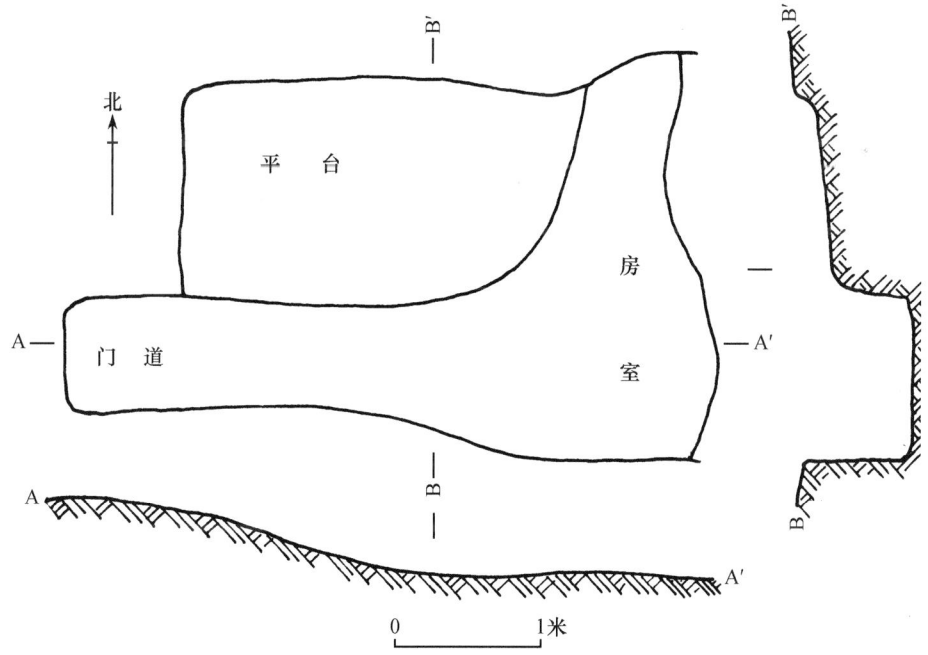

图3-27　当阳季家湖遗址新石器时代晚期石家河文化遗存中的"半地穴式"房址平、剖面图

---

① 湖北省博物馆：《湖北当阳季家湖新石器时代遗址》，《文物资料丛刊》（第10辑），文物出版社，1987年。

2. 巫山锁龙龙山文化（哨棚嘴文化）遗存中的房屋建筑遗迹

1997年，成都市文物考古队在发掘巫山县锁龙遗址时，在该遗址的第3层中清理出一座属于龙山文化（哨棚嘴文化）时期的房屋建筑遗迹（F1）。

该房址位于遗址布方的T307、T308内，开口于第3层下，叠压着第4层，方向28°。房屋基址经过人工处理，填有当年建房时的黑褐色垫土层，质地较硬，并夹有一些石块。在房屋的垫土层上部，发现了用石块垒砌的墙基遗存，排列规整，南北各一，其中南墙基长2.8、北墙基长2.4、两墙基间距2.5米左右。

墙基石块多呈圆形或椭圆形，直径一般在0.1～0.35米。在墙基附近发现了大量大小如拳头般的红烧土块，且多有圆棒插立痕迹，痕迹清晰可见，圆棒痕迹直径一般在2～2.5厘米。少量红烧土块有平、直的面，这说明这些红烧土块是板状物的遗痕。根据以上现象分析，F1应为一地面式木骨泥墙建筑。

1997年发掘时，该房址已遭到破坏，故房址的具体结构、面积及其他设施均不详。据清理出的红烧土堆积和垫土层的分布，推算F1的建筑面积大约为30平方米[①]。

在房址的垫土层中还清理出一些陶器和石器，陶器类主要有深腹罐、侈口罐、盘口罐、盆、钵、纺轮等，石器类主要有斧、锛、凿、铲等。

四、归纳和认识

从上述新石器时代房屋建筑的情况来看，与旧石器时代相比，这一时期的人类居址仍多见于临江处，而且房屋建筑遗迹的数量较前更多，建造技术也更先进。旧石器时代流行的穴居形式虽得以沿用，但窝棚已不见踪迹。新石器时代的人们已开始选择更能适应地理环境的建筑形式如"地面台式建筑"和"干栏式建筑"来作为自己的居所了。

新石器时代的房屋建筑，我们从以下几个方面来归纳几点认识。

第一，居所的选择。随着人类活动能力的增强和生产力水平的提高，这一时期人类的活动范围扩大，大多已不再选择原始的山洞或树木作为居住场所，而是选择靠近江、河、湖泊或溪流的台地并建造房屋居住了。

第二，新石器时代房屋遗迹的分布。从时代上看，新石器时代房屋建筑遗迹的数量较旧石器时代更多，时代越晚，遗迹数量越多。从地域上看，三峡东部地区发现的

---

① 成都市文物考古工作队、巫山县文物管理所：《巫山锁龙遗址发掘简报》，《重庆库区考古报告集·1997卷》，科学出版社，2001年，第4页。

房屋建筑遗迹似乎比西部地区更多，时代也更早，这与旧石器时代的情况是基本一致的。产生这种情况主要是因为在新石器时代，人类居址的选择时代越早则海拔越低，遭受水流的冲刷和侵蚀也越严重，保存也较差。此外，历代人为的开垦破坏也是造成这种情形的原因之一。

第三，房屋的建筑形式。除少数地区仍沿用洞穴居住外，地面台式建筑在新石器时代已成为主要的建筑形式，同时还出现了干栏式建筑（吊脚楼）和半地穴式建筑。其中，地面台式建筑的平面形状有刀把形、方形、长方形、圆形和椭圆形等。干栏式建筑最先发现于浙江余姚河姆渡遗址，是一种适应潮湿炎热气候而建的防潮和防虫兽的建筑。这种建筑从新石器时代到现代均十分流行，其分布以长江流域以南为主，它的建造方法是先在地面上打柱洞并树立桩柱，然后以柱子为基础搭建居住面。半地穴式建筑可能从北方中原地区传播而来，仅在新石器时代晚期遗址中有零星发现。

第四，建筑材料。这一时期的房屋建筑遗迹中多发现红烧土块、垫土、石块、竹木、白膏泥等。

第五，建筑技术。新石器时代的房屋居住面下多有垫土层，有的经烧烤。地面台式建筑的墙体多为木骨泥墙，即以木柱作为骨架编造篱笆，然后用草拌泥将其抹平。另外，在新石器时代中期已开始出现了挖掘沟槽铺垫石块作为墙基再砌筑墙体的建筑技术，这种下"墙脚石"或"墙基石"的技术在今天的三峡地区仍被沿用。

第六，房屋设施。从新石器时代中期开始，房屋内便设有火塘，有的室外有散水，并有门道、门槛、垫土层等，其中晚期的垫土层有的是在生土层上填一层白膏泥，再在其上铺一层灰烬。

综上所述，在新石器时代，三峡地区的先民们已经开始摸索出一些适应环境及自身发展的建筑形式了，其建筑技艺随着时间的推移也在不断进步，并对夏商及以后时期的建筑形式产生影响。

第五节　埋葬习俗文化

一、三峡地区新石器时代的墓葬发现情况

在长江三峡地区，考古发现了大批旧石器时代遗址，从旧石器时代早期距今200多万年以前直到1万年以前，其间从早期到晚期各个时期的遗址皆有，基本上无空环。尽管目前在三峡地区发现的旧石器时代的遗址较多，但却不见墓葬资料的信息。因此，有关三峡地区旧石器时代的人类对死去的人是如何进行处理的，到底有没有埋葬死者

的风俗，限于考古发现资料，迄今仍是一大谜案。

从考古发现资料可知，当历史由旧石器时代过渡到新石器时代早期及其后时，我们的远古祖先便开始挖掘土坑来埋葬死者于地下了，这或许正是中国土葬死者的历史开端。自此以后，这种土葬法在我国众多的民族中盛行起来，并一直流行到现在。考古资料表明，在中原地区的一些新石器时代早期的聚落遗址中，一般对居住区和公共墓地都有比较严格的布局和安排，如磁山文化遗址及裴李岗文化遗址中的墓地均是如此。由于那时的墓地已经是公共墓地了，因此墓葬都较多。如在中原地区发现的一些仰韶文化遗址中，即曾清理出墓葬2000余座，其中仅半坡类型遗存中就有墓葬1000余座。墓葬的年代距今7000～5000年，这一时期应为母系氏族社会的繁荣时期。以上的这些墓葬都为土坑葬，土坑葬中又有少数为瓦罐、瓮罐葬，并多用盆、钵覆盖罐口。

据考古发现资料，在三峡地区发现的墓葬，年代最早的，可直接追溯到新石器时代早期的"城背溪文化"时期。目前在三峡及西陵峡出口处的部分地区，已发现数十处"城背溪文化"[①]遗存，但在已正式考古发掘的遗址中，仅见1998年湖北省文物考古研究所在巴东店子头遗址新石器时代早期文化遗存中清理出的两座土坑墓葬[②]，其他遗址中均不见有墓葬资料的信息。巴东店子头遗址中发现的两座新石器时代早期墓葬，由于其发掘资料的正式报告还没有公布出来，因此对三峡地区相当于新石器时代早期的墓葬情况目前还无法做详细介绍。而目前已公布资料的墓葬一般都出自新石器时代中期的大溪文化遗存中，往后至新石器时代晚期偏早阶段的屈家岭文化时期，墓葬亦多有发现。然而再往后到了新石器时代晚期偏晚阶段时，该区域里考古发现的墓葬却又变得极少且零星起来。

（一）大溪文化遗存中的墓葬情况

考古人员在三峡地区发现的大溪文化类型遗存的墓葬数量较多，据不完全统计，迄今为止已见有700余座。这些墓葬的遗址主要有巫山大溪、大水田，巴东鸭子嘴、楠

---

① 湖北省文物考古研究所：《宜都城背溪》，文物出版社，2001年。
② 杨华：《1998年三峡库区湖北段文物保护情况》，《中国三峡建设年鉴·1999》，中国三峡建设年鉴社，1999年。

木园、李家湾，秭归柳林溪，宜昌三斗坪、杨家湾、清水滩、白狮湾等①。此外，在西陵峡口的枝江关庙山、宜都红花套、松滋桂花树、公安王家岗等②大溪文化遗址中，也发现了一些墓葬。需要指出的是，在瞿塘峡以西地区，相当于新石器时代中期的文化遗存还没有被真正确认，也不见有墓葬资料的信息披露，故这里主要介绍瞿塘峡以东地区新石器时代中期的墓葬资料。

上述大溪文化遗址中发现的墓葬，除少数为瓮棺葬外，余者皆为土坑竖穴墓。墓坑较浅、较窄，基本上呈椭圆形，坑壁不清晰，有的甚至找不到墓边。墓葬一般较集中，有的还见有叠压和打破关系，这说明墓地前后延续，且延续的时间比较长。墓地一般多分布于遗址居住区附近地势较低的江边处。从大溪、大水田、清水滩、白狮湾、杨家湾遗址墓葬中清理出的人骨架情况来看，其葬式主要有蜷曲葬、蹲式葬、仰身屈肢葬、仰身直肢葬、侧身屈肢葬、俯身直肢葬等。

（二）屈家岭文化遗存中的墓葬情况

这一时期的墓葬仍基本上与这一地区新石器时代中期的情况一样，迄今为止，瞿塘峡以西地区基本上不见这一时期的墓葬遗迹（丰都玉溪坪遗址发现一座新石器时代墓葬，ⅡM24可能属于玉溪坪文化时期的墓葬）③，而瞿塘峡以东地区则已有好几处屈

---

① 四川省博物馆：《巫山大溪遗址第三次发掘》，《考古》1981年第4期；重庆文化遗产研究院、巫山县文物管理所：《巫山大水田遗址大溪文化遗存2014年度发掘简报》，《重庆三峡后续工作考古报告集》（第二辑），科学出版社，2020年；湖北省文物考古研究所：《巴东鸭子遗址（西区）发掘简报》，《湖北库区考古报告集》（第二卷），科学出版社，2005年；国务院三峡工程建设委员会办公室、国家文物局：《巴东楠木园》，科学出版社，2006年；湖北文物考古研究所：《巴东李家湾遗址发掘简报》，《湖北库区考古报告集》（第二卷），科学出版社，2005年；国务院三峡工程建设委员会办公室、国家文物局：《秭归柳林溪》，科学出版社，2003年；湖北省文物考古研究所：《1985~1986年三峡坝区三斗坪遗址发掘简报》，《三峡考古之发现》（二），湖北科学技术出版社，2000年；湖北省文物考古研究所：《宜昌杨家湾》，科学出版社，2013年，第491~502页；湖北省宜昌地区博物馆、四川大学历史系考古专业：《宜昌县清水滩新石器时代遗址的发掘》，《三峡考古之发现》（一），湖北科学技术出版社，1998年，第184~186页；湖北省文物考古研究所：《长江三峡工程坝区白狮湾遗址的发掘简报》，《三峡考古之发现》（二），湖北科学技术出版社，2000年，第428~438页。

② 中国社会科学院考古研究所湖北工作队：《湖北枝江县关庙山新石器时代遗址发掘简报》，《考古》1981年第4期；中国社会科学院考古研究所湖北工作队：《湖北枝江关庙山遗址第二次发掘》，《考古》1983年第1期；红花套考古发掘队：《红花套考古遗址发掘简报》，《史前研究》1990~1991年合刊；湖北省荆州地区博物馆：《湖北松滋县桂花树新石器时代遗址发掘简报》，《考古》1976年第3期；荆州地区博物馆：《湖北王家岗新石器时代遗址》，《考古学报》1984年第2期。

③ 白九江：《重庆地区的新石器文化——以三峡地区为中心》，巴蜀书社，2010年，第272页。

家岭文化时期的墓葬资料披露。不过相关资料显示,相当于屈家岭文化时期的墓葬,无论是墓地数量还是墓葬数量,都不如大溪文化时期的那么多。现将三峡地区发现的屈家岭文化时期的墓葬情况介绍如下。

在三峡地区发现的屈家岭文化时期的墓地似多分布在西陵峡地区的东部,主要有宜昌中堡岛、宜昌杨家湾、秭归官庄坪、巴东李家湾、西陵峡出口处的枝江关庙山等①。巴东以上目前似不见有屈家岭文化时期的墓葬资料披露。上述几处墓地中,共清理出墓葬180余座,以巴东李家湾、宜昌杨家湾、枝江关庙山遗址中的墓葬为多,且皆为竖穴土坑墓。在枝江关庙山遗址中,还发现了一批专门埋葬小孩的瓮棺葬墓,宜昌杨家湾遗址中也发现了两座瓮棺葬墓。宜昌杨家湾和枝江关庙山墓葬的正式报告还没有公布,有关情况只见于一些简略或零星的报道,故详细情况尚不得而知,目前还无法对这批墓葬进行深入研究。这里只能对这两处墓地的情况做以下简介。

1. 宜昌杨家湾屈家岭文化墓葬资料

该遗址位于西陵峡南岸,东距黄陵庙约5千米。1986年9～12月,湖北省博物馆在发掘该遗址时,在东北部清理出属于新石器时代晚期屈家岭文化时期的墓葬20余座。1993～1994年,湖北省文物考古研究所多次对该遗址进行了发掘,又清理出屈家岭文化时期的墓葬数座。这些墓葬主要分布在该遗址的东北部。两次发掘共清理出墓葬36余座,其中瓮棺葬墓1座。

以上50余座墓葬的资料已经公布。资料显示,这批墓葬基本埋葬在遗址的一定位置,多分布在居址的东北部。墓葬发现于该遗址地层堆积的第2层下和第3层、第4层下,相互叠压和打破关系较为常见。墓葬中除有两座瓮棺葬外,其余皆为土坑竖穴墓。土坑墓葬中除有一座两人合葬墓和一座母子合葬墓外,其余皆为仰身直肢葬的单人墓。墓葬中一般都有随葬品,其中男性墓中放置大、中型石斧、锛等工具,女性墓中多放置陶纺轮。此外,成人墓中无论男性还是女性,大都随葬陶环、石镯及佩带下葬的石璜、玉璜等装饰品。墓中的出土器物以陶器居多,石器次之。陶器类以泥制黑陶为主,红陶、黄陶次之。制作陶器的泥土多经过淘洗。器物的器形主要有高圈足杯、盂形器、双腹碗、双腹豆、壶形器、钵、器盖等。石器均经磨制,小件石器如

---

① 国家文物局三峡考古队:《朝天嘴与中堡岛》,文物出版社,2001年,第187～189页;湖北省文物考古研究所:《宜昌杨家湾》,科学出版社,2013年,第574～603、682～712页;国务院三峡工程建设委员会办公室、国家文物局:《秭归官庄坪》,科学出版社,2005年,第37～39页;国务院三峡工程建设委员会办公室、国家文物局:《巴东李家湾》,科学出版社,2009年,第26～38页;中国社会科学院考古研究所湖北工作队:《湖北枝江县关庙山新石器时代遗址发掘简报》,《考古》1981年第4期;中国社会科学院考古研究所湖北工作队:《湖北枝江关庙山遗址第二次发掘》,《考古》1983年第1期。

锛、凿等磨制得比较精致，主要器形有斧、锛、铲、凿、璜等。玉器类主要有玦、璜等。据研究，这批墓葬的时代包括有屈家岭文化早期和晚期[①]。

2. 枝江关庙山屈家岭文化墓葬资料

1978~1980年，中国社会科学院考古研究所对关庙山遗址进行了两次大规模的考古发掘，共揭露遗址面积约2000平方米，清理出屈家岭文化时期的瓮棺葬墓140余座[②]。这些瓮棺葬墓分布十分密集，几乎一座挨着一座，基本上都分布在该遗址的东南和西南的边缘地带。墓葬之间相互打破和互相叠压的现象比较普遍，墓圹基本上都为一小浅坑，瓮棺置于坑内。瓮棺一般竖置，但在第一次发掘的近百座墓中，有两座为南北横置。发掘时，一般揭开表土即露出瓮棺，因距地表较浅，故多已被后期破坏，大部分仅存瓮棺的底部，有的已全部被破坏掉。

这批瓮棺葬的葬具一般由两件陶器组合而成，下部多以圜底陶罐作为瓮棺，上部多为盆、鼎、钵、碗等作为棺盖（图3-28）。作为瓮棺的陶罐多为夹砂（也有夹炭化稻壳的）灰陶，质地疏松；棺盖则均为泥质陶，质地较硬。显然，棺盖一般多是日常生活用具，而瓮棺（罐）则应是专门用作葬具的。值得注意的是，在有的罐底部中心敲有一小孔，也有的在棺盖的中心部位凿有一小孔。据研究，这种在瓮棺或棺盖上敲凿一小孔的做法，可能是为了便于死者的灵魂出入。

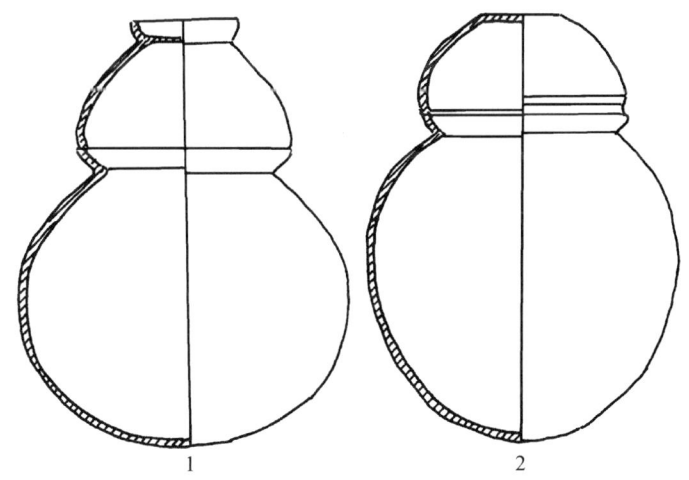

图3-28　枝江关庙山遗址新石器时代屈家岭文化遗存中的瓮棺葬葬具

---

① 湖北省博物馆：《宜昌县杨家湾新石器时代遗址》，《中国考古学年鉴·1987》，文物出版社，1988年，第195页；湖北省文物考古研究所：《宜昌杨家湾》，科学出版社，2005年，第574~603、682~712页。

② 中国社会科学院考古研究所湖北工作队：《湖北枝江关庙山新石器时代遗址发掘简报》，《考古》1981年第4期；中国社会科学院考古研究所湖北工作队：《湖北枝江关庙山遗址第二次发掘》，《考古》1983年第1期。

瓮棺葬内一般都不见有随葬品。棺内的人骨多数已朽，仅只在少数瓮棺中保存有人骨。经鉴定，瓮棺中的人骨均为小孩的骨骼。

枝江关庙山遗址屈家岭文化遗存中发现了140余座瓮棺葬墓，其数量之多，分布之密，这在鄂西及长江三峡地区尚属首例，甚至在整个长江流域的考古发现中也为罕见。至于这批墓葬的时代，从这批墓葬所在的层位及出土遗物如鼎、钵、盘、碗等器形来看，作为棺盖的鼎、钵、盘、碗等与层位中的出土遗物相同，其与江汉地区的京山屈家岭、天门石家河等遗址中出土的屈家岭文化晚期的各类遗物基本相似，故这批墓葬的时代当为屈家岭文化晚期。

（三）石家河文化、中坝文化遗存中的墓葬情况

石家河文化大致上与中原龙山文化（末期）的时代相当。所谓石家河文化，是因为1984年时，湖北省考古工作者在长江中游地区发掘出了数百处相当于龙山文化的遗址，其中湖北天门石家河的遗址群最具代表性，因而考古人员将长江中游地区的这一考古文化命名为石家河文化。石家河文化的年代约为距今4500~4200年[1]。

三峡地区属于"石家河文化"类型的遗存主要有巴东雷家坪、秭归庙坪、下尾子、茅坪镇、宜昌白庙、中堡岛、下岸溪、大坪，西陵峡口处的宜昌市城区望洲坪，宜都鸡脑河、王家渡、茶店子、蒋家桥、石板巷子、红花套，枝江关庙山，当阳冯山、季家湖等[2]。

在瞿塘峡以西地区（包括巫山大宁河流域），也发现了相当数量的与龙山文化同时期的遗存，但其文化性质却似与石家河文化判若有别，它们或应属于两个不同性质的文化类型。

但无论其文化性质间存在何种差异，与瞿塘峡以东地区一样，在瞿塘峡以西地区的忠县哨棚嘴、奉节老关庙、巫山魏家梁子等遗址中，同样也发现了一些这一时期的墓葬。

迄今为止，无论瞿塘峡以东还是瞿塘峡以西地区，发现的属于新石器时代末期的墓葬都不如该地区新石器时代中期和晚期遗存中的那么多。在西陵峡地区的一些石家河文化遗存中，发现并判明为石家河文化类型的墓葬也仅只有秭归庙坪、旧州河遗址中的几座[3]。

---

[1] 孟华平：《长江中游史前文化结构》，长江文艺出版社，1997年，第121页。
[2] 杨华：《三峡远古时代考古文化》，重庆出版社，2007年，第196页。
[3] 湖北省文物事业管理局、湖北省三峡工程移民局：《秭归庙坪》，科学出版社，2003年，第33页；宜昌博物馆、秭归屈原纪念馆：《秭归旧州河遗址发掘报告》，《湖北库区考古报告集》（第一卷），科学出版社，2003年。

现将三峡地区发现的这几处墓葬的资料情况简介如下。

1. 忠县哨棚嘴遗址中的墓葬

1997年，北京大学考古文博学院考古队在对该遗址进行发掘时，清理出一座新石器时代的墓葬。该墓为长方形，竖穴土坑，墓穴长1.77、宽0.56～0.6、深约0.25米（图3-29）。葬具已腐烂无存，墓底有骨骸一具，仰身，下肢弯曲。死者身高在170厘米以上，墓内不见随葬品。经对开口层位中的出土遗物分析，遗物的时代相当于石家河文化中期阶段[①]，因此，该墓的时代也应当在新石器时代晚期即石家河文化中期。

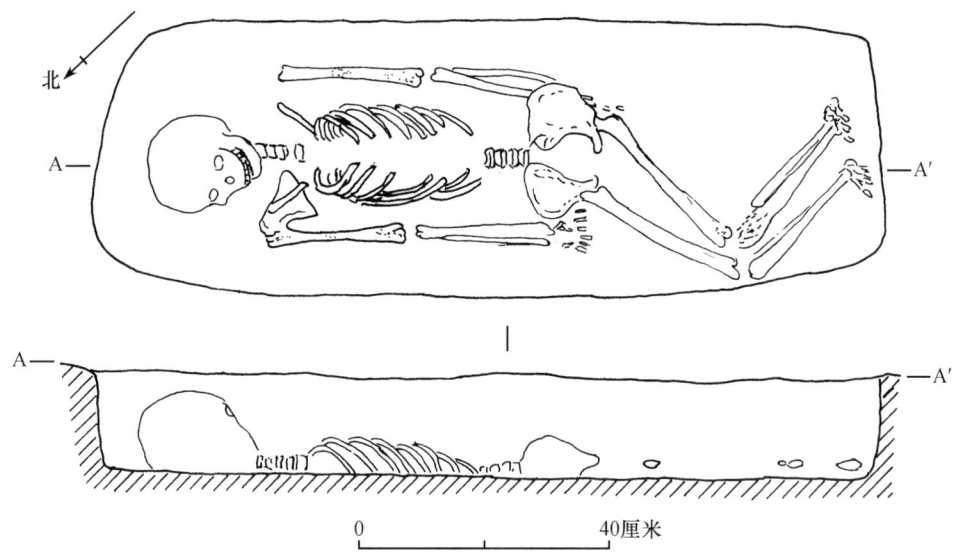

图3-29　忠县哨棚嘴遗址新石器时代晚期遗存中的墓葬M1平、剖面图

2. 奉节老关庙遗址中的墓葬

1995年，为配合奉节白帝城文物管理所"瞿塘峡古象馆"的施工，吉林大学考古系和四川省文物考古研究所联合对老关庙遗址进行了发掘，在遗址的文化堆积层中清理出1座新石器时代的墓葬；1997年发掘时又清理出了3座墓葬。4座墓葬中，2座为仰身直肢葬，2座为屈肢葬，墓穴皆较窄、较浅。下面以M1为例进行介绍。

M1为一长方形竖穴墓，保存良好，不见葬具。墓主为一男性，头南足北，仰身屈肢，骨架的情形是，下部右腿伸直，左腿弯曲压在右腿之上（图3-30，1），为一次葬。

墓中有随葬品两件，一件石铲，为生产工具，一件陶豆，为日常生活用具。石

---

①　北京大学考古文博院三峡考古队、重庆市三峡库区田野考古培训班、忠县文物管理所：《忠县㴲井沟遗址群哨棚嘴遗址发掘简报》，《重庆库区考古报告集·1997卷》，科学出版社，2001年，第632页。

铲置于头骨西侧，铲刃朝东，正好对着死者耳部，表面磨制光滑，刃部锋利，两侧和顶端加工整齐，靠近顶端有一钻孔。陶豆放置于死者足部，豆盘较浅，曾因破损被缀补过，盘部仍留有当年缀补过的痕迹（缀补裂痕处有对称的小钻孔，系拴绳起固定作用），高圈足，底端残，圈足上部有一周凹弦纹和三个对称的圆形矮孔。发掘者整理研究认为，该墓葬的时代约相当于"中原龙山文化"早期[①]。

3. 巫山魏家梁子遗址中的墓葬

魏家梁子遗址位于巫山县大宁河下游左岸的第二级阶地上，面积约1500平方米。1994年4月，中国社会科学院考古研究所长江三峡考古工作队对该遗址进行了发掘，在第4文化层中发现了一座墓葬（图3-30，2），墓葬开口于第3文化层的底部，并打破下一文化层。

墓葬较小，形制为一长方形竖穴土坑，东西方向。墓圹东西长1.68、南北宽0.4～0.54、深0.1～0.2米，靠头部较窄，足部较宽，中间微鼓。葬式为单人仰身直肢

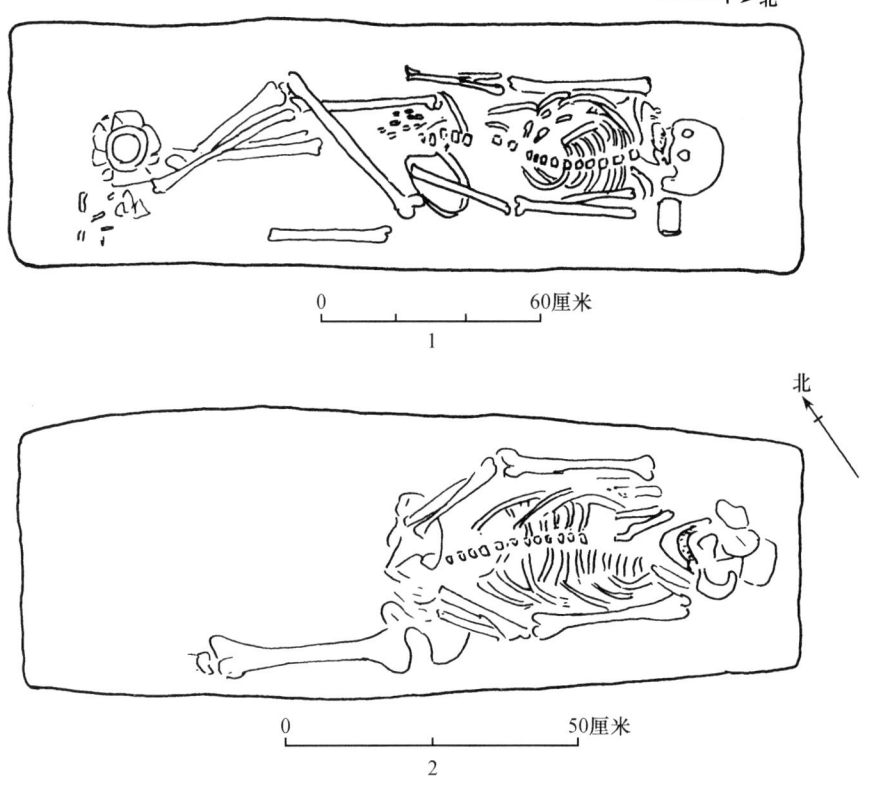

图3-30 奉节、巫山新石器时代晚期遗存中的墓葬平面图
1. 老关庙墓葬 2. 魏家梁子墓葬

---

① 赵宾福、王鲁茂：《老关庙下层文化初论》，《四川考古论文集》，文物出版社，1996年。

葬，头朝东方，死者双手交置于腹部，右下肢及左膝以下残缺，无葬具和随葬品。

据中国社会科学院考古研究所潘其风先生对墓中人骨的鉴定，墓中死者为30岁左右的男性。因墓中无任何可供断代的随葬品，故其年代的判断只能依据墓葬所在的层位来确定。墓葬位于该遗址堆积的第4层位。据整理者研究，第4、5层中出土的遗物为新石器时代晚期，相当于"中原龙山文化"时期[①]，大致上与石家河文化相近。

二、归纳和认识

检索三峡地区有关远古时期埋葬习俗的考古发现资料，我们发现，在整个旧石器时代，相关的资料几乎还是空白，及至新石器时代早期，其资料同样也不见有正式的公布。截至目前，真正发现有埋葬习俗文化资料的，始见于三峡地区的新石器时代中期大溪文化遗存中。这些墓葬主要为"土坑葬"，从新石器时代中期开始至晚期的各个历史时期中，这种掘"土坑"埋葬死者的习俗一直普遍流行，并延续至今。

三峡地区的这些远古人类墓葬遗迹，为我们研究远古时期三峡地区原始居民的埋葬习俗提供了极其珍贵的历史资料，也为我们探索远古时期三峡地区人们生活的情景补充了重要的实物例证。通过这些资料，我们可以归纳和总结出以下几点认识。

（1）关于三峡地区考古发现的远古墓葬的分布情况，大致上可按瞿塘峡以东和以西两个区域来加以叙述。迄今为止，在瞿塘峡以西地区，仅发现几座墓葬，其中还包括把巫山魏家梁子遗址中的一座划归其中。但在瞿塘峡以东地区，包括西陵峡出口处的部分地区，发现的墓葬却非常多，有记录的至少已有500余座。尤其是巫山大溪、枝江关庙山、宜昌白狮湾、杨家湾等墓地，不仅墓葬数量多，分布也较密集。

（2）巫山大溪遗址中的墓葬，其数量之多、分布之密在三峡地区已发掘的百余处大溪文化遗址中居列首位，即便在整个长江流域同时期的文化遗存中，也属罕见。当年发掘该遗址时，在面积不到700平方米的范围内，共发现墓葬400余座。如此宏大的墓葬规模，让人可以想见大溪文化时期这一居住区域里的居民人数一定很多，其社会组织大概至少有一个氏族公社和若干个家族。

还应指出的是，如今我们发现的大溪居住遗址，其面积及墓葬数量并不能代表当时大溪人居住地的实际面积和墓葬的实际数量。巫山大溪遗址的时代相当于新石器时代中期偏晚阶段，距今有6000~5300多年的历史，几千年里江水和山洪的冲刷，对该遗址的破坏不言而喻。

---

① 中国社会科学院考古研究所长江三峡考古队：《四川巫山县魏家梁子遗址的发掘》，《考古》1996年第8期。

（3）大溪文化墓葬中死者的葬式主要有仰身屈肢葬、侧身屈肢葬、俯身屈肢葬、蹲曲式屈肢葬、蜷曲式屈肢葬、仰身直肢葬、俯身直肢葬等。偏早阶段的墓葬似以屈肢葬为主，偏晚阶段的墓葬似以直肢葬为主。20世纪80年代发掘的宜昌中堡岛、三斗坪、秭归朝天嘴及90年代发掘的秭归玉种地等遗址，其中的大溪文化墓葬皆属于大溪文化早期和中期偏早阶段，葬式都为屈肢葬。著名的巫山大溪遗址第三次发掘出的133座墓葬中被判定为早期（相当于大溪文化中期偏晚阶段）的墓葬有69座，葬式为屈肢葬的共有40座。而被判断为晚期的墓葬有64座，这64座墓葬中的葬式为屈肢葬的则仅9座。在宜昌白狮湾大溪文化遗址中发掘的一批墓葬，时代被判定属大溪文化晚期阶段，死者的葬式则皆为仰身直肢葬。

到了新石器时代晚期阶段，墓葬中的仰身直肢葬更为流行。例如，在宜昌杨家湾屈家岭文化遗址中清理出50余座墓葬，皆为仰身直肢葬；宜昌中堡岛屈家岭文化遗址中清理出7座墓葬，其中除1座（M102）为屈肢葬外，其余6座皆为仰身直肢葬[1]。

据以上资料，显见在新石器时代的中期至晚期，墓葬中死者的葬式基本上可以说是一个由早期以屈肢葬为主而逐渐演变为晚期以直肢葬为主的过程。不过，在晚期墓葬中，屈肢葬并没有完全消失。需要提及的是，据澧县城头山新石器时代早期（距今约8000年以前）遗址的墓葬资料，多数墓葬不见骨骸（可能被迁走），而在有骨骸的墓葬中，骨架的保存也不太好，但根据骨骸腐朽的痕迹看，亦依稀可辨为屈肢葬[2]。

在相当于新石器时代晚期龙山文化的遗存中，尽管目前发现的墓葬数量有限，我们尚难做出深入研究，但从目前仅有的几座墓葬的资料来看，其葬式似为屈肢葬和直肢葬兼而有之。如奉节老关庙遗址中清理出的4座龙山时期墓葬，即2座为屈肢葬，2座为直肢葬。又如当阳季家湖遗址中清理出的一座龙山时期的墓葬，其葬式为屈肢葬，而秭归旧州河遗址中的2座墓葬，1座为侧身屈肢葬，1座为仰身直肢葬。鉴于此，我们感到龙山文化时期墓葬葬式的演变规律还不是很清晰，也许还需要有更多的材料来帮助我们得出结论。

（4）在大溪遗址的墓葬中，随葬器物的数量表现出多寡不均的现象。例如，在大溪遗址第三次发掘时发现的133座墓葬中，随葬品在10件以上的仅有28座，而这28座墓葬，又有5座（M101、M105、M100、M123、M161）的随葬品较为丰富，最多的达30余件。此外，在第一次发掘的一座墓葬（M5）中，随葬品更多达60余件[3]。又如宜昌白狮湾遗址中发掘的一批大溪文化时期的墓葬，基本上也都有随葬品，但数量多寡

---

[1] 国家文物局三峡考古队：《朝天嘴与中堡岛》，文物出版社，2001年，第189页。
[2] 湖南省文物考古研究所：《湖南澧县彭头山新石器时代早期遗址发掘简报》，《文物》1990年第8期。
[3] 四川省博物馆：《巫山大溪遗址第三次发掘》，《考古学报》1981年第4期。

不均，最多的一座墓（M4）中随葬器物多达20件①。随葬品除石器外，还有陶器、玉器、骨器等，且制作也较为精美。

但是，在相当数量的墓葬中，随葬品仅只有一两件，有的墓中更是空无一物。毫无疑问，这种随葬品多寡不均的现象直接反映了墓主人生前在社会上的地位差异，地位高者随葬品多，地位低者随葬品少甚至于无。

需指出的是，在将巫山大溪遗址中的各类遗物与鄂西、湘西地区的大溪文化遗物进行比较后可知，大溪遗址的各类遗物约相当于大溪文化关庙山类型第三期和第四期，而大溪文化关庙山类型第三期的年代约相当于大溪文化中期。这也就是说，巫山大溪遗址中出土的各类遗物（包括墓葬）的时代约相当于大溪文化的中期和晚期，并以晚期文化为主。宜昌白狮湾遗址中的墓葬以及地层中的出土器物等，其时代亦约相当于大溪文化晚期阶段。

由此可见，当大溪文化刚刚步入新石器时代晚期时，其氏族公社开始受到削弱，贫富不均的现象已日渐显露出来，大溪遗址中的墓葬资料即是明显的例证。

（5）在巫山大溪、宜昌清水滩、三斗坪等大溪文化遗址的墓葬中，常见有随葬鱼的现象，同时在三峡地区的一些新石器时期至夏商时期的诸遗址中，普遍都见有大量鱼骨渣甚至鱼骨层、鱼骨坑，这一现象表明，当时捕鱼在三峡先民的生活中是占有一定的地位的。人们生前食鱼，死后又以"鱼"随葬，在有的墓葬中，随葬的鱼竟然放置在死者的口中（即口含大鱼）。这种情况表明，人们祈盼死者在逝去以后依然可以像生前一样继续食鱼。三峡地区大溪文化墓葬中的这种人、鱼合葬现象，在中国新石器时代的其他文化遗址中是极为少见的。这种现象不仅说明鱼在大溪时期人们的生活中占有重要的地位，也证明了三峡地区的远古先民们早在新石器时代中期就有了崇拜"鱼"的宗教意识。

（6）在大溪遗址的墓葬中，有相当数量的墓葬里随葬有石制工具，无论是男性墓还是女性墓，甚至在个别小孩墓中，也都有发现。依墓葬的时代早、晚，我们将这一情况叙述如下。

早期墓葬：随葬器物多以石制工具为主，男性墓和女性墓中皆如此，但男性墓中随葬石制工具的数量明显要多于女性。例如，大溪遗址第三次发掘出的69座早期墓葬，有15座放有石制工具。15座墓葬中男性墓8座，男性墓中有3座墓内（M195、M137、M154）随葬石器2件，另5座墓内随葬石器5~10件，分别是M175中5件，M187、M208中各6件，M205中9件，M166中10件。M85、M196、M198（女性墓）仅各随葬石器1件，其余的4座分别为3件（M79中）、2件（M165中）、4件（M167

---

① 湖北省文物考古研究所：《长江三峡工程坝区白狮湾遗址发掘简报》，《三峡考古之发现》（二），湖北科学技术出版社，2000年。

中)、5件(M172中)。女性墓中最多者只有5件,而且仅只有一座墓如此。由以上资料可知,大溪遗址的早期阶段时,男性从事劳动的强度要大些。

晚期墓葬:被研究者判定为晚期的墓葬共有64座,随葬石制工具的有19座,19座墓中男性墓有8座,女性墓11座。8座男性墓中,葬1件石器的有2座(M92、M99),葬2件石器的有1座(M154),葬4件石器的有3座(M100、M152、M162),葬6件石器的有2座(M122、M161)。11座女性墓中,葬1件石器的有3座(M127、M128、M145),葬2件石器的有5座(M93、M106、M119、M140、M144),葬4件石器的有2座(M95、M114),葬石器最多的1座(M115),石器多达14件。

从石器数量来看,男性墓8座,共有石器34件;女性墓11座,共有石器35件。平均计算,男性墓4.3件,女性墓3.2件。不难看出,当时大溪遗址的原始居民由早期社会发展到晚期社会时,前后虽经历了数百年,但男性在当时的社会劳动中,仍与早期社会时一样,劳动强度要比女性大一些。

(7)据对巫山大溪遗址第三次发掘的133座墓葬中人骨的鉴定报告,其墓葬中死者的平均年龄情况如下。

早期的69座墓葬中能鉴定出墓主人骨年龄(小孩墓除外)的共有29座,其中男性有15座,死者年龄多在20~60岁。若以40岁为界线计算的话,40岁以下者仅3人,40岁以上者12人;若再以50岁为界线计算(一座墓中死者年龄为40~50岁除外)的话,50岁以上者有7座。再看女性墓,共有14座,死者年龄多在20~50岁,除一座墓中死者年龄为30~40岁,其具体年龄不准确以外,其余的40岁以上者有10座,40岁以下者只有3座;若再以50岁为界线计算的话,50岁以上者不见。由此可见,在大溪遗址的偏早阶段,男性的平均寿命要高于女性。

晚期的64座墓葬中能鉴定出墓主人骨年龄(小孩墓除外)的共有28座,其中男性有9座,墓主人年龄多在40~60岁(其中两座墓中死者年龄一为15岁,另一为30~40岁者除外);女性墓19座,墓主人年龄多在30~50岁,其中15座墓的墓主人年龄在40岁以上,3座墓的墓主人年龄在50岁以上(40~50岁的两座墓葬不在统计数字之内),1座墓葬的主人年龄为60岁。由此可见,在大溪遗址的偏晚阶段,男性和女性的平均寿命都有增长的趋势,尤其是女性,其平均寿命延长的趋势非常明显。

(8)三峡地区屈家岭文化时期的墓地一般都有固定的位置,不少遗址中的墓区都分布在居住址的边缘地区。例如,宜昌杨家湾、中堡岛遗址,其墓地即分布在居住址的东北端。这一时期的墓葬中一般也都有随葬品,其数量分布似比大溪遗址墓葬中的随葬品要均匀些。男性墓中,亦多见随葬石制工具,这与大溪遗址男性墓中的情况基本一样。女性墓中,则多随葬纺轮,而在巫山大溪遗址中,发现随葬纺轮的墓葬却仅只有两座。三峡地区屈家岭文化时期墓葬中的随葬品情况显示,在新石器时代晚期的屈家岭文化时期,三峡地区的男性仍以重体力劳动为主,而女性则多偏重从事纺织等一类技术性的轻体力劳动了。

（9）在相当于新石器时代中期的大溪文化时期，三峡地区的先民们在埋葬小孩时也基本上采取了埋葬成年人的方式，一般都有完整的墓坑，墓坑内也放置随葬品。但在湖北枝江关庙山、宜都红花套、湖南安乡划城岗、澧县丁家岗等大溪文化遗址中，都普遍发现了一些专门埋葬小孩的瓮棺葬，且无任何随葬品。

其后至新石器时代晚期的屈家岭文化时期，这种用瓮棺来埋葬小孩的习俗更趋流行。例如，在枝江关庙山遗址中，就发现了属于屈家岭文化时期的瓮棺葬140余座。又如在宜昌杨家湾遗址屈家岭文化类型的地层中，也发现了瓮棺葬。还值得注意的是，1985年，在宜昌中堡岛遗址的东区发现了一座商代的瓮棺葬；2000年，湖北省宜昌博物馆在秭归香溪河畔张家坪遗址中清理出四座西周时期的瓮棺葬；1997年，在重庆三峡库区的万州中坝子、忠县中坝等遗址中，发掘出了东周时期的瓮棺葬；1996和2000年，湖北省文物考古研究所在香溪河下游西岸的秭归土地湾遗址中，清理出数十座汉代的瓮棺葬；2001年，重庆市考古队在丰都玉溪坪、石地坝遗址中各清理出汉代瓮棺葬一座。这里，我们再联系到秭归旧州河遗址中发掘出的一座石家河文化时期的腰坑葬，该腰坑葬内也放有一瓮棺。这说明，三峡地区的瓮棺葬习俗从新石器时代中期开始一直延续到汉代，其发展序列也基本上可连接起来。由此可见，这种瓮棺葬习俗在三峡地区延续了将近4000年。

有关三峡地区新石器时代诸遗存中瓮棺葬的渊源问题，这也是学术界极为关注的课题，目前由于资料不足，因而一时还难有结论。这里我们只能猜测，三峡地区新石器时代诸遗存中的这种葬俗可能与中原仰韶文化遗存中的瓮棺葬有着密切的联系，或者说，三峡地区的这种葬俗是受到了中原地区新石器时代仰韶文化遗存中瓮棺葬习俗的影响而形成的。

（10）在清理宜昌白狮湾大溪文化墓葬时，考古人员发现了一个比较特殊的现象，即在多数的墓葬中，都放有一个自然石块。此外，在宜昌三斗坪大溪文化墓葬中，也发现了在死者脚部放置一石块的现象。又在宜昌中堡岛大溪文化的墓葬中，同样发现在一死者的胸部放置了一块橄榄形砾石。对以上白狮湾大溪文化诸墓葬中放置一石块的现象，发掘者认为可能是墓葬的标志。

有意思的是，1993年，湖北省宜昌博物馆在对宜昌中堡岛遗址西区发掘时，在一约80平方米的范围内清理出了23个属于新石器时代晚期屈家岭文化的器物坑，据研究，这批器物坑可能是用于祭祀河神的。在这批器物坑中，多数坑内也放有一自然石块[①]。

白狮湾遗址中的墓葬属于大溪文化晚期阶段，宜昌中堡岛遗址中的墓葬也属于

---

① 1993年度宜昌博物馆在对中堡岛遗址发掘时的资料，笔者亲自参加了此次发掘。

大溪文化晚期阶段，时代与屈家岭文化衔接。那么，在同一地域的同一时代或连接时代，当时的人们都特意将石块放于墓坑或祭祀坑中，这就让我们想到，这种在墓葬中放置一自然石块的现象除可解释为做标记外，也有可能与当时人们的宗教意识有关，即可能与祭祀有关。对于以上两种解释，目前我们都不能对其正确性做出判断，但这一特殊的现象却值得我们进行深入的研究。

第六节 对三峡地区新石器时代考古文化遗存的认识

三峡地区的考古调查和发掘资料表明，早在新石器时代早期，远古人类就已经在这里繁衍生息了，不过当时的人们还主要集中生活在长江的西陵峡地段。至新石器时代中期及以后，在整个三峡地区，远古人类的聚落地点便逐渐地多了起来。只是在瞿塘峡以西的地区，现有的考古发现资料还不能清楚地表达出其新石器时代中期的文化面貌。即便瞿塘峡以西地区关于其新石器时代中期的考古发现资料还相当有限，但我们仍能看到，在文化面貌方面，瞿塘峡以东地区和瞿塘峡以西地区是有着明显的区别的，它们实际上应属于两种不同的考古学文化类型。现将整个三峡地区新石器时代诸遗存中的文化内涵及特征介绍如下。

一、文化发展序列及其年代

如前所述，长江三峡地区的远古人类遗址中，其时代最早者可追溯至新石器时代早期，这类遗址大多分布在长江西陵峡地区及西陵峡出口地带，其中最具代表性的是秭归"朝天嘴一期文化"遗址。在西陵峡地区，以秭归朝天嘴聚落遗址为中心，在其周围的沿江两岸，密集地分布着宜昌三斗坪、伍相庙、路家河、杨家嘴、窝棚墩，秭归柳林溪等新石器时代的早期遗址。经对这类遗存中出土遗物的整理和研究分析，确认其整体文化面貌与西陵峡口处的宜都"城背溪文化"同属于一个文化类型。其年代距今（7420±100）年[①]。

继"朝天嘴一期文化"类型之后发展起来的新石器时代中期文化遗存是"大溪文化遗存"，这类遗存虽然最先发现于巫山大溪遗址，并被考古学界命名为"大溪文化"，但在巫山地区仅只发现了大溪、欧家老屋、大脚洞等几处遗址，而发现最多且分布较密集的地区主要在长江西陵峡地区。这类遗址主要有宜昌中堡岛、大坪、三斗

---

① 原思训、陈铁梅、马力等：《碳十四年代测定报告》（七），《文物》1987年第11期。

坪、伍相庙、清水滩、陡山沱、黄陵庙，秭归茅坪、朝天嘴、龚家大沟、长府沱等遗址，并以宜昌杨家湾、中堡岛一带为聚落中心，形成了一个大溪文化时期的遗址群。这类文化遗存距今6500～5000年。

三峡地区继"大溪文化遗存"之后的新石器时代晚期遗存是"屈家岭文化"遗存。据目前的考古发现资料，这类晚期的遗存无论是在瞿塘峡以西地区还是在瞿塘峡以东地区，都比新石器时代中期的遗存明显增多。西陵峡地区发现的新石器时代晚期遗存，属于"屈家岭文化"类型的遗址有宜昌中堡岛、杨家湾、清水滩等，在这类遗址堆积层中都发现了较丰富的相当屈家岭文化时期的遗物。在杨家湾、中堡岛、秭归官庄坪等遗址中，还发现了较多的屈家岭文化时期的墓葬。以上屈家岭文化遗址中最有代表性的遗址是宜昌中堡岛遗址和杨家湾遗址。这类遗址距今约5000年。

三峡地区相当于新石器时代末期的遗存是"石家河文化"遗存。西陵峡地区发现的这类遗址主要有宜昌白庙子、下岸溪、路家河、中堡岛、大坪、杨家嘴，秭归下尾子、柳林溪、旧州河、庙坪等；其中以宜昌白庙子遗址的出土遗物最为丰富和最具特色，考古学者称之为"白庙类型遗存"[①]。此外，在瞿塘峡西口的奉节老关庙遗址中发现了相当于石家河文化时期的墓葬，墓葬中的出土遗物与石家河文化遗物基本一样。这类遗存约在距今4000多年前。

以上考古资料表明，三峡东部地区新石器时代的遗址资料丰富，内容清晰，除桅杆坪遗存至城背溪遗存之间的情况还较模糊外，自城背溪遗存之后直至夏文化遗存，其间的文化谱系结构已经确立。其发展序列是：桅杆坪遗存（年代约为距今10070年）→城背溪文化（年代约为距今7420年）→大溪文化（年代约为距今6500～5000年）→屈家岭文化（年代约为距今5000年）→石家河文化（年代约为距今4000年）。后与夏商文化遗存相衔接。

瞿塘峡以西地区，考古发现的新石器时代早期的文化遗存目前还不是很多。近年来，以奉节鱼复浦（旧石器时代末至新石器时代初）、丰都玉溪等为代表的新石器时代早期的文化遗存在三峡西部地区已陆续被发掘出来，从而证明三峡西部地区这一历史阶段的人文历史并非空白。经整理和研究，考古人员确认这批遗址的年代距今1万～7000年，且与旧石器时代晚期文化、新石器时代中期文化前后相连接，发展序列大致上可建立起来。

在忠县哨棚嘴、丰都玉溪等遗址中发现的新石器时代中期的文化遗物，是近年来考古部门在瞿塘峡以西地区取得的重要收获之一，其最新发现填补了该地区这一历史阶段的空白。

---

① 湖北省文物考古研究所：《1985～1986年宜昌白庙遗址发掘简报》，《江汉考古》1996年第3期。

三峡西部新石器时代晚期的文化遗存可分为早、晚两个历史阶段，偏早阶段的年代基本上与三峡东部地区的"屈家岭文化"相当，在前面介绍的三峡西部地区的忠县哨棚嘴、中坝，丰都玉溪、玉溪坪等遗址地层中，都发现了属于"屈家岭文化"的典型器物。考古发现，在这类遗存之下又往往叠压着时代更早的文化层，之上还叠压着更晚一些的文化层，其更晚一些的文化层所处的年代与三峡东部地区的"石家河文化"年代相当。现在，越来越多的学者都把这一类相当于"石家河文化"的遗存称为"中坝文化"[①]。其年代距今5000~4000年，这些"中坝文化"文化层之上的层位中出土的遗物就都属夏商时期了，其后遗物的年代则甚至可延续到明清时代。

以上考古发现材料，基本上可以为我们建成起三峡西部地区整个新石器时代考古学文化的发展序列框架：鱼复浦遗存（与三峡东部长阳桅杆坪遗存的年代相当）→玉溪遗存（与城背溪文化遗存的年代相当）→玉溪上层文化遗存（与大溪文化遗存的年代相当）→玉溪坪文化遗存（与屈家岭文化遗存的年代相当）→中坝文化遗存（与石家河文化遗存的年代相当）。后与夏商文化遗存相衔接。

二、大溪文化的彩陶及刻划符号

（一）彩陶

在三峡地区的大溪文化类型诸遗址中，常会有一些彩陶出土。例如，在巫山大溪，秭归玉种地、老坟园、龚家大沟、柳林溪、朝天嘴，宜昌中堡岛、伍相庙、杨家湾、清水滩、路家河等遗址中，都有出土。可以这样说，在三峡的巫峡和西陵峡地区的一些大溪文化遗址中，一般都发现了彩陶。不仅如此，在西陵峡地区略早于大溪文化遗存的城背溪文化类型（偏晚阶段）遗址中也发现了彩陶，如在秭归柳林溪遗址第一期文化遗存、朝天嘴遗址第一期文化遗存中，都有发现[②]，但数量较少。在上述发现彩陶的大溪文化遗址中，以宜昌杨家湾遗址出土的彩陶数量最多，花纹的纹样也最丰富。1981年，宜昌博物馆在对杨家湾遗址进行试掘时，仅在44平方米的范围内就发现彩陶片1095件[③]，其中有些器物基本上可以复原。

[①] 孙华、赵化城：《忠县㽏井沟口遗址群发掘获重要成果》，《重庆历史与文化》1999年第1期。

[②] 湖北省文物考古研究所：《湖北秭归柳林溪遗址1998年发掘简报》，《考古》2000年第8期；国家文物局三峡考古队：《朝天嘴与中堡岛》，文物出版社，2001年，第21页。

[③] 宜昌地区博物馆：《宜昌杨家湾遗址的彩陶和陶纹介绍》，《三峡考古之发现》（一），湖北科学出版社，1998年，第180页。

以上彩绘陶器的器形主要有罐（包括大罐、小罐）、碗、圈足器、瓶、钵、盆等。这些彩陶的彩绘纹饰一般都描绘在器物外表较显眼的部位，如腹上部、肩部等，也有的描绘在器物口沿的沿面上。彩陶的颜色主要有黑、白、褐等，以黑彩的数量最多，而且无论是早期城背溪文化时期的彩陶，还是晚期大溪文化时期的彩陶，皆以黑彩为主。彩陶的花纹图案组合比较复杂，常见的纹样有平行条纹、横带纹、水波纹、卷云纹、横"人"字纹、弧线纹、草叶纹、圆点纹、三角形纹、锯齿纹、菱形纹、鱼纹、羽毛纹、近"S"形纹、绚索纹、涡纹等。在这些纹样（图案）中，以横画的平行条纹最多见（图3-31）。

城背溪文化时期的彩陶在现有的考古发现资料中为早期彩陶，皆为黑彩，一般施

图3-31　三峡地区新石器时代中期大溪文化遗存中出土的彩陶片

于陶衣上或直接描绘在陶器的外表上。这一时期的彩陶图案较为简单，秭归柳林溪、朝天嘴遗址第一期文化遗存中的彩陶图案组合即是如此，主要为直线条构成的几何形纹，另见有水波纹、卷云纹、网状纹、曲弧纹等。彩绘一般描绘在罐、钵的口部及肩部，线条的边缘不甚整齐，看来当时描绘的工具还比较粗糙[①]。

大溪文化时期的彩陶为晚期彩陶，以黑彩为主，极少数为白彩、褐彩。大溪文化早期阶段时彩陶还不是很多，中期阶段为极盛时期。这一时期彩陶花纹的图案内容丰富，纹样变得复杂，构图也比较讲究，笔画均匀，粗细适宜，表现出了较强的艺术性。由此可见，此时期的描绘工具已较为精致了。

目前，我们还未能在这一时期的遗址中找到那时的描绘工具，因此还无法推测三峡地区当时的人们究竟是采用何种工具来彩绘这些陶器的。但从已有的彩绘水平看，可以肯定大溪文化时期的人们已具有了制造较为精制的彩绘工具的能力，而精制工具的出现也促成了彩陶图案的复杂性和艺术性。

三峡地区新石器时代彩陶文化的发现，不仅形象生动地向我们展示了该地区远古人类对美的追求，也反映了三峡地区远古时期人们生活的某些方面，为我们研究原始彩陶艺术的发生、发展及中国远古绘画艺术的渊源等提供了珍贵的资料。从目前在大溪文化分布区域里的考古发现资料看，新石器时代彩陶的发现当以长江西陵峡地区的数量为最多，图案的内容也最丰富。虽然在江汉平原、洞庭湖流域等地的大溪文化遗址中也都发现了彩陶，但其数量要少一些，图案也要简单一些。

三峡地区大溪文化的彩陶既有其由来亦有其发展，往前可追溯到新石器时代早期的城背溪文化时期，往后又连接着大溪文化之后的屈家岭文化时期，这在考古发现的材料中都已得到了证实。在屈家岭文化的遗址地层中，人们发现了一些朱绘黑陶，据研究，这种朱绘黑陶多是在陶器烧好后画上去的，也有的是在未烧之前就画上去的，纹饰为弧形曲线构成的图案。这种描绘的方法和纹饰的艺术构思等，都与大溪文化相似，显然，"屈家岭文化这种在黑陶上施加朱绘的技术是从大溪文化一脉相承地沿袭下来的"[②]。

（二）刻划符号

在西陵峡两岸的一些大溪文化遗址中，考古人员在一些陶片上发现了一些不同类型的刻划符号，它们一般多刻在陶器的底端外部，如圈足碗、圈足盘的底部。在西陵峡地区，出土有刻划符号陶片的主要遗址有宜昌清水滩、杨家湾、中堡岛，秭归柳林

[①] 国家文物局三峡考古队：《朝天嘴与中堡岛》，文物出版社，2001年，第21页。
[②] 杨宝成、黄锡全：《湖北考古发现与研究》，武汉大学出版社，1995年，第48页。

溪等，其中又以宜昌杨家湾遗址中出土的刻划符号陶片数量最多，有近200片，其次是秭归柳林溪遗址，有60余片①。其他遗址中少量。

从刻划符号的笔画清晰程度分析，有以下两种情况。

第一，笔画完好，不见毛边，这一类型的"刻划符号"应是在陶坯未完全干透时刻上去的，待陶坯干透后再烧制而成。

第二，笔画多有不同程度的损伤，这种情况多是在陶器烧好后，有的甚至可能是在使用过一段时间之后再刻画上去的。

前者刻划在陶坯上的符号，一般都比较规整，划痕深浅度均匀、适宜，笔画清晰；后者一般不太规整，刻划笔画深浅不一，给人一种凌乱、模糊的感觉。

据考古发现资料，在秦岭以北关中地区的仰韶文化半坡类型遗址中，同样也出土了一些有刻划符号的陶器。据统计，关中地区的这类刻划符号共有五十多种②。这些刻划符号的特点与三峡地区刻划符号的特点有相似之处，绝大多数也是在陶器烧制之前就刻划在陶器较明显的部位上的，如在陶钵上，即是刻划在其外口沿的黑色宽带纹上的。三峡地区的刻划符号一般都刻划在圈足器的底端外部，这是两地刻划符号所在部位的不同之处。至于当时这南北两地的刻划符号是否表达了相同或相近的意思，两地间是否有过文化交流，我们还无法做出结论。不过，单从南北两地都发现有刻划符号，且时代也大致相当的情况来看，可以说距今6000多年以前生活在长江、黄河两大流域的原始人类在中华文明的进程中，都起到过积极的推动作用。

前边我们说到，在宜昌杨家湾遗址中出土的刻划符号陶片有近200片，发掘者对这批刻划符号进行了初步整理，按其形状，大体上可分为八大类型：自然类、植物类、动物类、人体类、工具器物类、数字刻划符号、复杂机构类、其他类（图3-32）。各类型的内容（含义）可简述如下。

自然类主要为水波形和闪电形；植物类酷似谷穗、垂叶、野草、花瓣；动物类近似蛇形，犹如弯曲、游动的长蛇；人体类似站立的人；工具类以鱼钩形状为主；数字刻划符号或近于刻木记事或结绳记事的方法，有的也像是"叉"一类的生产工具；复杂结构类表现为象征居住房屋或其他建筑；其他类，如随意刻上的符号，似乎是用作标记的③。

对于以上解释，人们或许会提出质疑，这些解释是否都能真实地反映出那些刻划符号所包含的全部意义？我们认为，以上解释肯定还没能包含其全部意义，这些符号中的内容和含义还会有很多方面，还需要我们去做更深入的研究。不过，研究者总结

---

① 湖北省文物考古研究所：《湖北秭归柳林溪遗址1998年发掘收获》，《考古》2000年第8期。
② 王志俊：《关中地区仰韶文化刻划符号综述》，《考古与文物》1980年第3期。
③ 余秀翠：《大溪文化刻划符号试析》，《文物考古文集》，武汉大学出版社，1997年。

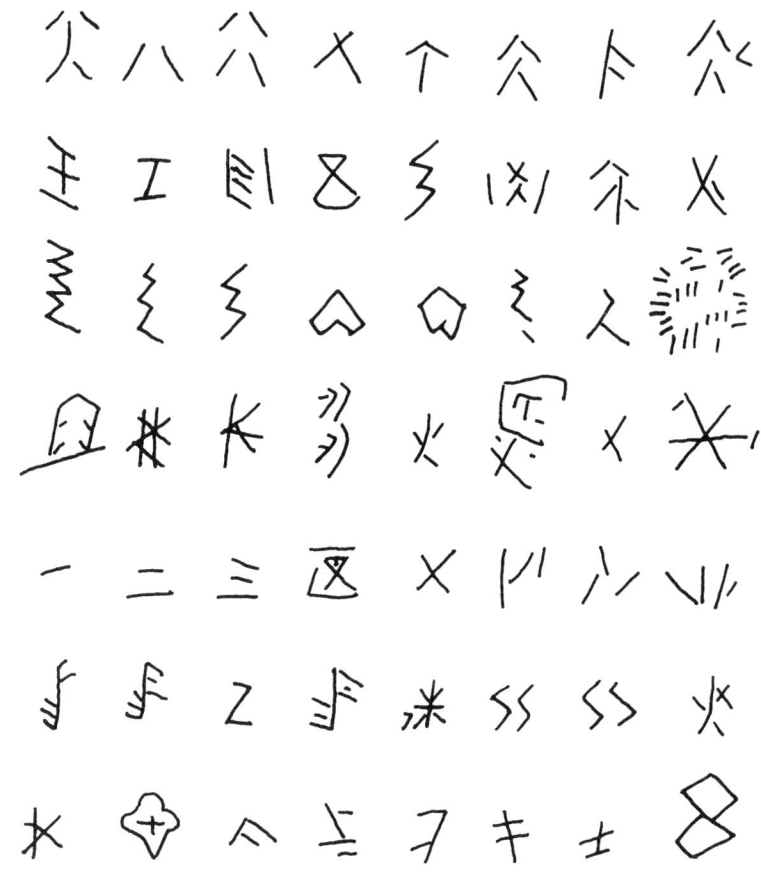

图3-32　宜昌杨家湾遗址新石器时代中期大溪文化遗存中出土的刻划符号

的上述八个方面，值得借鉴。

据考古学研究，西陵峡地区出土的这些刻划符号陶片，其起始的时代大约在新石器时代早期，这是一个相当于新石器时代早期城背溪文化类型晚期阶段的时代，它的时代要早于大溪文化时代。此时的刻划符号（陶片）数量还不少，当然，在后来的大溪文化遗存中，出土的数量更多一些，而至大溪文化晚期及屈家岭文化时期，刻划符号的数量又开始减少了。在对以上刻划符号的整理中发现，有的刻划符号竟然多次重复出现，据此可见，当时三峡地区的这些原始部落中，某些符号已经被固定了下来。比如，在一些圈足器（盛食器）上，常常会出现一些相同的刻划符号。此外，在同时出土的一些陶支座上，也出现了相同的刻划符号，如在秭归柳林溪遗址中，出土陶支座数以千计，其中完整或可复原者近百件[①]。陶支座上纹饰繁缛，令人惊喜的是，在这些纹饰繁缛的陶支座上，就发现了与圈足器上相同或相似的"符号"。不仅如此，在

---

① 国家文物局三峡湖北工作站：《柳林溪遗址1998年发掘主要收获》，《江汉考古》2001年第4期。

陶支座上还发现有"字符"①。

在对三峡地区这些大溪文化的刻划符号进行整理和研究时，有不少学者将这些刻划符号与甲骨文中的文字进行了比较，学者们发现有近30个刻划符号与甲骨文的某些文字相同或相似②，其形状与结构正如近年来王震中等学者们指出的那样，"已颇有甲骨文那样的构字风格"，他们还指出："就这些符号的种类数量来讲，已较半坡类型又有一定的发展。"③总之，在我们看来，若是其中单个符号与甲骨文中的某些字的构字风格相同或相似的话，我们或许可以认为是巧合，但出现了成批的相同或相似的符号，这就绝非都是巧合了。

其实，早在20世纪的50年代和70年代，关中地区仰韶文化半坡类型诸遗址中的一些刻划符号出土后，就有不少学者认为这些"刻划符号"是具有文字性质的符号，有的甚至提出了它们就是文字的认识④。至于三峡地区新石器时代遗存中出土的这些刻划符号究竟是不是文字，这里我们还不能武断地下结论，但这些刻划符号或与中国古代语言、文字有一定的联系，应可视其为萌芽时期的文字雏形，它比结绳、刻木记事要进步。西陵峡地区的这些刻划符号已引起海内外研究者的密切关注。我们深信，随着考古材料的公布，这些刻划符号的相关资料一定会越来越多，内容也会越来越丰富，这些刻划符号的真实含义在深入研究中一定会得到进一步的解读。

三、农业生产方面的情况

三峡地区的一些新石器时代遗址及墓葬中出土了大量的生产工具，基本上包括了石器、陶器、骨器、蚌器等四大类。石器的器形主要有斧、锛、铲、凿、杵、刀、盘状器、砺石等，陶器的器形主要有纺轮，骨器的器形主要有锥、矛、刮刀、针、纺轮、凿等，蚌器的器形主要有镰、刀等。

这些工具从当时的生产力来看，已经是较为先进的了。这些工具的出土数量也较大，据此推测，当时在三峡地区，农业（种植）经济在人们的生活中应占有较重要的位置。但因三峡地区地理环境特殊，绝大多数地带土地贫瘠，可耕作的面积十分有限，故其农作物种植业并不发达。

前面我们已经介绍过，三峡地区远古人类多聚居于长江及一些支流两岸的一级、

---

① 国家文物局三峡湖北工作站：《柳林溪遗址1998年发掘主要收获》，《江汉考古》2001年第4期。
② 余秀翠：《大溪文化刻划符号试析》，《文物考古文集》，武汉大学出版社，1997年。
③ 李学勤：《中国古代文明与国家形成研究》，云南人民出版社，1998年，第145页。
④ 白寿彝：《中国通史》（第二卷），上海人民出版社，1995年，第121页。

二级台地上，其居址面积有的多达5万平方米，有的甚至超过10万平方米，如考古发掘的丰都玉溪遗址、玉溪坪遗址，两遗址之间仅一沟之隔，合计面积至少在15万平方米以上。此外，在宜昌三峡大坝施工区一带的长江两岸，分布着数十处新石器时代的人类居住遗址，基本上是一处连着一处，多数遗址的文化堆积厚达3～5米。著名的巫山大溪遗址虽遭到过破坏，但残存面积依然有49500平方米，文化堆积厚达2米。在大溪遗址仅被发掘的670平方米（1958～1994年）中，清理出200余座墓葬（已被破坏得无法统计），在宜昌白狮湾遗址的约20平方米范围内也清理出墓葬10余座。这些迹象表明，当时在这些遗址地带居住的人口是较为繁盛的。

四、渔猎业在社会经济生活中的位置

在三峡地区的一些新石器时代人类居住遗址中，普遍都发现了大量的鱼骨坑和兽骨坑，有的还形成了一个个单独或相互叠压的堆积层，考古工作者称鱼骨的堆积为"鱼骨层"。这些与渔猎有密切联系的兽骨、鱼骨遗存，在三峡地区的新石器时代遗址中都有发现。不仅如此，甚至在一些夏商至秦汉时期的遗存中也有发现。

经鉴定，在这些动物骨骸中，水生动物主要有青鱼、鲟鱼、草鱼、鲢鱼、鳙鱼、鲤鱼、鳡鱼、大口鲶、黄颡鱼、鳜鱼、中华鲟、鲂鱼、龟、鳖、蚌、螺等，南方丛林型动物主要有野猪、鹿、麂、虎、豹、犀、猴、獐、獾、狼、貉、熊、猫、羚羊、圣水牛、狗、兔、獏、鸡、狸、象等①。此外，在遗址地层及墓葬中，还出土了较多的骨镞、骨矛、石镞、鱼钩、石球、网坠等渔猎工具。石镞均为打制，形式近似三菱形。骨镞一般都是经过磨制的，多为圆锥形，有的尾部带铤。网坠有的很大，为大型的鹅卵石制成。宜昌伍相庙遗址中出土的网坠直径多在11～14.4厘米；宜昌白庙遗址中出土的网坠直径达11.4～14.8厘米。骨矛则是一种既可以捕杀野兽也可用作鱼叉的工具，当然也可能用于部族战争。由此可见，渔猎业当时曾是三峡地区原始先民经济生活中的重要组成部分，能补充当时农业收获的不足。

另外，在大溪文化时期的墓葬中还普遍流行用大鱼随葬死者的现象。有的将鱼置于死者两侧，有的甚至直接将大鱼置于死者口中。这反映了当时的人们祈盼死者仍能如生前一样有鱼吃的心理。这种用鱼随葬死者的习俗在新石器时代晚期的石家河文化墓葬中仍可见到。例如，1998年在秭归旧州河遗址中清理出的一座石家河文化墓葬中就随葬有一条青鱼②。这些现象都说明渔猎业在当时社会生活中处于较为重要的地位。

---

① 武仙竹：《长江三峡动物考古学研究》，重庆出版社，2007年，第17、18页。
② 卢德佩：《三峡地区发现原始社会腰坑墓葬》，《江汉考古》1999年第1期。

教学重点：

（1）新石器时代考古资料全貌。

（2）新石器时代早、中、晚期重要文化遗存。

（3）新石器时代代表文化：大溪文化、屈家岭文化、石家河文化及其关系。

（4）三峡地区新石器时期房屋建筑、农牧渔猎业及手工业的兴起。

（5）对三峡地区新石器时期丧葬习俗的认识。

教学难点：

（1）三峡地区新石器时代代表文化：大溪文化、屈家岭文化、石家河文化的概况及其相互之间的关系。

（2）考古地层学的运用。

第四章 夏商时期考古文化

第一节 夏商时期考古文化概述

早在20世纪五六十年代，考古工作者就曾在渝东地区的巫山大昌西坝遗址中发现了类似中原夏商文化时期的陶器[1]；在西陵峡地区的宜昌白庙子、三斗坪、中堡岛、下岸溪、路家河、秭归朝天嘴、茅坪等古遗址中，也陆续发现了一些相当于中原夏商文化时期的陶器，只是限于当时只对某些遗址进行了小规模试掘，采集的标本较少，因此对这些遗物的认识还比较模糊，未能引起学术界的重视。

自20世纪70年代以来，在三峡地区发现的夏商时期遗址已达200余处，经对其中部分遗址的考古发掘，获得了一批重要的实物资料，使人们对三峡地区夏商遗存的文化内涵有了新的认识。

调查和发掘资料表明，分布于三峡地区的夏商时期遗址由西向东排列，主要有江津王爷庙，渝北区朝阳河嘴，丰都黄柳嘴、凤凰嘴、麻柳嘴、农花庙、玉溪坪，忠县㽏井沟、杜家院子、瓦渣地、哨棚嘴、岩脚、云阳东阳子、李家坝、奉节新浦、老油坊，巴东官渡口、红庙岭、秭归庙坪、旧州河、朝天嘴、下尾子、徐家冲、长府沱，宜昌路家河、白庙子、中堡岛、下岸溪、伍相庙、三斗坪等[2]。

在上一章中我们已了解到，就整个三峡地区新石器时代的原始文化面貌而言，瞿塘峡以东和瞿塘峡以西两个地区是明显有别的。当历史演变到夏商时期时，这两个地区的文化面貌则已逐渐向一致的方向发展。当然，两地夏商文化的内涵也仍然存在着一些差异。

考古人员在三峡地区发现的遗物主要有陶器、石器和铜器等。其中陶器多为夹砂褐陶，其次为泥质陶，以褐陶、灰陶多见，黑皮陶较少。器类主要有平底器、尖圜底器、圈足器，另有少量三足器。常见的器形主要有釜、罐、瓮、壶、盆、缸、钵、豆、碗、杯、灯形器、器盖、器座、鬶、盉、尊等。石器较少，有打制、磨制两种。

---

[1] 四川省博物馆：《川东长江沿岸新石器时代遗址调查简报》，《考古》1959年第8期。

[2] 杨华：《三峡夏商时期考古文化》，科学出版社，2014年，第6~21页。

小件石器制作较精，大多数通体磨光。器形主要有斧、锛、凿、铲、刮削器、网坠等。铜器多为小件，大件的多出自窖藏坑，有罄、尊、镞、钩、管、针等。此外，有的遗址中还屡见有残铜渣、铜矿石等。这些夏商遗址和墓葬里的出土器物，有些是具有巴人特色的日常生活用品，考古学界将这类遗存称为"早期巴人遗存"[①]。这类"早期巴人遗存"的文化内涵除具有浓厚的巴文化风格外，也受到了来自中原地区夏商文化的较强影响，同时也渗入了一些由西而来的蜀文化因素[②]。

三峡地区发现的建筑遗迹主要有房屋居址、陶窑、窖穴等。有的遗址中还发现了墓葬，如在云阳李家坝，巫山魏家梁子，宜昌杨家嘴、中堡岛、三斗坪，秭归官庄坪等遗址中，都发现了夏商时期的墓葬。这些墓葬皆为小型土坑墓，坑内随葬品较少。

第二节 夏商时期考古文化遗存

一、夏时期

（一）夏时期考古文化遗存的分布区域

以三峡地区考古发现的夏时期遗址的分布区域以及遗址中出土器物的文化内涵、性质来划分，大致上可将其分为两大部分。第 部分是三峡西部地区，即奉节以西至重庆，包括江津、合川等地；第二部分是三峡东部地区，即奉节以东至宜昌，包括西陵峡出口东部的湖北宜都、当阳、枝江、江陵等地；西陵峡南边的清江流域也属于三峡东部的一部分。这里我们先将三峡地区考古发现的部分重要遗址由西向东排列做如下介绍。

三峡西部地区 主要有重庆江津区王爷庙（上层），重庆渝北区朝阳河嘴（下层），丰都玉溪、玉溪坪，忠县杜家院子、瓦渣地、哨棚嘴、中坝，万州区涪溪口、黄柏溪、关木溪、塘房坪、中坝子、王家沱、苏和坪等诸遗址[③]。此外，在20世纪50年代，考古工作者在重庆三峡区域的长江沿岸调查时发现了数十处新石器时代至战国时代的遗址。其中的部分遗址也应包含夏时期的文化遗存，只是限于当时的认识水平，加上可供对比的资料欠缺，因而当时没能将夏时期的遗物辨识出来。

---

① 俞伟超：《先楚与三苗文化的考古学推测》，《文物》1980年第10期。
② 杨华：《鄂西地区与成都平原夏商时期巴蜀文化陶器的研究》，《湖北省考古学会论文选集》（第3辑），《江汉考古》编辑部编辑出版，1998年。
③ 杨华：《三峡夏商时期考古文化》，科学出版社，2014年，第15、16页。

三峡东部地区　主要有奉节老关庙、巫山魏家梁子、锁龙、江东嘴、培石、跳石、巴东官渡口、红庙岭、店子头，秭归官庄坪、卜庄河、何光嘴、旧州河、王家坝、柳林溪、青草坝、朝天嘴、下尾子，宜昌夷陵区中堡岛、路家河、白庙、下岸、伍相庙、大坪，长江西陵峡出口东部的宜昌望洲坪，宜都毛溪套、红花套、城背溪、栗树窝、茶店子、蒋家桥、王家渡、石板巷子、当阳季家湖、镇头山等遗址[①]。西陵峡南岸的清江流域也有发现，如在西陵峡南岸清江中游的长阳香炉石遗址[②]中发现了夏时期的遗物。

在上述三峡东、西部的遗址中，都发现了与中原夏时期文化相同或相似的遗物，只不过有的遗址中夏时期遗物多一些，有的则较少或零星，还有的直接与商时期文化层混在一起，发掘时很难从地层中将夏时期的层位划分出来。因此，不少考古学者将这类遗存笼统称为"夏商遗存"[③]。这些夏时期文化遗存的地层堆积一般都不太厚，且大都直接叠压在新石器时代晚期文化遗存之上，如宜昌市夷陵区的下岸、白庙、中堡岛，秭归县的下尾子、茅坪、柳林溪、卜庄河，巫山县的培石、魏家梁子、大昌西坝、大溪、奉节县的老关庙，万州区的中坝子、苏和坪，忠县的中坝、哨棚嘴，江津区的王爷庙等遗址，其地层堆积情况皆如此。从目前鄂西、三峡地区考古发现的夏时期文化遗存的资料情况可知，上述遗址基本上可以说是鄂西、三峡地区考古发现中较有代表性的夏时期人类居住遗址。

（二）夏时期考古文化遗存的特征

以上夏时期遗址中出土的陶器多夹砂陶，泥质陶少量。夹砂陶有红陶、灰陶、黑皮陶。陶片多素面。有纹陶片的纹饰有弦纹、附加堆纹、菱格纹、方格纹、篮纹、绳纹、镂孔纹、太阳形纹、按压花边、箍带纹等。器物制作一般为泥条盘筑，然后经慢轮修整，也有的遗址中的陶器全为手制，如奉节老关庙遗址夏时期遗存中的陶器即如此。陶器的主要器形有小平底盆、高柄豆、圜底釜、尖底器、圈足器、杯、瓮、大口尊、钵、罐、盘、碗、壶、器盖、灯形器、三足鬶、三足盉、大口缸、纺轮等[④]。

---

① 杨华：《三峡夏商时期考古文化》，科学出版社，2014年，第14页。

② 湖北省清江隔河岩考古队、湖北省文物考古研究所：《清江考古》，科学出版社，2004年，第303~307页。

③ 国家文物局三峡考古队：《湖北宜昌中堡岛遗址发掘简报》《湖北秭归朝天嘴遗址发掘简报》，《文物》1989年第2期；国家文物局三峡考古队：《朝天嘴与中堡岛》，文物出版社，2001年，第67页。

④ 吉林大学考古系、四川省文物考古研究所：《奉节县老关庙遗址第三次发掘》，《四川考古报告集》，文物出版社，1998年，第155~178页。

第四章 夏商时期考古文化

在三峡西部遗址中，出土石器的现象仍较普遍，但数量多寡不均，如在江津王爷庙遗址夏时期堆积层中，出土石器144件（包括采集的91件，发掘面积32平方米）[1]，万州区涪溪口遗址夏时期堆积层中，出土石器121件（发掘面积2400平方米）[2]，而在忠县哨棚嘴遗址夏时期堆积中，仅出土2件（发掘面积307平方米）[3]，巫山魏家梁子夏时期堆积层中，出土21件（发掘面积150平方米）[4]，奉节老关庙遗址夏时期堆积层中，出土3件（发掘面积279平方米）[5]。器形主要有斧、锄、锛、杵、耜、凿、球、网坠、铲、刀、矛、箭镞、匕、砍砸器、刮削器、砺石、研磨器等。石器出土数量的多少，除与遗址的面积大小及发掘面积的大小有关外，也应与当时的农业种植及经济状况有关。

三峡东部地区夏时期遗址堆积中出土的器物，陶器类亦以夹砂陶为主，泥质陶次之。夹砂陶多灰褐陶，泥质陶多为红陶、黑陶、灰陶。陶器多素面。有纹陶器的纹饰种类主要有绳纹、弦纹，次为篮纹、方格纹、压印纹、附加堆纹、刻划纹、篦点纹、叶脉纹、镂孔等。器物制作间有轮制、手制，烧制技术较高。常见的器形主要有罐、大口缸、大口尊、盆、釜、钵、杯、鬶、盉、簋、觚、器盖、鼎、豆、瓮、瓶、鸟首形器把、器座、錾耳盆、灯形器、甑、擂钵、纺轮、珠和陶塑等[6]。

遗址中出土石器的情况与三峡西部地区大致一样，数量亦多寡不均，但出土石器较多的遗址中一般都在数十件乃至百件以上。宜昌夷陵区白庙遗址的夏时期堆积中，出土石器达百余件（发掘面积1200平方米）[7]，秭归柳林溪遗址夏时期堆积中，出土

---

[1] 重庆市博物馆：《重庆长江河段新石器时代遗址调查与试掘》，《考古》1992年第12期。

[2] 福建省博物馆考古队、万州区文物管理所：《万州涪溪口遗址发掘报告》，《重庆库区考古报告集·1997卷》，科学出版社，2001年；福建省博物馆考古队、重庆万州区文物保管所：《万州涪溪口遗址发掘报告》，《重庆库区考古报告集·1998卷》，科学出版社，2003年。

[3] 重庆市文物局、重庆市移民局：《重庆库区考古报告集·1999卷》，科学出版社，2006年，第624页。

[4] 中国社会科学院考古研究所长江三峡考古队：《四川巫山县魏家梁子遗址的发掘》，《考古》1996年第8期。

[5] 吉林大学考古系、四川省文物考古研究所：《奉节县老关庙遗址第三次发掘》，《四川考古报告集》，文物出版社，1998年。

[6] 杨华：《巴文化考古研究》，中国言实出版社，2009年，第4页。

[7] 湖北省宜昌地区博物馆、四川大学历史系考古专业：《湖北宜昌白庙遗址试掘简报》，《考古》1983年第5期；湖北省文物考古研究所：《1985~1986年宜昌白庙遗址发掘简报》，《江汉考古》1996年第3期；湖北省文物考古研究所三峡考古队：《湖北宜昌白庙遗址1993年发掘简报》，《江汉考古》1994年第1期。

石器多达300余件（发掘面积1325平方米）[①]，而长阳香炉石遗址夏时期堆积层中，仅出土石器5件（发掘面积175平方米）[②]，秭归卜庄河遗址夏时期堆积中，仅出土石器9件（发掘面积250平方米）[③]。器形主要有斧、锛、铲、凿、锄、雕刻器、钺、矛、网坠、箭镞、砍砸器、刮削器、砺石、切割器、锥状器等。

（三）夏时期考古文化的典型遗存

鄂西、三峡地区发现的夏时期遗址数量较多，本节不可能——介绍，这里仅从瞿塘峡以西和以东地区各选择一处具有代表性的遗址介绍如下。

（1）万州塘房坪遗址

该遗址位于重庆市万州区小周镇安全村二组，属于长江北岸的第一级阶地，海拔140米左右，阶地高出长江枯水期江面30~40米，遗址现存面积约3000平方米。阶地西北高，东南低，呈缓坡状。山间溪流将阶地切割成多块大小不等的小坪地，塘房坪是其中之一。1998、1999年，陕西省文物考古研究所对该遗址先后进行了两次发掘，共揭露遗址面积800平方米。两次发掘对塘房坪遗址的年代判断分别是，前一次认为遗址包含早、晚两个时期，早期相当于夏时期，晚期相当于夏商之交；后一次认为应为夏时期。从前后两次发掘的情况来看，前一次发掘的内容要丰富些。以下我们主要以前一次的发掘资料来进行分析。

地层堆积共有4层（后一次为3层），其中第3层最厚处约55厘米，为早期文化层，即夏文化层。出土器物较多，主要有陶器、石器、铜器及装饰品等，以陶器数量最多，但多为残陶片，能复原的很少。另外，还发现早期的灰坑15个。第4层为新石器时代晚期堆积层，最厚处约75厘米。

陶器多为夹砂陶，泥质陶零星。夹砂陶中又有夹细砂和粗砂之分，以前者为主（占80%），后者次之（占20%）。陶色以褐陶为主，另有黑皮陶、灰陶、红陶。制法有手制和轮制。有些手制器物口部经过慢轮修整，陶器器表有纹饰的约占40%，以绳纹最多，并有粗、细之分，另有少量旋纹、钻孔纹、乳钉纹、点刺纹、方格纹、菱形印纹等。流行在器物口沿上装饰波纹状或锯齿状的花边。器形主要有罐、釜、器盖、盆、钵、瓮、缸、纺轮，另见有尊、杯、圈足器等（图4-1）。从器底来看，主要为平

[①] 国务院三峡工程建设委员会办公室、国家文物局：《秭归柳林溪》，科学出版社，2003年，第149页。

[②] 湖北省清江隔河岩考古队、湖北省文物考古研究所：《清江考古》，科学出版社，2004年，第202页。

[③] 国务院三峡工程建设委员会办公室、国家文物局：《秭归卜庄河》（上），科学出版社，2008年，第30页。

第四章　夏商时期考古文化

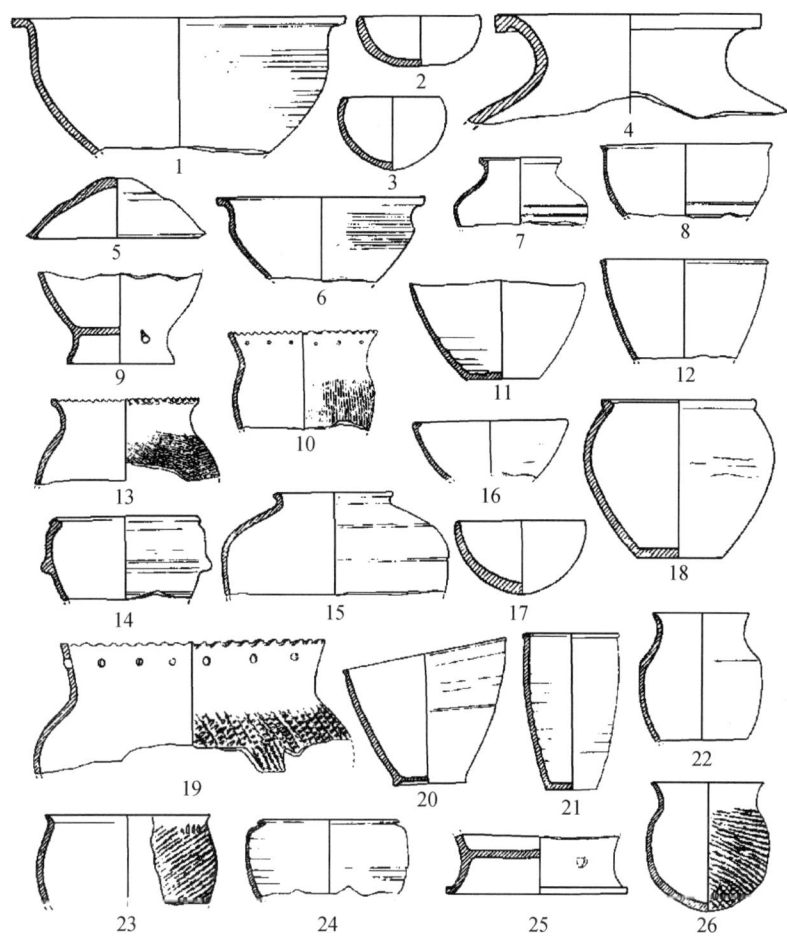

图 4-1　万州塘房坪遗址夏时期日用生活陶器
1、6、8、16. 盆　2、3、17. 钵　4. 尊　5. 器盖　7、11、14、18、21~24、26. 罐　9、25. 圈足碗
10、15、19. 瓮　12、20. 缸　13. 釜

底和圜底、圈足、凹底较少，不见三足器。最常见的器物是罐，其次是釜，其他器类较少。

有刻画符号陶片3件，其中1件刻在器物底部外，1件刻在器物内壁，另1件刻在器物腹部。

石器共30余件，以打制石器为主，磨制仅7件。打制石器主要有刮削器和斧形器，磨制石器主要有锛、杵、砺石、研磨器等。

铜器数量很少，共8件，其中铜镞7件，串珠1粒。另有残碎铜渣块若干。

在发现的15个早期灰坑中，主要的出土器物为陶器，器形有罐、釜、瓮、圈足器、器盖、尊等，这类器物在峡江地区夏时期文化遗存中较常见，尤其是罐、釜，是峡江地区夏时期文化遗存中最典型的器类。灰坑中也出土了几件铜器，皆为小件，种类也较单一。

遗址中出土的铜器，虽为小件且数量也少，但铜器的发现说明塘房坪早期阶段已进入青铜时代。夏时期遗存中发现的青铜器，不仅在三峡地区少见，即便在整个长江上游地区，亦属少见，这"对研究长江流域青铜文化以及认识我国早期青铜器分布情况，均是极为珍贵的资料"。发掘者研究认为："万州塘房坪遗存早期的年代可能相当于夏代的后期或稍早一些。"[①]

（2）秭归官庄坪遗址

该遗址位于长江北岸支流香溪河下游西岸的一级台地上，在秭归县香溪镇官庄坪村八九组境内，海拔为85~95米。1958年，中国科学院考古研究所调查时发现了该遗址，其后湖北省文物考古研究所、宜昌博物馆等文博考古单位又数次对官庄坪遗址进行了复查。从1979年开始到2003年，湖北省文物考古研究所先后对该遗址进行了9次发掘。据历次调查、勘探资料，官庄坪遗址占地面积近2万平方米，是三峡地区现存面积最大，遗存较为丰富的遗址之一。前后9次发掘共揭露遗址面积18825平方米。

据发掘资料，1997~2003年的发掘共分四个区进行，夏时期文化遗存主要分布在第1区中心部分探方的第11层，堆积厚度约0.25米，遗存的主要内容有文化层、房基、灰坑、灰沟、墓葬等，出土遗物以陶器为主，其次为石器。

陶器以夹砂陶为主（约占70%），泥质陶次之（约占30%）。陶色多为褐色（占41.74%）、红褐色（占35.61%），灰色（占20.01%）次之，另有少量的灰褐陶和红胎黑皮陶。纹饰以绳纹为主（约占50%），另有方格纹、篮纹、凹弦纹、波浪纹、附加堆纹、压印花边、刻画符号等。器形主要为罐，这是该时期的主要器形，有深腹罐和浅腹罐两类。另还有鼎、瓮、缸、壶、碗、钵、盘、豆、杯、器盖、纺轮等（图4-2）。这些陶器绝大多数都能在宜昌白庙、大坪、秭归柳林溪、巫山锁龙、万州塘房坪、忠县哨棚嘴等遗址中找到相同或相似的器物。

石器共66件，原料有粉砂岩、泥岩、石英岩、硅质岩、碧玉岩、板岩等，经打、琢、磨几道工序制成。以磨制石器为主，占石器总数的93.94%，打制石器次之，占石器总数的6.06%。主要为生产工具，少量为兵器。器形有斧、锛、凿、刻刀、镞、矛等。

房基1座，为半地穴式结构。面积为7平方米左右。

灰坑6个，平面形状有圆形、椭圆形和不规则形。大、小不等，坑直径1.6~4、宽1.5~2.68、深0.3~0.62米。

灰沟7条，平面形状呈弧形和条形，多数残长在7米以上，宽多在1米以上，深在0.44~1米。

---

① 陕西省考古研究所、万州区文物管理所：《万州塘房坪遗址发掘报告》，《重庆库区考古报告集·1997卷》，科学出版社，2001年。

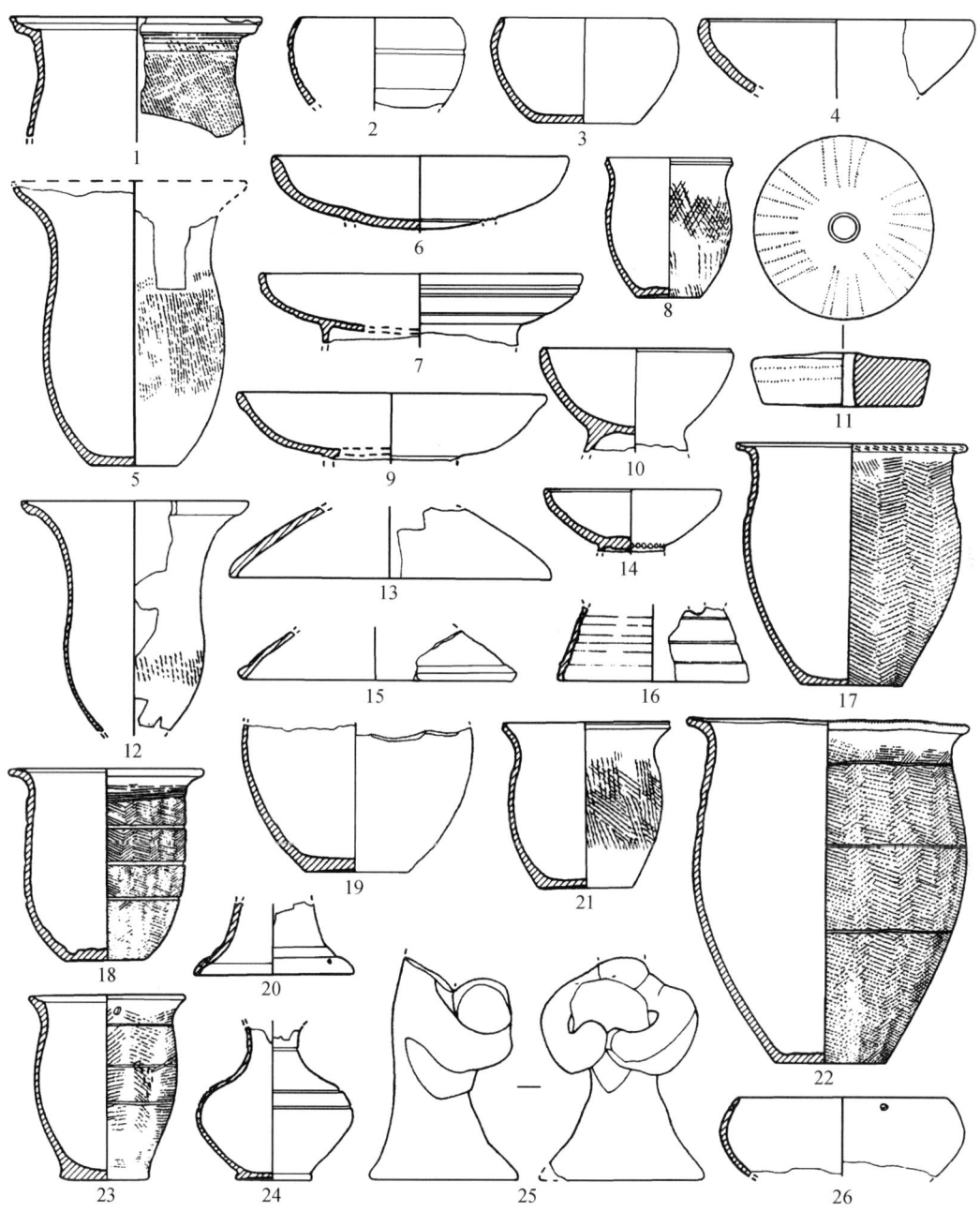

图4-2 秭归官庄坪遗址夏时期日用生活陶器

1、5、12.深腹罐 2~4、26.钵 6、7、9.圈足盘 8、18、21、23.侈口罐 10、14.碗 11.纺轮（生产工具） 13、15.器盖 16、20.圈足豆 17、22.缸 19.器底 24.壶 25.陶人（艺术品）

墓葬6座，均为长方形土坑竖穴墓，其中三座较完整的残长皆在2米以上，宽0.5~1.12、深0.2~0.26米。

官庄坪遗址夏时期文化遗存的年代大约在公元前2100~前2000年。遗址前后的延续时间很长，从新石器时代晚期屈家岭文化时期开始，历经石家河文化时期，夏、商、周诸代而至今，共延续了4500多年。夏时期文化遗存中除有自身特色的文化因素外，还包含中原文化因素及峡西地区和两湖平原同时期的文化因素，可以说官庄坪遗址夏时期文化是由上述诸文化共同构建的[①]。

二、商 时 期

（一）商时期考古文化遗存的分布区域

就三峡地区商时期遗址中遗物的文化面貌而言，虽说总体上文化面貌大致相似，但三峡西部和东部仍存在着一定的差异。若以典型的陶器来看，这个差异的分界线与我们在前面介绍的夏时期文化遗存情况相似，大致也是以渝东的奉节瞿塘峡为界。就商时期遗址发现的地点来看，在瞿塘峡以西地区的奉节、云阳、万州、忠县、丰都、涪陵、长寿、重庆城区、合川、江津以及乌江中下游地区的酉阳、武隆及贵州省的沿河等区、县（市）境内都有分布。在瞿塘峡以东的巫山、巴东、秭归、宜昌、兴山，以及三峡出口东部宜昌市城区、宜都、枝江、当阳，甚至再往东至江汉平原西部的江陵、沙市，长江南岸的松滋，湖南洞庭湖流域西北的石门、大庸、慈利等市、县境内都有分布，另在三峡南岸清江流域的长阳、巴东、恩施，三峡北边的陕南汉水流域[②]，都发现了与三峡地区商时期文化遗存中相似的器类。可以说，这一区域里商时期遗址中的出土遗物有很多的相似之处。经考古学研究认定，这一地域里商时期文化遗存的性质属于"早期巴文化"。

现将三峡地区考古发现的商时期主要遗址由西向东分以下两个区域来进行介绍。

1. 三峡西部

重庆地区的商时期遗址主要有合川区的沙梁子、唐家坝、河嘴屋基，渝北区的朝阳河嘴，巴南区的干溪沟，涪陵区的陈家坝子、镇安、蔺市、石沱，丰都县的玉溪坪、玉溪、石地坝、黄柳嘴、凤凰嘴、黄燕嘴，忠县的中坝、哨棚嘴、瓦渣地、李

---

① 国务院三峡工程建设委员会办公室、国家文物局：《秭归官庄坪》，科学出版社，2005年，第602页。

② 西北大学文博学院：《城固宝山——1998年发掘报告》，文物出版社，2002年。

园、杜家院子、罗家坝，万州区的中坝子、塘房坪、庙湾沱、涪陵口、黄柏溪、麻柳沱、大地嘴，云阳县的李家坝、东洋子、乔家院子，奉节县的新浦、老关庙、洋安渡，巫山县的魏家梁子、琵琶洲、江东嘴、南陵村、韩家坝等，以及乌江流域酉阳县的邹家坝。此外，还有贵州省沿河县的水河口、黑獭堡、大河嘴、李家坪、神坝渡、中锥堡等[①]。

2. 三峡东部

湖北地区的商时期遗址主要有巴东县的龙王庙、楠木园、官渡口、雷家坪、红庙岭、长渡河、仁家坪、四季坪、茅寨子湾，秭归县的白水河、石门嘴、鲢鱼山、何光嘴、卜庄河、官庄坪、张家坪、朝天嘴、大沙坝、茅坪、长府沱、墩滩、银街、徐家冲、渡口、杨泗庙、沙湾、银杏沱、何家湾，宜昌市夷陵区的小溪口、路家河、中堡岛、三斗坪、刘家河、苏家坳、白狮湾、白庙子、大坪、朱家台、杨家嘴，三峡出口东部宜都市的城背溪、红花套、向家沱、吴家岗、操场坝，三峡南岸清江流域恩施市的须须沟、大脉垴，巴东县的长淌河、鄢家坪，长阳县的香炉石（第6层文化遗存）、千渔坪、水田坝、深潭湾等[②]。

（二）商时期考古文化遗存的特征

从商时期遗址地层中的出土遗物来看，器类主要是陶器、石器、骨器、青铜器等。

陶器数量最多，以夹砂陶为主，少量泥质陶。极少数遗址中的泥质陶占相当大的比例。夹砂陶主要有红陶、灰陶、褐陶、黑陶等，泥质陶主要有黑皮陶、灰陶、红陶等。器物外表多有纹饰，且种类较多。以绳纹为主，其他还有米粒纹、附加堆纹、箍带纹、方格纹、菱格纹、弦纹、刻划纹、贴塑叶脉纹（亦称贝纹）、戳印纹、镂孔、按窝纹等。在器物口沿部位流行花边装饰。出土器物主要有罐、釜、灯形器、豆、簋形器、大圈足盘、瓶、大口缸、花边口沿罐、器盖、瓮、尖底盏、尖底杯、钵、盉、鬹等[③]。

石器在遗址中普遍都有发现，但有的遗址中出土数量多，有的出土数量少，不均衡。例如，三峡东部地区秭归县的何光嘴遗址（发掘面积1500平方米），出土石器多达706件（包括采集的100余件）[④]，而宜昌市夷陵区的路家河遗址（发掘面积519平方

---

① 杨华：《三峡夏商时期考古文化》，科学出版社，2014年，第61页。
② 杨华：《三峡夏商时期考古文化》，科学出版社，2014年，第61页。
③ 杨华：《三峡夏商时期考古文化》，科学出版社，2014年，第61页。
④ 国务院三峡工程建设委员会办公室、国家文物局：《秭归何光嘴》，科学出版社，2003年，第93页。

米），出土石器仅50件①；宜昌市夷陵区的杨家嘴遗址（发掘面积122平方米），出土石器20件②；宜都市的城背溪遗址（发掘面积175平方米），出土石器8件③；宜都市的花庙堤遗址（发掘面积50平方米），仅出土石器1件④；三峡西部合川区的沙梁子遗址（发掘面积100平方米），出土石器24件⑤；涪陵镇安遗址（发掘面积1300平方米），出土石器零星几件⑥；丰都县的石地坝遗址（发掘面积3000平方米），出土石器41件⑦；忠县的哨棚嘴遗址（发掘面积约1000平方米），出土石器零星几件⑧；云阳县的李家坝遗址（发掘面积约3000平方米），出土石器40余件⑨。总的说来，若将三峡地区商时期遗址地层中出土石器的总数量去与此前的夏时期遗址地层中出土石器的总数量相比较，明显有减少的趋势。石器的种类主要有斧、锄、耙、锛、网坠、凿、雕刻器、砍砸器、刮削器等。

骨器较少，有的遗址中出土多件，有的遗址中仅零星几件，更有的遗址中不见。骨器的种类主要有锥、锯、铲、镞、钩、凿、针、匕、纺轮、管、笄、佩饰、镈、牙饰、贝币等，另发现一些甲骨和卜骨。

青铜器在不少商时期遗址中都有出土，但都是一些小件。有的遗址地层中还发现了铜矿渣，表明这些青铜器都是在三峡本地铸造的。小件青铜器的种类主要有镞、钩、针、插、凿、簪等；大件青铜器仅出土两件，皆出土于河流边，器形为罍、尊。

前面提到，三峡地区西部和东部商时期遗址中出土的陶器，除部分相似的器形以外，也还有一些差异。例如，三峡西部的陶器组合中多有尖底杯、尖底盏、船形杯等，而三峡东部的陶器组合中则多釜、鬲、盉、罐、罍、甗、大口缸等。忠县哨棚嘴、瓦渣地等商时期遗址中都发现了较多的尖底器，又在丰都石地坝商时期遗址中出

---

① 长江水利委员会：《宜昌路家河：长江三峡考古发掘报告》，科学出版社，2002年，第77页。
② 湖北省文物考古研究所三峡考古队：《宜昌杨家嘴遗址发掘简报》，《江汉考古》1994年第1期。
③ 湖北省文物考古研究所：《宜都城背溪》，文物出版社，2001年，第72页。
④ 湖北省文物考古研究所：《宜都城背溪》，文物出版社，2001年，第175页。
⑤ 冯庆豪：《合川沙梁子新石器时代遗址调查》，《巴渝文化》（第一辑），重庆出版社，1989年。
⑥ 北京市文物研究所三峡考古队、重庆市涪陵区博物馆：《涪陵镇安遗址发掘报告》，《重庆库区考古报告集·1998卷》，科学出版社，2003年。
⑦ 重庆市文物考古所、丰都县文物管理所：《丰都石地坝遗址商周时期遗存发掘报告》，《重庆库区考古报告集·1999卷》，科学出版社，2006年。
⑧ 北京大学考古研究中心、北京大学考古文博学院三峡考古队、重庆市忠县文物管理所：《忠县哨棚嘴遗址发掘报告》，《重庆库区考古报告集·1999卷》，科学出版社，2006年。
⑨ 四川大学历史文化学院考古系、云阳县文物管理所：《云阳李家坝遗址发掘报告》，《重庆库区考古报告集·1997卷》，科学出版社，2001年。

土的船形杯达30余件。三峡东部地区的宜昌路家河商时期遗址出土了大量的圜底器，占全部器物总数的70%左右[①]。三峡南部清江中游的长阳香炉石商时期遗址中，出土陶器近4000件，其中釜多达3000余件，占陶器总数的3/4[②]。这一区域的陶器多流行在器物口沿部位装饰花边，这是三峡地区夏商时期陶器中最富特色的传统艺术装饰风格之一。不过，西部和东部两地陶器口沿上装饰花边的器物数量，似乎西部多见于东部。此类花边口沿装饰的肇端，向前可追溯到新石器时代早期的城背溪文化时期，往后则可一直延续到蜀汉时期[③]。在比较中我们还可以观察到，三峡地区商时期文化遗存中出土的一些日常用具类陶器，除以自身土著文化因素为主外，也有一些外来的文化因素，且表现得还非常强烈，其大致情况是，三峡东部地区商时期文化遗存中，包含较浓厚的中原商文化因素，同时也有一些来自成都平原的商时期文化因素，不过以中原商文化因素为主。而三峡西部地区的商时期文化遗存中的陶器，似乎更接近于成都平原广汉三星堆、成都十二桥文化的陶器，有的甚至完全一样；也含有一些中原商文化的因素，但占据次要地位。

三峡地区发现的商时期房屋建筑遗迹较多。在宜昌中堡岛、三斗坪，秭归长府沱，云阳李家坝，忠县中坝等遗址地层中，都发现了成排的房屋建筑基址和柱洞，另在遗址地层中发现的红烧土遗迹更多。这些房屋基址主要表现为两种建筑形式：其一为干栏式建筑，其二为地面式建筑。宜昌上磨垴遗址商时期文化层中发现的房屋基址，其基部先用一些不规则的石块垒砌成墙基，再在其上用黄泥土垒筑成墙体[④]。房址内多用红烧土块铺垫地面。云阳李家坝遗址商时期房址附近还发现了当时人们的引水装置遗迹，其引水装置是用竹子加工成的"管道"一段一段连接而成的[⑤]。

这一地区考古发现的商时期墓葬皆为长方形土坑竖穴墓，葬具无存。墓葬规模都不大，墓坑一般较窄、较浅，大多只能容身。多数墓葬中无随葬品，有随葬品的数量也不多，一般一两件，最多者不过十件，表明这些商时期墓葬的主人生前地位都不

---

① 长江水利委员会：《宜昌路家河：长江三峡考古发掘报告》，科学出版社，2002年，第129页。

② 湖北省清江隔河岩考古队、湖北省文物考古研究所：《清江考古》，科学出版社，2004年，第474页。

③ 杨华、龚玉龙、罗建平：《对长江三峡地区新石器时代文化遗存的认识》，《四川文物》2003年第5期；杨华：《三峡先秦考古文化》，武汉出版社，2003年，第146页。

④ 湖北省博物馆：《长江西陵峡北岸的几处商周文化遗址》，《中国考古学年鉴·1985》，文物出版社，1985年，第185、186页。

⑤ 四川大学历史文化学院考古系、云阳县文物管理所：《云阳李家坝遗址发掘报告》，《重庆库区考古报告集·1997卷》，科学出版社，2001年，第215页。

高，绝大多数为一般平民。在宜昌杨家嘴[①]、云阳李家坝[②]发掘的商时期墓葬中还发现了腰坑墓，腰坑中一般都有随葬品，有的可能放置粮食，有的放置石制生产工具和陶器生活用具。商时期腰坑墓的发现，为我们研究中国商时期腰坑墓葬俗文化的分布提供了重要的实物资料。

（三）商时期考古文化的两处典型遗存

1. 忠县哨棚嘴遗址

在第三章中，我们已介绍了哨棚嘴遗址新石器时代中期的文化遗存，现将1999、2001年考古发掘时发现的该遗址中的商时期文化遗存简述如下。

1999年在哨棚嘴遗址的东区发现了商时期文化堆积，商文化堆积为遗址的第五地层组，由第6、7、8大层所组成。另发现一座商时期墓葬。出土遗物主要为陶器，以夹砂陶数量最多，超过总数量的一半（52.8%）；泥质陶次之（47.2%）。夹砂陶的陶色主要有红褐、灰褐、灰、黑褐等，以前两者居多。泥质陶的陶色主要有黑褐、灰褐、红褐、灰等，亦以前两者居多。制作方法为，平底器多为快轮拉坯成型，大型器采用器身和器口分段成型后再驳接为一体，尖底器多为泥条盘筑后经慢轮修整。陶器多素面，少量有纹饰。纹饰主要为拍印纵向绳纹。器类主要有小平底器、尖底器、圈足器，以小平底器最常见，约占93%。器形主要有罐、盏、瓮、器盖、矮圈足、豆柄等（图4-3）。发掘报告将哨棚嘴遗址商时期文化遗存定为第四期，文化面貌大体与1997年度发掘的第二期文化相似，时代亦相若，当同属三星堆文化遗存范畴，时代相当于三星堆第四期，年代当在公元前1400年～前1200年[③]。

2001年的发掘主要在哨棚嘴遗址的西部进行，共揭露遗址面积1000平方米，商周文化堆积主要分布在遗址西南部和东部七个探方内。此次发掘的地层堆积从上而下共有15层，从第6层开始进入商周文化层，第7～15层为商时期文化层，商周文化层厚约1.5米。经比较分析，可将商周文化遗存分一、二两期，第一期文化包括第7～13、15层（第14层为间隙层，没有出土遗物），第二期文化仅第6层。据对出土遗物的整理和研究，第一期文化的年代相当于殷商时期，第二期文化的年代相当于商时期晚期至周初。现将第一、二期文化遗存的资料做如下简要介绍。

---

① 三峡考古队：《湖北宜昌杨家嘴遗址发掘简报》，《江汉考古》1994年第1期。
② 四川大学历史文化学院考古系、云阳县文物管理所：《云阳李家坝遗址发掘报告》，《重庆库区考古报告集·1997卷》，科学出版社，2001年。
③ 北京大学考古研究中心、北京大学考古文博学院三峡考古队、重庆市忠县文物管理所：《忠县哨棚嘴遗址发掘报告》，《重庆库区考古报告集·1999卷》，科学出版社，2006年。

第四章 夏商时期考古文化

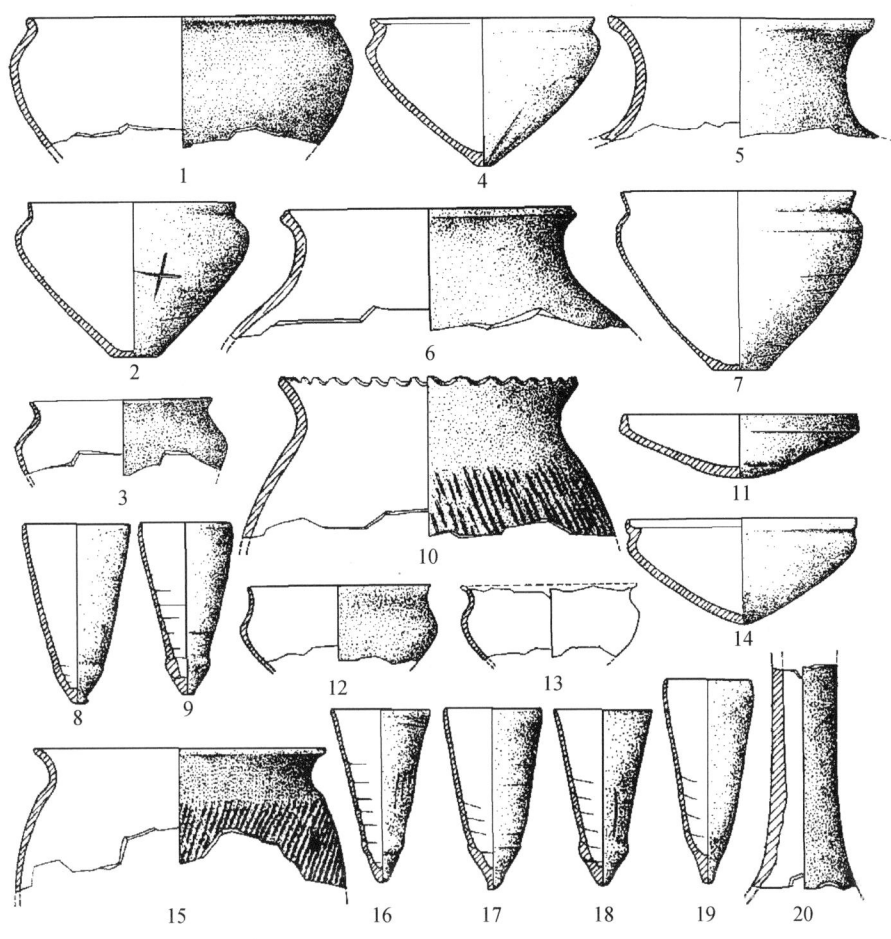

图4-3 忠县哨棚嘴遗址商周时期日用生活陶器

1～3、7、12、13. 小平底罐　4、14. 尖底盏　5、6. 小口中领瓮　8、9、16～19. 尖底杯　10、15. 花边鼓腹罐
11. 圜底钵　20. 豆柄

第一期文化：陶器以夹砂陶为主（约占93%），按陶色分主要有褐陶、灰陶，以褐陶最多（约占82%），灰陶次之（约占12%）。泥质陶少量（约占7%）。陶器绝大多数为素面，有纹饰者少量。纹饰陶主要有绳纹、旋纹、方格纹、戳印纹、箍带纹等，以绳纹最常见，其余纹饰极少。器形主要有罐、高柄豆、盆、花边口罐、器盖等，又以罐类最为丰富，有敛口罐、小平底罐等。发掘整理者认为，哨棚嘴遗址商周文化的第一期有与三星堆文化相同的因素，但也有一定的差异，可作为三星堆文化的一个地方类型，即"三星堆文化川东类型"（或渝东类型）[①]。

第二期文化：仅第6层堆积。出土陶器（片）以夹砂陶为主（约占67.8%），按陶

---

① 北京大学考古文博学院、成都市文物考古研究所、重庆市文物局：《忠县哨棚嘴遗址2001年发掘报告》，《重庆库区考古报告集·2001卷》，科学出版社，2007年。

色分主要为褐陶（约占54%）、灰陶（约占13.8%）；泥质陶次之（约占32.2%），按陶色有黑皮陶（约占17.3%）、灰陶（约占13.8%）、褐陶（约占3.4%）。陶器亦绝大多数为素面，纹饰陶少量。纹饰主要有绳纹、旋纹、戳印纹、线纹、方格纹、镂孔等。不少陶罐的口沿部位制成花边。能辨识的器形主要有罐、盆、高柄豆、尖底杯、尖底盏、钵、器盖、圈足等；其中以罐类最为丰富，有敛口罐、高领罐、斜肩罐、小平底罐、花边口沿罐等。这些罐类中以小平底罐、花边口沿罐最常见。哨棚嘴遗址商周时期文化第二期的年代大体上与成都十二桥一期文化的年代相当，文化因素有诸多的相似之处，有学者将其称为"十二桥文化川东类型"（或渝东类型）。

2. 秭归长府沱遗址

该遗址位于长江西陵峡中段的秭归县茅坪镇（即新县城）徐家冲村四组，其地在长江边的第一级阶地上。遗址北临长江，南靠山冈，西与朝天嘴遗址相望，其间距离约500米。该遗址是1960年中国科学院考古研究所调查时发现的，其后湖北省文物考古研究所、宜昌博物馆等有关单位又先后多次对其进行了复查。从历次调查所采集的标本来看，长府沱遗址的时代相当于中原夏商时期，遗存以商时期文化遗存为主。遗址面积至少在1万平方米以上，从茅坪码头到朝天嘴遗址，沿江边若干千米的台地和缓坡上，都能见到零星的文化层。而河滩上，到处都能见到残石器、残陶片等物。另在长府沱遗址靠江边的河滩上，还发现了成批的商时期墓葬。

为配合三峡大坝建设，1993年和1997年，湖北省宜昌博物馆先后两次对该遗址进行了考古发掘，共揭露遗址面积615平方米[①]。遗址地层堆积共有7个层位，仅第6层为商时期文化层，厚0.05～0.4米。发现的遗迹主要有灰坑、沟、房屋柱洞等。此外20世纪80年代调查时，在遗址靠江处的东侧发现了一些商时期的土坑墓，可惜至发掘时，这些墓葬已破坏无存。

长府沱遗址地层中出土的遗物十分丰富，种类包括陶器、石器、骨器、青铜器（4件）等。此外，在遗址地层堆积中还发现了大量鱼骨和兽骨。

出土遗物中，陶器类占绝大多数，共出土7706片。其陶质主要为夹砂陶，约占出土陶片总数的76%，泥质陶次之，约占陶片总数的23%。依陶色分主要有红陶、橙黄陶、灰褐陶、黑褐陶、深灰陶、浅灰陶等。陶片的纹饰种类较多，主要有绳纹、方格纹、弦纹、附加堆纹、按窝纹、云雷纹、戳印纹、圆圈纹、镂孔、"S"形纹等近20种。其中以绳纹最多，约占71%，次为方格纹，约占13%。有纹饰的陶片多于素面陶片。能辨识出的器形主要有罐、缸、釜、杯、豆、罍、盆、鬶、钵、鬲等（图4-4）。

---

① 宜昌市博物馆：《三峡库区秭归长府沱商代遗址发掘》，《三峡考古之发现》（二），湖北科学技术出版社，2000年。

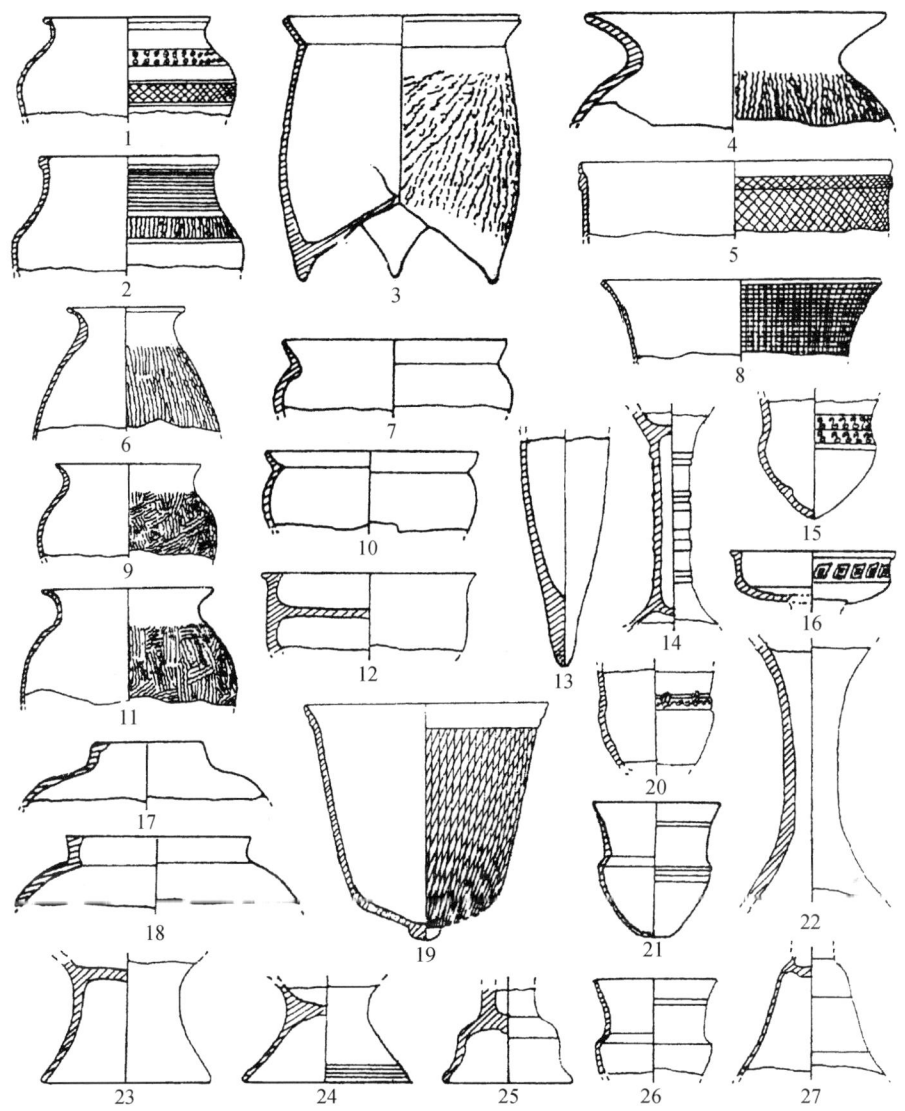

图 4-4　秭归长府沱遗址商时期日用生活陶器

1、2.罍　3.鼎　4.釜　5、8、19.缸　6、9、11.罐　7、10.钵　12.假腹豆　13.鬶足　14、22.豆柄
15、20、21、26.杯　16.豆　17、18.高领瓮　23~25.圈足　27.灯形器

数量上以罐类为最多，约占50%。罐类依口部形状可分高领罐、卷沿罐、大口罐、小口罐；依肩部分可分为溜肩罐、鼓肩罐、折肩罐等。

石器类也较丰富，出土石器共94件，器形主要有斧、锛、钺、凿、铲、砍砸器、石球等，又以石斧、石锛数量最多，占总数的一半以上（约53%）。石器制作，为打、琢、磨兼有。

青铜器类主要有箭镞、锥等，皆为小件。骨器类皆为饰品。

长府沱遗址基本上都是商时期文化遗存，相当于夏时期的文化遗物仅零星出土。

因在遗址的西侧不远处发现了夏时期的遗址,这些夏时期的遗物很可能是早年被江水从上游冲到这里而混入商时期文化地层中的。值得注意的是,在长府沱的一些遗物,如双肩石铲、印纹硬陶罐等,正是长江中下游地区新石器时代和夏商时期遗存中的典型器类,而这些最具时代特征的器类出土于鄂西、三峡地区,表明当时这一地区的原始民族已与长江中下游地区的原始民族有了较为密切的文化交往,不过,鄂西、三峡地区的商时期各类遗物的特征相对来说与中原地区和成都地区的同时期遗物更为相似。尽管如此,其本地土著文化系统的遗物仍占主导地位,这无疑显示出鄂西、三峡地区的原始民族文化有着强大的生命力。

长府沱遗址商时期文化遗物内涵丰富,特点鲜明,文化性质清楚,其时代大致相当于商时期晚期[①]。

三、归纳和认识

从以上关于夏商时期文化遗存的介绍来看,与新石器时代相比,三峡地区考古发现的这一时期的文化遗存内容更丰富,遗址数量、出土遗物数量和种类都大大增加。现对三峡地区的夏商时期文化遗存归纳如下几点认识。

第一,从文化遗存的分布情况看,虽然整个三峡地区的夏商时期文化面貌大体一致,但从遗址的分布密度及其出土器物的文化内涵分析,其间仍然存在着一些差异。根据这种差异,我们仍可以渝东地区的奉节瞿塘峡为界,将夏商时期文化遗存的分布区域划分为三峡东部和三峡西部两个区域。三峡东部地区的夏商时期文化遗存比西部地区要多一些,分布也更密集些,尤以西陵峡地区的宽谷地带最为密集。

第二,从夏商时期遗址中出土遗物情况看,三峡地区夏时期遗址中出土的遗物主要有陶器、石器、骨器和铜器。陶器以夹砂陶为主。器表多素面无纹,有纹饰者较少,多为绳纹、弦纹、附加堆纹等。制作方法间有手制、轮制。这一时期典型的器形为罐、圜底釜、大口缸、尖底器、小平底盆等。出土石器的现象也较普遍,但多寡不均;主要器形有斧、锄、砍砸器等,也有少量的兵器如镞、矛等。商时期遗址中出土遗物类型与夏时期相同,变化较明显的是青铜器,在不少遗址中都有发现,说明这一时期的青铜冶炼技术比夏时期更先进了。陶器以夹砂陶为主,器表多有纹饰,且种类较多,以绳纹为主,在器物口沿流行花边装饰,主要器形为罐、釜、豆、花边口沿罐等。其中,盉、鬶、豆自夏时期已经出现,这些并非三峡地区原有的器形,应是从中

[①] 国务院三峡工程建设委员办公室、国家文物局:《湖北库区考古报告集》(第一卷),科学出版社,2000年。

原地区传过来的。三峡地区夏商时期发现的陶纺轮和骨针、骨锥等，表明该地区在夏商时期已有较发达的纺织业了。

第三，关于三峡地区夏商时期文化遗存的性质。早在20世纪70年代末，我国著名的历史学家与考古学家俞伟超先生，结合文献史籍对鄂西沿江地区夏商时期遗址中出土的小平底器、尖底器、三足器和圜底器四大类器物分析研究后指出，这些夏商时期的文化遗存应该是"早期巴文化"遗存。

第四，关于三峡地区夏商时期文化遗存的分类。三峡东部地区这一时期的文化遗存从早期到晚期分别为宜昌白庙文化、秭归朝天嘴文化和宜昌路家河文化；西部地区分别为忠县中坝文化、万州中坝子文化和丰都石地坝文化。

第三节　夏商时期的社会经济、技术

一、夏商时期的社会经济、技术概况

夏商时期，三峡地区的社会经济有农业、家畜饲养业、渔猎业、盐业、手工业。农业和渔猎业是三峡地区夏商时期人类经济生活的基础，又因三峡地区地质条件特殊，盐业资源丰富，盐业在经济生活中也占有一定比例，其他的手工业则处于较次要的地位。据考古发现资料，这个地区早在新石器时代时就已开始出现水稻栽培，农业生产已有了相当的水平，进入夏商时期以后，其耕作技术、农业管理都得到了进一步的发展和提高。

从三峡地区发现的一些夏商时期的遗址情况看，人类活动的遗迹明显较新石器时代晚期有所增加，遗址的占地面积也相对较大，文化堆积也较厚。这些现象表明，这一时期的人口数量已在先前基础上有了一定的增加。由于人口增长，耕地面积有限，且生产力低下，因此仅仅依靠农业种植很难满足当时人们的生活之所需。因而考古发现，这一地区夏商时期的遗址地层中常会有大量鱼骨、兽骨、蚌壳、螺壳等出土，这说明渔猎业仍在经济生活中占有一定地位。当然，可能同时还兼有一些采集。

商贸方面，夏商时期三峡地区的人们已有将这里特有的资源外运到其他地区进行商品交换的情形。据地矿部门资料，三峡地区有着丰富的盐矿资源，其开采时间可追溯到距今4000多年前的远古时期，这些盐矿资源不仅满足了三峡地区夏商时期人们的食盐之需，同时人们也将生产的食盐东运到今湖北、湖南乃至更远的地区去进行商品交换。

这一时期的手工业除制陶以外，已开始有了青铜器的铸造，但铸造技术、工艺还相当落后，出土的青铜器基本上都是小件。虽然在三峡地区也曾零星发现了几件大的青铜器，但其是否为本地所铸造，目前证据不足。不过，出土的一些由鱼骨和兽骨制作的生活用具，则显示出了手工业技术的继续发展。此外，夏商时期遗址地层中还多有纺轮出土，其数量远比新石器时代遗址地层中出土的纺轮多，这一现象说明，这一时期三峡地区的纺织业技术有了更进一步的发展。

前面的第三章第三节，我们已对三峡地区新石器时代农业、家畜饲养业、渔猎业的资料情况做了比较详细的介绍和研究，而续后的夏商时期这些经济领域的资料情况较之新石器时代差异并不是很大，故本书中不再赘述。这里仅就手工业方面的生产情况了进行介绍与讨论。

二、手工业生产

手工业是三峡地区夏商时期社会经济的重要组成部分，主要包括青铜器、骨器、纺织业、窑业和盐业五大方面。

（一）青铜器

青铜器的出现，标志着远古时期的一个国家或民族进入了一个新的历史阶段，是物质文明的象征之一。夏商时期，中原地区及其周邻较发达地区已经进入青铜时代。从夏商时期遗址中的出土器物来看，陶器、石器、骨器仍占有主导地位，青铜器较少，且小件居多。夏商时期，中国刚步入青铜时代，铜原料和冶铸水平都有限，只有奴隶主、贵族才有资格享用这些贵重金属；铜被制作成兵器用于征战，制作成礼器用于祭祀。二里头遗址出土的铜器多为兵器、礼器，充分印证了文献记载的"国之大事，在祀与戎"。由于铜资源的有限性，故青铜器的分布十分不均衡，二里头遗址的铜器多集中在王畿，这种相对的集中使出土青铜器的遗址十分有限。

同北方中原地区二里头文化时期的诸遗址相比，三峡地区在新石器时代晚期即石家河文化末期的遗址中才开始出现与冶铜有关的遗迹。虽然出土的青铜器形制较为单一且数量不多，但从出土青铜器的遗址分布特征来看，有由东向西沿长江干流逐步向上扩散的趋势。这些遗址以长江为主线沿江分布，在远离长江及长江支流的地带则没有夏商时期的遗址分布，这反映了夏商时期三峡地区同其他地区交流的主要通道是长江水道及其支流水系。二里头文化时期，中国青铜文化除中原地区较为发达外，中原周边地区的青铜冶铸技术尚处于缓慢发展中，各地的发展程度也不均衡。三峡地区的铜矿资源较少。在这种资源量少的情况下，三峡地区的铜矿资源利用仍然存在着东部与西部的差异。即便当时三峡的东、西部交流密切,总体来看,其青铜文化也存在着不均衡的发展局面,直至周代仍然如此。

以目前的统计数字来看,三峡地区夏商时期的遗址计有200余处,有青铜器出土的遗址却仅有20余处,且多为小件,主要器形有箭镞、鱼钩、刀等(图4-5),也有少量的容器残件和零星的青铜礼器出现,共计亦仅60余件。此外,有的遗址中还发现了冶铸铜器后遗弃的铜渣、陶范、石范等。

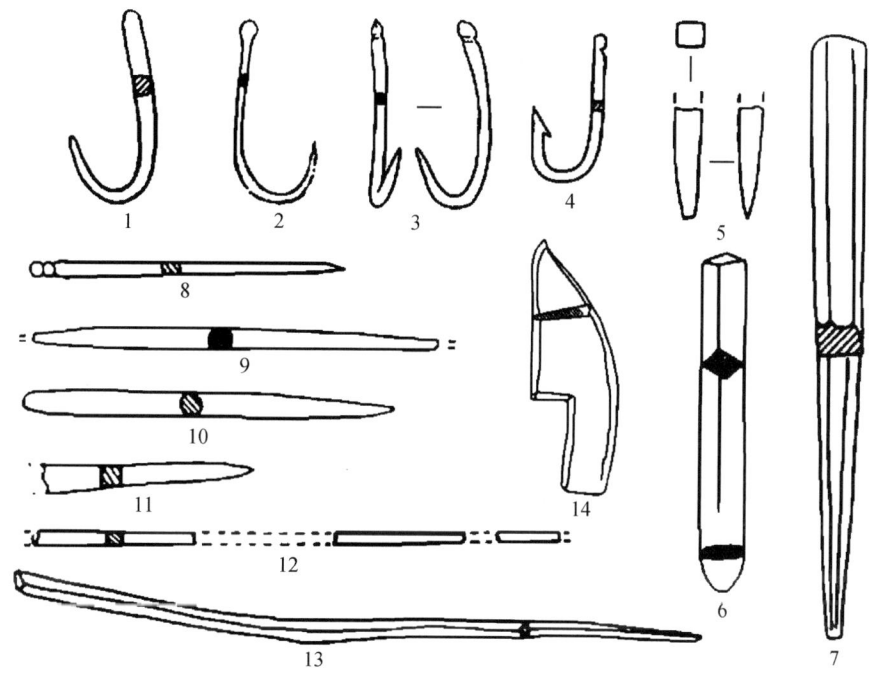

图4-5 三峡地区商时期青铜工具
1~4.鱼钩 5~7.凿 8.铜针 9~13.锥 14.削

三峡地区发现的小件铜器,多为箭镞、针、锥、钩之类,种类简单;它们主要用于狩猎、战争、捕鱼、缝纫、编织(如编织渔网)。发现的大件青铜器均为酒器,出土地点多在江、河岸边;出土这类青铜器的不远处一般都有同时期的人类居住遗址,考古研究者据此认为,这类大件贵重的青铜器应与宗教活动有关[①]。

三峡地区与我国其他地区一样,早在夏代就已经有了铸造青铜器的历史。不过,三峡地区商代诸遗址(包括墓葬)中,出土的青铜器与夏代一样也多为小件,说明该地区的青铜冶铸业发展得非常缓慢。与周邻地区相比,三峡地区的商代青铜冶铸业也是比较落后的。考古资料还证明,在三峡以东的两湖地区,以北的陕南汉水上游地区,以及以西的成都平原地区,都发现了成批的商代青铜重器出土。

---

① 杨华:《三峡夏商时期考古文化》,科学出版社,2004年,第218页。

三峡地区青铜铸造业何以会发展缓慢？我们认为，一是由于商人军事和政治势力的延伸挤压了三峡地区的发展空间，二是三峡地区特殊的自然地理环境限制了它的发展。不过，三峡地区早在夏代就已经开始了青铜器的冶铸这一历史事实，也反映了该地区与中国其他地区在发展方面依然具有同步性。

（二）骨器

同新石器时代一样，三峡地区夏商时期的遗址地层中也发现了大量的动物骨骸。三峡地区的古人类除食用这些动物外，还利用其坚硬的骨骼制作出了各类用具，即考古学研究者所称的骨器或骨制品。三峡地区夏商时期遗址中一般都出土了骨器，只是有的遗址中数量较多，有的遗址中数量较少，有的遗址中零星。

三峡地区夏商时期遗址中出土的各类骨器主要包括生产工具、生活用具、祭祀用品等三个方面。生产工具的种类有铲、镞、锯、凿等，生活用具的种类有锥、笄、针、滑轮、器盖、镖、匕、勺、牙饰、佩饰等，祭祀用品种类有卜甲和卜骨[1]。

（三）纺织业

三峡地区新石器时代古人类在纺织业方面已达到一定的水平，这为夏商时期人们在纺织业方面的继续发展奠定了基础。在夏商时期的遗址或地层中，也发现了大量的骨针、骨锥、陶纺轮等纺织业遗物。

1. 骨针、骨锥

夏商时期，骨针和骨锥使用较为普遍。许多这一时期的遗址中，都发现了大量的骨针和骨锥，较为典型的遗址有宜昌路家河遗址、长阳香炉石遗址、秭归长府沱遗址等。值得一提的是，由于商周时期为青铜业的繁荣发展时期，因而铜针和铜锥也开始出现。

在宜昌路家河遗址的夏商时期遗存中出土骨针15件，可能是用鸟类的股骨制成的。骨针的前锋因频繁使用而磨光发亮，顶端有一小孔，小孔亦有使用过的痕迹。15件骨针大体上长约4.5厘米。此外遗址中还出土骨锥5件，可分二型：A型4件，由兽牙制成，圆锥体，横断面呈圆形，残长4.6厘米；B型1件，残长7.5厘米[2]。

在秭归长府沱遗址商时期地层中，出土铜针1件。标本保存完整，横断面略呈方

---

[1] 杨华：《三峡夏商时期考古文化》，科学出版社，2004年，第222页。
[2] 长江水利委员会：《宜昌路家河：长江三峡考古发掘报告》，科学出版社，2002年，第85页。

形,尖端极锋利,后端有两道系线的凹槽,长10.4厘米①。宜昌路家河遗址商时期地层中出土铜锥1件,最大径在锥杆中间,横断面呈圆形,两端尖锐,残长5.3厘米②。

2. 纺轮

新石器时代的三峡地区,纺轮的使用还不太普遍,数量也较少,其分布区域也主要在峡东地区。到了夏商时期,纺轮的数量大大增加,几乎在三峡地区的所有夏商时期遗址中都有纺轮出土,不过峡西地区的纺轮制作及使用还是稍稍落后于峡东地区。从出土纺轮的质地和种类来看,主要有陶质、石质和骨质;形状主要有圆饼状、圆柱状、梯形柱状、圆锥状、塔状、棱柱状、三角柱状、算珠状、棋子状等(图4-6、图4-7)。出土纺轮的夏时期遗址有万州塘房坪,秭归官庄坪、柳林溪、卜庄河,宜昌中堡岛、朝天嘴、长阳香炉石,忠县中坝等③。出土纺轮的商时期遗址有宜昌中堡岛、路家河,长阳香炉石,巴东茅寨子湾,万州巴豆林、苏和坪,忠县哨棚嘴、中坝、杜家院子等④。

通过对三峡地区夏商时期纺轮的对比分析,我们可对三峡东部和三峡西部地区的纺轮分别做如下归纳。

三峡东部地区夏时期纺轮的形制大多与该地区新石器时代晚期即石家河文化时期的纺轮相近,其质地则多为泥质陶,基本素面。至商时期,纺轮的陶质、纹饰和厚度稍有变化。纺轮仍以泥质陶为主,夹砂陶次之。纺轮厚度也较新石器时代晚期和夏时期有所增加。纹饰有戳印纹、压印纹、放射状锥刺纹、刻划纹等。形状有柱形、梯形、锥形、鼓形、亚腰形等。三峡西部地区夏商时期的纺轮比东部地区要少,但比该地区新石器时代晚期的纺轮在数量上则大有增加。从现已公布的资料获知,绝大多数夏商时期的遗址中都有纺轮出土,且种类也变得多样。陶质变化不大,主要为

---

① 湖北省宜昌博物馆:《秭归长府沱商代遗址发掘报告》,《湖北库区考古报告集》(第一卷),科学出版社,2003年,第338页。

② 长江水利委员会:《宜昌路家河:长江三峡考古发掘报告》,科学出版社,2002年,第87页。

③ 陕西省考古研究所三峡考古队:《万州塘房坪遗址2001年考古发掘报告》,《重庆库区考古报告集·2001卷》(中),科学出版社,2007年;国务院三峡工程建设委员会办公室、国家文物局:《秭归官庄坪》,科学出版社,2005年,第97、98页;国务院三峡工程建设委员会办公室、国家文物局:《秭归卜庄坪》,科学出版社,2008年,第40、47页;湖北省宜昌地区博物馆、四川大学历史系考古专业:《宜昌中堡岛新石器时代遗址》,《考古学报》1987年第1期;国家文物局三峡考古队:《朝天嘴与中堡岛》,文物出版社,2001年,第67页;湖北省清江隔河岩考古队、湖北省文物考古研究所:《清江考古》,科学出版社,2004年,第205页;重庆市文物局、重庆市移民局:《重庆库区考古报告集·2000卷》(下),科学出版社,2007年,第250~254页。

④ 杨华:《三峡夏商时期考古文化》,科学出版社,2014年,第250~254页。

图4-6 三峡地区夏商时期的陶纺轮

1~9. 秭归官庄坪遗址出土　10、11. 忠县中坝遗址出土　12、13、15、20. 秭归朝天嘴遗址出土

14、16~19. 万州塘房坪遗址出土

（1~9、14、19为夏时期，10~12、13、15~18、20为夏商之际）

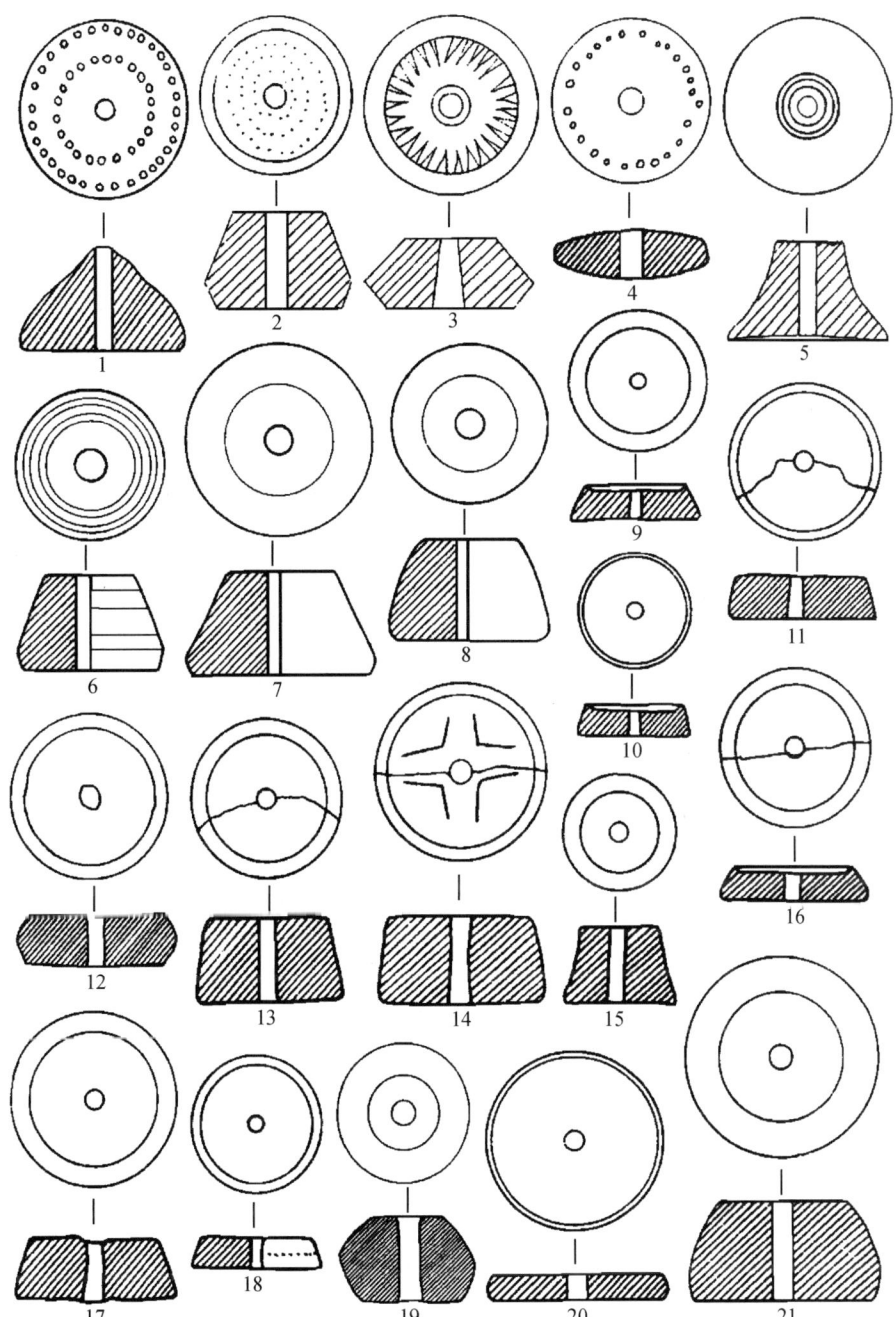

图4-7 三峡地区商时期的陶纺轮

1~5.宜昌中堡岛遗址出土 6~8.秭归渡口遗址出土 9~11、13~18.长阳香炉石遗址出土 12、19.长阳深潭湾遗址出土 20、21.秭归卜庄河遗址出土

泥质陶，夹细砂陶次之。形状主要有圆饼形、梯形、扁鼓形、凸台形、山丘形、圆台形、草帽形、圆锥形、半球形等。纺轮的直径虽说变化不是很明显，但也似有增大的趋势。

（四）窑业

陶器的发明是人类文明史上的一个重要里程碑，具有划时代的意义。远古时期，人类在同大自然的斗争中，逐渐摸索出了制陶技术。三峡地区的湖北长阳桅杆坪遗址新石器时代早期地层堆积中出土了距今1万年左右的陶器[1]，这件陶器的发现意味着至少在距今1万年左右时，此地的先民们就开始了对窑业技术的探索。至于当时人们是采用何种陶窑和窑具将陶器烧制而成的，这里我们暂时还不能做出肯定的答复。但据民族学、考古学发现资料，远古时期的人类可能最先是采用露天堆烧的方法来烧制陶器的，而后才逐渐发展成筑窑烧造。在河南舞阳贾湖曾发现一座陶窑Y8，这是一座升焰窑，窑体南北向，平面略呈椭圆形，南北长2.1、东西宽1.8米，中间为下凹的椭圆形火膛，火门在东南，有直向火道将窑床一分为二，窑床各宽0.4～0.5米。火膛是由椭圆形坑的中间下挖而形成的，显然是较为原始的形态。此窑属该遗址的第二期，距今约为8600～8200年，相当于裴李岗文化早期，是黄河流域所见最早的陶窑[2]。此陶窑的发现，说明中原地区早在距今8000年前就开始修建窑炉来烧造陶器了。而在我国南方地区，新石器时代陶窑的资料在过去几乎不见报道，随着三峡地区考古工作的深入开展，大量的考古资料陆续公布出来，在好几处新石器时代遗址中也发现了陶窑的遗迹，为我们研究三峡地区陶窑的发展与演变提供了珍贵的实物资料。陶器和陶窑的发明是新石器时代的重大进步，是时代文明的曙光，对我们探索三峡地区古代文明的产生有很重要的启示意义。

三峡地区考古发现的新石器时期至东周时期的陶窑已近30座，这个数字虽不炫目，但内容十分丰富。这里将以三峡地区先秦时期的陶窑为对象，着重对新石器时代至夏商时期的陶窑在形制特征方面展开研究，从中探索窑业演变的过程及诱发演变的原因，探寻这一地区窑业技术的交流情况和发展源流，从而填补过去几乎无人问津的关于该地区先秦时期陶窑研究的空白。

经对已发表的陶窑考古发掘报告和前人研究成果的总结，我们可对三峡地区先秦时期各类陶窑的分布及数量进行归纳与分析，目前，三峡地区已发现的新石器时代至

---

[1] 湖北省清江隔河岩考古队、湖北省文物考古研究所：《清江考古》，科学出版社，2004年，第77页。

[2] 河南省文物考古研究所：《舞阳贾湖》，科学出版社，1999年，第135页。

夏商时期的陶窑共有12座,其中在丰都玉溪、玉溪坪、忠县中坝遗址发现的陶窑有9座,属新石器时代[①];在万州涪溪口、云阳大地坪、秭归大沙坝等遗址中发现的陶窑有3座,属夏商时期[②]。

虽然从陶窑的总数来看数量还不是很多,但从陶窑的内容、所处的时间及发展序列来看,新石器时代、夏商时期以至于西周、东周各个历史时期的陶窑都有,完整且连续。在新石器时代中期的大溪文化遗址和哨棚嘴文化遗址等远古遗址中都出土了大量的陶器,而且在不少遗址中还发现了红烧土遗迹。过去,我们一般都认为这类红烧土遗迹与房屋建筑、炉灶、贮藏坑有关,却忽略了其有可能还与烧造陶器有关;事实上,这些红烧土也许正是当时的先民们露天堆烧陶器而残留下来的遗迹。

经对以上陶窑形制结构的比较和分析,按火焰在窑炉内的流动方向,可将其分为升焰窑与平焰龙窑两种。先秦时期的陶窑以升焰窑数量最多,分布也最广,出现的时代也最早。

1. 升焰窑

三峡地区的升焰窑最早发端于新石器时代中期,盛行于新石器时代晚期,商代至西周时期分布更广,发展也更成熟,东周时期开始走向衰落。目前,三峡地区最早的升焰窑发现于丰都玉溪坪遗址的玉溪上层文化地层中,其年代与三峡东部地区大溪文化晚期的年代相当。据考古发现资料,这类陶窑在全国各地均有分布,其中河南舞阳贾湖、偃师二里头、陕县庙底沟和三里桥、陕西西安半坡、临潼姜寨、山西垣曲宁家坡、陶寺等遗址,都有较多升焰窑的发现[③],说明当年升焰窑的中心位于黄河中游

---

① 邹后曦:《重庆丰都玉溪遗址群——最早的新石器时期文化遗存》,《中国三峡建设》2007年第6期;袁东山:《锁定峡江新石器土著文化——丰都玉溪、玉溪坪遗址》,《中国三峡》2003年第6期;四川省文物考古研究院、北京大学考古文博学院、重庆市文物局等:《忠县中坝遗址1999年度发掘简报》,《重庆库区考古报告集·2000卷》(下),科学出版社,2007年,第982页。

② 福建省文物考古队、万州区文物管理所:《万州涪溪口遗址发掘报告》,《重庆库区考古报告集·1997卷》,科学出版社,2001年,第329页;席道合:《重庆云阳大地坪遗址进行第三次发掘》,《中国文物报》2004年7月23日;孙智彬:《重庆忠县中坝遗址解读:五千年的无字"史书"》,《中国三峡》2009年第2期;湖北省文物考古研究所:《秭归大沙坝遗址的发掘》,《湖北库区考古报告集》(第二卷),科学出版社,2005年,第488页。

③ 河南省文物考古研究所:《舞阳贾湖》,科学出版社,1999年,第133页;中国社会科学院考古研究所:《偃师二里头——1959~1978年考古发掘报告》,中国大百科全书出版社,1999年,第260~262页;中国科学院考古研究所:《庙底沟与三里桥》,科学出版社,1959年,第18~22页;中国科学院考古研究所、陕西省西安半坡博物馆:《西安半坡》,文物出版社,1963年,第156~158页;西安半坡博物馆、临潼县博物馆:《1972年临潼姜寨遗址发掘简报》,《考古》1973年第3期;山西省考古研究所:《垣曲宁家坡陶窑址发掘简报》,《文物》1998年第10期;山西省考古研究所:《陶寺遗址陶窑发掘简报》,《文物季刊》1999年第2期。

地区。升焰窑起初系就地挖穴为窑，后来慢慢变为半地穴式窑。升焰窑平面一般呈圆形、椭圆形和长方形，窑体规模较小，窑室长宽一般在1～2米，一次只能烧成少量陶器。后来火膛面积逐渐增大，由于没有烟囱难以控制燃烧时的空气量，所以烧成环境为氧化氛围，烧成温度低于1000℃，产品多呈红、橙、褐等暖色调。如果投柴过多或将窑顶封闭，则产生大量游离碳烟，使产品熏烟而成灰陶、黑陶。随着升焰窑的成熟和结构的改进，偶尔也能烧成高温还原氛围，釉陶就是在这种情况下烧成的[1]。与此相对应，三峡地区出土的先秦时期陶器，其陶色也主要是红、橙黄、褐、黑、灰等[2]。

（1）丰都玉溪坪遗址出土的两座陶窑属于升焰窑，均属玉溪上层文化阶段，相当于大溪文化晚期，其内涵属于重庆典型的新石器中晚期土著文化。两窑相距约5米，编号分别为Y2、Y3，顺江平行分布于江边坡地边缘，利用地势高差经修整而成窑炉。

两窑的结构相似，有长方形的火膛，斜升的火道，圆形的窑室以及窑箅。窑室内设置高出火膛的窑床，窑床上挖出数条长方形火眼构成窑箅，窑床下的空间成了火膛的延伸部分。火膛中的火焰通过火道再由长条形火眼进入窑室。两窑中Y2规模较小，保存情况较差；Y3规模略大，保存状况较好。Y3火膛长1.4、宽0.7米，窑床直径1.5米，上有5条箅孔。从窑壁没有特意加工且没有烧结的现象判断，该窑使用周期很短，窑床和火塘内皆出土有未烧制好的残次品。Y3出土了数量较多的泥质喇叭口陶壶和夹砂深腹菱格纹罐等遗物[3]。

另外，在玉溪坪遗址南边隔玉溪河相望的玉溪遗址中发现了同时期的陶窑4座，出土少量陶器。玉溪遗址的发掘资料还没有正式发表，这四座陶窑的形制结构虽尚不明朗，但当与玉溪坪遗址出土的两座陶窑结构相似。这种复式升焰窑是三峡地区具有本地特色的一种陶窑类型，是三峡地区新石器时代中晚期土著文化——玉溪上层文化的代表之一。

（2）万州涪溪口遗址夏代地层中发现的竖穴土坑可能为升焰窑的露天窑，其上部稍残，平面呈直角长方形，直壁，平底。长1.86、宽0.46、残高0.4～0.8米，壁、底平整结实，均经火烧烤，烧结层厚0.01米。坑中填土夹杂大量坑壁塌落的烧土块，质地紧密，坑底残留薄层黑色灰烬、炭屑。窑内清理出少量的红、红褐、灰色陶片[4]。

---

[1] 刘振群：《窑炉的改进和我国古陶瓷发展的关系》，《中国古陶瓷论文集》，文物出版社，1983年。

[2] 杨华：《三峡先秦考古文化》，武汉出版社，2003年，第59、92、158页。

[3] 邹后曦：《重庆丰都玉溪遗址群——最早的新石器时期文化遗存》，《中国三峡建设》2007年第6期；袁东山：《锁定峡江新石器土著文化——丰都玉溪、玉溪坪遗址》，《中国三峡》2003年第6期。

[4] 福建省文物考古队、万州区文物管理所：《万州涪溪口遗址发掘报告》，《重庆库区考古报告集·1997卷》，科学出版社，2001年，第329页。

（3）秭归大沙坝遗址商代晚期的陶窑址（Y1）。整座窑坐落在江岸斜坡上，由火膛、火道、窑室三部分组成，火膛在下部，窑室在上部，中间由火道相连，全长1.8米。窑底坡度为30°，窑室底与火道底基本在一个斜面上。火膛残长0.45、宽0.44米。火道呈扁圆洞形，长约0.4、口径为0.2～0.4米。窑室为椭圆形，顶部已被破坏，长1、宽0.77、残高0.3米。窑内出土了罐、喇叭形器、缸、鬶等残陶器①（图4-8）。

2. 龙窑

龙窑属于"平焰窑"，一般建筑在山地斜面上。窑身狭长，其火焰流动方向与窑

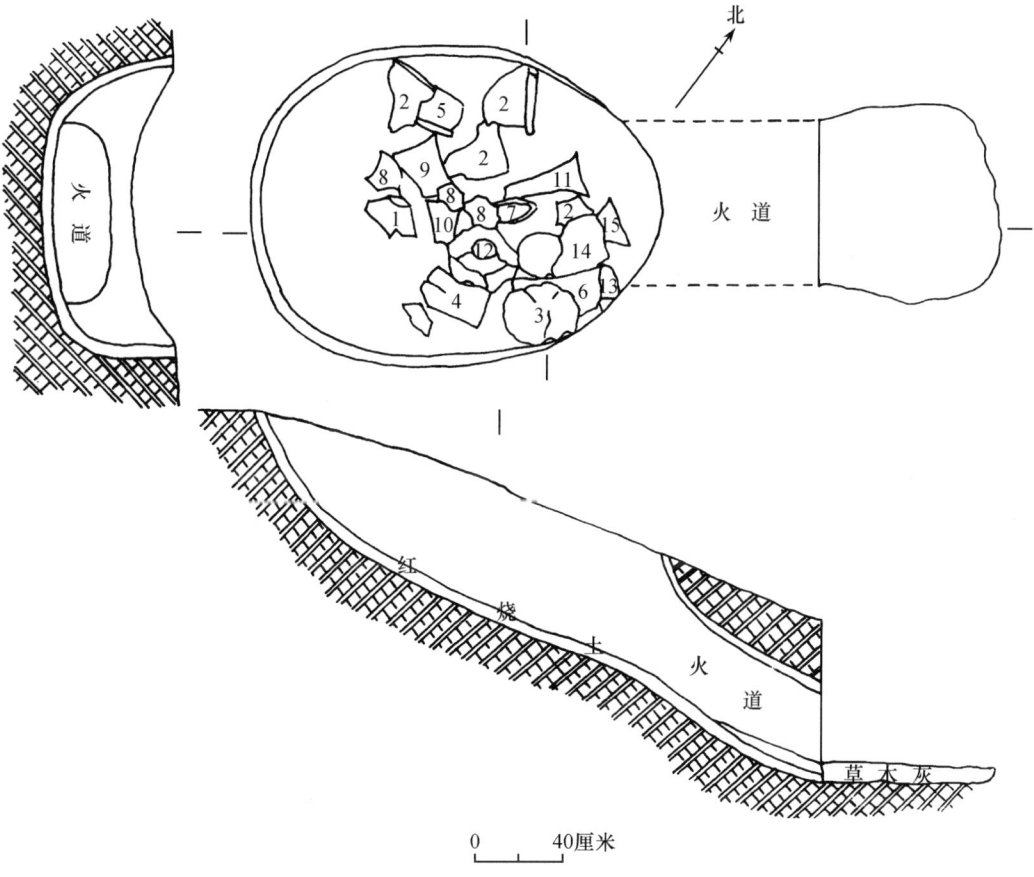

图4-8　秭归大沙坝遗址中的Y1平、剖面图
1、3、5、8、12、14.陶罐　2.陶缸　4、9.陶鬶　6、7、10、11、13、15.陶喇叭形器

---

① 湖北省文物考古研究所：《秭归大沙坝遗址的发掘》，《湖北库区考古报告集》（第二卷），科学出版社，2005年，第488页。

身平行[①]。龙窑分布于长江流域及其以南地区，是长江流域远古时期物质文化的特征之一，大约出现在商代晚期或略早，其后一直是南方窑业系统的主流。此种窑为江苏、浙江、福建、广东、广西和湖南等省窑炉的主要形制，沿用时间长。例如，浙江省上虞市百官镇窑址、福建浦城猫耳山窑群、江西鹰潭角山遗址，都发现了商周时期的龙窑[②]。

目前，三峡地区发现先秦时期龙窑最多的是忠县中坝遗址，共有4座。其中最早的龙窑出现在该遗址新石器时代晚期的地层中，而该地层的文化内涵属于重庆新石器时代土著文化——哨棚嘴文化。1999年对该遗址进行第三次发掘时，在遗址中清理出新石器时代晚期的龙窑三座，形制结构相似。以Y15为例，窑长约10.6、宽约1.7米，其建筑方式是在地面下挖一深0.4米的基槽，平整夯实形成窑面，无火膛、火道、窑室、烟道等明显划分，平面也没有明显的坡度，不同于多数龙窑自下而上依坡垒筑的方法。窑址内出土少量残陶片，器形基本为缸类，火候普遍较高（图4-9）。忠县中坝遗址1998年第二次发掘时，在Ⅰ区西周早期地层下发现了打破新石器时代地层的龙窑。由于只发现了一座，无法对比，发掘人员保守地将该龙窑的年代定在商周时期[③]。

另外，在秭归何家大沟遗址发掘的一座陶窑Y1是就地挖建的，属商代末期西周初期。窑体破坏严重，残长1.2、残宽0.4~0.5、残高0.2米。窑床呈较规则斜坡状，坡度20°。窑内壁烧成青灰色，窑床底部近平，窑左壁弧拱，右壁、烟道、火膛大部分已毁。窑内器物残件发掘时仍与窑壁粘连在一起[④]。报告推测，该窑炉为龙窑的残存，由

---

① 熊海堂：《东亚窑业技术发展与交流史研究》，南京大学出版社，1995年，第81页；朱伯谦：《试论我国古代的龙窑》，《文物》1984年第3期；刘振群：《窑炉的改进和我国古陶瓷发展的关系》，《中国古陶瓷论文集》，文物出版社，1983年；王屹峰：《中国南方原始瓷窑业研究》，中国书店，2010年，第61~74页。

② 浙江省文物考古研究所：《浙江上虞县商代印纹陶窑址发掘简报》，《考古》1987年第11期；福建省博物馆：《浦城仙阳商周窑址发掘的初步收获》，《福建文博》2006年第1期；李玉林：《吴城商代龙窑》，《文物》1989年第1期；李荣华、周广明：《三千年窑火中国瓷滥觞》，《寻根》2001年第1期；李荣华、周广明、杨彩娥等：《鹰潭角山发现大型商代窑址——中国原始青瓷烧造年代向前推进千余年》，《南方文物》2001年第1期；樊昌生、李荣华、余盛华：《鹰潭角山商代窑址发掘再现3000年前制陶作坊》，《中国文物报》2003年7月4日第一版；江西文物工作队：《江西鹰潭角山窑址试掘简报》，《华夏考古》1990年第1期；湖北文物考古研究所：《盘龙城——1963~1994年考古发掘报告》（上），文物出版社，2001年；王屹峰：《中国南方原始瓷窑业研究》，中国书店，2010年，第26~74页。

③ 四川省文物考古研究、北京大学考古文博学院、重庆市文物局等：《忠县中坝遗址1999年度发掘简报》，《重庆库区考古报告集·2000卷》（下），科学出版社，2007年，第982页；孙智彬：《重庆忠县中坝遗址解读：五千年的无字"史书"》，《中国三峡》2009年第2期。

④ 广东省文物考古研究所：《秭归何家大沟遗址的发掘》，《湖北库区考古报告集》（第三卷），科学出版社，2006年，第125页。

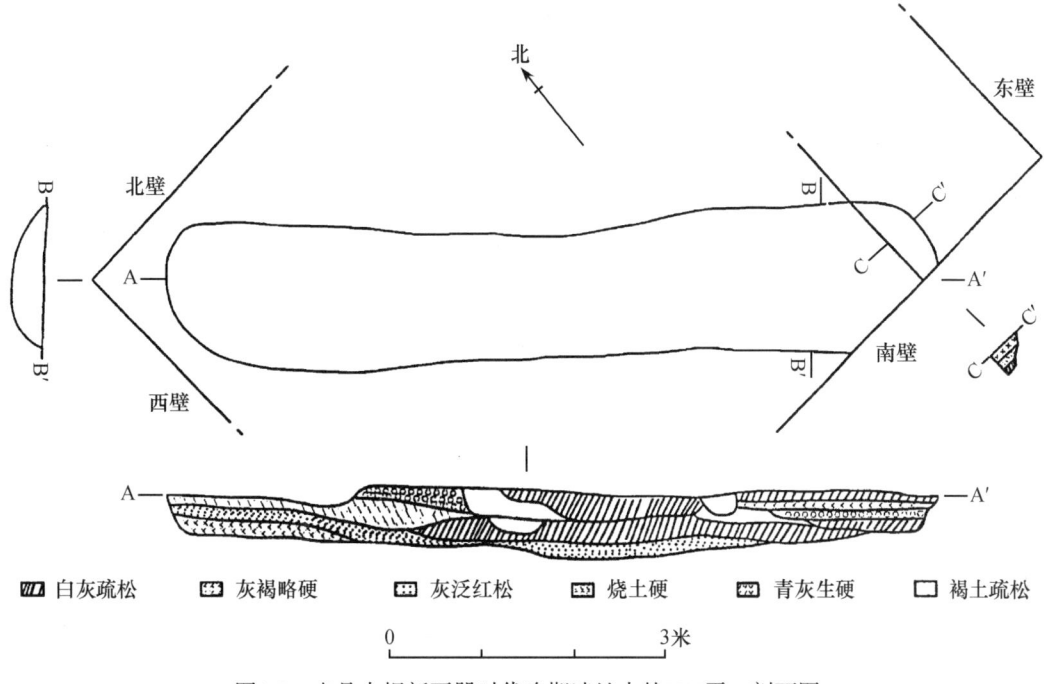

图4-9 忠县中坝新石器时代晚期遗址中的Y15平、剖面图

于残毁严重，无法辨别陶窑的形制结构，我们未将其作为龙窑计入统计。

资料表明，忠县中坝遗址新石器时代晚期的三座龙窑尚处在龙窑技术发展的早期探索阶段，坡度不明显，烧成时间长，说明当时还没有认识到火焰抽力的形成及作用，是一种原始龙窑，与汉代及其后的典型龙窑有很大区别。由此可见，三峡地区也是龙窑技术的发源地之一，其龙窑技术源自当地的新石器时代土著文化——哨棚嘴文化。三峡地区发现的新石器时代晚期的龙窑比长江中下游及华南地区商周龙窑的时间要早数百年，这一发现揭示了我国南方龙窑系统起源的多元性。

另外，在三峡地区的巫山大昌、宜昌中堡岛、宜昌白庙等夏商时期的遗址中出土了一种"印纹硬陶"，专家分析，这种陶器应是由长江中下游地区传入的[①]。这一结论或能说明三峡地区的制陶工艺与长江中下游地区也有一定关系。

(五) 盐业

中国盐业生产历史悠久。据历史学、考古学、盐业学研究，中国产盐的历史可追溯至距今约6000年以前的新石器时代。在我国，见诸传说的食盐生产最早的是海盐，

---

① 管维良、李禹阶：《三峡学》，重庆出版社，2009年，第59页。

《说文解字》云："古者夙沙初作，鬻海盐。"①即指神话传说时代生活在山东半岛上的"夙（亦称宿）沙氏部落"善于"煮海为盐"。五帝时代，在中原地区发现了自然盐之一的池盐，其中最著名的是山西运城的解池。而在我国古代，人工制盐的方式在宋应星所著的《天工开物·作咸》中有记载，其方式包括"海、池、井、土、崖、砂石"等六种。中国内陆的制盐工艺，除有悠久历史的池盐外，还有井盐制作。资料表明，井盐制作的历史并不比池盐的历史晚，其制作地点就在长江三峡地区。三峡地区的远古先民在还没有开始凿井取盐之前，就对自然裸露的岩盐及盐泉有了一定的认识了。三峡盐业开发的历史，文献史籍虽有著录，但记载不多且过于笼统，再加上过去这一区域里的考古工作不够系统，因而有关三峡地区井盐制作的研究也一直没能引起学术界的关注。随着长江三峡水利枢纽工程的建设，三峡地区的考古工作全面系统地展开，盐业文化的考古发现资料也不断地被披露出来，为我们研究中国盐业文化的起源与发展提供了科学的依据。

1. 盐业遗迹的考古发现

据1950年以来的考古发现资料，三峡地区的咸（盐）水之地，自旧石器时代初期开始即已有了人类活动。咸水之地即指古巫峡一带，聚集于盐场周围及附近地区的远古文化遗存的发现，说明人类早在旧石器时期就已初尝到了食盐资源的重要性。为了取得尽可能多的食盐，人们很自然地逐渐向盐产地聚集，正如著名史学家任乃强先生在20世纪80年代研究三峡地区盐业发展史时指出的："产盐的地区，或食盐供应方便的地区，便是人类乐于聚居的地区。""人类文化，总是从产盐地方首先发展起来。"②张良皋教授在《巴史别观·广说盐》中也特别指出："聚落选址必在有盐地区；盐道通到何处，聚落才能延伸到何处。没有盐就没有商业，没有盐也就没有文化。"③

自1996年以来，由北京大学、美国加州大学洛杉矶分校、成都市文物考古研究所联合组成的"中美盐业联合考古队"在三峡地区进行了大量的考古实践和研究工作，对三峡地区自远古至商周的制盐工具进行了研究和认定。例如，在忠县县城（老县城）东北的䃮井河口处以哨棚嘴为代表的遗址群和忠县县城北约7千米的中坝遗址中④，都发现了成批的花边圜底罐、尖底羊角杯等制盐工具（图4-10、图4-11）。

---

① 段玉裁：《说文解字注》卷十二篇上，上海古籍出版社，2014年，第586页。
② 任乃强：《说盐》，《华阳国志校补图注》，上海古籍出版社，1987年，第52页。
③ 张良皋：《巴史别观》，中国建筑工业出版社，2006年，第136页。
④ 杨华：《三峡夏商时期考古文化》，科学出版社，2014年，第184、185页。

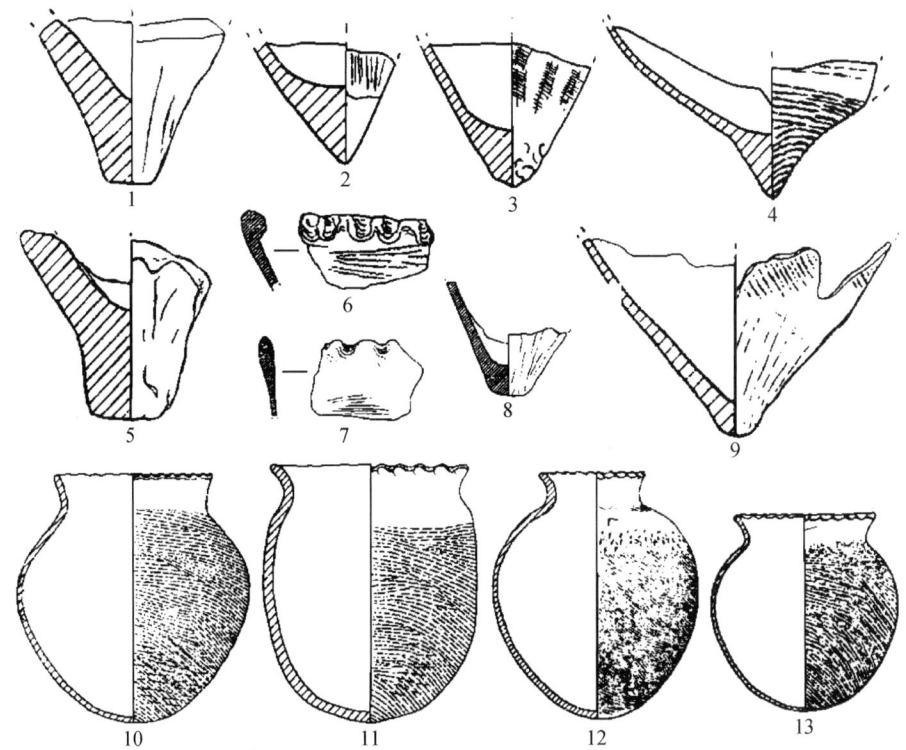

图4-10 忠县中坝、瓦渣地、哨棚嘴盐业遗址中出土的制盐陶器
1~9.中坝遗址中出土的新石器时代花边口尖底缸 10~13.西周、春秋时期花边圜底罐
（10、11出土于瓦渣地遗址，12出土于中坝遗址，13出土于哨棚嘴遗址；10、11、13为西周时期，12为春秋时期）

2. 三峡地区制盐的时代

随着中国盐业考古在三峡地区的开展，这里的制盐历史由过去认为的战国李冰时代一下子上推至新石器时代晚期。忠县中坝、哨棚嘴、瓦渣地等遗址中出土的制盐陶器（尖底缸、圜底罐），时代均可上溯到新石器时代晚期，而哨棚嘴一期文化更可早到新石器时代中期（与三峡东部地区的大溪文化年代相当）[①]。还有研究者认为，大宁河刘家坝遗址中出土的距今7000多年以前的釜、罐，也很可能是大宁河先民们用以烹煮食物或煮制食盐的古老器具[②]。研究者还认为，丰都玉溪新石器时代早期时，"或许就在玉溪遗址周围地带，亦有天然盐泉从江畔岩隙或沙石之间渗出。鉴于此，玉溪先民所选择的生存场所就更有取盐方便的要素存在"[③]。如果说，认定玉溪、刘家河

[①] 北京大学考古学研究中心、北京大学考古文博学院三峡考古队、重庆市忠县文物管理所：《忠县哨棚嘴遗址发掘报告》，《重庆库区考古报告集·1999卷》，科学出版社，2006年。

[②] 任桂园：《三峡盐业考古研究》，中国言实出版社，2009年，第28页。

[③] 任桂园：《三峡盐业考古研究》，中国言实出版社，2009年，第30页。

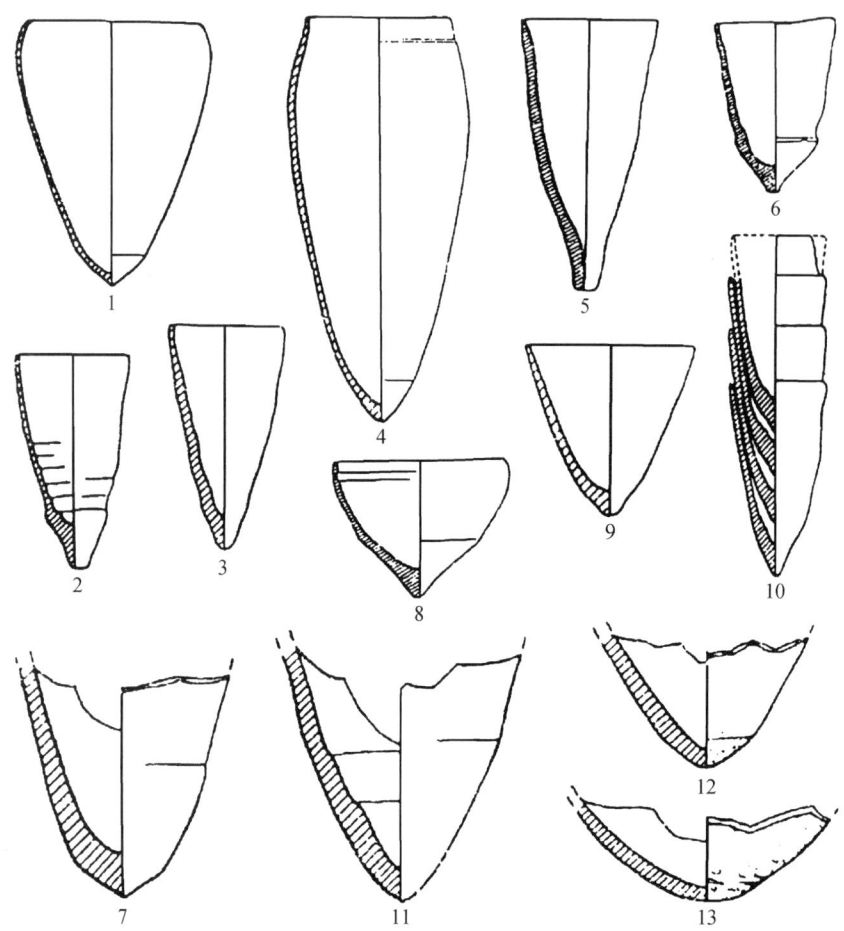

图4-11 三峡地区出土的商、西周、东周时期制盐陶器尖底杯
1~4、10.忠县哨棚嘴 5、6、8.忠县中坝 9.忠县李园 7、11~13.巫山双堰塘
（1、2为商时期；3、4~6、8、10为商—西周时期；7、11~13为西周时期；9为战国时期）

遗址中出土的圜底罐是煮盐工具的理由尚不充分的话，那么，新石器时代中期三峡地区已有制盐的历史却是可以找到证据的。我们在大溪遗址墓葬中发现大量用大鱼殉葬死者的现象，这些大鱼很有可能是用大量盐腌制以防腐的。如此看来，当时此地必已大量产盐。实际上，在三峡地区的长江两岸，有不少自然盐的产地，特别是大宁河上游的巫溪盐泉，自古以来都很丰沛。史学家任乃强先生在研究巫峡地区远古时期盐泉的位置时曾对巫山大溪沟做了深入细致的分析，他认为："大溪沟是载溪沟音变。从'至'之音，皆是'岱'音。此地是与巫溪盐泉区同在一个峡江内的自然区。正是巫载文化的核心地区。他们是食盐有余的。所以稍有地位的人，都能用大量的盐腌鱼殉葬。"[①]邓辉先生在论及三峡以南清江流域长阳渔峡口镇"盐池河"古盐泉的历史时特

---

① 任乃强：《说盐》，《华阳国志校补图注》，上海古籍出版社，1987年，第55页。

别讲道:"从考古材料中,可以得知,在大溪文化以前,人们就已认识到了盐泉的作用。所以在大溪文化时期,这里是深山峡谷中的一个中心文化分布区,进入商周也是这样,其巴人群体生活在这里。"①

3. 三峡地区长江沿岸先秦时期的盐业生产工具

无论史籍文献记载还是近年考古发现的盐业遗迹和制盐工具,都印证了三峡地区早在新石器时代中、晚期就开始有了制盐的历史。至夏商周时代,三峡地区的盐业生产得到了快速发展。

从忠县、丰都、巫山等地长江沿岸考古发现的盐业器皿可知,新石器时代中期的煮盐工具当以圜底罐(釜)为主,新石器时代晚期时,大多数地区仍然以圜底罐(釜)为主,但有的遗址中已开始表现出以尖底缸为主的迹象。圜底罐在不少的遗址中都有发现,而尖底缸似乎只在忠县中坝、哨棚嘴、瓦渣地等遗址新石器时代晚期地层中有较多发现,这种现象引起了人们的注意。考古学、盐业考古学专家们分析,此现象可能与当时中坝、哨棚嘴一带聚集大批盐工有关。夏商时期圜底罐仍占有一定比例,但尖底杯开始出现并由少增多,到了商末至西周时期,尖底杯的数量远远超过圜底罐(釜),这种现象同样也仅仅只是在忠县中坝、哨棚嘴、瓦渣地等遗址的地层中出现。西周以后,尖底器数量减少,圜底罐(釜)数量大增,这种现象在忠县、丰都一带的遗址中尤为突出。

4. 乌江下游地区的盐业遗迹

三峡西部地区的长江支流乌江,发源于贵州乌蒙山麓,全长1050千米,其支流遍及云南、贵州、湖北、重庆。自贵州思南以下为乌江下游,重庆彭水县郁江镇即位于乌江的这一江段,是古代渝东南地区盐业生产的中心。关于渝东南地区盐业生产的历史,著名的盐史专家任乃强先生已进行过考证:"郁江上游的郁山镇有伏牛山盐泉自山麓涌出,被人类利用甚早(大约稍晚于巫溪盐泉)。早在巴族尚未立国之前,即已成为这一地区人民的食盐来源。"②经专家实地考察获知,郁山现存古盐井13口,这些盐井主要分布在郁江支流中訇井河和后灶河沿岸。重庆市文物考古所、贵州省文物考古研究所曾为配合彭水电站的施工,对淹没区乌江沿岸进行了文物调查和考古发掘,在重庆酉阳县邹家坝、清泉,贵州省沿河县黑獭等遗址地层中都出土了商周时期的炮弹形尖底杯,这些地区古今无盐泉出露,专家们分析,这类尖底杯很可能是由三峡地区运销到这一地区的③。

---

① 邓辉:《土家族区域经济发展史》,中央民族大学出版社,2002年,第120页。
② 任乃强:《任乃强民族研究文集》,民族出版社,1990年,第542页。
③ 白九江:《巴盐与盐巴》,重庆出版社,2007年,第108页。

5. 三峡地区盐业的地位

三峡地区盐业考古新发现已引起了世界上盐业考古专家的高度重视。为了继续深入开展对三峡地区盐业考古的研究，2006年6月28日至7月4日，由德国国宾根大学汉学、韩学研究所、史前史、上古史及中古考古研究所、美国加州大学洛杉矶分校考古研究所、德国-东亚科学论坛等共同发起，在德国宾根大学举办了"四川盆地古代盐业比较研究"国际学术研讨会，与会代表对忠县中坝、瀍井口等遗址群早在公元前2000年的新石器时代晚期就开始了制盐的历史表示了肯定。美国加州大学洛杉矶分校罗泰、哈佛大学傅罗文、华盛顿大学圣路易斯分校关玉琳，德国国宾根大学傅汉恩，台湾大学陈伯桢等诸位专家，围绕忠县中坝遗址盐业考古的相关问题进行了多方面的研究并撰文论述。此外，中外盐业考古专家及学者还将中坝遗址与欧洲、美洲、非洲等其他国家盐业考古发现的遗址进行了对比，发现相同的特点主要有三点：一是都发现了以陶片为主的堆积地层，二是出土陶器中都有以圜底器和尖底器占绝大多数的现象，三是都发现了类似"硬面"的遗迹[①]。可以说，三峡地区盐业考古的研究，主要是20世纪90年代以来由北京大学考古文博学院、四川省文物考古研究所、美国加州大学洛杉矶分校Cotsen考古研究所发起的合作项目"四川盆地及周边地区古代盐业的景观考古研究"启动的，该课题组将三峡地区过去那种仅限于对文献史籍的研究转向田野考古实践中来，考古实践活动在三峡地区发掘出土的大批制盐陶器，不仅证实了过去史学界研究认识的三峡地区盐业可追溯到远古时期的推测，而且还证明了三峡地区是迄今所知中国境内最早的产盐地，从而使中国的盐业史更臻完善。其成果主要见于李水城、罗泰主编的《中国盐业考古》第一辑（2006）和第三辑（2013年），均由科学出版社出版。

四、归纳和认识

青铜冶铸业是三峡地区夏商时期新兴的一门手工业。虽然三峡地区早在夏时期就已有了青铜冶铸，但受地理和经济的局限，其青铜冶铸直至商代仍发展缓慢，考古发现的青铜器大多为一些小件，大件较少，种类却较齐全，有兵器、工具、容器和其他类等，其中兵器较多。此外，还发现了一些铜块和铜矿渣、石范等。

由于家畜和狩猎业的发展，制作骨器的原料更为丰富。夏商时期的遗址中，考古

[①] 四川省文物考古研究所、北京大学考古文博学院、美国加州大学洛杉矶分校（ULA）等：《中坝遗址的盐业考古研究》，《四川文物》2007年第1期。

发现的骨器种类更多，除骨制农具外，还有纺织和祭祀方面的器具，如骨针、骨锥和卜甲等。骨器的制作水平也有所提高，制作工艺有磨制、切割及钻孔等。骨器中的骨针和骨锥对纺织业有较大影响。

纺织业方面，除出土了大量的骨针、骨锥外，陶纺轮的数量也大大增加，制作水平也有所提高，纺轮的质地、纹饰、厚度等均比新石器时代更为先进。当然，在三峡的东西部地区，其纺轮间仍存在一定的差异。

三峡地区早在新石器时代就已出现了陶器，这意味着该地区的窑业萌生于新石器时代。在三峡地区的新石器时代和夏商时期的遗址中都有窑址发现。这些陶窑的类型有升焰窑和龙窑两种。丰都玉溪、玉溪坪遗址新石器时代中期遗存中的陶窑皆为升焰窑，忠县中坝遗址的陶窑则皆为龙窑。龙窑技术源于当地的新石器时代土著文化——哨棚嘴文化，这证明三峡地区也是龙窑技术的发源地之一。

盐业是夏商时期三峡地区最重要的支柱产业之一。一方面，盐是三峡地区与周边地区进行贸易的主要商品；另一方面，盐也曾作为贡品被进献到中原王朝。三峡地区拥有丰富的盐泉资源，远古先民很早就掌握了利用盐泉煮卤熬盐的制盐技术，并且这种技术还对云贵川等地的盐业产生过重要影响。考古人员在三峡地区盐业资源丰富的地方，都发现了商周时期的盐业遗迹，其中包括制盐的卤槽及制盐工具圜底罐和尖底杯等。

第四节　埋葬习俗文化

据考古发现资料可知，三峡地区新石器时代的先民们早在距今7000年以前就开始有了掘土坑将死者埋入墓穴的丧葬习俗了[①]，这或许正是三峡先民土葬死者的历史开端。自此以后，这种与我国其他地区一样的土葬形式在三峡地区盛行起来，并一直延续到现在。在后来的漫长岁月里，尽管埋葬形式发生过一些变化，并产生过崖葬、悬棺葬、塔葬、火葬等其他多种形式，但土葬方式始终占主要地位。从三峡地区夏商时期的墓葬形制来看，其大体与该地区新石器时代晚期石家河文化、哨棚嘴三期文化的形制相似，且墓葬中随葬品的数量也与石家河文化、哨棚嘴三期文化的情况差不多，数量都很少，像三峡地区新石器时代中期大溪文化墓葬中有的随葬品多达数十件的现象（巫山大溪遗址第一次发掘的M5中随葬品多达50余件）几乎没有。

---

① 杨华：《1998年三峡库区湖北段文物保护情况》，《中国古三峡建设年鉴·1999》，中国建设年鉴出版社，1999年。

一、墓葬资料的发现情况

（一）夏时期遗址中的墓葬

1. 秭归官庄坪遗址中的墓葬

1997年，湖北省文物考古研究所对官庄坪遗址进行了第四次大规模的考古发掘，于第一区中部二里头文化堆积层中发现墓葬6座，依次编号为M11、M12、M19~M22。墓室皆为长方形土坑竖穴，6座墓葬中有4座（M19~M22）墓壁斜直，墓口略大于墓底；2座（M11、M12）墓葬的墓壁为垂壁，墓口与墓底相等，平底。墓葬规模都较小。6座墓中3座基本完整，3座遭到破坏。据保存相对较完整的几座墓葬尺寸来看，长在2.06~2.42米，宽除2座在1米以上外，其余都在0.5~0.8米。墓坑都较浅，深0.1~0.26米。墓坑内填土较硬，不见葬具。人骨架仅M19保存较完整，为仰身直肢葬；另M20的西部残存部分股骨，M21仅在西部发现少量股骨和牙齿；其余3座墓内皆不见有人骨架。随葬器物，6座墓葬中除M20无随葬品外，另5座墓葬中都放有随葬品，皆为陶器，共15件，除1件纺轮为生产工具外，其余14件皆为日常生活中的器皿。各墓葬中随葬件数分别为：M21内1件；M12、M19内各3件；M11、M22内各4件。另在M11内还发现石块1件（发掘整理者认为是标记石）。器形以罐为主（共10件），其余杯、觚、缸、壶、纺轮各1件[①]。墓葬形制图以M22为例（图4-12）。

2. 秭归柳林溪遗址中的墓葬

1998、1999年，湖北省文物考古研究所在柳林溪遗址夏时期遗存中清理出瓮棺葬墓1座，编号M1。墓坑口平面为圆形，直径0.52米。坑壁微弧，平底，坑深0.3米，坑内填土较硬。瓮棺置于坑内中央（图4-13）[②]。

3. 长阳桅杆坪遗址中的墓葬

桅杆坪遗址地处清江中游下段，北与盐池温泉隔河相望。1991年，湖北省文物考古研究所对该遗址进行了考古发掘，清理出了一批墓葬。墓葬中的人骨较杂乱，摆放基本都为东西向，大多为头西脚东，个别或极少数为头东脚西。没发现墓圹和葬具，

---

① 国务院三峡工程建设委员会办公室、国家文物局：《秭归官庄坪》，科学出版社，2005年，第95~99页。

② 国务院三峡工程建设委员会办公室、国家文物局：《秭归柳林溪》，科学出版社，2003年，第149页。

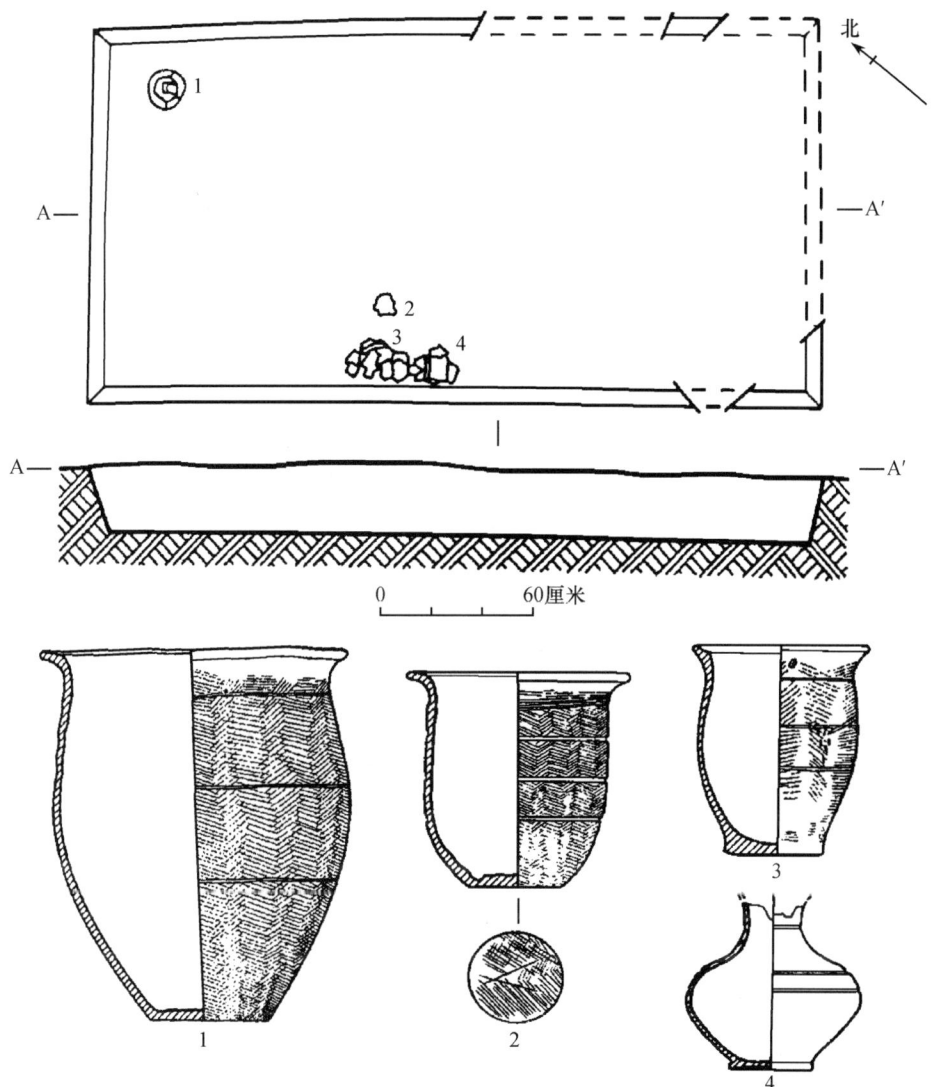

图4-12 秭归官庄坪遗址夏时期地层中的（1997年发掘）M22平、剖面图及出土的陶器
1.缸（M22：3） 2、3.罐（M22：4、M22：2） 4.壶（M22：1）

葬式为仰身直肢。这批人骨因属迁葬（二次葬），故多为成片堆积叠压放置的。经对这些人骨的仔细清理和反复辨认，大致上弄清楚了人骨的个体数为30，头向、葬式也可以辨认出来，但没有发现一具完整的骨架。据分析，这批人骨在迁葬于此时人体肌肉早已腐烂无存，骨骼在搬迁后无法还原，只好大致叠压放置。人骨旁基本上没有随葬品，个别人骨旁放有几件陶器或石质耳坠、挂饰。这批人骨的时代属于早期巴文化的范围，距今4100年左右[①]。

---

① 湖北省清江隔河岩考古队、湖北省文物考古研究所：《清江考古》，科学出版社，2004年，第37、38、80页。

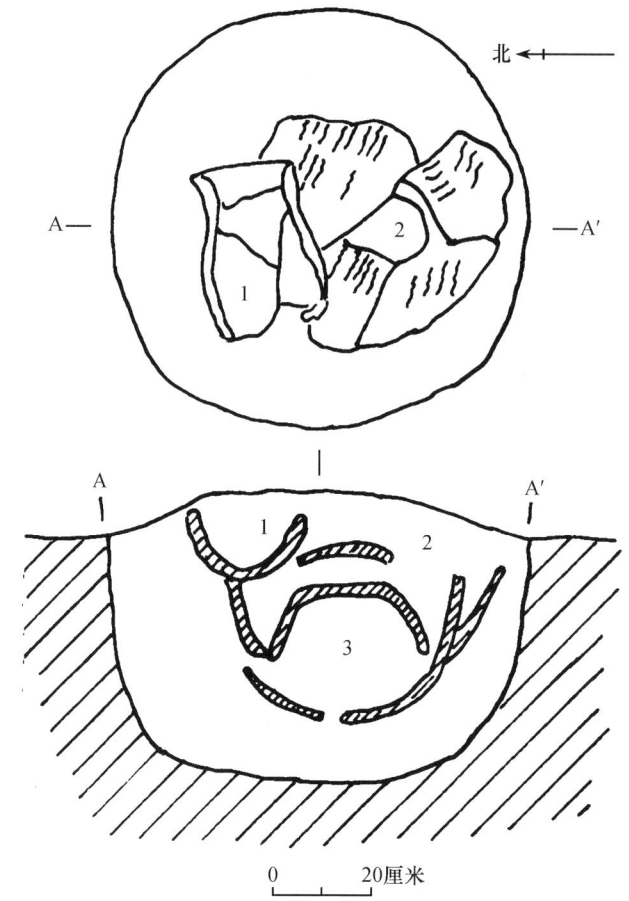

图4-13 秭归柳林溪遗址中的（1998年发掘）夏时期M1平、剖面图
1、2. 陶罐 3. 陶瓮

（二）商时期遗址中的墓葬

1. 宜昌杨家嘴遗址中的墓葬

该遗址位于长江西陵峡北岸的一级台地及河漫滩上，1985年，湖北省博物馆对其进行了考古发掘，在该遗址的商时期遗存中共清理出10座墓葬，编号M1～M10（图4-14，1）。墓葬开口均位于第3层的底部，为长方形土坑竖穴，墓坑较窄、较浅，长多在1.5～1.9、宽多在0.5～0.6、深多在0.3～0.4米，因墓坑上端被第3文化层所压并打破，故其原深度应该要比现挖掘的深度要深些。墓向多为东西向，极个别为南北向。葬式皆为仰身直肢葬，没有发现葬具（图4-14，2）。多为一次性葬，个别为二次性葬。随葬品在多数墓中不见，仅两座墓中有随葬品，但也较少，M7中仅1件高圈足罐，M5中仅见6件耳饰。

在这批墓葬中发现一座腰坑墓（M5），腰坑长0.5、宽0.6、深0.4米，人骨架中的一段骨骼陷入腰坑底部（图4-14，3）。经鉴定，这10座墓葬中墓主人的性别和年龄分别为：男性5具、女性5具，男性多在30~60岁，女性多在25~50岁。墓葬之间有相互打破的关系，如M7被M5打破，M9被M8打破[①]。

2. 长阳香炉石遗址东北的崖墓

该遗址位于清江中游北岸。1995年，湖北省文物考古研究所在对香炉石遗址进行第三次发掘时，清理出8座商代早期的巴人墓葬，埋葬地点较为特别，皆集中于遗址中心区东北约100米处一形似岩屋的岩壁之下。墓葬分上、中、下三层叠压，除上层1座为明代墓葬外，中、下两层的7座墓葬皆为商代墓葬（图4-15）。墓葬皆为长方形土坑墓，墓较窄、较浅。以南北向为主（4座），东西向次之（1座）。多数墓葬中都放有随葬品，但数量不太多，一般一两件。墓葬中人骨架保存较好的有3座，另2座墓葬中人骨架残损。葬式均为仰身直肢。以M6中的人骨最长，达1.75米，人骨架旁放有一件大型卜骨和一件精致的骨匕。墓葬中随葬品放置的情况为：M3中出土的一件陶釜，置于死者上部身旁；M4中出土陶罐，置于死者上部身旁（图4-15）；M6中出土的卜骨置于死者头部左侧，卜骨全长0.42米，上有大小圆形钻孔100多个，骨匕置于死者左腿部，长0.26米（图4-16）。经对这批墓葬中文物的比较和分析，其陶罐、陶釜与遗址第六层（早商时期）中的罐、釜相同，M6中出土的卜骨钻孔和灼痕的形态和特征亦与遗址第六层中出土的相似，但显得原始些。据此，这批墓葬的时代应为商代早期[②]。

此外，在香炉石遗址中心区东面约50米处一岩屋的地下堆积层中也清理出多具人骨架。此岩屋宽约1、长约3、深约1.5米，当地居民称其为"二龙戏猪"。岩屋堆积层中的人骨架层层叠压，连接不断，并多有散架或移动甚至相互混杂的现象，发掘时很难分清层位，主持发掘者将这种特殊的现象笼统称为多层埋葬。此"多层葬"从上到下大致可分为三大层，共清理出10具个体的人骨残件，均出土于第2层和第3层（第1层为扰乱层）。此外，伴出的还有较多的陶器残片、陶纺轮、贝币以及石器和少量动物骨骼等（图4-17）。此墓葬的年代与前面香炉石遗址中心区东北面的崖墓年代为同一时期，属于早商时期的巴人墓葬[③]。

[①] 湖北省文物考古研究所：《湖北宜昌杨家嘴遗址发掘简报》，《江汉考古》1994年第1期。

[②] 湖北省清江隔河岩考古队、湖北省文物考古研究所：《清江考古》，科学出版社，2004年，第288~290页。

[③] 湖北省清江隔河岩考古队、湖北省文物考古研究所：《清江考古》，科学出版社，2004年，第292~294页。

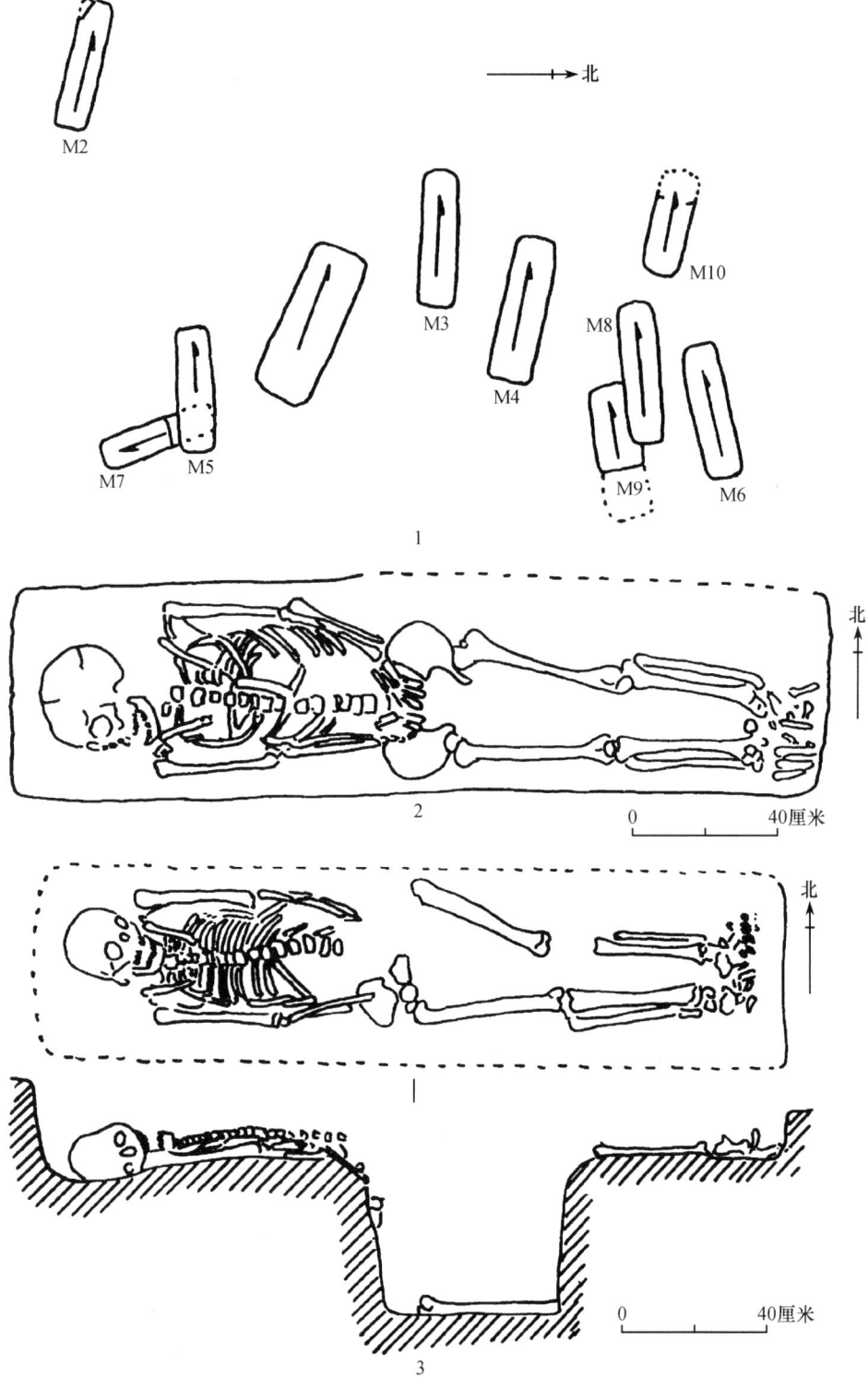

图4-14 宜昌杨家嘴遗址中的商时期墓葬分布图及墓葬平、剖面图
1. 墓葬分布图（其中M5打破M7，M8打破M9） 2. M3平面图 3. M5平、剖面图

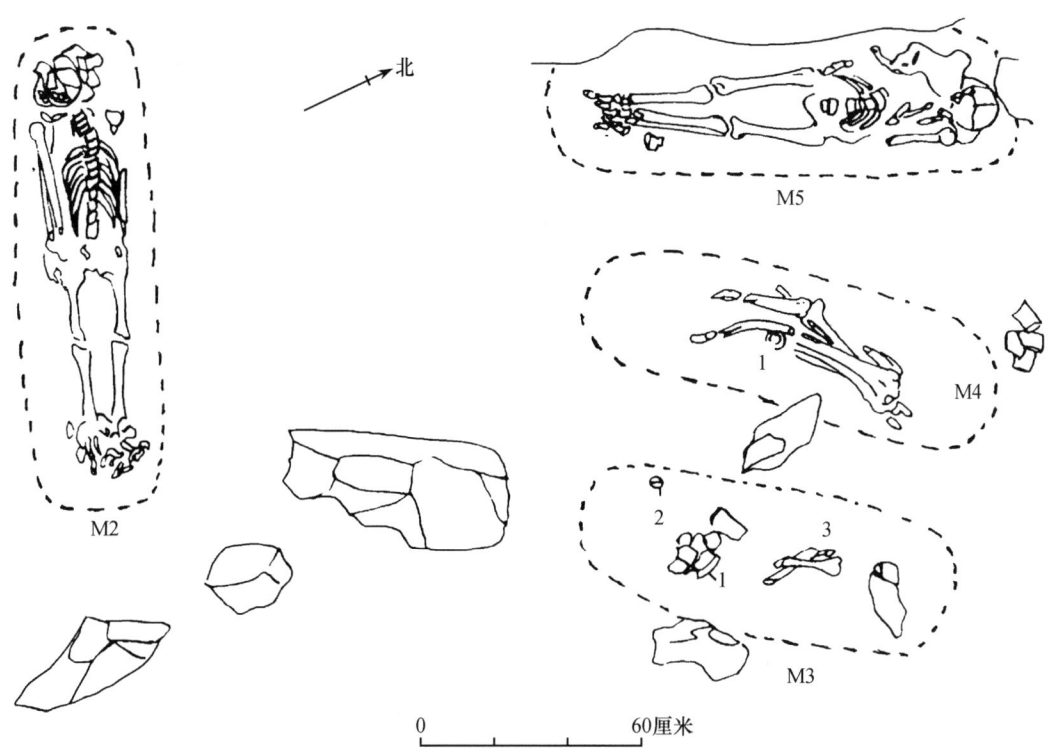

图4-15 长阳香炉石遗址东北面崖墓（1995年发掘）中层墓葬平面图

M3内出土器物：1. 釜（M3∶1） 2. 贝币（M3∶2） 3. 石斧（M3∶3）

M4内出土器物：1. 罐（M4∶1）

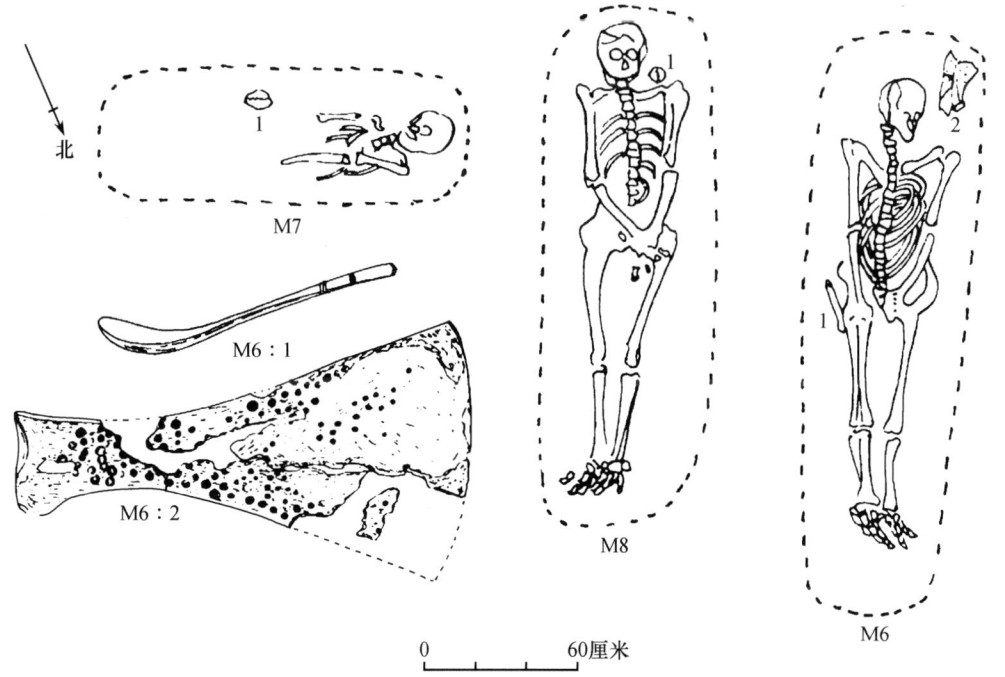

图4-16 长阳香炉石遗址东北面崖墓下层墓葬平面图

M6内出土器物：1. 骨匕（M6∶1） 2. 骨卜（M6∶2） M7内出土器物：1. 贝币（M7∶1）

M8内出土器物：1. 贝币（M8∶1）

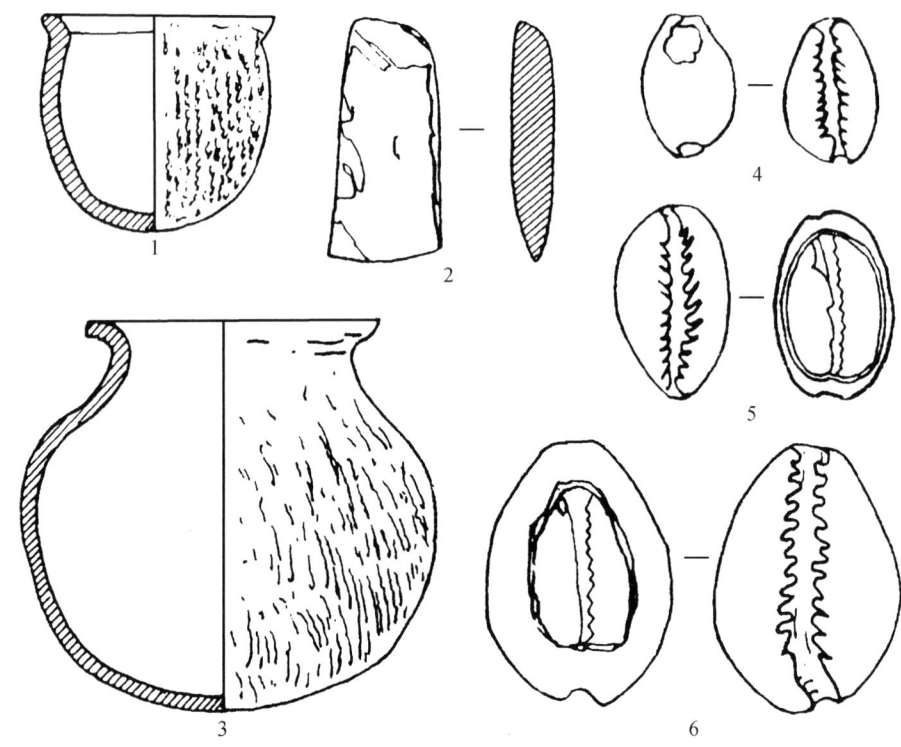

图4-17 长阳香炉石遗址东北面崖墓出土器物
1.罐（M4∶1） 2.石锛（M3∶3） 3.釜（M3∶1） 4~6.贝币（M8∶1、M3∶2、M7∶1）

3. 长阳深潭湾遗址中的崖墓

1990年，湖北省文物考古研究所在深潭湾一石灰岩洞穴岩屋（裂隙）中清理出了一批崖葬墓。崖墓洞口不大，高5、深4.4、宽3.3米，洞口北偏东40°。洞内平面略呈不规则的长方形，由西北向东南稍倾斜。墓地堆积共有9层，第2层至第8层均有人骨出土，先后埋葬顺序比较明确，即层位越深，埋葬越早。各层位中人骨个体情况大致如下。

第2层，共80余个个体，以小童和幼婴骨骼（包括头骨、牙床、牙齿、肢骨）为主，多达70余个个体，成年人骨骼仅8个个体。成人和小孩骨骼相互混杂，头向不一致，葬式无规律，有的小孩骨骼还被火烧过。

第3层，共25个个体，以成年人骨骼为主，共17个个体，小孩骨骼有8个个体。仰身、侧身均有，头向有的南西，有的北东。为同时埋葬。

第4层，共3个个体，皆为成年人。其中一具零散，另两具平行埋葬，皆仰身直肢，头向相反，一具北东，一具南西。

第5层，共3个个体，皆为成年人。其中一具仅存下颌骨，另两具葬式为仰身直肢，头向一致，均为南西。

第6层，共4个个体，1为成年人，余为小孩头骨。成年人骨架为仰身直肢，头向南西。小孩中一具头向南西，其余不明。

第7层，共2个个体，成年人、小孩各1具。成年人头向南西，小孩头向正西。皆仰身直肢。

第8层，仅1个个体，成年人，葬于该层中部稍偏后，编号23。仰身直肢，头向南面，头下垫有一较大的扁石块（图4-18）。

上述崖墓各层位的时代大致是，第2、3层为春秋时期，第4~7层为西周时期，第8层为商时期末期，最下面的第9层属于新石器时代中期大溪文化时期堆积①。

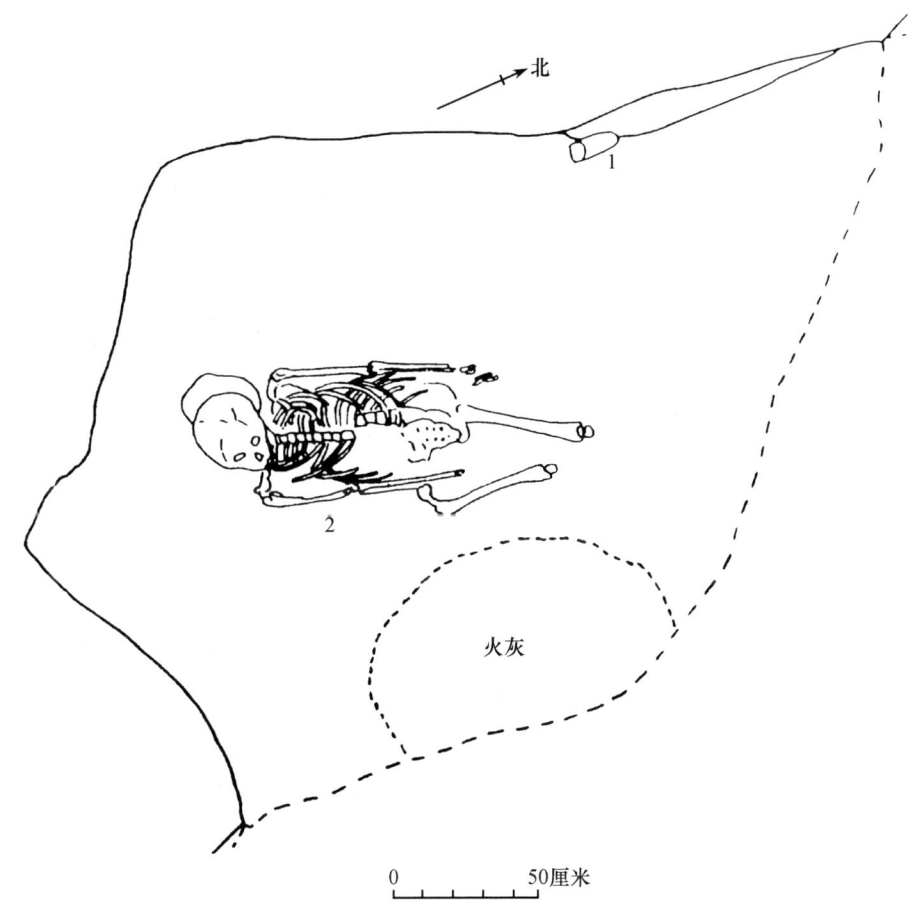

图4-18　长阳深潭湾遗址崖墓（1990年发掘）第8层人骨
1.石斧　2.人骨架

---

① 湖北省清江隔河岩考古队、湖北省文物考古研究所：《清江考古》，科学出版社，2004年，第193页。

4. 云阳李家坝遗址中的墓葬

1997年，四川大学历史文化学院考古系对该遗址进行了大规模的考古发掘，揭露遗址面积1375平方米。在Ⅰ区的T0705东南部清理出1座商时期的腰坑墓，编号M12，开口于第25层下，竖穴土坑，墓坑深0.16~0.38米。墓葬遭到后期的扰乱，墓边不详，不见葬具，人骨架保存较差，骨质疏松，肢骨和躯干多已被扰乱，仅头骨较完整，头向315°。墓内随葬品9件，其中石器7件，陶器2件。器物随葬位置以腰坑内放置最多，共6件，其余3件分别置于盆骨左侧、右侧股骨下和肢骨右侧。腰坑位于墓底中央盆骨右侧下[①]。

二、归纳和认识

三峡地区夏商时期的葬俗资料从各个不同角度直接反映了当时三峡地区社会生活的方方面面。据上述葬俗资料所反映出的一些现象，结合该地区新石器时代中期（大溪文化）和晚期（屈家岭文化）的埋葬习俗资料进行比较分析，可得出以下认识。

（一）墓葬形制与随葬品

夏商时期的墓葬形制多与该地区新石器时代中期大溪文化及晚期屈家岭文化时期的一样，基本上是土坑墓。墓葬规模较小，墓圹一般较窄、较浅，大多仅能容身。夏商时期墓葬中随葬品数量大致与该地区新石器时代晚期石家河文化、哨棚嘴三期文化的情况一样，数量不多，有的空无一物，有随葬品的以1、2件者居多，最多者不过10件，而三峡地区新石器时代中期的大溪文化墓葬中随葬10余件、数十件随葬品的情况占有一定的比例，最多者达50余件[②]。随葬品种类皆为陶器、石器和骨器，不见青铜器。

（二）葬式

夏商时期墓葬中清理出的近百具人骨架中，绝大多数仍为仰身直肢葬式，极少数为侧身屈肢葬式。长阳桅杆坪遗址中清理出的一批新石器时代末期（或夏初时期，距今约4240年）的人骨架，皆属二次葬，其葬式特别，人骨架姿态除仰身直肢外，还有

[①] 四川大学历史文化学院考古系、云阳县文物管理所：《云阳李家坝遗址发掘报告》，《重庆库区报告集·1997卷》，科学出版社，2001年，第215、216页。

[②] 四川省博物馆：《巫山大溪遗址第三次发掘》，《考古学报》1981年第4期。

相当多为蹲屈式仰身屈肢葬式。值得注意的是，在三峡地区新石器时代中期大溪文化遗址的墓葬中，这种蹲屈式的仰身屈肢葬曾多有发现，如在巫山大溪遗址中即有此种情况。由此可见，三峡地区夏初时期墓葬中的这种葬式当与三峡、鄂西地区新石器时代中期即大溪文化时期的相类葬式有着渊源关系。因此人类学研究认为，这一埋葬习俗的考古发现资料"为我们研究新石器时代的大溪文化与我国巴人早期文化的关系提供了宝贵的实物资料"[①]。

（三）墓葬中人骨的体质特征分析

20世纪80年代至90年代初，考古工作者在长江三峡南岸清江流域长阳深潭湾一崖穴中清理出了100余具商代至战国时期的巴人人骨标本，这批人骨标本包含了男女老幼各种个体。这批人骨标本已成为我国青铜时代人骨研究资料中华中地区的代表组。

经对鄂西地区这批巴人人骨标本的测定，结合我国境内南北各地考古发现的一些重要人骨体征标本进行比较和综合分析，尤其在对这一地区的新石器时代人骨体征进行比较分析后，发现"长阳青铜时代居民应由长江南部新石器时代居民发展而来"[②]，其与该地区新石器时代大溪文化时期人骨标本的体征有很多的相似之处。

（四）夏商时期居民的平均寿命

三峡地区商时期墓葬中人骨架保存较好的是宜昌杨家嘴遗址墓葬，墓葬共清理出10具人骨架，男女各半。经鉴定，男性年龄分别在30~60岁，女性年龄分别在25~50岁（女性50岁以上者一座，男性50岁以上者两座，一为55岁以上，一为60岁以上）[③]。可见，商时期三峡地区的男性平均寿命似要高于女性。

（五）瓮棺葬俗的源起与延续

在三峡地区的秭归旧州河新石器时代遗址、秭归柳林溪夏时期遗址、万州中坝子商时期遗址、宜昌中堡岛商时期遗址中都发现了瓮棺葬（图4-19）。此葬俗在三峡地区可追溯到新石器时代中期的大溪文化时期，在新石器时代早期的城背溪文化遗址中至今没有瓮棺葬的材料公布。在属于新石器时代中期大溪文化的鄂西枝江关庙山、宜

---

① 王善才、张典维：《湖北清江流域考古获重大成果》，《中国文物报》1994年11月27日第一版。
② 张振标、王善才：《湖北长阳青铜时代人骨的研究》，《人类学学报》1992年第3期。
③ 湖北省文物考古研究所：《湖北宜昌杨家嘴遗址发掘简报》，《江汉考古》1994年1期。

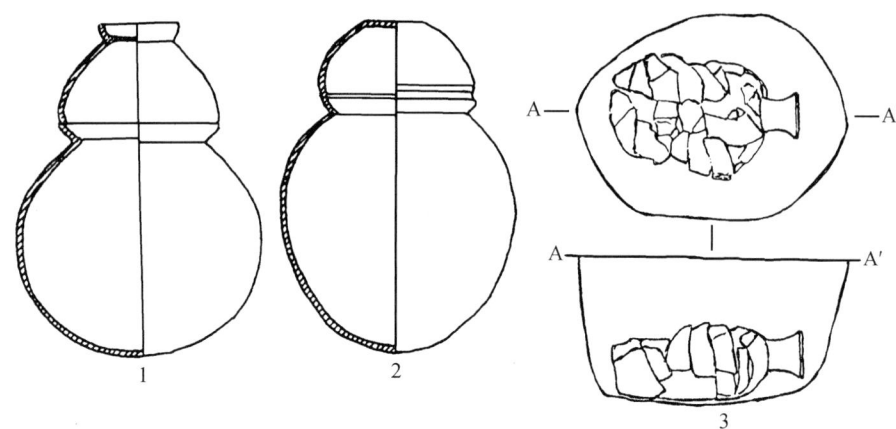

图4-19 三峡地区先秦时期的瓮棺葬

1. 枝江关庙山遗址中（1978年发掘）大溪文化时期的瓮棺葬（下为圜底罐，上为圈足碗） 2. 枝江关庙山遗址中（1978年发掘）屈家岭文化时期的瓮棺葬（下为圜底罐，上为盆） 3. 万州中坝子遗址中的（1999年发掘）M1平、剖面图

都红花套，湘西北安乡划城岗、澧县丁家岗等遗址的墓地中，都发现了瓮棺葬[①]，所葬者皆为小孩（一般为婴、幼儿）。至新石器时代晚期屈家岭文化时期，这种用瓮棺来埋葬小孩的习俗更趋流行。枝江关庙山遗址清理出属于屈家岭文化的瓮棺葬达140余座[②]；宜昌杨家湾遗址屈家岭文化遗存也发现了瓮棺葬[③]。夏商时期直至西周、东周、汉代，此类瓮棺葬的发现更多。夏时期的瓮棺葬墓地有秭归柳林溪，商周时期的瓮棺葬墓地有万州中坝子。

（六）腰坑葬俗文化

所谓"腰坑墓"，是指埋葬死者时在墓坑底部再挖一个小坑放置一些随葬品的墓葬。这是一种特殊的葬俗。三峡地区最早的腰坑墓发现于秭归旧州河遗址新石器晚期

---

① 中国社会科学院考古研究所湖北工作队：《湖北枝江县关庙山新石器时代遗址发掘简报》，《考古》1981年第4期；中国社会科学院考古研究所湖北工作队：《湖北枝江关庙山遗址第二次发掘》，《考古》1983年第1期；红花套考古发掘队：《红花套考古遗址发掘简报》，《史前研究》1990～1991年合刊；湖北省博物馆：《湖南安乡划城岗新石器时代遗址》，《考古学报》1983年第4期；湖南省博物馆：《澧县东田丁家岗新石器时代遗址》，《湖南考古辑刊》（第1集），岳麓书社，1982年。

② 中国社会科学院考古研究所湖北工作队：《湖北枝江县关庙山新石器时代遗址发掘简报》，《考古》1981年4期；中国社会科学院考古研究所湖北工作队：《湖北枝江关庙山遗址第二次发掘》，《考古》1983年1期。

③ 湖北省文物考古研究所：《宜昌杨家湾》（下），科学出版社，2013年，第683、689页。

石家河文化遗存中（M2），其次是商时期宜昌杨家嘴、云阳李家坝遗址中的腰坑墓。杨家嘴、李家坝遗址属商时期巴文化遗存，族属为巴族。鉴于鄂西北、鄂西、豫西南地区腰坑墓的时代早、数量多，故考古学研究认为，这一地区很有可能是我国古代腰坑墓葬俗文化的起源地[①]。关于腰坑葬俗的起源，专家分析，应当是源于豫西南、鄂西北的丹水流域之屈家岭文化。追溯湖北、重庆地区商周时期腰坑葬俗文化的渊源，也应是源于本地区先前新石器时代晚期石家河文化中的腰坑葬俗。不仅如此，考古发现资料还证明，这一葬俗文化还对川、滇、黔地区的腰坑葬俗文化产生过一定的影响[②]。

（七）集中而葬的公共墓地

三峡地区夏商时期的人们在埋葬死者时改变了该地区新石器时代将死者就地掩埋的简单方式。新石器时代时，墓葬多在居住区内，只有少数在居住区的边缘地带，如宜昌中堡岛、杨家湾、清水湾、三斗坪、秭归旧州河、奉节老关庙等新石器时代遗址中发现的墓葬即是如此。年代距现代越久远，这种现象也越明显。而三峡地区夏商时期的墓葬则多在居住区的边缘地带，如宜昌中堡岛、杨家嘴、秭归长府沱、沙湾、长阳香炉石等遗址中发现的墓葬即皆在居住区的边缘地带，有的甚至埋葬得更远。这些边缘地带的墓区似是当时专门指定的墓葬区。这种远离居民生活区而埋葬的形式，与当时人们卫生意识的提高或有相当大的关系。墓葬区远离生活区的情况也提示我们，在对三峡地区夏商时期及其后的聚落遗址进行发掘时，应扩大考古勘探范围，这样才能避免遗漏墓葬区。

第五节 对三峡地区夏商时期考古文化遗存的认识

长江三峡地理位置极其重要，峡口东端连接着富饶的两湖平原，由重庆向西则是天府之国的川西平原，嘉陵江、涪江、沱江、岷江皆由北向南贯穿于整个川西平原，水路发达，交通便利。自远古以来，人们便利用这些天然的江河来进行川东与川西的文化交流和经济往来。而由东向西的长江三峡，自远古以来同样是中国东部与西南地区诸民族进行经济、文化交流的重要通道。因此，通过对三峡地区夏商时期考古发现

[①] 杨华：《中国南方先秦时期腰坑墓葬俗文化的考古研究》，《湖南考古辑刊》（2002），岳麓书社，2004年。

[②] 杨华：《论中国西南地区腰坑墓葬俗文化的起源与发展》，《重庆师范大学学报》2004年第5期。

的叙述，我们已能初步认清三峡地区在夏商时期与两湖及西南地区尤其是与川西地区的文化交流。回顾上述介绍与研究，我们再做如下归纳和总结。

其一，在三峡地区考古发现的夏商时期诸遗址中，其东部与西部出土遗物多有相似之处，但若仔细分析又发现了一定差异，这种文化面貌上的差异大致上以巫峡为界。巫峡以东地区的夏商遗存中圜底器要多一些，巫峡以西地区则似以小平底器、尖底器为多见，其与中原夏商文化接近的器类似乎要比巫峡以东地区略少一些。尽管如此，其东、西两地相同的器类仍占主导地位[①]。

其二，据考古发现资料，巫峡以东地区的这类夏商时期遗存除在西陵峡地区分布非常密集外，在西陵峡出口以东的宜昌、枝城、枝江、当阳、长阳、松滋、洞庭湖西北一带也都发现了相似的夏商时期遗存。因此，应将这一区域里的这类遗存统归入一个考古文化圈（区），这一考古文化圈（区）也正是学术界一致认定的"早期巴人遗存"的分布区。须指出的是，尽管这类"早期巴人遗存"的分布范围较广，但其中心地区应在鄂西和西陵峡地区。

其三，重庆三峡地区的夏商时期遗存，除在巫山至重庆地段分布较密集以外，再往北即达大巴山、米仓山，而在大巴山、米仓山以南的嘉陵江流域之广元、阆中、南充、铜梁、合川以及渠江流域的通江、巴中、广安等市县境内，同样也能在先秦时期的一些古遗址中见到与三峡地区夏商文化遗存中相同或相似的器类，而且这类相同或相似的遗物在出土的各类遗物的总数中还占有着很大的比例。因此我们认为，应将大巴山、米仓山以南分布的夏商文化遗存也统归入三峡地区的考古学文化区域；而据学术界的研究和定论，这一区域里的这类夏商遗存确实也属"早期巴人遗存"的范畴，或称之为"早期巴文化遗存的一个类型"[②]。

有必要说明的是，2002年12月，西北大学考古系教授赵丛苍先生指出：最近几年，西北大学考古系在陕南汉水上游的城固一带调查时发现了数处夏商时期的遗址，并对其中的一处遗址进行了连续几年的大规模发掘，从发掘出土的一些遗物及其他遗址中采集到的陶器标本可知，不少陶器竟与鄂西和西陵峡地区一些夏商时期遗址（即"早期巴人遗存"），如宜昌路家河、中堡岛、秭归朝天嘴等遗址中出土的陶器有着惊人的相似之处。事实上，在对比部分陶器的照片时，情况也完全相符。如此看来，夏商时期的巴文化已影响到了汉水上游地区，或者说，当时的汉水上游地区也应该归入长江三峡地区夏商时期巴文化的分布区域中来。也许可以说，汉水上游的陶器文化也是三峡地区夏商时期巴文化的一个分支。

---

① 杨华：《鄂西地区与成都平原夏商时期巴蜀文化陶器的研究》，《湖北考古学会论文选集》（第3辑），江汉考古编辑部，1998年。
② 杨华：《巴文化考古研究》，中国言实出版社，2009年，第29页。

其四，近30年来，在成都地区发现了大批相当于中原夏商时期的古文化遗迹，其中以商代的遗迹最为丰富，有城址、宫殿、祭祀坑、窖藏坑等。在这些遗址遗迹中，出土了大量的陶器、玉器和青铜器等。对于这些出土器物，学术界大多数研究者认为是"早期蜀人遗存"。颇有意味的是，已被学术界公认的这类所谓"早期蜀人遗存"中，也发现有较多的遗物，尤其是生活用具类陶器的器形与三峡地区"早期巴人遗存"的某些遗物有着惊人的相似处，只是三峡地区巴人遗存中的遗物时代略偏早，而成都地区蜀人遗存中的遗物时代要偏晚些。有关三峡、成都两地这些相同类型陶器的关系问题，我们曾在《鄂西地区与成都平原夏商时期巴蜀文化陶器的研究》[①]一文中做过探索，认为"早期蜀人遗存"应受到过"早期巴人遗存"的影响。总之，三峡地区早期巴文化的若干因素对成都地区的蜀文化是产生过较强烈的影响的。

其五，30年前，不少学者就曾注意到，在成都地区的一些商代遗存中，无论是出土的陶器、玉器还是青铜器等，都有与中原商文化相同的若干因素，这显然表明，早在3000多年以前，中原商人就已经与成都蜀民有了密切的文化交流了。但当时北方商人与西南蜀民的文化交流路线是怎样的呢？这一直是学术界关注的课题。20世纪80年代末，中国科学院历史研究所的李学勤先生指出，中原商文化向成都蜀文化的传播，其路线是由两湖地区传入的，而"自湖北、湖南通向四川，则势必沿江穿过三峡"[②]。此后这一认识得到了许多研究者的赞同。而自20世纪70年代以来，考古人员在三峡地区发现了近200处年代相当于中原夏商时期的人类居住遗址，遗址中出土了大批与中原夏商文化遗存中相同或相似的器类，从而为学术界对中原夏商文化由三峡地区入川这一认识提供了可靠的实证资料。

其六，三峡地区大批"早期巴人遗存"的发现和被确认，大大促进了历史学、民族学、考古学等学科对早期巴人在三峡地区活动历史的新认识。早在商代殷墟甲骨文中，就每每见有中原商王朝南下征伐巴人的记载，可见当时南方巴人势力的强大早已引起了中原商王室的重视。而文献《竹书纪年》《山海经》《华阳国志》等都曾记载中原夏商王朝与三峡地区巴人交流的历史，只是对这些记载及巴族在三峡、鄂西地区活动的历史，有不少学者一直持怀疑态度。现在鄂西、三峡地区相当于中原夏文化（二里头文化）及商文化遗址进行了考古发掘，其相关文物的出土肯定了文献中记载的真实性。

夏是我国从原始社会过渡到文明社会的第一个奴隶制国家，夏代的建立是中国历史上的一个转折点，其先进的文化（考古学称之为"二里头文化"）由中原向四周传

[①] 杨华：《鄂西地区与成都平原夏商时期巴蜀文化陶器的研究》，《湖北考古学会论文选集》（第3辑），江汉考古编辑部，1998年。

[②] 李学勤：《商文化怎样传入四川》，《中国文物报》1989年7月21日。

播，并对周边地区产生了极大影响。在长江中、上游地区发现的一些古人类居住遗址堆积层中多见有与中原二里头文化相同或相似的器类，这表明当时先进的中原文化已大量南下涌入了两湖及三峡地区，并与该地区的原生文化建立起了密切的联系。当历史再往后发展到商代时，这种密切的文化往来就更趋明显。

由于夏商时代距今年代久远，文献记载又极其匮乏，因而要考察这一时期三峡地区人类活动的历史嬗变之迹及演化之途，就必须全面展开对三峡地区人类遗迹的考古发掘和深入研究，从而恢复当时人类在三峡地区活动的历史真面目，这样才能打破过去那种认为三峡的历史文化是封闭的既有观念。

最后还应提及的是关于巴族起源地的问题。这一问题历来是学术界探索的重要课题。过去对于巴族起源地的探索存在着几种观点，其中"三峡、鄂西地区起源"是重要一说。20世纪80年代，笔者之一杨华曾利用湘、鄂、渝、川、陕部分地区出土文物的资料进行综合分析后提出了"鄂西、三峡地区是早期巴人起源地"[①]的观点，这一观点引起了巴族历史研究学者的普遍关注，而近年来在三峡、鄂西地区出土的大批巴族夏商遗物，又已被历史学界、考古学界公认为是"早期巴人遗存"，因此这些与巴人起源息息相关的资料似乎正在一步步证实"三峡、鄂西地区起源"说的可靠性。

随着三峡、鄂西地区夏商时期文化遗物的不断涌现，结合其他相关学科资料对这些遗物进行的综合研究分析，我们相信巴族起源的问题必将会得到一个更加完美的答案。

教学重点：

（1）夏商时期考古文化的基本面貌。
（2）夏商时期的重要文化遗存及其主要特征。
（3）三峡地区商时期的青铜器情况。
（4）瞿塘峡东、西部地区夏商时期文化的异同。
（5）夏商时期的社会经济及人文状况。

教学难点：

（1）三峡地区夏商时期田野考古概貌。
（2）三峡地区夏商文化与新石器时期石家河文化、城背溪文化、大溪文化的承袭关系。

---

① 杨华：《从鄂西地区考古发现谈巴文化的起源》，《考古与文物》1995年第1期。

第五章　西周、春秋战国时期考古文化

第一节　西周、春秋战国时期考古文化概述

在三峡地区发现的属于西周、春秋战国时期的遗址和墓葬的数量较夏商时期更多，其文化面貌主要是巴文化和楚文化，其中又以巴文化遗址、墓葬为多，楚文化遗址、墓葬相对较少。巴文化遗址、墓葬主要分布在三峡西部地区，楚文化遗址、墓葬主要分布在三峡东部地区。

有西周、春秋战国时期文化遗存的遗址主要有涪陵镇安，忠县中坝、哨棚嘴、瓦渣地，万州中坝子、麻柳沱，云阳李家坝，奉节新浦，巫山双堰塘、锁龙、跳石，巴东高桅子、宝塔、黎家沱、团包、椶杨树槽、宋家梁子、桂花树坪、雷家坪，秭归官庄坪、张家坪、何家坪、龚家大沟、王家坝、大沙坝、范家坪、李家街、香溪口、庙坪、旧州河渡口、曲溪口、沙湾，宜昌中堡岛、下岸溪、小溪口、黄土包等[①]。这类遗址，其时代有的包含西周、春秋战国各时期，也有的只有春秋战国时期，还有的仅包含西周时期。

较重要墓葬的遗址有重庆巴县（今巴南区）冬笋坝，涪陵小田溪，忠县中坝、崖脚、瓦渣地，云阳李家坝，秭归庙坪、卜庄河，巴东红庙岭、西瀼口，宜昌前坪、后坪、葛洲坝等[②]。此外，以上有些遗址中还发现了一些房屋建筑遗迹，单间的、多间相

[①] 国家文物局：《中国文物地图集·重庆分册》（下），文物出版社，2010年，第103页（镇安）、373页（中坝）、372页（哨棚嘴、瓦渣地）、84页（中坝子、麻柳沱）、393页（李家坝）、412页（新浦）、429页（双堰塘）、428页（锁龙、跳石）；国家文物局：《中国文物地图集·湖北分册》（下），西安地图出版社，2002年，第521页（高桅子、黎家沱、雷家坪）、523页（宝塔）、522页（团包、椶杨树槽、宋家梁子、桂花树坪）、218页（官庄坪、曲溪口、茅坪）、217页（张家坪、王家坝、大沙坝、渡口、沙湾）、216页（何家坪、龚家大沟、庙坪、旧州河）、219页（范家坪、李家街、香溪口）、211页（中堡岛）、209页（下岸、黄土包）、210页（小溪口）。

[②] 国家文物局：《中国文物地图集·重庆分册》（下），文物出版社，2010年，第34页（冬笋坝）、106页（小田溪）、373页（中坝）、374页（崖脚）、372页（瓦渣地）、393页（李家坝）；国家文物局：《中国文物地图集·湖北分册》（下），西安地图出版社，2002年，第216页（庙坪）、220页（卜庄河）、521页（红庙岭）、524页（西瀼口）、205页（前坪、后坪、葛洲坝）。

连的都有，有的甚至数十间连成一片，如在忠县中坝遗址中，清理出的春秋战国时期房址即多达40余座[①]，在秭归柳林溪、白水河等遗址中，清理出了成片的板瓦和筒瓦，由此可见当时建筑的规模已相当庞大。

遗址地层中出土的陶器主要有罐、壶、甗、杯、豆、盆、钵、器盖、鼎、鬲、釜、缸、盂、瓮、纺轮等，石器较少见，主要有斧、锄、铲、凿、刀、范、刮削器等，铜器有斧、削、锛、箭镞、鱼钩、刀等。还发现了铁器、骨器等，但量少。

墓葬中出土的器物同样种类较多，有陶器、铜器、玉器、铁器、漆木器等，陶器类有圜底釜、罐、豆、鼎、盏、敦、甗等（图5-1～图5-4），铜器类有壶、盆、釜、鍪、豆、罍、甑、盒、镜、编钟、錞于、钲、斤、凿、剑、弩机、钺、矛、戈、胄顶等，其他还有玉玦、玉璜、佩饰、琉璃珠、印章、铁锸、削刀等。漆木器多已腐烂，仅存漆痕。

上述西周、春秋、战国时期遗址与墓葬的年代约在公元前1000～前200年，前接商代，后连秦汉。

过去，我们对三峡地区西周时期的文化面貌缺少认识，总是将发现的一些西周时期的文化遗物，尤其是瞿塘峡以西地区的西周文化遗物，笼统地称为商周或是周代文化遗存，甚至到了20世纪90年代，仍有不少学者保留着这样的认识。事实上，在三峡地区考古发现的遗址中，属于西周时期的遗址不仅多，而且文化内涵也相当丰富，比如其中较重要的巫山双堰塘遗址，其分布范围即多达10万余平方米，而且揭开表土和近现代淤沙层就是西周文化层，堆积层最厚的可达2米多。在三峡地区，这一类的西周文化遗址还有宜昌上磨垴，云阳李家坝，忠县中坝、哨棚嘴，丰都石地坝、玉溪坪等[②]。

据考古发掘资料，三峡地区一些先秦时期的人类居住遗址，一般都有西周时期的文化堆积层，在西周文化堆积之下一般都直接叠压着商代文化堆积层，但也有其下直接叠压着生土层的情况，而其上则大多叠压着东周时期的文化堆积。在对西周文化遗存中的遗物与商代和东周文化遗存中的遗物进行比较分析后，可知西周文化遗存中的一些日用陶器与先前商文化遗存中的日用陶器有着承袭关系，并延续、发展到东周时期，演变顺序清楚，因此我们对西周时期的这段历史的认识也逐渐从模糊不清的状态进入一个比较清晰的状态。

---

① 邹后曦：《重庆库区1998年度考古发掘的阶段性收获》，《重庆历史与文化》1999年第1期。

② 湖北省文物考古研究所：《湖北宜昌上磨垴周代遗址发掘简报》，《考古》2000年第8期；四川大学历史文化学院考古系、云阳县文物管理所：《云阳李家坝遗址发掘报告》，《重庆库区考古报告集·1997卷》，科学出版社，2001年；国家文物局：《中国文物地图集·重庆分册》（下），文物出版社，2010年，第373页（中坝、哨棚嘴）；重庆市文物局：《重庆市志·文物志（1949～2012）》（上），西南师范大学出版社，2019年，第97页（石地坝）、89页（玉溪坪）。

第五章 西周、春秋战国时期考古文化

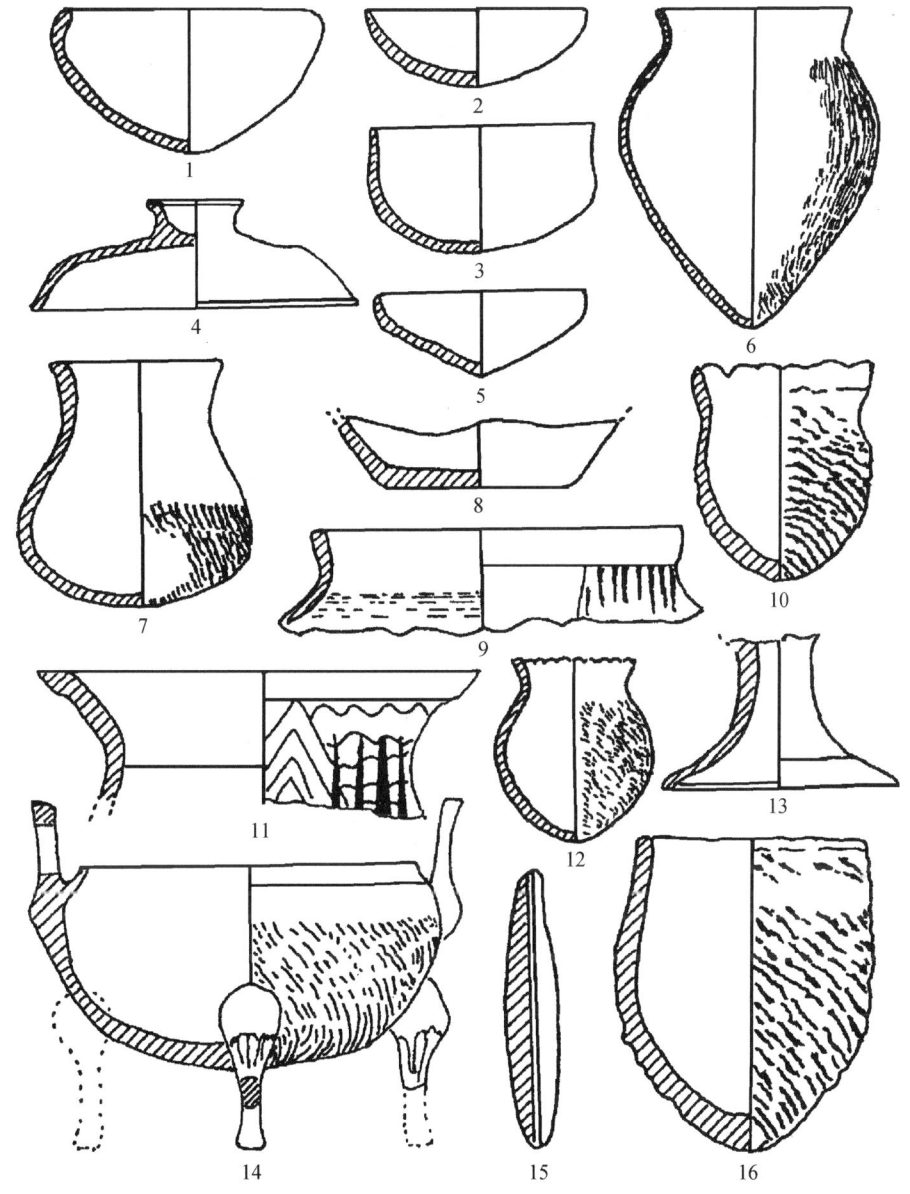

图5-1 三峡西部地区东周时期陶器（一）

1~3. 钵 4. 器盖 5. 盏 6、7、10、16. 罐 8. 平底器 9. 瓮 11. 壶 12. 釜 13. 豆 14. 鼎 15. 网坠
（1、4、6、7、13出土于万州麻柳沱，2、3、5、9~11、16出土于忠县中坝，8、12出土于忠县哨棚嘴，
14、15出土于云阳李家坝）

西周时期文化遗物的族属性质，从出土遗物的情况来看，大致上可以巫峡为界，巫峡以东地区的西周晚期文化遗存属于典型的楚文化系统，而巫峡以西（包括大宁河流域）至重庆地区的西周文化遗存则属于典型的巴文化系统。我们对巫峡东部地区的一些西周遗物进行仔细比较分析后还会观察到，楚文化大约从西周晚期开始才发展到这一地区，而此之前，鄂西及西陵峡地区的文化尚属于这一地区土生土长的巴文化系统。

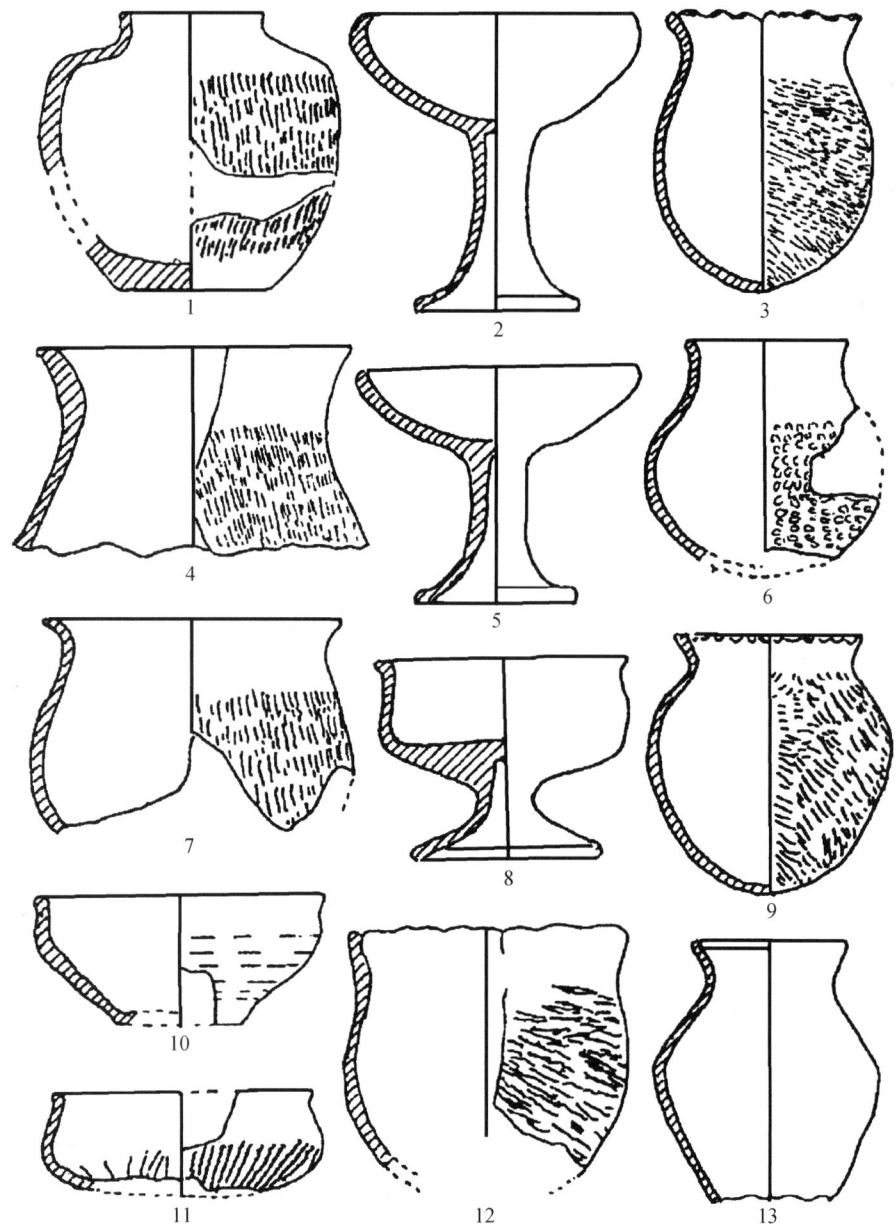

图5-2 三峡西部地区东周时期陶器（二）

1、4、7、12、13.罐　2、5、8.豆　3、6、9、11.釜　10.碗

（1、4、6~8、10、11出土于忠县中坝，2、5出土于云阳李家坝，3、13出土于忠县哨棚嘴，9出土于忠县瓦渣地，12出土于万州麻柳沱）

第五章 西周、春秋战国时期考古文化

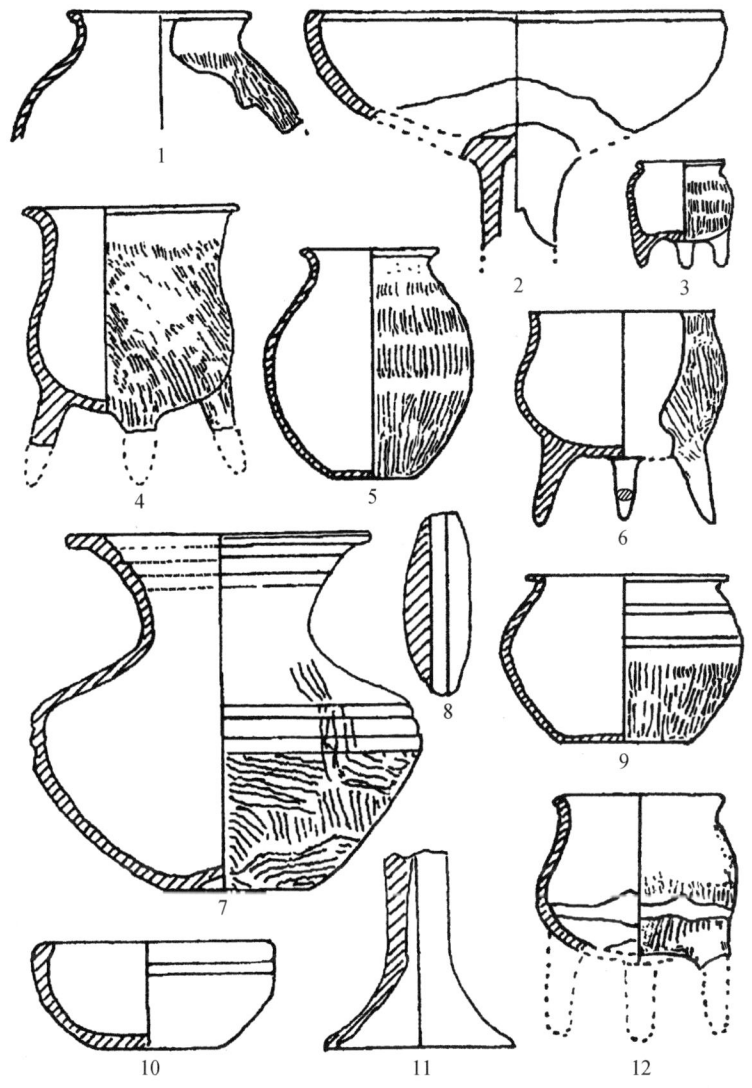

图5-3 三峡东部地区东周时期陶器（一）

1、5.瓮 2、11.豆 3.鬲 4、6、12.鼎 7.长颈罐 8.网坠 9.盆 10.盂
（1出土于秭归庙坪，2出土于巴东黎家坪，3、5、9出土于秭归柳林溪，4出土于宜昌白狮湾，6出土于宜昌小溪口，7、10、11出土于秭归龚家大沟，8出土于巴东茅寨子湾，12出土于宜昌上磨垴）

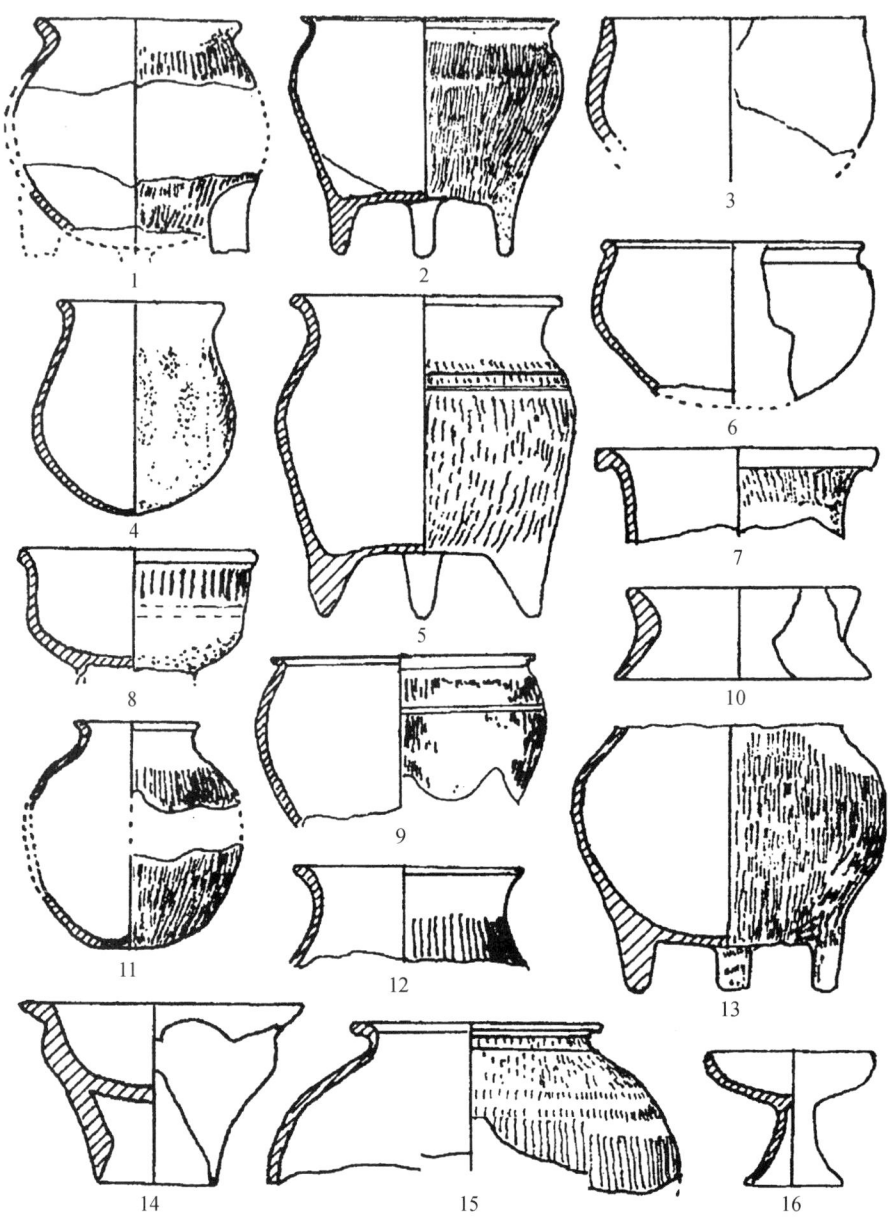

图5-4 三峡东部地区东周时期陶器（二）

1、12、13.鼎 2、5、9.鬲 3、6、8.盂、盂形器 4、7、11.罐 10.器座 14.圈足盘形器 15.瓮 16.豆
（1、2、4、7、8出土于宜昌上磨垴，3出土于秭归龚家大沟，5出土于宜昌中堡岛，6、12、15出土于宜昌小溪口，9出土于宜昌周家湾，10、14出土于宜昌黄土包，11出土于宜昌朱家台，13、16出土于秭归柳林溪）

在三峡地区，属于春秋、战国时期的人类居住遗址和墓葬等都有大量发现，而且遗址的占地面积往往也较大，如丰都玉溪坪、忠县中坝、云阳李家坝等遗址，其占地面积都在数万平方米或10万平方米以上。除此之外，占地面积在1万平方米以上的遗址更是多不胜数。其文化内涵主要有巴文化和楚文化两个方面，西部主要是巴文化，东部主要是楚文化。

当然，三峡西部地区同样也发现了春秋、战国时期的楚人遗物及墓葬，如在忠县崖脚、石匣子、罗家桥一带，即发现了战国时期的楚墓20余座，出土的楚人遗物包含青铜器、陶器、玉器、漆木器等。据称，忠县崖脚楚人墓地是目前在三峡地区分布最西边的楚墓。由此看来，楚人的势力曾在一个时期内向西到达了重庆忠县一带。但若论楚文化的影响，则远不止重庆忠县。从进一步的考古发现看，楚文化实际上已渗透到了巴国腹地，如在涪陵小田溪上层贵族墓群、九龙坡区冬笋坝巴人贵族墓群、云阳李家坝巴人贵族墓群中，都出土了具有较强烈楚文化因素的器物。不仅如此，在四川盆地的一些春秋、战国时期的蜀人墓葬中，也发现了许多楚器物，而楚、蜀之间的交往，自然是要通过巴地——三峡这块跳板才能到达四川盆地的。由此可见，长江三峡地区曾在楚、蜀之间的交往中起到过重要的媒介作用，在三峡地区的巴人遗址和墓葬中有大量楚人器物出土便不足为奇了。

三峡地区的一些春秋、战国时期的遗址出土了不少的青铜器，尤以墓葬中出土的青铜器数量居多。例如，在涪陵小田溪的一座战国时期的墓葬中，出土的各类青铜礼器、兵器、工具等竟达近百件；出土青铜器达到几十件的也有好几座。涪陵小田溪墓地出土的青铜器都是具有巴文化性质的遗物，因此，涪陵小田溪墓地应为巴人贵族墓地。另外，在三峡地区的不少洞穴、山坡、河谷等处，也常常会有一些青铜器出土。从目前已有的青铜器资料来分析，三峡地区的春秋、战国时期（包括商代和西周时期）的青铜器当以战国时期的数量最多。因此，我们认为，战国时期应是三峡地区青铜器制造的最高峰时期。

除青铜器以外，在三峡地区的一些春秋战国时期的遗址和墓葬中还经常出土有一些铁器，在有的遗址地层中还发现了冶铸铁器之后遗留下来的铁矿渣。由此我们似乎可以看到三峡地区冶铁工艺之发端。出土的铁器主要是生产工具，其次为兵器。从三峡东部地区几处周代遗址中出土铁器的所在层位可知，铁器生产的时代至少是在春秋中期。过去的考古发现资料表明，我国南方春秋战国时期的铁器多出土于楚地；在长江流域，其时代最早的铁器就是楚国生产的，但时代却在春秋晚期。三峡东部地区周代遗址中出土的铁器将冶铸铁器的时代往前推到了春秋中期。这说明三峡地区春秋时期的古代人民更早于长江流域的楚国居民而率先掌握了冶铁技术，这在我国冶铁史上留下了辉煌的篇章。

第二节 西周、春秋战国时期考古文化遗存

一、西周时期考古文化遗存

1. 巫山大昌双堰塘遗址

该遗址位于巫山大宁河畔的大昌镇龙兴村，东南距大昌镇约3.5千米，西南距巫山县城约60千米，海拔140～153米。20世纪50年代由四川省的相关文物部门调查发现该遗址后，至八九十年代，中国社会科学院考古研究所三峡工作队又曾先后对其进行了复查、试掘和大规模正式发掘。该遗址占地面积达10万平方米以上，1995、1997、1998年大规模正式发掘时共揭露遗址面积1500多平方米[①]。现将1997年度发掘的正式报告资料叙述如下。

发掘报告称，该年度的发掘分南区和北区两个区域进行，遗址的地层堆积比较简单，北区可分为5层，南区仅3层。北区第1层至第3层为近现代扰乱层，第4、5层为西周文化层；南区第1层为扰乱层，第2、3层为西周文化层。也就是说，双堰塘遗址除了近现代扰乱层外，就是西周文化遗存了。遗址的西周文化堆积层一般厚约1米，有的可达2米。文化遗物以第4层中出土的为最多，此外还清理出了一些残窑、坑洞、沟槽等遗迹。

出土遗物主要包括六大类，分别为陶器、铜器、铅器、骨角器、石器、玉器等。陶器类数量最多，残陶片多达数万片，以夹砂陶居多，占陶片总数的80%以上，其次为泥质陶。器形主要有花边口沿罐、鬲、豆、盆、钵、簋、筒形器、碗、尖底杯、尖底盏、器盖、壶、罍、纺轮等（图5-5）。铜器类主要有镞、刮刀、鱼钩、锥、残器口、蝎形饰、权角形饰、鎏金銎形饰等。铅器类仅一件，为一条形器。骨角器类有镞、笄、锥、帽形器、贝壳等（图5-6）。石器类有斧、锛、刀、弹丸、刮削器、臼形器等。玉类有璜、圆形片饰等。

双堰塘遗址占地面积大，地层简单，遗物丰富，时代单纯，其中的陶器基本上是重庆三峡库区西周时期文化遗存中的常见器类，只是像双堰塘遗址这样出土遗物多且时代又较单纯的遗址目前在三峡地区见到的并不多。正因为如此，所以我们认为双堰塘遗址是重庆三峡库区十分重要的一处西周时期的巴人遗址。

---

① 中国社会科学院考古研究所长江三峡考古工作队、巫山县文物管理所：《巫山双堰塘遗址发掘报告》，《重庆库区考古报告集·1997卷》，科学出版社，2001年，第31页。

第五章 西周、春秋战国时期考古文化

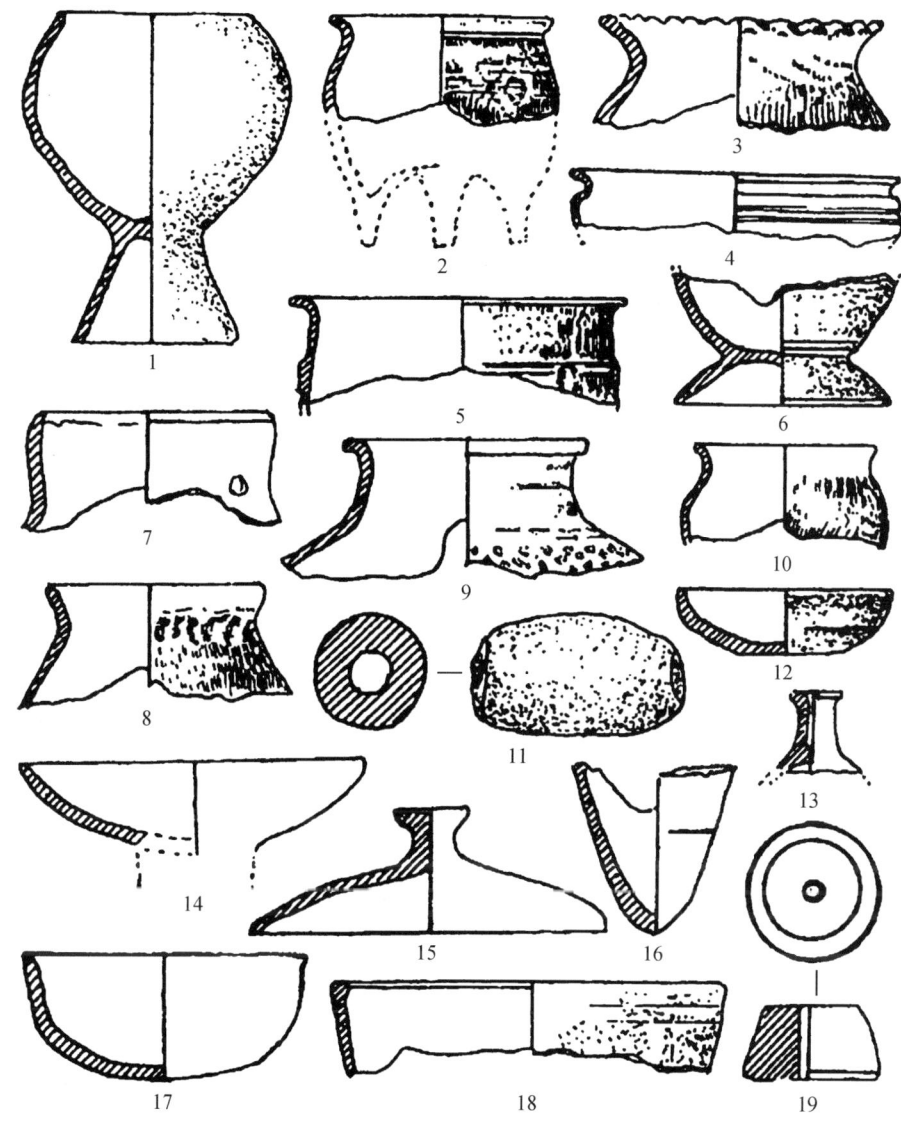

图5-5 巫山大昌双堰塘遗址中出土的西周时期陶器

1、14.豆 2.鬲 3.花边口沿罐 4.盆 5.瓮 6.碗 7.壶 8、10.罐 9.甗 11.网坠 12、17.钵 13、15.器盖 16.尖底杯 18.缸 19.纺轮

2. 云阳晒经遗址

该遗址位于云阳县莲花乡晒经村，处于云阳县西部边缘，在巴阳峡河段东部长江与彭溪河交汇的三角地带。遗址地处长江北岸的一级阶地，东距云阳县新县城约5千米，距彭溪河约3.5千米，地理坐标为东经108°36′45″，北纬30°57′20″。遗址整体略呈狭窄的长方形，与长江河道平行，总面积约37万余平方米。从2001年2月到2002年底，安徽省文物考古研究所与云阳县文物保护管理所对该遗址进行了大规模考古发

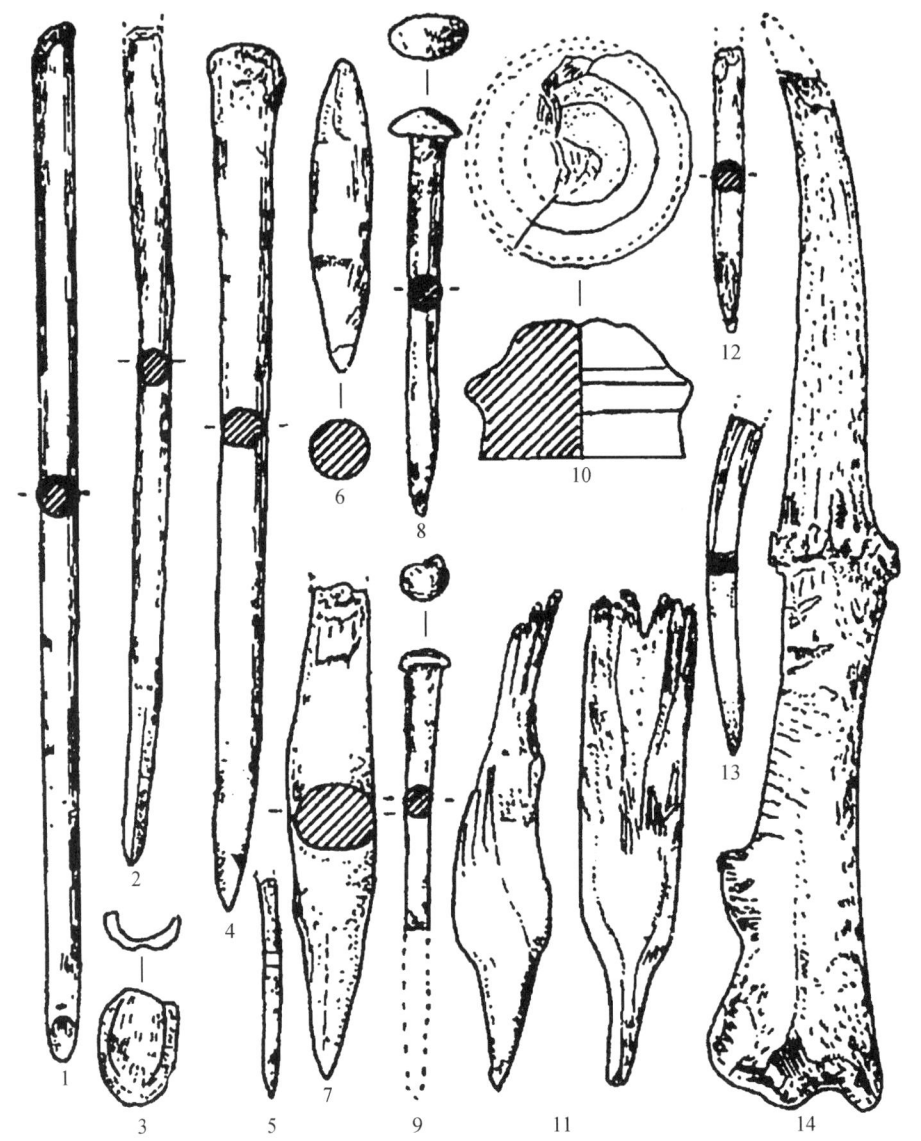

图5-6 巫山大昌双堰塘遗址中出土的西周时期骨、角器
1、2、4、8、9、12.笄 3.贝壳 5、13.锥 6、7.镞 10.帽形器 11.镞料 14.角锥

掘,发掘面积约10000平方米。经对晒经遗址各地层堆积和包含物的分析,可将探方地层分为7个地层组,其中第7组地层遗物属于西周时期。下面我们对该层组及其遗物做以下简单介绍。

云阳晒经遗址中这一时期的遗物数量不多,所见有陶器、石器、铜器三类,以陶器为大宗。按用途可将陶器分为生活用具、生产工具及其他三类。作为生活用具的陶器以夹砂陶居多,占陶器总数的90%以上,陶色以灰褐为主,其次为黑灰和红褐,青灰陶、黄褐陶和纯红陶少量。泥质陶很少,多呈青灰色,其次为黑灰色,纯红色和红褐色陶少量。纹饰以素面为主,绳纹次之,此外有少量的弦纹、网格纹和附加堆纹等。陶器制法为手制兼轮制,一般采用手制,从口至底用泥条盘筑,刮抹内外壁,拍打成型,再饰纹饰,最后以快轮修抹口沿,具体做法与器形有关。器类以圜底器最多,约占陶器总数的39.4%,平底器次之,占33.33%,尖底器和圈足器又次之,分别占12.12%和9.09%,三足器最少,占3.03%。器形以罐、釜、盆数量较多,还有壶、缸、杯、盏(钵)、豆、簋、器盖等。陶器组合为花边口和素缘口圜底罐(釜)、柱足鬲、高颈壶、小平底盆、尖底杯、尖底盏(钵)、高柄豆、圈足簋、大口缸、器盖等组成,其中以花边口和素缘口圜底罐(釜)、高颈壶、小平底盆的数量为多。除生活用具外,还出土了生产工具及其他陶器(图5-7)。生产工具有纺轮、网坠、模具、陶拍(垫)、饼形器等。

石器多为磨制,基本通体磨光。原料以砾石为主,有石英岩和硅质岩两类,以前者居多。石器的色泽绝大多数为青灰色,还有少量为青绿色、青白色和灰黑色。石器刃部多磨光,多数为双面刃,少数为单面刃,大多有初制时的疤痕。石器的种类有斧、锛、楔、凿、杵、矛、磨盘、穿孔石器等。斧的数量最多,锛次之,其他都较少。

经对出土陶器特征的比较得知,云阳晒经遗址的文化面貌与李家坝第一期文化及

图5-7 云阳晒经遗址中出土的西周时期陶器
1、3.纺轮 2、5、7.网坠 4.模具 6.饼形器 8.陶拍(垫)

巫山双堰塘遗址等遗存的文化面貌比较接近，它们应属同一文化系统，其年代亦应大体相当，大约在西周中晚期，即公元前900年前后[①]。

3. 宜昌上磨垴遗址

该遗址位于长江西陵峡北岸，隶属宜昌市夷陵区太平溪镇西湾村。由该遗址往东南搜寻，可以看到在沿江的第一级台地和第二级台地以及更高的后山坡上，古遗址几乎一处连着一处。其中主要的遗址依次为小溪口、西湾、伍相庙、路家河、苏家坳、覃家沱、周家湾、白狮湾等，隔江相望的古遗址则有秭归望家湾、大沙坝、银街、朝天嘴、长府沱、茅坪码头、下尾子等。

1984年，湖北省文物考古研究所曾对该遗址进行过小面积的试掘；1999年，该研究所再次对其进行了大规模的发掘。据1999年的发掘资料，遗址地层堆积共分为六个大层，从第4层开始进入周代文化层。周代文化层的时代大致上是，第4层属于春秋中、晚期，第5层属于西周晚期至春秋初期，第6层属于西周中期。周代文化层厚约1.5米，其中西周文化层至少厚达0.7米。

西周文化层中出土的遗物主要包括陶器、石器、铜器、骨器四大类。陶器中有纹饰的陶器（片）约占50%，以绳纹为主，另有一定数量的方格纹、弦纹、暗纹、戳印纹、附加堆纹、篮纹等，器形主要有鼎、鬲、甗、瓮、缸、盆、釜、豆、罐、盂、尖底杯、喇叭形器、陶范等（图5-8）。石器多已残碎，成型的石器均经磨制，主要有锛、刀、锤等。铜器皆为小件，器形有刀、镞、针等。骨器多为半成品和骨料，骨质坚硬，有的有切劈痕迹。

上磨垴遗址是长江西陵峡地区的一处重要古遗址，其周代文化内涵尤为丰富。经整理研究，出土的遗物中除发现了大量属于西周中期和春秋时期的楚文化遗物外，还见有一些中原商周文化和早期巴文化因素的陶器，如鬲、甗等，其上即普遍装饰了中原商周文化因素的绳纹。又如侈口釜、小平底罐、尖底杯、喇叭形器等，器形则为典型的早期巴文化因素陶器[②]，而这些早期巴文化因素遗物的时代则多为商代晚期至西周中期。

据以上分析，可见该遗址的文化层属西周中期以前的西周早期乃至商时期甚至更早的时期，这一地区当是本地巴人的居住地，自西周中期开始，楚文化势力才逐渐占领了这一地区。

---

① 重庆市文物局、重庆市移民局：《云阳晒经》，《长江三峡工程文物保护项目报告》，科学出版社，2008年，第45页。

② 湖北省文物考古研究所：《湖北宜昌县上磨垴周代遗址的发掘》，《考古》2000年第8期。

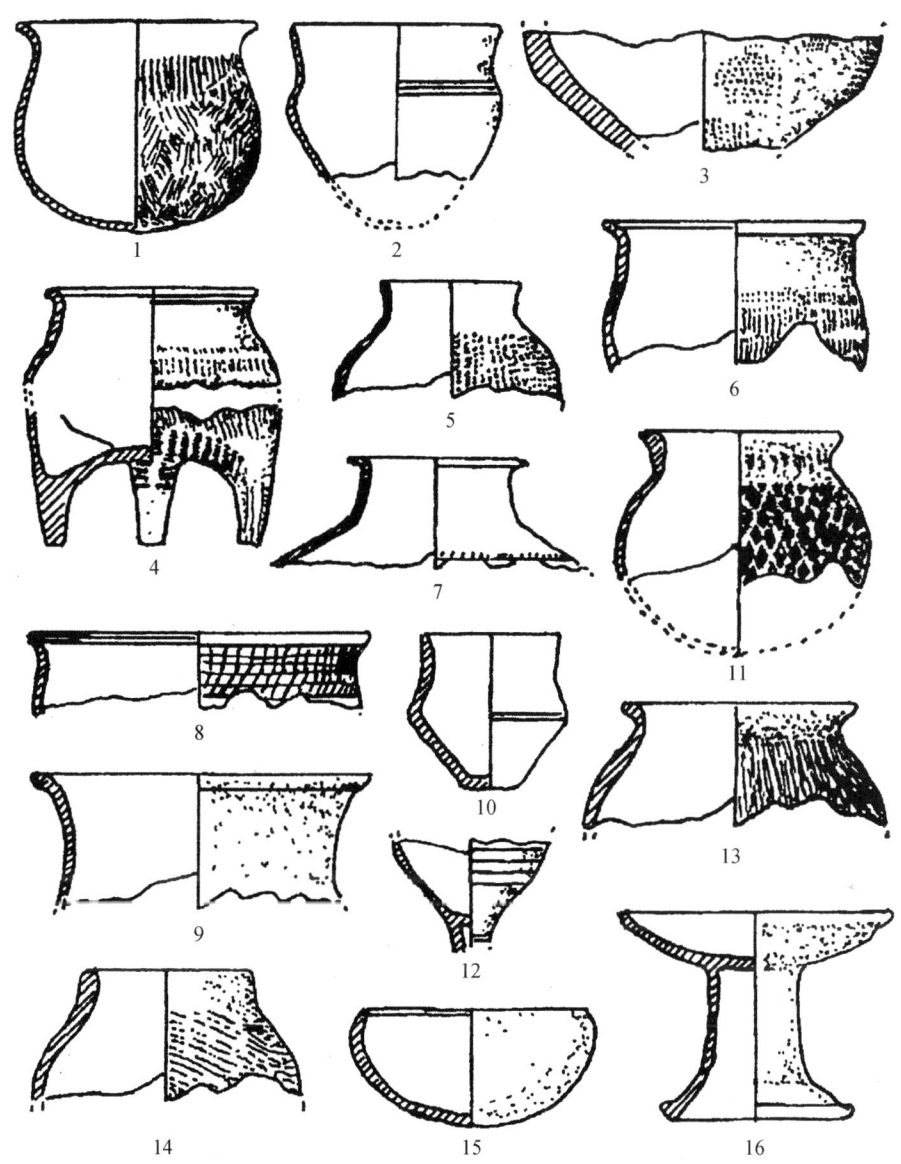

图5-8 宜昌上磨垴遗址中出土的西周时期陶器

1、11.釜 2.尖底杯 10.小平底杯 3.缸 4、6.鬲 5、14.小罐 7.瓮 8、15.盂 9.长颈罐 12.喇叭形器 13.鼎 16.豆

二、春秋战国时期考古文化遗存

1. 忠县中坝遗址

该遗址位于忠县城关镇正北约6千米处,分布于㵐井河两岸的台地上,占地面积逾5万平方米,但因常年遭受河水冲刷,遗址的大部分已被冲刷掉。现主体部分在河床左

侧处仍残留面积约7000平方米。

1997、1998、1999年，有关考古部门对该遗址进行了数次发掘，其中1997年发掘1000平方米，1998年发掘1900平方米。从发掘资料获知，遗址地层堆积厚达10米以上，可分23个层位。其中的第14~23层为春秋、战国时期文化层，共有10个层位[①]。

遗址地层中清理出的各类遗迹有房址、墓葬、灰坑、窑址等。出土遗物有陶器类、石器类、骨器类、铜器类等，其中以陶器类占绝大多数。陶器类器形主要有圜底釜、钵、盏、罐、甗、盂、壶、鼎、鬲、盆、尖底杯、缸、豆、瓮、板瓦、筒瓦、纺轮、网坠等（图5-1，2、3、5、9~11、16；图5-2，1、4、6~8、10、11）。在这些陶器中，以花边口沿圜底罐的出土数量最多，占出土陶器总数的95%以上。石器类较少，主要有锛、斧、匕、砍砸器、饰件等。铜器类主要有箭镞、饰件等。骨器类主要有锥、簪、饰件等。另有骨核锥、牙饰、鹿角、卜骨等。除陶器类外，其他器类数量都较少。

2. 云阳李家坝遗址

该遗址位于云阳县高阳镇青树村，在长江北侧支流澎溪河东岸的台地上，海拔为140~145米。遗址占地面积在60万平方米以上，是重庆三峡库区的一处重要古文化遗址，其考古发掘属于重点项目之一。

20世纪90年代，四川大学历史系考古专业曾先后对该遗址进行了四次较大规模和大规模的考古发掘，共揭露遗址面积4000多平方米。据历次发掘资料获知，地层堆积可分为26个层位，深4米多。以1997年度发掘的Ⅰ区为例，属于春秋、战国时期（原发掘报告称之为"东周时期"）的文化堆积位于第22~24层[②]。

出土遗物丰富，有陶器、石器、骨器等，以陶器的数量最多。器形主要有罐、釜、杯、盏、钵、豆、盆、甑、器盖、网坠等（图5-1，14、15；图5-2，2、5），其中又以花边口沿罐、小平底罐、高领罐、圜底釜数量最多。发现的遗迹主要有房址、窑址、灰坑、墓葬等。仅1997年度发掘时，在李家坝遗址地层中即清理出战国时期的墓葬多达40余座[③]，出土了陶器、铜器、铁器、漆器、玉器、琉璃器、纺织品、竹编织物等。

[①] 四川省文物考古研究所、忠县文物保护管理所：《忠县中坝遗址发掘报告》，《重庆库区考古报告集·1997卷》，科学出版社，2001年，第563页。

[②] 四川大学历史文化学院考古系、云阳县文物管理所：《云阳李家坝遗址发掘报告》，《重庆库区考古报告集·1997卷》，科学出版社，2001年，第212页。

[③] 四川大学历史文化学院考古系、云阳县文物管理所：《云阳李家坝东周墓地发掘报告》，《重庆库区考古报告集·1997卷》，科学出版社，2001年，第274页。

3. 巴东雷家坪遗址

该遗址位于巴东县东瀼口镇，南距巴东新县城约1.5千米，占地面积达数万平方米。1994、1995年，武汉大学考古系曾对该遗址进行过两次试掘。1997年，吉林大学考古系、国家文物局湖北省三峡考古工作站正式对其进行了大规模的考古发掘，共揭露遗址面积1659平方米[1]，清理出灰坑、墓葬、灶、沟等遗迹。遗址地层堆积可分为4个大层，第3A层为周代文化层。出土遗物丰富，主要有陶器、石器、青铜器。陶器器形有鬲、釜、罐、鼎、甗、杯、盆、豆等，石器器形有斧、球、网坠、凿等，青铜器仅有一件铜镞。出土的陶器，有的口沿部位装饰大花边锯齿纹，这类器物及其装饰风格应是巫峡以西地区巴人遗址中常见的器类及装饰风格。但鬲、豆一类的陶器则是西陵峡以东地区楚人遗物中常见的器类。从陶器的器形分析，雷家坪遗址第3A层中出土的陶器似包含西周至春秋时期的文化内涵。此外，1994年和1995年，考古工作者在该遗址中还清理出两座土坑墓，其中一座为巴人墓，一座为楚人墓。

4. 宜昌周家湾遗址

该遗址隶属于宜昌市夷陵区太平溪镇苏家坳村五组，位于长江西陵峡北岸的一山冈上。山冈高出长江水面约150米，比这一地带沿江台地上的古人类居住遗址要高50～100米。数千年来的雨水冲刷和人们挖土改田，使该遗址基本上已被毁坏，发掘时遗址面积已不足100平方米[2]。遗址堆积可分为4层，从第2层开始至第3、4层皆为周代文化层，而且在第1层的耕土层中也出土了一些周代陶片。遗址的文化堆积层共厚2米多，每层的厚度多在0.7～0.8米，出土遗物基本上都是陶器。在这些陶器中，夹粗砂陶数量较多，几乎占全部陶器的半数以上，尤其是鼎、釜类陶器，胎内一般都夹有大量粗砂粒或细砂粒。器形主要有鼎、鬲（图5-4，9）、釜、甗、罐、瓮、盆、盏、豆、盖豆、纺轮、杯、尊等。此外遗址中还发现了红烧土，估计是建筑房屋后遗留下来的。此外，再无其他遗迹。周家湾遗址虽分有4个层位，从第2层至第4层基本上都是周代文化层，但因文化层经过历代洪水冲激，所以存在"倒转"的现象。不过由于出土遗物较纯，皆是周代遗物，因而其"倒转"仍在周代遗物的范畴内。这些遗物，其时代最早者似可回溯到西周，其后延续至春秋、战国时期。遗物主要是楚文化因素的陶器。在周家湾遗址一带，类似的遗址还有西湾、大燕坪等，它们皆分布于高出沿江

---

[1] 吉林大学考古学系、国家文物局湖北省三峡考古工作站：《湖北巴东雷家坪遗址发掘简报》，《三峡考古之发现》（二），湖北科学技术出版社，2000年，第342～355页。

[2] 湖北省文物考古研究所：《西陵峡周家湾山岗遗址》，《三峡考古之发现》（一），湖北科学技术出版社，1999年，第326页。

台地上的古人类遗址30米以上的地方[①]。这些离长江较远、居址地点又较高的遗址的发现，为我们研究当时人们向后山开发以适应生活环境的变迁提供了新的资料。

三、归纳和认识

三峡地区周代遗址占地面积都较大，特别是春秋、战国时期的遗址，一般占地面积都在1万平方米以上，有的甚至达数万平方米乃至10万平方米以上。在这些遗址中，出土遗物的数量和类型都大大超过了夏商时期。关于春秋战国时期的文化遗存的认识，兹归纳并总结如下。

第一，遗物的类型。周代遗址出土的遗物类型在夏商时期的基础上有所增加，主要有陶器、铜器、石器、骨角器和玉器等，以陶器数量最多。有的遗址中，出土的陶片可多达数十万片。陶器的陶质仍以夹砂陶为主，纹饰多绳纹和方格纹，制作方法间有手制和轮制，器形基本沿用夏商时期的流行器形如平底器、圜底器、尖底器和三足器等，只是各类器形在各遗址中所占的比例有所不同。另外，西周中期还出现了陶鼎和陶鬲。铜器仍为小件的工具或装饰品，且多出土于墓葬中。石器多经磨制，主要为斧、锛、凿等工具。骨器多为工具，如鱼钩、锥及镞等。到了春秋战国时期，除上述遗物类型外，还出现了铁器、漆器、玉器、琉璃器、纺织品、竹编织物等。其中以陶器和铜器为主，石器的数量和器形已大大减少。

第二，遗物的性质。三峡地区西周至春秋战国时期的出土遗物主要包含巴文化、楚文化及蜀文化的因素，以巴、楚文化为主。与巴文化陶器以釜罐为主的情况不同，楚文化的陶器主要有鼎、鬲、甗、豆等。在三峡地区发现的周代遗存中，西周晚期以前，三峡地区巴文化系统占主导地位，至西周晚期、春秋中期，巫峡以东地区的文化遗存则多为楚文化，以西地区则仍以巴文化为主，但也常常会发现楚文化的遗物。到了战国时期，三峡地区遗址墓葬中的随葬器物则显示楚文化势力已深入了巴人腹地。

从三峡地区周代遗物的类型和数量来看，这一地区的生产技术水平已较商时期得到提高，在铜器和铁器的使用和推广方面表现得尤为明显。另外，从遗物文化的族属性来看，这一时期三峡地区的巴人与周边民族的交流更趋频繁，巴、楚两民族势力的消长可从出土遗物中得到充分体现。

---

① 湖北省文物考古研究所：《西陵峡周家湾山岗遗址》，《三峡考古之发现》（一），湖北科学技术出版社，1999年，第331页。

第三节 西周、春秋战国时期的社会经济、技术

一、青铜器

（一）西周时期的青铜器

早在夏商时期，三峡地区就已有了铸造青铜器的历史，到了西周时期，青铜铸造业又有了一定的发展。三峡地区的一些西周时期遗址中，青铜器的出土数量明显要比商代多，但出土的青铜器与该地区商时期的青铜器一样，多是一些小件，大件的青铜器仍仅有零星发现，且又多发现于山冈或河边。从现在已见到的墓葬资料来看，三峡地区西周时期的墓葬数量似不如该地区商时期的墓葬数量多，且都是一些小型墓葬，随葬青铜器也很少。遗址中出土的小件青铜器主要有箭镞、刀、锥、针、鱼钩等，而在山冈及河边发现的较大件青铜器主要有罄、钺、斧、戈等。现将发现青铜器的情况简介如下。

（1）1997年，在巫山双堰塘西周时期遗址中出土了一批小件青铜器[①]，共28件，器形主要有箭镞、刮刀、鱼钩、锥、残器口、条形器、蝎形饰等。其中铜镞10件，刮刀2件，鱼钩5件，锥4件，残器口沿1件，条形器1件，蝎形饰1件，权角形器1件，鎏金錾形饰1件，珠形饰1件。箭镞的尖、翼都较锋锐。最长的1件鱼钩长达9.5厘米，在钩的尖部还有倒刺，钩杆顶部圆弧（图5-9，1~6、8~10）。

（2）1983年，在清江河北岸的长阳城关镇附近一基建工地上挖掘出一件铜戈。该戈无胡，直援，前锋钝圆。阑部较宽，上下各有一穿孔，孔内呈长方形，中脊略凸。全长21、阑宽7.5厘米[②]。经比较研究，此铜戈与四川彭县（现彭州市）窖藏坑中出土的铜戈相似，时代当在商代晚期至西周初年。

（3）1988~1989年，湖北省清江隔河岩考古队对著名的"香炉石遗址"进行了发掘，发掘资料显示，遗址的第3层为东周时期文化层；第4层为西周时期文化层，一般厚度在0.3~1.2米，最厚处达1.8米[③]。在第3层和第4层中，都发现了小件青铜器，主要有锥、凿、削、钩等，保存完好。

[①] 中国社会科学院考古研究所长江三峡考古队、巫山县文物管理所：《巫山双堰塘遗址发掘报告》，《重庆库区考古报告集·1997卷》，科学出版社，2001年，第57、58页。

[②] 王家德：《鄂西发现一批周代巴蜀青铜器》，《四川文物》1987年第1期。

[③] 湖北省清江隔河岩考古队：《湖北清江香炉石遗址的发掘》，《文物》1995年第9期。

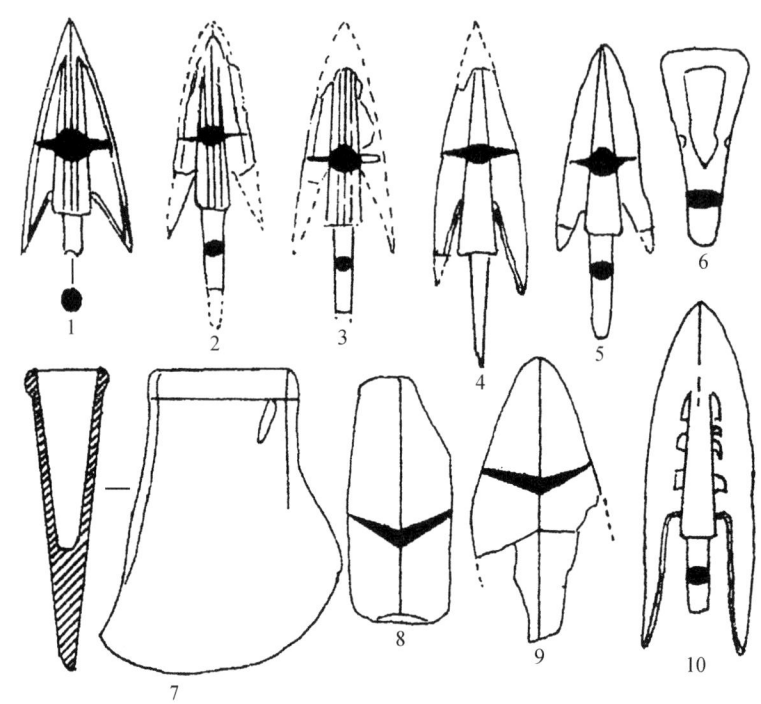

图5-9 三峡地区西周、春秋时期遗址中出土的青铜器
1~5、9、10.箭镞 6.鎏金銎形饰 7.铜斧 8.残刮刀
（7出土于秭归官庄坪遗址，余皆出土于巫山双堰塘遗址；7为春秋时期，余皆为西周时期）

（4）1993年，在长阳县磨市镇金子山清江岸边的山坡上出土了一件西周早期的青铜打击乐器铜磬。铜磬整体铸成猪的形状，脊部立有一凤，磬身两面都饰有云纹和对称分布供敲击的十个小乳钉。磬长46、高24、厚1~2厘米，重9.1千克。经武汉音乐学院古典艺术研究所教授蒋朗蟾等测试和鉴定，该磬的音高分别为#D（E）、#F（G）两个音符。专家们还认为，虽说仪器只测出了此磬有两个音符，但不等于说该磬就只有两个音符[①]。

（5）1994年，宜昌县土城乡三岔口村一村民在田地里挖树坑时发现了一个窖藏坑，坑中有青铜器12件，皆保存完好。其中的一件铜钺经鉴定属商末至西周初年，其余11件青铜器的时代分别为战国、西汉、东汉[②]。

三峡地区的一些西周时期的遗址，除发现了一些小件铜器外，伴随着青铜器出土的还有一些冶铸青铜器后遗留下来的铜矿渣。例如，在秭归柳林溪、巴东茅寨子湾、

---

① 杨华：《长阳发现西周早期的青铜磬》，《宜昌年鉴·1994》，中国三峡出版社，1994年，第240页。

② 湖北省宜昌市博物馆：《宜昌县三岔口村三国时期青铜器窖藏坑》，《中国考古学年鉴·1995》，文物出版社，1997年，第187页。

长阳外村里、巫溪刘家坝、云阳旧县坪、万州麻柳沱等遗址中,就都发现了残铜渣[①],这种现象还比较普遍。

值得注意的是,除了以上青铜器、残铜渣外,在有些西周时期的遗址中还发现了当时用于铸造青铜器的石范。例如,在秭归官庄坪遗址的第6层堆积中发现了一件棕红色沙岩质刀范[②],又在云阳李家坝遗址的第25层(商周时期地层)堆积中出土了一件用红砂石制作而成的钺范[③]。

从已有的考古发现资料来看,三峡地区西周时期的青铜器铸造技术似要落后于周邻地区,这一认识,我们已在前章中提到过。但就三峡地区这一范围来讲,西周时期的青铜器数量仍比前一时期有所增多,而所见之石范,又充分证明了西周时期三峡地区的人们已熟练地掌握了冶炼铜矿并铸造青铜器的全套技术。特别是石范,都是用于铸造较大的青铜器的,这表明,三峡地区西周时期的青铜器铸造技术在夏商时期青铜器铸造业的基础上又向前大大迈进了一步。

(二)春秋战国时期的青铜器

在三峡地区的春秋、战国时期遗址和墓葬中,出土的青铜器数量及类别等都远比该地区商、西周时期多得多,器类也更丰富。据已有的青铜器资料,其器类大致可分为礼(容)器、兵器、工具和其他杂器等几大类。出土的这些青铜器,以巴国青铜器为最多,其次是楚国青铜器,此外还有秦、越等国的青铜器。从三峡地区青铜器的出土情况看,一般大件的青铜器多出土于墓葬中,而居住遗址中则很难发现大件的、完整的青铜器,所见者往往是一些青铜器小件,这可能是人们在生活中遗弃的或是不经意间丢掉的。至于在一些山洞、山冈、山坡以及江河边等处发现的青铜器,其出土地点多掘有一小坑,青铜器置于坑内,这些青铜器多为兵器或其他一些大件青铜器,这

---

① 湖北省博物馆江陵考古工作站:《1981年湖北省秭归县柳林溪遗址的发掘》,《三峡考古之发现》(一),湖北科学技术出版社,1998年,第101页;湖北省文物考古研究所:《巴东茅寨子湾遗址的第三次发掘》,《湖北库区考古报告集》(第三卷),科学出版社,2006年,第482页;湖北省清江隔河岩考古队、湖北省文物考古研究所:《清江考古》,科学出版社,2004年,第351页;郑若葵:《巫山县龙溪刘家坝东周遗址》,《中国考古学年鉴》(1995),文物出版社,1997年,第226页;吉林省文物考古研究所三峡工作队、云阳县文物管理所:《云阳旧县坪遗址1999年发掘报告》,《重庆库区考古报告集·2002卷》(中),科学出版社,2010年,第1411页;上海大学文物考古研究中心、万州区文物管理所:《万州麻柳沱遗址发掘报告》,《重庆库区考古报告集·1997卷》,科学出版社,2001年,第416页。

② 湖北省博物馆:《秭归官庄坪遗址试掘简报》,《江汉考古》1984年第3期。

③ 四川大学历史文化学院考古系、云阳县文物管理所:《云阳李家坝遗址发掘报告》,《重庆库区报告集·1997卷》,科学出版社,2001年。

一类非遗址非墓葬埋藏青铜器的现象,我们常称为"窖藏坑"遗迹。

在三峡地区,有关青铜器出土的记载也较早。史学家萧子显曾在《南齐书·祥瑞志》中记载:"建元元年(479年)十月,涪陵郡蜑民田健所住岩间,……获古钟一枚,又有一器名淳于,蜑人以神物奉祠之。"钟是一种乐器;淳于即錞于,是巴人特有的一种乐器。又宋代洪迈在《容斋续笔》中也曾记录在湖北长阳出土了一件铜錞于。此外,在西陵峡出处口宜都的山中出土过一件"楚王孙钟",《湖北通志·金石志》记载:"此钟于光绪甲申年(1884)出宜都城西二十余里山中。"《楚文化考古大事记》称:"楚王孙钟。宋代出土于宜都山中,为甬钟。"[①]20世纪50年代以后,随着三峡地区文物事业的展开,大批的青铜器经科学发掘而逐渐展现在世人面前。

1. 青铜器的出土情况

目前,在三峡地区出土了春秋、战国时期青铜器的地点大致有三类,即人类居住遗址、墓葬、窖藏坑。其中以墓葬中出土的青铜器数量最多且皆完整;居住遗址中出土的青铜器数量次之,但多残损;窖藏坑中出土的青铜器相对少些,但一般都是完整无缺的器物。现将上述三方面出土青铜器的情况简述如下。

(1)居住遗址中出土的青铜器:一般都是一些小件,在一些春秋、战国时期的居住遗址中普遍都有发现,器类少,器形也不是太多。主要有兵器类、工具类和其他类。兵器类中以箭镞最为常见,形式有双翼式、三棱式。工具类主要有刀、斧、鱼钩等。其他类有镯、圈、环、簪、纽、残片等。另在不少的这类遗址地层中还发现了铜矿渣。

(2)墓葬中出土的青铜器:大件、小件均有,基本上都是完整器物,制作精美,类型多样。依类型分,主要有礼(容)器、炊器、乐器、兵器、工具及其他类等。器形主要有釜、鼎、甗、钲、甑、盆、豆、杯、盒、鍪、镦、壶、编钟、錞于、铃、勺、镜、灯台、剑、钺、矛、戈、戟、镡、弩机、甲胄、带钩、箭镞、印章、斧、刮刀、斤、凿、削刀、铺首等(图5-10、图5-11)。

(3)窖藏坑中出土的青铜器:多数为大件器物,除极少数铜器腐烂自然毁坏以外,其余绝大部分都保存完好。以乐器为主,兵器次之,酒器和炊器零星。主要器形有錞于、甬钟、编钟、钲、釜、甗、剑、矛、戈、钺等。

春秋、战国时期,巴人的青铜器制造工艺在商和西周的基础上得到了较大发展。从制造技术来看,无论是其铸造质量还是装饰技法以及青铜器原料的配方等,都已达到了较高的水平。比如,有关人员曾对1972年在涪陵小田溪战国墓葬中出土的铜器进行过金相分析鉴定,其结果证明,这些青铜器的成分与《考工记》中所定的比例接近。因此我们认为,春秋、战国时期,尤其是战国时期,是巴人青铜器铸造业的高峰时期。

---

① 楚文化研究会:《楚文化考古大事记》,文物出版社,1984年,第3页。

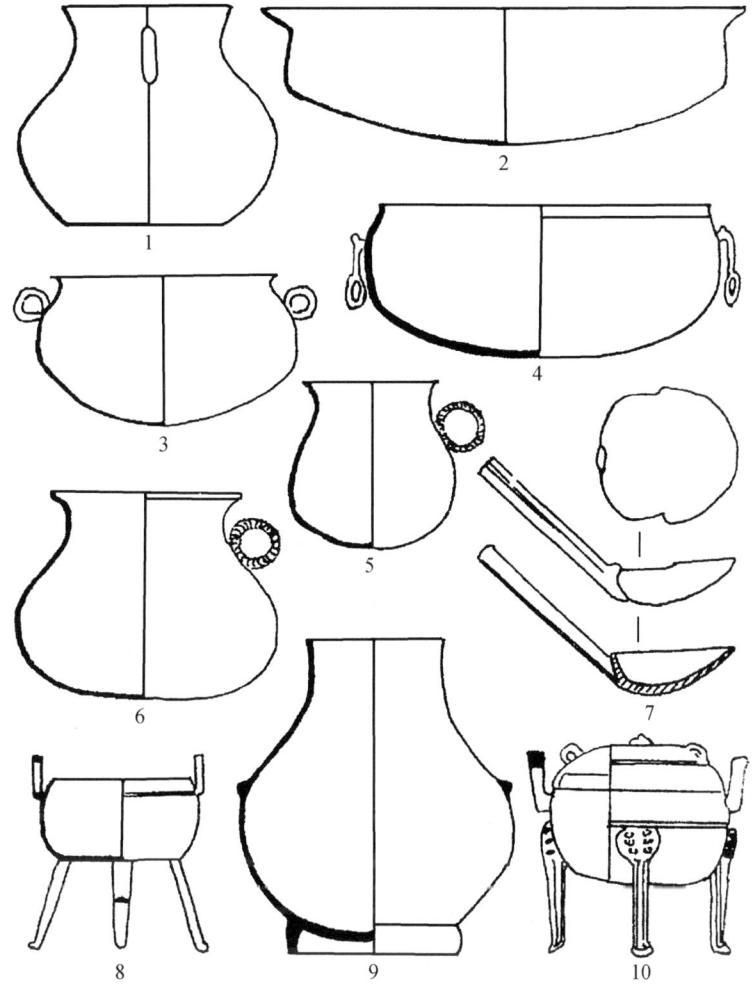

图5-10 三峡地区战国时期墓葬中出土的青铜器
1、5、6.鍪 2.盆 3.釜 4.缶 7.勺 8、10.鼎 9.壶
（1、2～4、7出土于涪陵小田溪，5出土于开县余家坝，6、8、9出土于云阳李家坝，10出土于宜昌前坪）

还值得一提的是，1980年，在秭归香溪镇出土了一把青铜剑，该剑铸造精良，保存完好，光亮如新，刃薄，相当锋利，剑首向外翻卷成箍形，内铸有七道圆圈，有剑格，剑身无花纹，但正反两面都铸有鸟篆体铭文"越王州勾、自乍（作）用剑"[①]。这种剑非常少见，据统计，在全国仅发现20余件。经对"越王州勾剑"的无损伤测定[②]，

---

① 张新明：《秭归县出土的几件青铜器》，《葛洲坝工程文物考古成果汇编》，武汉大学出版社，1990年。
② 复旦大学静电加速器实验室、中国科学院上海原子核研究所活化分析组、北京钢铁学院《中国冶金史》编写组：《越王剑的质子X荧光非真空分析》，《复旦大学学报（自然科学版）》1979年第11期。

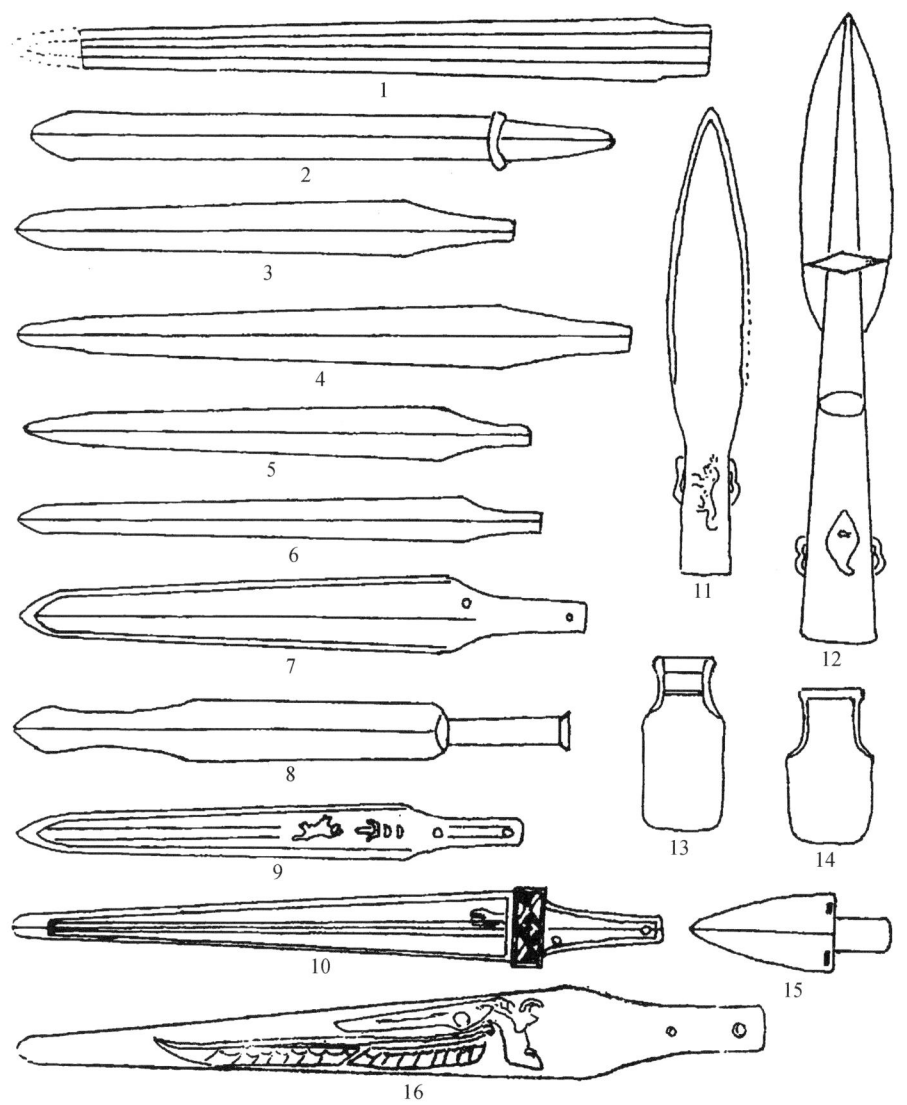

图5-11 三峡地区出土的东周时期青铜兵器

1. 秭归庙坪出土剑 2、3. 巴东冬笋坝出土剑 4、5. 奉节风箱峡西汉墓中出土剑 6. 秭归芝兰出土剑 7. 巴东西瀼口出土剑 8. 宜昌后坪出土剑 9. 枝江姚家港出土剑 10. 宜昌前坪出土矛 11. 开县余家坝出土矛 12. 秭归归州镇出土矛 13、14. 开县余家坝出土钺 15. 长阳城关镇出土戈 16. 云阳李家坝出土剑

确认其合金成分主要为铜、锡、铅、铁、硫等[①]。其铸造工艺特点是,剑背含铜较多,韧性好,不易折断;而刃部含锡高,坚韧且锋利。这种以复合金属工艺制作的青铜剑,是当时铸剑工匠在冶金工艺方面的重要创造。其铸造程序是先浇铸含铜高的剑

---

① 陈振裕:《精美的吴越青铜剑和矛——兼析楚与吴越的关系》,《楚文化研究论集》(第一集),荆楚书社,1987年,第308页。

脊，然后再浇铸剑刃。这是因为剑脊含铜多而熔点高，可以承受复合浇铸剑刃时的第二次高温而不被熔化。如此将两部分复合浇铸成一体，使剑体外锐内韧，刚柔兼备。《吕氏春秋·别类》中记载："相剑者曰：白所以为坚也，黄所以为韧也，黄白杂则坚且韧，良剑也。"即是针对这种"复合剑"而言的。世界上其他国家至近代才开始使用这种复合金属工艺①。

2. 青铜器及陶器上的铭文和符号

三峡地区出土的商至春秋时期的青铜器多是一些小件青铜器，大件者不多，有铭文的几乎不见。而这些青铜器的绝大多数都属战国时期，其上铸有铭文的也不太多，一般只能见到一些所谓的"巴蜀图语"（图5-12）。

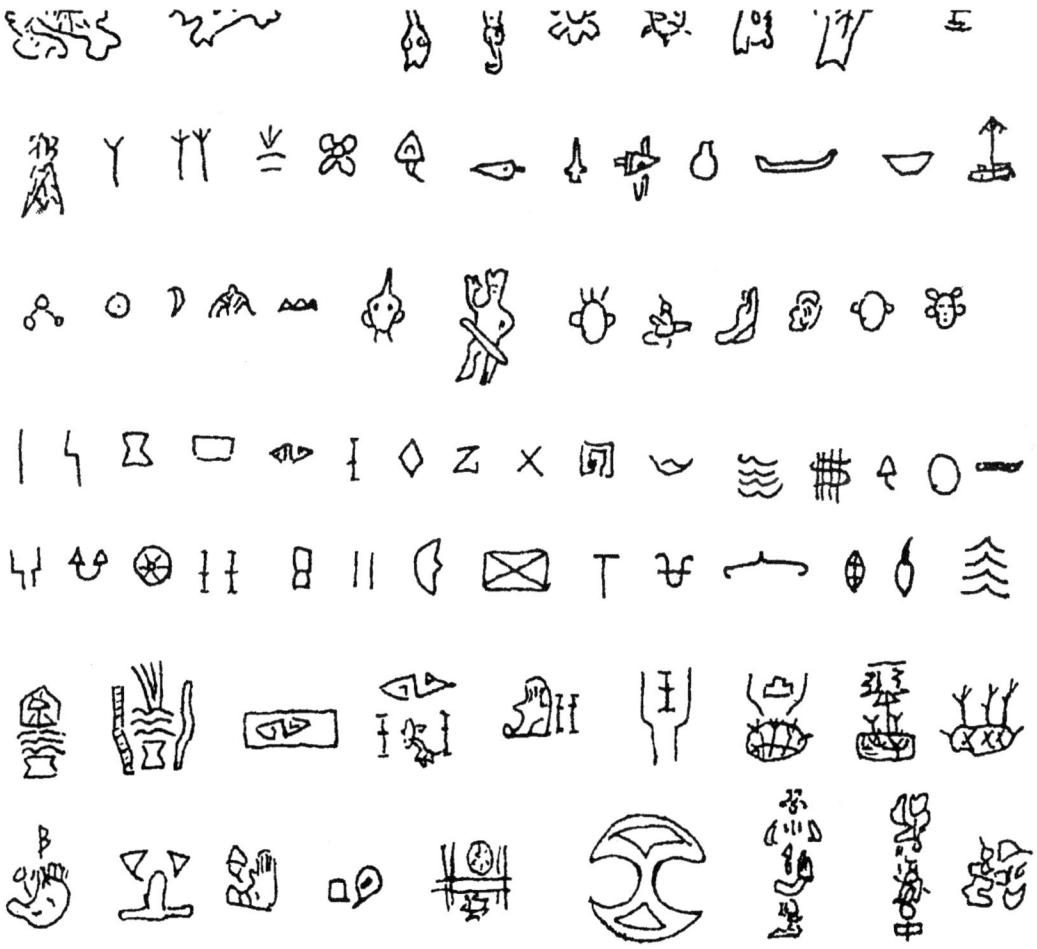

图5-12　三峡地区周代青铜器上的"巴蜀图语"

---

① 陈振裕：《精美的吴越青铜剑和矛——兼析楚与吴越的关系》，《楚文化研究论集》（第一集），荆楚书社，1987年，第308页。

三峡地区出土的春秋、战国时期青铜器，绝大多数都铸有一些"符号"，尤其在青铜兵器戈、矛、剑上，即多见这类"符号"。这些符号不仅在三峡地区出土的一些青铜器上每每有见，而且在四川地区出土的一些商周时期的青铜器上也极为常见，其内容和图案也基本相同。我们知道，三峡地区属巴族分布区域，四川地区属蜀族分布区域，因此学术界笼统将这些铸在青铜器上的"符号"称为"巴蜀符号"。据统计，这种"巴蜀符号"多达200余种，有学者将它们主要归为以下五种类型[①]。

（1）动物或动物躯体的某一部分，如虎、豹、龙、蛇、鸡、犬、龟、鸟、蚕、蝉、鱼等。

（2）植物或植物的某一部分，如树、树丛、草、草丛、花、花蒂等。

（3）器物，如兵器、乐器、礼器、生活用器、舟船、建筑物等。

（4）日月星辰、山川河流等自然情景。

（5）人物或人体的某一部分，如单髻人、双髻人、裹巾人、尖帽人、披发人、直立人、跽坐人、人首、人手、人耳等。

对巴蜀符号的研究一直是考古学、历史学、古文字学的重要研究课题。学者们做出过许多解释。徐中舒先生在《巴蜀文化初论》中指出："我们可以肯定地说，这是一种文字，而不是图画，不但有独体象形文字，如虎、豹、鱼、鸟、人头、干栏等，而且有合体字，即合两个象形文字为一个字，如手和花蒂（旧说以象心形），在所有的铜器中，几乎都是并列在一起。"[②]四川大学历史系的彭静中先生还对某些"符号"进行了释读[③]。

李学勤先生将这些巴蜀青铜器上的"符号"解释为代表巴蜀文字的两大类型。李先生指出："1960年出版的《四川船棺葬发掘报告》已经指出，巴蜀文字有两类，一类是'符号'，有的'与青铜兵器上的铸文相同；另一类是似汉字而非汉字者'。为了方便，我们把前者称作为巴蜀文字甲，后者叫巴蜀文字乙。巴蜀文字乙是一种文字，这是研究者公认的，而巴蜀文字甲是不是文字，还有人怀疑。……综合考察现有的巴蜀文字甲的资料，其符号可分两种。一种是常见的，重复出现的，在同一铭文和印文里可以说不止一次。这种符号大多是简化的，不易看出象形，……我们猜想，前一种符号用以表音，后一种符号用以表义。巴蜀文字乙不大可能是巴蜀文字甲的草体。"[④]

---

① 段渝：《巴蜀古代文明研究》，学林出版社，1990年，第257页。
② 徐中舒：《巴蜀文化初论》，四川人民出版社，1981年，第40页。
③ 彭静中：《古代巴蜀铜器文字试释》，《四川大学学报丛刊》（第五集），《四川地方史研究专集》，第173~176页。
④ 李学勤：《论新都出土的巴蜀青铜器》，《巴蜀考古论文集》，文物出版社，1987年，第196、197页。

目前最新的研究成果，是重庆师范大学历史与社会学院管维良教授的《巴蜀符号》专论。要指出的是，虽然学术界已经做了很大努力并对某些"符号"做了种种猜测，认为其中的某些符号是象形文字，某些是表意文字，某些是音符，某些的起源与祭祀有关[1]或本身仅用于宗教活动[2]，更有的将其中的某些"符号"解释为汉字中的某某字，等等，但面对巴蜀地区如此之多的神秘"符号"，其真实或固定的含义，学术界至今仍没能给出一个圆满的解释，从而使得这些沉睡了两千余年的"巴蜀符号"至今还是迷雾一团。这是我们在巴蜀文化历史的研究中还亟待解决的重要课题之一。

二、铁　器

铁器在我国出现的时代可追溯到商代。1972年，在河北藁城台村出土了一件铁刃铜钺，其年代相当于郑州二里冈上层。经鉴定，铁刃部分是以陨铁加热锻成的，这说明早在商代中期（距今3200年前），我国古代先民就已经认识和使用铁了。1977年，人们又在北京平谷县一座商代墓葬中发现了一件铁刃铜钺。不过，这两件商代的铁刃铜柄钺都是用陨铁锻造而成的，不能算是真正的冶炼铁。据研究，"人类早期炼得的熟铁通常叫块炼铁，它是铁矿石在800~1000℃左右的条件下，用木炭直接还原得到的，出炉产品是一种含有大量非金属杂质的海绵状固体块"[3]，这才算得上是真正的冶炼铁。另外，还有一种冶炼温度在1150~1300℃，出炉产品呈液态，可以连续生产，可以浇铸成型，非金属杂质比较少，质地比较硬，冶炼和成率比较高；这种产量和质量都大大提高的铁被称为"生铁"。1976年在长沙杨家山65号墓（春秋晚期）中出土一柄钢剑及铁鼎、铁削各一件。金相分析结果表明，该剑为含碳约0.5%的中碳钢，可能经过高温退火处理。鼎为白口铸铁件[4]。1952年，在湖南长沙龙洞坡一座春秋晚期的楚墓（编号M826）中出土铁刀一件[5]。1958年，在湖南常德德山一座春秋晚期的楚墓（编号M12）中出土铁刮刀一件[6]。1964年，在江苏六合程桥镇一座春秋晚期墓葬中出土一件铁块，经鉴定是白口生铁，这是迄今为止我国出土并经科学鉴定的最早的生铁

---

[1] 段渝：《四川通史》（第一册），四川大学出版社，1993年，第169页。
[2] 管维良：《巴族史》，天地出版社，1990年，第90页。
[3] 何堂坤：《中国古代冶金技术的成就》，《中国古代科技成就》，中国青年出版社，1995年，第548页。
[4] 长沙铁路车站建设工程文物发掘队：《长沙新发现春秋晚期的钢剑和铁器》，《文物》1978年第10期。
[5] 顾铁符：《长沙52、826号墓在考古学上诸问题》，《文物参考资料》1954年第10期。
[6] 湖南省博物馆：《湖南常德德山楚墓发掘报告》，《考古》1963年第9期。

实物①。由上述考古发现资料可见，至迟在春秋晚期时，铁、生铁、钢都已经被我国人民生产出来并加以利用。当然，这些春秋晚期的铁器都是在三峡东部地区的楚墓中出土的（包括江苏六合程桥春秋晚期墓葬），而三峡地区的铁器出土的情况又如何呢？下面我们对此做如下简略介绍。

（一）春秋战国时期铁器的发现

20世纪80年代以前，三峡地区曾零零星星地出土过一些铁器。从公布的材料看，这些铁器似乎都是战国和汉代的，战国以前的铁器不见有资料披露。20世纪80年代以来，三峡地区陆续有一些关于铁器新发现的报道，尤其是自90年代以来，有关的报道越来越多，内容也越来越丰富，其中在三峡东部地区发现的铁器，其时代已可向前追溯至春秋时期。三峡东部春秋时期铁器的发现，是三峡地区考古发现中的重大突破。从目前在三峡地区发现铁器的地点、数量来看，仍然是三峡东部地区多于三峡西部地区，而铁器的时代则是既有春秋时期的，也有战国时期的②。出土的铁器主要为生产工具，器形主要有凹口锸、锛、刀、削刀、斧、锄等（图5-13、图5-14）。据出土铁器所在层位中伴出的器物分析，的确可以认定这些铁器中时代最早者至少可以早到春秋中期，甚至更早。

（二）三峡地区楚文化的铁器

峡东地区的楚文化区域，从三峡地区考古发现资料来看，峡东地区出土铁器的数量比峡西地区要多且时代也更早，如在宜昌上磨垴，秭归柳林溪、台丘、张家坪、白水河等遗址的西周晚期至春秋中期文化遗存中即皆有铁器出土（图5-13），时代可早到春秋中期，甚至还可能有更早时期的铁器③。除铁器外，还见有铁矿渣。

西周至春秋时期，楚人以其先进技术，在西陵峡地区开掘了铁矿资源。那时的柳林溪、上磨垴一带，前靠秭归东界，后倚宜昌西界，其间约10余千米，这一地带的长江两岸，当时不仅居址密集，还有着丰富并易开采的铁矿资源，甚或有可能宜昌三斗坪至秭归柳林溪一带曾经有一处或数处楚人的铁器生产基地④。2001年底在西陵峡出

---

① 何堂坤：《中国古代冶金技术的成就》，《中国古代科技成就》，中国青年出版社，1995年，第548页。
② 杨华：《三峡先秦考古文化》，武汉出版社，2003年，第274~286页。
③ 湖北省文物考古研究所：《湖北宜昌县上磨垴周代遗址的发掘》，《考古》2000年第8期。
④ 湖北省文物考古研究所：《湖北宜昌县上磨垴周代遗址的发掘》，《考古》2000年第8期。

第五章　西周、春秋战国时期考古文化　　　　　　　　　　　　　　　　　　　　　　·201·

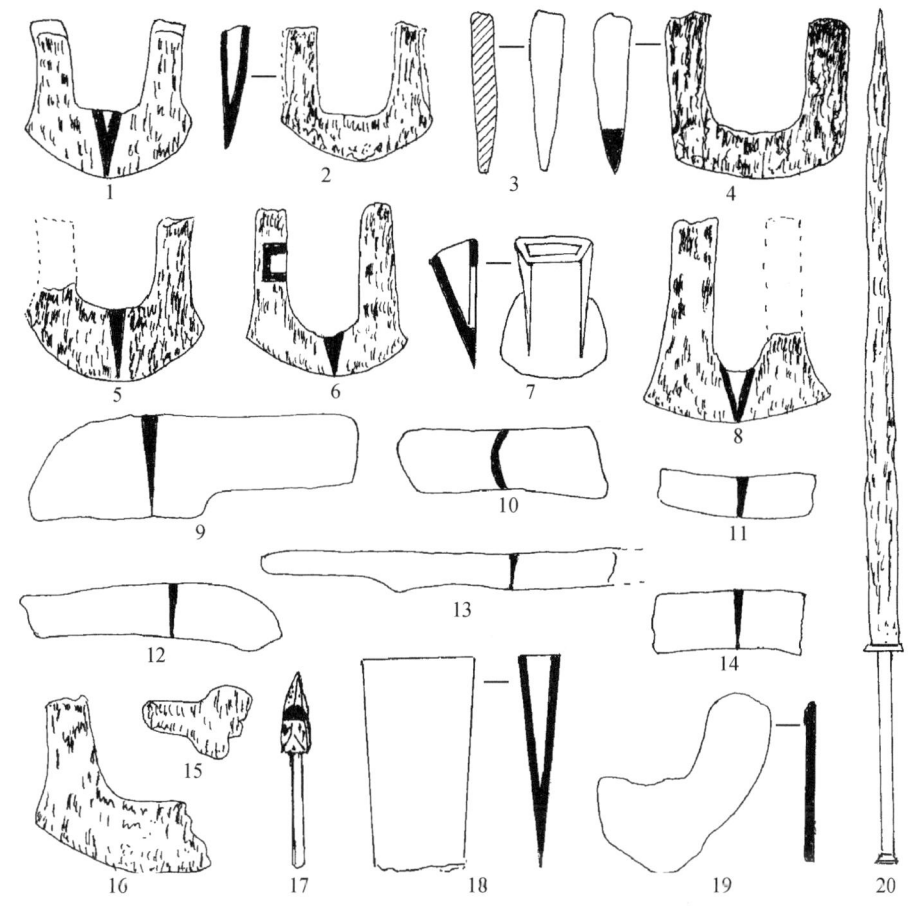

图5-13　三峡东部地区春秋战国时期的部分铁器
1、2、5、6.凹口锄　3.凿　4、8、16.锸形器　7.锛　9、12、14.刀　10.匕首　11、13.削刀　15.铁矿渣
17.箭镞　18.斧　19.铁片　20.铜柄铁剑
（1、2、5、7、12、13、15出土于宜昌上磨垴，3、4出土于秭归台丘，6出土于秭归柳林溪，8～11、14、16～19
出土于秭归张家坪，20出土于宜昌前坪）

口处的宜昌前坪王家沟又发现一处东周时期的铁器生产基地[①]，此地也应是由楚国管理的。秭归柳林溪、张家坪、宜昌上磨垴等春秋中期铁器的出土，为我们研究中国早期冶铁业的历史提供了极为珍贵的实物资料。

楚国自西周以来至秦灭楚，长期占据着西陵峡地区，其意图除向西扩展及防止巴国东下以外，还很有可能与楚人在这里开采铁矿资源有关。

三峡地区发现的春秋、战国时期的铁器，基本上与两湖地区同时期的铁器一样，可分为农具和工具两大类。农具主要有凹口锸、凹口锄，工具主要有锛、斧、削刀、

---

① 2001年11月～2002年1月，湖北省宜昌博物馆为配合某单位施工取土，在该工地现场调查发现。地点为前坪王家沟、柏树岩（笔者亲自参加调查并主持发掘）。

刀（削刀、刀可能是生产、生活两用之器）等。在这两大类器具中，又以农具凹口锸的数量为最多，它们基本上是当时人们用来开垦荒地或砍伐森林的。三峡地区的地理条件特殊，一些宽谷地带的山前台地是人类的理想居住之地。前面我们说过，这一地带在新石器时期至商周时期，古代先民便一直在这里繁衍生息，至春秋战国时期，这里的人口更有所增长，为了生存，人们不得不向后山开发，因而需要大量的更为先进的生产工具。铁器的应运而生或与此有一定联系。不过据三峡地区的考古发现资料，商至战国初期，该地区的青铜工具发现极少，铁器更少，无论在遗址中还是在墓葬中，青铜工具甚至包括其他类工具（骨、竹类等），都比较少见，大量青铜器以及铁器的出现，则主要在战国时期。因此，商至战国初期的三峡地区用于农业生产的工具仍然多是一些石器。

不管铁器及铜器使用的普及程度如何，我们仍能看到，三峡地区早在春秋时期就已产生冶铁技术，制造出了一些当时在巴、楚地区乃至在我国广袤的土地上都处于领先水平的农业生产工具及其他各类器具，这不仅大大促进了当时三峡地区农业的发展，也为该地区的社会经济发展起到了积极的推动作用，同时也在中国的铁器冶铸史上留下了辉煌的篇章。

近三十年来，在三峡西部地区的巴人遗址、墓葬中也出土了一些铁器，时代也多为东周时期，只是稍晚于东部的楚地。此外，在三峡西部的某些东周遗址中，也发现了铁矿渣。因此我们推测，这些铁器是由巴人自己制造而绝非楚地供给的。但考虑到三峡东部楚地出土铁器的时代稍早一些，故我们认为，巴人的冶铁技术应是从三峡东部地区的楚人那里学来的。

三峡地区出土的春秋、战国时期的铁器，东部地区的数量明显要多于西部地区，尤其在偏早阶段，铁器数量的比例更是如此，这也说明楚铁器明显要多于巴铁器。不过，要强调的是，尽管巴人在冶铁技术及生产铁器的时间等方面均要稍晚于楚人，但巴人至少在春秋晚期也能生产铁器了（图5-14），这一点是毋庸置疑的。可以说，春秋、战国时期三峡地区的巴人，在我国早期的铁器冶铸史上做出了与楚人一样的贡献，其功绩是不可磨灭的。

三、窑　业

在三峡地区，从新石器时期至夏商时期的窑址都有发现，以升焰窑为多。到了西周、春秋战国时期，随着生产力水平的提高及陶器在社会生活中的广泛应用，人们对陶器的需求迅速增长，因而窑业得到了进一步发展。考古人员在这一时期的遗址中发现的陶窑数量进一步增加，窑炉的设计也更加先进。在忠县哨棚嘴、忠县中坝、巫

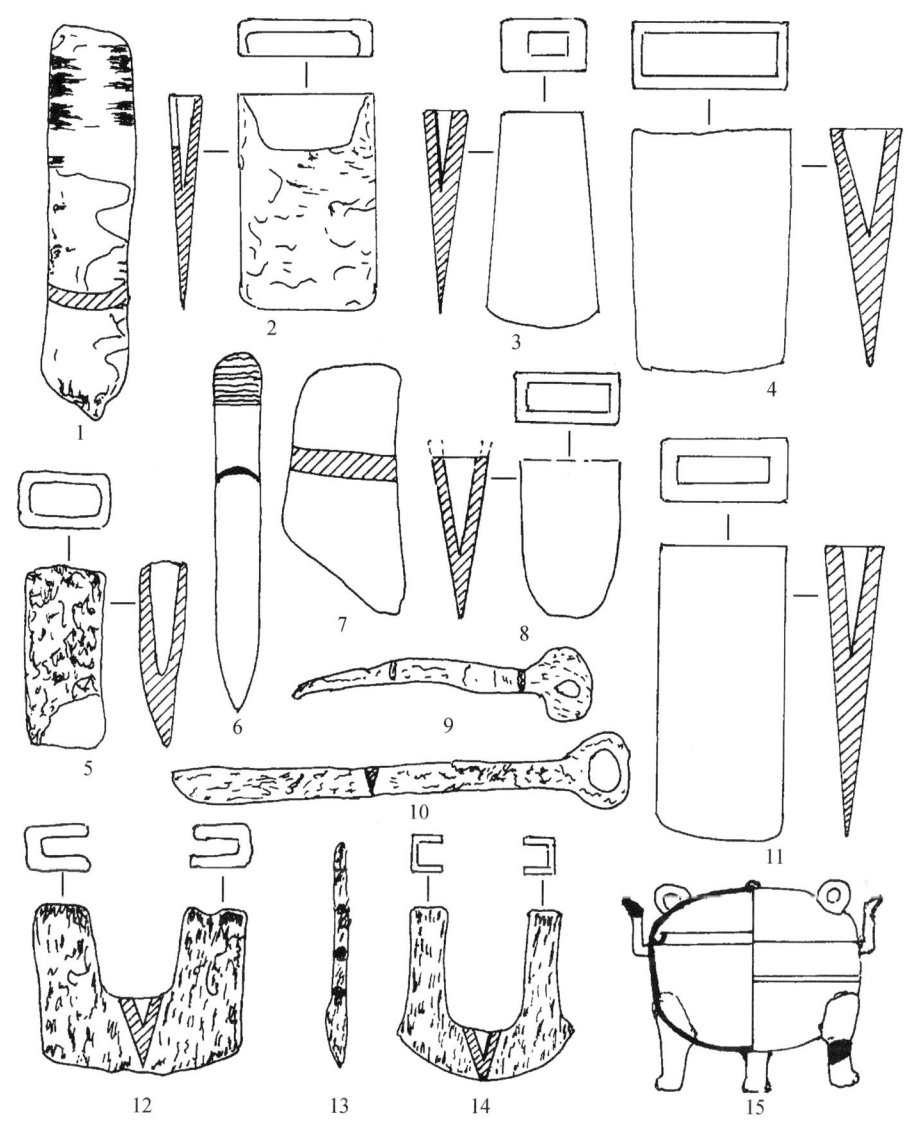

图5-14 三峡西部地区春秋战国时期的部分铁器

1. 铁器 2、4、11. 锛 3、8. 斧 5. 镢 6. 刮刀 7. 铁片 9、10. 铁削刀 12、14. 锸 13. 箭镞 15. 鼎

（1、2、6、8出土于云阳李家坝，3出土于冬笋坝，4、11出土于奉节上关，5、13出土于巫山蓝家寨，7出土于奉节新浦，9、10、12、14出土于涪陵镇安，15出土于巫山麦沱）

山双堰塘、秭归何家大沟等遗址中发现的陶窑就有6座，均属西周时期[①]；在云阳李家坝、巫山蓝家寨、巫山下湾、巴东楠木园、秭归官庄坪、奉节新浦等遗址中发现陶窑

---

① 孙华：《渝东地区新发现的新石器晚期文化——忠县哨棚嘴遗址的发掘》，《中国三峡建设》2008年第8期；中国社会科学院考古研究所长江三峡工作队、巫山县文物管理所：《巫山双堰塘遗址发掘报告》，《重庆库区考古报告集·1999卷》，科学出版社，2006年，第88页；广东省文物考古研究所：《秭归何家大沟遗址的发掘》，《湖北库区考古报告集》（第三卷），科学出版社，2006年，第125页。

10座,则属东周时期①。这里有关陶窑的年代问题,在其具体年代不详的情况下,我们都选择年代偏晚的数据。比如,忠县中坝遗址1998年第二次发掘时清理出的一座龙窑,发掘人员将其定为商周时期,这里我们则将其归入西周时期。

三峡地区西周、春秋战国时期的陶窑类型主要是升焰窑和半倒焰窑。

(一) 升焰窑

根据燃烧室与烧成室的位置不同,可以分为四型。

A型 露天窑。即所谓的"烧成坑",是露天堆烧的一种形式,火膛与窑室无界限区分,二者处于同一空间内。这种陶窑类型多发现于新石器时代和夏商时期的遗址中。

B型 横穴式升焰窑。此类窑火膛与窑室并列设置,随着火膛逐渐加深,窑室相对升高,位于火膛上方,火膛和窑室之间产生段差。燃料从投料口投入后,火焰从火膛横向进入窑室与陶坯接触,然后从窑室上面的开口排出窑外。

奉节新浦东周时期遗址中发现的Y1,由窑壁、窑床台面、火膛三部分组成。窑体平面呈椭圆形,东西长1.34、南北宽0.86米。窑室南部为下凹的火膛,连接火膛的是一条直向火道,陶坯放置在火膛和火道周围的窑床台面上。火口位于火膛南侧,宽0.36米②(图5-15)。

C型 竖穴式升焰窑。此类窑火膛与窑室竖向叠压设置,火膛直接位于窑室之下,两室之间设有窑箅或火台以放置陶坯。火焰自火膛经火道直接上升至窑室,将陶坯加热后自窑顶排出。巫山蓝家寨遗址东周时期的Y1即属此类,由火膛、火道、窑室三部分组成,火膛位于窑室的正下方,从平面看,窑室与火膛完全重合。窑顶结构不明。该窑虽已残,但仍能看到窑室与火膛间设有数股垂直火道与窑室相通,火道皆不及火膛底。火道宽0.2~0.3、长0.5~0.7米,窑室上口内径长1.8、宽1.6米,窑壁厚0.15~0.2米。窑壁、火道和火膛内四壁曾抹一层草泥,已被烧成青灰色或火红色,这说明该窑曾多次或较长时间被使用③。

---

① 四川大学历史文化学院考古系、云阳县文物管理所:《云阳李家坝遗址发掘报告》,《重庆库区考古报告集·1997卷》,科学出版社,2001年,第220页;重庆市文化局、重庆市博物馆、湖南省益阳市文物考古队等:《巫山蓝家寨遗址发掘报告》,《重庆库区考古报告集·1999卷》,科学出版社,2006年,第9页;武汉市文物考古研究所、重庆市文物考古研究所、巫山县文物管理所:《重庆巫山下湾遗址发掘简报》,《江汉考古》2009年第2期;武汉大学考古系:《巴东楠木园》,科学出版社,2006年,第269页;国务院三峡工程建设委员会办公室、国家文物局:《秭归官庄坪》,科学出版社,2005年,第356页。

② 吉林大学考古学系、奉节县白帝城文物管理所:《奉节新铺遗址发掘简报》,《重庆库区考古报告集·1998卷》,科学出版社,2003年,第245页。

③ 重庆市文物局、重庆市博物馆、湖南省益阳市文物考古队等:《巫山蓝家寨遗址发掘报告》,《重庆库区考古报告集·1999卷》,科学出版社,2006年,第9页。

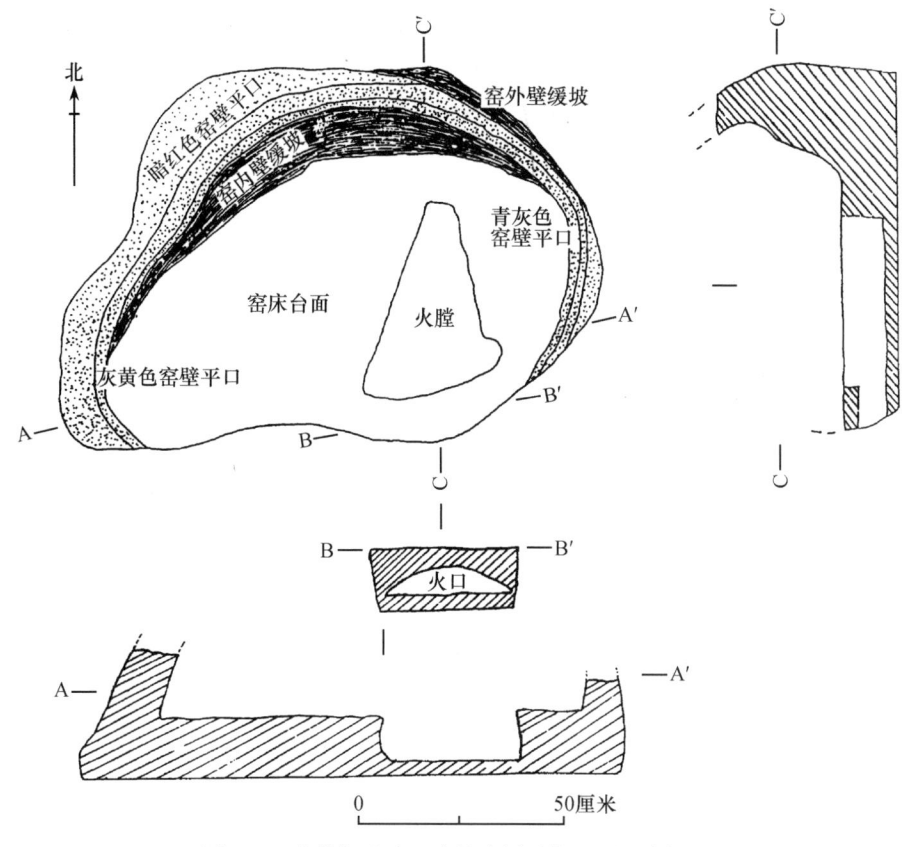

图5-15 奉节新浦遗址中的东周时期Y1平、剖面图

D型 复式升焰窑。此类窑窑室位于火膛一段的上方，从平面看，窑室的一部分与火膛的一部分有所重叠，形成一种介于B型和C型窑之间的结构。火焰从火膛经横向火道延烧至窑床下方后转而向上升至窑床，将陶坯加热后自窑顶排出窑外。丰都玉溪坪遗址出土的两座窑即属此类升焰窑，两窑均属玉溪上层文化阶段，相当于大溪文化晚期。

（二）半倒焰窑

目前，三峡地区发现的先秦时期的半倒焰窑共有7座，均属东周时期；主要有巫山蓝家寨遗址、巫山下湾遗址、云阳李家坝遗址、秭归官庄坪遗址等。以下择取几例予以说明[①]。

秭归官庄坪遗址Y2。平面呈椭圆形，长1.35、宽0.92、深0.1米，体积较小。窑

---

① 国务院三峡工程建设委员会办公室、国家文物局：《秭归官庄坪》，科学出版社，2005年，第357页。

体由窑室、火膛、火道、火门、烟囱、出灰口组成。火门与火膛相接,残长0.31、宽0.16~0.44、比窑床低0.18米。火膛平面呈半圆形,平底,残高0.08、比窑床低0.08~0.1米。窑室平面呈半圆形,直壁,平底。烟囱平面呈半圆形,直径0.2米,底部向窑床倾斜。窑壁残高0.1、厚0.02~0.05米,其窑壁是直接在生土上挖坑而成。东面的H95与窑体相连,灰坑内填土中出土有完整的小陶鬲、陶拍。窑室内发现少量残红陶片(图5-16)。

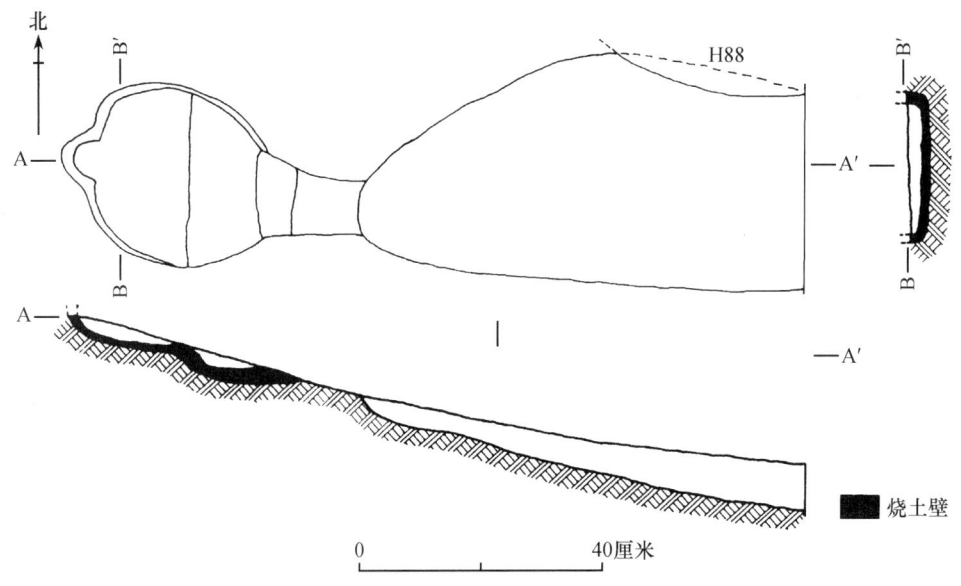

图5-16　秭归官庄坪遗址中的东周时期Y2平、剖面图

在云阳李家坝遗址中发现三座东周时期的窑址,现以Y2为例说明。窑体残长3.5米,窑室长2.46、宽1.52米。火门顶部已残,宽0.56、深0.4米。火膛呈椭圆形,低于窑床1.18米。窑床呈椭圆形,设在窑室的中部及火膛的中后部,略向火膛方向倾斜,底部平整,残长1.2、宽0.82米。窑床两旁挖有两条火道,约深0.34、宽0.32米。烟道设在窑室后面,已残毁不存。窑内堆积有烧流变形的陶片和炭粒、网坠、瓦片、窑壁残块等[①](图5-17)。

巫山蓝家寨遗址Y2,属东周时期。平面呈椭圆形,残长3.25米,宽1.8米。窑的中部与火膛相连处已遭破坏,火道、火门结构不明。火膛底部略呈圜底形,低于窑室0.7米。窑室较平整,烟囱设在窑室后部。窑壁厚0.15~0.2米,已烧结成火红色。窑室及火膛内填灰褐土,土质疏松,夹杂少量炭末与红烧土颗粒,出土有东周陶罐、陶鬲残

---

① 四川大学历史文化学院考古系、云阳县文物管理所:《云阳李家坝遗址发掘报告》,《重庆库区考古报告集·1997卷》,科学出版社,2001年,第220页。

第五章　西周、春秋战国时期考古文化 ·207·

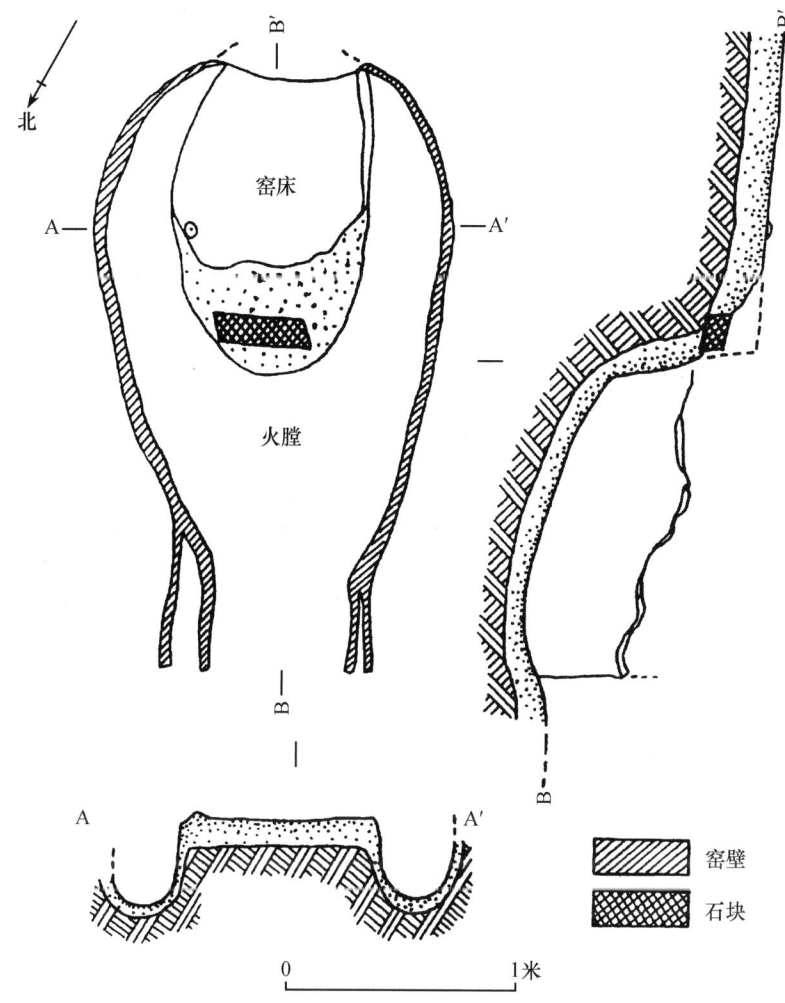

图5-17　云阳李家坝遗址中的东周时期Y2平、剖面图

片等①（图5-18）。

综上所述，进入商周以后，随着独立政权巴国和后来的诸侯国巴子国的建立，三峡地区的手工业和商业也逐渐发展起来，这可以从附近的忠县哨棚嘴遗址西周地层中出土的三座专门烧制尖底杯的小型升焰窑得到佐证。据研究，这种尖底杯是为制盐或运盐而专门烧制的陶器产品。哨棚嘴遗址附近有着丰富的盐卤资源，这些遗存很可能是当时制盐工业附属配套设施的遗留。像这类专业化的生产不是一个家庭可以完成的，应当由专门的烧制陶器和煮制食盐的人员来组织生产操作，是一种集团化作业。由此可知，当时的三峡先民们已经开始了以食盐、陶器进行产品交换的原始商业贸易

---

①　重庆市文物局、重庆市博物馆、湖南省益阳市文物考古队等：《巫山蓝家寨遗址发掘报告》，《重庆库区考古报告集·1999卷》，科学出版社，2006年，第9页。

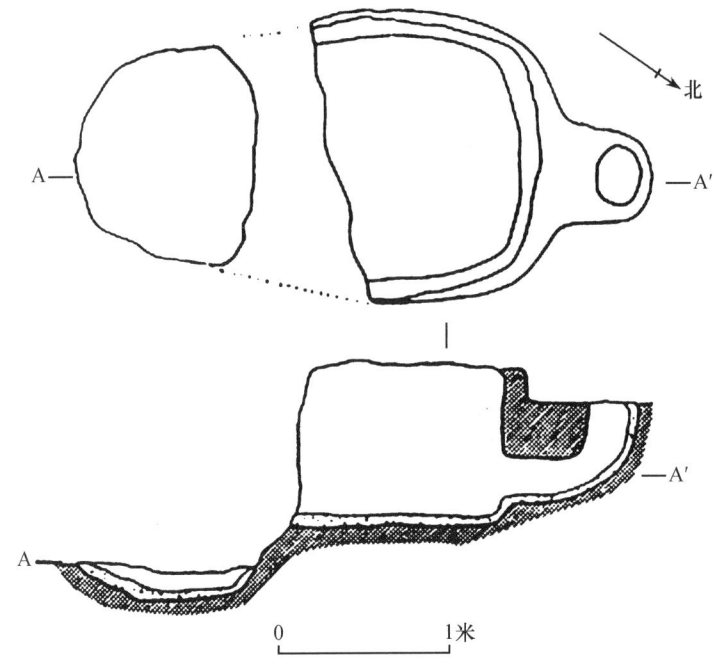

图5-18　巫山蓝家寨遗址中的东周时期Y2平、剖面图

活动。到了春秋战国时期，社会生产水平进一步提高，当时应该既有官营作坊又有私人中小作坊、家庭小作坊来承担陶器的制作和烧造。随着交流的日渐频繁，外来半倒焰窑技术的引入，三峡地区的窑业水平也得到了进一步的发展。但总的来说，先秦时期三峡地区的陶窑工艺水平仍处在窑业技术发展的初级阶段。

四、归纳和认识

西周、春秋战国时期，三峡地区的生产技术水平较夏商时期得到了很大的提高，除传统的骨器加工业、纺织业、盐业继续发展外，还出现了青铜铸造业、冶铁业、窑业、制漆业等。这一时期里，发展较为迅速的是青铜铸造业和冶铁业。由于陶器需求的增长，这一时期也出现了大量的陶窑，陶窑的设计也比夏商时期更为先进一些。对这一时期里三峡地区各类产业的情况，我们归纳出以下几点认识。

第一，青铜器在西周、春秋战国时期多出土于人类居住遗址、墓葬或窖藏坑中，数量比夏商时期更多。其中小件青铜器多出土于人类居住遗址，大件青铜器多出土于墓葬或窖藏坑中。除青铜器外，有的遗址中还发现了铜矿渣及用于铜器铸造的石范，这说明三峡地区的人们在当时已经能制作出较为规范的青铜器了。从青铜器的类型来看，这一时期的青铜器比夏商时期更丰富，已能制造出大型容器、炊煮器、乐器、兵器、工具和其他杂器等。在三峡地区这一时期的青铜器中，还发现了一些铸有巴蜀符号的柳叶形剑、戈、矛、虎纽錞于、釜等，这些都是典型的巴人器物。但是与中原地区相比，三峡地区的青铜铸造仍显得落后些。

第二，目前所见的三峡地区最早的铁器可追溯至春秋中期。就发现地点来看，铁器的发现多集中在西陵峡地区，且三峡东部地区发现的早期铁器比西部地区要多。因此我们推断，三峡西部地区的冶铁技术当是从东部地区传过去的。从铁器的类型来看，主要是农具和工具。从有的遗址地层中发现了铁矿渣及三峡地区存在铁矿资源的情况看，这些铁器应是在本地制造的。铁器的使用促进了当地经济与社会的发展。

第三，由于陶器的需求增多，窑业在这一时期发展迅速，主要体现在窑炉设计水平的提高上。这一时期的人们通过改变窑炉结构，如增大火塘面积、设计排烟孔的位置等以控制窑炉温度和提高烧制陶器的质量。

第四节 建筑遗迹

三峡地区西周时期的建筑遗迹主要有三个方面，即房屋建筑遗迹、用于治理洪水的水利工程遗迹和农田遗迹（先民种植水稻时的水田遗迹）。

一、西周时期的房屋建筑遗迹

三峡地区考古发现的西周时期的房屋建筑遗迹见于公布的材料目前还较少，从已公布的材料中可知，这一时期的房屋多为地面式建筑，平面多呈圆形、半圆形、长方形或不规则形。发现的房屋遗迹已不见墙、门等，多仅见一些房屋柱洞、红烧土堆积及板瓦。在房屋基址内通常还会发现陶器、石器、青铜器及动物骨骼等遗物。就房屋建筑的遗迹而言，有些房屋基址中常多见房屋柱洞，它们或分布于较平缓的地方，或分布于斜坡地带。由柱洞的分布情况可以推测，这类建筑遗迹与该地区新石器时期至夏商时期的"干栏式建筑"遗迹一样，因此这类建筑仍应属"干栏式建筑"。有的建筑遗迹中发现了连片分布的红烧土，前面我们已经介绍过，所谓红烧土，主要是用于铺设房屋的地面或用于建筑房屋的墙壁的，因而估计这一类建筑遗迹应是"地面式建筑"遗迹，这种"地面式建筑"也应是在三峡地区新石器时期至夏商时期的相同建筑基础上发展而来的。现以巫山双堰塘、酉阳清源、秭归庙坪和宜昌上磨垴等遗址中发现的房屋建筑遗迹为例叙述如下。

1. 巫山双堰塘遗址中的房屋建筑遗迹

基址难寻，仅见瓦。1件，板瓦，泥质灰陶，为板状长梯形，一端阔，一端稍窄，四边整齐，横剖面呈圆弧拱背状，瓦身较薄。瓦背部通饰弧形走向的中细绳纹，内壁素面。长47、阔端宽36.2、窄端宽32.2、拱背高6、胎厚1.2厘米①。

2. 酉阳清源遗址中的房屋基址

共清理出房址12座，大多仅残存柱洞，难以复原结构。根据平面形状，分为圆形、方形和形状不明者三类。

F1 位于T14中部，开口于第2层下，打破3、4层，距地表深约25厘米。平面圆形，房屋以石块为柱础，6块柱础石呈圆形排列。建筑形式为半地穴式圆形建筑，直径约2.6米。房内清理出大量有木骨印痕的红烧土块，同时还有较多动物骨骼、陶片等伴出，可辨器形的陶器主要有圜底釜（罐）、尖底杯、尖底盏、高领罐、圈足罐、盉（鬶）、器鏊等②（图5-19）。

F8 位于T9和T14北部，开口于第2层下。平面近长方形，南北长3.7、东西宽4.6米。根据柱洞的分布位置及呈东西向直线排列的数块柱础石，以及带木棍压印痕红烧土块的分布情况等方面，推测该房屋为木骨泥墙式长方形地面建筑。屋内堆积夹杂大量红烧土块和石块，同时伴出大量陶片、兽骨等。陶器可辨器形有尖底杯、尖底盏、高领壶、高领罐、器盖、圜底釜（罐）等。另有石器13件、青铜器4件③（图5-20）。

据发掘者分析研究，该房屋基址的年代可能为西周早期④。

3. 秭归庙坪遗址中的房址

在该遗址西周地层中清理出房屋基址一座，编号F2，破坏严重。开口在第4层下，距地表约1.5米。从残存的情况看，该房屋应为地面式建筑，平面呈不规则形。不见门、门道、灶、墙等痕迹。屋内垫土为一层厚0.1~0.16米的纯净黄土，南北残长0.95、东西宽约6米。此外还残存一东西长1.7、南北宽约0.7米的红烧土面以及8个圆形柱洞，

---

① 重庆市文物局、重庆市移民局：《重庆库区考古报告集·1999卷》，科学出版社，2006年，第103页。

② 重庆市文物考古所、重庆文化遗产保护中心、四川大学历史文化学院考古学系：《酉阳清源》，科学出版社，2009年，第34页。

③ 重庆市文物考古所、重庆文化遗产保护中心、四川大学历史文化学院考古学系：《酉阳清源》，科学出版社，2009年，第37页。

④ 重庆市文物考古所、重庆文化遗产保护中心、四川大学历史文化学院考古学系：《酉阳清源》，科学出版社，2009年，第209页。

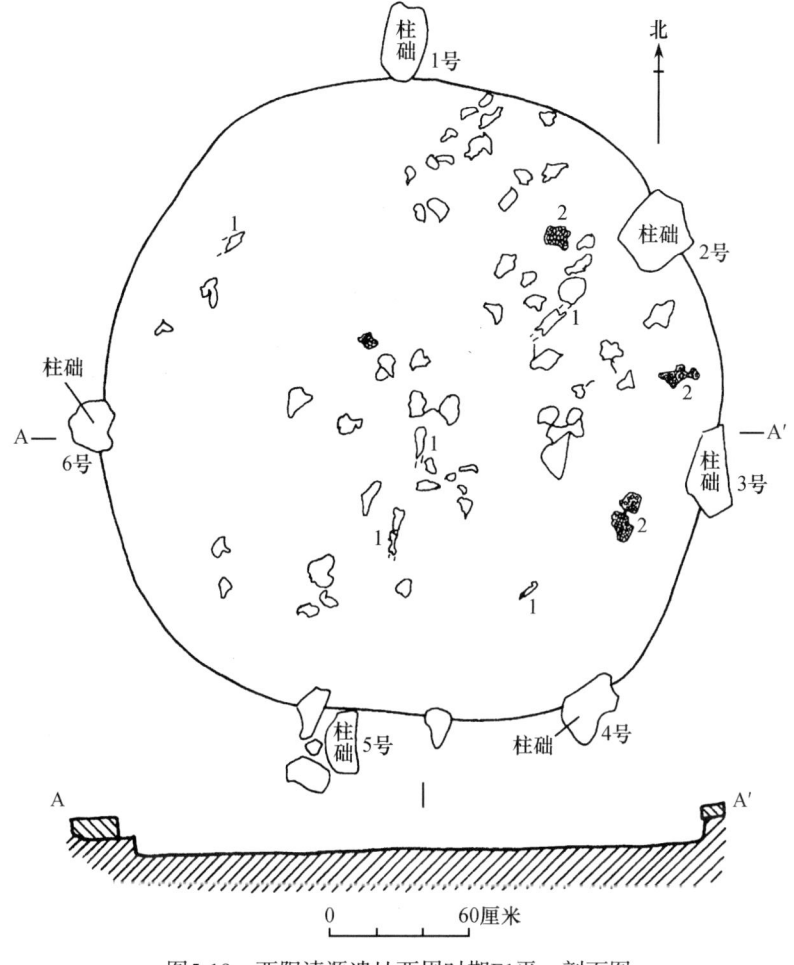

图5-19 酉阳清源遗址西周时期F1平、剖面图
1. 骨头 2. 红烧土（余为陶片）

这些柱洞位于房址黄色垫土的东部和东北部，柱洞内填土均为灰黑色。在红烧土面南约0.2米处有一残陶瓮，内置一陶鬲，该鬲应为房屋的相关储盛设施（图5-21）[①]。

4. 宜昌上磨垴遗址中的房屋建筑遗迹

（1）在该遗址中发现房屋基址一座，编号F1。该房址位于第23号探方的中部，开口于第5层下，打破第6层和基岩。房址已遭到破坏，从残存的遗迹看，其平面布局略呈方形，大致为西北—东南向，残长3、残宽2.5米，房基距地表0.7米。

在房址范围内发现柱洞五个，呈曲尺形排列，其中东南边四个柱洞的位置在一条直线上，另一柱洞则在东北侧。柱洞的形状及尺寸分别是：D3，平面为半圆形，直

---

① 湖北省文物事业管理局、湖北省三峡工程移民局：《秭归庙坪》，科学出版社，2003年，第52页。

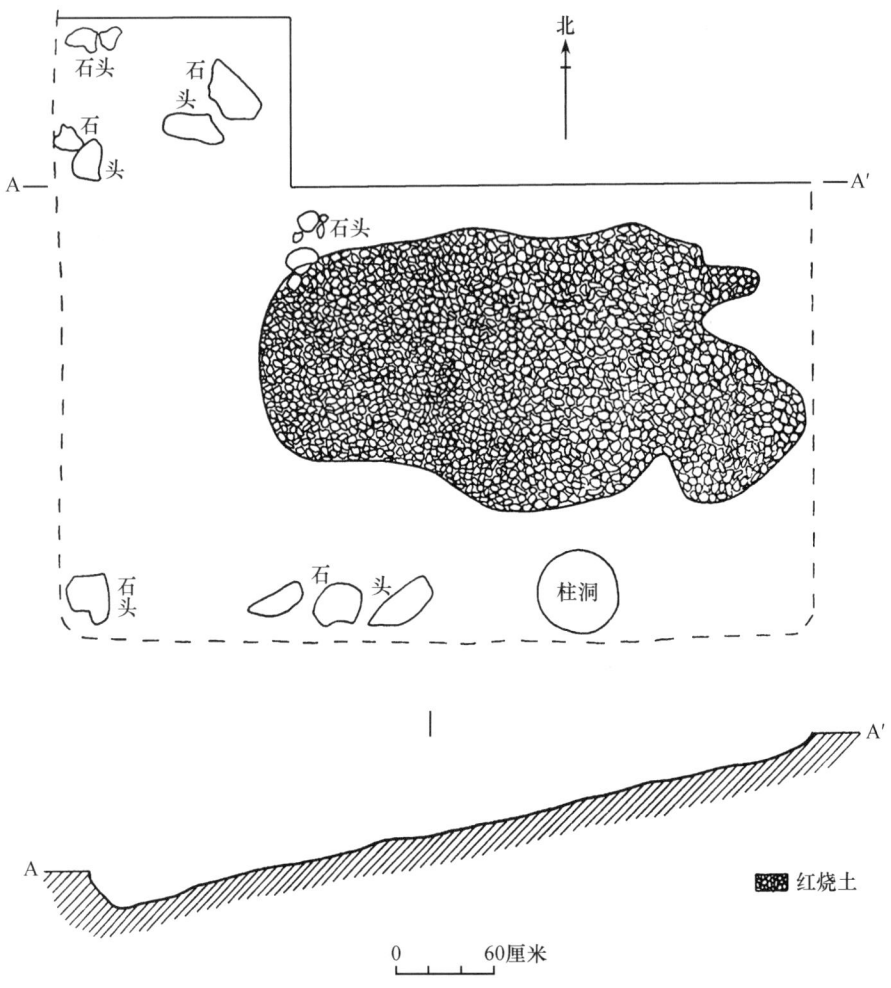

图5-20　酉阳清源遗址西周时期F8平、剖面图

径20、深22、打破基岩12厘米；D1、D2、D4、D5平面均为圆形，柱洞直径11~33、深14~45厘米，打破基岩5~25厘米。其中D2的底部平置圆饼形卵石一块，石块长30厘米。

房基内填土呈灰褐色，结构紧密，表面不平整，并夹有少量草木灰和红烧土。该房址之上的第5层中出土大量西周至春秋时期的遗物，因此，F1的建筑年代当在西周晚期至春秋初。

（2）在宜昌上磨垴遗址中另发现石墙基1处。该墙基位于1998年度发掘区的东南端，石墙基之上叠压西周至春秋时期的文化层。

整个墙基皆用大小不等的卵石垒砌，下部掘有宽1.75、深0.45米的基槽，卵石砌于基槽内侧。墙基已遭破坏，残存部分都在当年第4号探方的西南部，墙基平面略呈曲尺形，外角为弧形。

基槽外侧填有灰褐色土，并含有陶片和兽骨。经测量，墙基两侧方向为17°，南部残长4.1米，西部残长2.4、宽0.5、残高0.56米①（图5-22）。

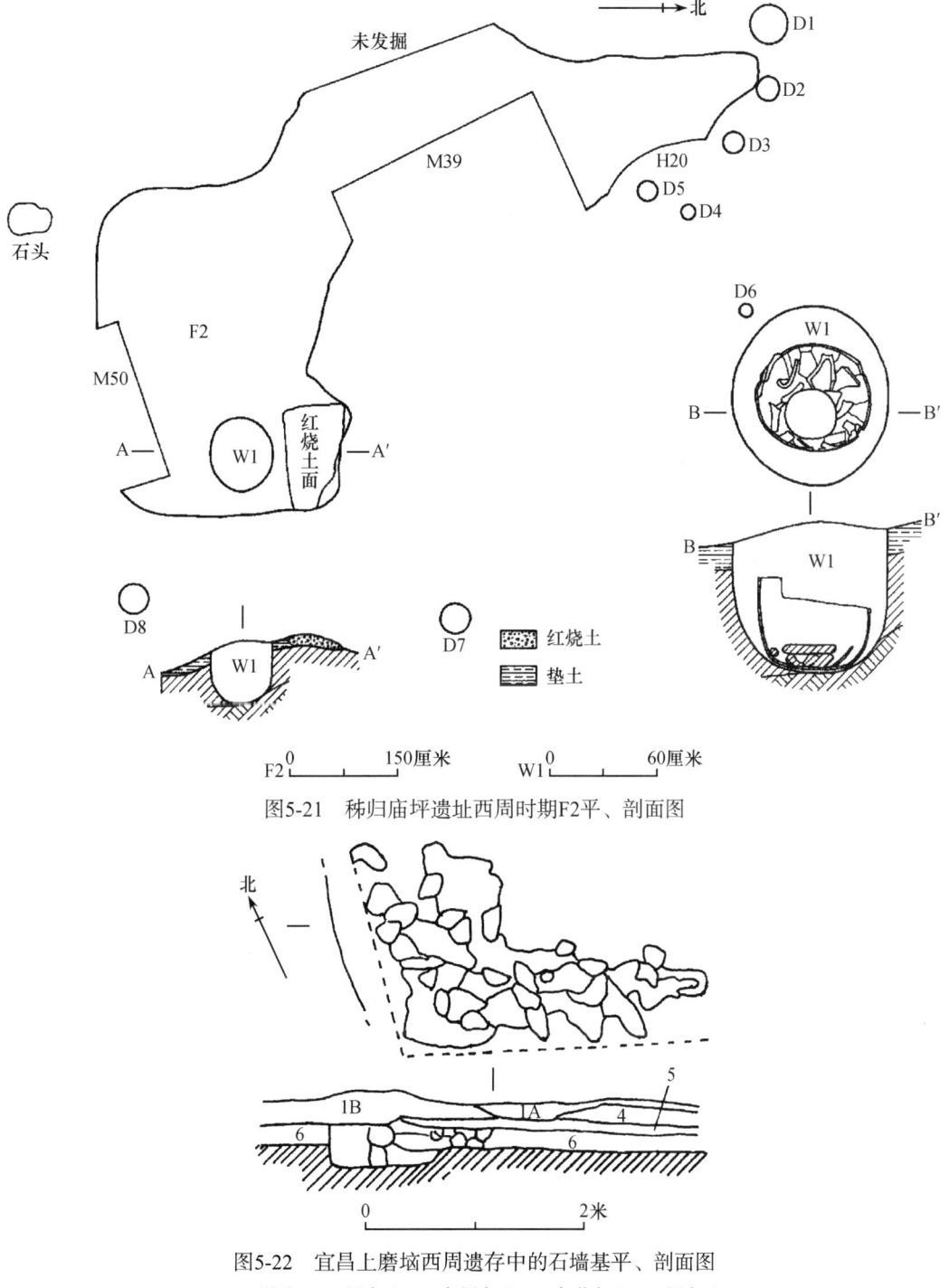

图5-21 秭归庙坪遗址西周时期F2平、剖面图

图5-22 宜昌上磨垴西周遗存中的石墙基平、剖面图
1A. 淤沙　1B. 褐色土　4. 灰褐色土　5. 灰黄色土　6. 褐色土

① 湖北省文物考古研究所：《湖北宜昌县上磨垴周代遗址的发掘》，《考古》2000年第8期。

石墙基所在层位与前述之F1一样，之上叠压着第5层，故其时代应在西周晚期至春秋早期。

二、西周时期的水利工程建设遗迹

1997年，中国社会科学院考古研究所长江三峡工作队在对巫山双堰塘遗址进行发掘时，于该遗址北区西部探方（T325、T330、T340）的偏西部位的第4层下砾石面上，发掘出沟槽1条和基本上呈一直线等距（孔距2～3米）排列的坑洞4个（图5-23）。其中T325内坑洞1个，T330内坑洞2个，T340内坑洞1个。据发掘简报记录，沟槽遗迹位于T325的东南角，部分伸入T325东隔梁南侧和南壁外。沟槽平面基本呈长条状，东南—西北走向，口大底狭，底部不平。揭露部分长2.1米、深0.6米。在沟槽两边尚堆积有当时开挖沟槽时形成的砾石堆。在沟槽的附近有4个与沟槽并排排列且呈东南—西北走向的坑洞，坑洞直径为0.26米（D1、D3、D4）和0.24米（D2），深0.3～0.55米。沟槽内填土及包含物与第4层中文化遗物相似，而第4层为西周文化层，故此沟槽应为西周遗存。

这一建筑遗迹较特别，分布在大宁河边上，沟槽和坑洞呈一直线排列，再加上在探方中发现了一些砾石堆积，据此，主持发掘者认为，"这些坑洞和沟槽的功能和用

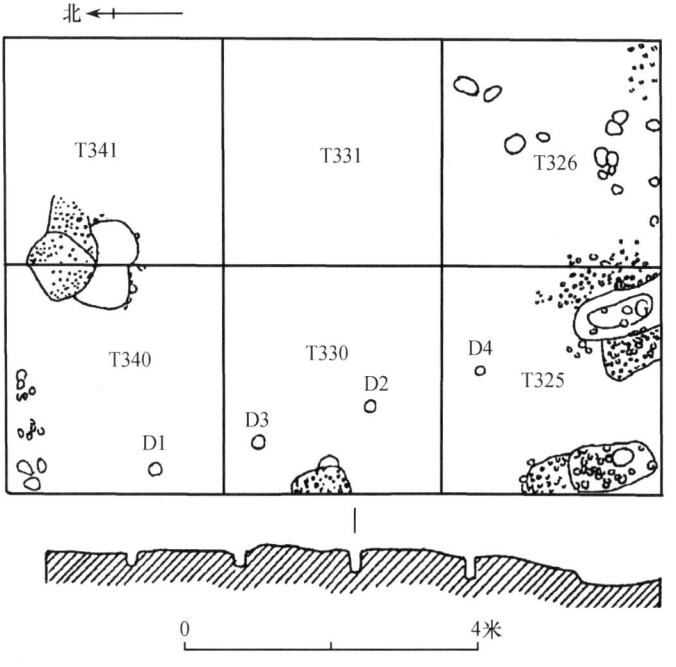

图5-23 巫山双堰塘遗址中的西周时期坑洞、沟槽（水利建筑遗迹）平、剖面图

途当与水边拦河设施最为密切",因而这一沟槽遗迹"也许是目前所知重庆地区最早的水利工程"①。对于此说,目前有关专家均持赞同意见。

三、西周时期的水田遗迹

1998年,西北大学三峡考古队、万州区文物管理所联合对重庆市万州区中坝子遗址进行了大规模考古发掘,共揭露遗址面积1250平方米。除在遗址地层中清理出了一批商周至明清时期的灰坑、墓葬、房址等遗迹外,还在该遗址的商周地层中发现了一些与农业种植有关的水田遗迹。现据发掘报告②的记载,将有关水田遗迹的资料简述如下。

水田遗迹发现于本次发掘的第二区第3层下及第4层的顶面之下,也有遗迹在第4层的底部。在第0601探方内,发现一片凹凸不平的水田耕作面,在这一耕作面上,清理出当时人们种田时遗留下来的脚印2个以及可能是耕田时遗留下来的牛蹄印6个。此外,还清理出1条水沟,沟的一侧有一小豁口,据发掘者推测,该豁口可能是排、放水口。在第0603探方内,发现有几条平行的断面呈"V"形的凹槽,在其中一凹槽旁清理出两个保存较好的人脚印。脚印前后排列,长约0.25米,间距约0.4米,脚印系同一个体的左、右脚印痕迹。据观察,这些凹槽可能是水田的犁沟遗迹。在第0702探方的中西部及0703探方的西南角,发现了有一定规律的灰白色圆点,这些圆点分布在有龟裂纹的灰色黏土上,清晰可见,据分析,这些圆点"可能是水田作物的植株遗痕"③。

该水田的各种遗迹在不少探方中都有发现,有的保存完好,有的已遭破坏。据从第3层中出土遗物如圜底罐、鬲、鼎、矮柄豆等的分析,这些遗物为峡江地区东周时期遗址中常见的器类。又据第4层中出土的遗物如宽肩小平底罐、角状尖底杯、尖底盏、瓠形器、豆形器、鸟首柄勺、鬶、碗等来看,这些器类和器形又是三峡地区商代、西周时期遗址中最典型的遗物。据此看来,水田遗迹的时代应为西周时期,但因有的遗迹发现于第4层的近底部(第4层似还可以分亚层),因此水田的部分遗迹应还可能属西周以前的商时期。也就是说,该水田有可能始建于商而沿用至西周。

---

① 王川平、刘豫川:《重庆库区考古报告集·1997卷》前言,科学出版社,2001年,第6页。
② 西北大学考古队、万州区文物管理所:《万州中坝子遗址发掘报告》,《重庆库区考古报告集·1997卷》,科学出版社,2001年,第351页。
③ 西北大学考古队、万州区文物管理所:《万州中坝子遗址发掘报告》,《重庆库区考古报告集·1997卷》,科学出版社,2001年,第351页。

四、春秋战国时期的房屋建筑遗迹

20世纪90年代以来，考古工作者在三峡地区陆续清理出一批东周时期的房屋建筑遗迹及与房屋建筑有关的建筑材料。在三峡地区发现了东周时期房屋基址的遗址，由东向西主要有宜昌前坪、三游洞、望洲坪、覃家沱、黄土包、上磨垴、秭归柳林溪、官庄坪、张家坪、东门头、白水河、巴东汪家河、巫山蓝家寨、柏树林、上阳村、涂家坝、跳石、丰节新浦、云阳李家坝、万州麻柳沱、中坝子、大地嘴、忠县中坝、丰都玉溪坪、石地坝、玉溪、涪陵石沱等。这一时期的房址与西周相比，面积更大，并出现了双间及三开间的房屋。房屋遗迹除柱洞、红烧土外，还发现了墙体、门道、灶坑等。房屋的建造技术更进步了，已开始出现用碎陶片夹砂铺垫活动面及砌筑木骨泥墙的技术。现择举几处典型房屋基址的资料简述如下。

1. 万州麻柳沱遗址

1998年，上海大学文物考古研究中心、万州区文物管理所联合对该遗址进行了大规模的考古发掘，在其东周文化层中清理出4座房址，编号分别为F1～F4。其中有两座为双间式房屋，两间为单间式房屋。F1保存较完好，面积也最大。现据发掘报告[①]将F1（图5-24）的资料做以下介绍。

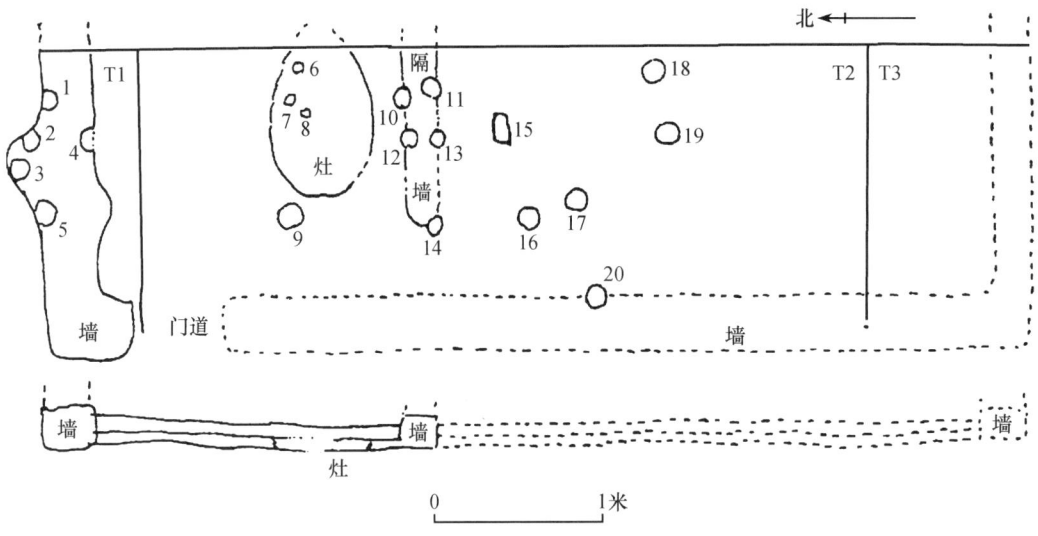

图5-24　万州麻柳沱遗址中的东周时期F1平、剖面图
1～5、9～14、16～20.柱洞　6、7.竖立的石块　8.小堆陶片　15.方整的石块

---

① 上海大学文物考古研究中心、万州区文物管理所：《万州麻柳沱遗址发掘报告》，《重庆库区考古报告集·1997卷》，科学出版社，2001年，第381～420页。

该房址位于B区的东南部，开口于F2第4层下，打破第5层。南北长6.75、东西残宽2米。平面呈长方形，南北向。四周都有墙体，除西壁为断崖所压，详细情况不明外，其余的东、南、北墙体残存情况如下。

东墙长5.4、墙厚0.35、残高0.35米。

南墙残长2、墙厚0.35、残高0.24米。

北墙残长2、墙厚0.25、残高0.35米。

房屋中间有一道呈东西向的隔墙，东端与东墙间留有0.46米的通道。在南墙两侧边缘处有柱洞6个，在房屋中间的隔墙内也发现了柱洞。柱洞底部垫有陶片，看来此墙的结构可能是木骨或竹骨夹泥墙。屋内也发现了9个柱洞，洞底绝大部分都用扁平绿色砾石垫底以充当柱础，少数用厚而平的石块作柱础，还有的柱洞两旁用陶片或石块加固。柱洞直径多在0.1~0.16、残深0.01~0.1米。

进屋的门道位于房屋的东南角，宽0.7米，面向开阔的长江。在房屋的南间内发现一呈不规则椭圆形的灶坑，灶坑底部内凹，呈锅底形，涂抹过白灰土，其上留有较厚的红烧土、炭粒、炭灰等物。在灶坑周围有烧骨及大量黏附着鱼骨和夹杂着动物骨头的炭屑和陶片。主持该遗址的发掘者认为，F1的南间应是煮食和进食的地方，北间为其他用途的生活用房。出门道后便是斜坡，在距探方东壁0.97米处的第5层内，发现一片用较大型的陶片平铺成的地面，其内还夹杂有兽骨、兽牙等一类杂物。

经对灶坑和居住面的解剖分析获知，灶坑和居住面可分为上、下两层，厚达0.24~0.35米，如此看来，该房址使用的时间较长，所以在下层居住面之上又曾进行过第二次修整，出现了上、下两层叠压的现象，并在灶坑处呈现出两层红烧土面。居住面的结构和构筑方法是，先平整原坡状地面，铺垫一层浅黄色沙土，夯实后再铺一层较纯净的黄褐色土，夯实并用火燎过，使之呈淡淡的红褐色，最后再铺涂白灰面土。第二次修整时，在下层居住面上铺一层纯净的黄褐色土，夯实并用火燎后再铺涂白灰面土[①]。

由于遗址的第4、5层为东周文化层，因此该房屋遗迹应为东周时期建筑遗迹。

2. 忠县中坝遗址

该遗址面积较大，共有5万多平方米，是三峡地区保存较好的一处重要遗址。早在20世纪50年代，文物考古工作者就曾对该遗址进行过试掘。20世纪90年代，四川省文物考古研究所先后对该遗址进行了数次大规模发掘。1997年，考古工作者在中坝遗址的东周文化层中清理出房址38座，其中22座暴露面积较少或破坏严重，全部揭露或能推测出形状的仅16座。现据发掘报告[②]简述如下。

---

① 上海大学文物考古研究中心、万州区文物管理所：《万州麻柳沱遗址发掘报告》，《重庆库区考古报告集·1997卷》，科学出版社，2001年，第393页。

② 四川省文物考古研究所、忠县文物保护管理所：《忠县中坝遗址发掘报告》，《重庆库区考古报告集·1997卷》，科学出版社，2001年，第559~609页。

这批房址皆为地面式建筑。其建筑方法是先在一相对较平的地面上铺一层或几层含碎陶片或砂的垫层，然后在垫层上做屋面。层面都经过加工处理，方法主要有两种：其一是经多层处理，层面形成硬度很高的硬面，表面光滑，坚硬如石；其二是无硬面，材料似沙质土，层面紧密、板结，但硬度比前者要低一些。

房址平面形状多为长方形，少量为方形，屋面多不平整，均不见灶坑遗迹，部分房址内有用火痕迹。除少量房址保存有隔墙和少量檐墙外，其余绝大多数不见檐墙。柱洞多少不均，大小不一，分布不匀，无一定规律。从清理出的房址朝向看，门多朝东南方向，即甘井沟河的下游（忠县城关镇）方向。下面以F15为例说明。

F15是一座三开间房屋，位于1997年度发掘区的中部，大部分在T0501内，叠压在第17层下。东北距F19约4米多，西北距F39约6.5米。三间房之间系用碎陶片夹砂铺垫而成的活动面。整体上看，F15是一座长方形的地面式建筑，全长8.2、进深4.5米，方向145°，明间宽2.2、左梢间宽2.7、右梢间宽2.4米。门开在左梢间，宽0.75米。墙体基址仅存明间前一小段，宽20~25、残高2~5厘米，为灰白土垒筑，干燥，极紧，含细碎陶片和少量灰烬。明间与左右梢间靠前墙处还各有一段隔墙，均残长120、残高2~10、宽15~20厘米。隔墙为木骨泥墙，系先在地上挖一宽20厘米的基槽，再在墙槽上立柱而做成木骨泥墙。居住面经过处理，系先在一稍斜的地面上垫四层垫料，垫料为含碎陶片的砂土，垫平后再在垫料上做居住面，屋面光滑，极硬如石（图5-25）[①]。

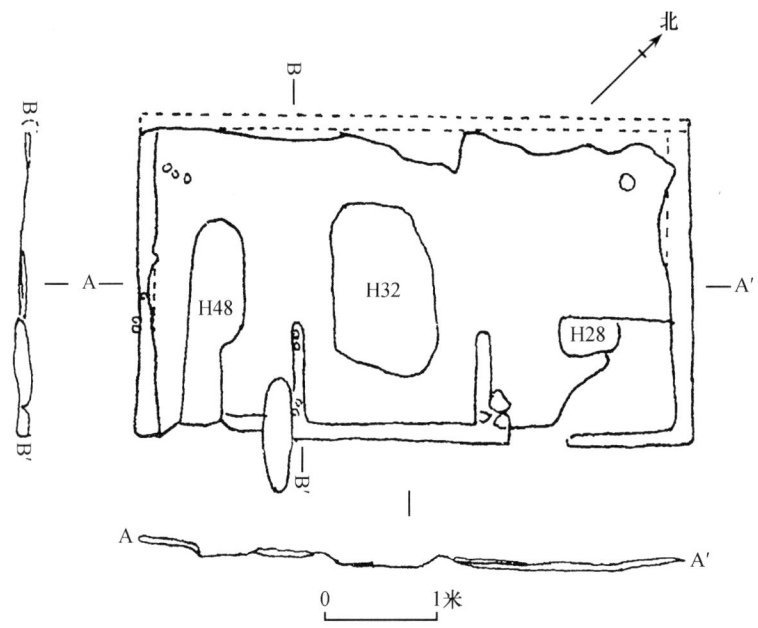

图5-25　忠县中坝遗址中的东周时期F15平、剖面图

---

① 四川省文物考古研究所、忠县文物保护管理所：《忠县中坝遗址发掘报告》，《重庆库区考古报告集·1997卷》，科学出版社，2001年，第564页。

五、西周、东周时期的瓦材

自20世纪五六十年代以来,文物考古工作者陆续在三峡地区调查发现了一大批西周和东周时期(以下简称两周时期)的人类居住遗址,特别是1997~2007年,来自北京等地考古工作者及一些高校师生对三峡地区100余处两周时期的人类居住遗址进行了大规模的考古发掘,所取得的考古成就尤为突出。在这些两周时期的遗址中,发现了较多的陶制建筑瓦材,类型主要有板瓦、筒瓦和瓦当,出土的地点主要有三峡东部地区的宜昌覃家沱[1]、兴山陈家湾[2]、甘家坡[3]、秭归河坎上[4]、张家坪[5]、柳林溪[6]、巴东前进滩[7]、学堂包[8]、汪家河[9]、吴家坝[10]、巫山双堰塘[11]、冬瓜包[12]、涂家坝[13]、林家

---

[1] 湖北省博物馆:《宜昌覃家沱两处周代遗址的发掘》,《江汉考古》1985年第1期。

[2] 宜昌地区博物馆、兴山县王昭君纪念馆:《兴山县古文化遗址调查简报》,《江汉考古》1987年第1期。

[3] 咸宁市博物馆:《兴山县甘家坡遗址发掘简报》,《湖北库区考古报告集》(第四卷),科学出版社,2007年,第502~504页。

[4] 湖北省文物考古研究所:《秭归河坎上遗址发掘简报》,《湖北库区考古报告集》(第二卷),科学出版社,2005年,第341页。

[5] 湖北宜昌博物馆:《秭归张家坪遗址发掘的报告》,《湖北库区考古报告集》(第二卷),科学出版社,2005年,第453页。

[6] 湖北省博物馆江陵考古工作站:《1981年湖北省秭归县柳林溪遗址的发掘》,《三峡考古之发现》(一),湖北科学技术出版社,1998年,第102页。

[7] 恩施自治州博物馆:《巴东前进滩遗址发掘简报》,《湖北库区考古报告集》(第一卷),科学出版社,2003年,第195页。

[8] 湖北省文物考古研究所:《巴东学堂包遗址发掘报告》,《湖北库区考古报告集》(第二卷),科学出版社,2005年,第248页。

[9] 武汉大学考古学系、湖北省文物局三峡办公室:《湖北巴东县汪家河遗址的发掘》,《考古》2003年11期。

[10] 襄樊市文物考古研究所:《巴东县吴家坝遗址(西区)2006年发掘报告》,《湖北库区考古报告集》(第四卷),科学出版社,2007年,第274页;湖南省怀化市博物馆、株洲市博物馆:《巴东县吴家坝遗址发掘报告》,《湖北库区考古报告集》(第四卷),科学出版社,2007年,第323页。

[11] 中国社会科学院考古研究所长江三峡工作队、巫山县文物管理所:《巫山双堰塘遗址发掘报告》,《重庆库区考古报告集·1999卷》,科学出版社,2006年,第103、104页。

[12] 南京博物院考古研究所、重庆市文物局、巫山县文物管理所:《巫山冬瓜包遗址发掘报告》,《重庆库区考古报告集·2001卷》,科学出版社,2007年,第62、63页。

[13] 中山大学人类学系、重庆市文物局、巫山县文物管理所:《巫山涂家坝遗址发掘报告》,《重庆库区考古报告集·2000卷》,科学出版社,2007年,第224、225页。

码头①（图5-26）；三峡西部地区的奉节新浦②，云阳李家坝③，万州中坝子④，忠县中坝⑤、哨棚嘴⑥，涪陵石沱⑦等（图5-27）。

为了描述方便，根据瓦材的特征，本节中我们将板瓦和筒瓦的凸面称为外面，凹面（里面）称为内壁，并从以下几个方面进行介绍和分析。

1. 瓦材的发现与演变

从目前三峡地区发现的西周遗址来看，虽然其中不少遗址中都发现了房屋的建筑遗迹，但多数不见瓦材，仅在涪陵石沱和巫山双堰塘两处遗址中，有零星发现。据这一现象分析，当时生活在三峡地区的先民们仍以传统的草料等植物作为屋顶的遮盖物，只有极少数身份较高的人士才可能使用瓦材。春秋战国时期，瓦材的使用开始增加，但在三峡地区一些春秋战国时期的人类居住遗址中，发现的大多只是一些与房屋建筑有关的红烧土、柱洞、柱础石等，而瓦材少见，这说明此时期人们对瓦材的使用虽逐渐增多但还没有真正推广至普及的程度。若从目前三峡地区出土的两周时期瓦材的数量来看，板瓦的数量要多于筒瓦，而瓦当则只在少数东周时期的遗址中有见，且数量不多。

上述涪陵和巫山的两处西周遗址中发现的瓦材主要是板瓦，陶质为泥质和夹砂，陶色为灰和青灰。东周时期各遗址中出土的瓦材则主要是板瓦、筒瓦和瓦当，陶质也为泥质和夹砂，以泥质陶为主。据统计，在泥质陶和夹砂陶中，泥质陶约占70%。夹

---

① 中山大学人类学系、重庆市文物局、巫山县文物管理所：《巫山林家码头遗址2001年发掘报告》，《重庆库区考古报告集·2001卷》，科学出版社，2007年，第106~108页。

② 吉林大学考古学系、奉节县白帝城文物管理所：《奉节新铺遗址发掘报告》，《重庆库区考古报告集·1997卷》，科学出版社，2001年，第176、177页；吉林大学考古学系、奉节县白帝城文物管理所：《奉节新铺遗址发掘简报》，《重庆库区考古报告集·1998卷》，科学出版社，2003年，第254页。

③ 四川联合大学历史系考古专业：《1994~1995年四川云阳李家坝遗址的发掘》，《四川大学考古专业创建三十五周年纪念文集》，四川大学出版社，1998年，第399页。

④ 西北大学考古队、万州区文物管理所：《万州中坝子遗址发掘报告》，《重庆库区考古报告集·1997卷》，科学出版社，2001年，第371页。

⑤ 四川省文物考古研究所、忠县文物保护管理所：《忠县中坝遗址发掘报告》，《重庆库区考古报告集·1997卷》，科学出版社，2001年，第594~596页。

⑥ 北京大学考古文博院三峡考古队、重庆市三峡库区田野考古培训班、忠县文物管理所：《忠县瓦井沟遗址群哨棚嘴遗址发掘简报》，《重庆库区考古报告集·1997卷》，科学出版社，2001年，第654页。

⑦ 北京市文物研究所三峡考古队、重庆市涪陵区博物馆：《涪陵石沱遗址发掘报告》，《重庆库区考古报告集·1998卷》，科学出版社，2003年，第837页。

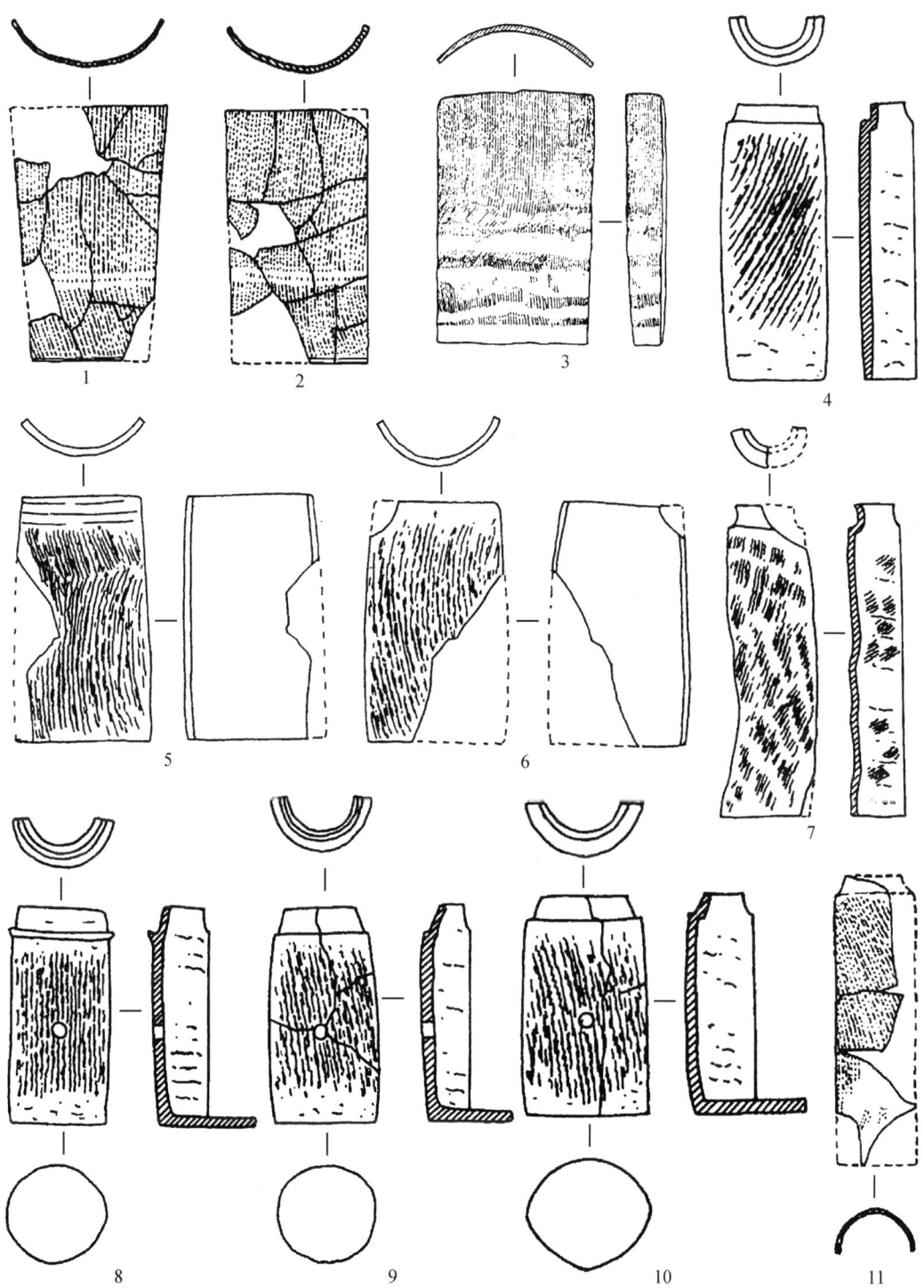

图5-26 三峡东部地区东周时期的板瓦、筒瓦

1~3、5、6.板瓦 4、7~11.筒瓦

（1、2、11出土于巴东汪家河遗址，3出土于秭归柳林溪遗址，4~10出土于长阳外村里遗址）

砂陶又有夹细砂和夹粗砂之分。泥质陶的陶色多为灰、黄、黑，夹砂陶的陶色主要有灰、褐、青灰、红胎灰陶等。从西周遗址中出土的一件复原的板瓦尺寸来看，一般长47、宽32.2～36.2、拱背高6、厚1.2厘米。东周遗址中出土的板瓦数量相对较多，板瓦尺寸一般长44.5～54、宽22～35、拱背高2～9、厚0.8～1.5厘米。西周时期的板瓦表面均为绳纹，内壁纹饰有绳纹和素面两种；东周时期的板瓦表面仍以绳纹为主，内壁纹饰多种，主要有绳纹、凸点纹、圆点纹、菱形纹、篾印纹、拍印纹、方格纹、麻点状窝纹、布纹等。西周时期筒瓦少见，仅发现零星残片；瓦当至今没见有信息公布。东周时期的筒瓦出土数量较多，长多在28.5～44.8、宽多在8.8～16.8、拱背高在1.2～8、厚在0.8～1.7厘米。从目前仅搜集到的几处战国时期遗址中的瓦当材料来看，其规格比较一致，宽一般为14或15、高6或7.5、厚1.6厘米（图5-27）。从三峡地区东周遗址中出土的瓦材数量相对较多的情况来分析，可以说，东周时期的制瓦技术较西周时已有了一定的发展和创新，或者说，这一时期三峡地区的制瓦技术受到了外来制瓦技术的影响。

2. 瓦材的制作工艺及技术特点

三峡地区考古发现的两周时期的板瓦，形状一般为一端窄一端宽，纵截面呈梯形，端部较薄或端部有瓦楞状头。这种设计可能是为了让两块板瓦之间的衔接更加紧密。东周时期的筒瓦结构大致与板瓦相同，但新出现了用瓦钉来加固筒瓦的现象，如在三峡地区的奉节新浦、巫山冬瓜包、秭归柳林溪、长阳外村里等遗址中，都发现了这种带瓦钉的筒瓦。还有一些筒瓦，以尾端收成榫状或前端有瓦舌或束颈、侈口等，这样的结构都是筒瓦衔接方式的创新，能起到加固的作用。

两周时期的板瓦、筒瓦，表面一般都有或粗或细或深或浅并伴有弧度变化的绳纹。这种在瓦材表外饰绳纹的做法，除了有装饰和加固瓦材的作用外，还具有利于散水的功能。一般而言，我们通常见到的瓦材内壁的纹饰往往都是内模垫物遗留下的痕迹。如果按有些学者研究的结论，认为瓦材内壁纹饰的出现是制瓦技术改进的反映的话，那么可以说，此时期这种内壁上饰纹饰的瓦材，其制作技术只是将外模制造技术经改进后用到了内模的制造上。而使用内模垫物技术的改进，主要是为了使瓦材更完好并更容易从内模中分离出来。因此，我们通常见到的瓦材内壁上的布纹，则往往是内模垫物改用麻布后遗留下的痕迹。这种用麻布在内模上作垫物的制瓦技术，被研究者认为是当时比较先进的一种制瓦工艺。

通过对三峡地区两周时期瓦材上纹饰的介绍可知，考古发现中通常见到的那些瓦材上的纹饰并非都是有意装饰的，而更多的（尤其瓦材内部）则是当时制瓦工人在制作时无意识遗留下的痕迹。

瓦材的发明和制造是在制陶工艺一步步向前发展的情况下对建筑材料的一个重

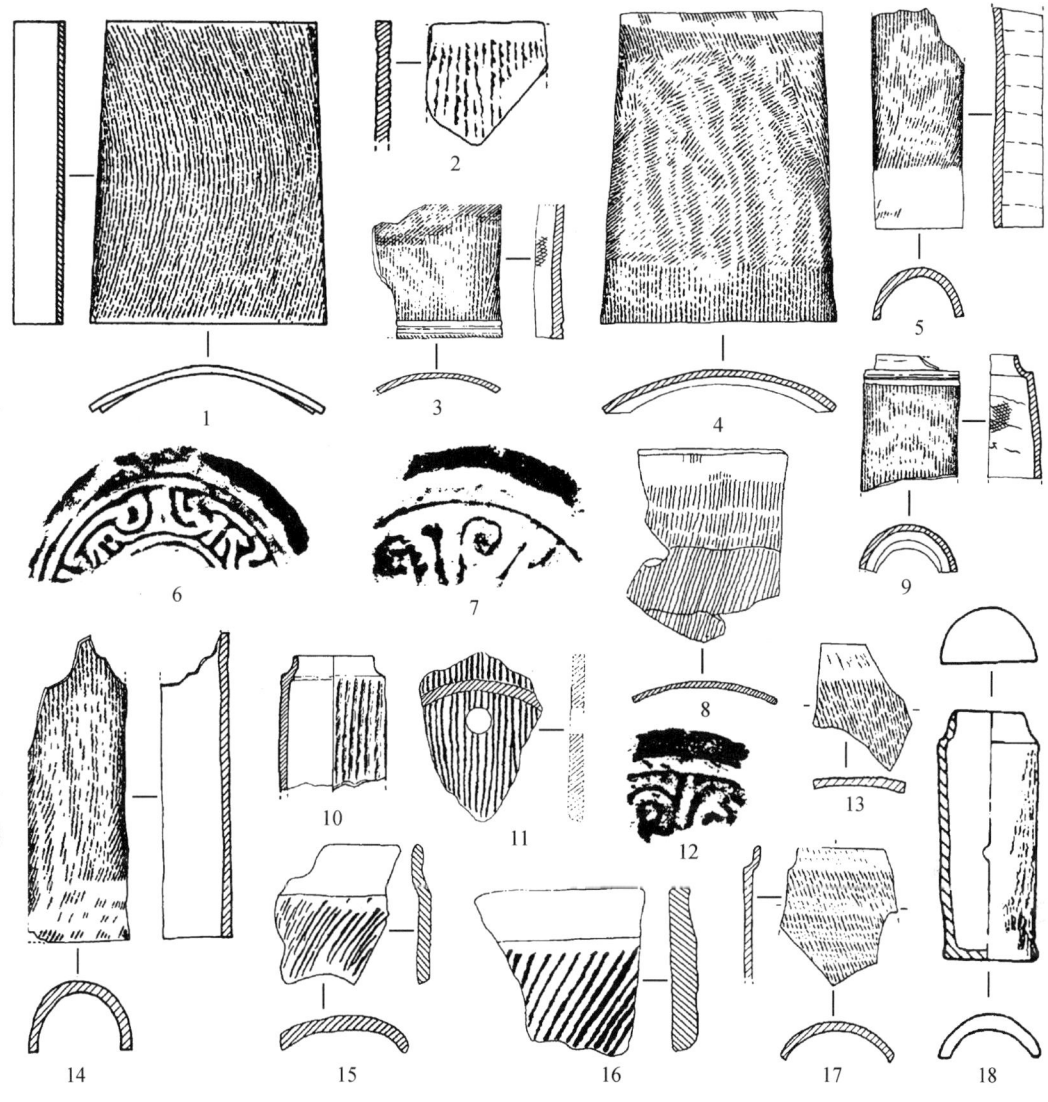

图5-27 三峡西部地区西周、东周时期的板瓦、筒瓦

1~4、8、11、13、15~17. 板瓦 5、9、10、14、18. 筒瓦 6~7、12. 瓦当拓片

(1出土于巫山双堰塘遗址, 2出土于涪陵石头遗址, 3~5、9、14出土于巫山林家码头遗址, 6、7、12、18出土于巫山冬瓜包遗址, 8、13、17出土于万州中坝子遗址, 10、11、15、16出土于奉节新浦遗址; 1、2为西周时期, 余为东周时期)

大改革和突破。瓦材的使用大大改善了房屋的遮盖功能,使得房屋的保存时间得以延长,同时也使得人们的居住环境更为舒适。尽管目前在三峡地区发现的两周时期的瓦材数量还不是太多,但其发展序列却非常清晰,从时代最早的西周时期的涪陵石沱遗址、巫山双堰塘遗址,到东周时期三峡地区的多处遗址中,都发现有瓦材,可见西周时期三峡地区的先民们在社会实践中已开始摸索制造或者学习其他民族的技艺来制造瓦材了,此后在逐渐认识到陶制瓦材的优势后,这一技术在东周及其后得到了推广和普及。

六、归纳和认识

通过上述介绍，我们大致了解到，在西周、春秋战国时期，三峡地区的房屋建筑形式及建筑材料基本上沿用了夏商时期的建筑形式及材料，但在继承的基础上有所发展。值得一提的是，西周时期的遗迹中还发现了水田建设遗迹及水利工程遗迹各一处。对于这些遗迹我们做如下归纳并阐述以下认识。

第一，房屋建筑遗迹的分布。西周、春秋战国时期，三峡地区的人们基本上仍住在原来靠近江河、湖泊的平原或丘陵地带，这可以从三峡地区的遗址地层堆积中自新石器时代至春秋战国时期层位依次叠压的现象得到证明。此外，房屋建筑遗迹数量增多，虽然目前见诸报告的西周时期房屋遗迹还不多，但却发现了大量春秋战国时期的房屋遗迹，它们沿长江及其支流沿岸分布。比如，在中坝遗址东周地层中清理出的38座房址，其分布情况即是如此。

第二，这一时期的房屋建筑形式同夏商时期的一样，仍然以地面式建筑为主。其建筑方法仍然是先修整房基和地面，再铺垫一层红烧土，有的甚至铺好几层红烧土，以保持地面的硬度和室内的平整。其后再在四周挖墙基沟槽，槽内栽立木桩，并用泥料掺和红烧土填实。接着再在墙基上用竹片、竹竿、木杆、木条等编扎成墙壁并抹上泥，且用火烘烤使墙体坚硬、牢固、防水防潮。最后在室内设置灶坑及栽立房柱，使整个房屋框架结实、牢固，再在架好的房梁上覆盖屋顶。

除上述地面式建筑形式外，还有以下两种形式。

一种是在一些断岩和斜坡处架设的"干栏式建筑"。在三峡地区一些断崖和斜坡处的周代居址中，常发现一些柱洞，它们一般都是这类"干栏式建筑"留下的遗迹。一些居址江边的基岩上，柱洞明显可见，有的甚至成排分布，柱洞附近一般不见红烧土，有红烧土者零星。这些柱洞的直径多在0.18~0.26米，深多在0.1~0.3米。

另一种是砌筑了"墙基石"的建筑。这种建筑是先在墙体的下端包括墙基槽内用石块垒成墙基（一般宽约0.5、高0.4~0.6米），然后在墙基石上垒筑夯打黄泥黏土，形成拥有墙基石的"干打垒"墙体，最后再在墙体上架梁、盖顶而完成房屋。不过估计当时的这种房屋一般不会太高。这种形式的建筑墙体在现今三峡地区仍随处可见，只是现在墙体下端的石块会砌筑得更高一些，有的甚至会达到1米以上，还有的整个墙体全部都用石块砌成。三峡地区这种形式的建筑早在商代遗址的地层中就已经有所发现了[①]。

---

① 杨权喜、陈振裕：《长江西陵峡北岸的几处商周文化遗址》，《中国考古学年鉴·1985》，文物出版社，1988年，第186页。

第三，出现了新的建筑材料。这一时期的房屋所用的材料与夏商时期差别不大，除了红烧土、石块、白膏泥、碎陶片、竹木、黄泥等，房屋建筑中已开始使用板瓦和筒瓦。在巫山双堰塘遗址中即发现了西周时期的板瓦和筒瓦。另在秭归柳林溪、巴东汪家河、奉节新浦、云阳李家坝、万州中坝子、忠县中坝、涪陵石沱等遗址中都发现了东周时期的板瓦和筒瓦。

第四，房屋设施。这一时期的地面式房屋建筑多设有居住面、门道、灶坑、墙体，有的在屋内还放置陶瓮作为盛储工具。

第五，多间式房屋。从夏商时期开始，地面式建筑已有两间或多间式，根据房内遗物来看，这一时期人们的房屋建筑已经有了功能分区，有的用于居住，有的用于煮食和进食。

第五节　城市（址）建筑遗迹

截至目前，无论是在瞿塘峡以东的楚国管辖区，还是在瞿塘峡以西的巴国版图内，至今不见春秋、战国时期（包括商至西周）城垣遗迹的信息披露。但在长江西陵峡东部的两湖地区，考古发现的春秋、战国（以下称东周时期）时期的城市遗迹十分密集，这些东周时期的古城，一般都曾有高大的城垣，在城垣外有城壕。那么，在三峡地区有没有像两湖地区东周时期那样有城垣、有城壕的城址遗迹呢？虽说各类历史文献中屡有关于三峡地区西周、东周时期城址的记载，文物考古作者也为寻找这些城址遗迹做了大量的工作，然其城址遗迹的情况是，有的与历史文献中记载大致相符，但有些城址却与文献中记载出入较大。下面，我们结合历史文献的记载，从考古发现的角度将两周时期城址介绍如下。为了叙述方便，我们将发现的该地区汉代城址遗迹也纳入其中介绍。

一、秭归"丹阳城"

自晋以来，历代史学家在其著述中都对三峡地区的古城遗迹有过记载，其中最著名且最有影响的城址当属西陵峡地区秭归鲢鱼山早期的楚国"丹阳城"了。如《山海经注·海内南经》记云："夏后启之臣曰孟涂，……居山上，在丹山西。"郭璞注称："今建平郡丹阳城秭归县东七里，即孟涂所居也。"北魏郦道元的《水经注》卷三十四《江水篇》载："故《宜都记》曰：'秭归，盖楚子熊绎之始国。'……丹阳城，城据山跨阜，周八里二百八十步。东北两面，悉临绝涧。西带亭下溪，南枕大江，险峭壁立，信天固也。楚子熊绎始封丹阳之所都也。"即是说，西周时期，楚国的都城"丹阳城"在秭归县境，具体地点在"秭归县东七里"。此说对后世影响很大，后来的范晔《后汉书·南蛮列传》、唐代《括地志》《元和郡县志》、杜佑《通典》以及直至清代的杨守敬《水经注疏》等，都持"丹阳城"在秭归的观点。

为探索秭归鲢鱼山是否是西周时期楚国丹阳城的所在地，自20世纪七八十年代以来，不少学者纷纷来到秭归，对鲢鱼山遗址进行实地调查，特别是湖北省的文物工作者，已对鲢鱼山遗址进行过多次调查、勘探和发掘。鲢鱼山遗址东西长80、南北宽50米，分布范围约4000余平方米，地层厚约1.5米。遗址范围内不见任何城址遗迹的线索，为一般性人类居住遗址，文化层也较薄，出土遗物也不太多。遗物中能辨别出的器形主要有敛口罐、侈口罐、灯形器、小平底钵、壶、豆、尖底杯（羊角杯）等，这些器类应是典型的商至西周时期的巴人遗物。显而易见，秭归鲢鱼山遗址应是一处早期巴人的居住遗址。在峡江地区，像鲢鱼山这样的早期巴人遗址多有分布，遗址中亦均不见有西周时期（包括东周时期）的楚人遗物，这一人类居址所处的时代早于诸多史籍中记载的"楚都丹阳城"的历史。

鲢鱼山遗址的地形为一较陡的山坡，前有长江，后有高山，土地相当贫瘠，不利于人类居住。因此，从该遗址分布面积小且文化堆积薄，文化遗迹、遗物也不丰富，尤其出土遗物又与西周楚文化无涉等迹象来看，鲢鱼山遗址不可能是楚都"丹阳城"[①]。关于这一点，专家们已取得一致意见。

二、宜昌"夷陵城"

战国时期，楚于西部设军事重镇"夷陵城"。《史记·六国年表》记载："秦拔我郢，烧夷陵。"[②]唐司马贞《史记索隐》解释："夷陵，陵名，后为县，属南郡。"[③]张守节《史记正义》也解释："夷陵，今峡州郭下县。"[④]又南朝刘宋史学家范晔《后汉书》卷一《光武帝纪》"田戎起夷陵"句，李贤等注解称：夷陵，"县名，属南郡。有夷山，故曰夷陵，今峡州县也，故城在今县西北"[⑤]。据文物考古发现资料，在宜昌城西北的前坪一带分布着数万平方米的东周时期楚文化遗址，一些山包上分布着数百甚至上千座战国至两汉时期的墓葬，20世纪七八十年代，考古工作者在

---

① 杨权喜、陈振裕：《秭归鲢鱼山与楚都丹阳》，《江汉考古》1987年第3期。
② 《史记》卷十五《六国年表》，中华书局，1982年，第742页。
③ 《史记》卷四十《楚世家》，中华书局，1982年，第1735页。
④ 《史记》卷七十三《白起王翦列传》，中华书局，1982年，第2332页。峡州，即今宜昌。
⑤ 《后汉书》卷一《光武帝纪》，中华书局，1965年，第16页。

这一地带共发掘出战国至两汉时期的墓葬多达200余座。

据研究，所谓的战国"夷陵城"旧址，其地应该就在现葛洲坝淹没区的宜昌西北前坪一带。在前坪第一级台地上距地表深约1米的地层中，曾出土过一些周代楚文化遗物如残陶片等，其中不少遗物极有可能就是当时夷陵城居民用过后遗留下来的一些日常生活用具。战国时期，楚国在西陵峡出口处的前坪筑"夷陵城"以防范西部的巴、蜀袭扰，进而将此作为进出三峡的"大本营"，应是一种必然的战略考虑。楚由此西征巴蜀，可从这里得到军事物资的补给，若前方作战失利，便可退而据守西陵峡。

然而，这座距今2000多年前筑于西陵峡出口处的"夷陵城"也无城垣遗迹可寻。据考古调查资料，不仅在前坪，甚或在整个宜昌城市区域，皆不见古代"城垣"的遗迹。即使在宜昌地区的范围内，汉以前的"城垣"遗迹，除在东部沮漳河流域多有发现以外，其他地方亦不见。因而考古学研究认为，当时的夷陵城应该是由一种简易的"木栅栏"构筑的堡寨式城池。秦将白起拔郢，火烧"夷陵城"，此后再经长江洪水及暴雨的冲刷，千百年后也就很难找到城垣故址了[①]。

三、秭归"楚王城"及巫山"楚方城"

在秭归归州城对岸的长江南岸也传说有"楚王城"，此说在史学界已流传千余年。《水经注·江水》记载："江水又东迳城北，其城凭岭作固，二百一十步，夹溪临谷，据山枕江，北对丹阳城。"[②]类似的记载还见于其他史籍。这些记载中所说的"楚王城"，其地即在长江南岸的郭家坝镇楚台山下。

据考古资料，秭归江南郭家坝镇楚台山下确实有一座古城遗址，其城垣至今尚存。城垣南北长930、东西宽210米，总面积约0.2平方千米。城垣残高2.7米（最高处），残宽2米（最宽处）。城垣外侧系用石块垒砌而成，内侧用泥土填实并经夯打。经对城垣解剖，获知城垣共有三个层位。第四层为没有动过的黄色沙土；第三层中出土遗物较少，仅是一些红色碎陶渣，分辨不出其时代特征；第二层中的出土遗物主要是南北朝时期的褐色釉陶片和灰色绳纹瓦片等。在城址内采集到的一些遗物标本仅有一件石斧，时代约属于新石器时代晚期，其余均为南北朝及以后的绳纹板瓦、筒瓦、釉陶片、瓷片等。不仅西周时期的遗物不见，而且南北朝以前各历史阶段的遗物亦基本不见[③]。

由上述资料可见，典籍中记载的所谓"楚王城"，其始建年代最早也只能是南北

---

① 杨华：《战国时期楚"夷陵城"考辨》，《三峡大学学报》2003年第3期。
② 丹阳城，旧说即鲢鱼山遗址。
③ 湖北省博物馆江陵考古工作站：《秭归楚王城勘探与调查》，《江汉考古》1988年第4期。

朝时期。这样，所谓楚台山下的"楚王城"应为南北朝时期的城址遗迹。该城在明代时，又在南北朝至宋代夯土建筑的基础上用石块进行了维修。由此可见，过去史家认为"楚王城"为周代城市的观点不能成立。

《战国策·楚策》记载："楚地西有黔中、巫郡。"这是说，战国时期楚国在三峡地区设有"巫郡"。《盐铁论·险固》说，战国时期，"楚自巫山起（筑）方城，属巫、黔中，设扞（捍）关拒秦"①。书中明指，为军事需要，战国时期楚国在巫山建筑过"方城"。但近些年来，中国社会科学院考古研究所三峡考古队、湖南省文物考古研究所、吉林大学考古系、南京故宫博物院、重庆市博物馆、成都市文物工作队等文博科研单位已对巫山地区进行过无数次调查勘探和考古发掘，却不见有东周时期城垣遗址的蛛丝马迹。因此，有关楚国在三峡地区设置的"方城"，其地何在，其城何形，至今仍不得而知。

四、重庆"江州城"

瞿塘峡以西地区的古城，当然要数重庆古城了。据文献史籍记载，重庆在东周时期为巴国的都城，巴人曾活跃在两湖及长江三峡地区，后因西周时期楚国势力日益强大，巴人才被迫迁移到今重庆主城及其周边地区。

重庆最早的地名为"江州"，《华阳国志·巴志》记述："郡治江州……地势侧险，重屋累居，数有火害。"②扬雄《蜀都赋》称："分江并注，合乎江州。"

重庆自古以来为西南重镇，公元前314年，张仪置巴郡，筑江州城。20世纪50年代后期，在重庆一号桥曾出土过东汉方砖，其上模印"江州庙宫"四字，可见重庆为上千年古城当无疑义。尽管史籍中对"巴子城""江州城"等屡有记载，在渝中区的朝千路、南岸区的广阳坝等地亦屡有战国巴人墓葬发现，并且出土了一些青铜礼器，在渝中区民主路还有战国时期的巴蔓子墓③以及一些战国时期等级较高的墓葬等，但至今却仍不见有战国以前的古城垣遗迹。

除巴子时期的巴人曾都"江州"以外，巴人还曾"或治垫江（今合川），或治平都（今丰都），后治阆中（今阆中），其先王陵墓多在枳（今涪陵）"④。据史家研究，有关史籍记载的所谓"五都"是巴国于战国时期先后在巴版图内建立的都城，但"五都"城址究竟在哪里呢？因至今未见一座相关的城垣遗迹，故所谓"五都"也仍

---

① 《盐铁论校注》卷九，中华书局，1992年，第526页。
② （晋）常璩撰，任乃强校注：《华阳国志校补图注》，上海古籍出版社，1987年，第20页。
③ 刘豫川：《重庆文物总目》，西南师范大学出版社，1996年，第252页。
④ （晋）常璩撰，任乃强校注：《华阳国志校补图注》，上海古籍出版社，1987年，第20页。

是一个谜。

巴建国较早,商代已见诸经传,周武王伐纣时,巴国派出了强大的军队以协助征伐,周武王以其宗姬封于巴。《左传·昭公九年》记载:"巴、濮、楚、邓,吾南土也。"巴国名列首位,更显示出了巴国当时的实力。因此,作为当时雄踞南方的巴国,其版图上没有城市如国都、城邑一类,恐怕是不现实的。我们知道,国都一般为一个国家政治、经济、军事、文化的中心,因此在周代尤其在东周时期,各诸侯国无论春秋五霸还是战国七雄,都有"国都"且国都必为"邑"(即城市)。史家认为:"凡邑有先君宗庙之主曰都,无曰邑。邑曰筑,都曰城。"①因此我们认为,巴国是应该有城的,而且城市还不止一两座,而应有多座。那么,巴国既然有城市,但为什么不像三峡东部两湖地区同时期的楚国城市那样有高大的城墙遗迹存在呢?针对这一问题我们做如下讨论。

我们梳理文献史籍时就会发现,有关巴国建城的历史是多有载述的,以上"五都"或是其一,只是当年城市建筑的形式别具一格而已。我们知道,在西周、春秋战国时期,一些发达的诸侯国如秦、楚、赵、魏、齐、韩、鲁、吴、越等,建城时一般都会垒筑高大的城垣,三峡东部考古发现的楚国城址即是如此。但巴国建城则不尽然,其特征是筑城时在四周用木竹等绑扎成"栅栏",构筑成巴蜀人所谓的"樊篱"②。《史记·张仪列传·索隐》曰:"芭黎,即织木葺以为篱也,今江南亦谓苇篱曰笆篱也。"③而"笆篱"应该就是樊篱,也就权作古代巴人的"城垣"了。今四川、重庆人称为"篱笆"的"栅栏",在我国西南少数民族地区仍有迹可循,只是现在的这种"栅栏"的主要作用是保护田园及居舍免受虫兽的侵害。

《华阳国志·巴志》记载,张仪取巴后,在江州筑城,即"仪城江州"。而《舆地纪胜》卷一七五在记载古江城时更具体地记载:"古江州城,东接(渝)州城,西接(巴)县城,《巴中记》云:张仪所筑。"④如果说古江州城有高大的城垣,那么张仪何必兴师动众地去重新建筑城垣呢?如此看来,古江州城在张仪未取巴以前是无城池的。

再来看古阆中城,《华阳国志》称其为巴国五都之一⑤,《舆地纪胜》卷185称:"《九域志》云:阆中古城本张仪也。"又引《图经》云:"秦司马错执巴王以归阆中,遂筑此城。"⑥显而易见,古阆中城在秦取巴以前,同样是没有城垣的。

---

① 《春秋左传注·庄公二十八年》,中华书局,2009年,第242、243页。
② 段渝:《论巴、楚联盟及相关问题》,《楚学论丛》,《江汉论坛》编辑部编辑出版,1990年,第278页。
③ 《史记》卷七十《张义列传》,中华书局,1982年,第2281页。
④ (宋)王象之:《舆地纪胜》卷一百七十五,中华书局,2003年,第4556页。
⑤ 刘琳校注:《华阳国志·巴志》,巴蜀书社,1985年,第93页。
⑥ (宋)王象之:《舆地纪胜》卷一百八十五,中华书局,2003年,第4768页。

五、特殊的城市建筑形式

在与巴国为邻的蜀地，除新石器时代诸城址及商代广汉三星堆蜀都城址发现有城垣遗迹外，其他西周、东周时期的一些城市包括商代的成都，亦皆不见有城垣遗迹的发现。那么，成都平原一些西周、东周时期的古城是否也有用"樊篱"来代替"城垣"的城建形式呢？

事实上在三峡东部的楚国，即便"城市林立"且这些城市一般都构筑有"城垣"，但在楚国早期如楚平王以前，其建城史上也曾有过用简陋的"木栅栏"来构筑外围以代替"城垣"的过程，而这种"木栅栏"其实就是"樊篱"。《左传·襄公十四年》记载："楚子囊还，自伐吴，卒。将死，遗言谓子庚：'必城郢！'"这也就是说，楚国早期有"城"却并不一定有"城垣"，在郢这里就是这样的，因此楚子囊临死前嘱咐子庚（公子午）要在郢修筑"城池"（城垣）。《盐铁论·险固》中有"楚自巫山起（筑）方城"等。这些城，可能都是用"樊篱"的形式来作为防御工事的。

学者认为，楚国早期（西周、春秋早期）在建城时也多以木栅栏为城市界标，并使用荆棘等构制樊篱，无土砌城垣，此情况则与频繁的军事行动相关[①]。巴人与楚人一样，也常有战争，故频繁的军事行动使得巴人在筑城时同样多采用"樊篱"来代替城垣。因此，春秋、战国时期巴国的城市有"樊篱"而无"城垣"。由此看来，在三峡地区至今没有发掘出西周、东周时期的城垣遗迹，应不足为怪。

其实，三峡地区在周代时多是采用"樊篱"来作为防御设施的，"樊篱"的应用在历史上早已有之。据考古发现，在三峡地区的新石器时代遗址中，早已有用"栅栏"来作防卫设施的遗迹。宜昌中堡岛遗址的外围曾发现多条大溪文化、屈家岭文化时期的沟槽遗迹，考古学、民族学已研究认定这些沟槽是远古人类以桩、柱、荆棘等设置栅栏来作为防御设施的遗迹。由此可见，三峡地区这种用木栅栏作为防御设施以代替城垣的历史是十分悠久的。巴国和楚国在东周时期时只是有时仍沿用这种建筑方式而已。

采用樊篱作防御设施，简单、经济、省力，非常适用于频繁的军事行动之中，而先秦时期三峡地区植被丰茂，竹木蔽日，荆棘丛生，充足的资源为三峡地区远古至战国时期的人们构筑"樊篱"来作为防御设施提供了方便。

综上所述，三峡地区远古至战国时期是确有城市的，只是其城建方式独具特色。这种由三峡地区古代人民独创的城建方式，为中国城市建筑的历史补充了新的资料。

---

① 段渝：《四川通史》（第一册），四川大学出版社，1993年，第266页。

第六节 埋葬习俗文化

一、西周时期的墓葬

目前，三峡地区西周时期的墓葬发现较少，有关的考古发掘报告对外公布的也不多，但从仅有的资料来看，这一时期的墓葬形制除土坑墓外，还有崖墓[①]、瓮棺葬墓等，但未见腰坑墓，倒是同时期的江汉平原黄陂鲁台山墓地发现了腰坑墓。在已发现的西周时期的墓葬中，土坑竖穴墓以仰身直肢葬为主，不见葬具，随葬器物有陶器、骨器等，但较少。

1. 秭归张家坪遗址中的瓮棺葬墓

该遗址位于秭归县香溪镇黄洋畔村二组。20世纪80年代，宜昌地区文物普查队在秭归调查时发现了该遗址[②]。此后湖北省文物考古研究所、湖北省三峡文物保护工作站又先后对其进行过数次复查。根据20世纪80年代调查和勘探的资料可知，该遗址的原面积至少在1万平方米以上。受香溪河水近20余年的冲刷，该遗址已遭到严重破坏，至2000年发掘时，仅残存面积约5000平方米[③]。现将在该遗址中发现的墓葬资料介绍如下。

张家坪遗址地层堆积可分为五层，其中第5层为西周时期文化层，在该层下发现了墓葬4座（编号M1~M4），皆为瓮棺墓，揭开耕土层即露出圆形墓口，墓穴皆掘于生土层内。葬具为一大型陶罐，瓮棺口部有的已被当地农民种田时挖掉，也有的瓮棺上半部分已塌入罐内。墓坑皆为一仅能容瓮棺的半圆形墓穴，弧壁，圜底。葬具陶罐的火候较低，清理时陶罐皆破碎严重，4件陶罐仅M2的陶罐能复原，M1陶罐只能修复出口部和底部。罐内填黑褐色土，不见有其他遗物。现以M2举例说明。

M2 位于此次发掘东北端的T0811内，向西1米是M1，开口于第5层下，打破生土，距地表0.35米。墓坑平面基本呈圆形，坑壁较规整，圆圜底。坑口直径0.49、残深0.25米。坑内填土呈灰黑色。葬具为一陶罐，即瓮棺。瓮棺竖置于坑内，清理时，瓮棺上半部及口沿皆塌入罐底内，也不见有器盖。葬具陶罐为夹细砂灰陶，侈口，圆尖

[①] 黄陂县文化馆、孝感地区博物馆、湖北省博物馆：《湖北黄陂鲁台山两周遗址与墓葬》，《江汉考古》1982年2期。

[②] 湖北省宜昌地区博物馆：《香溪河古遗址调查简报》，《江汉考古》1991年第1期。

[③] 国务院三峡工程建设委员会办公室、国家文物局：《秭归张家坪遗址发掘的报告》，《湖北库区考古报告集》（第二卷），科学出版社，2005年，第436页。

唇，高领，圆肩，圆腹，最大腹径略偏上部，下腹斜收呈圜底。颈部有数周不太明显的细凹弦纹，肩部饰一周圆窝戳印纹和一周近似三角形图案的戳印纹，在上、下两周戳印纹之间饰三周较浅的凹弦纹，三角形戳印纹下又饰六周较浅的凹弦纹。瓮棺口径18.2、颈径13.5、腹径38、通高43、胎厚0.6~0.8厘米（图5-28）。

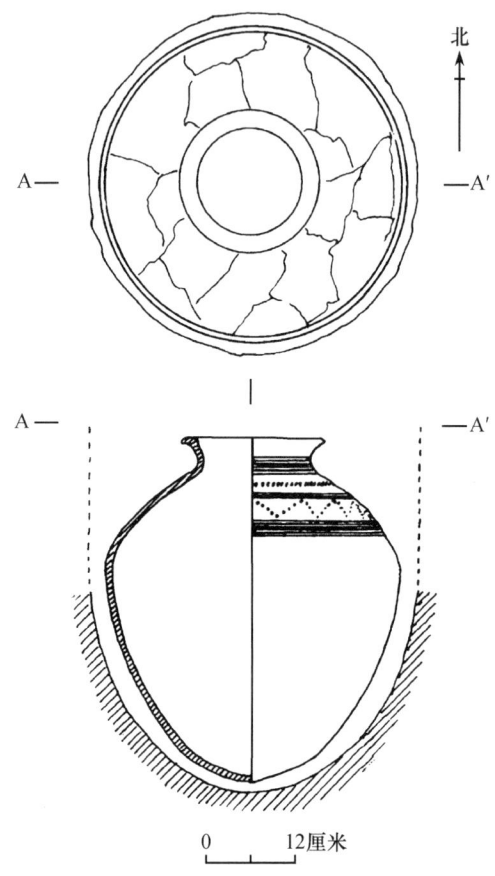

图5-28 秭归张家坪遗址西周时期M2平、剖面图
（瓮棺葬墓复原图）

2. 酉阳清源遗址中的西周墓

该遗址位于酉阳土家族苗族自治县清泉乡中心学校西侧的乌江一、二级台地上，南距清泉乡场镇约500米，东与桐籽岭相连，西抵乌江右岸台地边缘，与贵州省沿河县毛渡乡平渡村隔乌江相望。遗址总面积约40000平方米，其中商周时期遗存较密集地分布于清泉乡中心学校西侧台地，面积约3000平方米。

该遗址商周时期的遗存分布于I区五个探方组。文化堆积较厚，分布范围广，遗迹、遗物相当丰富。墓葬共有6座，皆为土坑墓，其中M1、M4、M6、M7的时代为商末周初[①]。

M1 位于T33靠西壁处,开口于第8层下,打破第9层,墓口距地表1.77米。长方形竖穴墓坑,长1.55、宽0.6、深0.40米,墓向149°。人骨架腿骨已残,葬式为仰身直肢,头向东南,未见葬具。填土呈黄色,包含少量红烧土块和陶片。随葬龟甲2块、骨器1件。

M4 位于T33西北,部分位于北壁下,未发掘。开口于第8层下,打破第9层,墓口距地表1.49米。长方形竖穴墓坑,长0.7~1、宽0.6、深0.4米,墓向132°。骨架保存较差,未见葬具及随葬品。填土呈灰黄色,夹杂少量红烧土块,出土少量陶片。

M6 位于T33中部偏西,开口于第7层下,打破第9层,墓口距地表约1.2米。长方形竖穴墓坑,长1.9、宽0.56~0.64、深0.64米,墓向157°。墓主为一女性,骨架保存完好,葬式为仰身直肢,头向东南,未见葬具。随葬龟甲2块、骨锥1件。墓坑填土为黄褐色,夹杂少量红烧土块、石块以及陶片。陶片可辨器形的有圜底釜(罐)、钵等(图5-29)。

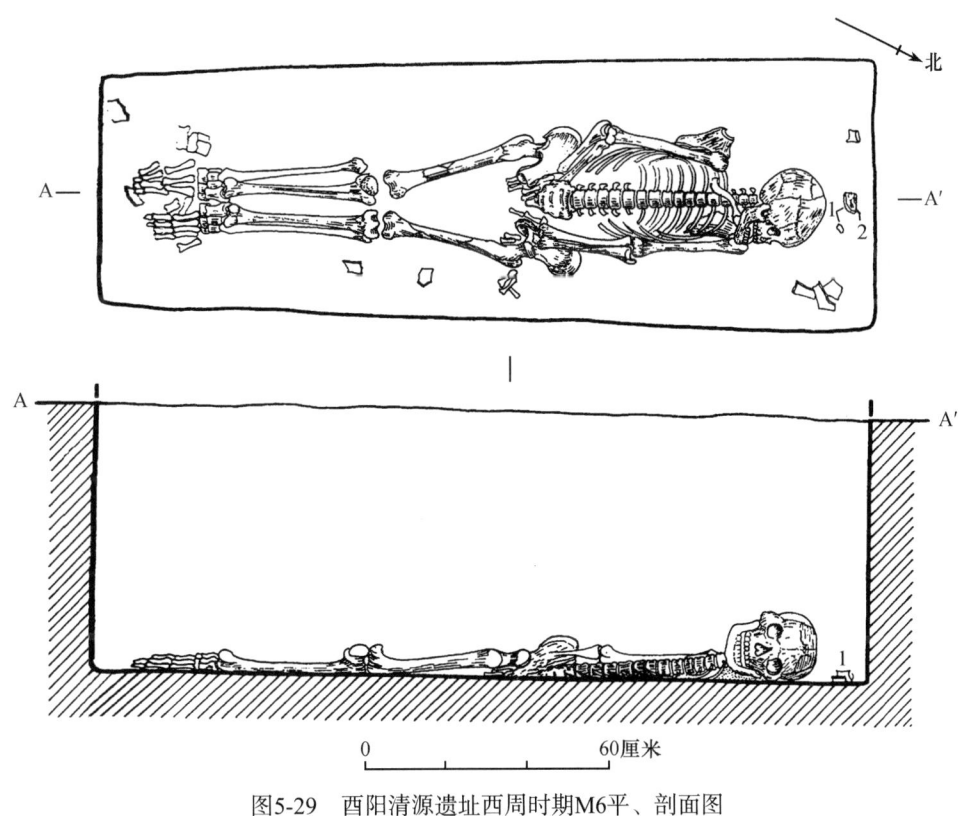

图5-29 酉阳清源遗址西周时期M6平、剖面图

---

① 重庆市文物考古所、重庆文化遗产保护中心、四川大学历史文化学院考古学系:《酉阳清源》,科学出版社,2009年,第209页。

M7 位于T33中部偏西,开口于第7层下,打破第9层,墓口距地表1.23米。长方形竖穴墓坑,长1.84、宽0.6~0.62、深0.87米,墓向325°。墓主为男性,骨架保存较完好,葬式为仰身直肢,未见葬具及随葬品。墓坑填土为灰黄色,夹杂少量红烧土块、石块以及陶片。陶片可辨器形的有器盖等①。

3. 忠县瓦渣地遗址中的西周墓地

该遗址位于长江左岸的二级阶地上,属重庆忠县城关镇红星村四组,地理坐标为东经108°2′49″,北纬30°18′0″,海拔145~165米。遗址范围约15000平方米。早在1957年,四川省博物馆就在瀒井沟口发现了该遗址,当时称之为"瀒井沟遗址"的"汪家院子"区。后来经过多次复查和试掘。直到1997年,北京大学考古学系三峡考古队开始了对瓦渣地遗址的正式发掘,发掘总面积为325平方米,其中属于遗址的实际面积为290平方米②。在该遗址发现了西周墓葬,编号M4。

M4 位于T301西北部,露头于该探方第7层下,为竖穴土坑墓。平面、剖面及底部均为规则长方形,壁面不平整。人骨架头向东南,偏角为115°。葬式为仰身直肢,骨骼不完整,上半身右侧缺损。墓内夹有碎陶片,均不能复原(图5-30)。

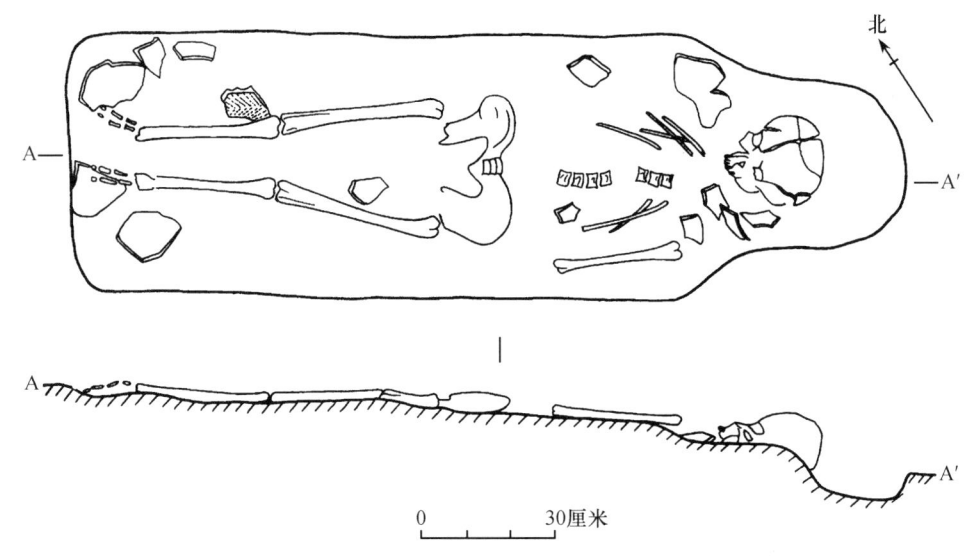

图5-30　忠县瓦渣地遗址西周时期M4平、剖面图

---

① 重庆市文物考古所、重庆文化遗产保护中心、四川大学历史文化学院考古学系:《酉阳清源》,科学出版社,2009年,第59、60页。

② 重庆市文物局、重庆市移民局:《重庆库区考古报告集·1998卷》,科学出版社,2003年,第649、650页。

二、春秋战国时期墓葬

(一)春秋墓葬的发现情况

三峡地区考古发现的春秋时期的墓葬,见于公布的材料不少,如在秭归官庄坪、庙坪、何家大沟,巴东红庙岭,巫山瓦岗槽、蓝家寨、水田湾,云阳李家坝、马沱,万州中坝子、大坪等遗址中都有发现①。现将已公开发表的几处重要遗址中的墓葬资料介绍如下。

1. 秭归庙坪遗址中的墓葬

庙坪遗址位于长江西陵峡南岸秭归归州镇(老县城)对岸的一、二级缓坡台地上,高出长江常年水面约20米,面积约18700平方米。1995、1997年,湖北省文物考古研究所对这一遗址先后进行了两次大规模的考古发掘,在其地层中清理出属于新石器时代、商代、周代的墓葬数十座,其中属于春秋时期的墓葬仅1座。

这座春秋墓(编号M3)靠近遗址东端的江边处,为一长方形土坑竖穴墓。墓圹长3.8、宽2.1米,墓底长3.4、深2.2~2.8米。墓坑内填五花土,土中夹杂大量的新石器时代、商周时代的残陶片、石器、鱼骨等。

在墓坑底部发现了木椁腐烂后残留下来的朽痕,朽痕长1.98、宽1.04、高0.7米。在椁底南北两端各横置一枕木,枕木长1.64、宽0.1米。椁内有一保存较好的人骨架,葬式为仰身直肢,头朝南方。经鉴定,墓主人为一男性,年龄在45~50岁②。

---

① 国务院三峡工程建设委员会办公室、国家文物局:《秭归官庄坪》,科学出版社,2005年,第490、491页;湖北省文物事业管理局、湖北省三峡工程移民局:《秭归庙坪》,科学出版社,2003年,第143页;广东省文物考古研究所:《秭归何家大沟遗址发掘》,《湖北库区考古报告集》(第三卷),科学出版社,2006年,第157页;国务院三峡工程建设委员会办公室、国家文物局:《巴东红庙岭》,科学出版社,2010年,第82~140页;重庆市文物局、重庆市移民局:《重庆库区考古报告集·2001卷》,科学出版社,2007年,第174页(瓦岗槽);重庆市文物局、重庆市移民局:《重庆库区考古报告集·2000卷》,科学出版社,2007年,第23、24页(蓝家寨)、143页(水田湾);重庆市文物局、重庆市移民局:《重庆库区考古报告集·1998卷》,科学出版社,2003年,第346页(李家坝)、605、606页(中坝子);重庆市文物局、重庆市移民局:《重庆库区考古报告集·2002卷》,科学出版社,2010年,第405页(马沱);重庆市文物局、重庆市移民局:《万州大坪墓地》,科学出版社,2006年,第53页。

② 湖北省文物考古研究所三峡考古队:《湖北秭归县庙坪遗址1995年试掘简报》,《考古》1999年第1期。

墓中放置随葬品六件，以青铜器为主。随葬的青铜剑放于死者腰部右侧，似随手可拾状。其余的铜矛、铜镞、陶罐、漆木器等，都基本上放于死者的头部（图5-31）。出土的兵器剑、矛、镞等，皆为巴人的典型器类，这类铜兵器在鄂西、三峡地区的巴人遗址和墓葬中屡见不鲜。出土陶罐的器形与当阳春秋墓中的同类器相似。经研究比较，这座墓葬的时代约为春秋中期[①]。

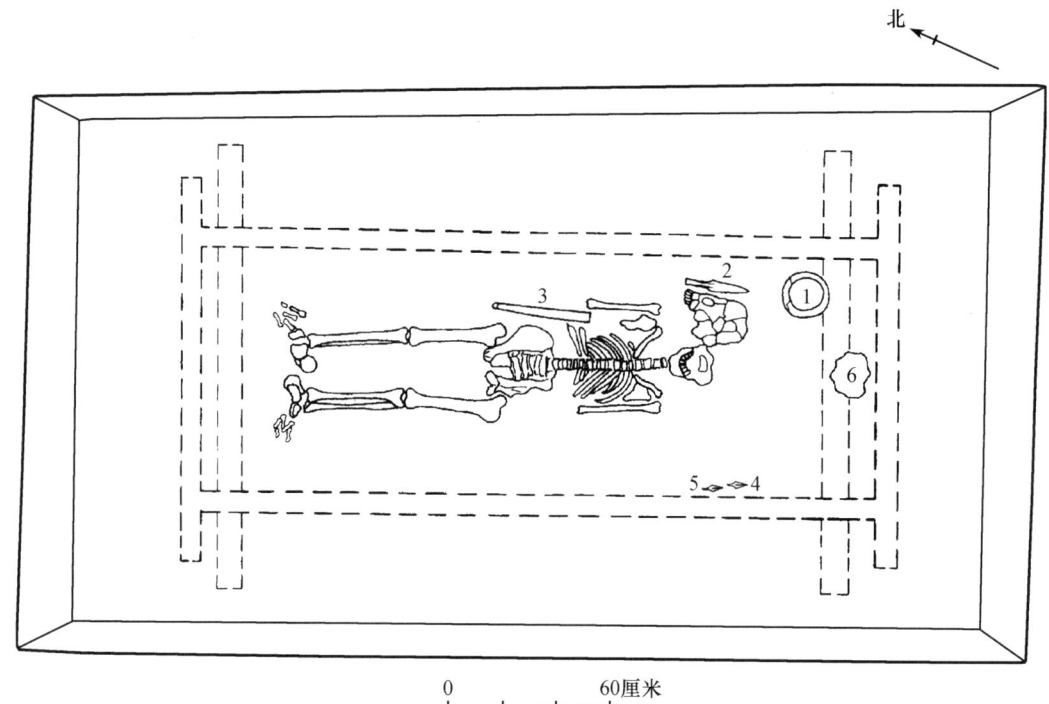

图5-31　秭归庙坪遗址春秋时期M3平面图
1.陶罐　2.铜矛　3.铜剑　4、5.铜镞　6.漆木器

关于墓主人的族属问题，因在墓葬的填土中出土了西周的楚人陶鬲和春秋时期的楚人陶簋等，且在墓葬所处居住址的地层中出土了较多的周代楚人遗物，而文献典籍记载西陵峡地区在春秋、战国（包括西周中、晚期）时期为楚国管辖，所以我们认为这座墓葬中的死者可能是楚人。

2. 云阳李家坝遗址中的墓葬

该遗址位于重庆市云阳县长江三峡水库北岸支流澎溪河东岸，海拔140~148米，面积约60万平方米。发掘者将该遗址分为四个发掘区，经勘探、发掘获知，李家坝西

---

① 湖北省文物考古研究所三峡考古队：《湖北秭归县庙坪遗址1995年试掘简报》，《考古》1999年第1期。

北部的第一发掘区主要是人们生活和生产的活动区;第二发掘区位于生活和生产活动区的东端,主要为东周墓葬区;第三、四发掘区位于李家坝后缘和山麓地带,主要是汉至六朝墓葬区。

1994年以后,四川大学历史文化学院考古系已在李家坝陆续清理出东周时期的墓葬150余座,其中多为战国时期的墓葬,极少数墓葬还可早到春秋晚期,也有的在春秋、战国之交[①]。现以1997年度发掘的40余座墓葬中时代较早的M48的资料来予以说明。

M48 开口于第4层(战国文化层)下,墓坑北部被一座战国墓(M33)打破。墓口长4、宽约2米,墓坑底长3.85、宽1.85米,墓坑深1.63~1.8米。有木椁,长3.4、宽约1米,椁两端的墙板长1.68~1.72、残高约0.1米,边框宽0.14~0.1米。葬式为仰身直肢。人骨位于椁内左侧。墓内放置随葬品6件,皆为陶器,器形主要有釜、罐、豆、瓮等。6件陶器皆置于死者的足下(图5-32)。

经对墓内随葬品的比较分析,这几件陶器中既有巴人陶器也有楚人陶器,以巴人陶器为主。例如,其中的花边口沿釜,其器形是三峡西部地区早期巴人遗存中较常见的器形之一,这种器形自新石器时代至西周时期甚至直到东周时期,一直都非常流行。另外,豆、瓮、罐等也是巴人遗址中较常见的器形。但其中的夹砂灰褐长颈陶罐,细颈、方唇,颈部和腹部各饰两道凹弦纹;这种器形在鄂西地区(包括西陵峡地区)的春秋晚期楚墓及楚人遗址中比较多见,因此这件陶器应是楚人陶器,或是受到楚文化的影响而制作的陶器。总之,出土器物以巴文化因素为主,个别有楚文化因素,因此推测该墓的墓主人应为巴人,下葬年代约在春秋晚期[②]。

(二)战国墓葬的发现情况

三峡地区战国时期的人类居住遗址及墓葬群等,远比战国以前各个历史时期的丰富得多。

在这一时期里,三峡地区的人们在为死者选择墓地时,大致可有三种形式。

第一,有固定埋葬死者的区域,即专门的墓区。例如,在九龙坡冬笋坝、涪陵镇安小田溪、点易,开州余家坝、厚坝,忠县崖脚、罗家桥、周家院子、石匣子,万州马家溪、曾家溪、大坪、嘴嘴、余家河、砖丘包、梁上、大丘坪、罗仁,云阳李家

[①] 四川大学历史文化学院考古系、云阳县文物管理所:《云阳李家坝东周墓地发掘报告》,《重庆库区考古报告集·1997卷》,科学出版社,2001年,第284页。

[②] 四川大学历史文化学院考古系、云阳县文物管理所:《云阳李家坝东周墓地发掘报告》,《重庆库区考古报告集·1997卷》,科学出版社,2001年,第284页。

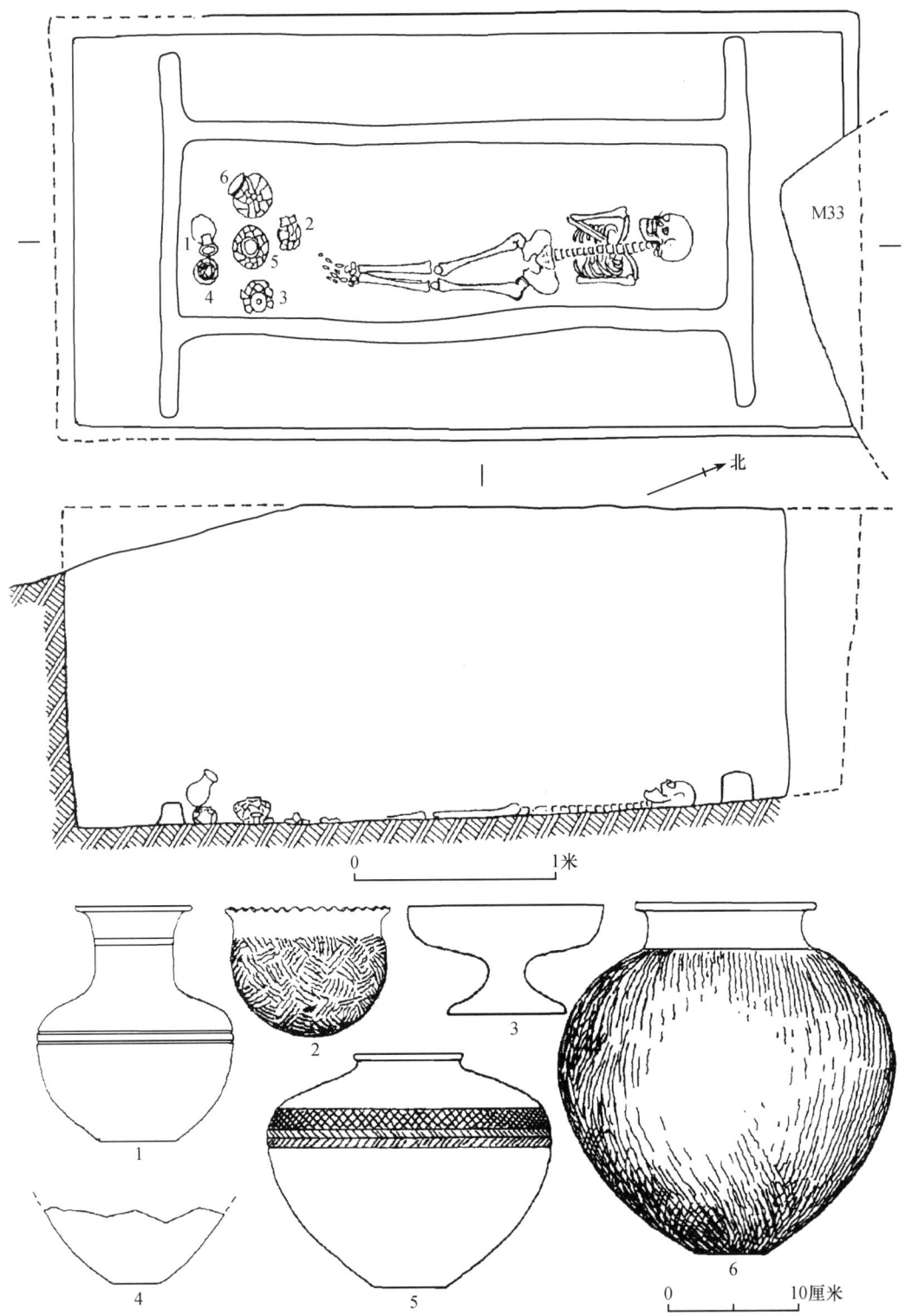

图5-32　云阳李家坝遗址春秋时期M48平、剖面图与随葬品组合图
1、4.陶罐　2.陶釜　3.陶豆　5、6.陶瓮

坝、马类沱、故陵、平扎营、曾家包、张家嘴、余家包、三坝溪，奉节上关、营盘包、宝塔坪、小营盘、二溪河，巫山高塘、琵琶洲、麦沱、土城坡、古坟包，巴东崖屋顶、李家坡、黄花口、福利溪、西瀼口、王家湾，秭归树坪、卜庄河、天登包，宜昌前坪、后坪、西坝等遗址①，即有此类墓葬群。这些墓葬皆集中分布在固定的墓区内，墓区内很少有居住遗址。

第二，无固定的墓区。这种情况表现为，当时有人死后，活着的人直接将死者埋葬在居住地或不远处。例如，忠县瓦渣地、中坝、杜家院子，万州中坝子，巫山跳石、林家码头，巴东孔包河，秭归庙坪、官庄坪等遗址中②，即有这种情况。

第三，崖葬，即将死者棺木置于万丈绝壁的悬崖之上。这种"崖葬"墓，有的是利用岩壁上的天然岩穴和崖隙而安置棺木；有的是在崖壁上凿孔插上木桩然后安置棺木；还有的是在崖壁上凿一仅能容棺或比棺木稍大的长方形洞穴以安置棺木。

三峡地区战国时期的墓葬发现较多，限于篇幅，这里我们只能选择其中较著名且内容较丰富的重要墓地资料来给予介绍。

---

① 国家文物局：《中国文物地图集·重庆分册》（下），文物出版社，2010年，第34页（冬笋坝）、103页（镇安）、106页（小田溪、点易）、386页（余家坝）、387页（厚坝）、274页（崖脚、罗家桥、周家院子、石匣子）、87页（马家溪、曾家溪、大坪、嘴嘴、余家河、砖丘包、梁上、大丘坪、罗仁等）、396页（李家坝、马粪沱、故陵、平扎营、曾家包、张家嘴、余家包、三坝溪等）、415页（上关、营盘包、宝塔坪、小营盘、二溪河等）、433页（高塘、琵琶洲、麦沱、土城坡、古坟包等）；国家文物局：《中国文物地图集·湖北分册》（下），西安地图出版社，2002年，524页（崖屋顶、李家坡、黄花口、福利溪、西瀼口、王家湾等）、220页（树坪、卜庄河、天登包等）、205页（前坪、后坪、西坝等）。

② 重庆市文物局、重庆市移民局：《重庆库区考古报告集·1998卷》，科学出版社，2003年，第592~606页（中坝子），666~670页（瓦渣地）；重庆市文物局、重庆市移民局：《重庆库区考古报告集·1997卷》，科学出版社，2001年，第73页（跳石），565~567页（中坝）；重庆市文物局、重庆市移民局：《重庆库区考古报告集·2001卷》，科学出版社，2007年，第1584~1587页（杜家院子）；重庆市文物局、重庆市移民局：《重庆库区考古报告集·2001卷》，科学出版社，2007年，第97页（林家码头），第363~370页（中坝子）；湖北省文物事业管理局、湖北省三峡工程移民局：《秭归庙坪》，科学出版社，2003年，第71~115页；国务院三峡工程建设委员会办公室、国家文物局：《秭归官庄坪》，科学出版社，2005年，第144~493页；南京大学历史系考古教研室、三峡文物保护湖北工作站：《湖北巴东孔包河遗址发掘报告》，《三峡考古之发现》（二），湖北科学技术出版社，2000年；宜昌市博物馆、秭归屈原纪念馆：《秭归下尾子遗址发掘简报》，《三峡考古之发现》（二），湖北科学技术出版社，2000年。

1. 九龙坡冬笋坝墓地

冬笋坝是重庆城西60千米处长江北岸九龙坡境内的一河阶台地，冬笋坝墓地分布于冬笋坝上，长约2000、宽约400米。自20世纪50年代以来，重庆市博物馆（前西南博物院）考古队在该坝上先后进行过多次发掘，共清理出墓葬100余座，时代包括战国、秦、西汉、东汉。现将冬笋坝第二次、第三次发掘时清理出的战国墓葬资料简述如下。

墓葬尺寸　冬笋坝的战国墓葬多为长方形竖穴土坑墓，约有五分之四为狭长形土坑墓。普通的长方形墓长约2.75～4.8米；宽度东端比西端稍宽，东端宽多在1～1.53米，西端宽多在1～1.16米；墓葬的深度多为1.25米左右，最浅者仅0.3米。狭长形土坑墓的长则多在4.72～5.32米，东端宽多在0.95～1.5米，西端宽多在0.84～1.4米，也有个别墓葬西端要比东端稍宽些，最深者达1.68米，最浅者为0.4米。

葬具、葬式、墓向　狭长形土坑墓中的葬具多为船棺，而普通长方形土坑墓中则见有两种情况：一种是在墓坑底部中段有木痕而两头有较长一段不见木痕，这种情况显示葬具的底部短于墓坑1～3米，且随葬品全部都放在葬具内，因而这种形式的墓葬"可能还是两头翘起的船棺葬"[①]；另一种是在墓坑中部及随葬品底下有一层黑色朽木痕，朽木痕直至墓坑两端，这应是一种木椁式的葬具。死者葬式多为仰身直肢，偶见屈肢葬。墓向基本上为东西向，头东足西，所有墓葬情况皆如此。

随葬器物　随葬品主要放于墓坑的棺椁内，东端以铜兵器、铜鉴、印章、钱币为主，西端以陶器、铜容器为主。随葬品基本上多见于墓坑底西端的木痕内，也有的见于墓坑内其他地方。以陶器类为大宗，也有相当数量的铜兵器、铜容器、铁器、漆木器等。陶器的器形主要有罐、豆、盂、钵、纺轮等，铜器的器形主要有剑、矛、钺、刀、罐、印、斧、戈、镞、镦、带钩、鉴、釜、甑、环、镜、钱币等，铁器的器形主要有刀、斧、铁尖器、铜柄铁刀等，其他类还有珠、琉璃珠、琉璃管、漆木器（仅见漆痕）、篾器（仅见蔑痕）等。冬笋坝战国至秦汉间的墓葬中绝大多数都出土了铜兵器。

冬笋坝墓葬中出土的铜器、陶器等绝大多数都是学术界公认的巴文化典型器类，因此，研究者一般认为，这些墓葬的墓主人是战国至两汉时期的巴人。

2. 涪陵小田溪墓地

小田溪墓地位于乌江下游江畔的台地上。《华阳国志·巴志》记载，巴人之"先

---

① 西南博物院、四川文管会：《四川巴县冬笋坝战国和汉墓清理简报》，《考古通讯》1958年第1期。

王陵多在枳"，枳即今涪陵，因而巴人先王的陵地或即此地。这是一处墓葬分布范围较大的墓地，1972和1980年，四川省博物馆、四川省文物管理委员会等文博单位先后在这里进行过两次发掘，共清理出墓葬7座，情况大致如下。

这7座墓葬皆为土坑竖穴墓，墓壁较明显，墓坑形状有圆角方形、长方形、狭长形三种。皆为中小型墓，墓长多在5米以下，仅一座（M1）墓葬长达6、宽4.2米。狭长形M5是这7座墓葬中最小的一座，长3.2、宽0.76米。除M3虽局部遭破坏但仍可知其深度为2.78米以外，其余的上部均遭破坏，墓葬的详细深度已不明。按M3的深度测算，估计这批墓葬的深度多在3米左右。有的墓底部设有二层台。

葬具多已腐朽，仅见木棺椁痕迹，个别残存椁板，如M5，其椁板残厚4厘米。根据腐朽的痕迹来看，多为一棺一椁，棺多为漆棺，漆皮明显可见。墓中人骨架已腐朽无存，故其葬式不明。而其葬向可从墓中器物的放置来分析，东西向者，死者头多在东端；南北向者，死者头多在南端。以东西向为主，南北向次之。

这批墓葬中都有随葬品，其中最多的一座墓（M1）中随葬品竟多达92件（图5-33）[①]，最少的一座（M7）也有随葬品9件。器类有陶器、铜器、漆器、玉器、琉璃器等，以铜器类数量为最多。陶器器形主要有壶、釜、罐等；铜器器形有罍、钲、釜甑、釜、盆、鍪、盒、豆、灯台、镜、勺、斤、凿、剑、矛、钺、刀、戟、弩机、镈、胄顶、编钟、錞于等；漆木器多已腐烂，仅见奁；玉器有璜、龙佩、玦；琉璃类只见有琉璃管。

这批墓葬的葬具一般为一棺一椁，有的木棺还为漆棺，棺上有漆饰，其葬具具有较高的规格。墓中还随葬有大批精美的青铜器，如M1中出土的青铜器就多达90余件，仅铜编钟就有14件，此外还有铜礼器、容器、兵器等。结合古籍文献来分析，可以认定这一墓地应为巴王族墓葬的所在地。

3. 开州余家坝墓地

余家坝为位于三峡库区长江支流澎溪河右岸的一级阶地，墓葬主要分布于余家坝的中部，其东紧邻澎溪河，海拔151～159米，每至洪水季节，墓地内部分墓葬即被淹没。墓地分布面积较大，共有5万多平方米。

这一墓地的墓葬较多，自20世纪40年代以来，这里常有青铜兵器、容器、工具等出土（图5-34）。1994、2000年，山东大学考古系对余家坝遗址进行发掘，清理出墓葬69座，绝大多数属于战国时期，个别能晚到秦或汉初。出土铜、玉、铁、陶、漆

[①] 国家文物局三峡工程文物保护领导小组湖北工作站：《三峡考古之发现》，湖北科学技术出版社，1998年，第432页。

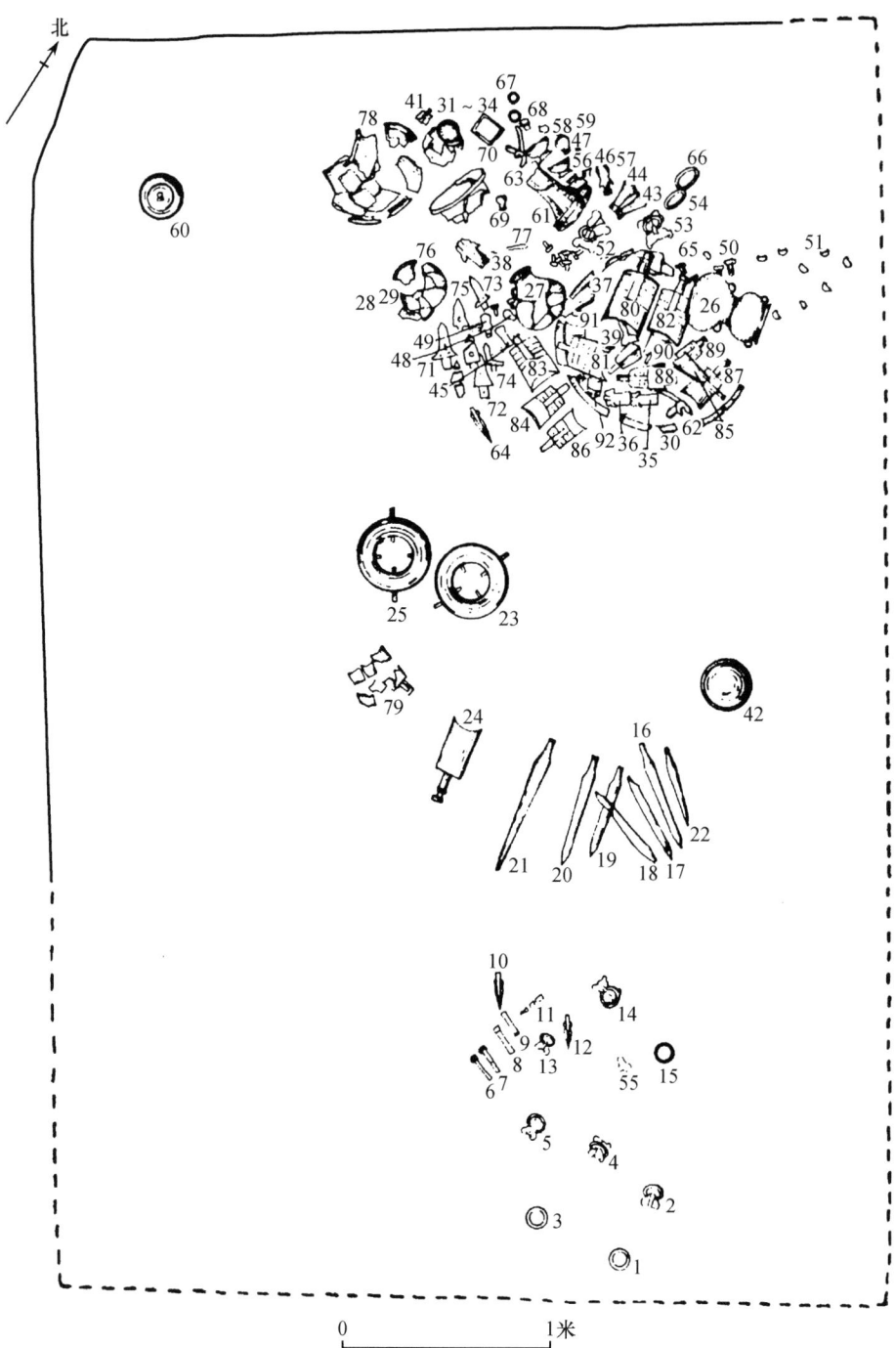

图5-33 涪陵小田溪战国时期土坑墓M1平剖面及器物分布示意图

1、3、15、54、65.铜环 2、13.蒲寿衔环 4、5、14、52、53.双铺首衔环 6~9.铜凿 10、12、64.矛 11.残剑 16~22.剑 23、25、78.铜罍 24.铜钲 26.釜甑 27~29.铜釜 30.盆 31~34.铜圆形器 35~38.兽头饰件 39、40.勺（40在26釜甑内） 41.编钟残片 42.胄顶 43~45.铜斤 46~49.钺 50.插销（14个） 51.鎏金泡（8个） 55.铺首 56~59.铜豆 60.铜盆 61.灯台 62、63.弩机 66.圆筒形饰件 67~69.铜饰件 70.弩机臂盖 71~75.戈 76.残釜 77.残骨 79~92.编钟

第五章 西周、春秋战国时期考古文化

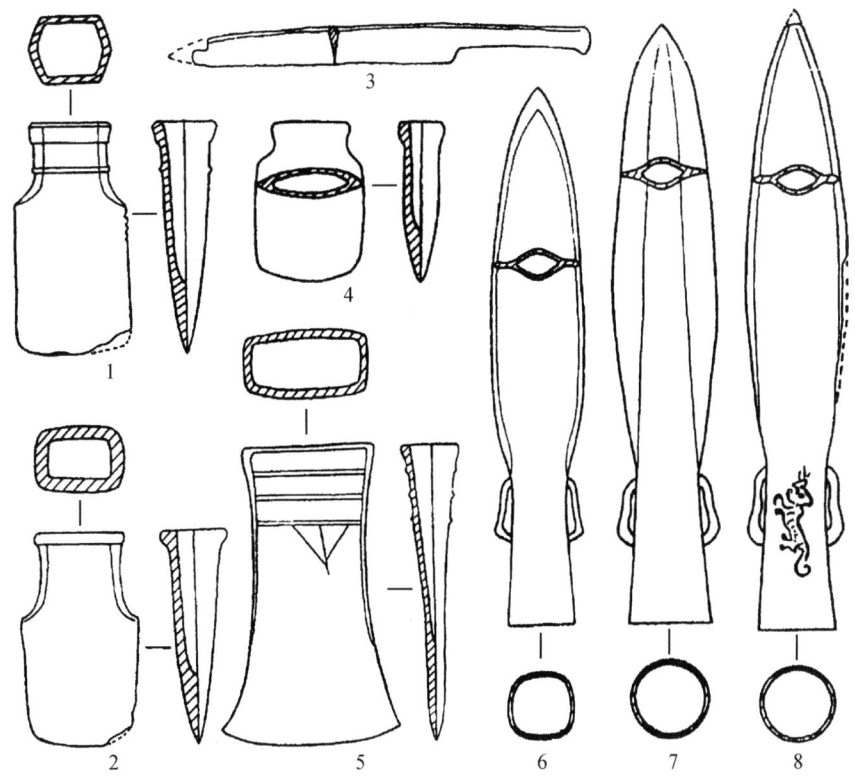

图5-34 开县余家坝遗址战国时期墓葬中出土铜器
1、2、4.钺 3.削 5.斧 6~8.矛

器共321件，以陶器和青铜器的数量最多①。下面以1994年清理的3座墓葬（编号M2、M3、M4）资料进行介绍。

3座墓葬的墓圹平面皆呈梯形。墓向为两座南北向，一座东西向。墓口尺寸最大者为M3，长3、北宽1.5、南宽1.25、深0.7米；尺寸最小者为M2，长2.96、北宽1.45、南宽1.2、深0.55米。墓坑内底端筑有熟土二层台。葬具为木棺（椁），其中M2、M3仅见棺（椁）痕迹。M4保存情况略好，据清理出的葬具可知，为单棺单椁，棺板外表涂有黑漆。椁呈"Ⅱ"字形，在椁板边缘发现了一层白色膏泥。椁室长2.88、宽1.17、深0.7米，棺室长2.04、宽0.8、深0.5米。

墓中人骨大多腐朽，仅在M2、M4中见有少数残腐的人体下肢骨，故其葬式不明。据残存人骨及随葬品的放置情况得知，这批墓葬中略宽的一端皆为死者头部朝向。随葬品多放置于死者右侧和足部，M2中有6件，M3中有3件，M4中有8件。在这些随葬器物中，铜兵器共有8件，占半数以上（M2、M4各有4件），计有矛、剑、戈、

---

① 重庆市文物局、重庆市移民局：《重庆库区考古报告集·2001卷》（下），科学出版社，2007年，第1429页。

钺。另有铜鍪3件，陶豆3件，玉玦1件，铜削刀1件，漆耳杯1件。

这批墓葬中出土的铜鍪与涪陵小田溪、新都马家、大邑五龙等战国墓中出土的铜鍪形制一样。出土的铜兵器戈、矛身上铸有虎纹。铜剑形为柳叶，剑身后部正反两面都铸有蝉纹。这些器形及铸纹在战国时期的巴人墓葬中为常见之物。据比较分析，M2、M3的时代约为战国中期，M4略早，约在战国中期偏早阶段。此外，M2和M3两座墓葬平行相连，中间相距仅0.75米，其方向、大小和深度都非常相近，出土的铜鍪器形也无多大区别，如此看来，这两座墓可能为一对夫妻的异穴墓葬。M2中出土了铜容器、陶容器和一组铜兵器，估计M2中死者为男性，生前为武将的可能性较大。而M3中仅有铜容器、陶容器各1件及2件玉玦，死者应为女性[1]。

4. 万州中坝子遗址中的墓葬

1998年，西北大学考古队、万州区文物管理所在对中坝子遗址进行发掘时，清理出了一批商周至明清时期的灰坑、墓葬、房屋基址等遗迹，属于东周时期的墓葬7座，其中有2座为瓮棺葬墓，编号W2、W3，余为土坑墓[2]。土坑墓的形制、葬式、随葬品等与云阳李家坝、忠县中坝等遗址中的东周时期墓葬大致相同。这里只将其中瓮棺葬墓的资料简述如下。

两座瓮棺葬墓的墓坑皆为不规则形状的圆形小土坑。W2，口径0.9、底径0.8、深0.65米；W3，口径0.58、底径0.51、深0.3米（图5-35）。坑内都放置一凹底陶瓮罐，罐上皆有遮盖物：W2瓮罐上覆盖一残陶罐，W3瓮罐上则用一块残绳纹板瓦覆盖。

两件瓮罐上除口部和颈部外，周身都有纹饰，其罐身饰绳纹，上腹部饰四道凹弦纹。两件陶罐皆残破，罐内都沉积有淤土，经仔细清理，在淤土中发现了极细小的婴儿骨骼痕迹及小孩牙齿，骨骼、牙齿皆在罐底部。毫无疑问，这两件陶罐皆是当时人们用于埋葬婴儿或幼童的葬具。

这种东周时期的瓮棺葬墓，在三峡地区的遗址中还多有发现，如在忠县中坝、秭归柳林溪、秭归张家坪等遗址的东周文化层中即是如此。瓮棺内皆清理出儿童骨架。三峡地区考古发现的这类东周时期的瓮棺葬墓内，多数不见随葬品，少数见有放置一两件小件物品，最多的放置有5件。例如，忠县中坝遗址中的东周瓮棺葬墓W9，除发现一幼儿骨架外，还有随葬的铜饰品3件、牙饰2件[3]。

---

[1] 山东大学考古系：《四川开县余家坝战国墓葬发掘简报》，《考古》1999年第1期。

[2] 西北大学考古队、万州文物管理所：《万州中坝子遗址发掘报告》，《重庆库区考古报告集·1997卷》，科学出版社，2001年，第363页。

[3] 四川省文物考古研究所、忠县文物保护管理所：《忠县中坝遗址发掘报告》，《重庆库区考古报告集·1997卷》，科学出版社，2001年，第567页。

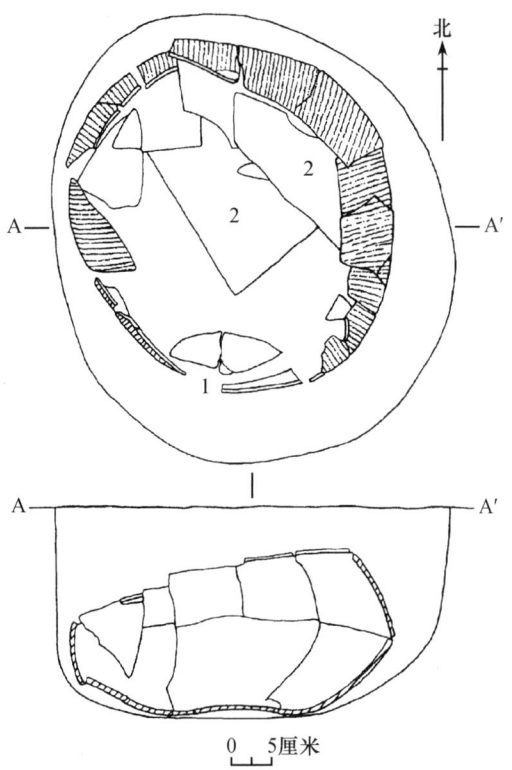

图5-35　万州中坝子遗址东周时期W3平、剖面图
1. 陶罐　2. 板瓦

三、归纳和认识

西周、春秋战国时期，三峡地区的埋葬习俗资料是较为丰富的。经对以上资料所做的分析和研究，我们可得出以下认识。

第一，从埋葬形式来看，主要有土坑葬、瓮棺葬、悬棺葬、崖穴葬。

第二，从埋葬死者的葬具来看，共有三种形式，即长方形木椁、木棺，长条形独木船棺，用陶罐作棺的瓮棺。

其中的船棺是用整根木材挖凿而成的独木舟形木棺，一般为长窄条形。考古发现的悬棺葬葬具多为此类独木舟形木棺[1]。这就是考古学所称谓的"船棺"。至于为什么将埋葬死者的葬具制作成独木舟形？我们猜测这应与当时该地区的人们世代与船为伴有着密切的关系。三峡地区自古陆路交通不便，峡江内的交通主要依靠舟、船来进行。此外，峡江居民的经济生活中捕鱼又占有相当大的比重，因此，当时三峡地区的

---

[1]　陈明芳：《中国悬棺葬》，重庆出版社，1992年，第114、115页。

人们以船当棺来安葬死者可能有让死者到了阴间仍能继续以船为生的考虑。除以船当棺以外，人们还会在船棺内放置一些日常生活用具，有的还放置生前墓主人使用过的兵器等，这可能都具有事死如生的考虑，也就是说，人们认为人死了以后，在另一个世界依然会像生前一样生活。这种船棺葬是我国古代巴人的一种特殊葬俗，蜀人也流行过这种葬俗，而在我国其他地区则极少见。

第三，在瞿塘峡以西的奉节、云阳、忠县等地，都发现了较多的古代墓葬，其中楚墓居多。忠县崖脚是一处分布面积为3.2万平方米的战国至宋代墓地[1]，考古人员在崖脚墓地清理出了80余座战国中期的楚人墓，墓葬中除随葬有大量的陶器外，还有较多的青铜兵器，它们在墓葬中一般都能见到。崖脚楚人墓群是迄今所知分布于最西端的楚人墓群[2]。此外在奉节上关、营盘包遗址中，也发现了战国时期的楚人墓群。

第四，云阳李家坝、涪陵小田溪、忠县中坝、九龙坡冬笋坝等地都发现了分布密集的巴人墓群。考古发现，某些墓葬中随葬有非常精美的青铜器，而这样的青铜器只有上等贵族才够资格享用，因此这些墓葬的主人应为巴国贵族。与之不同的是，绝大多数的墓葬中，随葬品仅只有零星的几件，且多为作战兵器。由此可见，当时的巴国已经是贵贱有别了。

第五，三峡地区周代巴人墓葬，一般都随葬有青铜兵器，反映了当时巴人的生活与战争关系紧密，甚或是一种全民皆兵的态势。巴族是一个尚武善战的民族，这在文献中多有记载，《华阳国志·巴志》云："周武王伐纣，实得巴、蜀之师，著乎《尚书》。巴师勇锐，歌舞以凌殷人，故称之曰'武王伐纣，前歌后舞'也。"因而三峡地区周代巴人墓葬中出土的青铜兵器为我们研究古代巴人"尚武善战"的历史提供了可靠的实证材料。

第六，1997年，考古部门在云阳李家坝遗址中清理出墓葬40座，其中有殉人墓葬8座，且皆为大、中型墓。据对殉人人骨位置的观察，发现其零散杂乱，这些殉人可能在殉葬之前已先被作为"人牲"而杀祭，肢解成数段后再放入墓内殉葬[3]。

1998年10月～1999年1月，在李家坝遗址中又清理出墓葬45座，同样也发现了殉人的现象，如M18，为一座巴人双棺合葬墓，其东侧棺内葬有青铜剑、勺，脚下竟葬有四个人头（骨），当为"人牲"[4]；西侧棺内无任何随葬品，其墓主人亦似为殉人。据此分析，东侧墓主人可能是当时巴人军队中的一个武将，西侧墓主人则可能是东侧墓

---

[1] 孙华、赵化城：《忠县㽏井沟口遗址群发掘获重要成果》，《重庆历史与文化》1999年第1期。

[2] 孙华、赵化城：《忠县㽏井沟口遗址群发掘获重要成果》，《重庆历史与文化》1999年第1期。

[3] 黄伟、李永宪、白彬：《三峡库区李家坝遗址发掘获重大成果》，《重庆历史与文化》1999年第1期。

[4] 四川大学历史文化学院考古系、云阳县文物管理所：《云阳李家坝东周墓地发掘报告》，《重庆库区考古报告集·1997卷》，科学出版社，2001年，第286页。

主的妻妾。四个为墓主人殉葬的人头，其生前则可能为俘虏、外族族民或奴隶。

除李家坝墓地中似有妻（妾）为丈夫殉葬的现象外，在开州余家坝遗址清理出的战国巴人墓葬中也见有妻（妾）与夫异穴同葬的现象，这种"同葬"也似有殉葬的嫌疑。而在巴人的悬棺葬墓中，同样也见有夫妻（妾）合葬在一起的现象，其中或亦有"殉葬"的痕迹。例如，1988年，考古工作者在对巫溪县南门湾悬棺葬进行清理时，发现有男女合葬在一个木棺内，男左女右，其女子头颅上有明显用钝器打击而成的破洞[①]。由此分析，其男子当为墓主人，属正常死亡，女子则是为男子殉葬的。

第七，周代的巴国疆域，"其地东至鱼复，西至僰道，北接汉中，南极黔涪"[②]。鱼复即奉节，奉节以东为楚国，奉节以西为巴国。但在奉节以东的楚国版图内也发现了一些巴人的墓葬，如在巴东西瀼口古墓群中，就发现了巴人墓葬[③]。这些墓葬内出土了典型的巴人柳叶形剑，西瀼口一带的墓葬中出土竟多达数十件。而此地的墓葬多为楚墓，巴墓夹杂其间。同样在奉节以西的巴地，也发现了一些楚墓。另外在一些春秋战国时期的巴人遗址中，还发现了相当数量的楚人日用陶器，而涪陵小田溪巴人墓葬中的青铜器也具有浓郁的楚文化风格。这些资料表明，巴、楚两个民族的居民在当时的交往是十分密切的。史载"江州以东，滨江山险，其人半楚"[④]，应是对当时民族交往的真实写照。在楚腹地的秭归、宜昌、枝江、荆门、江陵、沙市、松滋、襄阳等地的一些楚墓中，经常出土有一些巴人的青铜兵器，这表明巴人的兵器是深受楚人喜爱的。楚腹地内出土的这些巴人兵器，应是巴、楚交流的实证资料，当然，我们也不能排除其中部分巴人兵器是楚人在与巴人的争战中所缴获的。

第八，在三峡地区的九龙坡冬笋坝、宜昌前坪等遗址的战国、秦汉时期墓葬中，常见有一些青铜壶、钫、釜、鍪、鼎、带钩、半两钱等，经比较分析，这些器类多为秦文化风格。

由此可见，三峡地区的巴族在战国时期已受到了秦文化的强烈影响，同时也暗示在战国末年，强大的秦国由陕而下西南，先灭掉了蜀国，接着又打败了巴国，然后又顺江而下直逼楚国西方门户"夷陵城"。《史记》卷十五《六国年表》记载，楚顷襄王二十一年（前278年），"秦拔我郢，烧夷陵"。残酷的战争使得楚国精心构筑的西

---

① 万县地区博物馆、巫溪县文管所：《巫溪南门湾一号棺清理简报》，《四川文物》1991年第3期。

② （晋）常璩撰，任乃强校注：《华阳国志校补图注》（卷一），上海古籍出版社，2007年，第5页。

③ 鄂西自治州博物馆：《巴东西瀼口古墓群发掘简况》，《三峡考古之发现》，湖北科学技术出版社，1998年。

④ （晋）常璩撰，任乃强校注：《华阳国志校补图注》（卷一），上海古籍出版社，2007年，第20页。

方军事重镇"夷陵城"毁于战火之中。最终，蜀、巴、楚的大片土地被秦人占领。不过，尽管巴被秦灭，其后汉亦一统中国，但巴人自生的土著文化仍顽强地保留着，特别是在一些交通不便的山区，其文化的保留更为明显。上述墓葬中出土的大量巴人用品，尤其是一些秦汉墓中出土的巴人铜器和陶器，即表明先进的秦汉文化虽然对巴国影响强烈，但不能致其消亡。

第九，三峡地区的周代墓葬，多以东西向为主，南北向次之。例如，九龙坡冬笋坝、涪陵小田溪、万州中坝子、忠县中坝等墓地，其周代巴人墓葬即多为东西向。我们曾经对三峡地区新石器时代、夏商时期及秦汉时期墓葬的葬向进行过研究，结果也多为东西向。

自新石器时代以来，我国历代先民无论是哪个民族，在埋葬死者时都很注意死者头部的朝向方位。有关死者头部朝向方位这一葬俗问题，民族学、民俗学、考古学等都做过大量的研究工作，研究表明，远古人类在埋葬死者时，大抵与以下几种信仰观念有关。

（1）认为人死后，灵魂要回到原来的（或传说中的）老家去。因此，头就朝着老家的那一方向。

（2）认为人从生到死像太阳东升西落一样。人死了，也就随太阳落下。因此，埋葬死者时将头（或面）朝着西方。

（3）认为河流与生命一样，永远奔流不息。因此，埋葬死者时将死者顺着河道和溪流的方向安葬，与水流的方向保持一致。

第七节　本时期三峡地区考古文化遗存的认识

回望以上有关三峡地区西周、春秋战国时期的考古资料，我们归纳总结如下。

第一，三峡地区考古发现的西周时期文化遗存是从该地区商时期文化遗存直接演变而来的，而春秋战国时期的文化遗存又是从西周时期直接演变而来的。从三峡地区出土的大量东周时期以及夏、商、西周时期的实物资料来看，三峡东部和西部约在西周中期以前基本上属于一个文化圈，也就是说，东部和西部的文化面貌大致是相似的。约自西周中期以后，两地各自的文化面貌发生了变化，东部基本上是楚文化的分布区，西部仍为原生的巴文化。

巴、蜀两地民族，一直和睦相处，联系更加密切。巴文化向蜀族的注入，对蜀族在川西平原的崛起是起到过积极作用的。

第二，三峡地区东周时期的人类活动及居住位置也较前有所变化，人们已趋向于选择后山的山坡和山冈作为活动地和居住地。

第三，三峡地区东周时期的房屋建筑主要有两种形式：一是"地面式建筑"（也有的基址略高于地面），二是"干栏式建筑"。这一时期已大量使用板瓦和筒瓦，板瓦普遍偏大、偏厚，比江汉、鄂西地区同时期楚都纪南城及其他一些东周时期遗址中出土的板瓦都要偏大些[①]，这显示出了三峡地区建筑文化的特色。

第四，商周时期三峡地区的人们已有了开采铜矿和冶铸铜的历史。春秋中期，西陵峡地区便已有了制造铁器的历史。

第五，三峡地区是我国古代产盐的重要地区之一，《华阳国志·巴志》《水经注》《后汉书》《太平御览》等古代典籍都有记载。考古工作者在三峡地区的一些夏商周遗址中，发现了大量的尖底杯和花边陶釜，尤其在忠县一带，出土的这类制盐工具最多。据考古学研究，这类尖底杯及另一种圜底釜正是商周时期三峡地区盐工们煮盐的工具[②]。这一认识拓宽了我们对探索三峡地区商周时期盐业文化的新视野。

第六，约在战国中期偏早阶段时，楚人的势力不断地由东向西扩张，在奉节、云阳、忠县等地的周代遗址堆积中，发现了大量的楚文化遗物和楚人墓葬即是明证。约到战国晚期时，楚文化遗物及楚人墓葬，逐渐在三峡地区减少甚至消失，随之而来的则是大量的秦文化遗物和一些秦人墓葬，这表明了秦人和秦文化的侵入。

教学重点：

（1）三峡地区西周考古文化概况。
（2）对三峡地区西周重要文化遗存的认识。
（3）春秋战国文化对西周文化与商文化的承袭。
（4）西周考古文化反映的社会面貌。

教学难点：

对三峡地区西周时期陶器文化、青铜器的认识。

[①] 湖北省博物馆江陵考古工作站：《1981年湖北省秭归县柳林溪遗址的发掘》，《考古与文物》1986年第6期。

[②] 孙华、曾宪龙：《尖底陶杯与花边陶釜——兼说峡江地区先秦时期的鱼盐业》，《巴渝文化》（第4集），重庆出版社，1999年。

第六章　秦汉时期考古文化

三峡地区的一些著名遗址都发现了秦汉时期的文化遗迹，但其中绝大多数为汉代遗迹。包括房址、灰坑、灰沟、水井、墓葬、窑址等。遗址和墓葬中都出土了大量遗物，在这些遗物中绝大多数也都是汉代遗物。遗物的种类有陶器、青瓷器、铜器、铁器、玉器、石器、建筑材料及大量动物骨骼等。遗物中的建筑材料主要是瓦材，有板瓦、筒瓦等，也有砖。陶瓦外表多饰绳纹。陶器用具主要有罐、钵、碗、盆、瓮、壶、缸、盂、釜、甑、盘、豆、盏、熏、支座、支垫等，以瓮、盆、罐、盂、豆数量最多。青瓷器数量较少，器形主要有罐、碗、盏等。铜器多为小件，器形主要有伞盖弓帽、环、簪、镯、带钩、削刀、箭镞、钱币等。铁器主要有钩、刀、锸等。玉器主要有玉璧。石器主要有镞、球、刀、锛、斧、凿、锤、刮削器、砺石等。动物骨骼主要为黑熊、豹、狗、家马、家猪、野猪、鹿、羊、苏门羚、家水牛等。

第一节　秦汉时期的人类居住遗址

一、秦代的人类居住遗址及墓葬

秦统一中国，三峡地区也陆续开始建立郡县。三峡西部即奉节至重庆城区为巴郡（郡治江州，即今重庆市渝中区），其领县数量，秦时不详，可考的有江州（治今重庆市渝中区）、枳县（治今重庆市涪陵区）、朐忍（治今重庆市云阳县双江旧县坪），凡3县；西汉时领江州、临江（治今重庆市忠县忠州镇）、枳、垫江（治今重庆市合川区合阳镇）、朐忍、鱼腹（治今重庆市奉节县白帝镇）、涪陵（治今重庆市彭水县汉葭镇），凡7县；东汉时在西汉7县的基础上，新增平都县（治今重庆市丰都县名山镇），共8县[①]。秦汉时，在三峡东部即奉节以东至荆州地区为南郡，郡治在今湖北省江陵县，在三峡地段内又设置巫县、夷陵县，其中巫县（治今重庆市巫山县巫峡

---

① 卢华语：《古代重庆经济研究》，重庆出版社，2002年，第2~5页。

镇北），夷陵（今湖北省宜昌市）。这些郡、县的建立使得三峡地区得到了规模性的开发，加速了该地区文明建设的进程。但由于秦朝统治全国的时间仅有15年（公元前221~前206年），故在三峡地区发现的真正能判明是秦代的遗址至今仍极少，在考古发掘出的一些古墓群中也只能偶尔见到秦代的墓葬。例如，在三峡西部地区的万州包上墓群中，发现的秦代墓葬仅5座，且具有战国晚期至秦的风格。在三峡东部地区的宜昌葛洲坝墓群中也只清理出2座秦墓，墓葬形制及出土器物兼具巴文化、楚文化、秦文化的因素。另在三峡西部地区的九龙坡冬笋坝、涪陵小田溪等墓地中，也发现了此时期的秦墓葬存在。

二、汉代的人类居住遗址

公元前206年，秦王朝覆灭，其后又经过刘邦与项羽争夺政权的战争，最后刘邦取胜，巴蜀之地始归汉朝管辖，不过其制度基本上还是沿用秦制。此时期的生产力较战国、秦代也大大提高，社会经济发展迅速，尤其是在沿江开发较早的地区，陆续建立起了一批商业集镇集市。据《水经注》《华阳国志》《后汉书·郡国志》《晋书·地理志》等史书记载，汉晋时期，在三峡地区先后设立的县治由西汉时期的十余县发展到西晋时期的四十余县。而这些县城无疑皆是三峡地区重要的城市和集镇。从三峡地区考古发现资料获知，属于汉至六朝时期的遗址自西向东主要有涪陵蔺市、渡口、镇安，丰都石地坝、玉溪，忠县李园、周家院子、乌杨镇、盐井（中坝），万州涪溪口、陈家坝，云阳佘家嘴、李家坝、旧县坪、云安、明月坝、明堂坝、佘家嘴，奉节永安、白帝村、小营盘、白帝山、窑坪、刘家院坝，巫山琵琶洲、柏树林、下湾、塔坪、东坝，巴东楠木园、旧县坪，秭归东门头、土地湾、水田坪、埂子上、五槽岭，宜昌古城岭、前坪，宜都陆城等[①]。这一时期的社会制度虽说是汉承秦制，考古发现的一些遗址和墓葬中也确实有不少秦文化因素的遗物，但本地巴蜀文化、楚文化的因素仍然占据着重要的地位，尤其在三峡西部地区，这种文化现象甚至往后到魏晋南北朝时期依然存在。直至西汉中期以后，汉文化影响才在这一地区逐渐加强，最后，本地

---

① 国家文物局：《中国文物地图集·湖北分册》（下），西安地图出版社，2002年，第205、206、219、236页；国务院三峡工程建设委员会、国家文物局：《巴东罗坪》，科学出版社，2006年；国务院三峡工程建设委员会、国家文物局：《巴东楠木园》，科学出版社，2006年；国务院三峡工程建设委员会办公室、国家文物局：《秭归土地湾》，科学出版社，2006年；国务院三峡工程建设委员会办公室、国家文物局：《秭归东门头》，科学出版社，2010年；国务院三峡工程建设委员会办公室、国家文物局：《巴东旧县坪》，科学出版社，2010年；郝国胜：《三峡文物保护研究》，科学出版社，2018年，第87~90、102、106~109、112、118、125、129页。

的文化因素渐渐融入了汉文化的大家庭中，因此严格说来，西汉中期才是"汉制"在三峡地区的确立时期。现选录几处具有代表性的汉代遗址资料简述如下。

1. 丰都玉溪、玉溪坪遗址

玉溪遗址位于丰都县高家镇金刚村，隔玉溪河沟与玉溪坪遗址相望。20世纪90年代末和21世纪初发掘时，玉溪遗址残存面积有8万余平方米，玉溪坪遗址残存面积有4.5万余平方米，而在过去的千余年里，受历年长江洪水的冲刷，这两处遗址都曾遭到严重破坏，被毁掉的面积已无法估计，原遗址的面积显然比发掘时的残存面积要大得多。据玉溪遗址层位和出土遗物分析，其时代包括新石器时代早期和晚期、夏商、西周、春秋、战国、汉代、六朝、唐宋时期。玉溪坪遗址的文化遗存时代稍晚，包括新石器时代晚期、夏商周、春秋、战国、汉代、六朝、唐宋时期。

玉溪遗址的汉代文化层破坏严重，一些汉代及先秦时期的遗物多混入唐宋时期的文化遗存中。玉溪坪遗址保存状况稍好，残留一些汉代的文化层。

两遗址地层中出土了大量汉代陶器，器形主要有盆、钵、甑、瓮、罐、器座等，质地多为泥质灰陶和夹细沙灰陶。另出土了一些建筑材料，如板瓦、筒瓦、瓦当。板瓦多为泥质陶，颜色有红、黄、灰诸色，可分为大、中、小三种类型。大型板瓦里外皆饰粗绳纹；中型板瓦器外多饰粗绳纹，器内饰布纹，长多在29~40、宽22~34、厚0.8~2厘米。筒瓦形制基本一致，多为泥质灰陶，器外比较光滑，器内有布纹。筒瓦通常长31、宽13、厚1.2厘米，瓦头口径在8.6厘米左右。瓦当、瓦当范多为泥质灰陶，直径与筒瓦相仿。

玉溪遗址中清理出一座汉代窑址，保存基本完好，由窑前工作面、窑门、窑室三部分构成。窑室略呈长方形，长185、宽90、残高68厘米。室内的堆积层中含有大量的烧土块和板瓦、筒瓦，多数未烧透[1]。

玉溪、玉溪坪遗址的所在地地势平坦开阔，宜于农业耕作，又因靠近长江而有着丰富的鱼类资源，因此，在这一地带的长江两岸考古发现的古遗址竟达10余处。此外还见有一些古墓群。这10余处古遗址的占地面积多数都在1万平方米以上，而其时代多数都可追溯到新石器时代晚期，更有的可追溯到新石器时代早期，往后则一直延续到明清时期。因此推测，在秦汉时期，玉溪、玉溪坪遗址不仅是这一地带的聚落群中心区，也应该是当时的一座古集镇[2]。

---

[1] 重庆市文物考古所：《丰都玉溪遗址勘探、早期遗存发掘简报》，《重庆库区考古报告集·1998卷》，科学出版社，2003年，第745页；重庆市文物考古所：《丰都玉溪遗址发掘简报》，《重庆库区考古报告集·1999卷》，科学出版社，2006年，第665页。

[2] 重庆市文物考古所：《丰都玉溪遗址勘探、早期遗存发掘简报》，《重庆库区考古报告集·1998卷》，科学出版社，2003年，第607页。

2. 忠县中坝遗址

该遗址位于忠县涂井镇佑溪村一社㽏井河两岸的阶地上，南距长江约6千米。遗址东西长约350、南北宽约140米，总面积约5万平方米。主体部分位于河床左侧面积约7000平方米的中坝岛上，故名中坝遗址。遗址的地层和遗迹、遗物非常丰富，中心区域地层堆积厚达13米，地层自上而下最多的共有79层，时代包括先秦、两汉、六朝、唐、宋、明、清时期。发现的遗迹有房址、灰坑、灰沟、墓葬、窑址、窖穴、地面、道路、灶、墙等，其总数多达1400余，出土的陶器、瓷器、釉陶、石器、骨器、玉器、铜器等各类遗物多达20余万件[①]。

1997年发掘的第ⅠA区和第Ⅰ区的第13层以上（不包括13层）为汉代以后的文化堆积，第12层为汉代文化层，厚30～70厘米。第13层为间歇层，第14层至第23层为东周时期文化堆积。1998年发掘的第Ⅱ区，其南部的第7层和北部的第9～11层为汉代文化层；南部第6层和北部第9层以上为汉代以后至近现代文化堆积。汉代文化层厚约1米。在汉代文化遗存中发现的遗迹主要有房址、灰坑、窑址、墓葬等。出土遗物十分丰富，按质地分类主要有陶器、石器、铜器、铁器等。陶器以泥质灰陶为主，少量夹砂陶。器类主要有盆、壶、瓮、豆、罐、钵、纺轮等，同时还发现了数量较多的板瓦、筒瓦，质地多为泥质灰陶。另外，在遗址中还发现了几座龙窑，它们是迄今在三峡地区以及四川盆地发现的时代最早的龙窑。

中坝遗址的历史可追溯到新石器时代晚期甚至更早，向后又延续至明清时期，时代跨度长。遗址的面积也较大，地层堆积深厚，出土遗迹遗物丰富。而㽏井河自古为盐产地，遗址所在地蕴藏着丰富的盐卤资源，有些卤水甚至流至地表，为中坝地区古代人民制盐提供了便利。前边我们已经提到，考古学研究已认定，在中坝遗址中出土的大量先秦及秦汉时期的陶制圜底器、尖底器等，都是制盐的工具，大量制盐工具的出土显示此地曾是一个规模较大的盐业基地，而像这样规模的盐业遗址，在三峡地区应属重要的考古遗迹之一，在我国的考古发现中也是十分罕见的。

所有的考古发现表明，中坝遗址最晚自商周时期始而至明清时期，它都是一座与盐业有关的盐业城镇[②]。

---

① 孙智彬：《五千年的无字"史书"——记忠县中坝遗址的发掘》，《永不逝落的文明——三峡文物抢救纪实》，山东画报出版社，2003年。

② 四川省文物考古研究所、忠县文物保护管理所：《忠县中坝遗址发掘报告》，《重庆库区考古报告集·1997卷》，科学出版社，2001年，第559～609页。

3. 云阳佘家嘴遗址

佘家嘴遗址位于云阳县巴阳镇巴阳村长江北岸缓坡的中部，占地面积约3.5万平方米。2001年发掘的第Ⅲ区为古代人类的主要活动区，时代为秦汉时期至明清时期。在其第2A~3A层中，都出土了汉代的绳纹瓦片以及六朝、唐宋时期的青瓷片。遗址的第3B层为汉代、六朝时期堆积，厚20~52厘米；第3C层为汉代文化层，厚10~50厘米。在上述这些堆积层中，除秦汉、六朝、唐宋时期遗物以外，同时还夹杂一些先秦时期的陶片、石器等，但没有发现先秦时期的文化堆积。此现象表明，早在秦汉以前就已有人群在这里居住了。

在秦汉六朝时期的文化遗存中，清理出的遗迹主要有房屋、墓葬、窑址等。出土遗物主要有绳纹瓦片、陶片等，这类遗物在整个遗址地层中都有发现，但文化层已大多被破坏，仅在Ⅳ区的部分探方中发现了这一时期的原生堆积。遗址中发现的秦汉时期房址有一处，编号F9，方形，多开间建筑，残存部分墙基，墙基系用大型鹅卵石和花岗岩块石垒砌而成，屋面倒塌的堆积中有成片的板瓦、筒瓦分布，层层叠压。此外在Ⅰ区发现了残存的汉墓。但在佘家嘴遗址中，六朝时期的文化遗存是其最主要的内容之一。

遗址中出土的秦汉六朝时期的遗物主要有陶器、瓷器、建筑材料，另有一些铜器、铁器、银器、琉璃器等。陶器以釉陶为主，泥质陶次之，器形主要有壶、豆、罐、碗、瓮、盘、釜、锅、盆、钵、灯、熏炉、勺等。青瓷器的器形主要有罐、壶、钵、碗等。建筑材料主要有板瓦、筒瓦、瓦当等，皆为泥质灰陶，瓦外表饰绳纹，内饰布纹。

在佘家嘴后山坡地带，也发现了较丰富的秦汉、六朝至唐宋时期的文化遗存。尤其是2002年在该遗址后山坡处的营盘包墓地发掘出了一大批战国至六朝时期的墓葬，其中有不少东汉时期的墓葬。该墓地与佘家嘴遗址的秦汉六朝时期文化遗存空间上紧密相连，文化性质上统一。

佘家嘴遗址位置重要，其地为巴阳峡河段，位于三峡地区的腹心地带，扼水陆交通要津。从考古发现资料来看，秦汉六朝时期，这里就已成为巴阳峡一带人们物资往来的中转集散中心，当为长江三峡地区重要的古城镇之一[①]。

4. 巴东楠木园遗址

该遗址位于长江巫峡东段右岸的第2阶地上，隶属巴东县官渡口镇楠木园村。南

---

① 厦门大学三峡考古队、重庆市文物局、云阳县文物保护管理所：《云阳佘家嘴遗址2001年度发掘报告》，《重庆库区考古报告集·2001卷》（上），科学出版社，2007年，第587页。

靠高山，北临长江，西端为一岬角，伸入长江中。其山脚缓坡下的居住地地势相对平缓，土层堆积较厚，适宜人类在这里生存繁衍。据勘察，遗址沿长江呈长条形分布，面积约5万平方米[①]。2000~2002年，文物考古部门对该遗址进行了7次大规模的考古发掘，共揭露遗址面积约11000平方米。

据楠木园遗址地层堆积和出土遗物的内涵，可知其时代包括新石器时代、商、周、汉至六朝、唐宋明清诸时期。汉至六朝时期的文化遗存是楠木园遗址分布最为广泛、内涵最为丰富的一类遗存，在整个遗址区内几乎都有分布，尤以中部和东部分布最多。这里地层堆积较厚，各类遗迹丰富，保存也较完好。主要遗迹有房址、灰坑、灰沟、墓葬等。其中的灰坑常常是多个分布在一起，互相叠压打破。灰坑中有的底部专门设有沟槽，形状规整，这应是窖穴或仓一类的遗迹。房屋的遗迹数量也很多，有的房址内发现了大量的板瓦、筒瓦等。墓葬有石室墓和瓮棺墓两种。

出土遗物主要有陶器和瓷器，金属器和玻璃器少量。陶器质地以泥质灰陶为主，器表多饰绳纹，其他纹饰如弦纹、刻划纹、方格纹等少量，也有素面者。板瓦、筒瓦上多饰绳纹。器形主要有釜、盆、钵、罐、甑、瓮、盏、壶、杯、支座、纺轮等。瓷器主要有碗、钵、盏、盆、罐、坛、器盖等。其他还有铜镞、钱币、银耳环等。

楠木园遗址坐落在巫峡东段，其东侧有一内凹的河谷，为一天然小港，是停泊过往船只的主要码头。楠木园下游方向为门扇峡，全长2.5千米，枯水期时江面仅宽80米；其上游方向有铁棺峡，枯水期时江面仅宽70米。门扇峡南有大面山，北有尖子山，两山对峙，有如两扇大门，自古以来这里即被称为"巫峡门户"。在古代，船只在经过巫峡时主要靠拉纤通行，因此过往船只一般都要在楠木园小港停泊宿夜或进行检修。正因为楠木园为水上交通要地，故汉至六朝时期，这里曾经是一处重要的集镇。其遗址面积之大，出土遗迹、遗物之丰富，正是昔日该古城镇繁荣昌盛的真实写照。

5. 巴东罗坪遗址

该遗址位于长江北岸的大巴山中，南距巴东县城约20千米，隶属巴东县沿渡河镇。沿渡河由北向南流经巴东县城，然后在江北的西瀼口注入长江。罗坪为一四面环山的狭小冲积平原，是由沿渡河历年冲刷沉积而成的。罗坪遗址即因位于罗坪小平原上而得名，由车口、泰山庙两遗址构成，车口遗址是罗坪遗址的主要部分。在该遗址中，发掘出的遗迹主要有地层堆积、灰坑、墓葬等，文化遗物主要为周、汉、唐、宋、明、清诸时期的。

---

① 国务院三峡工程建设委员会办公室、国家文物局：《巴东楠木园》，科学出版社，2006年，第3页。

车口遗址地层堆积可分10层,第9、10层为周代文化层,第4~8层为汉代文化层,第3层为明代文化层,第2层为清代文化层。其中汉代文化层厚1.5米。泰山庙遗址地层堆积可分为9层,第7~9层为周代文化层,第6层为汉代文化层,第5层为明代文化层,第2~4层为清代文化层。在汉代文化层中,发现的遗迹有房址、柱洞、灰坑、灰沟、水井、墓葬等,并清理出了大量汉代遗物。按质地分,这些遗物有陶器、瓷器、铜器、铁器、玉器、石器及动物骨骸。按用途分,则包括生产工具、建筑材料、兵器、货币及装饰品等。陶器以泥质灰陶最多,几乎占半数以上;多数陶片上有纹饰,以绳纹为主;器形主要有瓮、盆、缸、罐、壶、釜、盂、甑、盘、豆、盏、熏炉、支座、支垫、权、拍、纺轮、网坠等。铜器主要有器足、伞盖弓帽、环、簪、镯、鱼钩、削刀、钱币等。铁器主要有钩、刀、钎等。玉器仅璧一件。石器有镞、圆饼、球、刀、锛、凿、斧、锤、刮削器、砺石等。

罗坪遗址的汉代文化遗存共分三期,各期的年代分别为:一期为西汉中晚期,二期为新莽至东汉早期,三期为东汉中晚期。汉代文化面貌整体相对同一,有着一望可知的从战国发展演变递进的文化延续过程,出土陶器演变趋势变化不是很大,后期继承前期的现象比较明显,这说明自战国开始到东汉中晚期,这里的人群活动没有多大的波动,生活习俗和规律也没有太大的变化。

罗坪遗址汉代文化遗存中出土的建筑材料数量巨大但种类简单,大部分都为汉代板瓦、筒瓦。经测算,出土探方中瓦与土的比例约为1:1,在不少探方中都发现了一层厚约1米的瓦砾层。出土的建筑材料除板瓦、筒瓦外,还有瓦当、砖等。质地绝大多数都是灰陶。据出土完整和较完整的板瓦尺寸可知,其长度一般在48~52、宽在35~40厘米,最大者长55、宽37~42厘米。

罗坪遗址并不在长江岸边,而是在江北的一处山间平地上,远离长江约20千米。但遗址分布面积宽广,堆积丰厚,遗迹遗物丰富,汉代建筑材料数量巨大,可想而知,罗坪遗址并非一般的聚落遗址,在当时就应该是一座具有相当规模的古集镇了[①]。类似于罗坪这样的遗址在三峡地区是很少见的。

6. 秭归东门头遗址

该遗址是长江三峡地区考古发现的一处年代跨度长、文化特征鲜明的古代遗址。遗址位于秭归县长江南岸的缓坡地带,北隔长江与香溪古镇相望。这一地带是三峡库区秭归段古文化遗址分布比较密集的区域。遗址隶属秭归县郭家坝镇卜庄河居委会2、3组,占地面积约25万平方米。南宋晚期,秭归县治曾从江北迁建于此,其城面积约21

---

① 国务院三峡工程建设委员会办公室、国家文物局:《巴东罗坪》,科学出版社,2006年,第371页。

万平方米。20世纪90年代，有关部门对该遗址进行了考古发掘，发掘分四个区进行。发掘情况显示，四个分区的文化内涵不尽不同，其中D区文化堆积主要是新石器时代早期城背溪文化和汉代文化遗存，C区的文化堆积主要是商周、汉代、宋元时期文化遗存，A区和B区的文化堆积则主要是明清时期文化遗存，其次是汉代文化遗存。D区的文化堆积一般可分11～13层，其中DT15的第11～9层为新石器时代早期城背溪文化堆积，第8层为周代文化堆积，第7层为汉代文化堆积；DT46共4层，第4层为新石器时代早期城背溪文化堆积，第3层为周代文化堆积，第2层为汉代文化堆积。

东门头遗址汉代文化遗存比较丰富，整个遗址区都有分布，发现的遗迹有城墙、灰坑、窑址、墓葬等。城墙为一段残墙，依地势呈坡状而建，南高北低。城墙整体情况因破坏严重已不是很清楚，但据发掘清理出的多处残城墙来看，其宽度为380～480厘米，最宽处约850厘米，残高多在525厘米左右，由黑色土堆积而成，土质硬结，呈东西走向，与叠压在其上的宋元时期的城墙走向基本一致。发现的墓葬有长方形土坑竖穴墓和瓮棺墓两类。出土遗物有陶器、铜器、铁器、石器等。陶器以泥质灰陶为主，多饰绳纹和弦纹，另有少量方格纹、附加堆纹、布纹、指甲纹、篮纹等。陶器制作比较规整。器形主要有罐、盆、甑、瓮、豆、钵、板瓦、纺轮、网坠、陶饼等。铜器主要是钱币，其他还有削刀、镞、簪、镜等。铁器仅见铁环。

值得注意的是，东门头遗址中出土了大量板瓦片和筒瓦片。由此我们也可以窥见遗址当年的繁盛。据修复的板瓦DT17⑦：2，长52.4、宽40厘米；板瓦DT17⑦：3，长47.6～59.2、宽37.6～39.6厘米。筒瓦DT17⑦：1，长41.6、宽17～18.8、舌长2.4厘米。在遗址地发现的西汉时期的陶窑有两座，编号Y5、Y6，其功能明显是用于烧制陶瓦的，Y5窑内尚存烧好且堆放有序的大量板瓦和筒瓦[①]。

三、归纳和认识

在三峡地区，秦汉时期的遗址地点已较前更多，清理出的各类遗迹、遗物也更加丰富。目前三峡地区考古发掘的秦汉时期遗址资料已能基本上反映当时社会生活的某些方面，但仅靠这些资料就想把三峡地区秦汉时期500年的历史一下子全弄清楚，显然是不切实际的。

依据三峡地区秦汉时期的遗址地层堆积及遗迹、遗物资料，我们可归纳以下几点认识。

---

① 国务院三峡工程建设委员会办公室、国家文物局：《秭归东门头》，科学出版社，2010年，第121页。

第一，遗址分布符合三峡地区的地理特点。考古发现表明，这些遗址主要以长江为轴沿东西横向分布，在长江支流流域也按河流的流向分布。遗址多选择在长江及支流沿岸的台地和缓坡上，前有江河、溪流，后有山坡、山冈。其中还有些遗址呈连片分布状况。而在遗址的附近，都会有连片的秦汉六朝时期的墓葬群。

第二，遗址的占地面积大，前后延续的时间长。例如，秭归东门头遗址，占地面积约25万平方米；巴东罗坪遗址，占地面积约15万平方米；巴东楠木园遗址，占地面积约5万平方米；云阳佘家嘴遗址，占地面积约3.5万平方米；云阳丝栗包遗址，占地面积约4万平方米；万州圈椅城遗址，占地面积约4万平方米；忠县中坝遗址，占地面积约5万平方米。在这些遗址中，其秦汉时期文化层之下绝大多数都叠压着春秋、战国时期文化层，其上又叠压着魏晋南北朝时期文化层。有的遗址的时代甚至往前还可上溯到新石器时代晚期和中期，往后延续到唐宋明清时期。因此，这些遗址的面积、文化堆积、遗迹、遗物等，都显示了这些城镇发展的连续性。

第三，遗址中发现了秦汉时期用土石建筑的城墙遗迹。例如，秭归东门头、万州圈椅城等，即都见有用泥土和石块混合建筑的城墙遗迹。但多数古城遗址中仍不见有城墙建筑的遗迹。

第四，秦汉时期的遗存中出土遗迹、遗物丰富。这一时期的遗迹主要有墓葬、房址、灰坑、灰沟、窑址、道路、水井、窖藏坑等。各类遗迹中以墓葬数量最多，种类有土（石）坑墓、砖（石）室墓、洞室墓、崖墓、悬棺葬、瓮棺葬、瓦棺葬等。其次是房址，建筑形式主要有地面式和干栏式建筑。秦汉遗址中出土遗物很多，主要有陶器、瓷器、铜器、银器、玻璃器等。陶器器形主要有罐、瓮、盆、盂、甑、豆、壶、釜、盘、熏、纺轮、网坠、瓦件等。瓷器数量不多，器形主要有罐、碗、盏等。铜器数量较少，多为小件。铁器数量多于铜器，器形主要有镬、铲、镰刀、凹口锸、斧等。此外，各类动物骨骼较多。

第五，建筑材料在不少遗址中往往成片成层堆积。在汉代遗址和墓葬尤其是东汉时期墓葬中，普遍都发现了瓦材，主要有板瓦、筒瓦、瓦当，另有方砖。此外，在此时期的墓葬中出现了葬瓦的现象。

第二节　秦汉时期的房屋建筑遗迹

公元前316年，秦国兼并巴蜀，自此三峡地区以其重要的战略位置为人们所重视。这一时期的三峡文化也与中原文化、楚文化有了更为广泛的交流，三峡地区的社会经济生活也得到了进一步的发展。考古人员在三峡地区的两汉时期的文化遗存中清理出了大量的房屋建筑遗迹，即能充分说明当时该地区社会经济生活的繁盛。在清理出的

第六章　秦汉时期考古文化

房屋建筑遗迹中，仍多见地面式建筑和干栏式建筑，值得注意的是，其建筑材料已大量使用瓦材。现从考古发现的房屋建筑遗迹中择选几处简述如下。

1. 云阳李家坝遗址

1997年，在云阳李家坝遗址发现了汉代房屋建筑、火塘、泥条等遗迹。其中房址F2跨越三个探方，建筑面积很大，但破坏严重。F2为东南—西北向，现仅存西北部的部分石墙基和墙垣，在西墙的内侧地下还埋有数段由2块筒瓦扣合而成的陶制排水管道。建筑内的地面上残存较多的石板和石块。在东部还有一处半地穴式的火塘遗迹，火塘边由石块垒砌，火塘四周和底部有一层较厚的烧土硬面，内有大量灰烬。建筑的北面有一道石块砌筑的高坎，与建筑平行，呈东南—西北走向。这道石坎同时也是F2建筑台基的一部分。在坎上的地面和坎下的斜坡上，残存大量的大型板瓦、筒瓦和云纹瓦当，据此推测，当时这里应为一处大型房屋建筑。目前这一房屋基址的下半部除遗留石墙垣外，地面还遗留铺地的石板（图6-1）[①]。

2. 云阳佘家嘴遗址

2001年在云阳佘家嘴遗址中发现房基一座，编号F9。F9平面呈方形，为多开间式建筑残迹。房址残存的南面墙体和中隔墙的部分墙基呈"丁"字形相连。中隔墙由大型鹅卵石和花岗岩石块垒砌而成。南墙基东端被唐宋时期的房址F10和路面L1打破。屋面倒塌堆积的大型绳纹板瓦、筒瓦成片分布，层层叠压。由遗址原生堆积的性质推测，此建筑的始建年代应在秦汉时期（图6-2）[②]。

3. 秭归土地湾汉代遗址

2001年在秭归土地湾汉代遗址中发现房址3座，编号为F1～F3，保存均不完整。其中F1面积较大，呈不规则方形，仅存西边的一部分，残迹包括西部残墙、附属建筑、灶、居住面和室外护坡（图6-3）。西部残墙的南北两端已向西倒塌，中部偏北一段保存较好，墙体下部完整。墙下有基槽，基槽内填红烧土，红烧土上为石条、石块和泥土垒筑的墙体。紧靠西部残墙的西北角，有一用石块砌成的半圆形小屋，面积很小，未见门道，推测为F1主体的附属建筑。该房屋内的西南角有一灶址，灶室东壁和西壁分别用两块和三块扁条石砌筑，北壁则用一块大石板砌筑，灶门朝南，有直门道，灶

[①] 四川大学历史文化学院考古系、云阳县文物管理所：《云阳李家坝遗址发掘报告》，《重庆库区考古报告集·1997卷》，科学出版社，2001年，第228页。

[②] 厦门大学三峡考古队、重庆市文物局、云阳县文管所：《云阳佘家嘴遗址2001年度发掘报告》，《重庆库区考古报告集·2001卷》（上），科学出版社，2007年，第587页。

图6-1 云阳李家坝遗址汉代F2平、剖面图

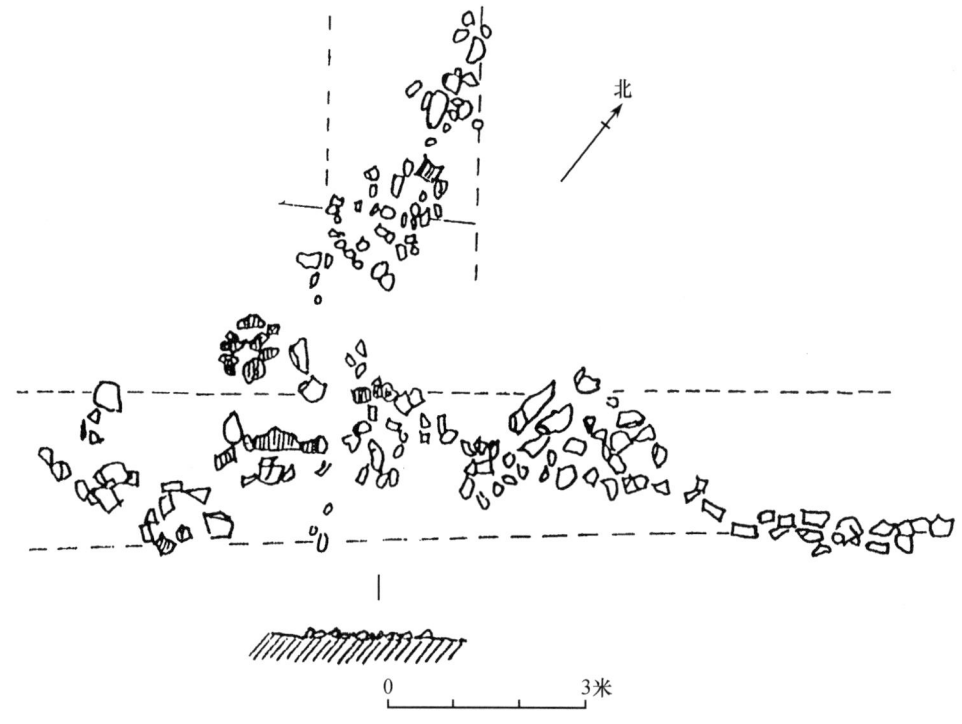

图6-2 云阳佘家嘴遗址汉代F9墙基残迹平、剖面图

底用石板铺平。灶内堆积为黄褐土，夹有红烧土颗粒，无遗物。房屋居住面仅存室内西南部的部分红烧土面。室外护坡建于西北残墙西侧，用石条垒砌[①]。

4. 忠县中坝遗址

1997年，在中坝遗址中发掘出了三座汉代房址，仅存柱洞。根据柱洞内包含物和柱洞平面的形状，区分其房屋的个体数为3。不见居住面、灶、墙等遗迹，不排除为干栏式建筑的可能性。以其中的F24为例，其房址四角和正中心各有柱洞一个，洞径15～30、深17～64厘米[②]。

从考古发掘清理出的房屋柱洞来看，秦汉时期三峡地区的房屋多为地面建筑与干栏式建筑。此时期已大量使用陶制的瓦材来遮盖屋顶。瓦材有筒瓦、板瓦两种，多为泥质灰陶，表面多有纹饰，主要流行粗、细绳纹，布纹、网格纹等，少量为素面。房屋墙体砌筑多用基槽法，先挖基槽，填以石块和红烧土块，再于其上用石条石块和

---

① 湖北省文物考古研究所：《秭归土地湾汉代遗址发掘简报》，《湖北库区考古报告集》（第二卷），科学出版社，2005年，第410页。

② 四川省文物考古研究所、忠县文物保护管理所：《忠县中坝遗址发掘报告》，《重庆库区考古报告集·1997卷》，科学出版社，2001年，第559～609页。

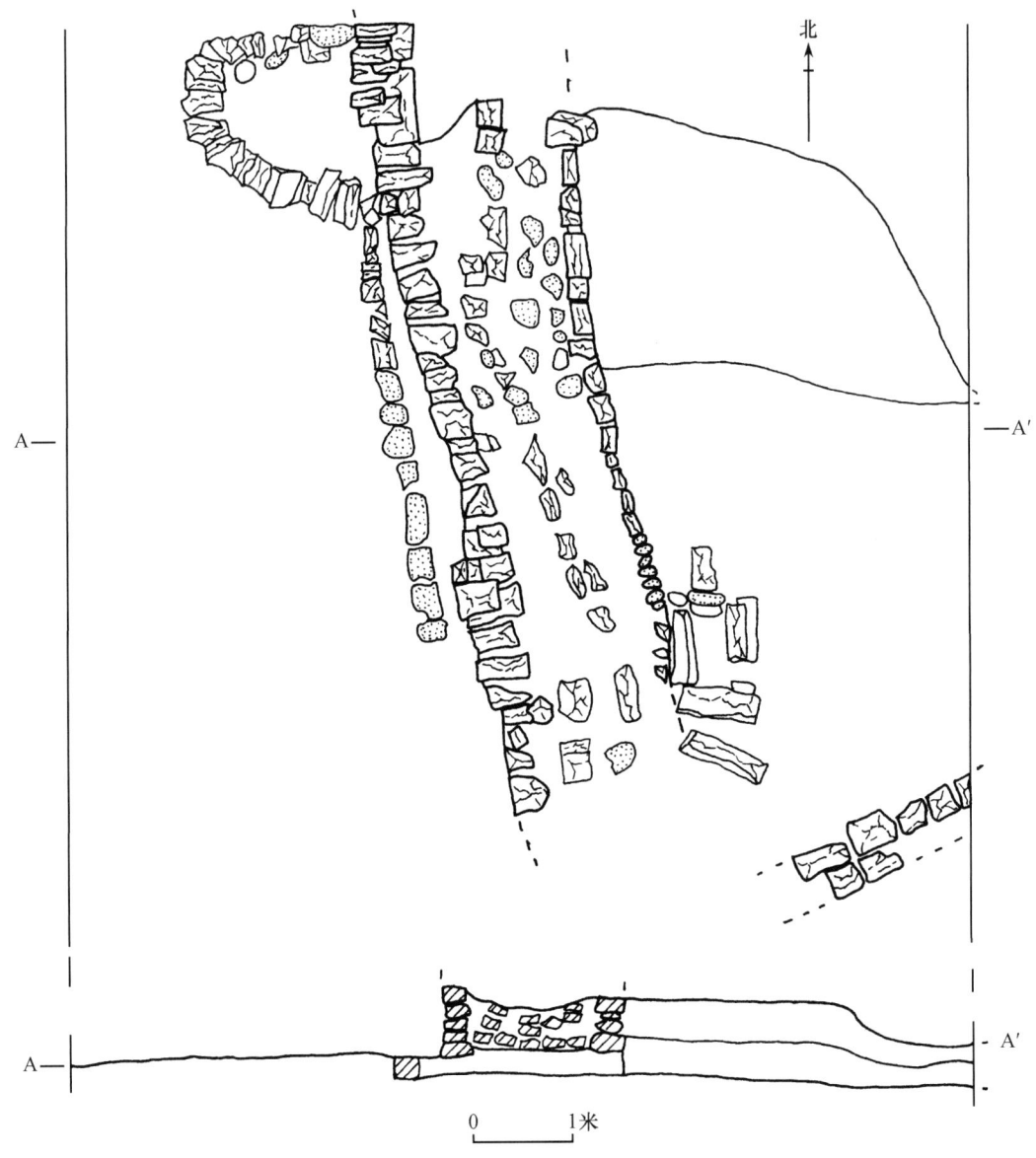

图6-3 秭归土地湾遗址汉代F1平、剖面图

泥土砌筑墙体。室内结构仍以单室为主，附属建筑已普遍出现，多设置厨房、仓储等。房屋地面、墙面依旧流行用红烧土加工，质地板结坚硬，少量大型建筑地面用石砖装饰。

第三节　秦汉时期的城址建筑遗迹

秦在统一中国的过程中，曾先灭巴蜀而后亡楚，三峡地区于是归入秦帝国版图。及至汉代，不少城市相继在此建立。在考古发现的城市遗址中，比较典型的城址有万州圈椅城遗址、云阳旧县坪汉晋时期城址、秭归东门头汉代城址等。现将万州圈椅城、云阳旧县坪城址资料简述如下。

1. 万州圈椅城

1994年，厦门大学考古队在瞿塘峡以西的重庆市万县市调查时发现了一座被人们称作"椅城"的古城遗址。该城址位于长江的二级台地上，高出江面100米以上。因城址地形像一把圈椅，当地居民世代称其为"圈椅山"，实际上是一座古城。

椅城基本依山势而建，形状大致呈圆角方形，俨然一座山间城堡。该城四周均有用黄土夯筑的城墙，现多数已被破坏，尤其靠近长江岸边一面的城墙，因长年受洪水冲击已不复存在，在远离长江的一面及与之垂直的两侧，城墙保存还比较完好。经勘探获知，远离长江的一面城墙全长210米，两侧保留及有迹可循的土城垣均约在175米以上。城址面积若加上近长江被洪水冲掉的部分，估计当年面积至少在4万平方米以上。

经对远离长江一面城墙的试掘，城墙为地面"堆筑法"构建，城墙上的建筑如城楼等倒塌后坍落入地面而形成瓦砾层，在瓦砾层和地层堆积中清理出大量汉代绳纹板瓦、筒瓦和炭渣，其中还发现了三菱形铜镞、高领罐等汉代遗物，汉代以前和汉代以后的遗物均不曾见到，故这座城址的应用年代仅在汉代[①]。此外，在城堡附近的长江岸边还发现了多处汉代居址和砖室墓群、崖墓群，这为"圈椅城"筑建于汉代提供了佐证。

2. 云阳旧县坪城址

该遗址位于云阳县双江镇三坝乡。公元前316年，秦并巴蜀，于巴蜀之地设巴，朐忍县隶属巴郡，而后汉承秦制，汉代仍设朐忍县，相传云阳旧县坪为汉代朐忍县治。从20世纪90年代中期开始，重庆市云阳旧县坪遗址历经10年的连续发掘，至2005年整个发掘工作结项之际，所获考古学资料使该遗址最终得以确认为汉晋六朝时期的朐忍县城故址。

---

① 厦门大学历史系考古专业：《万县市椅城汉代城址》，《中国考古年鉴·1995》，文物出版社，1997年，第231页。

在整个发掘过程中，吉林省文物考古研究所1999~2005年对旧县坪遗址有计划地进行了全面揭露，总计发掘面积达21000平方米。该遗址主要埋藏有战国至六朝时期的文化堆积，尤为重要的是，汉至六朝时期堆积体现的正是文献记载的朐忍县治所的文化遗存。

旧县坪遗址由江边3个较大的台地共同组成，发掘时共分12个区域。汉代遗存分布于遗址的东部，具有鲜明的城市布局特点。其中C区的狮子坪继续发挥着汉以前时期的冶铸功能，S区为衙署区，发现了多处战国至六朝时期的遗迹，其中2003年清理出的一座汉代大型夯土台基，其上部叠压有利用此台基改建的六朝衙署建筑，建筑设施等级很高。遗址的A、B区和西端台地是主要的居住区，中部地势最低的长坪为当时的制陶工业区。

支持旧县坪汉代遗址为朐忍县治所的证据还包括，2000年在C区出土的带有"朐"字刻款的汉代陶钵，2001年在C区发现的"君"字封泥和S区SK1中发现的记事木牍，这些发现进一步显示了旧县坪遗址的行政地位应为朐忍县治所。而2004年朐忍令景云碑的出土，则成为确认旧县坪遗址为朐忍治所的更为直接的证据。

2005年，在遗址的北部清理出了一段夯筑城墙，另外还发现了由城区通往江边的道路，这些发现进一步增进了人们对朐忍故城整体布局的了解。发现的夯筑城墙位于遗址北边凹处，系用夹杂汉瓦残片的黄土夯筑而成。城墙残长约40、宽67、残高不足1米，边坡为六朝地层叠压，因而可推测其始筑于汉。城墙的发现验证了史籍有关朐忍"有大小石城"的记载。与中原习见的规整汉代城市不同，峡江地区的汉代城防与东北地区的一些山城构筑近似，即主要凭借天险而仅在地势低处构筑城墙。人为修筑的城墙与自然地势浑然一体，可以说是峡江地区的一个特色。

在遗址地清理出的道路位于城址的东南部，为石板修筑的阶梯式路面，残长约70、宽约2米，道路直抵江边。清理情况表明，该路修建于汉代，六朝时期进行过整修，应是朐忍衙署连接长江的唯一通道[①]。

结合发掘资料，我们可对云阳旧县坪遗址做如下小结。

（1）云阳旧县坪遗址整体呈扇形，两边均有高四五十米的陡坡，汉晋朐忍城的此种格局在我国城市发展史中可作为因地制宜的典型案例。

（2）朐忍古城的年代跨度为东周末年至六朝时期，约800年，其间城址不断更新，但跨越800年的遗迹却很少发现，这可能与地理环境的制约有关，即地理环境的狭窄使得城址的更新只能在旧城的基础上原地劈旧建新。

（3）2003~2004年发现的几处大型台基及朐忍令景云碑都是极为重要的发现。汉

---

① 吉林省文物考古研究所、云阳县文物管理所：《重庆云阳旧县坪台基建筑发掘简报》，《文物》2008年第1期，第22~31页。

代等级分化严格，从台基的规模形制及周边地层出土的础石、残瓦等都可看出其上建筑的规格，显示这些建筑应是旧县坪遗址中等级最高的官衙。而朐忍令景云碑的出土位置与台基十分接近，显示其与台基存在着直接关系，也间接证明台基上的建筑应为县府官衙。景云碑的内容以叙述景云身世为主，并赞颂其为政功绩，属于德政碑。

第四节 手工业与商品经济的发展

一、陶　　器

汉代的制陶业与战国时期相比有了很大的发展。秦汉时期，陶器主要有红陶、灰陶和釉陶三种；器形主要有甑、豆、罐、勺、钵、鼎、壶、盘、盆、灯、熏炉盖、盂、杯等，这些器物在整个汉代遗址中都普遍存在。而汉代墓葬中，陶器的种类也主要有三种：一是泥质灰陶的罐、钵、釜、甑等所组成的实用类器；二是釉陶的壶、钵、盂、勺、博山炉、灯等所构成的明礼器；三是以人物俑、动物俑，以及塘、井、房等模型构成的内容丰富的陶俑，这类器物也属于明器。

汉代盛行各种陶质明器，主要包括人物俑（舞俑、侍俑、持盾俑、吹箫俑等）、动物俑（家禽家畜）、陶塘、陶井、陶仓、陶灶、房屋等。人物俑的高度一般在20~30厘米，有男女侍者俑、武士俑、舞俑、端坐俑、抱琴俑、提袋俑、持面扇俑、抚耳俑、庖厨俑、击鼓俑、吹箫俑等多种造型。人物俑皆为红陶，着圆领裘衣或交领长袍，栩栩如生。丰富的人物造型反映了三峡地区当时各社会阶层人物的服饰、装扮及特征等，是其时社会生活的真实写照。动物俑则为写实造型，比例协调，墓中出土的动物俑以猪、狗、鸡等家畜家禽为主，另外还发现了镇墓兽，数量也不少。动物俑体长多在20厘米以上，较人物俑小。出土陶俑的典型墓地有云阳马沱墓地和丰都槽房沟墓地，墓中陶俑数量丰富，造型多样（图6-4）。这些明器的大量出现，反映了当时人们"事死如事生"的丧葬观念。

汉代的砖瓦制造业十分发达。砖的种类主要有方砖、长方形小砖、楔形砖、子母砖等。砖的纹饰也较丰富，一般饰几何纹、太阳纹、花朵纹等。也有素面砖，常用于地面或墓底。方砖一般用于铺底和砌墙，楔形砖和子母砖一般用于墓葬的起券和封门，部分墓砖有纪年铭刻。瓦材多为泥质灰陶，主要为筒瓦、板瓦，瓦面多有纹饰，主要流行粗、细绳纹，云纹、布纹、网格纹等。少量瓦材为素面，常用来铺盖屋脊。

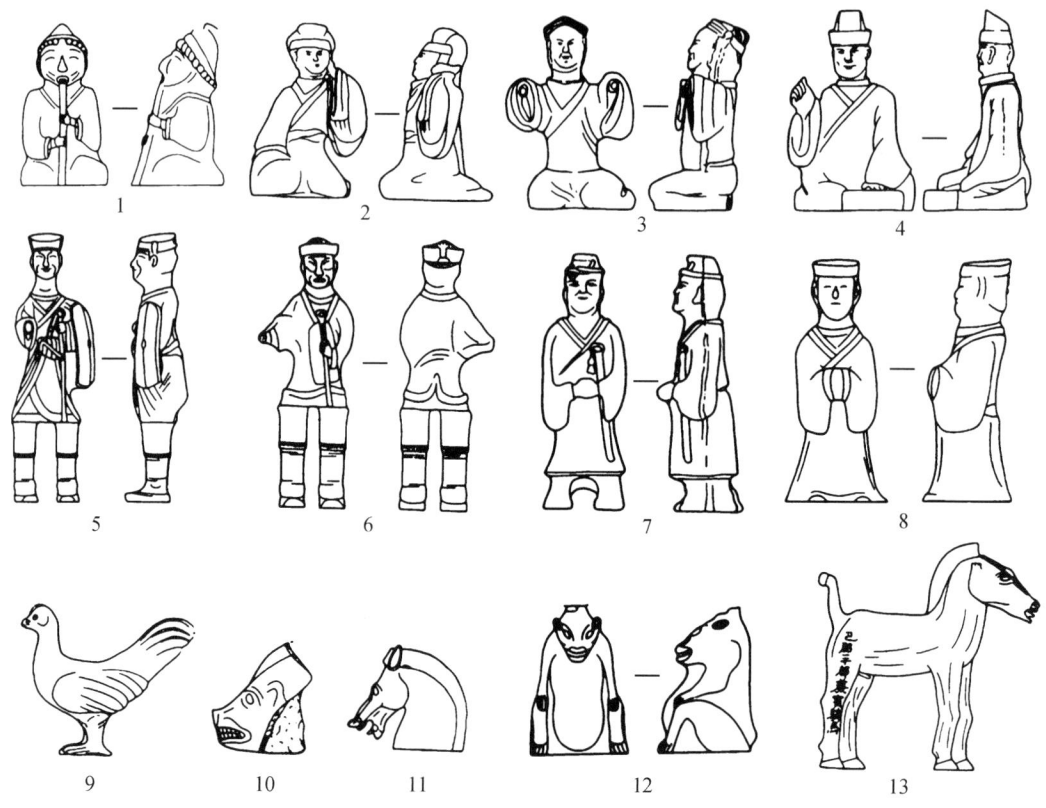

图6-4 三峡地区的汉代墓葬中的陶俑

1. 吹箫俑（M9：30） 2. 抚耳俑（M43：81） 3. 跪坐俑（M43：89） 4. 击鼓俑（M43：84） 5~7. 武士俑（M9：22、M9：24、M47：3） 8. 侍俑（M9：43） 9. 鸡（M43：91） 10. 猪头（M9：17） 11. 马头（M9：38） 12. 小熊（M9：29） 13. 马（M9：27）

（1、5、6、8、10~13出土于丰都槽房沟墓地，其余出土于云阳马沱墓地）

二、青 铜 器

汉代传统的礼乐制度日益衰落，使得青铜礼器和青铜日用品逐渐减少，较常见的铜器主要是铜镜和铜钱。与东周时期相比，三峡地区两汉时期的青铜器如鼎、盒、壶等，在种类和数量上也都明显减少，形制退化，并逐渐被仿铜的陶制礼器所取代，而能够见到的铜器大部分也都保留不完整。所见的汉时期铜器主要有鎏金铜扣缀贝腰带、方壶、釜、钫、盆、铜镜、鎏金圆形铜棺饰、虎纽錞于、剑、龙形带钩、虎形带钩、印章、勺、耳杯、洗、鍪、三菱形镞、双翼形镞、提梁壶等（图6-5）。铜器制作技艺较为成熟，如腰带、勺等器物，无论造型还是纹饰，做工都十分精细，体现了较高的工艺水平。

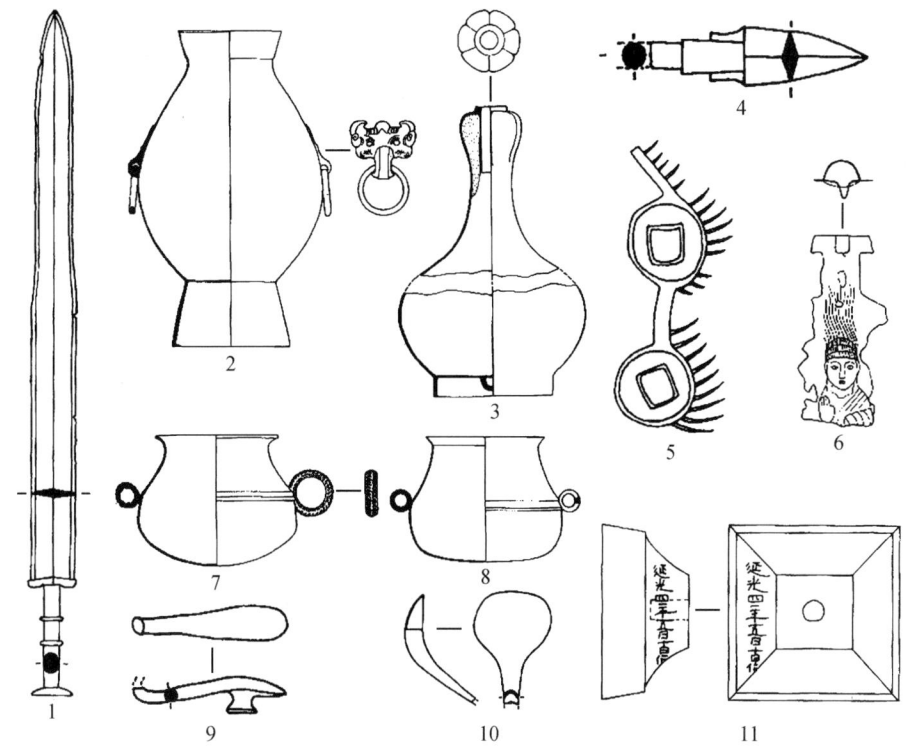

图6-5 三峡地区秦汉时期墓葬中出土的铜器及陶摇钱树底座
1. 剑（M16：3） 2. 钫（M2：88） 3. 蒜头壶（M2：104） 4. 镞（M2：1） 5. 摇钱树叶片（M9：44）
6. 佛像（M9：45） 7、8. 鍪（M7：5、M1：3） 9. 带钩（M5：5） 10. 勺（M7：6）
11. 陶摇钱树底座（M9：39）
（1、4、9出土于万州包上墓，2、3、7、8、10出土于云阳马沱墓地，5、6、11出土于丰都槽房沟墓地）

三、铁　　器

秦汉时期尤其是汉代，铁器在三峡地区已被广泛使用，种类也较丰富，主要有农业生产工具、手工工具、兵器、炊煮器、日用杂器等多类。铁制农具主要有锸、镰、犁、锄、铲、钁等，手工工具主要有斧、锛、凿、削、锯、刻刀等，兵器有剑、匕首、矛、刀、镞等，炊煮器有釜、鍪、罐、灶等，日用杂器有剪刀、带钩等。生产工具和手工工具在考古发现中所占比例逐渐减少，而武器、日用杂器则逐渐增多，炊煮器的使用在两汉时期发展到了顶峰。

西汉时期，三峡东部地区出土的铁制工具以锸为主，斧、削、鍪也较常见；而在三峡西部，奉节、云阳等地出土的铁制工具以斧、锛为主；万州、涪陵出土的铁制工具以锸、刀、削为主；忠县、石柱一带则常见锄、斧、削、剑、釜等铁器（图6-6）。东汉时期，铁鍪基本消失，兵器中的刀、剑等则较为常见。三峡东部地区很少出土铁

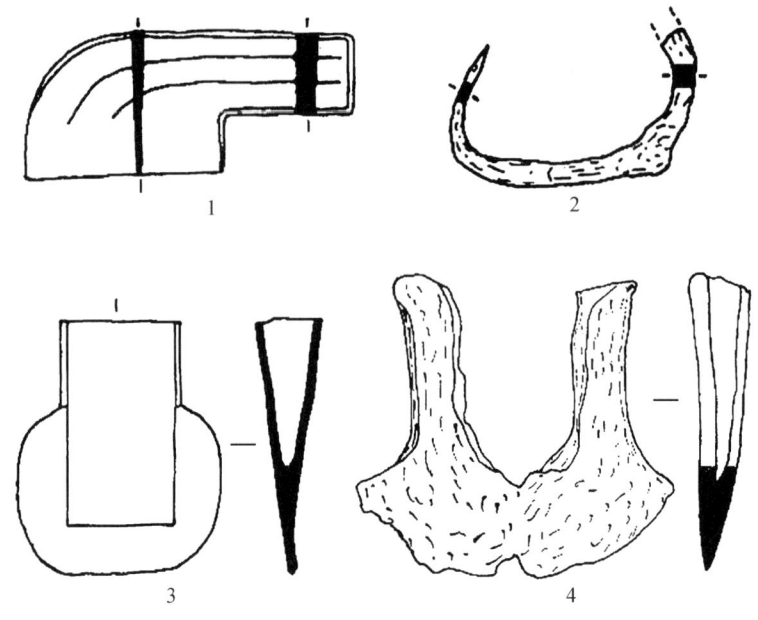

图6-6　万州包上秦代墓葬中出土的铁器
1.刀（M7∶5）　2.钩（M4∶1）　3、4.锸（M7∶4、M16∶4）

釜，多出土削、刀；三峡西部地区的墓葬中随葬铁釜的现象则比较普遍，另外还有刀、剑。

三峡地区考古发现的汉代铁器数量虽多，却少见铁器的冶铸遗迹。能见到汉代冶铸业遗迹的遗址主要有巫山张家湾、云阳旧县坪、丰都玉溪坪等。这些冶铸业遗迹保存状况较差，难以完整复原其冶铁业状况。但三峡地区的铁器应用仍具有出现早、延续长、数量大、种类全、分布广的特点[①]。

四、货　币

在三峡地区的秦汉时期遗址和墓葬中，都发现了较多的秦汉时期货币。西汉初期承袭秦代的货币制度，铜钱仍用"半两"，因此这时期的墓葬中常出土了"半两"铜钱。汉初由于各地方可自由铸钱，以致货币贬值，经济凋敝[②]。因此到汉武帝时，为了发展经济而统一币制，元狩五年（前118年）废半两，行五铢。自汉武帝时代起，墓葬中则常出现"五铢钱"而偶见"半两"钱。到王莽时期，由于实行了四次币制改革，

---

① 邹后曦、白九江：《三峡地区东周至六朝铁器的考古发现及相关问题的初步探讨》，《江汉考古》2008年第3期，第55～62页。
② 张之恒：《中国考古学通论》，南京大学出版社，1995年，第265页。

因此墓葬中便出现"货泉"了（图6-7）。到东汉时，墓葬里往往各种钱币混杂，除少量半两、货泉外，大多为制作精良的东汉五铢。

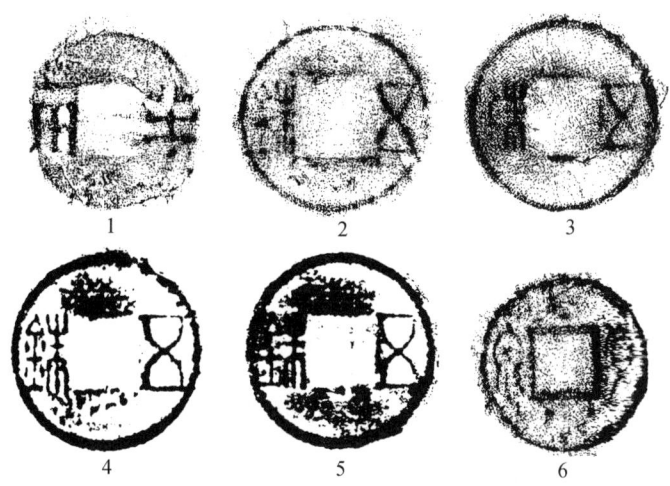

图6-7　三峡地区汉墓中出土的铜钱拓片
1.半两　2~5.五铢　6.货泉
（4、5出土于丰都上和嘴墓葬，余皆出土于云阳张家嘴墓地）

五、两汉时期的双唇罐

在三峡地区考古发掘的一些汉至唐宋时期的遗址和墓葬中，经常会见到一种被考古人员称为双唇罐的器物，其器形与我们通常所见到的汉代以前的陶罐有所不同，最明显的不同部位是在口沿处。罐口沿为双重口，内口直，圆唇口沿，有的外口沿略低于内口且外侈；束颈；口沿以下的器身为溜肩，圆鼓腹，腹下内收；平底，有的罐底略内凹。此外，在部分双唇罐的肩部附有系（耳），这也是先前陶罐肩部不见的。在极少数罐的肩腹部装饰有拍印纹。为了使这种双唇罐经久耐用，在罐口沿及罐身上腹表外均施釉。虽然这种双唇罐在三峡地区汉至隋唐时期的遗址和墓葬中较常见，但发掘者却很少对这种双唇罐进行分析和研究，以致在认识上产生了一些混乱。首先是在命名上，称呼混乱，无一定之规，一些发掘者在对这种双唇罐命名时，多是根据该器物本身的形态（主要是依据口部）将其称为"双唇罐""子母口罐""双沿罐""双唇坛"等，还有的发掘者直接将这种双唇罐笼统称为"罐"或"坛"。这里，我们称之为"双唇罐"。其次是在用途上，虽说绝大多数的发掘者在发掘报告中都没有对这种双唇罐的用途进行分析，但也有发掘者尤其是我国南方地区的考古发掘者，联想到现代三峡地区及西南地区居民日常用于腌制酸菜的"泡菜坛"，视这种双唇罐的功用与之等同，故称其为"泡菜坛"。

本节中，我们按照考古类型学的研究方法，从双唇罐的型式、发展、演变、用途等几个方面来做一些简略分析。

1. 双唇罐的型式划分

从三峡地区相关考古报告中对这种双唇罐的描述及器物图形和照相资料来看，在双唇罐的演变过程中，其口部的形制变化不是十分明显，而其肩部的形制特征变化却比较突出，主要表现在于有系和无系。按照考古类型学的研究方法，我们将肩部无系的双唇罐分为A型（图6-8），将肩部有系的双唇罐分为B型（图6-8）。

A型　肩部无系。此类罐在忠县洋渡[①]、万州冯家河[②]、万州涪溪口[③]、奉节赵家

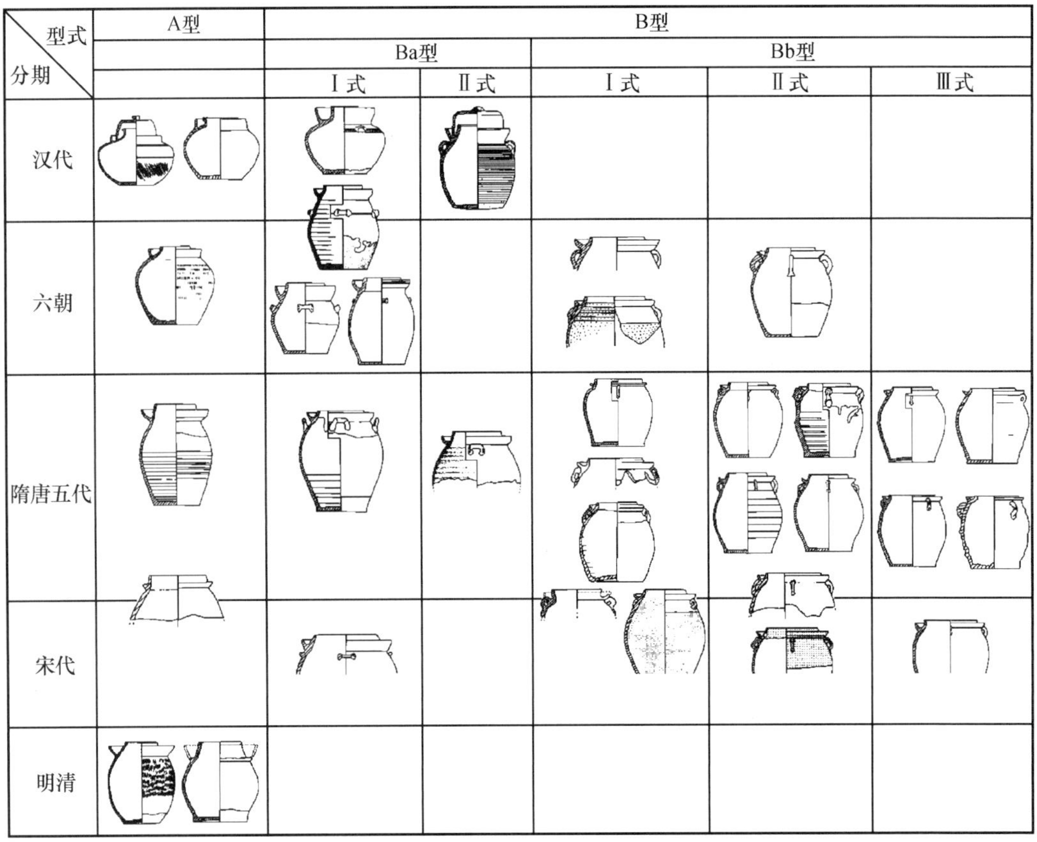

型式 分期	A型	B型				
		Ba型		Bb型		
		Ⅰ式	Ⅱ式	Ⅰ式	Ⅱ式	Ⅲ式
汉代						
六朝						
隋唐五代						
宋代						
明清						

图6-8　三峡地区汉至宋明时期的双唇罐分期图

---

① 重庆市文物考古研究所、忠县文物管理所：《忠县洋渡沿江汉墓发掘报告》，《重庆库区考古报告集·2002卷》，科学出版社，2017年。

② 重庆市文物考古研究所、万州区博物馆：《万州冯家河遗址发掘报告》，《重庆库区考古报告集·2002卷》，科学出版社，2017年。

③ 福建省博物馆考古队、万州区文物管理所：《万州涪溪口遗址发掘报告》，《重庆库区考古报告集·1997卷》，科学出版社，2001年。

湾[①]、巫山双堰塘[②]、巴东旧县坪[③]、巴东宝塔坪[④]、巴东罗坪[⑤]等遗址和墓葬中都有出土。这类双唇罐的陶质主要有泥质灰陶、釉陶。泥质陶中有的夹少量细砂。陶色，胎内颜色杂乱，主要有深灰色、酱色、黄褐色、青灰色、深绿色等。纹饰，极少数罐的外表饰拍印纹、凹弦纹。器身大小不一，依据口径和高度来看，罐口径一般在10~15厘米，少数在5~10厘米；罐的高度一般在20~30厘米，个别高达36厘米，20厘米以下者较少见。

B型 肩部有系。此类罐无论是出土地点还是出土数量都比A型罐多一些。系一般有横系和竖系之分，根据系的设置方向的不同，又可分为两个亚型，即Ba型（横系）和Bb型（竖系）。先看Ba型罐，在这种横系的罐中，又见有四系和二系之分。四系，系一般设置在肩部或者近颈部，为双双对称的横桥形耳。二系，系一般设置在肩部，为对称的环形桥耳。其次来看，Bb型罐数量上要多于Ba型罐。这种竖系的Bb型罐中，又见有二系、三系和四系，以二系和四系者居多，三系者要少于二系和四系。与Ba型罐一样，系的设置部位一般在肩部或者近颈部。这类双唇罐的陶质主要有泥质灰陶、釉陶，在泥质陶中有的夹少量细砂。陶色，胎内颜色杂乱，主要有灰色、红褐色、灰白色、红色、紫红色、褐色、黄色等。火候较高。罐口沿及器身上腹表外多施釉，釉色杂乱，主要有酱色、黄褐色、黄绿色、红褐色、褐色、绿色、青绿色、青色等。有的罐腹部饰拍印方格纹、凹弦纹。器身大小不一，罐口径一般在10~20厘米，极少数在20厘米以上或10厘米以下；罐的高度一般在20~30厘米，少数在15~20厘米，个别高达39厘米。

据以上关于A型罐和B型罐之器身大小、口径大小、口沿及器身上腹施釉等资料的介绍，我们可以观察出A型罐和B型罐两者之间的差异。首先看看A型罐和B型罐的口径尺寸，A型罐的口径尺寸多在10~15厘米，B型罐的口径尺寸多在10~20厘米，有的口径尺寸甚至在20厘米以上，两者之间的差异显而易见；其次，我们再来看看A型罐和B型罐的器身的高度，经测量，A型罐的器身高度一般在20~30厘米，B型罐的器身高度一般也在20~30厘米，少数在15~20厘米，除个别较高外，两者之间差异不算太大；再来分析一下A型罐和B型罐口沿和器身上腹施釉的情况，据统计，B型罐施釉的比例要大于A型罐，且B型罐的釉色也要繁杂一些。

[①] 武汉大学考古学系、重庆市文化局三峡办公室：《重庆奉节赵家湾东汉墓发掘简报》，《文物》2011年第1期。

[②] 中国社会科学院考古研究所长江三峡工作队、巫山县文物管理所：《巫山双堰塘遗址发掘报告》，《重庆库区考古报告集·1999卷》，科学出版社，2006年。

[③] 国务院三峡工程建设委员会办公室、国家文物局：《巴东旧县坪》，科学出版社，2010年。

[④] 武汉大学考古系、巴东县博物馆：《巴东宝塔河遗址六朝墓葬发掘简报》，《湖北库区考古报告集》（第一卷），科学出版社，2003年。

[⑤] 国务院三峡工程建设委员会办公室、国家文物局：《巴东罗坪》，科学出版社，2006年。

2. 双唇罐的年代及各历史时期的出土数量

三峡地区出土的双唇罐，时代最早的为东汉时期，如在忠县洋渡口沿江、万州安全、奉节赵家湾、巫山高堂观、巴东罗坪、秭归陶家坡等东汉时期的墓葬中，都发现了双唇罐，但墓葬中随葬数量不多，一般只有一件。在三国两晋南北朝时期的墓葬中，双唇罐的出土数量明显增多，再往后至隋唐五代时期，墓葬中双唇罐的出土数量更多，或可谓达到了一个顶峰，墓葬中随葬双唇罐的现象，已属常见。到了明清时期，墓葬中随葬双唇罐的数量有些所减少，而此时期的遗址中，却多有出土。

3. 双唇罐的演变及用途

有关双唇罐的演变，汉代至唐宋时期，三峡地区双唇罐的形态特征明显，演变序列清楚，早期（汉代）的双唇罐器身普遍扁圆，整体显得胖矮，内口径较小，罐身最大腹径多大于口径，内外口沿高度相近；罐的凹槽较浅，内外口沿之间的间距较窄。若将唐宋时期双唇罐的器形与汉、六朝时期双唇罐的器形进行比较，可以明显观察到它们之间的差异。唐宋时期双唇罐的器身一般显得瘦高（长），内口高于外口沿，从而防止水因热胀冷缩导致凹槽里的水内溢。此外，双唇罐的口径尺寸增大，便于食物的放入和取出；同时沿内凹槽增宽，从而使得凹槽的内蓄水量增加。总之，双唇罐口沿处的不断改进，更有利于罐内泡菜的保护，达到更好的腌制效果。又从双唇罐肩部附系的现象来看，也可以观察出其系的改进与演变。早期双唇罐的系一般靠近中腹部，而唐宋时期，其系已逐渐上移靠近外口沿部位了，这样的改进可方便人们的搬运和携提。不仅如此，唐宋以后，该地区的民众又经过不断摸索，发现这种附系并不方便，也不适用，于是这种在罐肩部附系的现象也越来越少直至不见，取而代之的，是一种更先进、更适用的无系双唇罐，这种无系双唇罐的外口沿增宽，凹槽也更宽更深。

这里，我们来回顾一下三峡地区双唇罐的发展和演变历程。从汉代起，就开始在罐身上部附系，到六朝及唐时期，罐身上部附系较为流行，往后再到宋代，罐身上部附系逐渐少见，宋以后，罐身上部附系的现象消失。以上演变表现了民间制陶工匠对双唇罐制作技术的不断改进，充分体现了三峡地区古代人民的才干与智慧。

就双唇罐的用途看，前已述及，考古发掘者依据双唇罐的形态推测其主要用途是用于腌菜的，我们认为这种推断是正确的。这里，我们简略叙述一下三峡地区考古发现的这种双唇罐的器形。其罐为双唇（重）口，鼓腹，平底，有的底部略内凹。此类罐的器身形态与我们通常见到的罐身形态没有什么区别，关键在于罐口沿处，其与我们通常见到的罐口沿形状不同，当时的陶匠考虑到了人们现实生活的需要，特意在制作此类罐时将罐口沿制作成双唇（重）口，目的就是养水以隔绝空气，使罐内腌制的蔬菜不易变质。因此我们认为，此类双唇罐无疑就是三峡地区古代人民制作腌菜（泡菜）的一种器具。

六、归纳和认识

三峡地区秦代至西汉早期的陶器主要为泥质红陶和泥质灰陶，器形以小型罐、壶为主，有的外表涂黑色陶衣，但更多为素面。墓葬中随葬有铜、铁质的礼器，器物组合以鼎、鍪为主。出土的钱币中有"半两"铜钱，可能是"秦半两"。

西汉中期的陶器以肩部饰彩绘的平底罐和有纹泥质灰陶胎的圜底罐为主。钱币多见有"五铢"钱。墓葬中有铜、铁器或陶质礼器，铜、铁器组合以鍪、釜为主，陶器组合以鼎、盒、壶、甑等为主。

西汉晚期的陶器以饰弦纹的泥质灰陶胎的平底罐、平底钵为主。铜制品见有铜洗、铜釜等，铜钱以武帝"五铢"钱为主。

东汉早期的陶器开始出现较为典型的酱色泥质红陶胎器，但所占比例不大，器形主要为礼器。陶器以泥质灰陶胎的平底罐及平底钵为主。铜钱以新莽的"货泉""大泉五十"为主，武帝"五铢"所占的比例较小，已经出现了弧肩的东汉"五铢"钱[1]。

东汉中晚期，陶器的常见器形有罐、盆、甑、钵等，低温釉陶器占相当比例。青瓷器开始出现，主要为生活用品，如碗、罐、钵等。墓葬中随葬人物俑、动物俑及房、塘等模型的现象普遍出现。俑类器物绝大多数为泥质红陶，陶质疏松，个体较小。

第五节　埋葬习俗文化

在三峡地区，考古人员发掘出了大批的秦汉时期墓葬，其中绝大多数为汉墓，秦墓较少。考古发现的秦代墓地有涪陵镇安、万州包上、巴东红庙岭、宜昌前坪等。考古发现的汉代墓地由东向西排列主要有宜都陆城，宜昌前坪、后坪，秭归卜庄河、蟒蛇寨、庙坪、陶家坡、土地湾，巴东茅寨子湾、楠木园、红庙岭，巫山麦沱、瓦岗槽、林家码头，奉节宝塔坪、莲花池、周家坪，云阳李家坝、张家嘴、石家包、马沱、洪家包、营盘包，万州武陵、老棺丘、金狮湾、胡家坝，忠县花灯坟、石匣子、仙人洞、土地岩、下白桥溪、丰都汇南、大湾，涪陵小田溪、上官、横梁子、吴家石

---

[1] 重庆文物局、重庆市万州区文物管理所：《万州金狮湾墓群（二期）发掘报告》，《重庆库区考古报告集·2002卷》（上），科学出版社，2010年，第668页。

梁、镇安等①。其中涪陵北岩墓群中有岩坑墓、岩墓、砖室墓、石室墓、砖石混合墓等多种形制的墓葬，类型丰富②。丰都槽房沟和云阳马沱墓地则随葬品丰富，出土了大量的陶器、俑、铁器、青铜器等③。2001年，在万州包上墓地发掘出了5座秦墓，这是比较重要的发现④。

一、秦时期的墓葬

1. 万州包上秦墓

2001年，文物考古部门对万州包上墓地进行考古发掘时共发现秦汉时期墓葬11座，其中秦墓5座，皆为长方形土坑竖穴墓，墓口面积在3.8～7.1平方米，方向以东西向为主。墓坑四壁陡直。墓底两端都有横垫木，墓内棺椁已腐朽无存，除其中的M4中人骨架保存稍好外，其余4座墓葬中的人骨皆腐朽无存。M4中的人骨架显示其葬式

---

① 重庆市文物局、重庆市移民局：《重庆库区考古报告集·1998卷》，科学出版社，2003年，第893、894页；重庆市文物局、重庆市移民局：《重庆库区考古报告集·2001卷》（下），科学出版社，2007年，第1977、1978页；北京市文物研究所三峡考古队、重庆市涪陵区博物馆：《涪陵镇安遗址发掘报告》，《重庆库区考古报告集·1999卷》，科学出版社，2006年；重庆市文物局、重庆市移民局：《重庆库区考古报告集·2001卷》（中），科学出版社，2007年，第903~927页；重庆市文物局、重庆市移民局：《重庆库区考古报告集·2002卷》（上），科学出版社，2010年，第740~757页；国务院三峡工程建设委员会、国家文物局：《巴东红庙岭》，科学出版社，2010年；湖北省博物馆：《宜昌前坪战国两汉墓》，《考古学报》1976年第2期；国家文物局：《中国文物地图集·湖北分册》（下），西安地图出版社，2002年，第205、206、220、524~526页；郝国胜：《三峡文物保护研究》，科学出版社，2018年，第89、90、95、96、102、103、106~111、118、119、125、126、129页。

② 重庆市文物考古所、重庆市文物局、重庆市涪陵区博物馆：《涪陵北岩墓群发掘报告》，《重庆库区考古报告集·2001卷》（下），科学出版社，2007年；重庆市文化遗产研究院、西南民族大学西南民族研究院、涪陵区博物馆：《涪陵北岩黄金堡墓地2011年发掘简报》，《重庆三峡后续工作考古报告集》（第一辑），科学出版社，2019年。

③ 重庆市文物考古所、宝鸡市考古工作队、重庆市文物局等：《丰都槽房沟墓地发掘报告》，《重庆库区考古报告集·2001卷》（下），科学出版社，2007年；重庆市文化遗产研究院、丰都县文物管理所：《丰都槽房沟墓群2011年、2012年发掘简报》，《重庆三峡后续工作考古报告集》（第一辑），科学出版社，2019年。

④ 湖北省荆州市博物馆、重庆文物局、重庆市万州区文物管理所：《万洲包上秦汉墓发掘报告》，《重庆库区考古报告集·2001卷》（中），科学出版社，2007年；湖北省荆州市博物馆、重庆文物局、重庆市万州区文物管理所：《万州包上秦汉墓第二次发掘报告》，《重庆库区考古报告集·2002卷》（上），科学出版社，2010年。

为侧身直肢，其余墓葬葬式不明。墓葬中都有随葬品，数量不多。M2中仅见铜镞，2件；M4中仅见铁钩，1件；M5中有随葬品5件，4件陶器，组合为罐、盂、豆，M6随葬器物3件，皆为陶器，盘2件、釜1件，M7的随葬品5件，陶器有壶2件、盂1件，铁器刀、锸各1件。总的来说，这几座秦墓出土器物不多，共16件，陶器10件（图6-9），铜器、铁器各3件。陶器壶、罐、釜、盂、豆、盘等，均为日用品①。

2002年，又在该墓地发掘出了一座秦墓，编号M16。形制同上，葬式为仰身直肢，男性，年龄大约60岁左右（图6-10）。墓葬中随葬陶制小壶、盂各1件、铜剑1件、铁锸1件。铜剑为楚式剑，保存较好，长度达67.5厘米，这在峡江地区是少见的②。

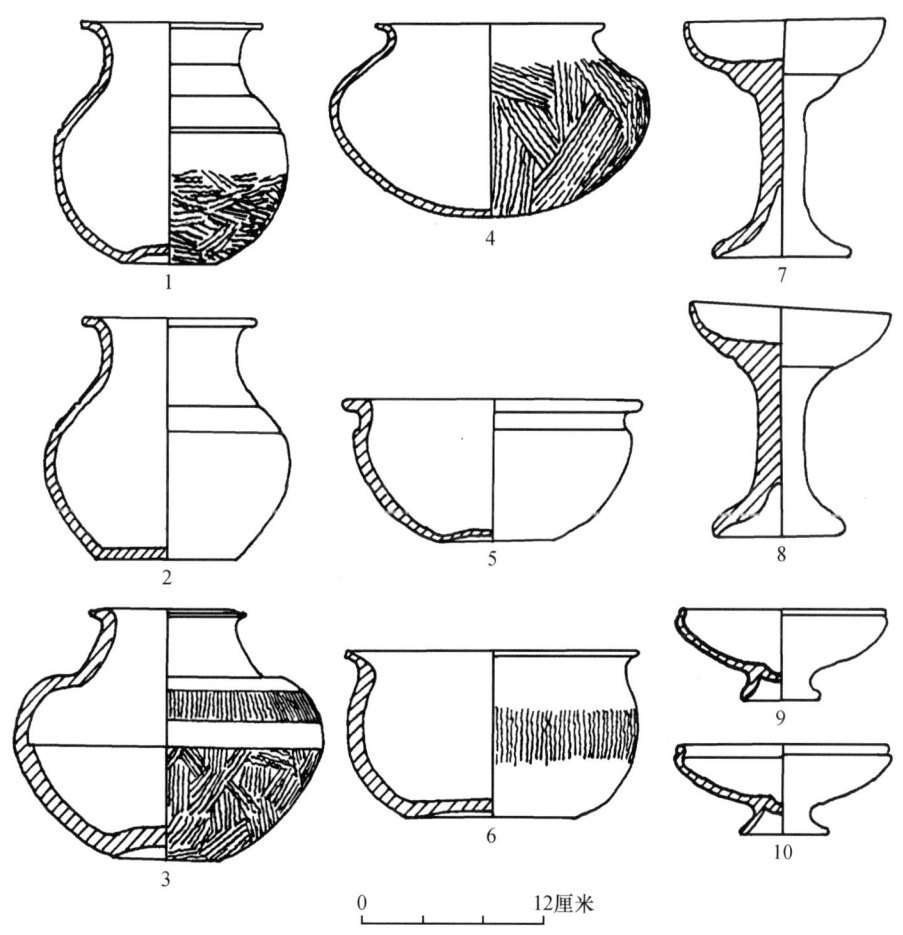

图6-9　万州包上秦代墓葬中出土的陶器
1、2. 壶　3. 罐　4. 釜　5. A型盂　6. B型盂　7、8. 豆　9、10. 盘

---

① 湖北省荆州市博物馆、重庆文物局、重庆市万州区文物管理所：《万州包上秦汉墓发掘报告》，《重庆库区考古报告集·2001卷》（中），科学出版社，2007年，第910、926页。

② 湖北省荆州市博物馆、重庆文物局、重庆市万州区文物管理所：《万州包上秦汉墓第二次发掘报告》，《重庆库区考古报告集·2002卷》（上），科学出版社，2010年，第743页。

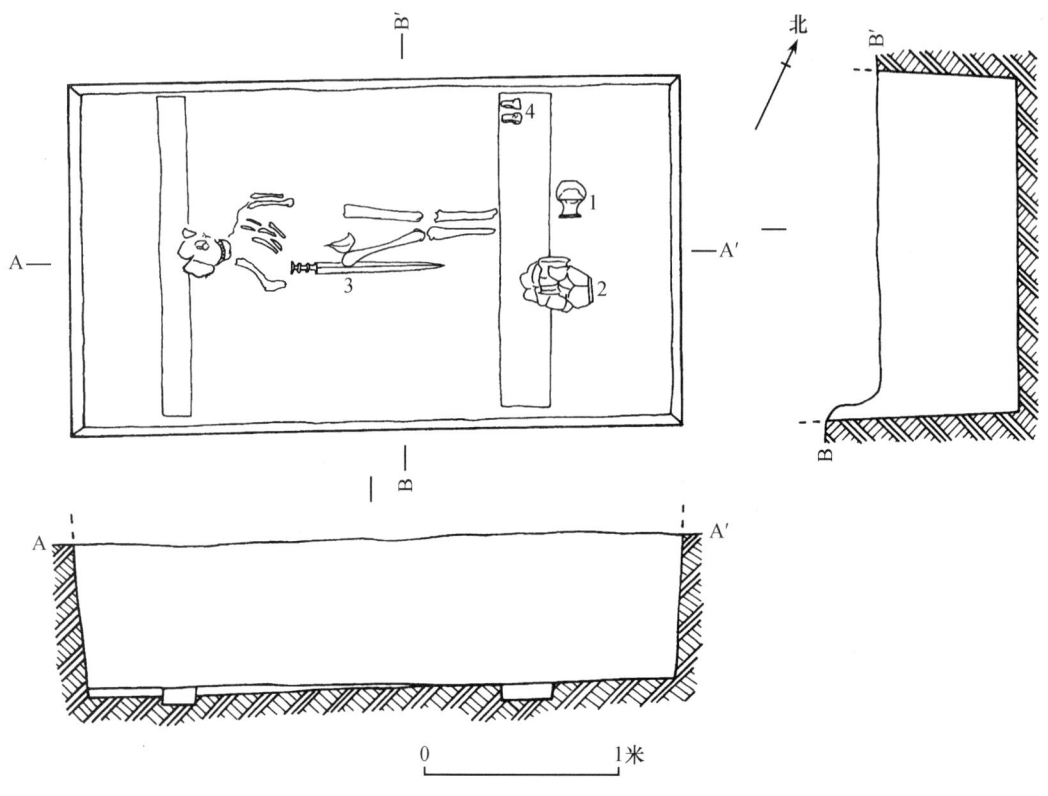

图6-10 万州包上秦代墓葬中M16平、剖面图

2. 宜昌前坪战国秦汉墓葬

宜昌前坪、后坪、葛洲坝一带，分布着大批战国至六朝时期的墓葬。1971、1972年，文物考古部门对前坪、葛洲坝墓地进行了发掘，共清理出战国两汉墓葬40余座，其中秦墓2座，皆分布在长江中的葛洲坝上。墓葬形制为长方形竖穴土坑墓，规模不大，如M1，长3.6、宽2.04、深2.25米；又如M23，长4.1、宽2.9、深1.7米。葬具及人骨架皆腐朽。据M23的骨架痕迹，推测死者头北足南。墓葬内都有随葬品，M1内随葬铜鼎、铜壶、铜扣各1件，皆放于墓室的西北角；M23内人骨架左侧有铜矛、铁剑各1件，头部放置石璧、铁锸各1件，足部放置铜镜、铜印章和带钩各1件。

M23内出土的铜印章极具特色。印文为一"藉（頹）"字，与秦"相邦义戈"上铭文中的"藉"字相似，当为秦代通行的字体。据文献记载，秦昭王二十九年（前278年），秦将白起攻占夷陵，自此夷陵始属秦。M23内出土的铜制柳叶形矛，矛身为"巴式剑"式，上有"手心纹"，显为巴人遗物。此矛何以出土于楚地宜昌呢？专家分析，该矛可能是秦人灭巴的战利品，获得此矛的秦人在攻略夷陵时携带而来，死后埋入墓中。

M23规模较大，墓口面积达12平方米，且墓内出土器物主要为兵器，说明该墓主人生前系参加灭巴、伐楚的秦军将领。墓葬中的铁剑、石璧，皆见于战国末期的楚墓中，铜鼎、铜壶也是战国晚期楚墓中的常见之物。两墓的墓葬形制、出土器物皆具有巴文化、楚文化、秦文化的综合因素。但研究者依据出土遗物的情况分析，认为这两座墓葬应为秦墓[①]。

二、西汉时期的墓葬

1. 巫山瓦岗槽汉墓

2011年，考古人员在巫山瓦岗槽墓地清理出墓葬51座，其中东周、两汉墓葬44座。巫山战国时期属楚巫郡，秦设县，两汉因之，三国置建平郡、筑城，位于巫山老县城范围。瓦岗槽墓地的战国墓葬和西汉墓葬主要属巴文化性质，也包含部分楚文化因素。西汉时期的墓葬多为长方形竖穴土坑墓，长宽比例小于2∶1。这一时期开始出现合葬墓。有些墓如M1中，发现了仿铜陶制礼器鼎、敦、壶的组合，这是典型的楚墓风格，反映出西汉之初，巫山地区仍然受到楚文化遗留因素的影响。这是中原及其他文化区域所不见的。此后仿铜陶制礼器逐渐被模型明器及生活用器所取代。王莽时期，墓葬形制处于土坑墓向砖室墓的过渡阶段，土坑竖穴带斜坡墓道，墓室四壁用空心砖构筑椁室，不起券，采用模印花纹的薄砖铺地。同时竖穴土坑墓亦与砖室墓并存。随葬品仍以小型的罐、壶类器为主，铜器和铁器都是实用器，"货泉""大泉五十"大量伴出[②]。

发掘情况表明，楚人在西汉之初仍然对本地产生着比较大的影响。

在瓦岗槽墓地还发掘出一批东汉时期的洞室墓，有土洞洞室墓和土洞砖室墓两种。根据随葬品的组合变化，考古人员发现这批东汉洞室墓的时代还可分为两段，即东汉前期和东汉中晚期。此地土洞墓的流行以及单墓内多人合葬的家族墓葬习俗等，显示出东汉时期本地区汉文化具有较明显的地方差异和个性[③]。

2. 巫山林家码头墓地

2001年，文物考古部门在巫山林家码头遗址中发现了汉代瓮棺墓13座、瓦棺墓1座。在13座瓮棺墓中，墓口平面形状为圆形的竖穴土坑墓有9座，可以确定墓主为婴幼

---

① 湖北省博物馆：《宜昌前坪战国两汉墓》，《考古学报》1976年第2期。
② 武汉市文物考古研究所、重庆市文物局、巫山县文物管理所：《巫山瓦岗槽墓地2001年度考古发掘报告》，《重庆库区考古报告集·2001卷》（上），科学出版社，2007年，第175页。
③ 重庆市文化局三峡文物保护工作领导小组办公室：《重庆库区2001年度考古综述》，《重庆库区考古报告集·2001卷》（上），科学出版社，2007年，第9~11页。

儿的有5座。现将其中的两座瓮棺墓和那座瓦棺墓的资料简述如下。

M2 为一座二次葬的瓮棺墓，位于T1537北隔梁下，开口于本探方第5层下，打破第6层。坑口为椭圆形，竖穴土坑，坑壁斜直，圜底。墓口长径100、短径70、墓口至墓底50厘米。葬具为一陶瓮、一陶甑的组合，还伴之以一石片和一石块。瓮棺平卧于墓坑中，瓮口向东，其上倒扣一陶甑，石片置于甑底一侧。出土时，陶瓮、陶甑、石片均已残破，仅陶瓮可以复原。瓮口径38、高59厘米（图6-11，1）。瓮内有零星的小碎骨末。无随葬品。

M14 位于T1534的东南角，开口于探方第5层下，打破第6层，墓口距地表80厘米。坑口为圆形，竖穴土坑，坑壁斜直，平底，底平面为圆形，墓口直径68、墓底直径48、墓口至墓口深28厘米（图6-11，2）。葬具为一陶瓮、一板瓦的组合。出土时瓮棺直立于墓坑中，已残破，瓮口朝上，仅有一块板瓦覆盖在陶瓮口沿上。瓮内有幼儿尸骨碎片，无随葬品。

M6 为一瓦棺墓，位于T1533东南角，其开口在探方第4层下，打破第5、6层。墓距地表深90厘米，墓口为一长方形竖穴土坑，即长方形墓口，竖直墓壁，平底。墓口长45、宽25厘米，墓底长宽与墓口相同，墓口至墓底深25厘米（图6-11，3）。瓦棺墓，系用两块绳纹筒瓦上下扣合而形成一个空心圆柱体的瓦棺来埋葬死者。发掘时瓦棺呈东西方向平卧于墓坑中，瓦舌朝东，另有圜形底陶片覆盖于筒瓦尾部的圆口之上。葬具为两块筒瓦和一块陶制容器的圜形底片组合而成。筒瓦长44、宽17、高8厘米。瓦棺内偶有零星细小的碎骨末，系婴儿碎骨，其葬式和头向不清，无随葬品。由此可见，这也是一座婴儿的二次葬墓[①]。

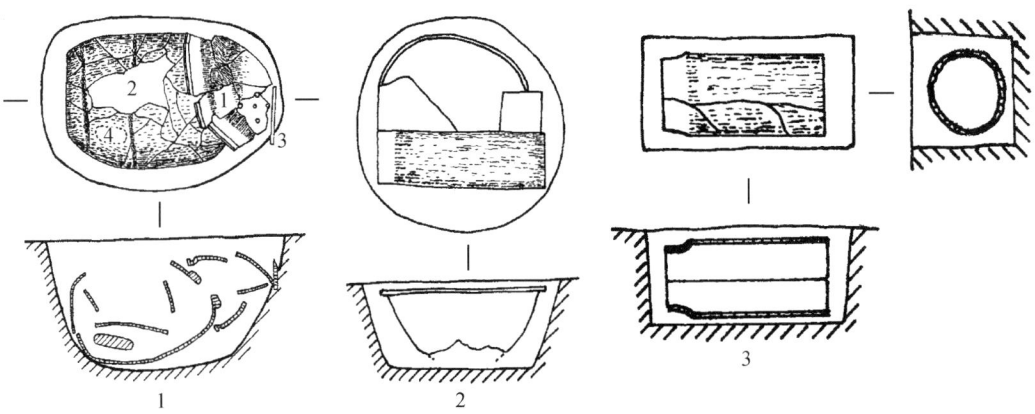

图6-11 巫山林家码头汉代的瓮棺葬、瓦棺葬墓平、剖面图
1. M2 2. M14 3. M6
（1.陶甑 2.陶瓮 3.石片 4.石头）

---

① 中山大学人类学系、重庆市文物局、巫山县文物管理所：《巫山林家码头遗址2001年发掘报告》，《重庆库区考古报告集·2001卷》（上），科学出版社，2007年，第113、114页。

三、东汉时期的墓葬

1. 云阳马沱墓地

云阳马沱墓地占地面积较大，墓葬分布密集，出土器物丰富，是峡江地区十分重要的一处墓地。墓地紧邻汉代朐忍县城故址所在地旧县坪地理位置，始用与废弃年代与朐忍县城的兴衰相始终，遗存面貌一致。这些情况表明，马沱墓地是汉代朐忍县城最为重要的墓葬区。因此，马沱墓地的发掘和研究，无论是对于旧县坪遗址的研究，还是对于整个峡江地区该时期考古学文化的研究，都具有非常重要的意义[①]。2001年，文物考古部门在马沱墓地发掘出了墓葬54座，主持发掘者和整理者根据墓葬形制、遗物形态、器型组合及货币共存关系等，将马沱墓地的墓葬分为四期。

第一期，战国时期，其墓葬带有楚文化特征。

第二期，西汉时期，以土坑墓为主，除墓葬形制与一期似有某种联系外，在随葬器物方面，无论器物组合还是器物风格及形制都与一期迥然不同，文化面貌互不衔接，似无渊源关系。与周邻地区相比，则可以看出其与中原地区秦汉文化系统血脉相连。本期器物的形态演化序列较为清晰，几无间断。而钱币出土丰富，从早期的秦半两到王莽时期的各种钱币均有出土。若细分的话，第二期又可以分为三段，时代分别为西汉早期、中晚期、新莽时期。各段情况如下。

西汉早期，墓葬仍以竖穴土坑墓为主，形制较接近第一期，流行随葬西汉早期的鼎、盒、豆、罐、鍪。出土器物多为同类器物的较早型式，一般不出钱币或仅出有半两钱，不见有五铢钱。器物形制与中原地区或相邻地区的西汉早期器物形态相同。

西汉中晚期，墓葬规模有所增大，形状接近于正方形，多无二层台。器物形制较大，制作规整，多出土有西汉昭宣及其以前的各种五铢钱。流行随葬西汉中期后段的鼎、盒、甑、罐、铜鍪。

新莽时期，墓葬形制及器物形态与前一时段脉相承，随葬的釉陶制作精美，数量较多，有王莽时期的钱币大量出土。流行随葬新莽时期的鼎、盒和甑。

第三期，东汉时期，以砖室墓为主，形制较大。砖面图案均为菱形几何图案。出土陶器中泥质红陶较多，明器大量出现。先前随葬鼎、盒、壶一类器物组合的现象已明显减少，形制退化。第三期可以分为早、晚两段，时代分别为东汉中晚期、东汉

[①] 重庆市文化局三峡文物保护工作领导小组办公室：《重庆库区2001年度考古综述》，《重庆库区考古报告集·2001卷》（上），科学出版社，2007年，第10、11页。

末①。具体情况如下。

东汉中晚期，以M38为代表。M38为砖室墓，双室，顶部残缺，墓室方向60°。由墓道、前室、甬道、后室4部分组成，全长约8米。墓道位于前室南端，残长0.8、宽1.08米。前室长2.8、宽3米。在接近甬道处有两排南北向砌筑的砖台，似为棺床。甬道长1.48、宽1.4米。后室长2.66、宽2.8米。墓底以砖铺地（图6-12）。出现大量明器，未见陶俑，出土的钱币多为东汉桓灵及其之前的五铢。随葬品陶器主要有仓、甑、豆、圜底罐、勺、小红陶壶、红陶鼎、红陶盒、红陶干底罐、红陶钵、红陶盘、红陶盆、红陶豆、红陶器盖、红陶盂、红陶杯、灰陶钵熏炉盖、耳等；釉陶器主要有盘、豆、器盖、杯、壶、盒、盆、灯、钵等。

东汉末，均为砖室墓，明器数量较多，陶俑大量出现，所出钱币多为东汉末五铢。这一时段的两座典型墓葬M43、M47，均为砖室墓，墓室为刀形，长方形券顶，尺寸分别是：M43，长3.1、宽2.8米（图6-13）；M47，长3、宽2.8米。两座墓葬中出土陶器、铁器、青铜器等100余件。

第四期，以小砖砖室墓为主，墓砖多为图案砖或画像砖。随葬器物以瓷器为主，陶器种类和形制与东汉墓不尽相同。墓葬中一般出土了东汉末至六朝时期的钱币，因此，墓葬时代上限应当为六朝。出土的青瓷罐、盘口壶、碗具等皆有两晋、南朝刘宋时期同类器的特征，故两晋、南朝刘宋时期为本期的时代下限。

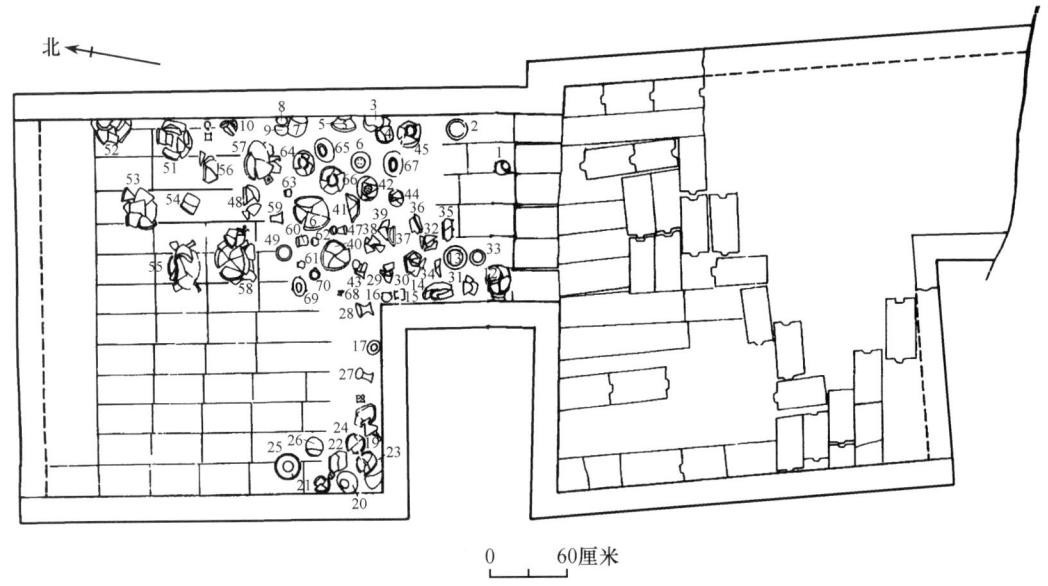

图6-12　云阳马沱汉代墓地M38平面图

---

① 重庆市文物考古研究所、重庆市文物局、云阳县文物保护管理局：《云阳马沱墓地2001年度发掘报告》，《重庆库区考古报告集·2001卷》（上），科学出版社，2007年，第680页。

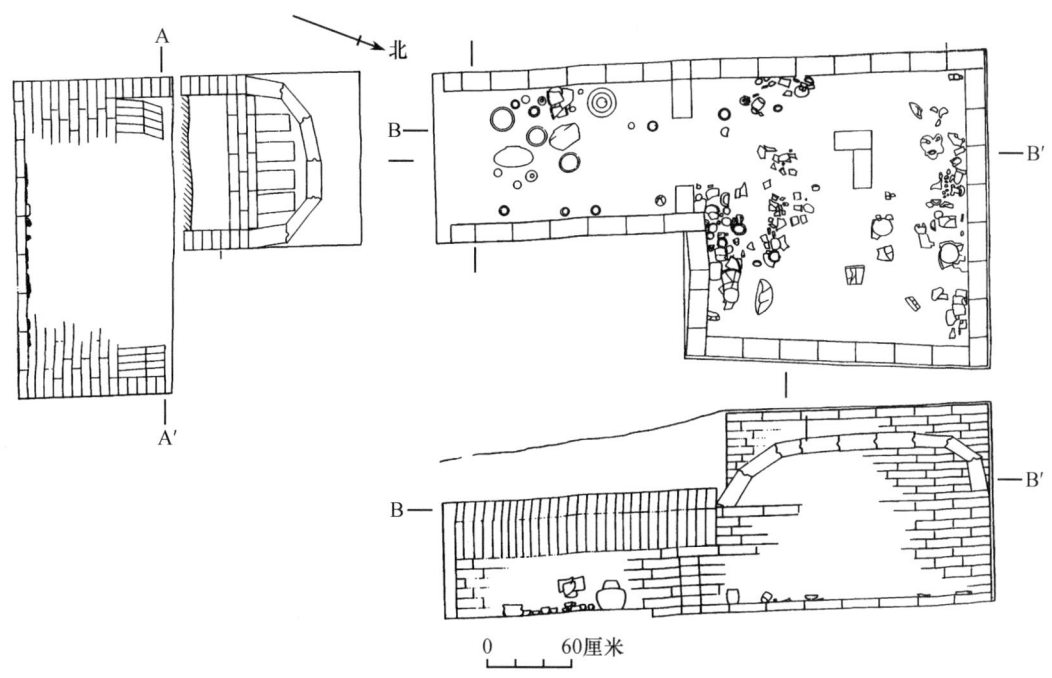

图6-13 云阳马沱汉代墓地M43刀形砖室墓平、剖面图

2. 秭归蟒蛇寨墓群

2000年，文物考古部门在秭归蟒蛇寨发掘汉墓9座，以M4、M7、M19、M21最有代表性，但除M19、M21、M23保存较好外，其余都被盗毁殆尽。墓葬结构均属于石室券顶墓，以"凸"字形石室券顶墓为主，墓室方向195°~220°。墓室凿山而建，为了保证发券的两边墙基坚实有力，基石多紧挨墓坑，间距在0.15~0.2米。建墓时，先建后壁，再建两边墓墙及墓道，最后铺墓底。

M4 墓口距墓底深约2、长5.76、宽2.77米。墓室为长方形，填土为浅褐色，坚硬。方向200°。墓底后部高于前部0.4~0.6米，中部凸起，高出周围0.3米，凸起长3.8、宽2米，经火烤过，推测为棺床。棺床东北西三面为边槽，南部长1.6、宽2.19米，范围与边槽基本水平，估计是用于澄水的，使棺椁保持干燥。在墓室西南部和西北角各发现散乱的人骨头，未能断定是否属于同一个体，这一现象说明墓葬可能在被盗时骨头被扰乱，也可能是家族二次葬的合葬墓。

M19 是出土遗物最多的一座墓。墓圹被压于灰褐色表土层下，打破生土。券顶距地面3.2米。墓室为长方形，内长8、宽3.4、高3.2米。方向198°。墓道残长1.75、宽2.08、深1.54米。扰土呈灰褐色，夹碎石。墓底淤土为灰色沙质土，细腻，松软，厚约0.2米。该墓出土3套器物，最里面的是汉代器物，中部和靠外部的是晋代和唐宋陶瓷器，说明该墓曾被后期两次借室埋葬。

M7 墓底距地面3.58～5.38米。墓室内残长8.06、宽3.3、高3.14米。东壁南端外倾。第5层墙石发券，券顶中间有一列加工规整的大石条。后壁加工最平整。墓道已毁。券顶上部填黄灰色土，厚0.5米。室内淤土黄褐色，夹石子，结实。墓葬早年被盗，随葬品见有五铢、货泉20枚，残铜镜1面，另外还有甑、罐、壶等陶瓷器。该墓最重要的发现是在东西两壁发现龟鱼图案19幅，其中西壁17幅，分上下两部分，上部3尾鱼，第9层砖1尾，第11层砖2尾，头向外；下部从第1层砖到第6层砖，刻鱼11尾，除最里面的1尾头朝外，其余都头朝里，龟3只，头朝里（图6-14）。M7墓室东西两壁发现龟鱼图案19幅，反映出当时三峡地区人们的信仰观念浓重，求长寿、求丰衣足食的愿望强烈。

秭归蟒蛇寨墓群普遍存在被后代人视为"借室埋葬"的现象，所以在同一层面上，出现不同时代的东西混在一起的情况，但晚期的东西多放在靠墓道的一端。①

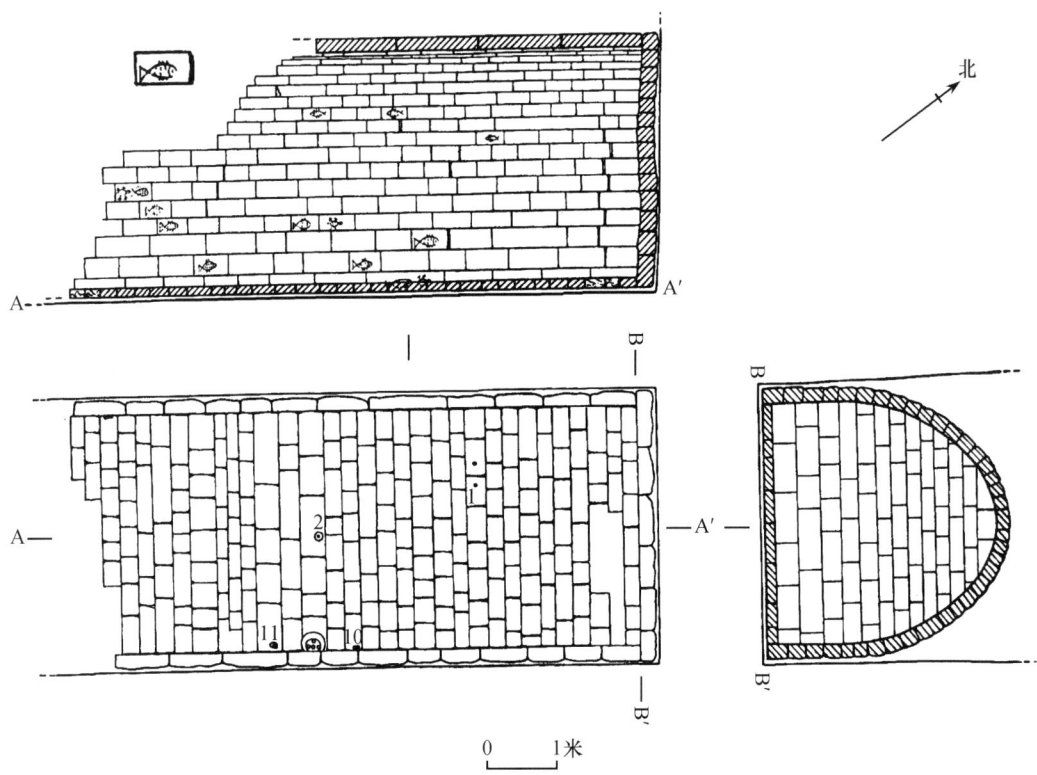

图6-14 秭归蟒蛇寨东汉墓地M7"凸"字形石室券顶墓平、剖面图

---

① 广东省文物考古研究所、湖北省秭归县博物馆：《秭归蟒蛇寨汉晋墓群发掘报告》，《湖北库区考古报告集》（第一卷），科学出版社，2003年，第638、663页。

四、崖葬墓的资料

　　崖葬是在崖穴或崖壁上安葬死者的一种葬俗，也是风葬即露天葬的一种，是古代西南少数民族地区流行的一种古老葬法，包括悬棺葬和崖洞葬。此类安葬形式，是人们或将棺木放在凿出的山崖平台上；或在峭壁上凿孔打入木楔，再在木楔上放置棺木；或将棺木放入天然的岩洞之中，有时还在岩壁上雕刻各种图案、铭文等。崖葬习俗很早就在中国古代的濮、越、巴、僚、汉等民族的部分人中盛行。四川地区的崖葬墓数量最多，蜀人认为，人死后灵魂升天可成仙，入地则成鬼，故以崖葬作为高尚之风。东汉至魏晋南北朝时期，三峡地区比较流行这种葬俗，崖葬墓在万州、忠县、丰都、涪陵等地均能见到。

　　三峡库区忠县已发现崖墓80多处，其数量之多分布之广令人惊叹，但可惜的是，这些崖墓的大部分已被盗扰，只有几处保存较好，如宣公墓群、翠坪山崖墓群、赵家湾崖墓群等。忠县崖墓多为由外向山崖体内凿建而成的崖墓，墓葬呈竖穴式或横穴式，以单室墓为主，双室墓和多室墓数量较少。墓室规模较小，结构简单，多弧形顶。墓葬平面呈"凸"字型，一般由墓道、墓门、甬道、墓室及排水沟等组成。墓道大部分修建于露天地段，为用于开凿墓穴的通道。墓门一般由2~4层门框构成，门框由外向内逐层缩小，门楣上方的岩石一般都向外凸出，可起到防水的作用。墓门多由条石叠砌而成，辅以方块石和砖等。甬道长短不一，多在50~100厘米，与墓门的最里层门框同宽、同高。墓室由内到外略呈倾斜状，有利于排水，少数墓室凿有排水沟。有的墓葬内凿有棺床和壁龛，但不多见。棺床多凿于墓室左右壁，个别凿于后壁。

　　随葬品主要有陶器、瓷器、铜器、钱币。陶器是忠县崖墓中的主要随葬品，包括陶俑、陶质模型明器和生活用具等，类型多种。陶俑按形制可分人物俑和动物俑两类，模型明器种类较少，器形主要有水塘、案、水井和房子等。出土的陶器多为日常生活用具，主要有罐、壶、灯、盆、簋、钵及器盖等，质地多为灰陶、红陶和釉陶，纹饰主要为弦纹。瓷器亦多为日常生活用具，种类丰富，有壶、碗、盂、碟、四系罐等。器物多平底，装饰有圆点纹、弦纹、拍印篮纹及水波纹等。铜器数量不多，主要有釜、钵、洗、勺等。出土钱币多为"五铢"钱，另有"大泉五十""货泉"等。其他随葬品包括铁器和银制品等。铁器有釜、刀、剑、剪，银制品主要有手镯、发钗等装饰品。

五、归纳和认识

(一) 三峡地区秦代的葬俗文化

三峡地区秦代的墓葬形制以长方形竖穴土坑墓为主,墓坑方向多为东西向,墓底略小于墓口,也有的与墓口相等。墓坑四壁陡直,墓底平坦。一般在墓底两端各挖有一道凹槽,以放置椁底板的横垫木。墓坑内的填土一般为灰、黄、褐色黏土与砂混合而成的五花土,土质较硬。典型的秦墓葬式为侧身直肢葬,而战国晚期的葬式普遍为仰身直肢葬。

随葬器物主要为陶器,少量铜器和铁器。陶器以泥质灰陶为主,少量泥质黑陶和夹砂褐陶。陶器均为轮制,大多有纹饰,少量素面。有纹陶的纹饰主要为凹弦纹和粗绳纹,凹弦纹多饰在器物的肩部,绳纹多饰在器物的腹部和底部。陶器均为日用品,器类有壶、罐、釜、盂、豆、盘、甑、纺轮等。其中釜,短束颈,鼓腹;罐,小口,鼓肩绳纹。铜器主要有带钩和镞。铁器主要有锸、刀、钩。万州包上墓地中,陶器组合为壶、盂,这与战国晚期楚墓中常见的陶器组合相似,只是比传统小型楚墓少了陶鬲。这种情况似乎表明,此地的秦墓仍带有地方特色。而墓地中出土的铜剑更为典型的楚式剑,则进一步证明楚文化对三峡西部地区的秦汉时期文化仍有一定影响。秦代墓葬中出土的陶豆、铜镞等,都具有战国晚期的遗留风格,如陶豆,浅盘,细长柄,喇叭形圈足;铜镞,双翼形,镞身扁平,折棱脊,两叶如翼,长铁铤。这些物件皆具战国晚期风格。虽然战国晚期万州一带已属秦国的统治范围,但在秦代时,万州一带的葬俗文化仍兼有楚文化因素和中原文化因素,具有较明显的地方差异和个性[①]。

(二) 三峡地区两汉时期的葬俗文化

1. 墓葬形制

西汉时期的墓葬多为竖穴土坑墓,也开始出现合葬墓。西汉早期,仍以长方形竖穴土坑墓为主,长宽比例小于2:1。至西汉中期,部分墓葬的尺寸变长变宽,形状接近于正方形,二层台逐渐消失。王莽时期,墓葬的形制处于土坑墓向砖室墓过渡的阶段,砖室墓与竖穴土坑墓并存。巫山瓦岗槽王莽时期的墓地,墓葬为土坑竖穴带斜坡

---

① 湖北省荆州市博物馆、重庆市文物局、重庆市万州区文物管理所:《万州包上秦汉墓第二次发掘报告》,《重庆库区考古报告集·2002卷》(上),科学出版社,2010年,第757页。

墓道，墓室四壁用空心砖构筑椁室，不起券，采用模印花纹的薄砖铺地。

东汉时期的墓葬以长方形土坑墓、洞室墓和砖室墓为主，洞室墓分土洞洞室墓和土洞砖室墓两种。在巫山瓦岗槽墓地清理出大量土洞墓，发掘资料表明，东汉时期，该地区开始流行单墓葬多人的家族埋葬习俗[1]。砖室墓从西汉王莽时期开始出现，在东汉时期最为流行。其形制主要有"凸"字形、刀形和长方形，偶有空心砖墓和"中"字形土坑砖室墓，如巫山小三峡水泥厂即见有空心砖墓M2和"中"字形土坑砖室墓M1。

东汉时期还出现了双室墓、刀形横室墓、石室券顶墓等。双室墓一般由墓道、前室、甬道、后室四部分组成；刀形墓由双室、墓道、长甬道、短墓道组成。例如，云阳马沱墓地即见刀形墓，墓道平面呈横置长方形，拱形券顶，以榫卯砖南北向起券成横室；墓壁以小砖单砖平砌，无图案；甬道为长条形拱顶，券顶较低；墓道位于墓室东侧。又如发现的石室券顶墓，为"凸"字形石室券顶，墓室方向195°～220°。墓室凿山而建，为了保证发券的两边墙基坚实有力，基石多紧挨着墓坑，间距在0.15～0.2米。建墓时，先建后壁，再建两边及墓道，最后铺墓底。后壁加工平整。在忠县下白桥溪墓地，见有"甲"字形砖室券拱墓，由长方形素面砖铺底。

西汉时期墓葬的葬式多为仰身直肢葬，葬具为木棺。墓底通常有棺痕，部分有凹槽一道，估计为放置垫木所挖。部分东汉墓墓底的中部凸起，且有火烤过的痕迹，推测为棺床的遗迹。棺床旁边有沟槽，可能是保持棺柩干燥的澄水设施。

东汉时期的墓砖流行菱形、太阳纹等组合而成的几何形花纹，券顶偶用变体云纹墓砖，墓壁多以一侧模印几何纹的长方体砖错缝平砌而成。墙砖一般长40、宽20厘米、高6厘米。铺底砖多为长方形素面砖，一般长28厘米、宽15、高4厘米，铺砌时或以"人"字形钳铺，或平铺。铺底砖有的还有纪年铭刻。

在丰都地区，西汉时期的墓葬结构为近方形的土坑竖穴墓，东汉早期开始出现单室券顶墓，东汉中期普遍流行刀把形砖室墓，这也是三峡地区常见的东汉墓葬形制，并一直延续至南朝。由于地域性文化的顽固性，使墓葬结构变化缓慢，自东汉至南朝，各期墓葬在结构上变化不大。"凸"字形砖室墓数量较少，应该是同时期贫富差距不同所形成的[2]。

考古发现的巫山神女路墓地中的两汉土坑墓有四种形制，分别为长方形竖穴；长方形竖穴带墓道；长方形竖穴带墓道且有墓底砖；长方形竖穴带墓道，有墓底砖、墙砖，木板封顶。这些墓葬清晰地反映了墓葬形制从西汉早期经西汉中期、晚期至东汉

---

[1] 武汉市文物考古研究所、重庆市文物局、巫山县文物管理所：《巫山瓦岗槽墓地2001年度考古发掘报告》，《重庆库区考古报告集·2001卷》（上），科学出版社，2007年，第176页。

[2] 重庆市文化局、重庆市文物考古所、宝鸡市考古工作队等：《丰都大湾墓群发掘报告》，《重庆库区考古报告集·2002卷》（中），科学出版社，2010年，第1198页。

时期的演变轨迹。此后在巫山江东嘴墓地发现的土坑墓、铺底砖（石）土坑墓、砖室墓三种形制的墓葬相互打破的现象和奉节宝塔坪、白马墓地发现的东汉早期刀把形土坑墓等，进一步证明了这一演变规律在重庆地区的普遍意义[1]。

2. 随葬品

两汉时期的随葬品大致相似，釉陶和红陶系列的随葬品主要有甑、豆、罐、勺、钵、盘、盆、灯、熏炉盖、盂、杯等。西汉时期，墓葬中的随葬器物包括：铜器，主要有鎏金铜扣缀贝腰带、方壶、盆、镜、剑、带钩、印章、器耳等；铁器，主要有器耳、削、簪、片状物等；另外还有玉器、骨器、漆器。东汉时期，墓葬中随葬的器物包括：铜器，主要有盆、五铢钱、鎏金耳杯扣、提梁等；陶器，主要有锺、仓、罐、盂、甑、盆、彩绘俑、兽足、彩绘锺、壶、器盖、灶等；其他还有铁刀、石黛板、釉陶鼎等。

两汉时期的墓葬中多有货币随葬。在西汉早期的墓葬中，一般不见"五铢钱"，至汉武帝时始有之。西汉中、晚期之后，则多有"五铢钱"伴出。王莽时期，伴出有"货泉""大泉五十"。东汉时期，除少量半两、货泉外，大多为制作精良的东汉五铢。五铢钱的铸造止于唐武德四年（621年）所铸之"开元通宝钱"。

与春秋战国时期类似，西汉时期的墓葬中随葬品仍以小型的罐、壶类器物为主，铜器和铁器都是实用器，仿铜陶礼器逐渐被模型明器及生活用器所取代。巫山瓦岗槽墓地的仿铜陶礼器组合为鼎、敦、壶组合，是典型的楚墓文化风格，反映西汉之初时，巫山地区仍然受到楚文化遗留因素的影响。东汉流行随葬泥质红陶和釉陶器，常见环形耳仿铜釜、仿铜釉陶壶，明器大量出现。西汉时期墓葬中流行的鼎、盒、壶数量已明显减少，形制退化[2]，开始随葬青瓷执壶、瓷碗和带流陶罐。其中秭归蟒蛇寨墓葬中出土的随葬品有五铢、货泉、铜纽扣、铜簪、铁矛、甑、罐、壶、大泉五十、碗、盅、盆、盂、杯、钟、釜、碟、俑、鸡、灶、楼、池、环、琉璃耳饰、钵、铜环、明器等，种类丰富。巫山小三峡水泥厂出土的鄂尔多斯式青铜带饰，为研究北方草原文化对南方地区文化的影响和传播提供了宝贵的实物资料。

东汉早期，除多在墓室内放置随葬品外，墓道中也常常放置大量随葬品。随葬的陶器多红陶和釉陶，陶俑个体较小，面目不清。在川渝的东汉晚期墓葬中，则常见形体高大，造型生动夸张的陶俑。东汉时期，模型陶制明器逐渐成为主流器类，所出器

---

[1] 重庆市文化局三峡文物保护工作领导小组办公室：《重庆库区2000年度考古综述》，《重庆库区考古报告集·2000卷》（上），科学出版社，2007年，第7页。

[2] 重庆市文物考古研究所、重庆市文物局、云阳县文物保护管理局：《云阳马沱墓地2001年度发掘报告》，《重庆库区考古报告集·2001卷》（上），科学出版社，2007年，第680页。

物除极少数在形制上仍保留晚期巴蜀文化的某些特征外，汉式陶器已占据主导地位。

云阳马沱墓地出土的陶俑数量较多，造型丰富。丰都槽房沟墓地随葬的陶马、摇钱树底座、铜佛像等，十分重要，有记名和纪年铭文的标识。其陶马右后腿刻有"巴郡平都蔡真骑马"八字，表明墓主人为蔡真；摇钱树底部一侧斜面有"延光四年五月十日作"纪年，"延光"为东汉安帝年号，"延光四年"即125年。这些器物具有断代上的绝对标尺作用，是峡江地区第一座纪年明确到年月日的东汉时期墓葬，也是峡江地区第一座有明确行政区划及墓主人姓名的东汉墓葬，同时还是峡江地区出土铜佛像最早的一座墓葬[1]。

三峡地区汉代墓葬流行随葬各种人物俑（舞俑、侍俑、持盾俑、吹箫俑等）、动物俑（家禽家畜如鸡、马等）、塘、井、房屋、乐器、生活用品及钱币等。从这些缩小的不具实用价值的各种俑和明器中，我们能够看到当时人们的生产生活、饮食习惯、娱乐休闲、生活环境等社会面貌。墓葬中随葬器物的数量在战国至西汉时期较少，组合多为釜、罐、豆等实用器皿；东汉时期，随葬品数量明显增多，组合除罐、盆、甑、钵等日用器具外，人物俑、动物俑、房、塘、井等模型明器大量出现，反映了当时人们"事死如生"及"所葬器用如生人"的丧葬观念。

3. 葬俗分析

在秭归蟒蛇寨墓葬中，位于西区的M6为屈肢葬，这种葬式是比较少见的。屈肢葬俗在三峡地区最早见于新石器时代，如巫山大溪、宜昌三斗坪、长阳桅杆等遗址的新石器时代墓葬中都发现了屈肢葬，看来汉代出现在三峡地区的屈肢葬应是新石器时代屈肢葬葬俗的沿袭。此外，在部分墓葬中发现人骨散乱，或表明这些墓葬被盗时骨头被扰乱，又或为家族合葬之二次葬使然。秭归蟒蛇寨墓葬群普遍存在被后代人视为"借室埋葬"的现象，所以在同一层面或墓室内，常发现有不同时代的东西混杂在一起的情况，而且往往晚期的东西放置在靠墓道的一端，或放置于原随葬器物及人骨之上[2]。

考古人员在三峡地区发现的最早的瓮棺葬墓约在新石器时代中期。其后在夏、商、西周、东周时期的墓地中也都发现了瓮棺葬，及至两汉时期甚至到明清时期，三峡地区仍然有瓮棺葬墓出土。瓮棺多为泥质灰陶罐，敛口，圜底，腹饰斜行绳纹。在巫山林家码头遗址中，发现瓮棺墓13座，瓦棺墓1座。墓主多为婴幼儿，多二次葬，

---

[1] 重庆市文物考古所、宝鸡市考古工作队、重庆市文物局等：《丰都槽房沟墓地发掘报告》，《重庆库区考古报告集·2001卷》（下），科学出版社，2007年，第1831页。

[2] 广东省文物考古研究所、湖北省秭归县博物馆：《秭归蟒蛇寨汉晋墓群发掘报告》，《湖北库区考古报告集》（第一卷），科学出版社，2003年，第663页。

葬式及头向不清。瓮棺墓的墓坑多为竖穴土坑，坑口平面形状多为圆形或椭圆形。墓葬形制有三种：①瓮棺斜卧于土坑中；②瓮棺倒立于土坑中，瓮口向下；③瓮棺直立于土坑中，瓮口向上。瓮棺口或有盖或无盖，有盖者或以陶制板瓦为盖，或以陶甑为盖，或以鹅卵石片为盖[①]。瓦棺墓为长方形竖穴土坑墓，其葬具由两块筒瓦及一块陶容器的圜形底片组合而成，平卧于土坑中，瓦舌朝东，陶容器圜形底片覆盖于瓦尾的圆口之上。

教学重点：

（1）秦汉时期三峡地区的重要遗址。

（2）对三峡地区城市建设及社会生活状况的认识。

（3）秦汉时期三峡地区遗址、墓葬中的汉文化器物。

（4）三峡地区土坑墓、崖墓、砖室墓、悬棺葬的资料情况。

教学难点：

（1）秦汉文化对三峡地区本土文化的影响。

（2）从考古发现的各类遗迹看三峡地区秦汉社会繁荣昌盛的情景。

---

① 中山大学人类学系、重庆市文物局、巫山县文物管理所：《巫山林家码头遗址2001年发掘报告》，《重庆库区考古报告集·2001卷》（上），科学出版社，2007年，第88页。

第七章 三国两晋南北朝时期考古文化

第一节 三国两晋南北朝时期考古文化概述

三国两晋南北朝时期是我国历史上的大分裂时期。尽管这个时期战争频繁，给社会的正常生产、生活、经济、文化、建设、发展等带来了一定影响，但总的来说，此时期的城垣建筑、农业、手工业生产等，还是在缓慢地向前发展。三国时期，三峡地区分属于吴、蜀两国管辖。三峡东部为荆州之宜都、建平郡，属吴；三峡西部为益州之巴东、涪陵、巴郡，属蜀。263年，蜀国灭亡，巴东、涪陵、巴郡归于魏，两年后，又归于西晋。280年，西晋灭吴，建平、宜都亦纳入西晋版图。东晋时期，三峡地区分属于益州的巴、涪陵郡和荆州的巴东、建平、宜都三郡。在南朝宋、齐时期，三峡地区地方行政区制与东晋时期一样，分属于益州巴郡、涪陵和荆州巴东、建平、宜都郡。萧梁时期，三峡地区主要设有巴郡、涪陵郡、巴东郡、临江郡、建平郡、信陵郡等。北朝西魏、北周时期（附陈朝），三峡地区地方行政区制仍为州郡县三级制，但州郡分割更多。

整个三峡地区，几乎都发现了这一历史时期的人类居住遗址。总体上讲，此时期的人口分布较先前更广，相关的遗址分布与秦汉、夏商周时期一样也多在江河流域的平坝及缓坡上。不少的遗址中，三国两晋南北朝时期的文化堆积多直接叠压在秦汉时期的文化堆积之上，而三国两晋南北朝时期的文化堆积之上则多是隋唐、宋元明清时期的文化堆积，层位关系明显。不仅如此，这些人类居住遗址的附近往往都分布有与之同时期的墓葬群。这一时期包括汉代，有一个值得注意的现象是，考古发现的古墓葬的数量要大大多于古遗址的数量。据考古调查和发掘资料，万州地区汉至六朝时期的遗址共有22处，而汉至六朝时期的墓葬则共有79处[1]；涪陵地区汉至六朝遗址共有5处，而汉至六朝时期的墓葬共有38处[2]，另在两处遗址中还发现了汉代墓葬；合川区汉

---

[1] 国家文物局：《中国文物地图集·重庆分册》（下），文物出版社，2010年，第83~93页；郝国胜：《三峡文物保护研究》，科学出版社，2018年，第106~110页。

[2] 国家文物局：《中国文物地图集·重庆分册》（下），文物出版社，2010年，第103~108页。

至六朝时期的遗址1处，而东汉至六朝时期的墓葬共有38处[①]；江津区先秦时期的遗址2处，但不见汉代文化层及遗物，却在其中一处遗址（王爷庙遗址）中清理出东汉墓1座。此外，还发现了东汉至六朝时期的墓葬共45处[②]。这样的现象在三峡地区的考古发现中还比较普遍。

在三峡地区，三国两晋南北朝时期的遗址分布密集，数量达数百处，出土遗迹、遗物丰富。发现的遗迹主要有墓葬、灰坑、房屋、城址、灶、窖穴、道路、窑址等。房屋建筑遗址多为地面建筑或干栏式建筑。墓葬有竖穴土坑墓、砖室墓（砖、石、瓦混砌墓）、土洞墓、瓦葬墓、瓮棺葬墓、石板墓、崖坑墓、崖墓等多种类型。墓中的随葬品多为陶瓷器，铜器、铁器较少，钱币较为常见。三国两晋南北朝重要的城址遗迹有巫山古城、巴东旧县坪古城、云阳旧县坪古城、枝江赫家洼古城、秭归楚王城、宜昌点军牛扎坪军垒遗址、西陵峡口军垒遗址等。遗址地层中出土大量遗物，按质地分主要有陶器、瓷器、铜器、铁器、银器、玻璃器等；另有较多的建筑材料，主要有板瓦、筒瓦、瓦当和砖等。

第二节　三国两晋南北朝时期的人类居住遗址

1. 秭归柳林溪遗址

该遗址位于长江西陵峡中段左岸湖北省秭归茅坪镇庙河村一组，隔江与秭归新县城茅坪镇相距16千米。遗址处于两溪之间的长江北岸一级台地上，残存面积9500平方米。1998~2001年，湖北省文物考古研究所对该遗址先后进行了数次大规模的考古发掘，共揭露遗址面积约5000平方米。当时发掘共分4个区进行，六朝时期的文化遗存主要分布在东二区（ⅠB）第2层及灰坑（H26）、东一区灰坑（H9、H12、H16）及西区的4座墓葬（编号M10~M13）中。

上述的4个灰坑中，坑口平面为圆形的3个，椭圆形1个，灰坑直径95~130、深15~80厘米。坑内堆积为松软的黑土和灰土，夹有少量沙石。其包含物以夹砂灰、红绳纹陶片为主，另有少量青瓷片。4座墓葬均为长方形土圹石室券顶单室墓，西北—东南向，墓门朝东南；墓道、甬道都被破坏；墓室残长330~600、宽284~360、深93~340厘米；墓底用大小不等的石块铺垫；墓内随葬品较多，按质地分主要有陶器、瓷器、铜器、铁器、银器、玻璃器和铜钱币等。

遗址及墓葬中发现的陶器主要为生活用具和建筑材料，以泥质灰陶为主，个别

---

① 国家文物局：《中国文物地图集·重庆分册》（下），文物出版社，2010年，第155~161页。
② 国家文物局：《中国文物地图集·重庆分册》（下），文物出版社，2010年，第138~141页。

夹砂灰陶，多素面，少量绳纹，皆为轮制；器形主要有瓮、双耳罐、甑、筒瓦、砖、球等。瓷器数量较多，皆为青瓷器，灰胎、灰白胎居多，个别胎色泛黄；器形单一，均为实用器，主要有盘口壶、碗、碟、盘、盆、瓮等，其中盘口壶、碗、碟占主体地位。铁器器形主要有锸、刀、构件、斧、棺钉等。铜器数量少于铁器，器形有铃、带钩、环、镞、镯等。银器仅几件，器形有指环、耳珰。玻璃质料器出土达30余件，皆为小件，主要有料珠、料管等。铜钱币多达200余枚，种类有五铢、剪轮五铢、半两、大泉五十、货泉、直百五铢、太百钱等。还发现了用炭精石雕刻的小动物。

遗址遗迹的年代，据出土器物组合和器物类型可将其分为早、晚两期，第一期为东吴时期；第二期为两晋时期[①]。

2. 巴东旧县坪（六朝时期）遗址

该遗址位于巴东县东瀼口镇焦家湾村五组及旧县坪一组，在长江北岸的二、三级阶地上，与巴东新县城隔江相望，总面积约20万平方米。在遗址的西区发现了东周和西汉时期的文化遗存，六朝时期的文化遗存则在东区和西区都有分布，其中西区（西Ⅰ）的第4、5、7层皆为六朝时期的文化堆积层，以第4层的出土遗物最为丰富。此外还发现了城址、灰坑等遗迹。

旧县坪遗址中发现的城址位于遗址的东区，面积约4万平方米。城址为山城遗址，其建筑充分利用了自然地理环境。城墙内堆土夯筑，外侧包砌石块。现存的城墙建筑在台地的南部和西部边缘，呈"L"形，长210米，分南墙和西墙。南墙可分为5层，第5层下发现夯筑培土，夯筑培土南北宽6～15、最深处有16.5米。夯层明显，共分23层，每层厚0.1～0.5米，以水平方式夯筑，层面之间有自然剥离的光滑面，夯窝明显。墙体筑在生土之上。在西墙南部设置城门，城门路面呈斜坡状，内高外低，水平长11.5、宽4～5米，坡度8°，由东向西穿越城墙。遗址中发现六朝时期的灰坑6个，可分圆形、椭圆形、不规则形三种。其中圆形灰坑3座，椭圆形灰坑1座，不规则形2座。灰坑直径多在1.2～2.5、深0.29～0.66米。坑内遗物有泥质灰陶和红陶的罐、壶残片以及绳纹板瓦、筒瓦和青瓷片等，不少的板瓦和筒瓦多能复原。

出土遗物主要为青瓷器，另有少量陶器、铜器。陶器有生活用具以及砖块、瓦片等，铜器有箭镞和钱币等。青瓷器皆为生活用具，种类简单，只有钵、碗、双耳罐三类。陶器仅见盒。建筑材料有筒瓦、板瓦、瓦当、砖等。筒瓦一般长40～45、宽12～14、舌长2.8～5、弧拱高7～7.6、厚1～2厘米，板瓦一般长34～49、宽22～34.8、弧拱高5.6～8.4、厚1～2.6厘米，瓦当直径在14～18.8厘米。砖的数量较多，均为泥质

---

① 国务院三峡工程建设委员会办公室、国家文物局：《秭归柳林溪》，科学出版社，2003年，第231～247页。

深灰陶，据对完整的砖的测量，其尺寸为长32、宽17、厚7~8厘米。

据对该遗址六朝时期遗物和遗迹的比较分析，该遗址的年代共可分为四期：一期为孙吴时期，二期为西晋时期，三期为东晋时期，四期为南朝时期。城墙为南朝时期所建①。

3. 万州中坝子（六朝时期）遗址

该遗址位于重庆市万州区小周镇涂家村二组，在长江北岸的一级台地上，台地北望丰都山，南临长江，东、西均有流水冲沟。1998年2~5月，西北大学考古队对中坝子遗址进行了大规模考古发掘，揭露遗址面积1250平方米。中坝子遗址文化内涵丰富，文化遗存包括商、西周、东周、秦汉、六朝、宋元和明清各时期遗存。遗址的第2层为明清时期文化堆积层，其下叠压有东周、东汉和六朝时期的房址、墓葬、灰坑、灰沟、壕沟等遗迹。六朝时期的文化堆积层已遭严重破坏。

在该遗址中清理出六朝时期的灰坑4座，坑口平面多呈圆形或近圆形，皆开口在第2层下，灰坑有大有小。例如，H3，口径约1.42、深0.63米；H5，口径0.5、深0.65米。坑内遗物有绳纹瓦片、陶片和青瓷片等。壕沟1条，仅清理一段，形状上宽下窄，长约25、宽1.15~1.45、深0.20~0.35米，沟内出土遗物有陶片、瓦片和青瓷片等。房址3座，仅残存墙基和柱洞。其中的F2平面呈梯形②，墙基宽约0.4~0.5、北墙基长约4、东墙基长约2.7、南墙基长近4、西墙基长4.5米；另见柱洞13个；居住面系用黏土、细砾等混合铺垫而成，平整而坚硬。

出土遗物多为瓷器，主要为生活用具，器形有盘、碗、罐、坛等，胎质有灰胎、青灰胎、紫红胎等；釉色有青绿、青灰、黄褐、酱褐色等。瓷器一般内施满釉，外壁施釉不及底，且有流釉现象。

4. 丰都糖房遗址

该遗址位于丰都县十直镇三丁溪村，长江由西向东在这里绕了一个大弯，转呈南北流向，遗址就分布在长江西岸的台地上，面积约94000平方米③。遗址地层堆积共分为三大层：第1层为耕土层；第2层为明清时期文化层；第3层为次生土，其下即为生土。遗址中仅发现了汉代和六朝时期的文化遗迹，没有此前的文化遗存。遗迹主要为

---

① 国务院三峡工程建设委员会办公室、国家文物局：《巴东旧县坪》，科学出版社，2010年，第56页。

② 西北大学考古队、万州区文物管理所：《万州中坝子遗址发掘报告》，《重庆库区考古报告集·1997卷》，科学出版社，2001年，第373页。

③ 内蒙古文物考古研究所、丰都县文物管理所：《丰都糖房遗址发掘报告》，《重庆库区考古报告集·2002卷》（中），科学出版社，2010年，第1225页。

汉代及六朝时期的灰坑、灰沟和墓葬。未见汉代和六朝时期的文化堆积层，其堆积层可能在明代就已被破坏掉了。

发现的灰坑共有3个，皆开口于第2层下，平面均呈圆形。如H9，开口于第2层下，打破第3层。坑壁略内收至底，坑底略下凹，直径13.5、深68厘米。坑内清理出的遗物有青瓷片、夹砂绳纹陶片和绳纹砖块。

灰沟1条，呈南北走向，仅发掘一段，贯穿11个探方（每探方5米×5米），南高北低，开口于第2层下，打破第3层及生土。挖掘的一段长65、宽18.5、深30厘米。沟内堆积分两层：第1层厚0～120、深50～82厘米；第2层厚0～182、深65～178厘米。沟内出土遗物丰富，多为青瓷片、陶片、砖瓦等，复原器物较多。

墓葬2座，编号M1、M2，为六朝时期墓葬，砖室墓，均呈"刀"形，平面皆为长方形。惜被扰乱。M1，墓道长1.86、宽1.62、深0.9米，墓室长2.9、宽2.36、残深0.72米；M2，墓道长1.72、宽1.32、残深0.3～0.5米，墓室长3.76、宽2.76、残深0.7米。随葬有青瓷器、陶俑等。

糖房遗址出土遗物丰富，主要有瓷器、陶器、铜器、石器等。瓷器以青瓷为主，器形有碗、盏、碟、钵、杯、壶等。陶器数量少于瓷器，器类有碗、碟、画像砖、网坠等。石器仅见斧1件。铜器皆为小件，主要有钗、钉、五铢钱等。另在M1内发现料珠110枚。

第三节　房屋建筑遗迹

一、房屋建筑遗迹的发现情况

三国六朝时期，政局动荡，纷争不断，三峡地区的社会经济仍然有所发展。六朝时期，房址在这一地区多有发现，主要为地面式建筑或干栏式建筑（吊脚楼），基址中的遗迹遗物见有墙基、柱础及瓦材。具体情况可从以下资料中窥见一斑。

1. 云阳李家坝遗址中的房屋基址

1997年，考古人员在云阳李家坝遗址中发现六朝时期的房址一座，编号F1，破坏严重，仅存部分地面遗迹。结合残存的大型板瓦和筒瓦等推测，原房屋应为一大型建筑[①]。

---

① 四川大学历史文化学院考古系、云阳县文物管理所：《云阳李家坝遗址发掘报告》，《重庆库区考古报告集·1997卷》，科学出版社，2001年，第238页。

2. 万州中坝子遗址中的房屋基址

1998年，考古人员在万州中坝子遗址的发掘Ⅱ区发现了一条壕沟（G1），上宽下窄，自西北而东南穿过五个探方。沟内堆积青灰色淤泥，包含陶片、瓦片和青瓷片等。壕沟附近有房屋遗址3座，编号F2~F4（图7-1），残存墙基和柱洞。在这些房址居住面的铺垫层内，发现的最晚包含物是六朝时期的青瓷片，这些房屋当为六朝时期的遗存。

F2　平面呈梯形，面积约13.5平方米，房址内共清理出柱洞13个，其中墙基内10个，居住面上3个，有的柱洞内发现了作为柱础的砾石（F2：D3）。居住面是用黏土、细砾等混合铺垫而成，平整而坚硬。

F3　分布在三个探方内，仅清理出房基的一部分，为一平面呈长方形或方形的三开间房屋基址。北室面积最大，南室次之，中室最小，各室之间用墙隔开，南北两侧的墙壁稍突出于西墙。共清理出柱洞或础石13个，其中的两块础石在距西墙约2米处南北向排列，可能和该房屋的门棚或门厅有关。

F4　大部分被压在现代房屋之下，仅清理出房址的一角。根据已清理的部分推测，房址平面可能为长方形或方形，见有柱洞4个。在房址西面，有一面积约60多平方米的活动面，经过人工修整，其加工材料和方法与房址内的居住面相同，坚硬而平整，可能与院落有关。

上述3座房屋均为地面式建筑，由于破坏严重，门的位置不甚清楚，考虑到F3之西可能有门棚或门厅，故推测房屋大概是坐东朝西。这3座房基建构方法相同，相互间没有打破关系，应是同一时期的一组房屋[①]。

此外，2002年在秭归李家街遗址发现了大量陶质建筑材料，其中以筒瓦为主，板瓦次之，少数方砖。依据筒瓦的瓦舌可分为A、B、C、D四型：A型瓦舌较短，圆唇；B型瓦舌短而略翘，方唇；C型翘瓦舌，尖唇；D型瓦舌内凹，舌尖卷翘，多方唇。所出筒瓦多为泥质灰陶，少量泥质黄陶、泥质红陶和泥质橙黄陶。瓦面外表多饰绳纹，内侧饰布纹，少量素面无纹。板瓦为泥质灰陶，黄胎，外表饰绳纹，内侧饰网纹。墙砖少量，长方形，多灰色，内夹粗砂粒，两面模印绳纹，一面模印弦纹和双线交叉的"十"字纹（图7-2，4）[②]。

另外在秭归咤神庙遗址中也出土了一些六朝时期的砖和瓦（图7-3），砖的一侧

[①] 西北大学考古队、万州区文物管理所：《万州中坝子遗址发掘报告》，《重庆库区考古报告集·1997卷》，科学出版社，2001年，第375页。

[②] 湖北省博物馆：《秭归李家街遗址发掘》，《湖北库区考古报告集》（第六卷），科学出版社，2010年，第386~388页。

第七章　三国两晋南北朝时期考古文化

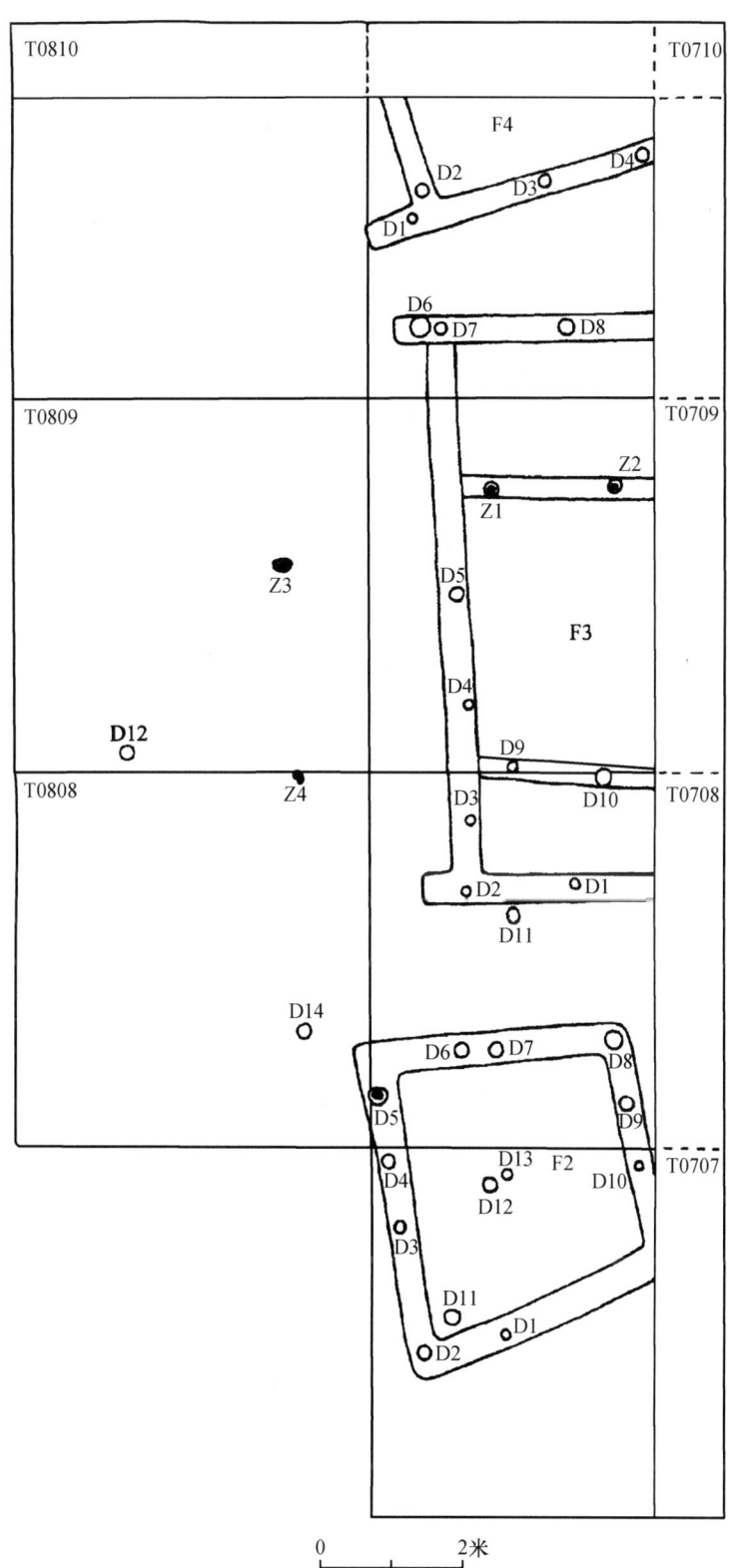

图7-1　万州中坝子遗址六朝时期房址F2~F4平面图

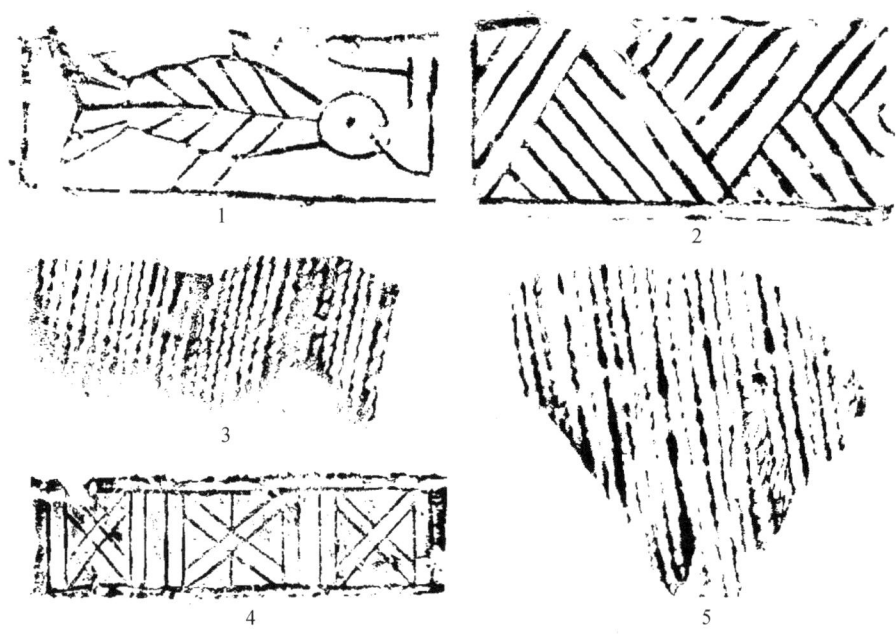

图7-2 三峡地区六朝时期的砖瓦拓片
1.鱼纹砖 2.成组的斜杠纹砖 3.绳纹筒瓦 4.交叉"十"字纹陶砖 5.绳纹板瓦

多饰鱼纹和成组的斜杠纹（图7-2，1、2）。瓦的数量较多，有板瓦和筒瓦，多泥质灰陶，极少量泥质红陶，多内饰布纹，外饰绳纹（图7-2，3、5）。清理出的砖和瓦绝大多数已残，其中一件相对完整的板瓦（H1∶1）残长20.8、宽24.8厘米（图7-3，1），另一件保存较完整的筒瓦（H2∶2）长38、宽16.8厘米（图7-3，2）[①]。

二、归纳和认识

三国两晋南北朝时期，三峡地区的集镇村落已有相当规模，因此，考古发现的遗址数量较多，遗迹遗物也十分丰富。从出土的房屋基址及集镇故址来看，可归纳以下几点认识。

第一，居住环境的选择。根据考古发现资料，可见三国两晋时期的房屋仍主要分布在长江及其支流沿岸的台地及缓坡上，一般背靠山坡，有些房屋的附近还有溪流。集镇村落的选址多在大江的河湾处，这种选址有利于建筑码头港口以便商业运输，如巴东旧县坪遗址，其作为当时的县治就位于长江北岸的河湾处。这种对居址和城址的

---

① 宜昌博物馆：《秭归咤神庙遗址发掘简报》，《湖北库区考古报告集》（第六卷），科学出版社，2010年，第549页。

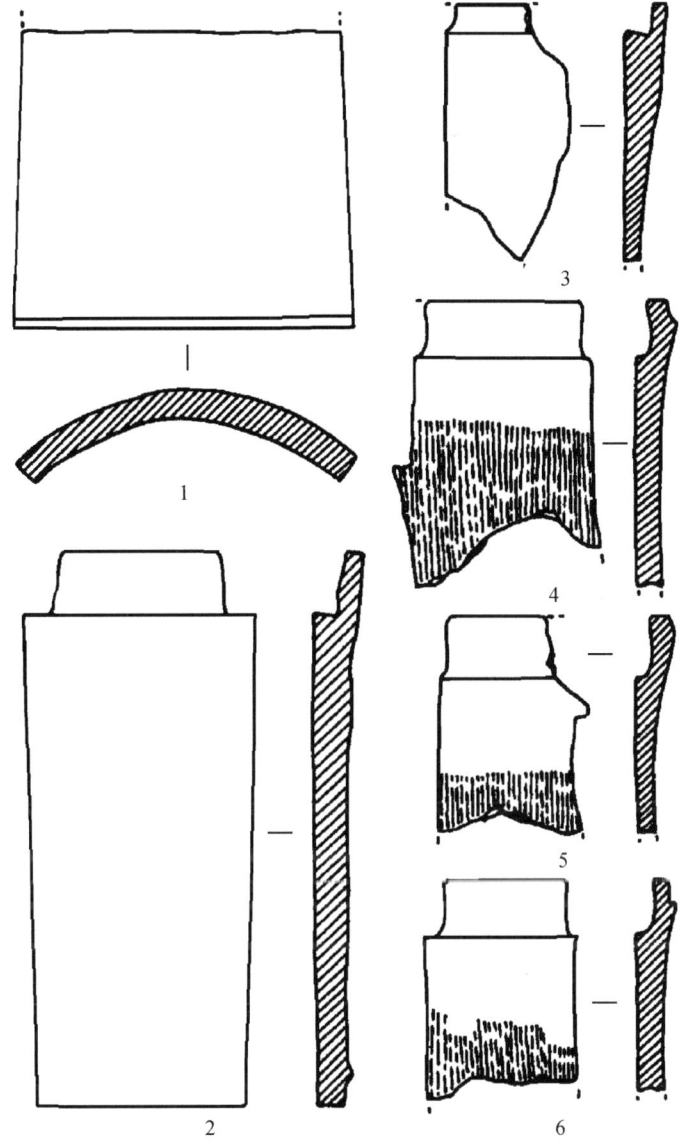

图7-3 秭归呔神庙遗址中出土的六朝时期板瓦、筒瓦平、剖面图
1. 板瓦 2~6. 筒瓦

选择为城镇的发展提供了便利的交通条件，有利于其发展成为政治、经济兴盛的古代集镇。

第二，房屋的建筑形制与汉代大致相似，仍以地面建筑与干栏式建筑为主，大型集镇中也出土了高台建筑基址，通常应为县衙等官式建筑的遗迹。房屋已有单间房和组合式房两种，以组合式房屋为主，说明这段时期的房屋与房屋之间已经形成了较为固定的搭配组合。例如，万州中坝子遗址中的房屋（F2~F4），即由3间房屋组合成一个院落，其中每间房屋又由隔墙分成小间，各房间的遗迹遗物表明每间房已有了明确的功能划分。同时，带有门廊、回廊的廊式建筑也已普遍出现。

第三，建筑步骤与秦汉时期基本相同。房屋的建筑依旧是先挖基槽，再立柱填土，然后筑墙盖顶，修建门道，平整地面。由于房间内需隔出不同空间，因此还需修筑内隔墙。

第四，建筑材料与秦汉时期也基本相似。屋顶多用板瓦和筒瓦，材质一般为泥质灰陶，间或有泥质黄陶、泥质红陶和泥质橙黄陶等，但数量不多。瓦内多饰布纹，外表一般饰绳纹，另有弦纹、网格纹等，素面者少量。瓦当上图案古雅，多为四分格或同心圆，圆心凸起，四分格中饰卷云纹。房屋墙体为泥坯夯筑，少量房屋遗迹中发现了带花纹的墙砖，推测此时房屋除用土坯建墙外，还用墙砖进行加固或装饰。墙砖上的纹饰多在侧面，纹饰种类有鱼纹、几何形纹、绳纹、弦纹、双线交叉纹等。房屋柱洞内多用河滩砾石铺垫，也间杂陶片、瓦片等。房屋的地面处理分内外两部分，屋内地面多用黏土、细沙多层夯筑铺垫，地面平整，质地坚硬；屋外地面多在清除草根杂物后夯实铺平形成院落。

此时期房屋建筑除少量官式建筑和大型院落仍用较大型建材外，普通房屋盖顶的板瓦和筒瓦相对比秦汉时期要小。瓦材中筒瓦居多，板瓦次之，瓦当少量。瓦材数量虽多但完整件很少，其中的完整件情况为筒瓦长24~38、宽11~16、厚0.8~1.4厘米，板瓦长18~27、宽12~24、厚1~1.5厘米。瓦当出土数量很少，以巫山涂家坝遗址的瓦当为例，其半径约5、厚1.2~1.5厘米。

第四节 城址建筑遗迹

三国两晋南北朝时期是一个大融合大发展的时代，其文化的交融摩擦使这一时期的城市建造独具特色。考古发现的属于这一时期的巫山古城，城址保存较为完整，勘探发掘情况可以简述如下。

巫山古城遗址位于巫山县城西北部，1994年、1987年12月~1998年1月、2002年，中国社会科学院考古研究所先后对该城址进行了数次调查、勘探和发掘。古城城墙依山而建，南接长江北岸的陡峭台地，东连瓦岗槽谷，西临黑龙潭谷，北靠高山。城址整体位于北山的南坡上，平面略呈圆角长方形，东西长580、南北宽470米，面积约272600平方米。

古城有东、西、南、北四门，东门位于东墙中段，南门位于东墙南端，西门位于西墙南端，北门口位于北墙西端。北墙中段的内侧，有一长约40、宽200余米的高大夯土台基，此处城墙和夯土台基均保存较好，墙体宽12、残高2.8米。城墙系采用基槽填土夯筑的方法而建造。初建的夯土城墙很不规范，走向不规则，夯土用料粗糙，未经加工。夯土中夹有较多的料姜石粒和河卵石，局部地方几乎全部都是料姜石块，这一现象反映山地多石而土壤稀少。古城破坏严重，保存相对较完好的一段城墙是北门缓坡地带，墙体高出地表2～4、宽2～3米。经解剖，城墙夯层每层厚度为10～20厘米。1997年发掘的一段城墙及其墙基夯土共有14层，应属版筑。

考古人员在城垣遗迹及城址内清理出了一些魏晋时期的陶制板瓦、筒瓦、砖、罐、石料等遗物，另在古城内外的大部分地带，还发现了汉代墓葬，其分布也相对集中。据对古城的建筑风格、城墙地层的叠压关系、墙体内的包含物及城址中出土遗物的分析，巫山古城的始建年代应为魏晋时期[1]，后经历代扩建才形成日后之规模。巫山古城遗址及其相关遗迹的发掘，为三峡地区汉晋时期城址的研究提供了非常有价值的资料。

第五节　埋葬习俗文化

一、墓葬资料的发现情况

三峡地区三国两晋南北朝时期的墓葬遗迹丰富，而这些墓葬又多发现于三峡西部地区，如石柱中间包、云阳打望包、奉节宝塔坪、涪陵北岩等遗址中即多有发现[2]。万州、巫山发现的墓葬数量更多，随葬品也更丰富。三峡东部地区的巴东茅寨子湾、巴

---

[1] 中国社会科学院考古研究所长江三峡工作队、巫山县文物管理所：《巫山古城遗址的勘探与发掘》，《重庆库区考古报告集·1997卷》，科学出版社，2007年；中国社会科学院考古研究所长江三峡工作队、重庆市文物局：《巫山古城遗址发掘报告》，《重庆库区考古报告集·2000卷》，科学出版社，2007年。

[2] 辽宁省文物考古研究所、石柱县文物管理所：《石柱中间包汉代至东晋墓群与明代窑址发掘简报》，《重庆库区考古报告集·2002卷》，科学出版社，2010年；南京大学历史系考古专业、重庆市文化局、云阳县文物管理所：《云阳打望包墓地发掘报告》，《重庆库区考古报告集·2002卷》，科学出版社，2010年；吉林大学边疆考古研究中心、重庆市文物局、奉节县白帝城文物管理所：《奉节宝塔坪遗址2001年汉晋墓葬发掘报告》，《重庆库区考古报告集·2001卷》，科学出版社，2007年；重庆市文物局、重庆市移民局：《重庆库区考古报告集·2001卷》（下），科学出版社，2007年，第2010～2041页；重庆市文物局、重庆市文化遗产研究院：《重庆三峡后续工作考古报告集》（第一辑），科学出版社，2019年，第516～600页。

东东瀼口、秭归蟒蛇寨等墓地也发现了六朝时期的墓葬[①]。在以上这些遗址或墓地中，万州瓦子坪遗址及糖坊墓群均有保存较好的东汉至南朝时期的墓葬[②]；尤其是在丰都槽房沟墓地清理出了12座东汉至南朝时期的砖室墓，其中一些墓中有纪年及墓主人的姓名，这对于墓葬断代具有标型意义[③]；巴东宝塔河遗址的3座六朝墓葬则随葬品丰富，其中M9的出土器物即有83件[④]。

现将几处具有代表性的墓葬遗址介绍如下。

1. 巴东宝塔河遗址六朝墓群

1998~1999年，在巴东宝塔河遗址中发掘出3座六朝墓葬，编号M4、M9、M14。其中的M9为砖室墓，位于遗址西北部高约0.9米的田坎下，其甬道及墓室前部已被严重破坏。从尚存的遗迹观察，墓葬平面呈长"凸"字形，由甬道和墓室两部分组成，全长9.1、宽2.51、高2.82米。

墓室内随葬品丰富，共83件，主要器类有瓷器、陶器、铜器、金银器、铁器、骨器和玉器等。在西壁中段采集到1件带有砖盖的小瓷砖，在墓室前部及墓道内还发现了32件筒瓦和板瓦。瓦的断面夹砂粒及石块的不多，但断面有针孔或长条缝的现象则较普遍。瓦的内外两面多饰压印绳纹、布纹、方格纹等，少量素面。绳纹中直绳纹最多，其次为斜绳纹、交错绳纹、带形绳纹。

随葬品中有瓷器、陶器、铜器、铁器、金银器、玉石器、骨器等。其中瓷器6件，器形主要有壶、盘口壶、钵、盏、罐。陶器10件，器形主要有罐类及瓮等，还有一块

---

① 厦门大学历史系考古教研室：《巴东茅寨子湾遗址发掘报告》，《湖北库区考古报告集》（第一卷），科学出版社，2003年；湖北省文物考古研究所纪南城工作站：《巴东茅寨子湾六朝墓发掘简报》，《湖北库区考古报告集》（第二卷），科学出版社，2005年；湖北省文物考古研究所：《巴东东瀼口六朝墓地发掘报告》，《湖北库区考古报告集》（第二卷），科学出版社，2005年；广东省文物考古研究所、湖北秭归县博物馆：《秭归蟒蛇寨汉晋墓群发掘报告》，《湖北省库区考古报告集》（第一卷），科学出版社，2003年。

② 山东省博物馆、山东省文物考古研究所、重庆市文物局等：《万州瓦子坪遗址发掘报告》，《重庆库区考古报告集·2001卷》，科学出版社，2007年；山东省博物馆、山东省文物考古研究所、重庆市文物局等：《万州糖坊墓群发掘报告》，《重庆库区考古报告集·2001卷》，科学出版社，2007年。

③ 重庆市文物考古所、宝鸡市考古工作队、重庆市文物局等：《丰都槽房沟墓地发掘报告》，《重庆库区考古报告集·2001卷》（下），科学出版社，2007年；重庆市文化遗产研究院、丰都县文物管理所：《丰都槽房沟墓群2011年、2012年发掘简报》，《重庆三峡后续工作考古报告集》（第一辑），科学出版社，2019年。

④ 武汉大学考古系、巴东县博物馆：《巴东宝塔坪河遗址六朝墓葬发掘简报》，《湖北库区考古报告集》（第一卷），科学出版社，2003年。

饰带状锯齿纹的陶片。铜器43件，分为钱币（五铢钱13枚，直百五铢10枚，大泉五十5枚）、装饰品（2带铐、3铜簪、1铜钉、1铜圈）和工具（2件铜凿和铜箭头）三大类，大多锈蚀严重，外表呈铜绿色。金银器7件，均为装饰品，有金环1件、银镯1件、银耳环1对、银戒指4个，外表多呈青灰色，个别器表呈铜绿色。铁器有铁枪头和铁棺钉两种，均锈蚀严重。玉石器有饰珠2件、料饰1件。骨器仅骨针1件[①]。

2. 万州糖坊墓群

2001年，在万州糖坊墓群发掘出三国墓1座，南朝墓5座。三国墓为一砖室墓（图7-4），出土器物31件，其中陶器30件，银钗1件，伴出铜钱80枚。墓室内还发现了一些红色和黑色的漆皮，或为漆器遗痕，但已看不出器形。陶器有钵8件、罐4件、壶1件、杯2件、魁1件、熏炉1件、甑2件、器盖2件、俑8件。南朝墓5座，其中4座砖室墓（编号为M3、M8、M15、M16），1座石室墓。刀形砖室墓2座，编号M3、M8；"凸"字形砖室墓2座，编号M15、M16。下面对M3和M15略做介绍。

M3 刀形砖室墓，位于遗址中部，墓向5°，由甬道和墓室组成，总长7.94米。甬道长2.34、宽1.9米，墓室较为狭长，长5.6、宽2.94米。破坏较为严重，墓壁现存最高高度为0.52米，墓出口处已破坏至底部。墓内砌砖有券砖和条砖。砖纹有4种：莲花纹，见于楔形券砖；"富贵"纹，见于梯形子母口券砖；"十"字纹，见于梯形子母口砖；车轮钱纹网格纹，见于条砖。

M15 "凸"字形砖室墓，位于遗址东南侧，墓向170°，由墓道、甬道、墓室组成，总长6.04米。出口处有3层封门砖。出土器物较零散，完整器物仅8件：7件瓷碗，1件陶俑；另有1件红陶器盖，1件漆器盖及鎏金铜泡残片和多枚小串珠、指环等[②]（图7-5）。

3. 万州瓦子坪墓群

2001年，在万州瓦子坪遗址中发掘出南朝墓4座。由于埋葬较浅，均受到严重破坏。除M5、M8为"凸"字形砖室墓外（图7-6），其他2座为石室墓，进深狭长。由于破坏严重，墓葬的起券情况不明，从墓中散落的断砖分析，其使用砖起券的可能性很大。南朝墓中一墓安葬多人的现象再次出现，表明家族墓的习俗也被继承下来，反映了这种习俗从汉代到南朝的延续性。随着社会上尚俭风俗的流行，南朝墓葬也抛弃了

---

① 武汉大学考古系、巴东县博物馆：《巴东宝塔河遗址六朝墓葬发掘简报》，《湖北库区考古报告集》（第一卷），科学出版社，2003年，第246页。

② 山东省博物馆、山东省文物考古研究所、重庆市文物局等：《万州糖坊墓群发掘报告》，《重庆库区考古报告集·2001卷》（中），科学出版社，2007年，第1054~1059页。

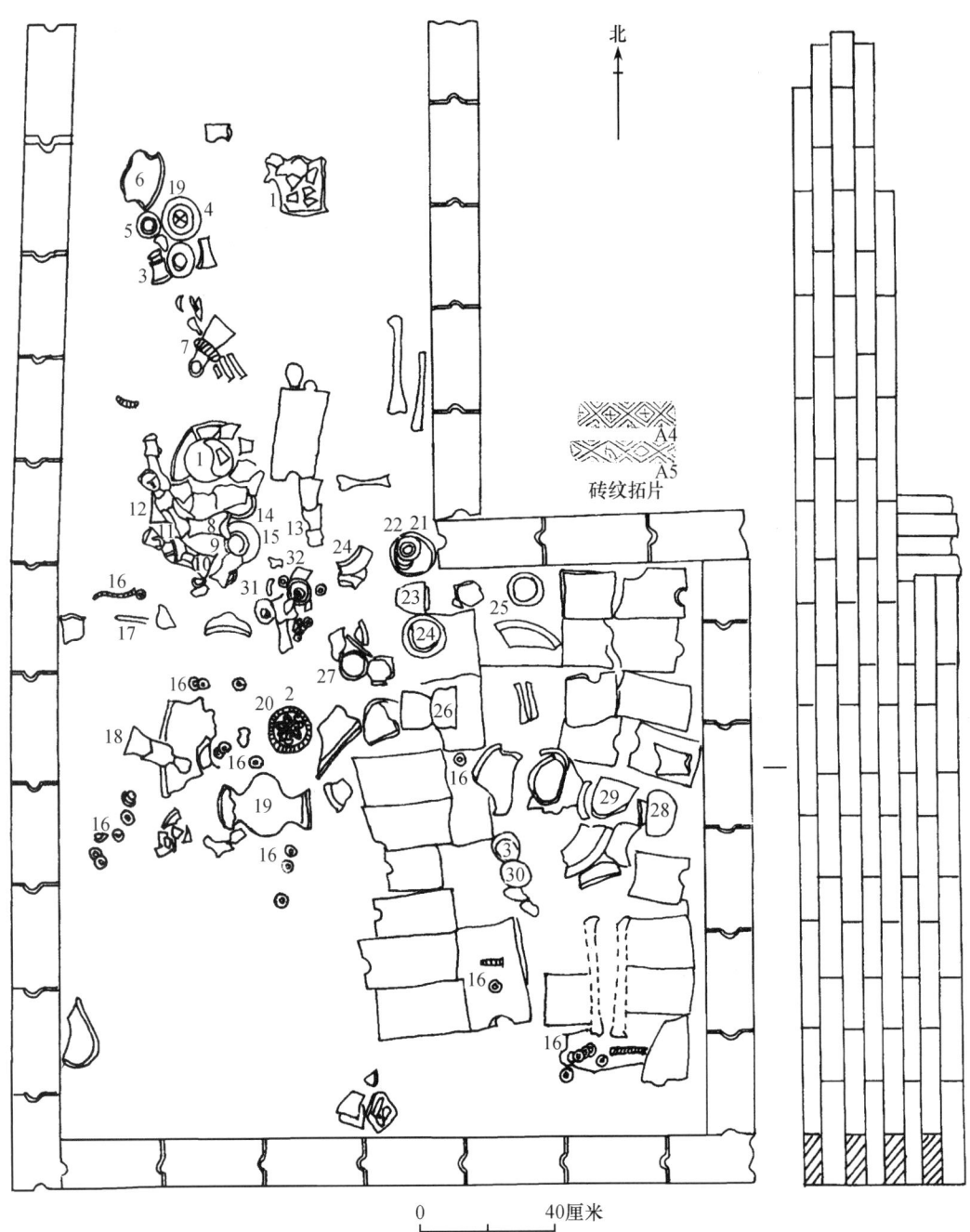

图7-4 万州糖坊墓群三国时期砖室墓M10平、剖面图及砖纹拓片

1、29.陶甑 2、14、21、25~27、31.陶钵 3.陶熏炉 4、5.陶杯 6、22.器盖 7~13、18.陶俑
15、23、24、28、32.陶罐 16.铜钱 17.银钗 19.陶壶 20.器盖 30.陶魁

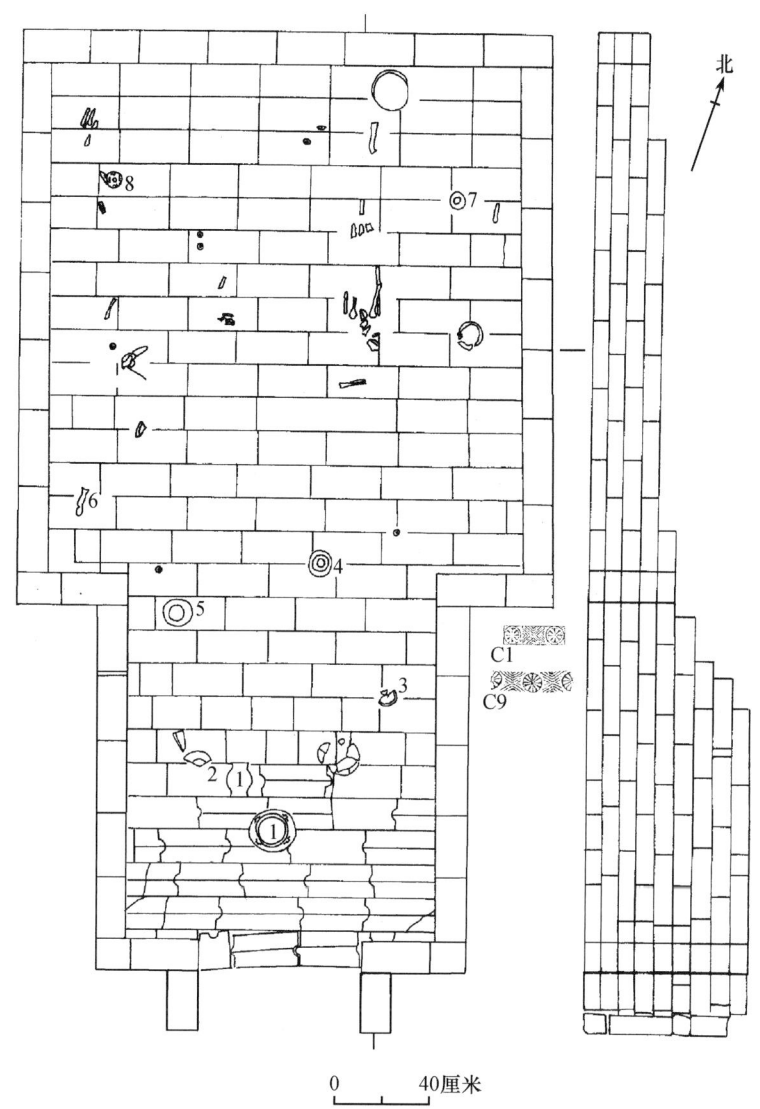

图7-5 万州糖坊墓群南朝时期"凸"字形砖室墓M15平、剖面图及砖纹拓片
1.瓷罐 2、3、5、7.瓷碗 4.瓷盘 6.陶俑 8.瓷壶

汉代以来的厚葬习惯，逐渐形成了自己的特点，出土器物锐减，墓葬中放置器物最多的也只有28件，而且以日常用品瓷碗居多。出土的盘口壶、四系罐、莲花纹碗等均属于南朝时期的通用器形[①]。

---

① 山东省博物馆、山东省文物考古研究所、重庆市文物局等：《万州瓦子坪遗址发掘报告》，《重庆库区考古报告集·2001卷》（中），科学出版社，2007年，第807~817页。

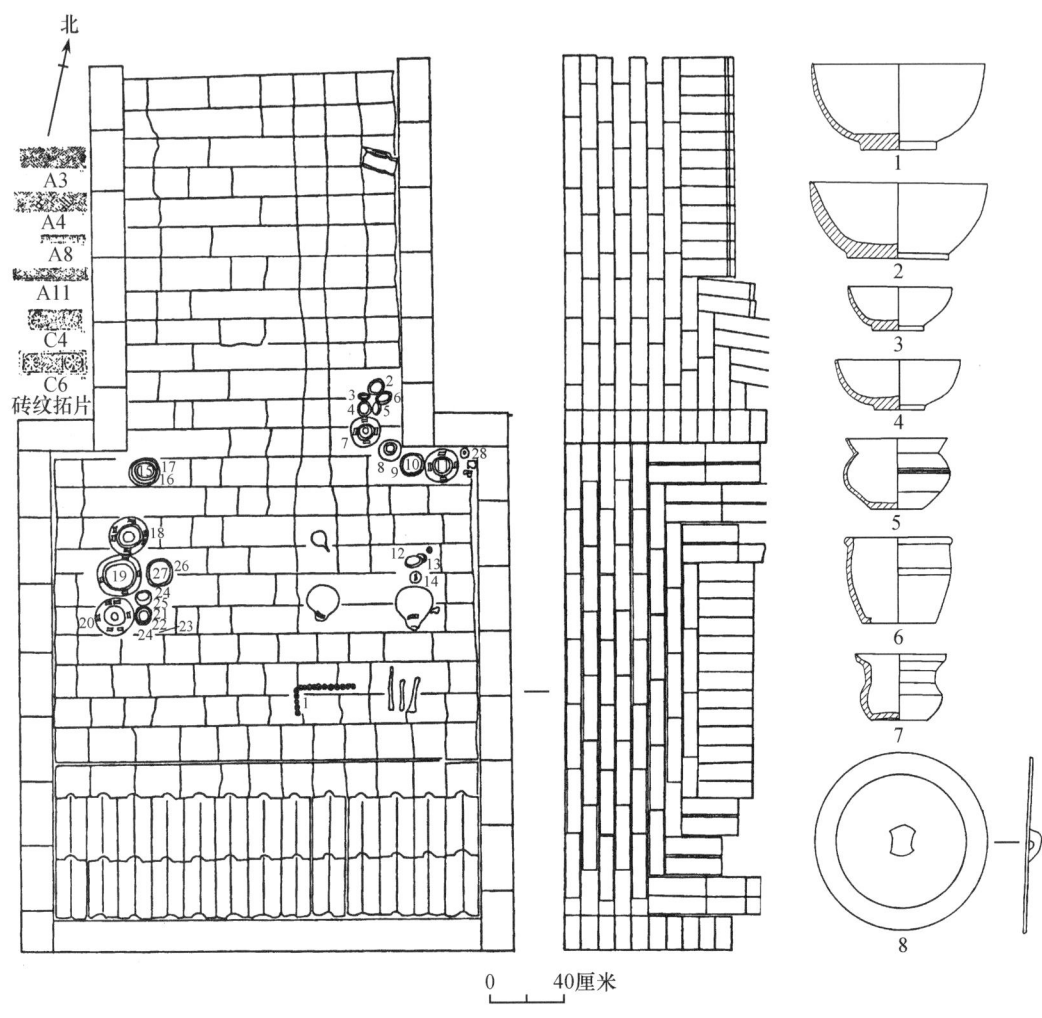

图7-6 万州瓦子坪墓地南朝时期M8平、剖面图，砖纹拓片及部分器物图
1. 铜钱　2~6、9、10、13、17、21~27. 瓷碗　7、18、20. 瓷壶　8、11、19. 瓷罐　12. 瓷盘　14. 铜镜
15. 陶甑　16. 陶釜　28. 陶罐

4. 巫山江东嘴墓群

2001年，在巫山江东嘴墓地发掘出3座魏晋时期的墓葬，编号M4、M6、M7。墓葬位于岸边北坡的二级和三级台地上。M4、M6为刀形券顶砖室墓，方向265°。M6带券顶，墓室长4.6、宽1.3、高0.9米，甬道位于墓室之西，长0.8、宽0.6米。M4被盗过，甬道和墓室的大部分券顶已被损坏，不见随葬品，人骨架也遭到了破坏，仅留头骨和部分肢骨，墓主为男性。葬式不明。从残留的棺钉判断，应有木棺作葬具。M6墓室中的遗物很少，仅出土一件铁釜和一对手镯，甬道中出土了一件青瓷盖罐。墓砖主要为侧面有菱形花纹的印纹砖，地面用地砖"人"字形铺砌，券顶为楔形砖铺筑，其中一块墓砖上刻有"六月十三日"的铭文。墓葬的时代大致为东汉晚期至魏晋时期。

二、归纳和认识

1. 墓葬形制

三峡地区三国至南朝时期的砖室墓较多,以小砖砖室墓为主,多延续汉墓的形制,有刀形和"凸"字形。后来墓葬逐渐变得狭长,并多使用石条垒砌;石条经过加工,朝墓内的一面雕琢得十分整齐。魏晋时期的墓葬多为刀形砖室墓,部分带券顶。葬具为木棺,一般一人一棺,随葬品也一人一套,但是男女有别,一般男性的随葬品要多一些。葬式以仰身直肢葬为主,侧身直肢葬为辅。但大部分尸骨保存不完整,且散落在甬道和墓室里,故葬式多不明。

六朝墓葬形式多样,有土坑竖穴墓,砖室墓和砖、瓦、石混砌墓。结构仍以砖室墓为主,偶有石室墓。形制有刀形和"凸"字形。砖室墓均由甬道和墓室组成,偶有墓道。部分有封门砖。刀形砖室墓墓向多为东西向,墓室在西,甬道在东,沿挖好的墓圹坑壁用单层砖错缝垒砌,相接的两面墓壁则相互交错垒砌,以增加墓壁的稳固性。墓道底部铺砖,多东西方向平行铺砌。砖两面都有绳纹,也见有子母口砖,砖与砖之间多无咬合现象,大部分墓底砖残断。"凸"字形砖室墓由墓道、甬道、墓室组成。墓道为斜坡土洞,与甬道之间有封门砖,墓底的铺底砖较为整齐,甬道前端以券砖铺底,其他部分以条砖铺底。券顶砖室墓一般先在斜坡上竖穴挖坑,然后用砖砌筑墓室。墓室为长方形,带甬道,甬道与墓室之间及甬道口均无封门砖。墓室的弧形券顶系用楔形砖叠砌,券顶用鹅卵石填补空隙。墓壁用砖错缝平铺,地面按"人"字形铺筑地砖。墓室后壁特置一凸起的砖块,用于放置油灯[1],用作灯盏的容器为一青瓷碗。

砖、石、瓦混砌墓平面一般呈"凸"字形,由甬道和墓室两部分组成。墓室位于甬道后部,平面呈长方形。墓壁全用经过打制加工的石块错缝平砌,石块朝向墓内的一侧较平整,墓外的一侧则呈不规则弧形、三角形及多边形。地面的前部多用不规则石块铺底,空隙较大;后部则多用模印菱形纹的半砖铺地,空隙较小。砖及石块下铺以细砂,砂下为基岩。有的墓室地面为粉红色基岩,凹凸不平。墓室多有券顶。甬道两旁有巨大石块,疑为封门石。

墓室的装饰有所发展,墓砖图案及形式更为丰富。墓壁砖的侧面模制的汉式菱纹和钱纹的图案显著减少,许多新的、较生动的兽面、龙、虎、凤纹逐渐流行,盛行以砖"人"字形铺地[2]。墓室侧面主要采用兽纹青灰砖、菱形纹企口砖、菱形格纹砖、菱

---

[1] 南京大学历史系、重庆市文物局、巫山县文物管理所:《巫山江东嘴遗址发掘报告》,《重庆库区考古报告集·2001卷》(上),科学出版社,2007年,第20~30页。

[2] 张之恒:《中国考古学通论》,南京大学出版社,1995年,第285页。

形印纹砖,地面以砖"人"字形铺底,券顶为楔形砖。墓室和甬道采用单层花纹砖错缝平砌,朝向墓室的一面模印菱形花纹。墓室后部的铺底砖采用券顶砖,前部使用平砖,有的使用碎砖,故墓底前部多不平整,但墓底后部的铺底砖则较为整齐。南朝砖室墓的砖纹主要有莲花纹、"富贵"纹、"十"字纹、车轮钱纹、网格纹、钱文、鱼纹等。有的砖上有铭文"大吉"二字。

瓦材主要见于甬道顶部,平面呈长方形,顶面两头饰斜绳纹,中间及背面饰直绳纹,断面呈弧形。通体呈青灰色,烧成温度不高,断面夹杂较大石粒。瓦片一般长56、宽36.8、高2.4厘米。墓瓦亦见有筒瓦和板瓦,其表色和胎色以青灰色居多,其次为黑灰色、土黄色,还有极少量紫红色、砖红色。大多数墓瓦的表面有白灰,胎料淘洗较细,质地致密,针孔、长条缝等现象较普遍,烧成普遍较差。瓦的内外两面多压印绳纹、布纹、方格纹,少量素面。

2. 随葬品

六朝时期,墓葬中的随葬品很丰富,主要有瓷器、陶器、铜器、金银器、铁器、骨器和玉器等,以青瓷器为主。随葬的陶器在种类和形制方面与东汉时期也不尽相同。东汉末年以前,随葬品主要为陶器,但是已经出现原始瓷;从东汉末年开始,瓷器开始出现,烧成温度已达到1300℃。三国时期,随葬的青瓷器具有东汉末年的风格,较典型的青瓷器有四系罐和双耳罐。西晋早期,随葬品通常有瓷盆及盘口壶和"太平百铢"钱币。到魏晋时期,青瓷器的随葬数量远多于陶器,部分陶俑也改为瓷俑。南朝由于佛教盛行,瓷器多带有莲花纹、联珠纹等。

陶器有钵、罐、釜、甑、壶、杯、钵、魁、熏炉、瓿、器盖、俑、砚台、狗头、屋、塘、四系罐等。瓷器有六系罐、四系罐、盘口壶、鸡首壶、唾盂、盏、碗、四系双唇罐、鸡首壶、四系大口罐、四系盘口壶、四系小口罐、四系直口罐、钵、盘等。另外,在巴东宝塔河遗址六朝墓葬中采集到1块带有砖盖的小瓷砖。金银器有钗、坠子、发簪、戒指等。在万州糖坊墓群中发现了红色和黑色漆皮及漆器盖,说明可能有漆器随葬,但三峡地区很少发现漆器。铜器有鎏金泡饰片、镜(部分有铭文)、龙首形柄弩机、扣件等。装饰品有串珠(玛瑙珠、水晶珠、暗红色料珠、蓝色料珠),手镯(银手镯、玉手镯、金手镯),指环(铜质镀银指环和银质指环)等。铁器有釜、兵器、剪刀、刀、斗、镞、纺轴等。

三峡地区东汉末至六朝时期的墓葬中一般有钱币出土。常见的钱币有五铢钱、剪轮五铢、大泉五十、直百五铢。五铢钱为汉武帝时期开始铸造,剪轮五铢为东汉晚期货币,大泉五十是王莽时期铸造的货币,直百五铢是蜀汉刘备在位期间铸造的钱币,且流行于三国后期至西晋时期的江南地区。值得注意的是,各时期墓葬中随葬的钱币明显落后于其发行的时代,如东汉晚期墓葬出土的钱币大多为东汉早期的"建武五铢",蜀汉墓葬中常见东汉晚期五铢及剪轮五铢,而在六朝墓葬中甚至有更早的半两、大泉五十、货泉等。这些钱币为我们了解当时经贸情况提供了重要的实物证据,同时也说明即使在大一统业已形成的汉晋之际,三峡地区的经济发展仍在某种程度上存在封闭、滞后性的特征[①]。

3. 葬俗分析

南朝时期的墓葬中,发现数具人骨架同处一墓的现象仍然常见,反映了三峡地区葬俗从汉代到南朝的延续性,家族合葬的习俗被继承了下来。在巴东东瀼口的3座墓葬中,均发现了多具人骨架,并出现了分属不同层位的现象。这种现象虽不排除有后世葬入的可能,但从清理的情况看,推测应为同一家族或同一宗族在相当长的时间内使用同一座墓葬。这种丧葬习俗的发现,为研究六朝时期的社会家族史提供了重要的实物资料。

就三峡地区考古发现的古墓葬分布情况而言,新石器时代至夏商时期的墓葬一般都在遗址附近,有的基本就在居住址内。春秋战国至西汉时期的墓葬开始离开居住址,墓区一般选择在遗址的后山坡或山梁下临江河稍高的台地上,墓地前面地势开阔,多面临长江或溪流。东汉至蜀汉六朝时期甚至直至明清时期,由于人口增多,墓区范围也随之增大,开始逐渐往后山坡、山梁甚至山顶部延伸。可以说,三峡地区考古发现的远古及其后各历史时期的墓葬,其分布是由居住地转向居住地附近,再转向后山坡直至山梁、山冈甚至更高的山顶等位置。蜀汉六朝时期的墓葬分布大都是顺江或逆江的。

随葬器物也体现出了较强的时代特色和丧葬观念的变化。战国至西汉时期的随葬品数量较少,器类多为釜、罐、豆等实用器皿,也有少量明器;东汉时期,随葬品数量明显增多,除罐、盆、甑、钵等日用器具外,人物俑、动物俑、房、塘、井、仓、灶等模型明器大量出现,反映出人们"事死如生"的丧葬观念。蜀汉以后,随葬模型明器的数量日益减少直至消失,青瓷器皿取代陶器成为随葬品之大宗。这些现象表明,随着经济的发展和观念的变化,人们的丧葬习俗也随之变化。随着社会上尚俭风俗的流行,南朝墓葬也抛弃了汉代以来的厚葬习惯,逐渐形成了自己的特点,随葬品锐减,多随葬青瓷盘口壶、四系罐等日常生活用具。

---

① 重庆市文物考古研究所、万州区博物馆:《万州武陵墓群发掘报告》,《重庆库区考古报告集·2002卷》(上),科学出版社,2010年,第622页。

第六节 出土遗物

一、陶 器

三国两晋南北朝时期，三峡地区的陶器制造业依旧发达，以生活用品为主，也有一些非实用器，如明器。器物有钵、罐、釜、甑、壶、杯、钵、魁、熏炉、甑、器盖、俑、砚台、狗头、屋、塘、四系罐等。陶器主要为轮制，较硬，烧成温度较高，器表通常有纹饰，多方格纹、刻划波状纹、锯齿纹等。釉陶器表多呈棕黄色和绿色，釉层较薄，通常为明器或动物陶塑，器形有仓、灶、井及鸡、狗等，作为明器随葬于墓葬中。

两晋墓中的俑仍沿袭汉代风格，以陶质为主，部分为青瓷俑。俑一般为出行仪仗俑，数量较多，包括骑吏和鼓吹乐队，也有仆人俑，文吏俑和蹲坐状的镇墓兽俑等。

建材多见筒瓦和板瓦，其表色和胎色以青灰色最多，其次黑灰色、土黄色，还有极少量紫红色、砖红色。大多数瓦的表面有白灰，胎料淘洗较细，质地致密，针孔、长条缝等现象较普遍，烧成普遍较差。筒瓦多为泥质灰陶，少量为泥质黄陶、泥质红陶和泥质橙黄陶。瓦面多饰绳纹，内侧饰布纹，也有少量筒瓦素面无纹。板瓦为泥质灰陶，黄胎，外表饰绳纹，内侧模印较大的网纹。依瓦舌的不同大致可分四类：瓦舌较短，圆唇；瓦舌矮，略翘，方唇；翘瓦舌，尖唇；瓦舌内凹，舌尖卷翘，多方唇。亦见有砖，多灰色，夹砂陶质，长方形。砖纹纹饰丰富，有莲花纹、"富贵"铭文、"大吉"铭文、"十"字纹、车轮钱纹、网格纹、菱形花纹、鱼纹等。

二、瓷 器

据三峡地区的考古发现资料，东汉晚期的墓葬中就开始见有瓷器了，器形主要有罐、碗、钵等。至蜀汉时期，瓷器得到发展，到两晋时期，瓷器的使用则已经十分盛行了。这一时段的器物类型主要有六系罐、盘口壶、鸡首壶、唾盂、盏、碗、四系双唇罐、四系大口罐、四系盘口壶、四系小口罐、四系直口罐、钵、盘等（图7-7）。

两晋时期的青瓷器中，素面钵、素面碗、印花钵、印花碗、双耳罐、浅盘口肩部饰斜方格纹或回纹的盘口壶、双唇罐等，是西晋墓里常见的青瓷。而流行内饰细"井"字格、细小斜方格、米花联珠纹等也是西晋最常见的模印纹饰。青瓷上饰酱褐色釉斑始于孙吴西晋时期，多在盘口壶肩部施酱斑点彩。至东晋时期，酱斑点彩方流

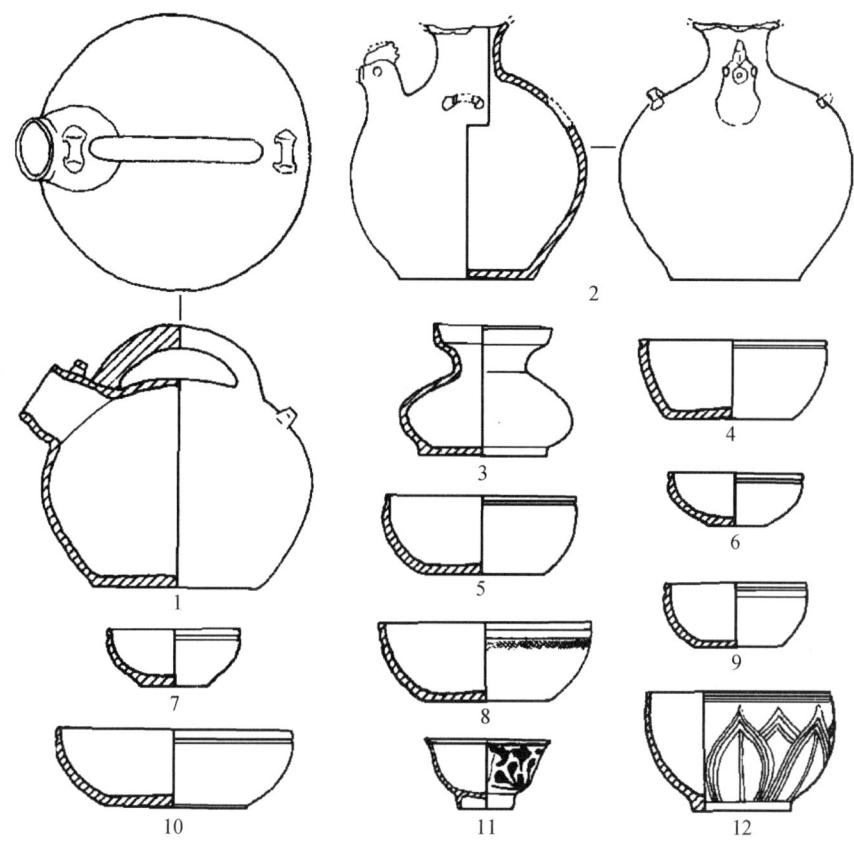

图7-7 巴东东瀼口六朝时期墓地出土的青瓷器

1.青瓷虎子（M3：7） 2.青瓷鸡首壶（M3：10） 3.青瓷唾盂（M3：9） 4、5. I 式青瓷碗（M3：5、M2：23） 6. IV 式青瓷碗（M2：14） 7. II 式青瓷小碗（M4：4） 8. II 式青瓷碗（M4：1） 9、11. I 式青瓷小碗（M3：11、M2：2） 10、12. III 式青瓷碗（M2：42、M3：3）

行于长江中游地区，而长江上游的四川地区，酱斑点彩则主要饰于碗的口沿。

器物的时代特征明显。三国时期，青瓷碗为浅腹大平底，轮制，浅灰色胎，青绿色釉；盘口壶，盘径小于腹径而与底径基本相当，器形矮胖；牛鼻式耳罐，溜肩，鼓腹下收，圜底内凹。西晋时期，四系罐，直口，平沿，短颈，斜肩，鼓腹，平底，肩部横置四个桥形系；碗，唇外饰凹弦纹和斜方格纹的组合纹。东晋时期，瓷碗口微侈，尖圆唇，浅腹，腹部弧线柔和，平底，假圈足；盘口壶，短粗颈，圆鼓腹；小碗，饰刻划莲瓣纹；盘口壶，泥条竖耳，饰凹弦纹和波浪纹组成的装饰纹带，耳饰蕉叶纹。南朝时期，瓷碗多侈口，尖圆唇，弧腹，平底，假圈足；四系罐，桥形横系，呈方折形；鸡首壶，小盘口，细束颈，圆溜肩，扁圆腹，大平底，肩上有两个对称的桥形系，灰白胎，酱黑釉不及底。

三国时期，瓷器刚刚兴起不久，装饰和造型基本上还沿袭汉代的特征，较多地吸取了汉代陶器和铜器的形式和花纹图案。略有变化的是碗、碟，其外底开始向上凸起，外口沿的凹弦纹数量增加到两道或三道。有的瓷器可能采用当地的瓷土来作制坯原料，故瓷胎呈淡灰色，釉层薄，光泽较弱。这时期的罐、壶、碗与前代的陶器及原始瓷器相比，区别不大。

西晋时期，除上面所述之瓷器器形外，又增加了鸡头或虎头的双耳罐、盘口壶等，装饰的艺术性提高了。瓷胎也比前期稍厚，增加了器形的稳重端庄感。这一时期，"五联罐谷仓"和"青釉虎兽溲器"盛行。"五联罐谷仓"俗称魂瓶，这是专门为死者烧制的陪葬明器，其通常全身施酱黑釉，胎灰白，由一盘口、束颈、圆鼓腹、薄饼足、肩腹与口齐平的四小罐和四胡人俑组成。此种明器始于东汉晚期，盛于西晋，东晋初偶有出现，至东晋中期消失。"青釉虎首溲器"又名虎子，俗称尿壶。2007年在丰都出土的一件"青釉虎首溲器"器首呈筒形，上扬，敞口平唇；器身扁圆，平底，肩部有一凹弦纹；提梁背脊印菱形纹；虎首浓眉鼓眼，高鼻宽翼，凸唇张口，形象逼真；虎尾卷曲搭于臂上；虎姿凶猛，威风十足[①]。东晋至南朝时期，最典型的器物为鸡首壶。1994年在丰都汇南墓地出土的鸡首壶，盘口，短细颈，肩圆平，口至肩腹之间设一把手，口对面的肩上安装一短颈鸡首，鸡冠挺立，尖嘴圆眼，神气十足。此外，这一时期还出现了唾壶，又名唾盂，俗称痰盂。唾壶多盘口，短束颈，扁圆腹，饼足。此外由于佛教的传入，器物的纹饰也有了新的变化，出现了莲花纹、联珠纹等。

三、青 铜 器

三国两晋南北朝是中国历史上大分裂的时期，战争频繁，严重影响了社会经济的发展。青铜冶铸业的工艺水平与两汉时期相比，可以说在质量和工艺方面都没有太大提高。这一时期的铜器种类仍然以日常生活用具为主，其次为兵器，再次为杂器。日常生活用具主要有釜、勺、洗、铜镜、灯、甑、壶、钵、耳杯、带钩、针、案等；兵器主要有弩机、镞等；其他主要有坠饰、铃、铜人、龙首管、钩、提梁、马、俑、摇钱树、钱币、鎏金泡饰片、扣件、环等。另见有少量车马器、马镳等。这一时期的青铜用具已逐渐被更先进的瓷器、铁器所代替。在铜器中，比较流行的是青铜镜和钱币。铜镜的铸造仍处于发展阶段，主要有神兽镜、画像镜，有的铜镜上铸有铭文和纪年。除铜镜外，也有铁镜，但少见。有的铜镜上铸有铭文和纪年，为我们研究铜镜的时代、产地以及当时人们的思想意识和社会风俗都有重要价值。

三峡地区发现的三国两晋南北朝时期的铜钱币较多，无论是墓葬还是遗址，都有

---

① 陈丽琼：《三峡与中国瓷器》，重庆出版社，2010年，第11、13、15页。

出土，但以墓葬中出土为多。1981年，在忠县涂井的5座蜀汉崖墓中，出土铜钱多达3000余枚，有汉武帝时期的"半两"钱，汉武帝、汉宣帝时期的"五铢"钱，东汉后期的"五铢"钱等；另有部分无金的小"五铢"和直径在1.5～2.5厘米的剪边磨轮"五铢"钱，以及新莽时代的"货泉""大泉五十"钱，还有蜀汉时期的"平五铢""太平百钱""直百五铢"及蜀"五铢"等。其中的"太平百钱"铸有大篆、小篆或隶书的钱文。以上钱币中，"直百五铢"和蜀"五铢"的数量最多。"直百五铢"是蜀汉早期的货币，为刘备建安十九年的铸币。蜀"五铢"钱的时代略晚[①]。秭归老坟园东吴时期墓地的M18出土了"小泉直一"钱，系王莽篡权后于始建国元年（9年）所铸。又老坟园南朝时期墓地的M20，出土了"四铢"钱，系南朝刘宋元嘉七年（430年）进行钱制改革时所铸[②]。忠县崖脚南朝时期墓地的DM2出土了一批铜钱币，钱文有"四铢""孝建""永光""景和""两铢"等，皆为南朝刘宋铸币。其"永光""景和""两铢"钱币都是过去很少见到的古钱币，尤其是其中的"两铢"，堪称稀世之宝，在以前的考古发掘中，似乎从未见有出土，目前传世的也仅见两三枚[③]，十分珍贵。这些有明确纪年的铜钱币的出土，为我们研究三峡地区三国两晋南北朝时期的考古文化年代分期提供了极为重要的参考资料。

四、其　他

六朝时期，三峡地区的手工业得到了发展，金银器及饰品加工发达，种类增多。铁器的使用也较普遍。金银器主要有钗、坠子、发簪、戒指等。装饰品有串珠，包括玛瑙珠、水晶珠、暗红色料珠、蓝色料珠；手镯，包括银手镯、玉手镯、金手镯；指环，有铜质镀银指环和银质指环等。铁器主要有釜、剑、剪刀、刀、斗、镞、纺轴等。

兹就上文所述，总结如下。

从三峡地区东汉至南北朝时期墓葬中随葬的器物来看，东汉时期墓葬中的随葬品主要是生活用具，另有大量的乐俑、舞俑、侍俑、镇墓兽俑及微缩的家禽家畜、房屋、水塘、水井等明器，反映的是庄园经济占主导地位的生活方式。这一时期的随葬品仍以陶器为主，但开始有了青瓷器，不过数量不多，品种单一。三国时期墓葬中的

---

① 四川省文物管理委员：《四川忠县涂井蜀汉崖墓》，《文物》1985年第7期。
② 黑龙江省文物考古研究所：《秭归老坟园墓群发掘报告》，《湖北库区考古报告集》（第三卷），科学出版社，2007年，第73页。
③ 北京大学文博学院三峡考古队、重庆市忠县文物管理所：《忠县崖脚墓地发掘报告》，《重庆库区考古报告集·1998卷》，科学出版社，2003年，第730页。

随葬品仍有一定数量的生活用具，但模型明器如马、车、狗、猪、鸡、鸭、井、灶、楼房及各类厨俑、舞俑等已大量出现。例如，忠县涂井发掘的15座蜀汉墓，其中3座墓已被盗一空，其余的12座墓葬中除出土大量钱币外另有其他器物326件，其中陶器229件，瓷器52件，铜器27件，铁器12件，银器6件。陶器数量是瓷器数量的4倍多。两晋至南北朝时期，瓷器数量逐渐递增成为主流，模型明器、俑器、釉陶器数量逐渐减少，至南北朝时期几乎全部消失，出土的生活用具几乎都是青瓷器，陶器极少。发现的三国两晋南北朝时期钱币主要有"太平百钱""剪轮五铢""大泉五十""直百五铢""两铢"等，其中"两铢"极为罕见，"景和""永光"钱币也是过去很少见到的钱币。

教学重点：

（1）三峡地区三国两晋南北朝时期遗址墓葬的分布情况。

（2）三峡地区土坑墓、砖室墓、土洞墓、瓦葬墓、瓮棺墓葬、石板墓、崖坑墓、崖墓等墓葬类型。

（3）三峡地区三国两晋南北朝时期的重要城址及军事建筑遗址。

（4）三峡地区陶器、瓷器、铜器、铁器、银器、玻璃器等及建筑构件。

教学难点：

（1）如何从三国两晋南北朝时期考古发现资料观察三峡地区社会经济的发展。

（2）对该时期三峡地区遗物的分期。

（3）三峡地区各遗址中出土货币的情况。

第八章　隋唐时期考古文化

第一节　隋唐时期考古文化概述

隋唐时期，三峡地区的文化遗存较此前的遗存更为多见，主要有居住遗址、城镇和墓葬。三峡大坝工程中列入迁建或抢救性发掘的遗址，属于隋唐时期的遗址共有109处，经过20多年的考古发掘，实际数目已远远超过此数。从遗址分布的地点看，比较密集的区域皆在长江沿岸，包括重庆市境内的涪陵、丰都、忠县、万州、云阳，湖北省境内的巴东、秭归。尤其是在万州—云阳段，隋唐时期的遗址分布最为密集。

三峡地区的这些遗址绝大部分都包含了从先秦、两汉魏晋延续至隋唐、宋元明清时期的遗存，同时也发现了以唐代遗存为主体堆积的遗址。从遗址的分布和文化内涵来看，文化遗存包括了聚落遗址、集镇等。比较重要的遗址主要有涪陵蔺市、石沱，丰都玉溪坪，忠县中坝，万州涪溪口、下中村，云阳乔家院子、佘家嘴、丝栗包、云安、明月坝，奉节鱼复浦，巫山培石、跳石，巴东旧县坪等[①]。从考古发现资料看，隋唐时期的一些重要遗址，大部分为近现代当地行政部门所沿用，如秭归归州镇、巫山巫峡镇、奉节永安镇、开州汉丰镇、万州区万州镇、丰都名山镇等。这些遗址的面积一般都在十万、数十万平方米以上。例如，石沱遗址，面积约10000平方米；佘家嘴遗址，面积约350000平方米；明月坝遗址，面积约150000平方米；云安遗址，面积约105000平方米。遗址中发现的遗迹主要有道路、房址、围墙、灰坑、作坊、祭祀场地、水井、灶、窖藏坑、墓葬、窑址、矿井、水田等。这些古文化遗存从不同角度反映了当时三峡地区的社会发展状况。

隋唐时期的遗址及遗迹中出土遗物丰富，按质地和数量分包括瓷器、陶器、釉陶器、石器、青铜器、铁器、银器和骨器。瓷器是三峡地区隋唐时期居民中最常用的生活用具，种类丰富，窑口较多。除本地烧制的瓷器外，还有长沙窑、邢窑、定窑、越

[①] 国家文物局：《中国文物地图集·重庆分册》（下），文物出版社，2010年，第83、103、104、341、373、393、394、411、428页；国务院三峡工程建设委员会办公室、国家文物局：《巴东旧县坪》，科学出版社，2010年，第61~151页。

窑、登封窑、湘阴窑、龙泉窑、耀州窑、湖口窑的瓷器。隋唐时期的遗址中普遍都发现了建筑材料，有的遗址中还发现了宗教遗物。

墓葬较多。2000、2001年，考古人员在巴东宝塔河墓地中清理出了一大批唐代墓葬。此外，尤其值得注意的是，在三峡东部地区的巫山、巴东、秭归等地，发掘出了一批唐宋时期的移民墓，移民墓多为土洞墓。分析认为，这些土洞墓的文化性质与我国西北地区的洞室墓存在若干内在联系，因而推测这些移民都是由北方迁入的[①]。20世纪70年代，考古人员在万县（今万州）发掘了一座规模较大的唐墓——黄家山冉红才墓，尽管该墓早年被盗，但仍出土了100余件器物，绝大多数为精美的青瓷器，共80余件[②]。据考，该墓葬的主人与土家族关系密切。

此外，在万州大窑包清理出唐宋时期的龙窑一座，长达38.9米[③]。考古还发现了云安盐业遗址，其规模巨大，盐场分布于汤溪河两岸的台地上，时代从汉代延续至明清[④]。

目前，通过对三峡地区隋唐时期文化遗存的考古发掘，考古界已积累了一套比较完整、系统的资料，为我们研究三峡地区隋唐时期的考古文化奠定了基础。针对这一时期的遗址、集镇、墓葬等，除发掘报告已做介绍和粗略研究外，不少考古学研究者已在着手三峡地区隋唐时期考古文化的综合研究和专题研究，相关的研究成果也已逐渐见诸公布。

第二节　隋唐时期的人类居住遗址

1. 巴东楠木园遗址

该遗址位于湖北省巴东县官渡口镇楠木园村，东距巴东县城10~15千米，遗址占地面积接近5万平方米；由楠木园、李家湾和沟西三个遗址地点组成。李家湾是楠木园遗址的中心区域，文化遗存包括新石器时代、商周、东汉至六朝和唐代。唐代文化遗存主要分布在李家湾区，文化堆积较厚，在其第二堆积层中，出土了较多的唐代遗物，第4、6层也有唐代遗物出土，但不及第2层多。楠木园和沟西区域也有唐代遗存分布，且沟西区有唐代文化层，但楠木园区仅发现了墓葬。此外在李家湾区和沟西区还发现了其他遗迹，如墓葬、灰坑、灰沟、灶等。

---

① 吴小平：《唐宋时期三峡地区移民史迹考察——以下颌托为对象》，《中国考古学会第十三次年会论文集》（2010），文物出版社，2011年。
② 四川省博物馆：《四川万县唐墓》，《考古学报》1980年第4期。
③ 国家文物局：《中国地图集·重庆分册》（下），文物出版社，2010年，第86页。
④ 国家文物局：《中国地图集·重庆分册》（下），文物出版社，2010年，第394页。

遗址中清理出唐代墓葬2座，编号M32、M33。M32为一石室墓，平面呈"凸"字形，残长125~215厘米，两侧基槽宽25、残高25厘米。M33为一长方形土坑竖穴墓，墓口长240、宽80、墓深35~50厘米。M32内随葬有瓷器、陶器和铜钱币，M33内无随葬品。另清理出灰坑1个，编号H80，平面为圆形，锅底状，坑口直径36、深20厘米，坑内放置一小瓷罐。清理出灰沟1条，编号G11，平面为长条形，锅底状，长375、宽100、深40厘米，沟内出土了少量瓷片。清理出灶1个，编号Z2，平面呈椭圆形，锅底状，灶长75、宽60、深10厘米，出土了青瓷片。

遗址中出土遗物较多，种类丰富，主要有瓷器，其他还有瓦当、铁削、铜铐、铜扣、铜钱币等。瓷器皆为日常生活用具，釉色有青、青黄、黄、褐绿、彩绘几种，釉层较厚，多数器物内施满釉。胎质有夹细砂、泥质等，胎色有灰、米黄、黄褐、红褐等。制作方法主要有轮制、轮制结合手制等。器形主要有碗、盆、壶、双唇罐、器盖等。陶器有瓦当和纺纶。铜器主要有铐、扣、钱币。钱币有"开元通宝""五铢"。另有铁"五铢"钱币39枚。

据地层和各类遗迹中出土遗物的比较分析，尤其是根据M32内的瓷器来进行分析，能判定遗址的年代相当于唐代中期[①]。

2. 丰都镇江镇观石滩遗址

该遗址位于丰都县镇江镇观石滩村1社至2社的东北侧，在长江东北部的一级台地上。台地东西长3000、南北宽60~150米，发掘时分Ⅰ、Ⅱ两区进行。Ⅰ区为一整块台地，面积较大，南北长1200、东西宽80米；Ⅱ区为一小块台地，南北长80、东西宽40米。Ⅰ区地层堆积共有4层，Ⅱ区地层堆积共有11层。依据地层的土质土色和包含物，可将观石滩遗址分为先秦、汉、唐和明清时期。先秦、汉、唐的堆积主要分布在Ⅱ区，其中先秦时期的遗存以第10、11层为代表，汉代以第6~9层为代表，唐代以第4、5层为代表。

Ⅱ区的唐代地层中出土遗物不多，均为青瓷片和灰陶片，器形有碗、钵、盆等。其他唐代遗迹还有2座墓葬，编号M1、M3。这两座墓葬均为石板墓，即用长方形石板砌筑墓室和墓顶。两座墓葬中，M1为单室墓，竖穴土圹，用整块石板砌筑墓室壁和封顶。墓圹为长方形，长2.6、宽1、深0.5米。M3为双室墓，竖穴土圹，内用石板拼组成双室。土圹为长方形，长2.54、宽1.5、深0.8米。两墓室共用一个底板，设置东西挡板和中间的隔板，墓顶呈"人"字形，形似房屋。该墓葬被盗，骨骼凌乱，葬式、头向不清，随葬品位置混乱，已无法判断其规律。

---

① 国务院三峡工程建设委员会办公室、国家文物局：《巴东楠木园》，科学出版社，2006年，第368~376页。

墓葬中出土遗物主要有瓷器、铜饰、银饰、棺钉、钱币等。地层中出土遗物主要有青瓷片，次为灰瓷片。瓷器器形有碗、钵、盆、罐等。陶器能辨别出器形的主要有灰陶罐、盆等。

由于墓葬中出土了"开元通宝"，结合地层堆积和出土瓷器的风格综合分析，可以判定观石滩遗址的时代大约为唐代初年。M1、M3的墓圹规模都不大，随葬器物也不多，其墓主人可能属庶民阶层[①]。

3. 万州黄陵嘴遗址

该遗址位于万州西南长江左岸的第一级台地上，隶属万州区武陵镇风安村九组，北距武陵镇约2千米。遗址东西长约200、南北宽50～120米，总面积约16000平方米。2001年，文物部门对该遗址进行了考古发掘，揭露遗址面积2025平方米。遗址破坏严重，仅在少数探方中保存有早期原生堆积，多数探方的地层均为次生堆积，故晚期文化堆积层中含有早期遗物的现象比较普遍。

地层堆积保存较完好的是中部地区，以T2212为例，共分9层，第1～3层分别为耕土层和近现代冲积层，第4层为唐宋时期文化层，第5层为自然冲积层，第6、7层为汉至六朝时期文化层，第8层为东周时期文化层。有的探方，也有第3、4层均为唐宋时期文化层的情况。遗址中发现的唐宋时期遗迹主要有灰坑、窑址，出土遗物按质地分有陶器、瓷器、铜器。陶器主要是建筑材料，有筒瓦、板瓦、瓦当，皆为泥质灰陶。瓷器有碗、盏、杯、罐等，以碗类为主。青铜制品皆为小件，仅见镞和"开元通宝"钱币。

发现的窑址有3座，编号Y1～Y3。其中Y1有部分叠压在Y2之上，3座窑的形制结构基本相同。Y3发现于第2层下，系在呈斜坡状的生土中挖洞筑成，体型瘦长，为半倒焰式马蹄窑，年代为汉至六朝时期。Y2开口于第2层下，部分被Y1叠压，挖在生土层中，为半倒焰式马蹄窑，年代为唐宋时期。Y1开口于第2层下，打破生土层，为一体型较小的半倒焰式马蹄窑，年代为唐宋时期[②]。

[①] 重庆市文物局、重庆市移民局：《重庆库区考古报告集·2002卷》（下），科学出版社，2010年，第1086页。

[②] 广西壮族自治区文物工作队、重庆市文物局、重庆市万州区文物管理所：《万州黄陵嘴遗址发掘报告》，《重庆库区考古报告集·2001卷》（中），科学出版社，2007年，第1132～1142页。

第三节 房屋建筑遗迹

至隋、唐、宋时代，三峡地区的巴文化早已在历史更替中完全融入中原文化之中，因此从考古学文化面貌上来看，这一时期三峡地区的考古学文化只有一种特色。已披露的考古资料表明，此时期的遗址遗迹遍布整个三峡地区，其房屋建筑仍为地面建筑与干栏式建筑两种，其中的干栏式建筑就是现在普遍流行于鄂渝湘黔少数民族区域的吊脚楼。现将考古发现的这一时期的房屋基址情况简述如下。

1. 巴东茅寨子湾遗址

2002年，考古工作者在巴东茅寨子湾遗址D区清理出房址一座，编号DF1，房址已残，居住面已被破坏，推测应为长方形，发掘时清理出房基的东南角。房基边缘用石块垒砌，石块外围填夹小石块的褐灰色土，房基外有散水[①]。

2. 巫山江东嘴遗址

2000年，在巫山江东嘴遗址N区底部的原生层基岩上发现了一些柱洞，经清理，共有柱洞68个（图8-1）。柱洞大小不一，形态各异，深浅相差很大，底部也高低不平，其开凿或规范或随意。洞中填土多为黑色偏黄的砂性土，不见柱头痕迹。填土中出有少量青砖残块以及板瓦碎片。根据这些柱洞的布局与形式，推测其用途可能有两种：其一是垂直安插木柱以承受屋架和屋顶的重量；其二是呈一定角度斜插，起支撑

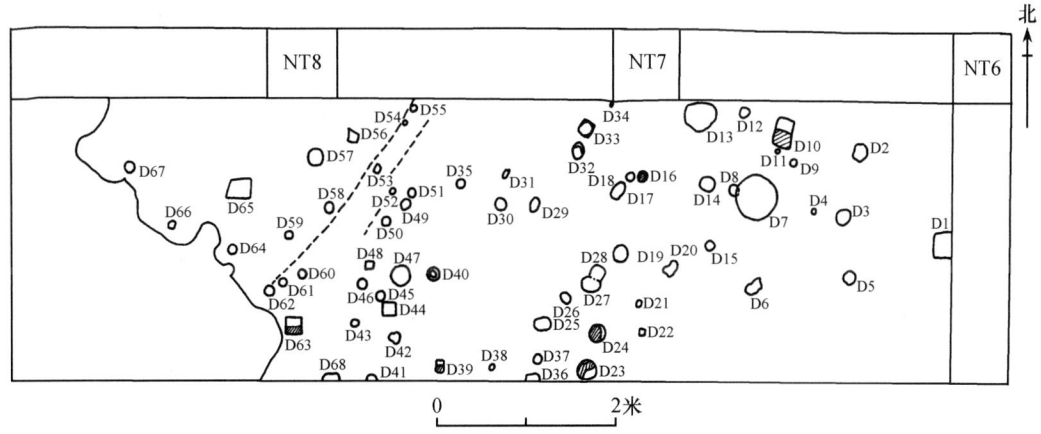

图8-1 巫山江东嘴遗址N区T6~T8唐宋时期柱洞分布平面图

---

① 湖北省文物考古研究所：《巴东茅寨子湾遗址的第二次发掘》，《湖北库区考古报告集》（第三卷），科学出版社，2006年，第491页。

和加强房舍稳定性的作用。从柱洞密集分布的现象分析，此处应为一处人类居址，其地层中多有唐宋时期遗物出土，故该遗址的年代应为唐宋时期或略早。

该房屋基址的柱洞多直接开凿在基岩上，柱洞密集，基岩表面又凹凸不平，其上也不见明显的层面，由此分析，该房屋可能为干栏式建筑，即现在西南地区乡村民居中常见的"吊脚楼"[①]。

3. 巫山跳石遗址

1997年，考古人员于巫山跳石遗址中清理出一座房址，编号F2（图8-2）。该房址地跨五个探方，平面呈长方形，东北—西南走向。房址为双开间，中间有一道隔墙，墙体均采用大小不规则的石块垒砌而成，均匀规整。墙体下挖有基槽，墙体即砌筑在基槽上，基槽坑内又再垫土。基槽填土中有绳纹瓦片、"五行大布"钱币及青釉罐残片等遗物出土[②]。

4. 云阳佘家嘴遗址

该遗址唐宋元明时期的文化堆积层深厚，四个发掘区的主体地层性质都属于这个阶段，唐宋以来社会经济的高度发展在不同地层中留下了丰富的史迹及文物，但人类聚落在同一位置的重复构筑和频繁更迭，又使这些中古时期以来的文化遗迹流于零散、残破，所见除一些房屋、灰坑残迹外，系统、完整的聚落布局已经难以复原。考古人员在这里仅揭露房屋基址2座（F10、F7）、古道路一条（L1）。

F10为一长方形建筑，在房址内清理出3个圆形柱洞，南北向排列，这些柱洞与西侧古道L1东侧的一列石板立桩构成房屋，房屋残宽5.5、进深2.9米。L1的主干道为南北向，其东侧的石桩现存4个，中夹石板，排列大致与L1平行。在F10中还发现4个灶址。从层位和平面位置上判断，这些石桩及石板应与L1两侧已破坏的房址同属一类，或与以L1为中心的工商铺面有关。房屋的建筑方法应是在石桩上立木柱，柱子两侧开卯，以插木板。判断其时代为唐宋，上限可能在南北朝晚期（图8-3，1）。F7基础上部和居住面均已被明清地层所破坏，残存呈长方形排列的9个柱洞，面宽2.8、进深2.3米。柱洞内填土中发现了小石块、红烧土、汉代的瓦片及唐宋时期的青瓷片。房址规模狭小，不应是独立的房屋遗迹，而应是某一大型房屋的附属构筑，时代为唐宋时期（图8-3，2）。

[①] 湖南省文物考古研究所、重庆市文物局、巫山县文物管理所：《巫山江东嘴石器时代遗址发掘报告》，《重庆库区考古报告集·2000卷》（上），科学出版社，2007年，第380页。

[②] 南京博物院三峡考古队、巫山县文物管理所：《巫山跳石遗址发掘报告》，《重庆库区考古报告集·1997卷》，科学出版社，2001年，第90页。

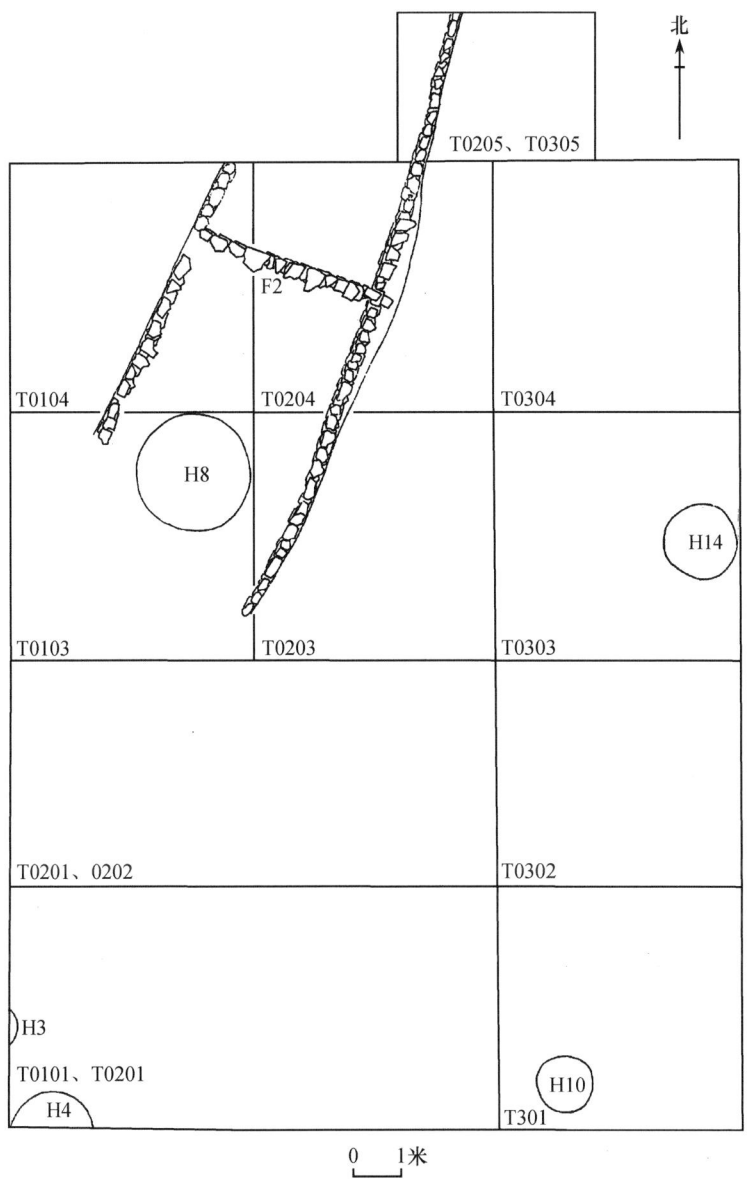

图8-2 巫山跳石遗址A区唐宋时期F2平面图

房址附近发现一段石构路面（图8-4），该道路的干道与长江河岸基本垂直，宽1.4米，由大型花岗岩条石、片石、块石铺筑，主干道中部由四列长方形条石沿道路方向纵向排列，道路两侧为长方形薄石板排列成的对称排水沟。水沟北高南低，朝长江江岸方向倾斜。道路西侧伸出一段与干道垂直交叉的辅道，与干道呈"丁"字形。辅道与长江江岸平行，宽1.35米，结构与主干道相同，道路中间也用长方形条石铺设路面，两侧有长方形薄石板排列成的对称排水沟。路面和沟内出土了大量唐宋时期的青、白瓷，还出土了一枚"开元通宝"。石板路两侧残存不少建筑物倒塌的堆积和废弃的石

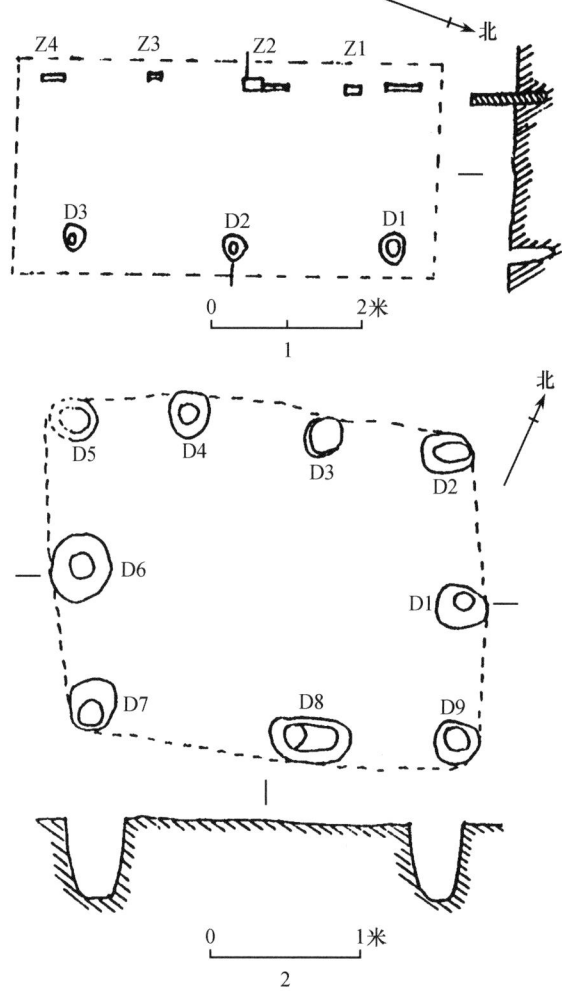

图8-3 云阳佘家嘴遗址唐宋时期F10、F7房基平、剖面图
1. F10房基平、剖面图　2. F7房基平、剖面图

柱础等构件,已清理出紧邻主干道东侧的房屋F10,推测F10或为干道旁的工商铺面。即是说,以主干道为中心的遗迹可能与长江北岸古码头的疏港道路以及道路两侧的古市镇有关,或属于"巴阳水驿"码头的岸上设施[①]。

据上文所述,兹总结如下。

隋唐宋时期,三峡地区的房屋建筑格局益趋成熟,建筑技法规整,和完备的城市规划相匹配。房屋的选址更加科学,人们更注重根据自然环境和自身需求来进行迁移或就地改造。巫山江东嘴遗址发现的房屋柱洞,其实际情况还可能有更多的组合。从

---

① 厦门大学三峡考古队、重庆市文物局、云阳县文管所:《云阳佘家嘴遗址2001年度发掘报告》,《重庆库区考古报告集·2001卷》(上),科学出版社,2007年,第599~602页。

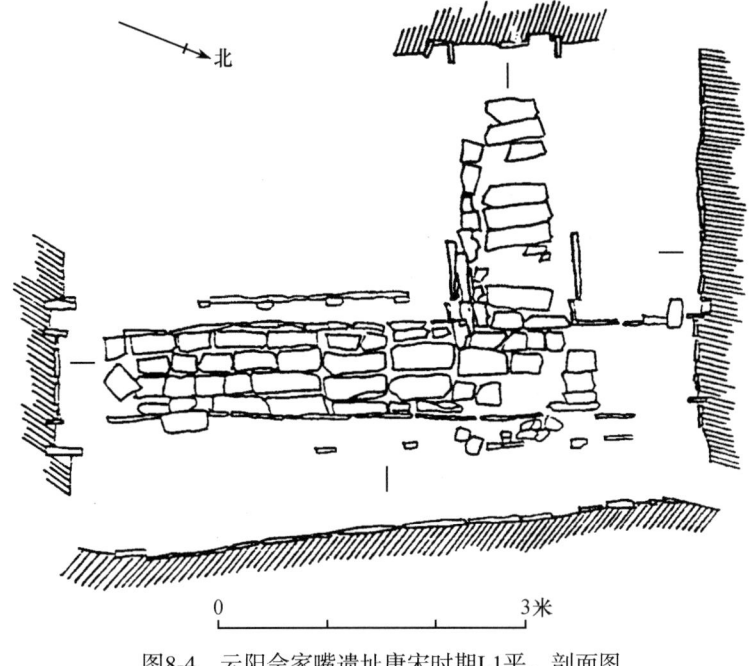

图8-4　云阳佘家嘴遗址唐宋时期L1平、剖面图

柱洞的深浅大小看，这些房子极可能是经过多次搭建和拆除的，其可能曾用作作坊或圈养牲畜，只是具体的演进过程今天已不得而知，当时人们生活的地表高度较今日略低，江水不断地侵蚀，使人们逐渐向山上挪移，这应是江东嘴房屋基址柱洞多且形态各异的根本原因。这一时期的建房瓦材仍主要为板瓦和筒瓦两种，纹饰多为绳纹、布纹；此外，瓦当的装饰愈加成熟，多莲瓣纹、卷云纹和凸棱纹。墙体的砌筑依旧先挖基槽建筑墙基，再用石块规整地垒砌墙体。

第四节　城址建筑遗迹

隋唐时期是中国历史上经济文化全面大发展的时期，这种大发展也同样在三峡地区的城市建设上有所体现。这里我们以云阳明月坝的市镇遗址来予以说明。

明月坝遗址位于长江北岸支流蓬溪河的明月坝上，隶属云阳县高阳镇走马村。明月坝为一台地，东西长，南北窄，略呈扇形，台地面积约15万平方米。2000～2003年，四川大学考古队对明月坝遗址先后进行了四次大规模考古发掘，共揭露遗址面积近27000平方米，钻探面积85000平方米。经过前后几年的考古发掘，较为完整地揭示了遗址的主要遗迹。这些遗迹中的唐宋遗迹主要有衙署、寺庙、店肆、作坊、窑场、道路网、民居、广场、人工活动面、码头、灰坑、土坑墓、瓮棺葬、砖室墓等。出土遗物主要有板瓦、筒瓦、瓷器、陶器、石刻造像、青铜鎏金佛像、刻有"玉"字的虎纹方砖等。

清理出的唐代衙署是一组带围墙的多进院落式建筑，建筑基址采用规格一致的石块砌筑，基址内出土的长方形砖上模印有"吉利"字样。此外还清理出两座保存较好的唐代中晚期和北宋早期的四合院建筑，其中的唐代建筑分布于市镇东西向的主干道南侧，坐南朝北，由西房、东房、南房、北房（已被破坏）组成。西房为正房，面阔三间，进深三间，带前廊；通面阔14、通进深8.3米，廊深1.7米。建筑形制采用双踏道，这种建筑形制不见于唐代民居建筑。

在明月坝遗址的西端发现了一处由四座单体建筑组成的建筑群，该建筑群呈东西向排列，门向东。建筑遗迹可见山门、主殿、副阶建筑、经房建筑等，其中一座面积最大的建筑，南北总长22.2、东西宽11.4、台基明高0.4米。其台基、础石、墙基、踏道等用材规格明显高于其他建筑，石柱础加工十分规整，十六方础石的用材规格一致。从这组建筑的布局、形制、用材及出土的一佛二菩萨石刻造像、弟子石刻造像、青铜鎏金菩萨造像等佛教遗物来看，可以认定其为明月坝市镇的一座寺庙遗迹。

除大量的建筑遗迹外，明月坝遗址中还出土了大量瓷器，瓷器窑口众多，包括唐长沙窑、定窑、邢窑、越窑、邛窑、黄堡窑、青羊宫窑和宋龙泉窑、耀州窑等。此外，还发现了大量博具、钱币、权等遗物。

据对明月坝遗址的房屋建筑特点及各类出土遗物的综合分析，明月坝市镇遗址的时代可分为三期。第一期为市镇草创期，时代在唐代早期，这一时期的遗存为改造期保存遗存，发现的较完整建筑遗存有近30座；第二期为市镇形成期，时代在唐代中晚期，清理出的这一时期保存较好的建筑基址有20余座，市镇建设已有相当规模的扩展；第三期为市镇发展期，时代相当唐末五代至北宋早中期。唐代晚期时，明月坝市镇有过一次大规模的扩建[①]。

第五节　埋葬习俗文化

三峡地区西汉至南北朝时期的文化基本上为北方汉文化风格，埋葬习俗方面，唐代出现了土洞墓和墓主逆向葬（头向江，脚朝坡顶）的葬俗，据研究，这种突然出现

---

① 李映福：《三峡地区早期市镇的考古学研究》，巴蜀书社，2010年，第93页；四川大学历史系考古专业：《云阳明月坝遗址试掘简报》，《四川考古报告集》，文物出版社，1998年；四川大学历史文化学院考古学系：《云阳县明月坝商周时期及唐、明清遗址》，《中国考古学年鉴·2002》，文物出版社，2003年；四川大学历史文化学院考古学系：《云阳明月坝唐代集镇遗址》，《中国考古学年鉴·2003》，文物出版社，2004年。

的葬俗当来源于北方。在三峡地区，保存较好且较典型的隋唐墓葬有巫山江东嘴唐代洞室墓、奉节宝塔坪唐墓、今万州冉仁才墓、秭归庙坪唐代洞室墓、巴东罗坪唐代券顶砖墓等。从整体上来看，这一时期的墓葬形式较以前已越来越简化。

1. 巫山江东嘴唐墓

2001年，巫山江东嘴遗址发掘出一座唐代墓葬，为小型砖室墓，长方形券顶墓室，无甬道和墓道。墓葬的建造系先在崖壁上横着挖出洞穴，然后用砖砌筑墓室。该墓保存良好，骨架较完整，为一女性，仰身直肢，头向朝北。葬具可能为一木棺。随葬品有釉陶盘口壶1件、铁剪1把、铜镜半面、"开元通宝"铜钱3枚、金指环1个、银冠饰1件（图8-5）。从银冠饰出土的位置来看，似为冠或面罩类物件的构架部分。从出土的"开元通宝"和盘口壶的形制来看，该墓的年代不会超过唐代，如其中的青瓷盘口壶，造型修长挺拔，符合唐代盘口壶的风格，为三峡地区唐墓中较常见的器类。另外，该墓出土的银冠饰和半块铜镜可能与当时的特意毁器有关[①]。

2. 奉节宝塔坪唐墓

2001年，在奉节宝塔坪遗址中发掘出一批唐代墓葬，多为土洞墓，墓葬规模都不大，墓底多为撮箕形，北低南高，头向长江。除个别墓内发现葬具和骨架外（保存较差），其余绝大多数都严重腐朽。多数墓葬中发现了随葬品，但较少，有的墓内无随葬器物。兹举其中2座墓葬的资料说明如下。

M1005　土洞墓，有3个盗坑，墓道为斜坡式，平面略呈南窄北宽的梯形，总长5.8米。洞室部分残长1.75、宽1.28、高1.5米。弧顶规整，墓壁上遗留工具痕，壁较直；前部洞顶已被破坏，墓壁亦有残缺，墓底较平坦，自南向北倾斜。未见其他葬具和人骨，有棺环和棺钉。随葬品有陶砚和铜钱币，另外还发现了四系罐、壶、盘口壶等[②]（图8-6，1~3）。

M1006　是这批唐墓中保留最完整的土洞墓，该墓残长3.4、宽0.8、高0.84米。土洞下部残留黑色棺痕和头箱痕迹，并发现了大量棺钉，多排布在棺痕的两侧。从棺板痕迹看，棺长约214、宽60、板厚8、高40厘米。头箱长约64、宽49厘米，高度不详。发现骨架1具，仰身直肢，面向东，保存较好，为一成年男性。墓主人的腰部有一排铜钱，共11枚，其中乾元重宝2枚，其余均为开元通宝。开元通宝的钱币中发现一枚残成

---

① 南京大学历史系、重庆市文物局、巫山县文物管理所：《巫山江东嘴遗址发掘报告》，《重庆库区考古报告集·2001卷》（上），科学出版社，2007年，第30页。
② 吉林大学边疆考古研究中心、重庆市文物局、奉节县白帝城文物管理所：《奉节宝塔坪2001年唐宋明清墓发掘报告》，《重庆库区考古报告集·2001卷》（上），科学出版社，2007年，第467页。

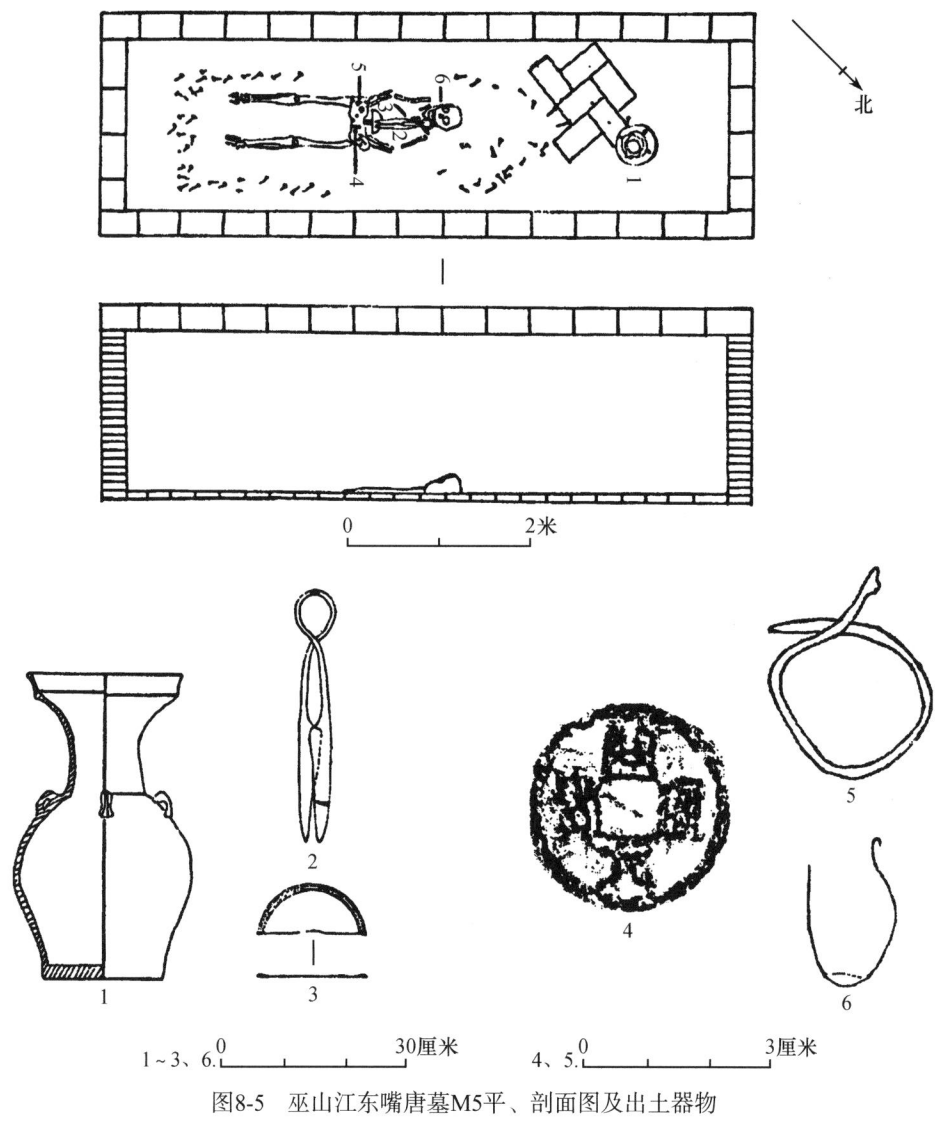

图8-5 巫山江东嘴唐墓M5平、剖面图及出土器物
1.釉陶盘口壶 2.铁剪 3.铜镜 4.铜钱 5.金指环 6.银冠饰

两半,分别置于墓坑填土中和墓底,据推测,该钱币应是在下葬时被人为地折成两半的。在头箱中部,正向放置一个长方形铁牌,已锈蚀(图8-7)。在墓底的西南方,发现一四系罐(图8-6,4),口沿部略残,推断其下葬时就已残破。

3. 巴东罗坪唐代墓葬

1998年冬,厦门大学考古队在巴东罗坪村清理出一座保存较好的唐墓。墓室平面呈长方形,墓口长4、宽2.5米,墓底长3.4、宽1.94米。该墓是一座单层砖构券顶单室墓,无墓道,甬道已遭破坏(图8-8)。墓壁用子母口绳纹砖、素面砖、绳纹砖错缝平

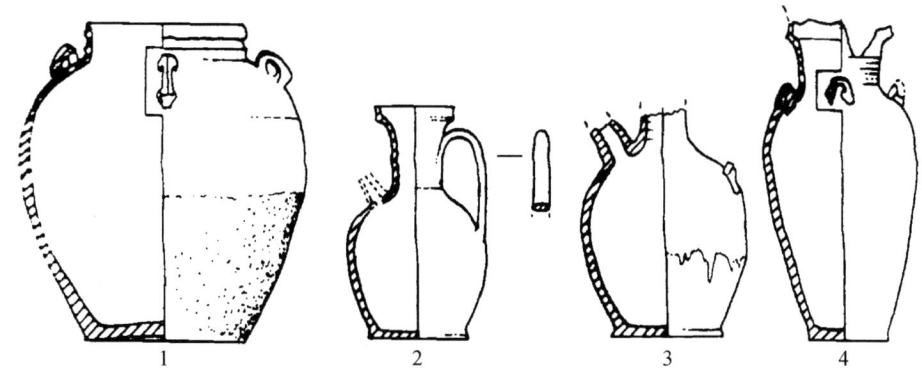

图8-6 奉节宝塔坪唐墓（M1005、M1006）出土器物
1、4.四系罐 2.盘口壶 3.壶
（1~3出土于M1005，4出土于M1006）

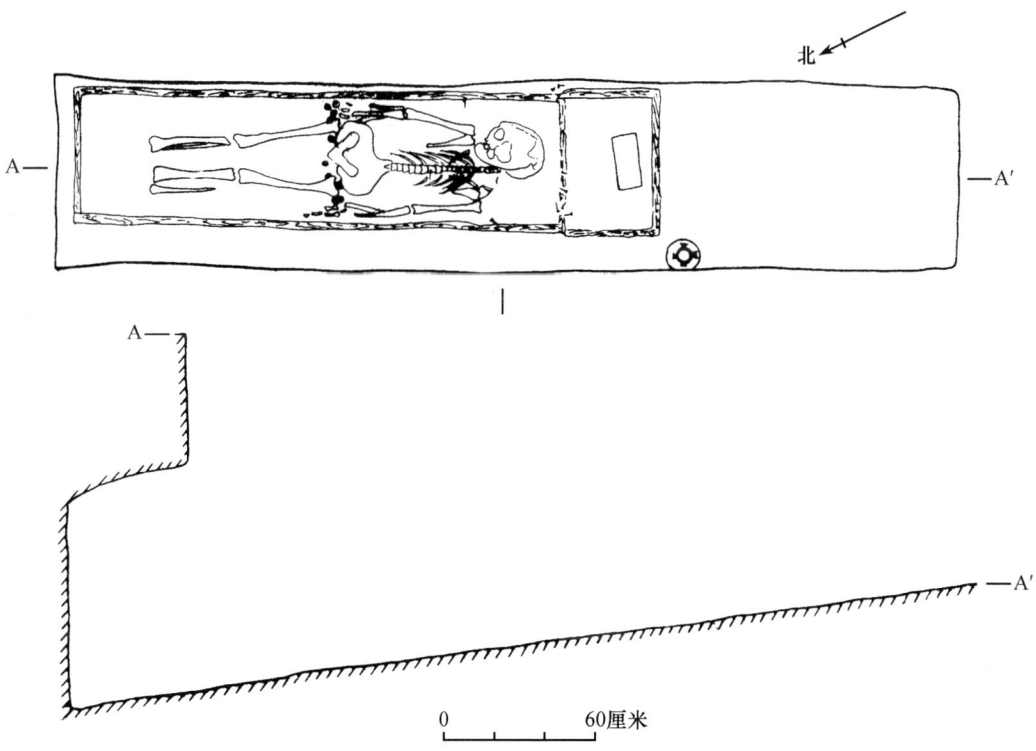

图8-7 奉节宝塔坪唐墓（M1006）平、剖面图

砌，墓底用绳纹砖错缝平铺。砖长30、宽20、厚6厘米。葬具可能为木棺。墓内未发现人骨架，仅残存5颗牙齿。

该墓因被破坏，仅残存少量随葬品，种类有陶器、瓷器、釉陶器、铁器、装饰品及不明用途的铜器和钱币，共计14件。陶器仅灯1件，釉陶双系罐、执壶各1件，白瓷碟1件，青瓷执壶1件，铁刀1件，铁镰2件，铜钱币"开元通宝"1枚。其他还有铜条1件，银簪2件，松香坠饰2件（图8-8）。其中鎏金鱼形银簪属首次发现，造型奇巧，工艺精湛。这一发现为我们探讨唐代金银器制造工艺提供了极为珍贵的实物资料。在巴东县如此偏僻的地方清理出唐代墓葬尚属首次，这为探讨巴东地区的历史及当时的物质文化提供了新资料。

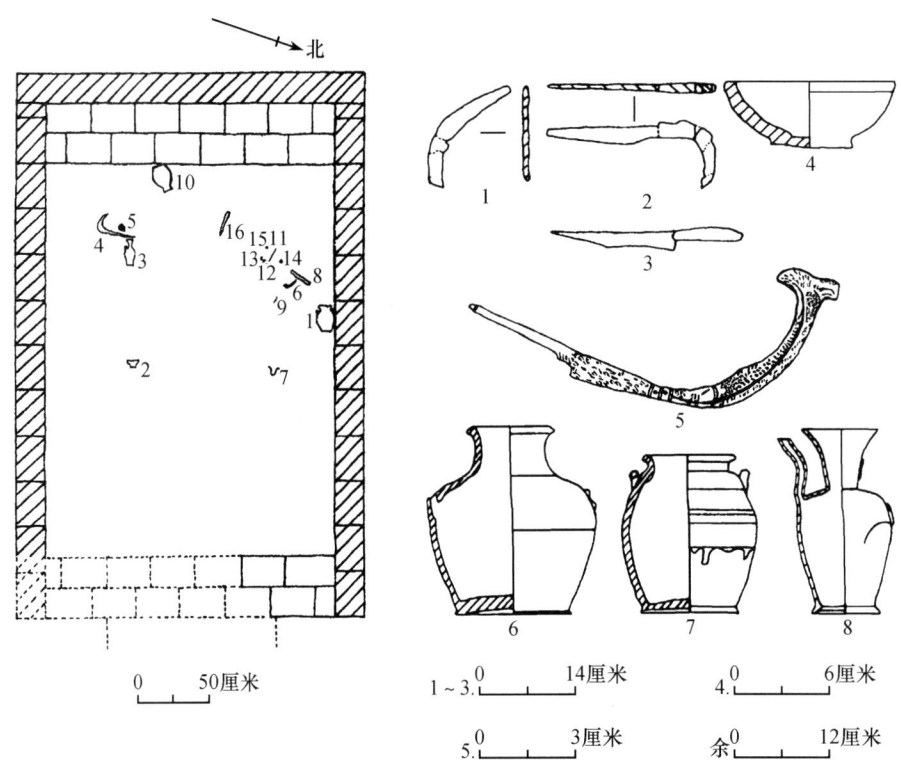

图8-8 巴东罗坪唐墓平面图及部分出土器物
左：1.釉陶双系罐 2.陶灯 3.瓷执壶 4、14.铁镰 5.瓷碟 6、9.银簪 7.铜条 8.铁刀
10.釉陶执壶 11、12.松香坠饰 13.铜钱 15.残铁器 16.棺钉
右：1、2.铁镰 3.铁刀 4.陶灯 5.银簪 6.釉陶执壶 7.釉陶双系壶 8.瓷执壶

出土的"开元通宝"钱币，其字体为八分隶书，结构精严，笔法凝重端庄，钱文中的"开"字内井与内廓相接，"元"字第一横划较长，第二横划左挑，"通"字三点相连，这些都是唐代中期的通行写法。另外，该墓中出土2件中唐时期南方盛产的一种称为注子的酒器——执壶。这些都是唐代中期的特征，故考古人员判断该墓的年代

约在唐代中期[①]。下面，我们对这一时期的墓葬文化现象总结如下。

三峡地区隋唐时期墓葬数量较多，主要是唐墓，隋墓极少，形制多样，内容丰富。墓葬规模除少数墓口平面在10平方米甚至20平方米以上外，其余绝大多数都在1.5~3平方米。葬具多为木棺，人骨架多数保存良好，葬式多为仰身直肢，头向朝北者居多。多数墓葬都有随葬品，但数量不多。

墓葬中出土器物无论是种类还是器形都比较少，主要为瓷器，其次是铜器，其他类型较少。出土的瓷器中，除本地民间窑口（如万州新日镇大窑包）烧造的瓷器数量较多器形也较丰富外，其他地区著名窑口的瓷器也均有发现。墓葬中多有"开元通宝"铜钱币出土，此钱币铸于唐武德四年（621年），至此废止五铢钱。其他铜器较少。铜钱币的出土为我们研究三峡地区唐代文化遗存的时代提供了重要的参考证据。

万州黄家山冉仁才墓是三峡地区考古发掘的一座十分重要的唐墓。墓圹较大，墓内出土各类珍贵文物多达100余件。冉氏系土家族后裔，此墓的发掘为研究土家族向后世的传承和延续提供了必要的实物资料。巴东孔包河M105规模比冉仁才墓几乎大一倍，早年被盗，但在该墓内仍清理出了一批瓷器。有的瓷器上有"吴X"字样，这说明这批瓷器可能来自吴地。

自奉节以东至宜昌，考古发现了一大批唐宋时期的土洞墓，这类土洞墓多为中唐和晚唐时期的墓葬，少许为北宋时期。土洞墓葬俗是北方民族传统的丧葬习俗，始于战国时期，此后一直流行。汉代北方地区比较流行这一葬俗，中唐以前胡人中比较流行此葬俗，中唐以后汉人中比较流行。据《旧唐书》卷三九《地理二》记载："自至德后，中原多故，襄邓百姓，两京衣冠，尽投江湘，故荆南井邑，十倍其初，乃置荆南节度使……领澧、朗、峡、夔、忠、归、万等八州，又割黔中之涪，湖南之岳、潭、衡、郴、邵、永、道、连八州，增置万人军，以永平为名。"其中就包括有现在的宜昌、奉节、忠县、秭归、万州、涪陵等地。据研究，这些土洞墓的居民大约是从北方中原地区南迁荆、襄，之后再溯江而上到达三峡东部地区的。考古发现的墓葬资料反映了当时社会人群的移民文化。

在唐代墓葬出土的器物中，有的铜钱币被折成两半后置于墓葬中，有的瓷罐、瓷壶似是下葬时有意识敲破致残后放于墓中的，更还有墓葬中出土的铜镜仅半块。这些现象说明当时有故意毁器的葬俗。

奉节宝塔坪墓葬M1006在棺前设有头箱，头箱的中部有一块长方形铁牌，反映了铁牌的重要性。铁牌可能是表明墓主人身份的物件，或是买地券类的券牌[②]。

[①] 厦门大学考古队：《巴东罗坪唐代墓葬发掘简报》，《湖北库区考古报告集》（第一卷），科学出版社，2003年，第213~215页。

[②] 吉林大学边疆考古研究中心、重庆市文物局、奉节县白帝城文物管理所：《奉节宝塔坪2001年度唐宋明清墓发掘报告》，《重庆库区考古报告集·2001卷》（上），科学出版社，2007年，第467页。

第六节　出土遗物

一、陶器、釉陶器

隋唐时期的遗址中，仍出土了一定数量的陶器和釉陶器，但出土数量有多寡之别。例如，在巴东旧县坪遗址中，出土的隋唐五代时期器物中瓷器共有160件、釉陶器7件、陶器5件；在云阳明月坝遗址的唐代地层中也发现了较多的陶器。这一时期的陶器以泥质灰陶为主，其次为泥质褐陶和红陶，另有少量夹细砂灰陶。陶器的火候较高，多数陶色纯正，但也有少数陶器由于火候不均而颜色不一。绝大多数都是素面，有纹饰者较少，所见纹饰主要有绳纹、弦纹、贴塑花叶纹等。器形主要有罐、缸、盆、钵、盏、碟、盘等。釉陶的器形主要有罐、盘口壶、碗、缸等，釉色主要有蘸黄釉、酱黄釉、黄釉、褐釉。陶胎有红褐胎、褐胎。陶器和釉陶器的制作都比较规整。在三峡地区的唐代遗址和墓葬中，也发现了一种由几种颜色的釉彩绘饰的陶器，亦可称之为"唐三彩"。它是一种低温釉陶器，以器表施绚烂夺目的彩釉为主要特征，胎质有红色和白色两类，前者以普通陶土为原料，后者用瓷土烧成，烧成温度800～1100℃，比瓷器略低。其釉料用含铁、铜、钴、锰等元素的矿物为着色剂，在釉里加入很多的炼铅熔渣和铅灰作助熔剂。烧成后的釉陶釉色呈深绿、浅绿、蓝、黄、白、赭、褐等多种色彩，美丽而有光泽。人们称之为"唐三彩"，其实是一种多彩陶器[①]。

唐代墓葬中出土的三彩俑极为珍贵，种类有镇墓俑、仪仗俑、僮仆俑、动物俑等。这一时期的遗址中还出土了大量的建筑材料，主要有筒瓦、板瓦、瓦当、勾滴、砖等。瓦类绝大多数都是泥质灰陶，其次是泥质红陶，均为模制。多数瓦的外表为素面，少数有绳纹、"人"字纹、弦纹、压印纹、戳刺纹、篮纹等，内侧饰布纹。隋唐瓦当均为模制，多为泥质灰陶。最常见的瓦当纹饰是莲花纹，早期的莲花瓣突起且为双瓣，晚期时莲瓣渐趋低平并多为单瓣。唐代瓦当的装饰已愈加成熟，除饰莲瓣外还有卷云、凸棱、乳钉、星形、兽面等纹饰。勾滴均为泥质灰陶，体呈带状。房屋的装饰开始有了屋脊装饰，脊饰包括鸱吻、望兽、垂兽等动物形象。泥塑以鱼龙等各种动物形象为主。砖一般呈长方形，多为青灰色，素面。

---

① 张之恒：《中国考古学通论》，南京大学出版社，1995年，第321页。

二、瓷　　器

隋唐时期，南方以生产青瓷为主，北方以生产白瓷为主，故自古有"南青北白"之称。器物的造型由过去的笨拙粗重演变为轻巧精美，考古人员在三峡地区发现的这一时期的瓷器，南北窑口的都有。据出土瓷器的质地、形态、特征可知，属于南方窑口的瓷器有长沙窑、湘阴窑、邛窑、越窑等窑口的青瓷；属于北方窑口的瓷器有邢窑、定窑等窑口的白瓷。在以上窑口中，以长沙窑、邛窑的瓷器最为多见。在三峡地区，这一时期的瓷器以青瓷系为主，其次是白瓷、黑瓷和三彩。在青瓷系中，釉色包括灰青、灰黄、青灰、青黄、酱、青等，其中以灰青色釉为主，灰黄色釉次之，其他釉色较少。施釉部位一般在器物内壁和外壁上半部，内外壁施全釉者较少。瓷器胎质细密、坚硬，颜色多种，主要有紫红、砖红、铁灰、灰褐、灰黄、灰白等，又以紫红色胎占多数，铁灰色胎次之，其他胎色较少。较大的瓷器如缸、罐、坛、钵、部分平底碗、灯盏等器物的胎壁较厚。

隋唐时期的瓷器主要有碗、碟、罐、壶、盘口壶、执壶、钵等。由于隋代时间较短，仅30余年，人们对其文物遗存遗迹研究不够重视，不少发掘者都将遗址中的一些隋代瓷器混放在唐代遗物中，往往在对遗址材料进行整理时没有过细地去分析和研究隋代遗物。其实，隋代的瓷器在三峡地区也常有发现，如巴东旧县坪遗址就发现了不少隋代的青瓷器，主要有盘口壶、罐、碗、钵、杯、盏等。中国古代瓷器研究专家陈丽琼先生曾多次到三峡地区考察，先后在忠县中坝、云阳明月坝等遗址中发现了一些隋代青瓷器，陈先生在其《三峡与中国瓷器》这一专著中对忠县、云阳地区出土的隋代青瓷器做了专门介绍。这些隋代青瓷器的窑口包括寿州窑、湘阴窑、邛窑、洪州窑、越窑等[1]。各窑口的瓷器情况如下。

属于寿州窑的瓷器有碗、壶、钵等。

属于湘阴窑的瓷器有碗、壶、盘等。

属于邛窑的瓷器有杯、碗、盘、洗、罐等。

属于洪州窑的瓷器有鸡首、圈足碗、砚等。

属于越窑的瓷器有杯等。

唐代政治清明，经济繁荣，瓷器业在隋代的基础上得到了迅速发展。在三峡地区的唐代遗址和墓葬中，出土了大量瓷器，种类繁多，琳琅满目。常见的器形有碟、碗、罐、盘口壶、钵、器盖、杯、粉盒、虎子、枕、香炉、灯、水注、盘、砚、盆、勺、唾壶、烛台、人物俑等。这些出土的瓷器包括南方窑口和北方窑口，

---

[1] 陈丽琼：《三峡与中国瓷器》，重庆出版社，2010年，第32、36页。

情况大致如下。

属于长沙窑的瓷器主要有碗、盘、盒、枕、虎子、唾壶、香炉、灯、砚、水注、洗、罐、壶、瓷塑小件等。

属于邛窑的瓷器主要有砚、洗、熏炉、五足炉、灯、罐、瓶、执壶、盆、碗、盘（包括大盘、小盘）、杯（有平足杯、高足杯）、瓷塑等。

属于湘阴窑的瓷器有日常用器和明器，日用器主要有盘、杯、钵、瓶、唾壶、烛台、砚、勺、棋盘等；明器主要有房屋、船形灶、磨盘、车轮、俎案、瓷塑、人物俑、动物俑等。

属于越窑的瓷器有碗。另有安徽寿州窑、江西洪州窑的瓷器。

属于北方刑窑的白瓷主要有碗、盘等。其中碗类比较丰富，有敞口圆唇碗、敞口厚唇碗、敞口宽沿环足碗等。

属于北方定窑的白瓷主要有六出花口碗、六出花口盘等。

特别值得一提的是，明器中的人物俑和动物俑质地已由先前的陶质演变为瓷质了。万州黄家山冉仁才墓中的武士俑、文吏俑、骑士俑、骆驼俑、牵驼俑、人首鸟身俑等，即均为青瓷。唐代的俑群承袭了南北朝的陶俑系统，也有镇墓俑、出行仪仗俑和奴婢乐队俑等，随着唐代中央集权的加强，仪仗俑的数量日渐减少，保留下来的则主要是乐队俑和骑吏俑以及牵马俑和牵驼俑了。而表现为家内婢仆的瓷俑多只有女仆，均为唐代妇女丰腴的姿态。镇墓兽已由过去蹲坐的形状改为张牙舞爪的姿态了。冉仁才墓中的武士俑，头戴盔胄，身着铠甲，内穿紧袖衫，外套护心背夹，战袍及足，双手执盾，一副整装待战的飒爽英姿。

三、青 铜 器

出土的隋唐时期青铜器多是一些小件，基本上为唐代铜器，隋代零星。较多见的器类为铜镜、钱币等，另还有印章、笄、簪、针、附件、腰带牌饰、拉手、带扣、驼尾、銙饰、头饰等（图8-8）。铜镜主要有四方委角形镜、龙纹镜、八卦四神镜、瑞兽镜、葡萄镜等。钱币数量很多，主要为"开元通宝"，另有少量"乾封泉宝"和"乾元重宝"。"开元通宝"钱币，按铸造工艺和文字清晰度可将其分为几种形式：第一种钱币铜质纯净，铸造工艺精细，正反两面均有内外廓，轮廓深峻，钱文清晰，笔画疏密匀称，间架端正；第二种钱币铸造工艺粗糙，背廓浅平；第三种钱币面廓规整，背廓近平；第四种钱币面、背廓均宽窄不一，背部浅平（图8-9，8~10）。而"乾封泉宝"铜质精纯，铸造工艺良好。

在三峡地区的一些唐代中晚期遗址中，考古人员发现了不少佛教遗物，比如青铜

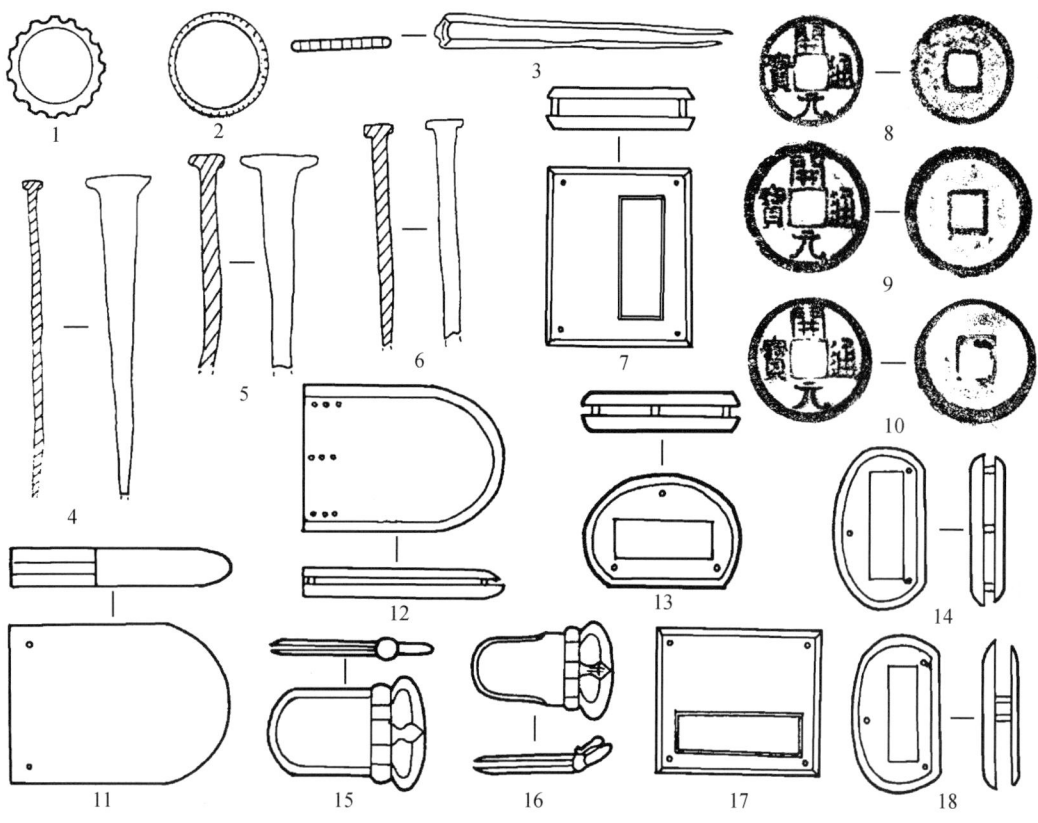

图8-9 丰都观石滩唐墓出土器物

1、2.银戒指（M3B：1、M3B：3） 3.银钗（M3N：14） 4~6.棺钉（M3N：3、M1：13、M3B：4） 7、17.方形铜带饰（M1：11） 8~10.铜钱（M1：2、M3N：4、M3B：2） 11、12.半圆形铜带头饰（M1：12、M3N：13） 13、14、18.半圆形铜带饰（M1：6、M3N：8、M3N：5） 15、16.铜带扣（M1：3、M3N：5）

鎏金造像等，这是受到了佛教文化影响的表现。从发现这些佛教遗物的地点来看，这些造像基本上都出土于三峡西部地区，如丰都玉溪坪、万州中坝子、云阳明月坝、云阳乔家院子、奉节宝塔坪、巴东旧县坪等，如2001、2003年在丰都玉溪坪遗址中清理出青铜鎏金造像近300件。这些铜造像中，有观音、菩萨、力士、天王、铜狮等，其中最多见者为观音像，其他佛像、弟子像、力士像、天王像等数量很少。近300件青铜造像中，除7件为佛、天王、力士、狮等的造像外，其余全部都是观音像。万州中坝子出土14件造像，奉节宝塔坪出土1件造像，也全部都是观音像。

我国其他省的一些唐代遗址中，都发现了道观及与道观有关的遗物，但在三峡地区却没有明显的道教遗迹，上述唐代遗址中的这些青铜鎏金造像说明三峡地区唐时期的居民主要是信奉佛教，当然，我们也不能排除还有其他宗教信仰与之并存，如发现了瓦卜、卜甲等。

四、其 他

在三峡地区隋唐时期的遗址和墓葬中除发现上述陶器、釉陶器、瓷器、青铜器外，也还有其他遗物，包括石制品、铁制品、金银制品及卜甲等。其中石制品主要有人像牌、菩萨、狮、砚等；铁制品主要有剪刀、削刀、剑、矛、刀、带具、叉、头饰、马踏、镰等；金制品主要有指环、耳环等；银制品主要有冠、钗、戒指、下颌托等（图8-8，1~6）。三峡地区唐代墓葬中出土的银质下颌托较有特色，其形状整体呈椭圆形，勺状，上端长带打结，系带截面为长方形。巫山县江东嘴唐墓中出土的一件下颌托，下端为勺形护托，托于墓主下颌上，上部为银丝状，绕在墓主头部，左侧顶端外卷，成钩状[①]。另外在云阳明月坝遗址出土唐代卜甲3件，其中1件长16.5、宽8.5~9.5厘米。卜甲背面经过刮削整治，甲桥削去，但凹凸不平，露出坚硬的骨质，完整及残缺的钻孔83个，钻孔均为圆形，大小不一，直径在0.5~1厘米，深浅也因壁骨的厚薄而有所不同；孔内有的有灼痕，有的无灼痕。卜甲正面有兆枝[②]。

总之，隋代时间虽短，但它统一了全国，结束了魏晋以来全国长期分裂与战争的局面，为社会的发展起到了积极的推动作用。隋代的釉陶制作有了一定的发展，但制陶业的整体水平没有超越前代。然而，隋代的制瓷业却发展迅速。虽然三峡地区发现的隋代瓷器不是很多，但南北各窑口的瓷器都有发现，充分反映了三峡居民与我国其他地区的文化交流和联系。唐代政治、经济、文化等各方面都有了很大的发展，瓷器生产在隋代的基础上得到了发展和提高，制瓷业在经济生活中的地位日趋重要。三峡地区发现的唐代瓷器不仅数量多，而且有本地烧造的和南北各窑口烧造的，其中以本地民间的窑口瓷器和长沙窑、邛窑的瓷器数量最多。三峡地区出土的青铜器多为小件，最常见且数量比较多的是铜镜和钱币，铜镜的种类丰富，时代特征明显。在墓葬中发现了铜质和银质的下颌托，这是北方民族的习俗。三峡地区发现的上述隋唐遗迹遗物，真实地反映了隋唐时期三峡地区的社会经济也正处于繁荣昌盛和高度发展的历史时期。

---

① 南京大学历史系、重庆市文物局、巫山县文物管理所：《巫山江东嘴遗址发掘报告》，《重庆库区考古报告集·2001卷》（上），科学出版社，2007年，第30页。

② 四川大学历史系考古专业：《云阳县明月坝遗址试掘简报》，《四川考古报告集》，文物出版社，1998年，第107页。

教学重点：

（1）隋唐时期遗址分布最为密集的地区。

（2）三峡地区古城镇遗址沿用的情况。

（3）三峡地区小型、中型、较大型遗址的发掘资料。

（4）由北方而来的移民墓葬与三峡地区墓葬形制的形制特点。

（5）三峡地区发现了哪些唐三彩器物。

教学难点：

（1）如何从考古资料看隋唐时期三峡地区的社会经济的发展。

（2）外来的长沙窑、邢窑、定窑、越窑、登封窑、湘阴窑、龙泉窑、耀州窑、湖口窑等窑口瓷器的辨认。

第九章 宋元明时期考古文化

第一节 宋元明时期考古文化概述

宋代结束了五代十国的分裂局面，社会较为安定，少有内乱，有利于经济发展和文化繁荣。及至南宋末年，由于蒙元入侵，社会开始动荡不安。元朝是在相继灭掉西夏、金、南宋后建立起来的统一政权，从1271年建立至1368年被明所灭，共计97年。从当时中国社会总的形势来看，蒙古统治者管理方式的落后野蛮，给中国的社会、经济、文化等一度带来了逆转性伤害，三峡地区也同样难免。尤其是在元末，元朝统治者与农民起义军也进行过战争，三峡地区的社会经济的发展遭到了破坏。

在三峡地区，考古发现的元代遗迹不多，主要遗迹为发现于重庆市江北区上横街的元末农民起义军领袖明玉珍墓。明玉珍墓又称睿陵，为一长方形竖穴石坑墓，葬具为一椁一棺。此外还发现过一些零星的元代墓葬，也出土了一些元代的瓷器、釉陶器、陶器等。

据三峡地区考古调查和发掘资料，从重庆到宜昌的长江及支流沿岸的台地、缓坡及山丘上，宋元明时期的城镇遗址、聚落遗址、墓葬、冶金遗址、窑址等分布相当密集。不仅如此，很多遗址和墓葬的时代还不限于宋元明时期，其历史可上溯至隋唐六朝时期甚至魏晋两汉时期。考古发掘的宋元明时期较重要的集镇遗址主要有涪陵蔺市、石沱，忠县盐井，万州涪溪口、下中村，云阳乔家院子、佘家嘴、丝栗包、明月坝、云安盐场，奉节鱼复浦、永安，巫山跳石，巴东旧县坪，秭归东门头等[1]。这些集镇遗址中的文化遗迹、遗物大都属唐宋及元明清时期，其中遗迹有道路、房址、作坊、灰坑、窑址、灰沟、墓葬及码头等。

三峡地区宋元明时期的房屋建筑遗迹十分丰富，在秭归乔家坝、咤神庙、李家街，巴东堰塘湾、地主坪、吴家坝、巫山跳石、窑坪和奉节鱼腹浦等遗址中，皆发现了房屋建筑遗迹。房屋建筑亦多为地面式建筑和干栏式建筑，在选址规划及装饰细节上都已形成了一套完备的系统。由于已经处于封建社会的巅峰时期，因此房屋的等级

---

[1] 李映福：《三峡地区早期市镇的考古学研究》，巴蜀书社，2010年，第26~47页。

十分明确地与人的社会地位相对应。这一时期的干栏式建筑已经完全成熟，成为险峻江畔的一栋栋奇特的"吊脚楼"。房屋使用的瓦材也已非常讲究，虽仍主要为板瓦、筒瓦、瓦当，但烧造更为精细。板瓦和筒瓦多饰绳纹、布纹，少量素面，瓦当多为莲花纹、连珠纹、乳钉纹和凸棱纹。

丧葬文化历来是中国民俗文化的重要组成部分，宋元明时期对丧葬的重视一如既往。在三峡地区发现的宋元明墓葬群主要有秭归官庄坪、庙坪、东门头，巴东旧县坪，巫山小三峡水泥厂和奉节宝塔坪等[①]。这一时期的墓葬形制仍有土坑墓、土洞墓、砖室墓、瓮棺葬墓、崖葬墓、石板墓等，以长方形土坑竖穴墓为主，其次为长方形土坑砖室墓和土洞墓。葬具均为木棺，但多已腐朽，主要为仰身直肢葬，下肢多交错。墓壁多用长方形墓砖错缝砌筑，墓砖主要有长方形砖、方形砖和长方形子母砖三种形制，均素面。

唐宋以后，中国经济重心逐渐南移，大量人口混杂并向南或向南迁徙，其中的向西南的迁徙使得三峡地区在沿江平坝、丘陵和台地已经开垦完毕的情况下，形成了向山地开发的第一次风潮，即三峡地区历史上的近山"畲田运动"。在向近山开发的同时，煮盐业也得到了很大的发展。而宋蒙的抗争更是在三峡地区留下了享誉世界的山城防御体系，较著名的城池遗址由西向东主要有合川钓鱼城、重庆古城、渝北多功城、南川龙崖城、涪陵三台城、梁平赤牛城、忠县皇华城、万州天生城、云阳磐石城、奉节白帝城、巫溪大宁城、巫山大昌城、巫山天赐城、巴东旧县坪等[②]。其中的钓鱼城、天生城、皇华城被称为南宋时期抗元三大名城。南宋后期所建的山城约占整个山城数量的三分之一，这些城池大多依山傍水，依仗天然屏障发挥战略作用。

在三峡地区考古发现的明代遗迹中，除常见的人类居住遗址、道路、房址、墓葬之外，还有一项重要的考古发现——冶锌遗址的发现。自2003年以来，重庆市文物考古所先后在三峡西部地区的石柱、忠县、丰都、涪陵、武隆以及渝东南地区的酉阳等

---

① 国务院三峡工程建设委员会办公室、国家文物局：《秭归官庄坪》，科学出版社，2005年，第502~589页；湖北省文物事业管理局、湖北省三峡工程移民局：《秭归庙坪》，科学出版社，2003年，第181~280页；国务院三峡工程建设委员会办公室、国家文物局：《秭归东门头》，科学出版社，2010年，第174~381页；国务院三峡工程建设委员会办公室、国家文物局：《巴东旧县坪》，科学出版社，2010年，第735~769页；四川省文物考古研究所、重庆市文物局、巫山县文物管理所：《巫山小三峡水泥厂墓地发掘报告》，《重庆库区考古报告集·2000卷》，科学出版社，2007年，第168~173页；吉林大学边疆考古研究中心、重庆市文物局、奉节县白帝城文物管理所：《奉节宝塔坪2001年唐宋明清墓发掘报告》，《重庆库区考古报告集·2001卷》，科学出版社，2010年，第437~469页。

② 重庆市文物考古所、重庆文化遗产保护中心：《重庆文物考古十年》，重庆出版社，2010年，第108页；国务院三峡工程建设委员会办公室、国家文物局：《巴东旧县坪》，科学出版社，2010年，第153~308页；陈曦：《六朝至北宋巴东县城的初步研究》，《江汉考古》2009年第2期。

地，发现了数十处冶锌遗址。从调查和发掘情况获知，这些冶锌遗址分布最集中的是丰都、石柱、忠县一带，其中在丰都县境内长江沿岸就发现了16处。这些冶锌遗址群的考古发现，在我国尚属首次，在世界冶金史上也具有非常重要的意义，它使中国有关炼锌史的研究从文献调研和传统工艺调查阶段发展到了田野考古调查和发掘阶段[①]。

第二节　宋元明时期的人类居住遗址

1. 涪陵石沱宋元时期遗址

该遗址位于重庆市涪陵区西部长江南岸的第1、2段临江台地上，总面积约10万平方米。1998、1999年，文物考古部门对其进行了大规模的考古发掘。遗址地层堆积层位最多的可分为10层。根据探方中的叠压打破关系及出土遗物的形制分析，可将遗址的时代大体分为早晚两期，早期遗存为先秦时期，晚期遗存为隋唐、宋、元、明、清时期。晚期遗存以宋代文化遗存为主。宋元时期的文化遗迹包括房址、墓葬、瓦窑、灰坑、灰沟等。1998年度发掘清理出墓葬2座、窑址4座、灰坑18个、灰沟9条；1999年度发掘清理出房址6座、墓葬1座、灰坑6个、灰沟6条。

遗址地层及各遗迹中出土遗物丰富，按质地分包括瓷器、缸胎器、釉陶器、陶器、铜器等。瓷器胎质大部分细密紧致，胎色多白或灰白，极少量微红或浅灰褐色。器类主要有碗、碟、盆、壶、钵、盖、粉盒、盏托等，尤以碗为大宗。缸胎器胎质大多数细密紧致，胎色多为紫红色，少量为灰色或灰褐色。器类有碗、盏、灯盏、盒、钵、盆、罐、壶、盏托、器盖等生活用具以及垫圈、垫饼等窑具。陶器以泥质陶为主，另有极少量的夹砂陶。泥质陶的陶色以灰陶为主，另有极少量的红陶。器类有盏、钵、盆、罐、釜等生活用具及陶拍等制陶工具，此外还有垫饼等窑具以及板瓦、筒瓦、瓦当、滴水等建筑材料。其中尤以罐、缸、瓦的数量为多。铜器有饰件、钱币等。

从石沱遗址宋代文化地层堆积较厚且出土遗物丰富的情况看，显然宋代文化为该遗址的主要文化堆积，也说明宋代是石沱最繁荣的时期。石沱的宋代文化遗存大致可分为四段，器物的形式变化尤以碗最为明显。各段的年代：第一段的年代为北宋中期，上限可到北宋早晚期的后段；第二段因本段中出土有"元丰通宝"和"元祐通宝"钱币，故其年代为北宋晚期，下限年代可到南宋初期；第三段的年代为南宋中期，下限年代可到南宋末期；第四段的年代为元代早期[②]。

[①] 重庆市文物考古研究所、重庆文化遗产保护中心：《重庆文物考古十年》，重庆出版社，2010年，第140页。

[②] 北京市文物研究所三峡考古队、涪陵区博物馆：《涪陵石沱遗址发掘报告》，《重庆库区考古报告集·1997卷》，科学出版社，2001年，第756、757页。

2. 丰都铺子河遗址

该遗址位于丰都县兴义镇杨柳寺村碓窝冲，为长江南岸的台地，由东西六处台地组成，其中，铺子河、梨子湾台地的文化堆积层较厚一些，出土遗物也较丰富。对铺子河遗址的发掘分3个区域进行，各区域的层位数不同，但堆积都比较简单。一般为3层，也有的达5层，有的又仅为2层。绝大多数探方的第2层为明代文化层，第3层为宋代文化层，另有一些早期的遗迹单位。3个区域中发现的遗迹有灰坑、沟、窑址。

依据遗址地层和遗迹单位中的出土遗物，可以将铺子河遗址分为四期[1]。第一期为东周时期；第二期为汉代；第三期为宋代；第四期为明代[2]。在这四个文化期别的遗存中，以第三期文化遗存最为丰富，第四期文化遗存中的瓷器数量有所增加，且多见冶炼遗物。显然，丰都铺子河遗址的文化内涵以宋、明两代为主。

第一期文化遗存仅在Ⅱ区部分探方的第2层中有发现，该层堆积较厚，一般在0.7米左右，包含少量石器和陶器（片）。陶器主要有罐、盆、钵、器底等，石器有石核、石片、石矛、石锛、石斧等。第二期文化遗存主要在Ⅱ区东区的探方中有发现，遗迹为几个灰坑，灰坑中有遗物，但不多，有陶器几件，石器1件。第三期文化遗存除地层外另有27个遗迹单位，包括窑址、沟、灰坑等。出土遗物丰富，包括陶器、瓷器、铁器、铜器和石器。陶器数量达370件，器类主要有碗、钵、盆、盘、碟、杯、罐、壶、瓮、缸、瓶、器盖、筒形器、灯、炉、碾轮、网坠、瓦、陶拍、球、印、动物俑、支垫、支圈、支座等20余种。瓷器数量不多，器类有碗、钵、盘、碟等。另有铁器3件，铜器2件，石器2件。第四期文化遗存主要发现于Ⅰ、Ⅲ区，见有一座冶炼窑址。本期的出土遗物按质地分有陶器、瓷器、铁器、铜器四类。陶器数量较多，火候较高。以冶炼罐最为多见。日用陶器有盆、罐、缸、盘、器底等，但数量不多。瓷器数量较少，仅17件，以碗为主，有碟1件。其他还有铁器33件，铜器3件，皆为小件。

3. 万州大地嘴遗址

该遗址位于重庆市万州区长平乡树合村，隶属该村一组。1999年，文物考古部门对该遗址进行了大规模的考古发掘。文化堆积东部稍厚，西部稍薄；东部文化堆积厚140~250厘米，西部文化堆积厚30~140厘米。地层堆积共有13层，第1~3层为扰乱层；第4层为明清时期文化层；第5~8层为宋代文化层；第9层为六朝时期文化层；第

---

[1] 重庆市文物局、丰都文物管理所：《丰都铺子河遗址发掘报告》，《重庆库区考古报告集·2001卷》（下），科学出版社，2007年，第1710~1718页。

[2] 重庆市文物局、丰都文物管理所：《丰都铺子河遗址发掘报告》，《重庆库区考古报告集·2001卷》（下），科学出版社，2007年，第1769页。

10~12层为商周时期文化层；第13层为新石器时代文化层。宋代文化遗存是大地嘴遗址的主要文化遗存，遗存层位多，堆积厚。在该遗址中，清理出宋明时期的灰坑11个（编号H2~H12）、房屋1座、灰沟2条、墓葬1座。

在该遗址宋时期文化遗存中，遗迹、遗物丰富，其中的宋代瓷器数量多，且属多座窑口，主要有清溪窑、涂山窑、彭州窑、湖田窑等。清溪窑的瓷器有碗、盏、灯碟、钵、水匜等，其中碗的数量最多，第4~8层中均有出土，尤其在第6层中大量出土，而且形制也最为丰富。涂山窑的器类有碗、盏等，这一窑口的碗是大地嘴遗址中数量最多的器物；另外还有碟形灯、碟、擦蒜器。瓷器中的碗普遍出土于第5~8层中，并以第6层的出土数量最多，形制也较丰富，从中可明显观察出其发展和演变的规律。彭州窑的器类有碗、盏、灯碟，其中碗也主要集中出土于第6、7层。湖田窑器类有碗、碟、器盖、罐，主要出土于第6层。

大地嘴遗址中出土的宋代瓷器的器类组合主要为碗、碟、盏、罐等，其中涂山窑的碗、盏、碟与重庆涂山窑小湾瓷非常相似，其他各型式的器物在重庆涂山小湾瓷窑及重庆荣昌区宋代窖藏瓷器中都可找到相似的产品。出土的各类瓷器除了主要是涂山窑、清溪窑、彭州窑等四川本地的产品外，也有少数瓷器属外来产品，数量较多的是景德镇湖田窑系的产品。湖田窑系的瓷器以青瓷为主，釉色晶莹，器物以小瓷碟居多。此外，还发现了属于耀州窑、龙泉窑、长沙窑、钧窑、定窑的青瓷器，但数量不多[①]。

4. 奉节瞿塘关遗址

该遗址位于长江三峡瞿塘峡西口的北岸，东与白帝城相距约1千米，隶属重庆市奉节县白帝镇白帝村，总面积约10万平方米。1998年底至1999年初及2000年，重庆市文物考古研究所对该遗址进行了两次大规模的考古发掘。该遗址被现代生活扰乱严重。遗址地层堆积可分为8层，主要是宋代和明代的文化堆积层，第3~8层几乎都是宋、明时期文化层，另在第2层中也发现了一定数量的唐宋时期瓷片，显然是后期扰乱所致。清理出的文化遗迹比较丰富，包括水沟、城墙、房屋、灰坑、墓葬等。

在该遗址的地层堆积和遗迹中出土了较丰富的遗物，遗物中除少量汉代铁锸、铜泡钉、"货泉"、新莽钱币以及唐、五代时期的釉陶罐、"开元通宝"、青瓷葵口盘外，其余绝大多数都是宋、明时代遗物。宋代遗物按质地分有青瓷器、釉陶器、陶器、铜器和铁器。青瓷器有盘、碗；釉陶器有碗、罐、小罐。陶器有日用陶器和建筑构件。日用陶器有碟、鼎、盆、缸、瓮等。建筑构件多为泥质灰陶，包括筒瓦、瓦

---

① 青海省文物考古研究所、重庆市文物考古所、南京师范大学文博系：《万州大地嘴遗址发掘简报》，《重庆库区考古报告集·1998卷》，科学出版社，2003年，第479~505页。

当、脊饰（有琉璃脊饰和陶脊饰）。另有石柱础等物发现。铜器仅3件，器类有残铜片、钱币（"皇宋通宝""熙宁通宝"）。铁器有削、镞、钱币。明代遗物主要有青花瓷碗、粗瓷碗；硬陶器有罐；铜器有帽形器；铁器有铁镞。

发现房屋基址一座，编号F1。房基内的遗物主要为建筑构件及釉陶器、泥质灰陶器、钱币等。经比较研究，F1的使用年代大致自晚唐至北宋中晚期。房址内出土了较多的脊饰残片、瓦当等，尤其是其中有琉璃脊饰，该房屋应不属一般平民——在晚唐至北宋中晚期，能使用琉璃脊饰的房屋多与寺庙有关。此外，还发现了城墙遗迹，城墙的夯土中出土了较多宋代以前的遗物，如陶片、瓷片、建筑构件等。据分析，该城墙的建筑年代大致为南宋时期。关于该城的功能，从其范围宽广而又建于崎岖陡峭的山梁上且城北为大片荒地的情况分析，可以认定该城不具备经济文化中心和行政建制的性质，因而推测它可能是一座军事堡垒[①]。

5. 巴东吴家坝遗址

该遗址位于巴东县溪桥湾乡葛藤坪村六、七组，在吴家坝村的北部，地处四周高山环绕的平阳坝小盆地西部，面积约3万平方米。2005、2006年，文物部门对其先后进行了两次大规模的考古发掘，共揭露遗址面积12500平方米，发现了西周、东周、东汉、六朝、宋、元、明等各个不同时期的文化遗存。2006年，襄阳市文物考古研究所在该遗址的西区进行了考古发掘，文化遗存内容丰富。现以此次发掘的相关资料做简要介绍。

此次发掘发现，遗址的地层堆积共有5层，第2层为清代文化层，第3层为明代文化层，第4层为宋代文化层，第5A、5B层分别为六朝和东汉时期文化层，第6层为东周时期文化层，第7层为西周时期文化层。第4、3层还可分为若干亚（小）层。

宋代和明代的文化遗存是巴东吴家坝遗址的主要文化遗存，主要遗迹有灰坑、灰沟、房址、灶坑、道路、墓葬等。宋代遗存中出土遗物最多，按质地分有陶器、硬陶器、瓷器、铜器、铁器、石器等。陶器主要是建筑材料，有板瓦、筒瓦、瓦当、滴水等。硬陶器主要有执壶、碟、灯盏、盆、刻槽盆、罐、缸等。瓷器全为青瓷，主要有青白、灰白、淡青、淡黄、绿、黑釉等几种，也有未施釉者。器类有碗、盏、碟、器盖等。铜器、铁器、石器仅零星几件。明代文化遗存中的出土遗物也较丰富，按质地分有陶器、硬陶器、瓷器、铜器、石器、金器等。陶器全部为泥质陶，胎色多灰胎，少量红胎，施釉者少。器类有碗、碟、壶、盆、罐、缸等。瓷器数量最多，可分青花瓷和彩釉瓷两类。青花瓷几乎占整个出土瓷器（片）的80%以上，主要有碗、盘、

[①] 重庆市文物考古研究所：《奉节瞿塘关遗址发掘报告》，《重庆库区考古报告集·1999卷》，科学出版社，2006年，第202~216页。

碟、杯等。彩釉瓷釉色多样，有绿、红、灰黄、白等，器类有碗、高足碗、盘、碟等。铜器、铁器、石器、金器数量很少，全为小件。

吴家坝遗址中的宋、明时期遗存分布范围广，文化堆积厚，遗迹丰富，其中明代的遗存要多于宋代遗存。宋代的瓷器胎质粗糙，形制及釉色具有当地普通民窑的风格，江西景德镇窑的青白瓷和吉州窑的黑釉瓷在遗址的宋代遗存中极少见，仅偶见兔毫釉瓷器。明代瓷器主要为青花瓷，从整个瓷器的特征看，该时期的瓷器与其他地方相比，基本上没有什么区别，也主要是民窑的产品[①]。

第三节　房屋建筑遗迹

一、房屋建筑遗迹的发现

宋代以后的三峡地区处于战争与和平交替的间隙期，这一地区的制瓷业、盐业、河运业及城市建设等有了一定的发展。考古发现了许多这一时期的房屋建筑遗迹。现将三峡地区宋元明时期的建筑遗迹情况简述如下。

1. 巴东地主坪遗址

1997年，考古人员在巴东地主坪遗址中发现了一处房址，编号F1，仅残存北部的一段石砌护坡与一截石砌排水沟，另见有两个石柱础。房屋形制已不完整，据山区特点，可能是一座以石砌护坡为依托，以木柱为前部支撑的"吊脚楼"式建筑（图9-1）。建筑年代约在隋唐至明代之间[②]。

2. 巫山跳石遗址

1997年，在巫山跳石遗址中发现了一条路面遗迹和一处房址，建筑年代为宋明时期。道路平面大致呈曲尺形，路面长12.5、宽度超过2.5米，为东北—西南走向。路面虽有高低起伏，但总体较平整、光滑。路面用石板平铺，间有零星的鹅卵石，边缘用石板侧立形成护坎。路面的每块石板都有较深的磨蚀，石板大小不一，石板之间有大小不一的缝隙。石料有页岩、石灰岩、青灰岩等，形状不规整。道路由遗址中心沿山

---

① 襄樊市文物考古研究所：《巴东县吴家坝遗址（西区）2006年发掘报告》，《湖北库区考古报告集》（第四卷），科学出版社，2007年，第307页。

② 湖北省文物考古研究所、武汉市文物考古工作队：《巴东地主坪考古发掘简报》，《湖北库区考古报告集》（第一卷），科学出版社，2001年，第67页。

第九章 宋元明时期考古文化

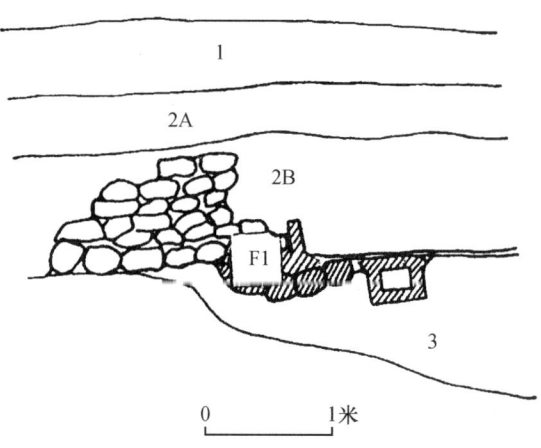

图9-1 巴东地主坪遗址T2北壁剖面图

坡向东北的江湾处延伸。从道路较为宽阔和铺砌考究的情况看，这是由江边码头通向遗址地的主要道路。

遗址中清理出的房址大部分伸入探方北壁，南与道路相邻。房址平面呈方形。残存面积约6平方米，实际面积应更大。有南墙和东墙，西墙不存，墙体均用大小不一的石块垒砌，所用石块之规格都比道路的要小。房基内有居住面。门道位于东南部，即南墙和东墙的交接处，门道处用石板侧立以保护墙角。道路经门道处有较深的磨损痕迹（图9-2）[①]。

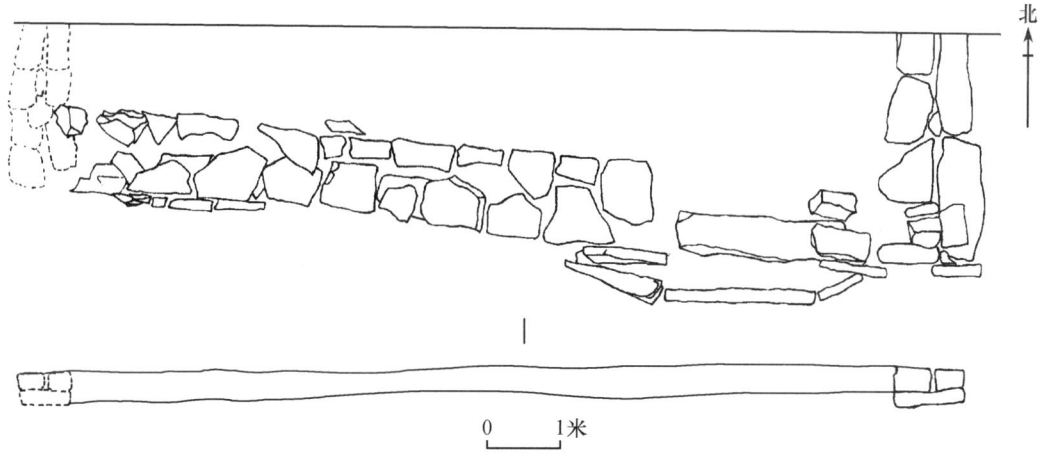

图9-2 巫山跳石遗址宋代F3平、剖面图

---

① 南京博物院考古研究所、巫山县文物管理所：《巫山跳石遗址发掘报告》，《重庆库区考古报告集·1997卷》，科学出版社，2001年，第96页。

3. 巴东堰塘湾遗址

2005年，武汉大学考古系在巴东堰塘湾遗址中发现了3座明代房址，编号F1～F3。

F1 坐北朝南，整体形状呈长方形，面积较大，约96平方米，由三个房间和三个小隔间构成。三个房间由东向西依次排列（编号F1A区、F1B区、F1C区），三个小隔间也由东向西依次排列（编号F1D区、F1E区、F1F区）。F1的墙壁已全部倒塌，墙基由几块砖拼合成匣状，其中填以碎石和土。F1的A区和B区的墙基均由较规则的条石构成，C区墙基由不规则石块构成。F1居住面各区不太一致，A区、B区、D区、E区和F区均有铺地砖，C区有集中成片的红烧土和草木灰痕迹，地面硬结，此处可能是厨房。A区墙基西南角有一缺口，此处可能为门道，朝向西南。由F1居住面上出土的大量碎瓦和木炭看，该屋顶应由木质梁架上覆瓦构成。F1内分布有房屋倒塌后的堆积，有墙砖、瓦当、铁钉和其他建筑构件，另有少量青花瓷片（图9-3）。

F2 坐北朝南，破坏严重，整体结构已不清楚，总面积约50平方米。现将F2分为东西两个区域来进行分析。东区编号A，西区编号B。A区西面与B区东面的缺口正好相对，间距约5.2米。A区北部有一类似走廊的结构，由一长石条和一长排的砖墙构成。F2墙壁已全部倒塌，仅见墙基。墙基由不规则石块构成，排列整齐。居住面仅在东南角有集中分布的几块铺地砖，在这些铺地砖上还铺有一列砖，另外，在西南角有较集中的红烧土和草木灰遗迹。F2未发现门道，故其门向尚不清楚。由F2居住面上发现的大量碎瓦和木炭看，该房顶可能也由木质梁架上覆瓦构成。F2内分布有房屋倒塌的堆积，同样有墙砖、瓦片、铁钉和其他建筑构件，另出土了少量青花瓷片（图9-4，1）。

F3 位于发掘区外，因与神龙溪水面平齐，未能清理至底部。F3总面积为61.6平方米，可以有三个分区，由东至西依次排列，编号F3A区、F3B区、F3C区。A区、C区

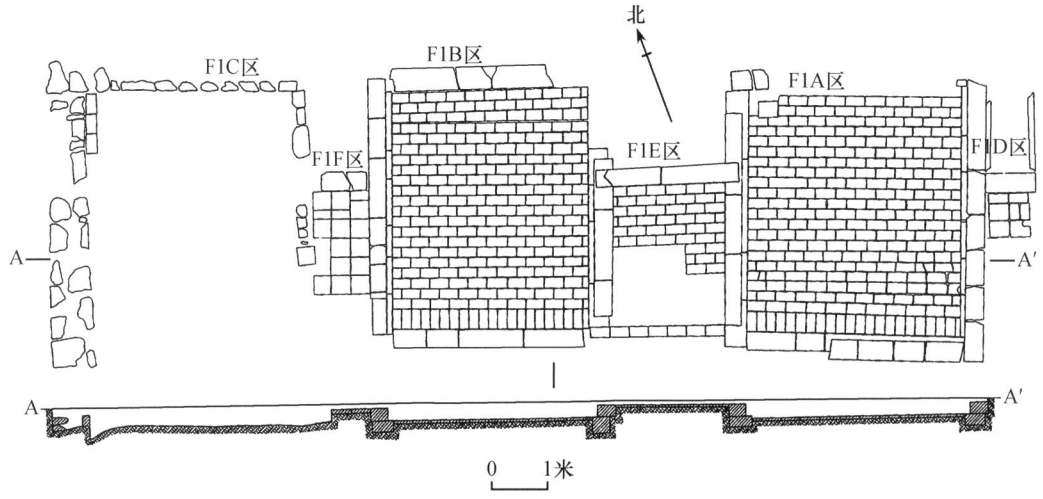

图9-3 巴东堰塘湾遗址明代F1平、剖面图

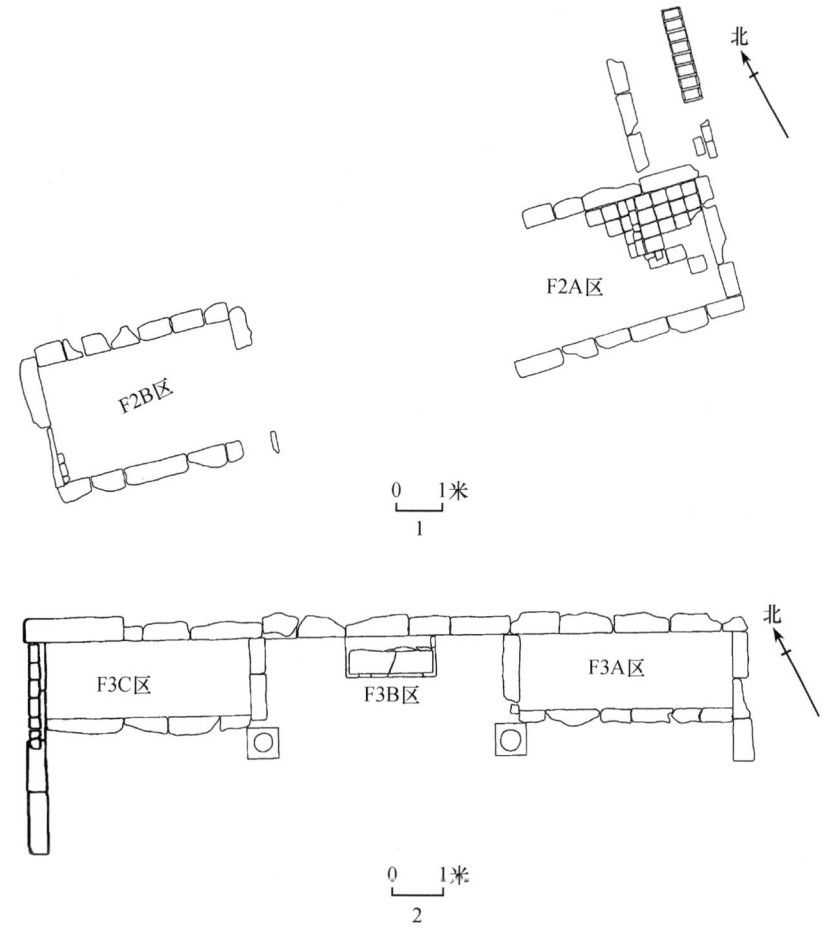

图9-4 巴东堰塘湾遗址明代F2、F3平面图
1. F2平面图　2. F3平面图

均有由石条围成的闭合结构，B区正南面没有石条，但其东西两壁的南面立有两座柱础。墙壁已倒塌，存墙基。A区、C区墙基由较规则的石条组成，B区南面没有墙基。A区、C区形状狭长，不适宜居住；B区没有封闭结构却又有柱础，可能是房屋的入口处。F3内分布有房屋倒塌的堆积，有墙砖、瓦片及少量青花瓷片（图9-4, 2）。

从整体上看，这三处房屋基址应为一个整体，呈横置长方形布局。F3的B区是整个房址的入口，从F3到F1，地势逐渐升高，依山面水，高低错落，较有气势。房屋区域之间的间隙表明此房址可能布置有天井。房屋的建筑材料主要为砖、瓦、木材。从房基内出土的瓷器及其层位关系看，此房址应为明代建筑[①]。

---

① 武汉大学考古系：《巴东堰塘湾遗址发掘报告》，《湖北库区考古报告集》（第五卷），科学出版社，2010年，第27~33页。

二、归纳和认识

宋元明时期虽一度动荡但也有长时期的安定，社会经济得到了进一步的发展。这一时期三峡地区的房屋建筑也有了相应的发展。由于这段时期距离现代较近，因此考古发现的宋元明时期的房屋建筑遗迹十分丰富。这些遗迹多分布在秭归、巴东、巫山、奉节等地，依据这些遗迹中的出土遗物，我们可以归纳以下认识。

第一，宋元明时期，三峡地区由于航运便利且连接政治经济文化发达的川、鄂地区，因而集镇的建设也蓬勃兴起，许多著名的县治和集镇都在此时兴盛起来，大量房屋建筑在这些城镇中平地而起。在已发掘的几个规模较大的遗址如秭归李家街遗址、巫山跳石遗址、奉节鱼复浦遗址中，都发现了大量的房屋建筑遗迹。这一时期的房屋建筑主要分布在临江的台地和缓坡上，背山面水者居多。规模较大的房屋遗迹都集中在城镇遗址中。这一时期房屋所处的地势较以前略有提高，这可能与长江水位的上升有关。地势较低且靠近长江的地方则一般为与码头有关的建筑。

第二，房屋的建造在此时期不仅发展迅速，而且有了巨大变化。地面建筑和干栏式建筑依然是此地的主流建筑形式，但干栏式建筑已经演变成了成熟的吊脚楼建筑，其一部分靠柱子支撑而悬空，另一部分则建于实地，形成更为坚固且独具特色的半干栏式建筑。宋元明时期的吊脚楼不仅摆脱了干栏式建筑的原始性，而且在修建工序与建筑装饰上又更上一层楼。这一时期的吊脚楼已经分为多个类型，如单吊式、双吊式、四合院式、平地起吊式等。房屋除仍有多间房屋的组合类型外，又模仿北方四合院而有了四合院式吊脚楼，这种吊脚楼由单独的房间加回廊连接，再以具有地方特色的手法加以装饰，从而创造出一种新的房屋组合模式。

第三，到宋元明时期，建筑工艺已更为复杂，对建材也有了更高的要求。房屋的修筑方法与步骤虽与此前仍大同小异，但房屋的样式已变得丰富多彩，如房顶的样式就有歇山式、悬山式、硬山式及单坡、平顶等多种。屋顶的建材则多采用陶瓦、琉璃瓦、茅草等。从考古发掘的情况看，三峡地区的房屋盖顶多用陶瓦，主要有板瓦和筒瓦。墙体建筑的方式也基本与以前相同，石墙、土墙依然流行，但砖墙更多了。石墙仍多用大小不一的石块垒砌，但石块的选取相对更为规整；砖墙多用灰色陶砖，其上多模印花纹，有花卉、云纹、狮头纹等。房间内的隔墙多为竹（木）骨泥墙，系用竹木编织篱笆后在两边抹泥，再粉刷而成。竹（木）骨泥墙取材简易，施工方便，作为室内隔墙，墙体轻薄，外形美观。房屋地面多用方砖或条砖铺地，一般错缝或对缝铺砌，砖上多有席纹。屋外则建平坝和道路，平坝多就地整理夯实，道路则用石块、卵石或青砖铺砌，如巫山跳石遗址发掘出的明代道路，就是用石板、鹅卵石铺筑的。

第四节　城址建筑遗迹

唐以后，三峡地区已经成为长江上游的经济枢纽，商业、交通、盐业兴旺发达。及至南宋，蒙古大军的南侵客观上加强了三峡地区的城市规划与布局，以增强其军事防御功能，也使得城市建筑技术等方面相应地有所发展。现将宋元明时期的古城遗迹资料简述如下。

1. 巴东旧县坪古城遗址

该遗址是隋至北宋年间的巴东县治所在地，是峡江地区一处比较重要的古代城市遗址。2001～2003年，武汉大学考古队先后对该遗址进行了多次大规模的考古发掘，共揭露遗址面积近3万平方米，基本上将其主体部位全面揭示出来。遗址包含商周至明清各个时期的文化堆积，堆积的文化内涵显示，六朝至北宋时期曾经是该古城的繁荣期。长期以来，由于传世文献阙如，人们对宋代及宋代之前的巴东县知之甚少，而旧县坪遗址的发掘则弥补了六朝至北宋文献资料不足的缺憾，从而较为完整地展现了三峡地区一座北宋县治的布局，为研究宋代湖北地区的政治、经济及社会生活等提供了重要的资料。

旧县坪遗址坐落于今巴东县城对面长江北岸的一块台地上，东西长约1500、南北宽约200米，占地面积约30万平方米。遗址中部为县邑区，东西部为墓葬区。县邑区可分为两部分，即行政区和居民区，行政区又分衙署、寺庙、仓群三个小区。在衙署区，部分建筑按片分布，结构合理，布局规整，其核心建筑为一个大型建筑群，编号F8。衙署的主体建筑外有台阶、围墙、回廊、庭院、水池和排水沟等附属建筑，总面积约1600平方米。遗址中的F3为一座进深两进、面阔五间且有回廊的建筑，房址中见有柱础，并出土了完整的酒具、砚台等日用具以及象棋子、围棋子、骰子等娱乐用品。在寺庙区，发掘出一座殿宇建筑，面积约300平方米，所见遗迹有砖墙、门址、回廊路面以及各种建筑构件。仓群区位于一处由围墙环绕的黄土高台上，面积近千平方米，部分仓址保存较好，有圆形和方形两类，均为半地穴式，出土了量具、灶、陶圈、酒壶等。而在居民区，则发现了酒肆、店铺、民居等遗迹，共清理房基86座，面积约6000平方米。旧县坪古城遗址共清理出街巷72条，其中东区18条，西区54条。县邑遗址中最主要的一条街道长近千米，从东往西经过衙署门前，其一端与通往江边的主道交汇而至江边，另一端则通往庙宇的方向。城中还有以南北向为主的排水沟53条，遗址后部的高处还有人工引水渠道。在古城遗址中还出土了大量文物，包括北宋钱币、各类瓷器、各种建材及装饰物等。

依据旧县坪遗址的发掘资料并结合历史文献的记载分析，旧县坪古城故址即是隋至南宋晚期的巴东县治所在地。北宋巴东县治在建筑的规划与布局上与唐代一脉相承，平稳对称，就地取材，选址选材上都充分利用了当地的自然资源。六朝时期，巴东在建城时以北边高山为屏障，充分利用了当地的地理优势。建筑方法上，在夯筑城墙时采用了挖高填低的方法，围绕自然台地的边缘层层累筑，与墙体形成平台，使台地更显宽敞、平缓。如此垒筑的山城在战事频繁的时代不仅能控扼要冲，而且有利于防御，易守难攻[①]。

2. 重庆古城遗址

据《华阳国志》《水经注》《舆地纪胜》等文献记载，重庆古城始建于战国时期，名"江州"，秦汉为巴郡，南朝萧梁时为楚州，隋改渝州，宋光宗时更名重庆。重庆从建制时起，即是一座以政治、军事为中心的城市。从重庆城区的出土遗物及汉墓、汉代水井等遗迹来看，汉时的巴郡就已有了相当的规模。由于嘉陵江与长江交汇于此，重庆扼水陆要冲，成为全蜀的锁钥。在军事上，无论攻守，都必须经营重庆。由于地理位置重要，故自蜀汉都护李严扩建巴郡城起，重庆便得到了不断的营建与发展。南宋末年，为抗击蒙古南侵，守将彭大雅于战斗间隙扩大重庆城防，筑城门四道，并在城墙的四角立四块大石，上刻"大宋嘉熙庚子（嘉熙四年，1240年），制臣彭大雅城渝为蜀根本"[②]17字。20世纪50年代，在重庆太平门附近的钟鼓楼遗址发现了南宋城墙的砌砖，砖长38、宽19.5、厚9.8厘米，砖上有铭文"淳祐乙巳东（西）窑城砖"。2010年，在渝中区下半城老鼓楼发现了较多城砖，城砖上模印有"淳祐乙巳西窑城砖"铭文。这些城砖的尺寸远大于普通房屋建筑用砖，应是沿江城墙的遗物。这些城砖证明，淳祐乙巳年（淳祐五年，1245年），宋兵部侍郎余玠迁郡治于重庆时曾为加固重庆而在外墙上砌筑城砖。可以说，宋代是重庆城市发展过程中承前启后的关键时期。到了明代，重庆古城的建设更上层楼。明指挥使戴鼎驻守重庆时，又对山城进行了大规模的扩建，据山岩险壁，砌石筑墙，一般高约三丈，最高处达十丈，周长两千八百余丈，环江为池，设门十七，九开八闭，形如九宫八卦。明重庆城门现仅存通远门与东水门，其余城门无存，但城门的原用名如朝天门、临江门、千厮门、储奇门、南纪门、太平门等，仍沿用至今[③]。

城墙是历史的产物，随着历史的发展，城墙也从兴起走向没落。重庆古城的兴

---

① 陈曦：《六朝至北宋巴东县城的初步研究》，《江汉考古》2009年第2期，第81~87页。

② 《宋季三朝政要》卷二彭大雅题文作："某年某月某日，守臣彭大雅筑此，为国西门。"民国版《巴县志》引元王仲晖《雪舟月坐语》作："某年某月某日，彭大雅筑此城，为西蜀之根本。"

③ 庄燕和：《重庆城的创建及其演变》，《古代巴史中的几个问题》，重庆出版社，1988年。

建与演变大致经历了战国时巴子筑土城，南宋彭大雅、余玠筑砖城，明代戴鼎甃石为城，前后经过2000余年，最终完成了它的使命。

3. 巫山大昌古城遗址

该遗址位于巫山县城北约60千米处的大昌镇西端，坐落在大宁河左岸的一级阶地上。据清光绪年间编纂的《巫山县志·沿革志》记载，大昌县治于宋嘉定八年（1215年）迁于大昌镇；又据此书的《城池志》载，明成化七年（1471年）建城。明成化、嘉靖、崇祯及清嘉庆年间，该城有过不同规模的维修。2000年，中山大学人类学系师生对该古城进行了大规模的勘探和发掘，基本弄清了大昌古城的总体情况。城址略呈圆形，轮廓清晰，总面积约66000平方米。发现的遗迹有城墙、房址、路面、散水、灶、灰坑、灰沟等。城墙多已坍塌，西南稍有保留，尚存东、南、西三座石拱城门，分别有东、南、西三条街道通往三门，交汇于一"丁"字路口。城址东西街长280、南街长150米。本次发掘揭露了2段城墙、1段城墙外护城河和2条护城壕沟。其中北城墙为明代城墙，以土筑为主，上层还辅以石包墙，顶宽2.9、底宽5.5、残高0.97米。城墙分上下两层，两层的建造方法、结构和面积大小均有不同，应是不同年代所建造。据考，城墙下层重修于明嘉靖二十六年（1547年），上层增修于明崇祯八年（1635年）。发掘出的其他遗迹如灰坑、房基、散水、炉灶、灰沟、路面等，构成了一个比较完整的生活系统。此外，大昌城址还发现了大量明代青花瓷器等遗物。发掘揭示的部分遗迹印证了文献史籍的记载，其明代遗迹的发现，对于明代城址的研究及大昌古城的搬迁保护有着非常重要的意义[①]。但有关大昌宋代城市建筑的情况，则有待进一步的考古工作来予以揭示。

4. 南宋抗蒙山城遗址

南宋末年，为抗击蒙古南侵，南宋军民以重庆为大本营建立了抗蒙山城防御体系，当时西南地区共建立了20多座抗蒙山城，其中位于三峡地区的山城至今仍有遗迹可考的尚存合川钓鱼城、江北多功城、万州天生城、云阳磐石城、奉节白帝城、巫山天赐城等。这里我们以合川钓鱼城、奉节白帝城古城遗址、重庆老鼓楼遗址为例简述如下。

（1）合川钓鱼城古城遗址

钓鱼城古城遗址位于重庆市合川区东城半岛的钓鱼山上，其地雄关高峙，控扼三江，地势险要，自古为"巴蜀要冲"。钓鱼城周长6.5千米，面积2.5平方千米，现存八

---

① 中山大学人类学系、重庆文物局、巫山县文物管理所：《巫山大昌古城遗址发掘报告》，《重庆库区考古报告集·2000卷》（上），科学出版社，2007年，第341~373页。

道城门，东面有新东门、青华门，南面有始关门、小东门、护国门，北面有出奇门，西面有奇胜门、镇西门。当年修筑的炮台、暗道、火药场、水师码头、城垣、建筑基址、校场及皇城官衙等，遗迹仍清晰可见，有些建筑甚至保存至今。此外，古城遗址中还出土了一些宋代兵器、铜铁工具、钱币、瓷器、石刻佛像、碑刻等文物。

2004~2009年，文物考古部门对钓鱼城遗址进行了多次调查、勘探和发掘，弄清了钓鱼城遗址的整体布局，并获得了一系列重要发现。该古城由南、北一字城墙及南、北水军码头组成，并有一道城墙与南水军码头相连，现存城墙总长7320米。南、北一字城墙及南水军码头城墙均为宋代修筑，整个古城被嘉陵江、涪江、渠江三面环绕，俨然兵家雄关。在钓鱼城西北的奇胜门附近，发现了古地道遗迹一处，地道开凿于距地表5米左右的砂岩之中，由主通道和六条短支道组成。

2008~2010年，文物考古部门对钓鱼城遗址进行了大规模的考古发掘，共揭露遗址面积12388平方米，重要发现有南水军码头和南一字城墙。

南水军码头东西长86~112、南北宽55.3~72.2、残高6.5米，总建筑面积约8000平方米，由人工平整后添加黏土、碎石逐层夯筑而成，并在外围以条石砌筑护坡加固。码头主体部分发现石砌挡墙三组共16道，多由下至上层层收分。码头上发现了平台、道路、炮台及石臼、礌石堆等。南部临江挡墙上还发现了木结构建筑遗迹。出土遗物主要为宋代涂山窑系的各类日常生活用瓷器以及一定数量的礌石及铁箭镞、铁马掌等。

南一字城墙东距水军码头约400米，残存的一段长150、基宽7.2~14.3、残高2.2~10米，横剖面略呈梯形。建筑方法、结构特征及出土遗物均与南水军码头相似。城墙的北部还发现了一段明清时期补建的城墙叠压在宋代城墙的墙基之上。在南一字城墙南端两侧的临江处新发现码头一处，该码头南北长43、东西约宽25米，并见有残存的拴船石孔等遗迹[①]。

钓鱼城遗址发现的这些遗迹和遗物，为我们研究该城的建筑年代、规模、特征以及防御布局等提供了极为重要的资料。

（2）奉节白帝城古城遗址

该遗址位于三峡西部奉节县瞿塘峡口的长江北岸，东依夔门，西傍八阵图，雄踞水陆要津，为历来兵家必争之地。白帝城遗址包括白帝、鸡公、马岭等两山一岭范围内的两汉至宋明时期的历代城址，历史上这里曾先后建立过捍关、江关、白帝城、夔州都督府、夔州路、瞿塘关等以军事防御功能为主的重镇。1998~2005年，考古部门对白帝城遗址进行了多次发掘，不仅找到了宋代白帝城下叠压的唐城、汉城的线索，而且基本弄清了南宋时期白帝城的分布范围及功能，发现了包括城墙、城门、道路、

---

① 重庆市文物考古所、重庆文化遗产保护中心：《重庆文物考古十年》，重庆出版社，2010年，第115~122页。

排水设施、房址等在内的大量唐宋时期的文化遗存。发掘证实，南宋白帝城坐落于夔门西口，涉及白帝山、鸡公山、马岭和子阳城，在近5平方千米的范围内封闭为一个整体，城墙依山势起伏，长约7000米，平面略呈马蹄形，城门6处，东、西、北各1门，靠近长江的南面有两座城门，另有水门一座。东门至今犹存。对一段城墙的分段解剖表明，城墙系依山凭险而建，就地取材，用略加修整的大石块和石灰垒砌，墙体外侧陡直，内侧用石块、旧砖瓦夹泥土填实，形成较缓的斜坡。城内被自然山势分割为独立的三大片区，分别为白帝山顶、子阳城、平城。其中的白帝山片区应为南宋白帝城古城的核心区域和指挥中心，子阳城片区应为当时重要的居住区，平城片区当为宋城的中心地带。在有限的发掘工作中，已发现规模宏大的城市排水设施和并不宽大的街巷，还有三处被山洪冲毁的石砌房屋遗迹，这些房屋的面积一般都有百余平方米。另外，在子阳城与长江边的水师基地瞿塘关之间，有一道"一字墙"至今保存较好，该墙将子阳城与瞿塘关连接为一体。发掘资料表明，此城的建筑和使用年代为南宋后期，最后的加固维修在元初。结合史料记载分析，确认这座城池就是南宋时期抗蒙山城之一的白帝城[①]。

（3）老鼓楼遗址

该遗址位于重庆市渝中区解放东路望龙门街，在故巴县衙门附近。2010年4月，考古部门对该遗址进行了抢救性发掘，发现了宋元至明清时期的房址、道路、水井、灰坑、灰沟以及礅石等遗迹240多处，出土了陶瓷器、钱币、瓦当、坩埚等文物3000余件，大多保存完好。遗址中较为重要的遗迹是一处保存较好的大型夯土包砖式高台建筑基址，基址平面基本呈方形，东西宽24.7、南北残长24.3米，护坡墙和条石基础残高约10米。部分城墙砖上发现了"淳祐乙巳东窑城砖""淳祐乙巳西窑城砖"等模印的阴文或阳文纪年铭文。在高台建筑的东侧和北侧，都发现了大规模的石构排水设施，设施石材整齐，结构规整。发掘结果经专家论证，确认此高台建筑基址不仅为宋代衙署遗址，而且还是南宋政权兵部尚书余玠的帅府故址。余玠在南宋抗蒙战争中以重庆为中心，将合川钓鱼城、奉节白帝城、泸州神臂城作为三个重要节点，集合数十座城池构成了坚固的山城抗蒙防御体系，利用山险制骑，屡败蒙军。此次发掘出的南宋衙署遗址为当年余玠领导的抗蒙战争提供了实物证据。此外，遗址中清理出的南宋排水设施、街道和宋代房屋基址等，也为我们研究重庆城市的沿革及建筑技术的演进提供了重要依据。

---

① 袁东山：《白帝城，在战争与和平间迁徙》，《文物天地》2003年第6期；重庆市文物考古所、重庆文化遗产保护中心：《重庆文物考古十年》，重庆出版社，2010年，第109～113页。

第五节　埋葬习俗文化

宋元时期，三峡地区的墓葬形制以长方形土坑砖室墓为主，其次为砖室墓、石室墓和土洞墓。葬具多为木棺，葬式多仰身直肢。墓葬中多随葬青瓷器、釉陶器、铜器、铁器、金器、银器等。有的墓葬中，墓室前设置供案，中间放置陶盏，左右放置青瓷碟，前铜镜，后铁牌。考古发掘出的宋代墓葬较多，墓葬中出土的器物也不少。元代墓葬很少。宋元墓葬的发现地点主要有重庆市北碚井口，荣昌沙坝子，江津侯石坝，渝中区劳动村，奉节宝塔坪、上关、白马，巫山小三峡水泥厂、瓦岗槽、培石、巫山古城，巴东西瀼口、罗坪、老屋场、旧县坪，秭归东门头、卜庄河、砂罐岭、庙坪、老坟园，宜昌中堡岛等[①]。现将几处重要的宋代墓地情况介绍如下。

---

① 重庆市文物局：《重庆市志·文物志》（1949～2012），西南师范大学出版社，2019年，第166页（上关）、171页（瓦岗槽）、187页（井口）、188页（沙坝子）、191页（劳动村）；重庆市文物考古所、重庆市文化遗产保护中心：《重庆公路考古报告集》，科学出版社，2010年，第187～191页（江津区侯石坝宋墓）；吉林大学边疆考古研究中心、重庆市文物局、奉节县白帝城文物管理所：《奉节宝塔坪2001年唐宋明清墓发掘报告》，《重庆库区考古报告集·2001卷》，科学出版社，2007年，第437～469页；重庆市文物局、重庆市移民局：《奉节白马墓地》，科学出版社，2013年，第91～97页；四川省文物考古研究所、重庆市文物局、巫山县文物管理所：《巫山小三峡水泥厂墓地发掘报告》，《重庆库区考古报告集·2000卷》，科学出版社，2007年，第168～173页；南京博物院考古研究所、巫山县文物管理所：《巫山培石遗址第一次发掘报告》，《重庆库区考古报告集·1999卷》，科学出版社，2006年；南京博物院考古研究所、巫山县文物管理所：《巫山培石遗址第二次发掘报告》，《重庆库区考古报告集·2000卷》，科学出版社，2007年；中国社会科学院考古研究所三峡工作队、重庆市文物局：《巫山古城遗址发掘报告》，《重庆库区考古报告集·2000卷》，科学出版社，2007年，第42～44页；黑龙江省文物考古研究所：《巴东西瀼口墓群发掘报告》，《湖北库区考古报告集》（第二卷），科学出版社，2005年，第226～232页；国务院三峡工程建设委员会办公室、国家文物局：《巴东罗坪》，科学出版社，2006年，第275～301页；黑龙江省文物考古研究所：《巴东老屋场墓群发掘报告》，《湖北库区考古报告集》（第一卷），科学出版社，2003年，第236～241页；国务院三峡工程建设委员会办公室、国家文物局：《巴东旧县坪》，科学出版社，2010年，第735～740页；国务院三峡工程建设委员会办公室、国家文物局：《秭归东门头》，科学出版社，2010年，第217～221页；国务院三峡工程建设委员会办公室、国家文物局：《秭归卜庄河》，科学出版社，2008年，第291～294、423～430、566～568页；湖北省文物考古研究所：《秭归县砂罐岭遗址发掘简报》，《湖北库区考古报告集》（第四卷），科学出版社，2007年，第450～457页；湖北省文物事业管理局、湖北省三峡工程移民局：《秭归庙坪》，科学出版社，2003年，第181～235页；湖北省文物考古研究所：《秭归老坟园墓群发掘报告》，《湖北库区考古报告集》（第三卷），科学出版社，2006年，第68～74页；国家文物局三峡考古队：《朝天嘴与中堡岛》，文物出版社，2001年，第266～275页。

一、宋代墓葬

1. 江津侯石坝宋墓

2006年初,江津区西湖镇侯石坝村村民在修筑公路时发现了一座宋代石室墓。该墓为一双室合葬墓,墓长3.34、宽3.08、残深1.34米。墓葬的构筑方法是,先挖掘土坑墓圹,底部用条石围砌成一长方形基座,再在基座上用长条石砌筑墓室和藻井顶。

两墓室的结构基本相同,由墓门、棺床、侧龛、藻井等组成。墓室前端两侧以条石砌成墓门,封门系用两块长方形石板对接立砌;沿基座内侧铺砌一圈条石,上用平整的长方形石板铺砌成棺床;棺床与墓室四壁自然相隔形成排水沟;墓室侧壁在距底部一定高度处内收,形成侧龛,龛上额有仿木结构建筑并雕刻菱形纹与花卉的组合图案;墓室后壁下雕刻几案,中部内收形成后龛,双层进深,雕刻仿木结构图案、人物等。单层藻井,顶部雕刻双凤衔环图案[①]。

墓室,M1-1长2.98、宽1.18、残深0.65米,M1-2长2.99、宽1.34、残深1.42米。墓门为长方形,M1-1宽0.95、残高0.65、进深0.34米,M1-2宽0.92、残高0.97、进深0.34米。棺床系用石板铺成,M1-1长2.3、宽0.68米,M1-2长2.3、宽0.67米。侧龛,仅M1-2东侧部分保存。侧龛上雕刻有仿木柱及门窗,宽0.55、高0.96、进深0.17米。后龛,两后龛第一层前端两侧雕刻立柱,M1-1第二层底部雕刻仿木结构门窗,窗部雕花卉,门前立一男子。墓葬内葬具无存,人骨均已腐朽,故葬具不明。出土遗物包括瓷器和铁器(图9-5)。瓷器放置于墓室的后龛,器类有碗、碟、盏、碟形灯各2件。铁环6件,皆在棺床及排水沟内。

这座墓葬的雕刻图案精美(图9-6),主要采用浮雕、圆雕及残刻等手法,雕工精致,具有较高的艺术价值。尤其是后龛的人物图案,衣物纹理清晰,这为我们研究宋代服饰提供了重要的参考资料。M1-2后龛雕刻的男子手执念珠作拨动状,反映了墓主人生前的宗教信仰。墓中随葬瓷器窑口包括涂山窑、龙泉窑。

2. 奉节宝塔坪宋墓

为配合三峡大坝工程,考古部门于2000和2001年对奉节宝塔坪遗址进行了大规模考古发掘,发现了大量汉、三国、南朝、唐、宋、明时期的墓葬和建筑遗迹。其中2001年发掘出宋墓10余座,墓葬的形制见有土坑竖穴墓、土洞墓、石室火葬墓、石箱

[①] 重庆市文物考古所、重庆市文化遗产保护中心:《重庆公路考古报告集》,科学出版社,2010年,第191页。

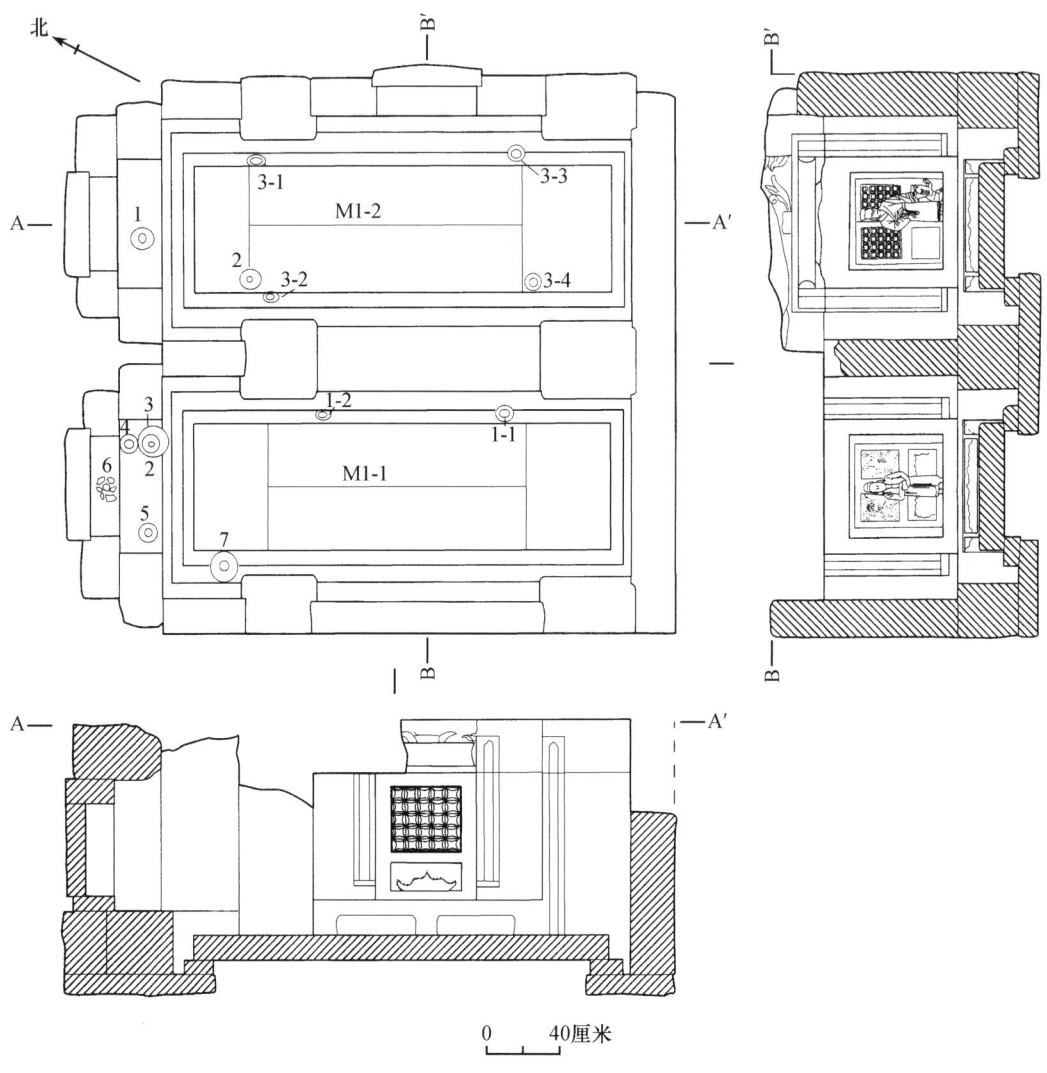

图9-5　江津侯石坝宋墓M1平、剖面图
M1-1：1.铁环　2.瓷碟形灯　3、6.瓷碗　4、5.瓷碟　7.瓷盏
M1-2：1.瓷盏　2.瓷碟形灯　3.铁环

火葬墓等[①]。另发现了瓮棺墓和腰坑墓，但腰坑墓的葬具葬式不明。举例叙述如下。

M1018　为一长方形土洞墓，方向正南。墓顶全部被破坏。墓室平面呈梯形，外宽内窄，直壁，东西壁与墓底的转角呈圆弧形，墓底南高北低。在墓室南部发现骨架残迹，保存较差，根据墓内颅骨残片和铜钗残片的位置，可辨别出该墓为头南脚北。葬式、性别不明。靠近墓口的南部放置一组器物（图9-7），中心放置1陶盏，左右各放

---

① 吉林大学边疆考古研究中心、重庆市文物局、奉节白帝城文物管理所：《奉节宝塔坪2001年唐宋明清墓发掘报告》，《重庆库区考古报告集·2001卷》（上），科学出版社，2007年。

图9-6 江津侯石坝宋墓（M1）墓室构件雕刻图案
1. M1-1后龛雕刻 2. M1-2后龛雕刻 3. 藻井顶雕刻 4、5. 墓室侧龛顶部雕刻

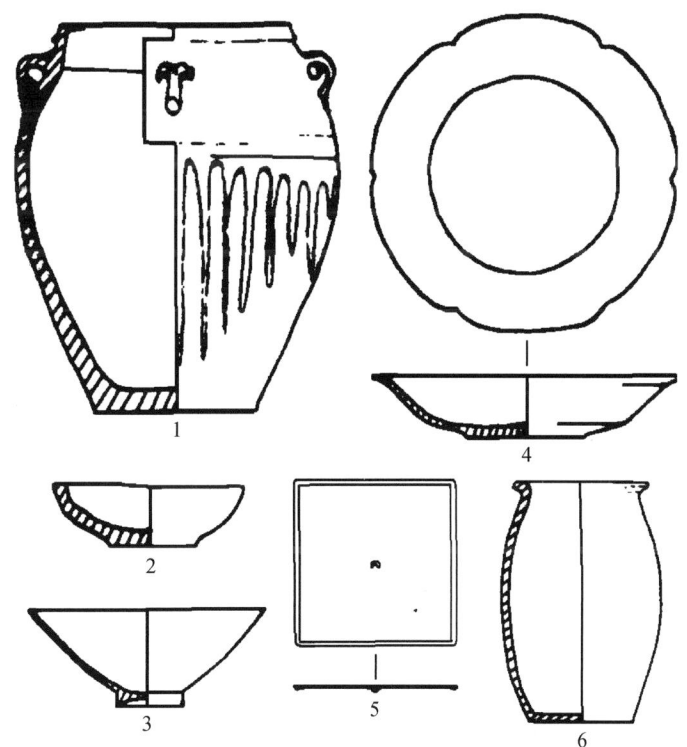

图9-7 奉节宝塔坪宋墓M1018出土器物
1. 釉陶四系罐 2. 陶盏 3. 瓷碗 4. 影青瓷碟 5. 铜镜 6. 陶罐

置1件影青瓷碟，前有铜镜，后有铁牌。铁牌的东面并列放置1件瓷碗，再往东即墓壁的正下方放置1件陶罐。此外，在填土中还发现了铁钱两枚、"开元通宝"铜钱一枚。

M5011 为一长方形土洞墓，方向正南。墓室平面呈梯形。墓中器物的情况与M1018相似，但墓中有一椭圆形腰坑，位于头骨下，腰坑内出土釉陶执壶1件（图9-8）。墓的前端放有随葬品，墓底的前半部出土了铁牌一块，正面放置小釉陶罐1件及已被压裂的陶盆和陶罐各1件，陶盆下又见被压碎的釉陶碗1件。此外，在头骨两侧有两枚铜钱，胸部有三枚铜钱，左右两臂下各有一枚铜钱，铜钱有唐国通宝、景德元宝各一枚，开元通宝五枚，其中两枚完好。

M4008 为一长方形石室墓，方向南偏东40°。该墓是先在土炕的立面上向北掏挖出直壁拱形土洞，再在土洞内构筑墓室。土洞高116、宽110、深98厘米。墓室平面呈长方形，室内长86、宽44、高46厘米。墓底顺铺三块窄长石板，边缘有浅槽，左右

图9-8　奉节宝塔坪宋墓M5011平、剖面图
1.铁牌　2.釉陶罐　3.陶盆　4.陶罐　5.釉陶碗　6~8.瓷碗　9.执壶

壁和后壁立置五块薄石板，石板与土坑壁之间填土压实。墓室的门脸由大小不等的石块垒砌而成，门脸与墓壁的结合处抹有白膏泥。墓顶由两块石板铺盖而成，前块大，后块小，均为长方形。其大石板为一块北宋的墓志碑石，有文字的一面朝下，文字工整；其小石板上也有字，但字迹潦草且字数少，故时代不明。小石板中部有圆形穿孔，大石板上又压有三块石条。两块盖顶石板上均有浅槽，与墓壁的薄石板相扣合。墓门有三块封门石，墓顶以上的空间又填满褐色胶泥。由于该墓被盗扰，没有发现任何葬具和遗物，仅在墓口前面的填土中发现少量烧过的人骨残片和骨灰，可能是火葬。

M4001 为一石箱火葬墓，方向南偏东20°，位于M4008东边的一个土坎上，两墓相隔4米。该墓系在土坎边缘先掘一土坑，土坑长1.1、宽0.6、深0.6米，然后在坑内用石块和石板构筑连体双箱墓。石箱内长34、宽40、高40厘米，箱内各放置1个瓮棺，内有骨灰（图9-9），瓮棺上还压一块石板。两瓮棺为陶质，大小、形式相同。红色，缸胎，釉陶①。口径19、底径13.5、高33厘米。

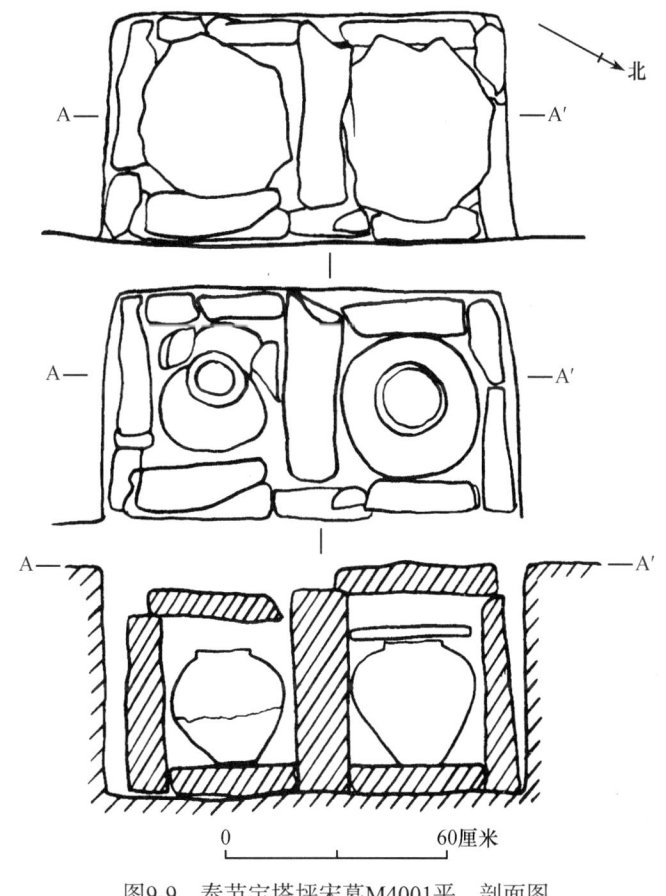

图9-9　奉节宝塔坪宋墓M4001平、剖面图

---

①　吉林大学边疆考古研究中心、重庆市文物局、奉节县白帝城文物管理所：《奉节宝塔坪2001年度唐宋明清墓发掘报告》，《重庆库区考古报告集·2001卷》（上），科学出版社，2007年，第455页。

3. 巫山小三峡水泥厂宋墓

2002年，考古人员在巫山小三峡水泥厂发现了一座宋代砖室墓，编号M5，方向正北。该墓保存较完整，为长方形竖穴土坑砖室墓，土圹剖面呈袋状。墓壁用长方形砖错缝平砌，共19层，砖与砖之间用石灰拌泥作黏合剂。墓底由方形铺底砖平铺而成，其上再铺垫一层石灰。墓顶则用长方形子母砖纵向平铺封盖，其外再以一周纵向竖立的炉壁砖支持加固。所有砖均为素面。墓室长2.7、宽1.5、高0.84米。葬具已朽，在墓底残留零乱的木棺屑及铁棺钉。墓内有人骨架1具，为仰身直肢葬（图9-10）。墓底石

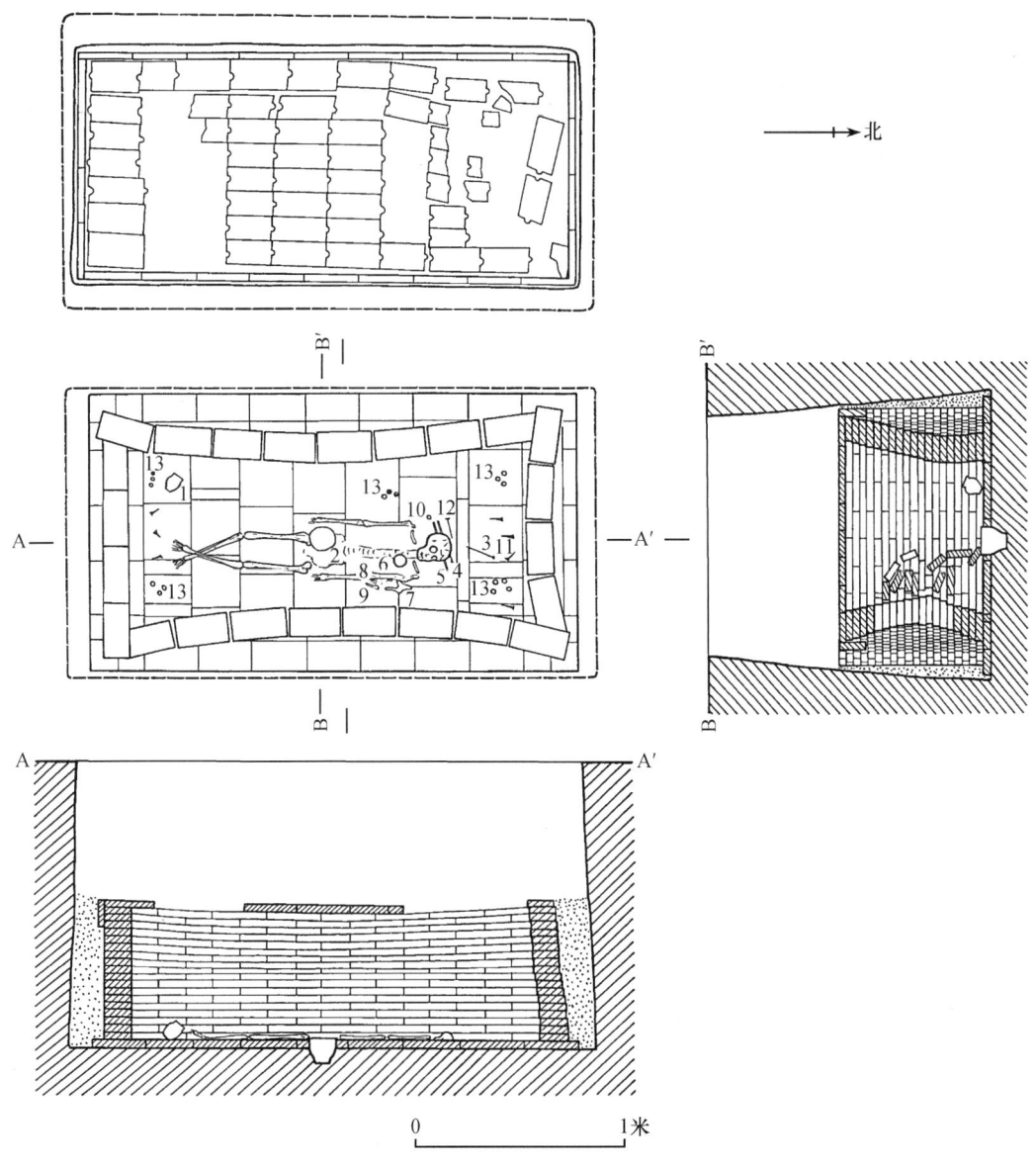

图9-10　巫山小三峡水泥厂宋墓M5平、剖面图
1.陶双耳罐　2.陶罐　3、5、12.铜簪子　4.铜印章　6.铜镜　7.铁剪　8、9.铜锅勺　10.铜戒指　11.铁棺钉　13.铜钱

灰层上放有随葬器物①。

随葬品有铜器、铁器、釉陶器三类，共67件（图9-11）。铜器类有镜、簪、勺、戒指等；铁器类有剪等；釉陶器类有双耳罐、四系罐等。随葬品多位于人骨头端及脚端，铜镜置于人骨左胸。在墓室底部正中的铺地砖下设置一腰坑，腰坑内置一陶罐，罐内有部分骨渣及2枚铜镜，罐底下置铜钱1枚。

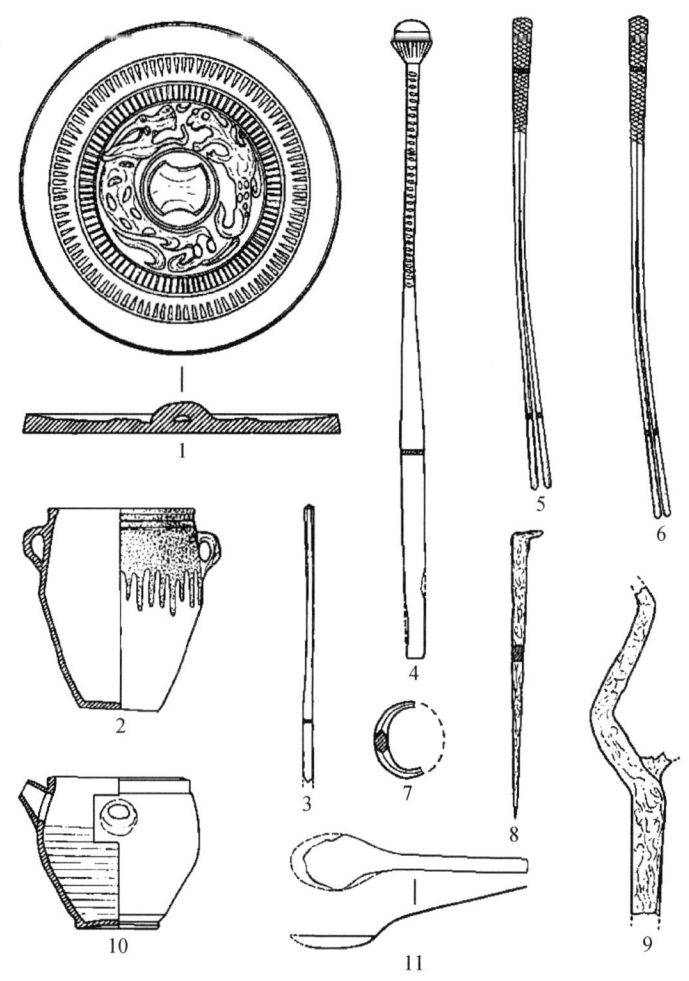

图9-11 巫山小三峡水泥厂宋墓M5出土器物
1.铜镜 2.釉陶双耳罐 3、4.B型铜簪 5、6.A型铜簪 7.铜戒指 8.铁棺钉 9.铁剪 10.釉陶罐 11.铜勺

---

① 四川省文物考古研究所、重庆市文物局、巫山县文官所：《巫山小三峡水泥厂墓地发掘报告》，《重庆库区考古报告集·2000卷》（上），科学出版社，2007年，第168页。

二、元代墓葬

1. 江北区元末明玉珍墓

在重庆江北区上横街发掘出的明玉珍墓是元末农民起义军著名领导人明玉珍之墓（明玉珍睿陵），史称永昌陵。明玉珍1363年以重庆为都，建立"大夏"政权，统治重庆、四川11年。《明史·明玉珍传》称其"葬于江水之北"，此与考古发现相合。

明玉珍墓位于江北区宝盖山东南山腰，呈西北—东南向，1982年被发现。该墓为一长方形竖穴石坑墓，墓坑长5.4、宽3.5米，未发现墓道。墓坑填土内有四层用于防潮的木炭及两层防盗的沙土卵石层，其余为坚固的三合土层。出土的葬具保存较为完好，椁用香樟木制成，口窄底宽，前大后小，椁板用子母榫扣合并用铁钉固定，椁板表面饰朱砂红漆，盖板前端有花瓣形雕饰。内棺用柏木制成，结构形制与椁大致相似，体积略小，置于椁内一个略大于棺底的矩形框架棺座上，棺板各部分未髹漆，只涂以朱红，大部分已脱落。明玉珍墓随葬器物较为简朴，针织品较多，有铭旌、画幅，明被、龙袍、褶衣、襦裙、蔽膝等袍服，还有十多幅整幅的衣料。另有金杯一件，银锭二枚。在椁前36厘米处有一"玄宫之碑"，通高145、宽57、厚23.5厘米，上刻1004字，碑文记载了明玉珍的生平及主要事迹。"玄宫之碑"为巴蜀地方史和元末农民战争史提供了珍贵史料，而出土的一批元代丝织品也极其珍贵，对研究元代的纺织技术和三峡地区纺织工艺的发展历史有重大价值[①]。

2. 渝中区两路口劳动村元墓

该墓葬位于渝中区两路口劳动村原重庆市教育委员会院内一斜坡地上。墓葬为一石砌并穴双室墓，两室大小、形制基本一致。墓址情况显示，在筑墓室之前，先在紫红色页岩基础上掘出一长方形墓圹然后砌筑墓室。墓室所用石材为较厚的石板和条石。整个墓室平面为长方形，通长1.25、立面宽1.48、高0.96米。双室中间立隔墙石板，隔墙后部设一长方形小洞相通。左、右室各以一薄石板封门。两室大小、形制基本一致（图9-12）。现以该墓左室为例介绍如下。

左室编号S2，平面呈狭长方形，内宽0.44、长1.02、高0.67米。墓底以石板铺地，石板下垫有一层木岩。墓室后壁凿有头龛，龛宽0.34、高0.36、深0.1米，龛内刻有一把曲背交椅，交椅扶手上翘，用减地线雕方法刻出交椅轮廓，双线、涂朱。墓室左、右壁各有一方形壁龛，龛中刻内减地浮雕花卉，有菊花和折枝牡丹花（图9-13），花卉

---

① 重庆博物馆：《明玉珍及其墓葬研究》，重庆地方史资料组，1982年。

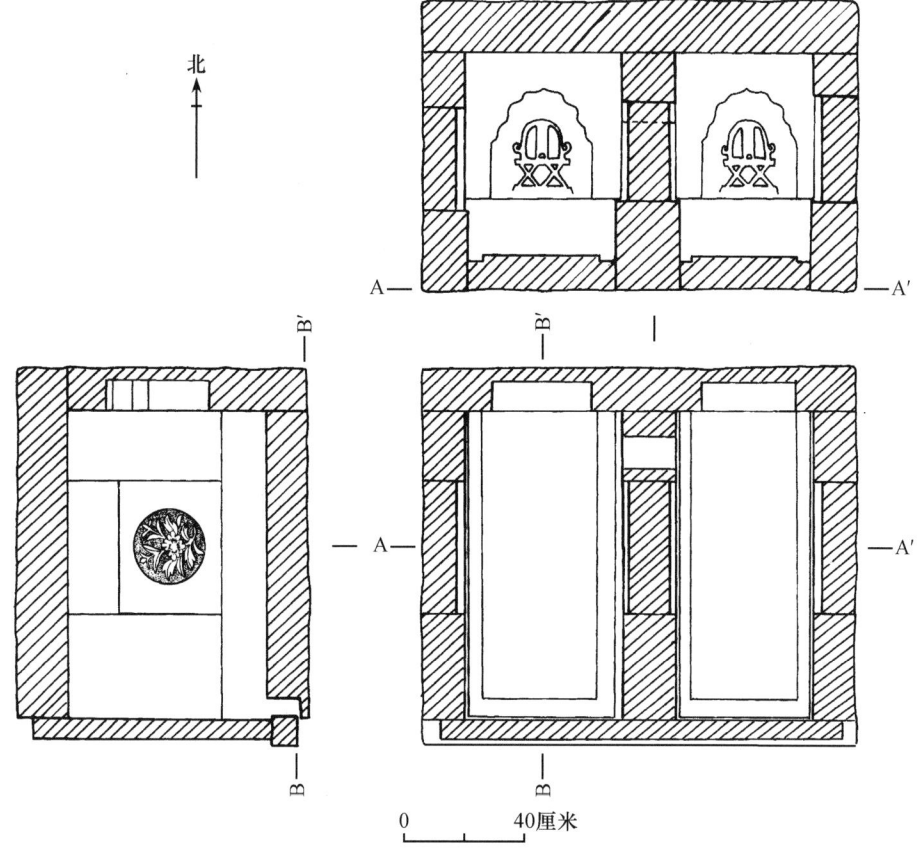

图9-12 重庆两路口劳动村元墓M1平、剖面图

均涂朱，部分枝叶涂绿。墓内人骨均剩小块碎骨和许多骨渣，黑色，当为火烧痕迹。该墓既狭窄又短小，不能安葬完整的成年人，由此推测应为一对夫妻的火葬墓。

墓内随葬品共10件，皆为瓷器，为影青瓷，施化妆土，彩色半透明，呈乳浊状。这10件瓷器皆放于头龛内，两室随葬品的数量和种类完全一样，各随葬瓶1件、炉1件、碗3件。

将劳动村元墓葬的结构和砌筑方法与四川、重庆地区南宋时期的墓葬相比较，发现它们既有相似之处，又有一定差异。如果将该元墓与四川、重庆地区的明代墓葬进行比较，则该墓的石结构与明代墓葬较为接近，不过明代墓葬多以家族多室合葬墓为主。从该墓中出土的瓷器来看，其组合为炉、瓶和碗，瓷器个体普遍较小，没有发现使用痕迹，如此看来，这批瓷器可能是专门用于随葬的明器。经鉴定，这批瓷器系景德镇的产品[①]。

---

① 重庆市文物考古所：《渝中区两路口劳动村元墓发掘简报》，《重庆公路考古报告集》，科学出版社，2010年。

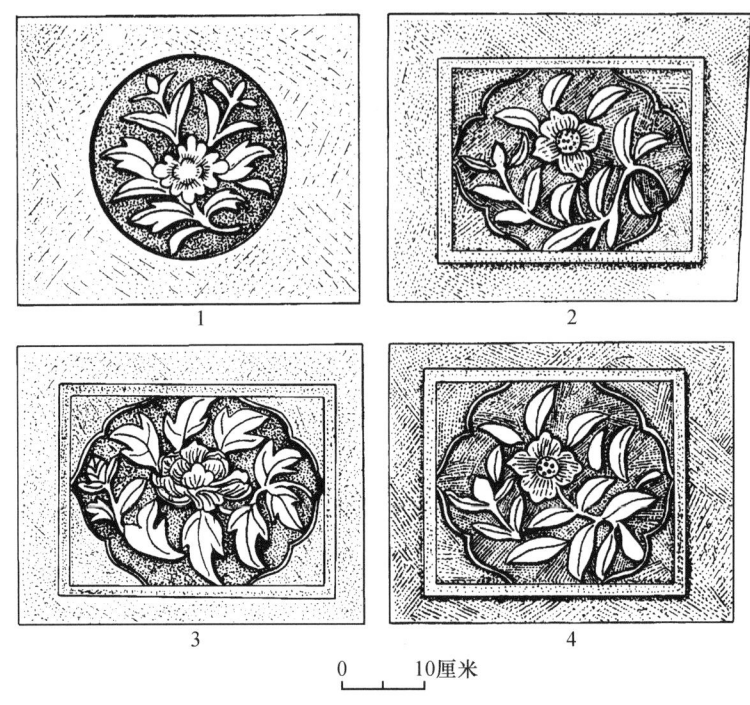

图9-13 重庆两路口劳动村元墓M1壁龛雕刻的花卉

三、明代墓葬

在三峡地区，明代墓葬在各区县境内都有广泛分布，甚至在一些高山地区也有发现，而在长江及支流沿岸地区，其分布则更多。墓葬种类包括土坑墓、砖室墓、石室墓、瓮棺墓、崖葬墓等。现以秭归庙坪、巴东旧县坪的两处明墓资料简述如下。

1. 秭归庙坪明代墓葬

1996~1997年，文物部门对庙坪遗址进行了大规模考古发掘，在遗址中清理出了一大批东周至明代的墓葬，其中明代墓葬共20座。在这20座明代墓葬中，有土坑墓17座，编号M11、M16、M17、M20、M21、M27~M33、M35、M41、M56、M67、M73。墓葬形制皆为长方形竖穴墓，东窄西宽。墓口一般长1.7~2.84、宽0.6~1.14、深多在0.2~1.4米。多座墓葬中设有头龛，头龛皆位于墓室西壁处，形状基本上呈长方形，宽0.16~0.38、深0.1~0.4、高0.18~0.5米，头龛距墓底0.16~0.56米。人骨架保存较好，头向在210°~270°，皆单人仰身直肢葬。人骨架下多垫有草木灰。葬具为一木棺。墓葬中一般都有随葬品，但数量不多，一般2~5件，基本为瓷器、釉陶器、陶器和钱币，多放于头龛内。瓷器主要有碗、碟、罐，釉陶器主要有罐、碗，陶器主要有杯、面具、板瓦等。至于墓主人身份，从这17座墓的规模较小，且多随葬少量日用生活器具的情况分析，其墓主人应为一般平民。

除以上17座土坑墓外，另有土圹砖室墓3座，编号M18、M19、M46。墓圹呈长方形，墓门朝东北。M18、M19有封土堆及斜坡墓道。砖室亦呈长方形，墓室的砖壁紧贴土圹壁，错缝平砌。M19的墓室南、北、西三壁下部以长条形石块错缝平砌，上部以长方形砖错缝平砌，券顶以砖错缝顺砌，墓道门用单砖横向错缝平砌。M46的墓门外用石板封堵，墓门与券顶均涂抹石灰。3墓墓底平坦，不见铺地砖。M18、M19为单室墓，M46为同穴三室墓，三室合并为一。各墓墓室均筑有长方形头龛和南、北壁龛。根据残存木屑和铁棺钉的位置可推测，其葬具为单棺。墓内人骨架保存较好，头向210°～215°，皆仰身直肢葬，头枕板瓦。三座墓内都有随葬品，其中M18内随葬器物9件，有瓷碗、瓷罐、玻璃串珠、契砖；M19内随葬器物8件，有陶楼、瓷碗、瓷碟、瓷罐、银耳环、铜扣饰、契砖；M46内随葬器物14件，有瓷碗、瓷罐、陶楼、金环、契砖。这几座墓葬规模略大，随葬品虽少但有陶楼、金环，且罐内多装有谷物，可见，这3座墓葬的墓主人应比前述之17座土坑墓的墓主人拥有更多的财富，或应是当地的较富有者[①]。

2. 巴东旧县坪明代墓葬

2001～2003年，武汉大学考古与博物馆学系考古队对旧县坪遗址进行了大规模考古发掘，共揭露遗址面积28875平方米。发掘出了16座明代墓葬，它们大多叠压在宋代的房屋遗迹之上。墓葬形制多样，有单室砖室墓、双室砖室墓、石室墓、土坑墓。墓葬方向皆南北向，头向后山坡（岗）[②]。具体情况大致如下。

单室砖室墓1座，编号M1。M1平面呈长方形，墓口平面长2.73、宽1.22米，斜壁。墓室用方砖错缝平铺垒砌而成，墓壁经石灰粉刷，墓底用石灰铺垫。从边墙的第九块砖开始起券。墓室东壁、西壁各设"凸"字形壁龛一个，墓室北壁设长方形壁龛一个。葬式为仰身直肢葬，葬具已朽，推测可能为一木棺。随葬品12件，主要有釉陶罐、瓷碗、瓷碟、买地券及头饰、耳环、簪等。墓内人骨架下枕有板瓦3块。

双室砖室墓1座，编号M2。M2平面略呈方形，墓口平面长2.9、宽2.7米。墓室分东西两室。东室长2.1、南端宽1.4、北端1.6米，东室北、东、南三壁均用单砖错缝平砌，南端砌有封门砖。西室北、东、西三壁均用单砖错缝平砌，墓壁外侧有用方砖或石板侧砌而成的护壁（图9-14）。西室内设有壁龛四个，其中北壁三个，西壁一个。

---

① 湖北省文物事业管理局、湖北省三峡工程移民局：《秭归庙坪》，科学出版社，2010年，第280页。

② 国务院三峡工程建设委员会办公室、国家文物局：《巴东旧县坪》（下），科学出版社，2010年，第741～753页。

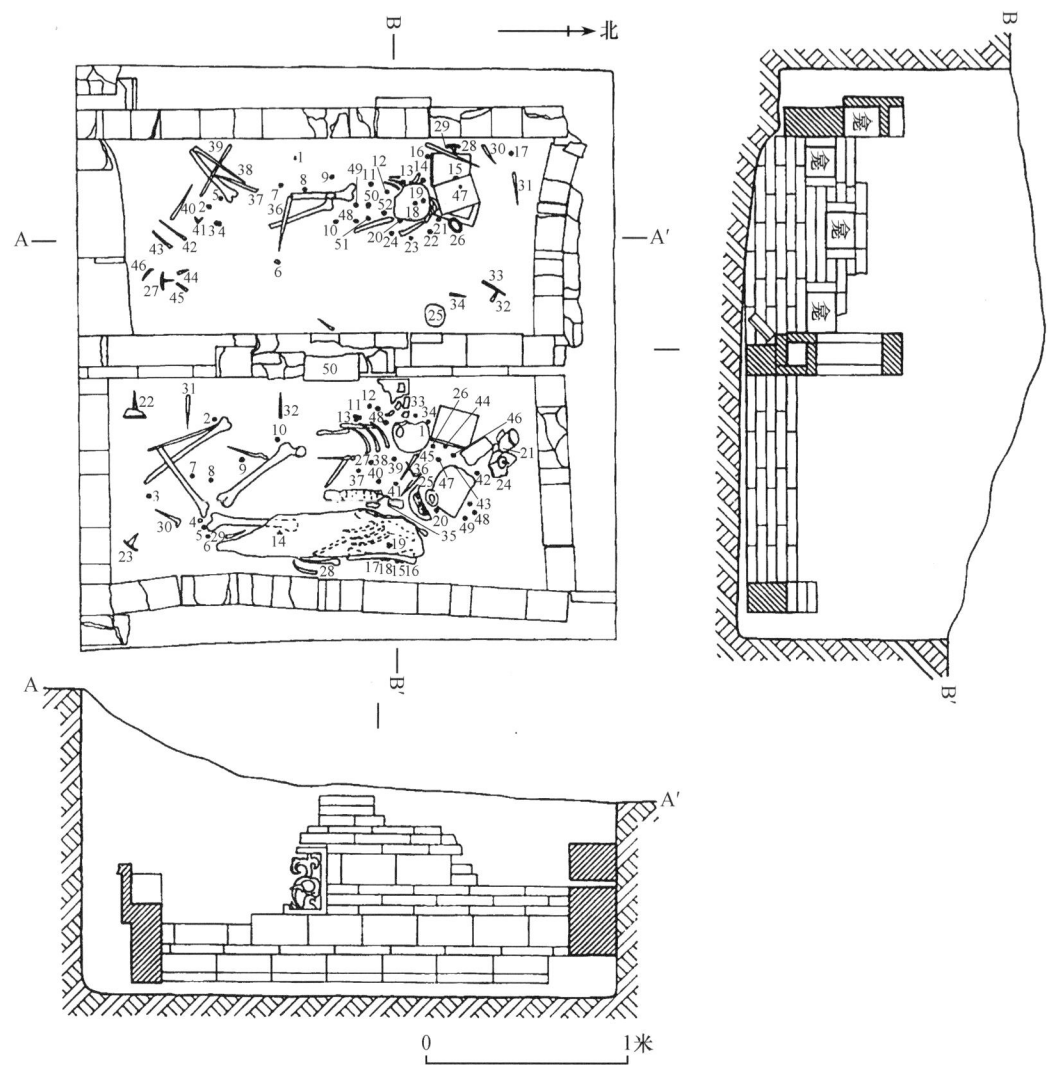

图9-14 巴东旧县坪明墓M2平、剖面图
东室：1.银头饰 2～20、37～49.铜钱 21.釉陶罐 22～24.铜环饰 25～32.铁棺钉 33、34.金耳环 35.铁器 36.银簪 50.陶窗花
西室：1、47.银耳环 2～24、48～52.铜钱 25～28.铜环饰 29～46.铁棺钉

东、西两室之间砌有三道隔墙，按西、中、东顺序并列砌筑而成。隔墙上镶嵌陶制窗花，窗花边框内有透雕的麒麟与卷云纹（图9-15）。葬具已朽，可能为一木棺。东、西室内各有骨架1具，皆为仰身直肢，人骨架下各有板瓦3块。随葬品有21件，主要有釉陶罐、铁器、银头饰、银耳环、铜钱币等。

土圹墓共13座，墓圹都较小。按照圹外有无石砌护墙的情形，可将这13座墓葬分为无石砌护墙土坑墓和有石砌护墙土坑墓两种，以前者居多。

图9-15　巴东旧县坪明墓M2隔墙陶质窗花平、剖面图

无石砌护墙土坑墓墓口平面呈长方形，长多在2.0~2.5、宽多在0.7~1米，直壁，墓底距墓口深多在1米左右。多数墓葬在北端头部设一头龛，也有的无龛。葬具已朽，据腐朽痕迹和棺钉位置分析，皆应为木质单棺，有的墓底铺有一层草木灰。葬式多为仰身直肢。死者头下多枕有板瓦，1~3块不等。随葬品数量不多，一般为4~6件。器类主要有釉陶器、瓷碗、瓷碟，另还有银耳环、铜簪、铜牌、铜钱币等。有的墓葬中还有买地券。

有石砌护墙土坑墓的规模略大于前者，有的墓上有封土堆，也有的无（可能已被破坏）。墓口平面有的呈长方形，也有的为椭圆形。墓口长在2~2.7米，宽多在0.8~1米，墓底距墓口残深多在1米以上，有的深达2米以上。墓壁直，葬具皆为单棺，葬式均仰身直肢，人骨架头部下一般都枕有板瓦或灰砖。随葬品数量不多，一般3~5件，器类主要有釉陶器、瓷碗、砖、墓志、铜钱币等。

四、归纳和认识

宋代三峡地区的历史，各类文献典籍和地方史志中虽也有一些记载，但大多过于零散、笼统，有的甚至还有牵强附会之词，难以令人信服。至于埋葬习俗，则记载寥寥。我们通过对三峡地区宋明时期墓葬资料的介绍，可以观察到三峡地区宋明时期人类活动的历史及墓葬习俗等情况。这里我们再对三峡地区宋明时期的墓葬及埋葬习俗等做如下归纳。

第一，宋明时期，三峡地区的墓葬形制较为多样。主要有长方形土坑竖穴墓、砖室墓、石室墓、土洞墓、崖棺葬墓等，又以长方形土坑竖穴墓数量最多，砖室墓次之。砖室墓多为单室墓和双室墓，极少三室墓，以单室墓居多。明代墓葬中，无论土坑墓还是砖室墓，在墓壁处设置头龛、边龛的现象比较普遍；最常见者为头龛，设在死者头部。墓圹规模稍大的墓葬则在左右墓壁上设置壁龛。部分明代墓葬建有封土堆和围墙。

第二，三峡地区的崖葬墓几乎遍布整个长江两岸及远离长江的恩施、黔江地区。从发现的地点和数量来看，江南多于江北。从墓葬的时代来看，长江沿岸地区的崖葬墓时代较早，如宜昌小峰、秭归兵书宝剑峡、巴东龙船河、奉节风箱峡、盔甲洞，以及巫溪荆竹坝、南门湾、凤凰山、九层楼、狮子包等处的崖墓，其年代可追溯到汉代甚至战国时期。在三峡以南清江流域的巴东、建始、恩施、利川、咸丰、宣恩，以及渝东南酉水流域的来凤及重庆所辖之区、县境内，则发现了大批的汉至唐宋时期的崖葬墓。崖葬多利用自然岩隙或人工开掘的岩洞来安置棺木。葬具也有好几种形式：一是时代较早的单船棺，棺木较大，以整木挖凿而成；二是木箱、木柜式崖棺；三是小型船棺，其长不过1米，亦由整木挖凿而成，但树木较小，这种类型的葬具多用于二次葬，且数量不多；四是整木挖凿而成的"槽式"木棺，所见者长不足60、宽30厘米左右，这种类型的葬具多是将人骨捡拾分类盛装后予以安葬的。经调查和清理，发现清江流域、湘西地区、渝东南地区的崖葬墓的时代多为东汉、晋至宋元时期，而乌江下游地区的崖葬墓的时代则较晚，中国科学院地球化学研究所对黔东北松桃、岑巩崖葬墓的木棺进行过^{14}C年代测定，确认其年代约为（1475±90）年，为明代中期成化年间[①]。

第三，宋元明时期仍有"借室埋葬"的现象。这一时期的"借室埋葬"，系利用先前的东汉或六朝时期的砖室墓或石室墓的墓圹来安葬死者。这类墓葬大多为多人合葬，这一葬俗可能与该地区东汉、六朝时期家族墓的埋葬形式有一定的承袭关系。

---

① 邓辉：《土家族区域的考古文化》，中央民族大学出版社，1999年，第275页。

葬向主要有两种，其一是头朝后山，脚朝长江或溪河的开阔地；二是头朝长江或溪河的开阔地，脚朝山冈。这种葬向不一是否与居民的族属不同有关，值得进一步研究。葬式则多为仰身直肢葬，其他葬式较少，如在秭归庙坪发掘出的40余座唐、宋、明墓中，除10余座因人骨腐朽严重难辨葬式外，其余的全部都是仰身直肢葬。

第四，宋代的土坑洞穴墓葬的形制与唐代的相同，都为小型墓。随葬品数量不多，一般为瓷器和铜钱币。土坑洞穴墓大多分布在三峡东部地区。三峡地区唐宋时期突然出现的这种埋葬习俗，与该地区传统的习俗完全不同。从我国目前考古发现的土坑洞穴墓的资料来看，这类土坑洞穴墓主要分布于我国西北的陕西、豫西地区甚至新疆地区，其历史可以追溯至战国时期，其后延续至西汉以至唐宋时期。从随葬器物来看，西北地区的土坑洞穴墓中常随葬有马头或羊头的环首铁刀等，有意思的是，这种随葬品在三峡地区的土坑洞穴墓中也有出土，其形制与西北地区土坑洞穴墓中的同类器物如出一辙。此外，在三峡地区的唐宋时期土坑洞穴墓中，还发现了一种过去不曾见过的银质或铜质的下颌托，这种下颌托也是北方地区比较流行的随葬品，尤其是在西安、洛阳地区，这种下颌托极为常见，其时代甚至可以早到北魏，唐墓中更为普遍。而在三峡地区，唐墓中出土下颌托的时间均在安史之乱之后，中唐时期最多，晚唐偏少，北宋时期更少。三峡地区土坑洞穴墓的葬俗及下颌托的由来，考古学研究者认为，这两者皆缘于北方民族。有学者甚至认为，三峡地区的土坑洞穴墓遗存可能与回鹘人有关[①]。

第五，三峡地区发掘的明代墓葬，无论形制还是随葬器物类型、埋葬习俗等，都与唐宋时期的墓葬既有相似之处，又有差异。明代墓葬多设头龛和边龛，唐宋时期的墓葬中虽也设置头龛或边龛，但数量远不及明代。明墓多在墓葬底部用草木灰、石灰填底，唐宋时没有这种现象。此外，明墓中死者头下枕瓦的现象比较普遍，如2001年奉节宝塔墓地发掘的9座明墓，除1座被盗扰情况不明、2座墓葬内不见人头下枕瓦外，其余墓内5人头下枕板瓦，1人头下枕筒瓦。2008年，巴东焦家湾墓地发掘出9座明墓，1座不见枕瓦，其余8座墓内人骨头下皆枕板瓦。这一时期的墓葬，头多靠山，脚朝长江或溪河，呈现靠山面水、面向开阔的特征，而唐宋时期的葬向则相反，不少墓葬恰恰头朝长江或溪流，脚朝后山。明代墓葬中随葬器物较少，有的甚至没有。随葬品则以瓷器为主，釉陶器次之，多为实用器，其他还有陶器、铜器、银器、金器及铁器等，但较少。明代墓葬中也见有随葬模型明器陶楼的现象（图9-16）。从三峡地区明代墓葬包括唐宋墓葬绝大多数都规模较小且随葬品也不多的现象来看，墓主人应该都是普通平民。

---

① 朱世学：《三峡湖北库区墓葬初步研究》，科学出版社，2010年，第466页。

第六节 瓷器、陶器、其他

一、瓷　　器

宋元明时期是中国制瓷业的繁荣时期，瓷器种类齐全，造型繁多，釉色斑斓，纹饰丰富。尤其在两宋时期，随着经济的繁荣，制瓷业得到了空前发展，官窑崛起，名窑林立，大大推动了制瓷业的发展，我国著名的"七大名窑"就是在这个时期形成的，各地的制瓷业也呈现出一派欣欣向荣的景象。三峡地区考古发现的瓷器，除了几大名窑的产品外，本地窑口及周邻地区窑口的瓷器如涂山窑、合州窑、昌州窑、彭州窑、广元窑、达州窑等的瓷器，也都有发现。元代瓷器在三峡地区也有一些发现，只是数量不多。元瓷主要以江西景德镇的青白瓷和浙江龙泉窑的青瓷为代表，在奉节永安遗址中出土的元代青花人物高足杯和青花花卉高足杯，是三峡地区元代瓷器的佳品。明代瓷器在三峡地区各遗址和墓葬中更是多有发现，虽皆为民窑的产品，但其风格清新，质地粗犷，自由奔放，物美价廉，充分体现了民间的审美情趣。明代瓷器的器类主要有碗、碟、盘、杯等，年代包括明初洪武年间，明早期永乐、宣德年间，明中期成化、弘治、正德年间，明晚期嘉靖、隆庆、万历年间，明末期天启、崇祯年间。下面择两处有代表性的遗址中的瓷器简略说明如下。

1. 巴东旧县坪遗址中出土的瓷器

旧县坪是隋唐、五代、两宋时期的巴东县治。旧县坪遗址出土了大量两宋时期的瓷器，占遗址宋代遗物总数的50.47%。这些瓷器主要有生活用具、娱乐用具等。生活用具主要有碗、盘、碟、盏、钵、杯、盆、罐、执壶、瓶、盏托、尊、器座、洗、炉、灯盏等，娱乐用品主要有鸟食罐、盒身、盒盖、砚滴、腰鼓、棋子、弹珠、印章等。旧县坪中的宋瓷绝大多数都是来自全国各地窑系的产品，其时代包括北宋早期、中期和晚期以及南宋早期、中期和晚期。其他遗物还有釉陶器，占遗址宋代遗物总数的17.05%[①]，器形主要有鸟食罐、弹珠、铃以及一些生产工具、建筑材料等。釉陶器的器类、时代与瓷器基本一样，只是少数器类如刻槽盏、碾槽、砂锅、瓮等，在瓷器中不见。也发现了三彩器物，色彩有红、绿、黄、褐等，但三彩器物的来源不明。

---

① 国务院三峡工程建设委员会办公室、国家文物局：《巴东旧县坪》（上），科学出版社，2010年，第331页。

2. 秭归东门头遗址中出土的瓷器

东门头遗址出土了大量宋元明时期的文化遗物，分布在发掘区域的A区、B区、C区、D区。出土的瓷器很多，其中的宋代瓷器有细瓷和粗瓷之分，细瓷占大多数，胎色多呈灰白色，器类有碗、罐、盘、壶、盏、杯、盆、炉、瓶、缸、盖等；粗瓷胎色多呈红褐色，器类有罐、碗、钵、盏、洗、盆、壶等。东门头遗址的明代遗存分布范围较宋元时期又有所增大，出土的瓷器数量更多，同样有细瓷和粗瓷之分，也以细瓷为主，胎色多呈灰白色，器类有碗、罐、盘、壶、盏、杯、碟、盆、勺、瓶、盖等；粗瓷胎色多呈红褐色，器类有碗、罐、钵、盆、壶、盏、盖等。宋代瓷器的时代包括北宋晚期和南宋晚期。元代瓷器很少。明代瓷器的时代包括明代早期和明代中期。宋元时期的瓷器主要出自龙泉窑、景德镇窑、吉州窑等窑口。东门头遗址中出土了如此丰富的瓷器，反映了宋元时期制瓷业生产的繁荣与产品流通的多元状况。此外，出土的宋元时期的瓷器还有少量卵白釉瓷碗，此类瓷器是元代出现的一种新的釉色品种，又称"枢府瓷"，是景德镇窑系的元代典型产品[①]。

二、陶　　器

宋元时期的各类遗物，除瓷器、釉陶器以外，还有陶器。经统计，陶器约占各类遗物总数的10%左右，主要为生活、娱乐、生产类用具及建筑材料等。质地多为泥质灰陶，其次是夹细砂灰陶，泥质黑陶、夹砂褐陶少许。生活用具多素面，少有纹饰。纹饰陶有莲花纹、圆点纹、弦纹、附加堆纹等；器类主要有三足钵、盆、杯、器盖、罐、缸、盘、三足炉、三足器、灯盘、灯盏、瓮、瓶等。文化娱乐用具的器类主要有鸟食罐、弹珠、棋子、动物塑像等。生产工具的器类主要有纺轮、网坠等。建筑材料主要有板瓦、筒瓦、瓦当、滴水、饰件等，外表多素面，背有麻布纹。瓦当多饰浅浮雕的兽面纹，其次为花卉纹，另有少量人面纹，也有素面无纹的；滴水以浅浮雕的花卉纹为主，周边多伴以联珠类纹饰。墓葬中除瓦材、砖、买地券、陶楼以外，几乎没有其他陶器。

---

① 国务院三峡工程建设委员会办公室、国家文物局：《秭归东门头》，科学出版社，2010年，第263页。

三、其　他

其他类包括铜器、铁器、银器、骨器、石器、玉器等。其中铜器的数量稍多一些，器形主要有锅、匝、镜、镞、剑、锁、匙、勺、耳挖、鱼钩、权、秤盘、镊子、头饰、筓、钱币、复合开工具等；铁器的数量、器类次于铜器，锈蚀严重，器类有钵、鼎、罐、锅、盆、壶、刀、剪刀、权、锁、环等；银器的数量也不多，器类主要有耳挖、簪、耳坠、戒指、环等；骨器有梳、号牌、针、簪等；石器类主要有刀、杵、臼、磨、碾槽、筹码等；另有金环、贝饰、琉璃串珠、耳饰等。

四、归纳和认识

宋元明时期，三峡地区的商品经济逐渐发展起来，手工业较发达。制瓷业自宋代开始发展迅速，随着制瓷中心的南移，三峡地区也出现了多个本土的瓷窑。因此，在三峡地区，除见有传统的几大名窑的瓷器外，还出土了本地的瓷器。本地瓷器没有名窑瓷器那么精美，大多制作粗糙但意趣狂放，体现了当地民间的审美情趣。考古发现的这一时期的陶器也较多，种类也较丰富。特别值得注意的是，发现的陶瓷器中，除多见日常生活、生产用具外，还发现了许多用于娱乐的陶器和瓷器，反映了宋代以后的社会，在商品经济的带动下，人们的文娱生活也日益丰富。宋明时期除陶瓷业外，青铜制造业尤其是铜镜制造业也依然繁荣，但大多呈现仿造汉唐的风格。

第七节　其他遗存

一、陶　楼

在秭归狮子包一座墓葬的北室和南室中，分别出土了两件陶楼，皆为泥质黑陶。

北室的一件陶楼置于北室边龛内，为一两进式楼阁，前厅后阁之间以天井相隔，均作直棂窗，悬山式屋顶，上铺筒瓦和璧形瓦当。前厅檐柱两侧各立一动物，似狗和鸡。屋脊有脊兽，前厅脊兽似为龙，后阁脊兽为飞鸟。前厅筒瓦下饰垂幛纹（图9-16）。

南室的陶楼置于南室边龛内，为两层悬山式楼阁，正脊及垂脊均作简化吻兽，略

第九章　宋元明时期考古文化　　　　　　　　　　　　　　　　　　　·369·

图9-16　秭归狮子包明墓陶楼
1. 北室：14　2. 南室：1

上翘。此楼阁不如北室所出精细，细节方面表现得不如前者充分[①]。

　　这类陶楼虽为明器，但也将古代建筑的真实生动的形象直观地呈现在人们面前，这对研究当时建筑的建构和装饰应有一定的参考价值。不过，由于这些陶楼都是随葬

[①] 宜昌市博物馆、秭归县屈原纪念馆：《秭归狮子包明墓清理简报》，《湖北库区考古报告集》（第一卷），科学出版社，2001年，第631~633页。

品，其形制和装饰难免有夸张的成分，以表达古代的人们对往生世界生活的美好向往。艺术来源于生活，虽高于生活，但这些模型的大体构造和当时的真实建筑应当是有相符之处的。

二、农业遗迹

在云阳李家坝遗址中，考古人员发掘出了一处水田遗迹，包括水田、田埂、稻窝、水口、人脚印、牛蹄印等与水田设施和水田耕作活动相关的遗迹。整个水田遗迹在三个地层中都有发现，时代包括唐宋（第14层）、明（第9层）、清（第5层）。遗迹中有田埂14条，一般宽50~110、高20~60厘米，其中唐宋时期的田埂最宽，现存宽度仍在110厘米左右。水田中有大量稻窝遗迹，由东北向西南成行排列，大多呈圆弧形。有3个水口，开口于田坎上，宽25~50厘米。在水田中发现了大量明清时期的人脚印，脚印长约28厘米、宽6~10厘米，应为人们耕作时赤脚在水田中行走留下的。此外，还发现了大量明清时期的牛蹄印，从蹄印的大小观察，推测当为黄牛和水牛，蹄印也应为耕作时所留。在李家坝遗址中，三层（即第14、9、5层）不同时期水田遗迹的考古发现，可使我们大致了解到该地区水田耕作的变迁过程。早期水田面积较小，随着时间的推移，每块水田的面积都在不断扩大，除因需求扩大而必须拓展外，还有洪水泛滥淹没水田后致斜坡被冲击磨蚀平缓而形成了拓展空间，水退后人们就可以再次在更为平坦的坡面上开垦出更大面积的水田[①]。

三、窑址、瓷器窖藏

三峡地区的陶瓷业历史悠久，重庆涂山窑生产的天目瓷造型精美，纹饰多变，是宋代三峡地区的代表，体现了本地区较高的制瓷水平。

1. 涂山小湾瓷窑

已发现的涂山窑窑址有10余处，分布在重庆长江南岸南山和涂山之间的山谷地带，是规模较大的窑场。小湾瓷窑是其中最大的一处，位于黄桷垭南山路煤炭山的山腰，面积约4000多平方米。经过多次发掘，共出土文物标本2000余件，并有3座窑炉、1处淘洗池及1处作坊等遗迹。出土瓷器的器形以碗、盘、盏为主，另有杯、碟、罐、

---

① 四川大学历史文化学院考古系、云阳县文物管理所：《云阳李家坝水田遗址发掘报告》，《重庆库区考古报告集·1997卷》，科学出版社，2001年，第311~323页。

壶、香炉等。瓷器纹饰有三种，一是釉中装饰，这一类最多；二是釉下绘画装饰；三是胚胎刻画、压印纹装饰，这是天目瓷的标志性装饰手法。伴随出土的还有大量窑具，如垫圈、垫块等垫烧器，匣钵、匣盖等装烧器。涂山窑窑炉的平面呈马蹄形，以砂岩条石和不规则石块砌建，由烧火坑、窑门、火膛、窑膛、烟囱五部分组成。淘洗池呈长条形，包括泥料堆积坑和正方形泥料坑。洗泥池用薄石块错缝铺地，池墙用不规整的条形方石砌建。作坊残迹仅残存2列墙基，在偏南北向的墙基处有一石砌的圆形灶坑。经考证，窑址的使用年代在北宋至元初这一时段[①]。

2. 荣昌宋代窖藏瓷器

1984年3月，重庆市荣昌县合靖乡祝家村村民在兴建房屋时，在祝家老院墙的墙脚下发现了一个长方形石坑，该坑长1.3、宽0.7、深1米，坑口距地表约1米左右。石坑系以红色砂岩砌成，坑内填有淤泥并混合了大量瓷器。显然这是一个瓷器的窖藏坑。在窖藏坑中，共出土瓷器145件，其中完整瓷器123件。这批窖藏瓷器包括宋代江西吉州窑、四川广元窑、福建水吉窑（即建窑）、浙江龙泉窑、河北定窑和陕西耀州窑的产品。

按瓷器的窑口分，其情况分别是，吉州窑产品48件，器类有碗、盘、盏等；广元窑产品9件，器类有茶盏、瓶等；水吉窑产品1件，为黑釉盏；龙泉窑产品9件，器类有碗、香炉等；定窑产品8件，器类有碗、盘、盏、碟、带盖碗等。其他还有一些瓷器的窑口尚未能确定。

这批瓷器不仅瓷釉光润、胎色细腻，而且造型端正、花纹精美，都是各窑口的佳品。其中如吉州窑的玳瑁纹、耀州窑的刻印划纹、定窑的瓷质洁白滋润、龙泉窑的做工精细且釉色晶莹似玉以及建窑的兔毫纹等，皆令人赏心悦目。整个窖藏，以耀州窑、吉州窑瓷器数量最多，且皆为两窑产品的上乘之作[②]，其质地之优良、纹饰之绚烂、造型之精美，都是罕见的。

该窖藏坑瓷器的时代最早可到北宋，但其中更多的瓷器带有南宋及金代风格，故该窖藏坑的时代应为南宋。

3. 长阳明代窖藏瓷器

1972年10月，湖北省长阳县贺家坪区（镇）三友坪村发现一窖藏坑，坑中置一陶

---

① 重庆博物馆：《重庆涂山瓷窑小湾窑发掘报告》，《四川考古报告集》，文物出版社，1998年，第440、441页。

② 陈丽琼：《重庆市荣昌县窖藏宋代瓷器》，《重庆、四川古代陶瓷研究》，重庆出版社，2001年。

瓮，瓮口距地表50厘米，瓮中装有各类瓷器64件。瓷器多完好无损。器形主要有碗、盘、杯、碟等。其中青瓷盘10件，系明代景德镇民窑仿制宋代哥窑的产品。青瓷碗7件，系明嘉靖至天启年间景德镇的民窑产品。青花杯11件，其中两件外底分别有"大明成化年制"和"成化年制"的纪年款，故其当为明成化年间景德镇民窑仿官窑的产品。青花碟34件，系明代早期景德镇的民窑产品。白瓷杯2件，分析认为其可能是明宣德时期景德镇的民窑产品。这批明代窖藏瓷器均为实用器，有的留有使用痕迹。其埋藏原因可能与社会动荡和战争有关[①]。

教学重点：

（1）宋元明时期三峡地区考古文化遗存发现的资料情况。

（2）三峡地区重要城址、房屋、墓葬遗迹的建筑特点。

（3）南宋抗蒙（元）时期三峡地区山城防御体系及其县衙署。

（4）三峡地区出土了哪些窑口的瓷器、涂山窑窑址及典型瓷器。

教学难点：

（1）文献记载与考古发现资料的相互结合运用研究。

（2）通过对三峡地区考古发现，如何去了解宋元明时期社会经济繁荣的状况。

（3）宋元明时期考古文化的分期。

---

① 长阳土家族自治县博物馆：《湖北长阳发现明代窖藏瓷器》，《考古》1994年第6期。

第十章 三峡地区的巴、楚文化

三峡地区是古代巴、楚民族活动的重要区域，正如著名考古学家黄景略、张忠培先生所说："三峡是探讨人类起源的重要地区之一……三峡是我国古代巴人的活动区，也是早期楚人的重要活动区。"[①]从三峡地区夏至秦汉的出土遗物来看，三峡地区巴、楚文化的相互渗透、相互吸收十分明显。在三峡地区的巴人活动区域里，经常会发现包含楚文化因素的遗存，在巴人遗址的地层及墓葬中，常常会伴出楚文化的遗物，甚至在巴人的墓地中还发现有楚人的墓葬。三峡地区出现的这种"似巴非巴、似楚非楚"的文化现象，引起了不少学者的关注，并因此展开了对三峡地区巴、楚文化关系的讨论。本章主要从三峡地区考古发现的秦汉及更早时期的巴、楚文化遗存出发，结合文献中有关巴、楚民族的记载情况，来分析三峡地区的巴、楚文化关系，并对考古发现的廪君巴人遗存及巴人人骨体质特征进行分析。

第一节 三峡地区巴文化遗存的考古发现

巴文化即指巴人在巴国疆土上所创造的一种具有自身特征的区域文化，它是巴人在其历史发展过程中所创造的物质财富和精神财富的总和[②]。根据三峡地区考古发现的巴文化遗存，我们可将该地区的巴文化划分为早、晚两个时期。早在20世纪70年代末，著名的考古学家俞伟超先生就将三峡地区考古发现的夏商时期遗存认定为"早期巴文化"遗存[③]，至90年代初，杨权喜先生等则明确地提出了"早期巴文化"的概念[④]，随后又有一大批巴文化学者也将三峡地区的夏商时期遗存划入早期巴文化的范

---

① 王风竹：《不使巴风成绝响 三峡文物永风流——著名考古学家黄景略、张忠培两位先生谈三峡工程中的文物保护工作》，《江汉考古》1993年第3期。
② 谭维四：《"巴楚文化"初论》，《巴楚文化研究》，中国三峡出版社，1997年，第8页。
③ 俞伟超：《楚文化的渊源与三苗文化的考古学推测》，《先秦两汉考古学论集》，文物出版社，1985年。
④ 杨权喜：《略论古代的巴》，《四川文物》1991年第1期。

畴，甚至还有学者认为早期巴文化的时代可上溯至新石器时代晚期。总体上来说，有关早期巴文化的时代问题虽有争议，但大致相去不远，而需要确定的则是晚期巴文化的时代范围。四川大学的宋治民先生参考了蜀文化的分期后认为早期巴文化的时代为夏至春秋，晚期巴文化的时代为战国至西汉早期[①]。重庆师范大学的管维良先生则将夏商和西周时期划入巴文化的早期，春秋至西汉早期为巴文化的晚期[②]。这两种观点中有关巴文化晚期的时代较为接近，这里，我们采纳管维良先生的观点，从考古学文化的分区和类型以及遗迹、遗物等方面来对三峡地区早期和晚期的巴文化遗存分别进行介绍。

一、早期的巴文化遗存

三峡地区的早期巴文化是在该地区新石器时代文化基础上融合三峡东部地区新石器时代文化传统及中原文化和早期蜀文化而凝聚成的一种具有三峡特色的新的考古学文化。

（一）三峡地区的早期巴文化遗存分区与类型

由于区域性差异，我们以巫峡为界，分别介绍三峡以西地区和三峡以东地区早期巴文化的分区与类型，以理清其各自发展的脉络。

通过文化因素的分析，我们又可将巫峡以西地区的早期巴文化遗存分为三种文化类型，即新石器时代晚期至夏时期的中坝文化类型，二里头晚期至殷墟早期的中坝子文化类型，商时期至西周早期的石地坝文化类型。

巫峡及巫峡以东地区的早期巴文化遗存也有三种类型，即相当于二里头文化早、中期的白庙文化类型，相当于二里头文化晚期至殷墟早期的朝天嘴文化类型，相当于殷墟晚期至西周中期的路家河文化类型。

（二）早期巴人的遗迹

目前，三峡地区考古发现的早期巴人遗迹主要有人类居住遗址、房屋建筑遗迹、墓葬遗迹、水利设施遗迹、水田遗迹，以及窑址、盐业遗迹、窖藏坑、储藏坑等。

---

① 宋治民：《蜀文化与巴文化》，四川大学出版社，1998年，第193页。
② 管维良：《三峡巴文化考古》，中国言实出版社，2009年，第9页。

1. 人类居住遗址

自20世纪70年代以来，三峡地区发现的夏商时期的巴人遗址已多达200余处，主要有房屋建筑、灰坑、墓葬、水利设施、水田、窑址、盐业、窖藏坑等遗迹，出土遗物包括陶器、石器、骨器、青铜器等。在第四章中，我们已对这些夏商时期的遗址做过较为详细的介绍，在此不再赘述。西周时期的相关遗址也比较多，其概况亦可参见前面第五章。

2. 房屋建筑遗迹

三峡地区夏、商、周时期巴人的房屋建筑遗迹主要有"地面台式"建筑和"干栏式"建筑两类，其次还有少量的"半地穴式"建筑。发现夏时期房屋建筑的典型遗址有宜昌白庙子、秭归下尾子、巫山魏家梁子等。这些房屋遗迹都是"地面台式"建筑。发现商时期房屋建筑的典型遗址有云阳李家坝，秭归长府沱、何光嘴，宜昌三斗坪、中堡岛等。其中的云阳李家坝、秭归长府沱、宜昌中堡岛等遗址中的房屋遗迹，据其遗留之分布有规律的柱洞及建筑范围内不见居住面和红烧土的情况分析，推测其皆属于"干栏式"建筑。发现西周时期房屋建筑的典型遗址有巫山双堰塘、酉阳清源、秭归庙坪和宜昌上磨垴等。

3. 墓葬遗迹

夏、商、周时期，巴人的墓葬种类多样，主要有土坑竖穴墓、崖墓、瓮棺墓、腰坑墓几种形式。发现夏时期墓葬的遗址主要有秭归官庄坪、柳林溪，长阳桅杆坪等。葬式以仰身直肢葬为主。在柳林溪遗址发现了这一时期的瓮棺葬墓。发现商时期墓葬的遗址主要有宜昌杨家嘴，长阳香炉石、深潭湾，云阳李家坝等。在长阳发现的两座墓葬均为崖墓，而李家坝遗址发现的是腰坑墓。发现西周时期墓葬的遗址主要有长阳深潭湾、秭归张家坪、酉阳清源、忠县瓦渣地等。其中长阳深潭湾的西周墓葬为崖墓，而秭归张家坪的是瓮棺墓。这些早期的巴人墓，一般随葬品都较少。

4. 水利设施遗迹

目前，见诸报告的早期巴人水利设施遗迹只见于巫山双堰塘遗址。在该遗址中，发掘出了1条沟槽、4个基本上呈一条直线等距排列的坑洞。主持发掘者研究认为，"这些坑洞和沟槽的功能和用途当与水边拦河设施最为密切"，其设施"也许是目前所知重庆地区最早的水利工程"[①]。此说已得到有关专家的认可。

---

① 王川平、刘豫川：《重庆库区考古报告集·1997卷》前言，科学出版社，2000年，第6页。

5. 水田遗迹

早期巴人的水田遗迹，目前只在万州中坝子的商周时期地层中有所发现，可见有水田的耕作面，清理出人脚印2个，牛蹄印6个，小水沟1条。小水沟尽头还有一小豁口，可能是排、放水口。地层底部还发现几条似为犁沟的"V"形凹槽遗迹[①]。这可能是三峡地区目前已知最早的水田遗迹，它的发现也将这一地区的水田农业史至少向前推至商周时期[②]。

6. 窑址

目前，早期巴人的窑址在夏、商、西周时期的遗址地层中发现得较多，如在万州涪溪口、云阳大地坪、秭归大沙坝、忠县中坝等遗址中均有发现。按照火焰在窑炉内的流动方向，可将其分为升焰窑、平焰龙窑两种。

7. 盐业遗迹

三峡地区的先民在远古时代就开始认识盐并制盐了。夏、商、西周时期的早期巴人遗址中，常见用于制盐的圜底釜和尖底杯等一类工具出土，尤以忠县出土为多。除制盐工具外，另还在忠县中坝遗址中发现了二十余道周代卤水槽，这些卤水槽显然为制盐卤水的输送装置。

8. 窖藏坑

三峡地区的一些山坡、山冈、洞穴、江河阶地等处常常会发现一些窖藏坑，目前所见已有40余处。若将三峡南岸的清江流域也归入统计，则这种"窖藏坑"的发现数量可达80余处。三峡地区发现这些"窖藏坑"的地点分布在宜都、五峰、宜昌、秭归、巴东、巫山、奉节、云阳、万州、涪陵、黔江、彭水等地。长江南岸清江流域的发现地点则有利川、恩施、巴东、长阳、鹤峰、咸丰、来凤、宣恩、建始等地[③]。这些窖藏坑的时代最早的为商代早期，窖藏的物品主要为陶器、铜器等，三峡地区早期巴人的青铜容器多出土于这些窖藏坑中。对于窖藏坑的性质，学者们认为与祭祀有关，也有可能与战争有关。

[①] 西北大学考古队、万州区文物管理所：《万州中坝子遗址发掘报告》，《重庆库区考古报告集·1997卷》，2001年，第351页。

[②] 西北大学考古队、万州区文物管理所：《万州中坝子遗址发掘报告》，《重庆库区考古报告集·1997卷》，2001年，第379页。

[③] 杨华：《三峡夏商时期考古文化》，科学出版社，2014年，第218页。

9. 储藏坑

目前，考古部门在万州涪溪口遗址中发现了1座竖穴储物土坑，其性质应为早期巴人的储藏坑之类[①]。

（三）早期巴文化遗物

早期巴文化的遗物非常丰富，种类主要有陶器、石器、骨器、铜器等。

1. 陶器

陶器是早期巴人在社会生活中使用最多和最为普遍的器物，按照其使用情况，可以分为炊煮器、盛储器、饮食器、生产工具和其他器物等五类。

炊煮器包括：釜、甑、鬲、鬶、盉五种。其中釜是夏商周时期巴文化遗存中最具有代表性的用器之一，也是巴文化区别于其他文化最具特色的器具。由于巴人的炊煮器主要是釜、盛储器主要用罐，因而巴文化又被称为"釜罐文化"。此外，鬶、盉、鬲等本不是巴文化的原生器物，而是中原的西周文化器物，因此在早期的巴文化遗存中，发现的鬶、盉、鬲较少。

盛储器包括：缸、瓮、盆、壶、尊、罐六种。其中罐是巴文化遗存中的典型器类，数量最多，其次是缸。出土的花边口尖底缸，被认为是早期巴人的制盐工具；另一种花边口沿罐，在忠县瞀井沟、哨棚嘴、瓦渣地、中坝等遗址中大量出土，有学者认为是煮盐的釜，也有学者认为应是巴人买盐时使用的盛盐罐。

饮食器包括：碗、盘、钵、豆、杯、尖底盏、觚形器、盂、簋九种，又以杯和尖底盏的数量较多。典型的杯类为尖底杯，盘以圈足为主。研究者认为，尖底杯也是早期巴人用来制盐的工具之一。

生产工具包括网坠和纺轮。

其他的陶器还有器盖、建筑材料和鸟首形器把等。鸟首形器把是早期巴文化的代表性器物，这种器物实为舀水器或斗的柄，其"鸟首"即为鱼凫之首。巴人中的一支以鱼凫捕鱼，后辗转到川西，取柏灌族而代之，建立了鱼凫国，鱼凫成为他们的图腾，故在不少器物上都有鱼凫的图案。作为鱼凫国中心的三星堆，其遗址中便有许多鸟首形器把出土[②]。

[①] 福建省博物馆考古队，万州区文物管理所：《万州涪溪口遗址发掘报告》，《重庆库区考古报告集·1997卷》，科学出版社，2001年。

[②] 管维良：《三峡巴文化考古》，中国言实出版社，2009年，第93页。

2. 石器

在夏、商、西周时期的遗址中，发现了较多的早期巴人的石器，不过石器的分布不均匀，且时代越往后数量也越少，这可能与青铜器、骨器等工具的使用增多有关。这一时期的石器绝大多数都是磨制石器，主要器形有斧、锄、耜、锛、网坠、凿、雕刻器、砍砸器、刮削器、球、矛、箭镞、刀等。

3. 骨器

在夏、商、西周时期的遗址地层中，发现了大量的动物骨骸。三峡地区古代巴人除食用这些动物外，还利用其坚硬骨骼制作各类用具，即骨器或骨制品，主要有生产工具、生活用具、兵器以及一些可能用于祭祀的甲骨。

生产工具有铲、镞、锯、凿、锥、刀、滑轮等。其中铲是用于农业种植的起土工具，也可能在生活中用于铲饭、铲菜等。镞是兵器，或用于狩猎。锯是用于锯木、锯切骨料或锯切各类肉食等的工具。凿是用于在木材、骨料或其他材料上开铆的工具。关于锥的用途，有的人认为其可能用于农作物的点种，也有人认为是钻孔工具及其他用途之器。

生活用具有簪、笄、勺、针、装饰品等，兵器有镞、镖。

甲骨多是用于占卜的。巴人是崇巫尚鬼的民族，占卜是为向死去的先人求问的一种方式，这种习俗由来已久。三峡地区的商周时期巴人遗址，常有卜甲和卜骨出土。商时期遗址出土卜甲、卜骨的数量和种类较多的要数长阳香炉石遗址了。该遗址出土卜甲16件，卜骨24件。卜甲系由龟的腹甲制作而成，卜骨则多用较大的鱼类鳃盖骨制作而成——与中原地区的商时期卜骨原料不同——但在遗址中也发现了1件用牛肩胛骨制作的卜骨。这些卜甲和卜骨大多都有钻、凿和灼烧的痕迹，有的可见兆纹，但不见刻划文字。

4. 铜器

早在夏时期，三峡地区的先民就开始使用铜器了。早期巴人所使用的铜器可以分为生产工具、生活用具、兵器和其他器物等四类。

生产工具包括斧、锥、凿、刮刀、鱼钩。生活用具包括针、簪、串饰、削以及尊、罍。关于尊、罍，学者认为其可能不是巴人的器物。兵器有铜箭镞、刀、匕、戈、矛、剑、钺等，其中箭镞的数量最多。其他类包括与冶铜相关的遗物如铜渣、石范、铜矿石、铜片、铜块等。除此之外，还有蝎形饰、鎏金錾形饰等。

二、晚期的巴文化遗存

三峡地区发现的春秋至秦汉时期的遗存属于晚期巴文化遗存。发现的这一时期的人类居住遗址和墓葬比早期巴文化时期更多，特别是在20世纪的90年代至21世纪初，为配合三峡工程而开展的大规模抢救性发掘，发现了非常多的古遗址和古墓葬。这些考古发现显示，晚期巴文化时期的巴人已有了居住区和墓葬区的分区，在遗址中较少发现墓葬。

（一）考古学文化分期与类型

在三峡地区，发现的春秋至西汉时期的墓葬较多，且出土了大量的巴人遗物，因此我们有条件按照墓葬的资料来对晚期巴文化遗存进行分期和分类。

这一时期较为典型的墓地有：九龙坡区冬笋坝墓地、涪陵小田溪墓地、涪陵镇安墓地、涪陵易家坝墓地、忠县崖脚墓地、开州县余家坝墓地、万州大坪墓地、云阳李家坝墓地、巫山麦沱墓群、巫山江东嘴墓群等，湖北地区有巴东西瀼口、红庙岭墓地、秭归兵书宝剑峡崖墓等。

1. 晚期巴文化的分期

根据墓葬的形制及随葬品的形态与组合，可将三峡地区发现的晚期巴文化墓葬分为五期：第一期为春秋早期至战国早期，第二期为战国中、晚期，第三期为战国晚期至秦汉之际，第四期为汉武帝之前的西汉早期，第五期为西汉中、晚期[1]。现按上述分期，将各时期的墓葬及遗物情况分述如下。

第一期：目前见诸报告的春秋时期墓葬较少，主要有：①丰都石地坝遗址的第二期遗存，其时代为西周末期至春秋早期，出土器物有圜底罐和花边罐及少量尖底器[2]；②西阳邹家坝遗址的第三期遗存属于春秋早中期，出土器物主要有罐、壶、尖底盖、尖底杯、盆等[3]；③忠县哨棚嘴遗址的第四期遗存，其时代大约为春秋中晚期至战国早

---

[1] 管维良：《三峡巴文化考古》，中国言实出版社，2009年，第143页。
[2] 重庆市文物考古所、丰都县文物管理所：《丰都石地坝遗址商周时期遗存发掘报告》，《重庆库区考古报告集·1999卷》，科学出版社，2006年，第735页。
[3] 李大地、白九江、袁东山等：《渝东南地区先秦时期的考古发现》，《早期中国的文化交流与互动——以长江三峡库区为中心学术研讨会论文集》，科学出版社，2012年，第39页。

期，出土器物有圜底釜、罐、壶、钵、盆等①；④万州大坪墓地的春秋晚期至战国早期的墓葬，其形制主要为长方形竖穴土坑墓，随葬器物有圜底罐、豆、铜剑②；⑤云阳李家坝巴人墓地的第一期，时代为春秋晚期至战国早期，其墓葬形制平面为长方形，多数未见葬具，器物组合主要有铜剑、矛、钺、斧、鍪、勺和陶罐、圜底釜、盂、豆等③；⑥万州中坝子遗址发现的东周墓葬，第一段为战国早期，墓葬形制为长方形土坑竖穴墓，随葬器物有圜底釜（罐）、豆、铜矛等④。

第二期：墓葬的形制主要有船棺葬墓、狭长土坑竖穴墓、长方形土坑竖穴墓三种。前两者多分布于重庆西部地区，以九龙坡区冬笋坝墓地为代表。长方形竖穴土坑墓分布广泛，以李家坝墓地为代表。随葬器物中，陶器多为釜、罐、豆的组合，铜器有柳叶形剑、圆刃钺、弓耳矛、无胡戈、釜、甑、鍪等典型器物。已见随葬的铁器，主要有锸、镰、斧、锛、剑、刮刀、削刀、带钩、臼杵等。而船棺则系用整木挖凿而成。

第三期：船棺葬在三峡西部的重庆地区沿用，狭长土坑竖穴墓数量相对于中期时有所增多，分布范围也有所扩大，而长方形土坑竖穴墓则开始占据主导地位。随葬品中，巴文化因素稍微减弱，但仍占据主导地位。除仍有一期常见的器物组合外，还出现了靴形钺、有格铜剑、半两钱等外来文化因素。铁器的数量增多。

第四期：船棺葬和狭长土坑竖穴墓消失，长方形土坑竖穴墓成为主要的墓葬形式。另外，在巫山附近地区，出现了带斜坡墓道的竖穴土坑墓和悬棺葬墓。随葬品中，铜兵器锐减，铁制工具和农具数量大增。随葬的青铜器组合与陶器组合仍保持了晚期巴文化的特色，但新的文化面貌开始显现，如平底器较多，陶灶、陶井、小罐等明器出现等。

第五期：竖穴土坑墓已近方形，重庆地区的大型墓葬有斜坡墓道。在巫山附近地区，带斜坡墓道的"刀"字形土坑墓已较为流行。随葬品以日用陶器和仓、灶、池塘、猪圈等明器为主，巴文化典型器物之一的圜底釜仍有发现，铜器基本绝迹。巴文化已基本上融入汉文化之中了。

---

① 北京大学考古文博学院三峡考古队、重庆市三峡库区田野考古培训班、忠县文物管理所：《忠县瓦井沟遗址群哨棚嘴遗址发掘简报》，《重庆库区考古报告集·1997卷》，科学出版社，2001年，第624、649页。

② 重庆市文物局、重庆市移民局：《万州大坪墓地》，科学出版社，2006年，第54页。

③ 四川大学历史文化学院考古系、云阳县文物管理所：《云阳李家坝巴人墓地发掘简报》，《重庆库区考古报告集·1998卷》，科学出版社，2003年，第385、386页。

④ 西北大学考古队、万州区文物管理所：《万州中坝子遗址东周时期墓葬发掘报告》，《重庆库区考古报告集·1998卷》，科学出版社，2003年，第605、606页。

2. 晚期巴文化的类型

关于晚期巴文化的类型及分析,这里主要参考罗二虎先生在《初论晚期巴文化的类型》[①]中的分类,即冬笋坝类型、李家坝类型、盔甲洞类型等三种类型。

冬笋坝类型的遗存主要分布于重庆市区以及以西地区,是晚期巴文化分布的西部区域,其典型遗存为重庆巴县冬笋坝墓地和四川广元宝轮院墓地。"船棺葬"和"狭长土坑竖穴墓"是其典型的墓葬形制。

李家坝类型的遗存主要分布在重庆市忠县以东至三峡山地的长江两岸地区,这是晚期巴文化分布的中东部区域。典型遗址有重庆云阳李家坝、开州余家坝。墓葬形制一般为长方形土坑竖穴墓。

盔甲洞类型的遗存集中分布在三峡东部地区,也就是巴文化分布的最东部地区,这种类型的墓葬都属于崖葬墓。目前,在三峡地区重庆市奉节、巫山、巫溪和湖北省的巴东、秭归、宜昌等县市都发现了崖葬墓。典型遗存有重庆奉节盔甲洞崖葬墓、风箱峡崖葬墓、巫溪荆竹坝崖葬墓、秭归兵书宝剑峡崖葬墓、宜昌晓峰崖葬等。

这三种墓葬文化类型虽存在一定差异,但在随葬品上,都反映了晚期巴文化的特色。例如,在兵器组合方面,都以青铜柳叶形剑、柳叶形矛、钺、虎纹戈、斧为基本组合;炊器则都为铜鍪和陶釜。

(二)晚期巴人的遗迹

从春秋到西汉这一阶段,晚期巴人遗留下来的遗迹主要有居住遗址、墓葬、房屋建筑遗迹、城市建筑遗迹、金属冶铸遗迹、窑址、窖藏坑、灰坑等。

1. 人类居住遗址

三峡地区发现的晚期巴人居住遗址很多,仅20世纪八九十年代,在重庆三峡库区发现的东周时期遗址就达300多处,直接被判定为春秋战国时期的遗址有19处[②]。而在湖北库区,则发现100多处。近几年发现的这一时期的遗址更多,而且面积更大,往往多达几万平方米、几十万平方米甚至上百万平方米。例如,云阳李家坝遗址,面积约有60万平方米;云阳旧县坪遗址,面积约有100万平方米;奉节白帝城遗址,面积约有

---

① 罗二虎:《初论晚期巴文化的类型》,《重庆·2001三峡文物保护学术研讨会论文集》,科学出版社,2003年。

② 邹后曦、白九江:《重庆市三峡库区文物概况与保护规划简述》,《三峡文化研究》(第2集),重庆大学出版社,1999年,第8页。

120万平方米。在这些遗址地层中清理出了大量晚期巴人的遗迹、遗物。例如，忠县中坝遗址的春秋、战国时期地层，清理出的各类遗迹有房址、墓葬、灰坑、窑址等，出土遗物按质地分有陶器、石器、骨器、铜器、玉器等，其中陶器占绝大多数。第五、六章已对此详加介绍，此不赘述。

2. 墓葬

三峡地区发现的从春秋到西汉早期的墓葬比夏、商、西周时期更多，而且类型丰富，有土坑墓、岩坑墓、船棺葬墓和悬棺葬墓等几个大类。土坑墓以云阳李家坝墓地为代表，仅1997、1998年度在此发掘的巴人土坑墓就有85座，涵盖了晚期巴人土坑墓的所有形制。岩坑墓则是巴人利用山地上略斜的岩石坡面打出竖穴坑以埋葬死者的墓葬形制。船棺葬墓主要发现于重庆九龙区冬笋坝墓地和四川广元昭化宝轮院。悬棺葬是晚期巴人的一种特殊葬俗，多将棺木置于临江（河、溪）的悬崖峭壁之上，这种葬俗在三峡地区的巴人活动区域都有发现。

3. 房屋建筑遗迹

近十余年来，考古工作者在三峡地区陆续清理出一批晚期巴人的房屋建筑遗迹，并出土了一些与房屋建筑有关的建筑材料。这一时期的房屋建筑形式有地面建筑与干栏式建筑两种。春秋战国时期，巴人已经能建造双间式及三开间的房屋。发现的房屋遗迹除柱洞、红烧土、瓦材等之外，还有墙体、门道、灶坑等，这一时期的房屋建筑中还发现了用碎陶片夹砂铺垫活动面以及建造木骨泥墙的技术。秦汉时期，虽然房屋建筑主要为单间，但已出现各种附属建筑，如厨房、仓储等。

4. 城市（址）建筑遗迹

据文献记载，三峡地区曾有多座春秋战国时期的古城，如垫江城、江州城、平都城、楚方城、夷陵城等，但实地考察后，却并未发现城垣建筑遗迹。造成这一现象的主要原因在于，三峡地区地势险要，易守难攻，凭山据守，只需简单的防御工事即可，故无须建造坚固的城垣。在三峡地区经常发现一种自新石器时代就产生的、作为防御设施的"樊篱"，这种"樊篱"作为城垣的替代品一直沿用至东周时期。而在秦汉时期的一些遗址中，则发现了城墙，这应是时代发展和经济进步的结果。在秭归东门头、万州圈椅城、巫山古城（魏晋时期）等遗址中，都发现了用泥土和石块混合建筑的城墙遗迹，但多数古城遗址中仍不见有城墙的遗迹。

5. 金属冶铸遗迹

金属冶铸遗迹主要指冶炼铜和铁的遗迹。在三峡地区的春秋战国时期墓葬中，多随葬有铜器，战国时期的墓葬中开始随葬铁器，此后，墓葬中的铁器也逐渐增多。这些铜器或铁器，一部分极有可能是在三峡地区冶炼铸造的。三峡地区的不少东周时期遗址，经常会发现一些铜和铁的矿石、矿渣以及冶铸过铜、铁的遗迹。例如，在宜昌前坪遗址的东周文化层中，就发现了两处炼铁的遗迹，其地层堆积中有较多的铁矿渣。巫山龙溪遗址的东周地层中，也出土了铁矿渣。

6. 窑址

目前，在忠县中坝、云阳李家坝、奉节新浦、巫山蓝家寨、巫山下湾、巴东楠木园、秭归官庄坪等遗址中发现的晚期巴人窑址有10多座，其时代为春秋战国时期。陶窑的类型有升焰窑与半倒焰窑。秦汉时期的遗址中，也多发现有窑址，如丰都玉溪遗址即见有窑址。有的窑址中，还发现了大量的陶器、瓦材等。

7. 窖藏坑

三峡地区发现的晚期巴文化的窖藏坑比商、西周时期更多，分布也更广，如在彭水、涪陵、万州、奉节、巫山、巴东、秭归、长阳、宜都等地都有发现。这些窖藏坑中的器物主要是青铜器和陶器。这一时期的窖藏坑中出土的青铜器比早期巴文化时要多。窖藏坑的用途一般可能与祭祀有关。

（三）遗 物

晚期巴文化的遗物非常丰富，主要有陶器、青铜器、铁器、石器、骨器、玉器，到秦汉时期，还有瓷器、釉陶器等。这里，我们主要谈谈晚期巴人的陶器、铜器和铁器。

1. 陶器

陶器仍然是晚期巴人日常生活中使用最多、最普遍的器物。这一时期的陶器沿袭了早期巴文化的特征，仍多为釜、罐、盂、豆等。此外，西汉时期的墓葬中开始出现用陶质明器随葬的现象。

按照用途，可将晚期巴文化陶器分为三类，即烹饪器、盛储器和饮食器。

烹饪器主要有釜、鍪、甗、甑，其中釜的数量和种类最多，其次是鍪。

盛储器主要有壶、罍、瓮、盆、罐，其中罐的数量和种类较多，沿用时间也较长。

饮食器主要有盂、豆、碗、钵、尖底盏。

2. 青铜器

晚期巴文化进入青铜使用的鼎盛时期，这一时期青铜器无论种类还是数量都达到了空前的规模。按用途，可将其分为七类，为烹饪器、盛储器、饮食器、工具、兵器、乐器、生活用具及杂器。

烹饪器主要有鼎、釜、釜甑、鍪。鼎是受楚文化影响逐渐在三峡地区流行起来的，鍪作为巴人的主要炊器常与剑、戈、矛一起组合作为随葬品。

盛储器主要有盆、单耳罐、壶、罍、温壶、缶、钫、盘、盒。

饮食器主要有豆、杯。

工具主要有斤、凿、刮刀、锯、小刀、削、鱼钩。

兵器主要有戈、矛、钺、斧、剑、弩机、盖弓帽、镞、大武戚、盔、三角钉、矛镦、戈镦。戈是巴人使用得比较普遍的一种长兵器，出土数量较多，类型丰富。矛是一种刺兵器，巴式矛与中原矛及楚式矛不同，有自己的特点，有的骹上还铸刻巴式图语。钺是一种砍劈用兵器，与斧用途相同，前为刃后为銎。斧是一种多用途的工具，既可做砍伐树木的工具，也可作战斧，其性质应与同时出土的器物来判断。剑为短兵器，柳叶形剑是巴式兵器的典型代表，一般来说，巴式剑为扁茎，无格，无首，剑身近茎处饰巴式图语。完整的弩机包括弓、弦、机盒及铜质钩牙、悬刀、望山、机塞及枢轴，但考古多只发现剩下的后5部分。晚期巴文化的镞形式复杂多变，在制作上吸收了中原与秦楚镞的样式。关于大武戚，著名考古学家俞伟超先生认为其与周初的"大武舞"有关①。

乐器主要有甬钟、钲、錞于。在涪陵小田溪M1中，出土编钟14件。錞于是军中使用的一种乐器，顶部一般有虎纽。

生活用具及杂器主要有匕、勺、灯台、犀牛灯、带钩、簪、镜、銮铃形器、铃、璜形器、铺首衔环、印章、权等。

3. 铁器

春秋战国时期，属于晚期巴文化的铁器逐渐被广泛使用，多用作农具、工具、兵器和日用器等。

从三峡地区考古发现的铁器来看，主要有锸、钁、镰、斧、锛、钺、刀、刮刀、削刀、箭镞、（铜柄）铁剑、鍪、鼎、罐、带钩、臼杵、罐底等。其中锸是一种用于翻土的农具，一般是将一个带柄木板的头端套入锸内，其用法似铲。

---

① 俞伟超：《"大武阚兵"铜戚与巴人的"大武"舞》，《考古》1963年第3期。

三、归纳和认识

三峡地区巴文化遗存的考古发现显示，巴文化是三峡地区的传统文化，不但历史悠久，而且底蕴深厚，对后世影响深远。早期的巴文化是三峡地区的主体文化，它是在该地区新石器时代文化传统的基础上逐渐形成的有自身特色的文化。晚期的巴文化虽然受到了楚文化的冲击，在三峡地区的分布范围较此前有所缩小，但仍保持了自己的特色。这些特色主要体现在当时巴人的居住建筑、使用器物及埋葬习俗方面。比如建筑，巴文化的"干栏式"建筑以及早期使用"樊篱"的城建方式，即是典型的巴文化特色。另外，在使用器物中，陶器生活用器有釜、罐，制盐工具有花边口沿罐、尖底缸、尖底杯、鸟首形器把（勺），铜器生活用具有釜、鍪，兵器有柳叶形剑、柳叶形矛、弓耳矛、虎纹戈，乐器錞于等，都是典型的巴人器物，有些青铜器上还刻有巴蜀符号。骨器中，使用鱼鳃盖骨为卜骨原料也是巴人所特有的。他们的墓葬形制也不同于其他民族，如船棺葬和悬棺葬等。

第二节 三峡地区楚文化遗存的考古发现

所谓楚文化，是一个综合性的概念，包括地域、国家、民族和文化四个层次[①]，具体来说，楚文化是指我国周代楚人在楚国疆土上所创造的一种地域文化，它是中华民族古代文明的重要组成部分。作为一种具有浓厚特色的地方文化，楚文化对周邻地区的文化产生了重要而深远的影响。在配合三峡工程的大规模抢救性发掘中，考古学界获得了各个时期的文化信息，考古成果丰硕，楚文化在三峡地区的全面揭示是三峡考古的显著成果之一。据湖北省文物考古研究所黄凤春先生初步统计，在三峡地区湖北和重庆库区已发掘的文物点中，见诸报道的具有楚文化特征的遗址和墓地就多达80处，其中湖北库区49处，重庆库区31处，其地域从湖北宜昌一直延展至重庆忠县，时代涵盖了西周至战国晚期[②]。

---

① 苏秉琦：《从楚文化探索中提出的问题》，《苏秉琦考古学论述选集》，文物出版社，1984年，第218页。
② 黄凤春：《秭归庙坪及巫山双堰塘陶鬲的年代和文化属性》，《中国考古学会第十三次年会论文集·2010年》，文物出版社，2011年，第155页。

本节主要采用白九江先生《从三峡地区的考古发现看楚文化的西进》[①]中的观点，将三峡地区发现的楚文化遗址和墓地分三个阶段分述如下。

一、西周中、晚期至春秋早期的楚文化遗存

鄂西地区这一时期的遗址较多，主要分布在巴东、秭归、宜昌、长阳、宜都、枝江、当阳、荆州等地。典型的遗址有巴东黎家沱、红庙岭、雷家坪、罗坪、秭归庙坪、柳林溪、屈溪口、大沙坝、渡口、张家坪、卜庄河、龚家大沟、官庄坪、枝江七口堰、赫家洼子、黄家板桥、周家塝、晒网山、刘家坡、土台、赵家山、墩子港等，宜都红岩沱、双堰子、邵家屋场、骆家河、三江村、刘家河等，宜昌前坪、下岸溪、杨家嘴、朱家台、路家河、红土包、上磨垴、小溪口、覃家沱、当阳磨盘山、赵家湖、郑家山、任家垄、杨木岗、刘家湾、季家湖、荆州荆南寺、张家山、周梁玉桥、毛鱼窝、松堤、熊家冢、郭家草场、杨家老屋、颠倒屋台、施家洼、廖家山、堆金山、高梁埂、谢家倒口西、官堤等。按照出土遗物所包含的文化因素，可将上述遗存分为三组：甲组有花边口罐、素缘圜底罐、鼓腹尖底杯、小底罐、圜底钵等器物，与三峡西部地区的文化面貌相似，可能属于早期的巴文化；乙组以鬲、盂（盆）、豆、罐为典型器，具有强烈的楚文化风格；丙组有釜形鼎、方格纹大口圜底釜等，与沙市周梁玉桥同期遗存接近，或许应属江汉平原的土著文化。

从鄂西地区这一时期遗存的总体情况来看，甲组文化因素在越靠西的地区越浓；乙组文化因素在西周中期时所占比例还较少，到西周晚期时比例大增，春秋早期时则基本上已占绝对优势；丙组文化因素在越靠东的地区则愈显浓厚。就目前的考古发现来看，秭归地区发现的西周时期的遗址数量较多，显示该地区极有可能曾作为一个较为重要的中心而存在过，极有可能是一个较为重要的人群聚集地，有学者甚至认为，这里曾经是夔国的根据地。

在秭归庙坪遗址的周代遗存H7中，出土了6件陶鬲，其皆卷沿、方唇、矮颈、瘪裆、柱状足，具有江汉地区所见的楚文化早期陶鬲的特征。庙坪遗址的这一组陶鬲的资料公布后，引起了学术界的广泛关注和探讨，一时观点分歧，众说纷纭。孟华平先生在编著完《秭归庙坪》一书后进一步申论其年代为西周中期，其文化属性为夔文化；黄尚明先生认为其年代为春秋早期，其文化属性为楚文化；尹宏兵先生认为其年

[①] 白九江：《从三峡地区的考古发现看楚文化的西进》，《江汉考古》2006年第1期。

代为西周晚期晚段，其文化属性也为楚文化①。

宜昌上磨垴遗址是长江西陵峡中段北岸的一处重要的周代遗址，出土的周代遗存之文化因素较为复杂，除中原商文化因素、商周文化因素和早期巴文化因素外，还有楚文化因素。其中出土的楚文化因素器物都是小口、长颈、高足、内凹底，特别是其中的鼎和鬲，不但足高，而且成型方法相似，都接近于典型的"楚式鬲"的制作方式。这类有鼎、釜、鬲、甗四种基本日用炊器共存的周代遗存，目前仅分布于长江西陵峡中段的北岸一带②，范围不大。上磨垴遗址的发掘，对于三峡地区楚文化渊源的探索和三峡地区商周文化的研究均具有重要意义③。

荆州荆南寺遗址第3层中出土的陶鬲在形状上与襄阳真武山遗址和郧县辽瓦店子遗址中西周时期的陶鬲相似，因此荆南寺遗址的年代应为西周，器物组合为鬲、簋④。

二、春秋中期至战国早期的楚文化遗存

春秋时期的楚文化遗物在三峡地区也有较多发现。根据遗存分布的地域不同，我们仍然以瞿塘峡为界，将三峡地区分为东、西两个地区来阐述楚文化的有关问题。

（一）瞿塘峡以东地区

根据现有的资料，鄂西地区在春秋时期已完全成为楚文化的分布区域，典型的遗存有宜昌前坪、下岸溪、白狮湾、大坪、黄土包、朱家台、上磨垴、小溪口、溜石板、覃家沱、周家湾、杨顶包、周家院子、童家台、吴家湾、柑橘树坝、南岔湾、落日坪等，秭归柳林溪、卜庄河、官庄坪、庙坪、石门嘴、楚王城、天登包、龚家大沟、狮子包、蜡树坪、大腰鼓沱、香溪口、乌龟石、甲沟、白水河等，巴东红庙岭、雷家坪、黎家沱、宋家梁子、吴家坝、下溪口、桂花树坪、棕杨树、大阳、张家坪、堰塘湾等。

瞿塘峡以东的巫山地区发现的春秋时期楚文化遗址主要有巫山跳石、蓝家寨、大

---

① 黄凤春：《秭归庙坪及巫山双堰塘陶鬲的年代和文化属性》，《中国考古学会第十三次年会论文集·2010年》，文物出版社，2011年，第155页。

② 西陵峡中段北岸地区已发掘的周代遗址有秭归柳林溪及宜昌小溪口、周家湾、朱其沱、苏家坳、覃家沱、白狮湾等。这些遗址均出有鼎和鬲，时代偏早的遗址还见有甗和釜。

③ 湖北省文物考古研究所：《湖北宜昌县上磨垴周代遗址的发掘》，《考古》2000年第8期。

④ 王然、邓启江：《鄂西南地区西周"鬲"类遗存与楚文化的关系》，《中国考古学会第十三次年会论文集·2010年》，文物出版社，2011年，第165页。

溪等。

就出土遗物而言，秭归柳林溪遗址第二期第2段中的豆与湖北宜城郭家岗遗址的豆相同，年代分别为春秋早期和两周之际，盂与襄阳真武山的盂相近，年代均为春秋中期；第二期第3段中的鬲与真武山和郭家岗的鬲相似，年代为春秋中期；第三期4段的宽沿盆、实心豆把、满饰暗纹的浅盘豆、深腹暗纹盖豆等，其特征也都是春秋晚期或战国早期具有共性的楚文化器物。其中，盖豆与郭家岗春秋晚期的豆相同，盆与江陵纪南城的盆相同，时代为战国早期与战国中期[①]。

巫山蓝家寨遗址1999年度发掘出了一批灰坑，其中的出土遗物绝大多数都是较典型的楚文化遗物。例如，陶器主要有束颈连裆高足鬲、矮领鼓腹凹圜底罐、折沿束颈凹圜底盆、高柄浅盘豆等，其中鬲多为柱足，亦有少量锥形足，绳纹陶罐为椭（圆）长鼓腹，盆多为凹圜底、深腹短颈。豆有高柄和深盘矮柄等特征。这些特征均是鄂西、湘北楚文化遗存中常见的。发掘报告认为，该遗存的时代应为春秋晚期前后，下限不晚于春秋晚期的较早时期。蓝家寨遗址"应属于楚族文化占主体的楚文化遗存"[②]。

除上述遗址外，在瞿塘峡以东地区还发现了这一时期的楚文化墓葬，主要有巫山水田湾一期、秀峰一中M3、M4，蓝家寨、塔坪等地点的墓葬。这些墓葬均为小型的竖穴土坑墓，墓坑较窄，有的有头龛。墓中大多随葬陶器，陶器的基本组合是鬲、盆、豆、罐或罐、豆、壶，少数随葬带格的楚式铜剑等铜器。这些墓葬无论是形制还是随葬品等，都属于典型的楚文化墓葬[③]。

（二）瞿塘峡以西地区

瞿塘峡以西地区这一时期基本没有发现单纯的楚文化遗存，但部分地区仍有一些楚文化遗物的发现。峡西地区发现楚文化遗物的遗址有奉节新浦、老油坊，云阳李家坝、旧县坪，万州麻柳沱、忠县中坝、丰都玉溪坪、秦家院子等。其中在万州以西地区的部分遗址中，仅出土了少量有楚文化特征的遗物。

在奉节新浦遗址上层遗存中，楚文化遗物占较大比例，主要有鬲、盆、豆、罐等。与这些遗物共存的还有大花边口罐、素缘溜肩罐等巴文化遗物。

在云阳李家坝墓地战国早期及其以前的墓葬中，出土的陶器主要以具有楚文化特

---

① 国务院三峡工程建设委员会办公室、国家文物局：《秭归柳林溪》，科学出版社，2003年，第222页。

② 重庆市博物馆、湖南益阳市文物工作队、重庆巫山县文物管理所：《巫山蓝家寨遗址发掘报告》，《重庆库区考古报告集·1998卷》，科学出版社，2003年。

③ 白九江：《从三峡地区的考古发现看楚文化的西进》，《江汉考古》2006年第1期。

征的遗物为主，巴文化遗物少量，不过其中的铜器则基本上属于巴文化遗物。1998年在李家坝遗址中发掘的春秋至战国早期遗存中，也出土了较多的鬲、甗、豆等带有楚文化特征的遗物，它们也与花边口陶罐等巴文化遗物共存。

三、战国中、晚期的楚文化遗存

三峡地区发现的战国中、晚期的楚文化遗存多存在于一些墓葬中。目前，见诸报告的发掘地点有近30个，相关墓葬分布于整个三峡地区。由于至巫山以东地区战国中、晚期楚文化遗存，无论是居住遗址还是墓葬中出土遗物皆与楚国腹地（两湖地区）典型楚文化并无二致，故这里仅以巫山（包括巫山）以西地区部分考古发掘的重要墓葬资料介绍说明。按照楚文化遗物在墓葬中所占的比例，可将其分为两类。

一是楚文化为该墓主导文化因素的墓葬。这样的墓葬形制、随葬器物与楚国腹地的典型楚墓没有什么区别。其代表墓地有巫山瓦岗槽、琵琶州、麦沱、塔坪，奉节上关、瞿塘关、永安镇，云阳扎营坪、故陵、李家坝，万州大邱坪、大坪，忠县崖脚、石匣子、洞天堡、罗家桥等。这些墓葬中，随葬品有陶器、铜器等，陶器主要有细高足鼎、敦、壶、钫、中柄或细高柄豆、盂、盆等，铜器主要有鼎、敦、壶、罍、盘、盒、勺、剑、编钟、钲等。随葬器物的基本组合是鼎、敦、壶或鼎、壶。从墓葬形制来看，多为长方形竖穴土坑墓，有的带侧龛或头龛，也有的带斜坡墓道。葬具主要是木棺、木椁，其形制为方形框架式椁、悬底弧形棺、悬底方形棺等。许多墓葬周围填白膏泥或青膏泥[①]。

二是楚文化因素仅作为构成要素之一的墓葬。这类墓葬表现为两种或多种文化因素共存于一墓，尤以巴、楚文化因素的组合最为常见。较为典型的墓地有云阳李家坝墓群、开州余家坝墓群，它们都是巴文化和楚文化的复合文化墓葬，尤以楚文化的遗物为多。

若从这一时期楚文化因素对三峡地区发挥影响的角度来看，则可将其分为战国中期偏晚时期和战国晚期。

战国中期偏晚时期的楚墓中，随葬品多为鼎、敦、壶或鼎、壶组合。典型的墓葬有瓦岗槽98M11，奉节上关M27、M32，云阳故陵M3，李家坝M33，忠县崖脚墓地BM3等。复合文化墓葬多属于这一时期。在云阳李家坝墓地，复合文化墓葬较多。

战国晚期基本上不见单纯的楚文化墓葬，但楚文化器物在一些墓葬中仍能见到。例如，在万州中坝子遗址发现的这一时期的墓葬中，随葬品有细高柄豆、鼓肩平底

---

① 白九江：《从三峡地区的考古发现看楚文化的西进》，《江汉考古》2006年第1期。

罐、高领凹底罐等带有强烈楚文化风格的陶器。另外，楚文化遗物在三峡西部地区一些上层贵族墓葬中仍常有发现。例如，涪陵小田溪墓地M1中出土了14件编钟、铜钲、铜罍等，应是受到了楚文化的影响。

三峡地区发现的楚文化遗物除上述陶器和青铜器外，还有一些卜筮活动的遗物，包括卜骨、铜铃、磬形饰三类。三峡地区发现的楚文化卜骨目前仅有刻符，没有文字。所用材料一般有龟甲、鱼鳃骨、牛骨等。据初步统计，发现卜筮遗物的地点共有七个，即宜昌朱家台，秭归鲢鱼山、石门嘴、卜庄河，巫山双堰塘，万州麻柳沱，忠县中坝等，其中还伴出有楚文化特征的鬲、甗、豆等遗物[①]。

1998、1999年，上海大学与复旦大学考古队联合对万州麻柳沱遗址进行了发掘，分两批出土了数量众多的甲骨，时代为春秋末期至战国中期。1998年出土的甲骨均为龟腹甲，上有钻孔，为圆角长方形孔、长方形孔、圆形孔三种，孔内有条形凿槽，有的有灼痕。凿槽均位于孔内中央，长方形孔内凿槽多与短边平行。1999年发现的卜甲上多有长方形钻孔，条形凿槽与短边平行。1999年还发现了鱼卜骨，其上钻孔多为圆形。伴随物有具有楚文化特征的鬲、甗、豆等[②]。

四、归纳和认识

通过以上对三峡地区西周至战国时期楚文化遗存的介绍，我们认识到，楚文化也是三峡地区先秦考古文化的一个重要组成部分。大约在西周中晚期时，楚人主要在瞿塘峡以东及鄂西地区活动，遗留下了许多不同于巴人的器物，如鬲、盂（盆）、豆等陶器，特别在西周晚期到春秋早期时段的遗存中，鄂西地区出土的楚文化因素器物比例大增，到了春秋中期至战国早期，除鄂西地区以外，楚人势力已到达瞿塘峡以西的奉节、云阳、忠县、万州、丰都等地，这些地区的遗址常会发现楚人的墓葬及楚人的陶鬲、豆、甗、壶及青铜器等，其中许多器物与巴人的遗物共存。而在三峡地区的大部分战国中晚期遗址中，都发现了楚人墓葬，有的是单纯楚墓，也有的是巴楚复合文化的墓葬。随葬器物包括陶器和铜器，陶器有细高柄豆、鼓肩平底罐、高领凹底罐等，铜器有鼎、敦、壶、罍、盘、盆、勺、剑、编钟、钲等。发现的楚墓四周多填有白膏泥。到了战国晚期，其遗址中基本上就不见单纯的楚文化的墓葬了。

---

① 周昊、付珺、刘继东：《三峡地区楚文化遗存中发现的卜筮遗物》，《楚文化研究论集》，湖北美术出版社，2011年，第419页。

② 重庆市博物馆、万州区文管所、复旦大学文博系：《万州麻柳沱遗址发掘报告》，《重庆库区考古报告集·1998卷》，科学出版社，2003年；重庆市博物馆、复旦大学文博系：《万州麻柳沱遗址发掘报告》，《重庆库区考古报告集·1999卷》，科学出版社，2006年。

第三节　文献典籍对巴、楚二族的历史书写

一、文献典籍对巴民族的记载

巴族是我国西南地区的一个古老民族，早在夏时期，巴族就在三峡地区活动了。但检阅文献典籍，其中对早期巴族的记载却较少，直到商时期以后，才在文献史籍中有了比较丰富的记载。

（一）夏商时期

成书于战国时期的《山海经·海内经》记载："西南有巴国，太皞生咸鸟，咸鸟生乘釐（厘），乘釐生后照，后照是始为巴人。"这是目前为止我们所知的巴人在三峡地区活动较早的文献记载，《山海经·大荒西经》又记载："大荒之中有山，名曰丰沮玉门，日月所入。有灵山、巫咸、巫即、巫盼……十巫从此升降，百药爰在。"《山海经·海内南经》还记载："夏后启之臣曰孟涂，是司神于巴……居山上，在丹山西。丹山在丹阳南，丹阳居属也。"这里的"丹山"，据吴任臣引《路氏》罗苹注曰："丹山之西，即孟涂之所理也。丹山乃今巫山。"郭璞认为："今建平郡丹阳城秭归县东七里，即孟涂所居也。"[①]《水经注·江水》记载："有大巫山……神孟涂所处。"光绪《巫山县志》卷十七载："孟涂祠在（巫山）县巫山下。"《竹书纪年》卷上更明确地记载："启八年，帝使孟涂如巴，莅讼。"这讲的是，启八年，帝启委任孟涂为巴人的祭司，主宰巴人的诉讼大权，实际上也是巴人的酋长[②]。上述文献记载表明，早在夏代，巴人活动于长江三峡地区，并与中原地区有着密切的联系。

巴人的起源问题，自汉以来，文献典籍都有不少记载。《世本》称："巴郡，南郡蛮，本有五姓：巴氏、樊氏、瞫氏、相氏、郑氏。皆出于武落钟离山"，"未有君长，俱事鬼神"，"巴氏子务相"，"因共立之，是谓廪君"[③]。这表明早期巴人曾在清江活动，其首领是廪君。然而早在廪君之前，廪君巴人的先祖就在这一带活动了。《世本·氏姓篇》记载："廪君之先，故出巫诞。"[④]"巫"即巫山地区，应劭

---

① 栾保群：《山海经详注》，中华书局，2019年，第445页。
② 何光岳：《南蛮源流史》，江西教育出版社，1988年，第399页。
③ （清）王谟辑：《世本》，（汉）宋衷注，（清）秦嘉谟等辑：《世本八种》，中华书局，2017年，第16页。武落一作五落，详秦嘉谟辑《世本》，见《世本八种》333页。
④ （清）秦嘉谟辑：《世本》，见《世本八种》第333页。

谓："夷水出巫，东入江。"①"诞"即"蜑"，许慎《说文解字》注，"蜑"，"南方夷也"。上述记载表明，在廪君之前还有巫诞。据杨权喜先生考证："巴、巫蜑、廪君，大体均指三峡至清江一带沿江生活的巴蜀系统的一支民族。即夏商时期的巴人。"②《世本·氏姓篇》还说："巴氏之子生于赤穴，四姓之子皆生黑穴。"《后汉书·南蛮西南夷列传》所载同。这又说明巴人早期还曾经历过穴居生活。巴人五姓中，巴氏为首领，其余四姓为臣，从而形成了由五个氏族联合起来的氏族联盟或部落联盟。从考古发现的资料可知，相当于中原夏时期的文化遗存在三峡地区多有发现，它们应是生活在这里的早期巴人的遗存③。

经过夏时期巴人对三峡地区的经营，到了商时期，巴人社会的发展更为迅速，他们与东面两湖地区的民族往来密切，又与西面的古蜀民族交好，活动范围扩大到了汉水流域。巴人的迅速发展，引起了中原商王朝的关注，为了能统治巴族，殷商王室曾多次派军队南下征伐。殷商甲骨文中屡有"巴""巴方"以及武丁时期商人伐"巴方"的记载，《殷契粹编》1230载："壬申卜，争，贞，令妇好沚戬伐巴方。"又《殷墟文字丙编》313载："口口卜，口贞，王佳妇好从沚戬伐巴方，受有又。"商代武丁时期的"巴方"在何处？著名学者唐兰先生据考证释其地在殷商西南，并说"武丁时之兵力西连巴蜀"④。庄燕和认为："'巴方'在汉水流域，殷武丁时臣服于殷，后与周人联师灭殷，较清江巴人为早。"⑤又童书业先生考证："今陕南有大巴山脉，当即古巴人根据地。"⑥综合以上史学家们的分析，可以认定殷商时期的巴人曾在汉水上游活动过。

（二）西周时期

西周时期，三峡地区仍基本上是巴人的活动范围，因巴人在殷末参加了周武王伐纣的战役，并且立了大功，故被周王室分封为姬姓诸侯国之一。《华阳国志·巴志》中记载："巴师勇锐，歌舞以凌殷人，殷人倒戈。"周初，"武王既克殷，以其宗姬封于巴，爵之以子"。即指在西周初年，周天子封宗姬在巴地建姬姓巴国，并以子爵爵之。《左传·昭公九年》记载，周臣詹桓伯说："及武王克商……巴、濮、

---

① 《汉书》卷二十八上《地理志》，中华书局，1962年，1567页。
② 杨权喜：《荆楚地区巴蜀文化因素的初步分析》，《三星堆与巴蜀文化》，巴蜀书社，1993年版。
③ 曹诗图等著：《长江三峡学概论》，长江出版社，2007年，第71页。
④ 唐兰：《天壤阁甲骨文存并考释》，转引自顾颉刚：《古代巴蜀与中原的关系说及其批判》，《顾颉刚古史论文集》（卷五），中华书局，2011年，第307页。
⑤ 庄燕和：《古代巴史中的几个问题》，《西南师范学院学报》1979年第4期。
⑥ 童书业：《春秋左传研究》卷一第一七四条，上海人民出版社，1980年。

楚、邓，吾南土也。"毫无疑问，在西周时期，巴国已为名副其实的诸侯国了。《汉书·地理志》称："巴郡，故巴国。"《春秋左传集解·桓公九年》亦称："巴国，在巴郡江州县。"① 巴国的国都即今重庆市渝中区的下半城②。

到了西周中期，由中原而来的楚国先在鄂西北的荆山一带立足，接着为了扩展疆土而沿长江征伐巴国。到了西周晚期，楚国势力日益强大。在西周以后各历史时期的文献记载中，提到巴的时候，往往也同时谈到与楚的关系。

（三）春秋、战国、秦汉时期

春秋、战国时期的巴国以重庆（江州）为政治中心，其疆域大体北接汉中，东至奉节，南达黔北，西连宜宾。《华阳国志·巴志》记载："巴、楚数相攻伐，故置扞关、阳关及沔关。"这一时期东面的楚国崛起，经常入侵巴国，巴国因而在清江中游和瞿塘峡西口及渝北区唐家沱等处派重兵设防③。又《华阳国志·巴志》记载："战国时，尝与楚婚。"这说明春秋战国时期巴、楚两民族间的交往密切，甚至还互为婚姻。但是巴楚间的关系更多的是战时的盟友或死敌，如在春秋时，楚武王曾联合巴师征服了汉水流域的各诸侯国。《左传·桓公九年》载："楚使斗廉帅师及巴师围鄾……邓师大败，鄾人宵溃。"战国时期，巴国内部曾一度发生内乱，矛盾激化，巴国派蔓子将军向楚求援，楚国出师帮助巴国平息了内乱。《华阳国志·巴志》记载："周之季世，巴国有乱，将军有蔓子请师于楚，许以三城，楚王救巴。"然而至楚威王时，"使将军庄蹻（蹺）将兵循江上，略巴、黔中以西"，然后征夜郎，至滇国④。这时，巴国受到了楚国致命的打击，基本上被楚国占领了半壁江山。《太平寰宇记》载："楚子灭巴，巴子兄弟五人流入五溪，各为一溪之长。"⑤这是说，楚灭巴后，许多巴人为避战祸而流亡到了湘西地区，沦落为"五溪蛮"。到战国末期（前316年），秦军挥师南下，张仪、司马错灭了蜀国，攻克巴国阆中地，"击夺楚巴，黔中郡"⑥。从此，巴、楚、蜀都归秦国统治了。

秦灭巴后，在原巴国地区置巴郡。《汉书·地理志》记载："巴郡，秦置。"《水经注·江水》记云："秦惠王遣张仪等救苴侯于巴，仪贪巴苴之富，因执其王以归。而置巴郡焉，治江州。"

---

① 杜预：《春秋左传集解》，上海人民出版社，1977年，第100页。
② 曹诗图等：《长江三峡学概论》，长江出版社，2006年，第72页。
③ 参见（晋）常璩撰，任乃强校注：《华阳国志校补图注》，上海古籍出版社，2007年，第29页。
④ 《汉书》卷九十五《西南夷两粤朝鲜传》，中华书局，1960年，第3838页。
⑤ （宋）乐史：《太平寰宇记》卷一百二十《黔州》，中华书局，2007年，第2396、2397页。
⑥ 《史记》卷一百十六《西南夷列传》，中华书局，1982年，第2993页。

二、文献典籍对楚民族的记载

文献典籍中对楚民族的记载较为丰富。关于楚民族的起源，《史记·楚世家》中认定："楚之先祖出自帝颛高阳。"战国时期，屈原在《离骚》中也称自己为"帝高阳之苗裔"。大多数专家都认为楚先祖高阳氏曾是在黄河中游地区活动的一支部落。因此，楚史学者一般都认为楚民族是由北方中原地区迁徙而来的，其迁徙的时代大约在殷商时期。

殷商时期的楚先民主要"分布在商朝的南境，所以《诗·商颂·殷武》中写道：'维女（汝）荆楚，居国南乡。'所谓南乡，本来是指大别山、桐柏山迤北和伏牛山迤东的中原南部，后来随着殷人的逐步向南开拓而同步向南展宽。殷人南下，荆人首当其冲。"[1]殷末周初时，楚先民迁徙到鄂西北、鄂西地区。早期的楚人为熊氏王族，如熊狂、熊绎、熊距、熊胜等。关于熊，《说文解字》解释："熊兽似豕，山居，冬蛰。"[2]由是猜测，早期楚人熊氏王族或曾以熊为图腾。

到了西周早期，《史记·楚世家》又记述："熊绎当周成王之时，举文、武勤劳之后嗣，而封熊绎于楚蛮，封以子男之田，姓芈氏，居丹阳。"这里提到的"丹阳"，学者们最初认为秭归的楚王城遗址就是"丹阳"城，后又根据《水经注·江水》记载，认为秭归鲢鱼山遗址才是"丹阳"城。经过考古发掘，上述两处遗址为"丹阳"的观点都被推翻了。目前学者们大多仍认为，"丹阳"故城应在秭归一带[3]。《史记·楚世家》记载："当周夷王之时，王室微，诸侯或不朝，相伐。熊渠甚得江汉间民和，乃兴兵伐庸、杨粤，至于鄂。熊渠曰：'我蛮夷也，不与中国之号谥。'乃立其长子康为句亶王，中子红为鄂王，少子执疵为越章王，皆在江上楚蛮之地。"西周夷王之时，也即熊绎五世孙熊渠时，楚国开始了首次对外的拓疆和征伐，并对其所征之地分别封其三子为三王。

到春秋中期，楚人势力发展到三峡中的秭归一带，秭归一带的夔是别封之国，始君为熊渠次子熊挚。至鲁僖公二十六年（前634）已经巴化，且认为楚国歧视夔国的先君熊挚，便拒不祭祀祝融的鬻熊[4]。《左传·僖公二十六年》对此有记载："夔子不祀祝融与鬻熊，楚人让之。对曰，'我先王熊挚有疾，鬼神弗赦，而自窜于夔，吾

---

① 张正明：《楚文化史》，上海人民出版社，1991年，第12页。
② 段玉裁：《说文解字注》，上海古籍出版社，2014年，第479页。
③ 黄凤春：《秭归庙坪及巫山双堰塘陶鬲的年代和文化属性》，《中国考古学会第十三次年会论文集·2010年》，文物出版社，2011年，第160页。
④ 参见张正明：《楚史》，湖北教育出版社，1995年，第108页。

是以失楚，又何祀焉？'秋，楚成得臣、斗宜申帅师灭夔，以夔子归。"于是夔国为所灭。据《左传》所载鲁文公十六年（前611年），楚国发生饥荒，庸国率"群蛮"攻楚，楚与巴、秦联合攻庸，庸国灭亡，巴国得鱼（即鱼复，今奉节）[①]。

到春秋晚期，关于楚国的记载则多是与巴国间的征战。例如，《华阳国志·巴志》载："巴、楚数相攻伐，故置扞关、阳关及沔关。"又《左传·哀公十八年》记载："巴人伐楚，围鄾。……三月，楚公孙宁、吴由于、薳固，败巴师于鄾。"经过这次战役后，《华阳国志·巴志》记载："楚主夏盟，秦擅西土，巴国分远。"

但是到了战国早期，楚国与巴国的关系又曾得到过改善。《华阳国志·巴志》记载："周之季世，巴国有乱，巴将军有蔓子请师于楚，许以三城，楚王救巴。"

后来，楚国控制了巴国的清江流域，《太平御览》卷一七一引梁载言《十道志》云："施州清江郡，《禹贡》荆州之域，春秋时巴国，七国时为楚巫郡地。"楚人控制清江流域后，逐渐向西进占了今云阳、忠县一带的三峡西部地区，《史记·秦本纪》记载："[秦孝公元年（前361年）]楚自汉中，南有巴、黔中，故楚为最强，秦不能难也。"

公元前316年，秦灭巴蜀。公元前280年，楚从黔中郡出兵，攻占了枳（今重庆涪陵）。《舆地纪胜》卷一五九《九域志》引《益部旧传》称："昔楚襄王灭巴子，封庶子于濮江之南，号铜梁侯。"[②]楚国这一举动引起秦国的不满，至秦昭襄王三十年（前277年），秦蜀郡守张若"取巫郡及江南为黔中郡"[③]，楚人势力完全退出三峡地区。所以，《战国策·燕二》说："楚得枳而国广。"

三、归纳和认识

从文献资料来看，虽然夏商时期巴人活动的记载较少而且有的还带有神话色彩，但我们仍能从中大致了解他们在三峡地区的活动情况，如巴国的疆域、夏商周时期巴人与中原王朝的关系、廪君巴人的起源等。早在夏代，三峡地区的巴人就已经与中原的夏人有了密切的联系。到了商代，"巴人"的实力增强，其西北疆域已达汉水上游，因而引起了商王朝的重视，武丁时期，商王朝还令妇好征伐巴方。商末时期，巴人实力依然强大，可能已处在初期国家的阶段，并在周武王伐纣的战役中立下大功，因而在西周初年，巴国受封姬姓而成为西周的诸侯国之一。到了西周中晚期至战国时

---

① 杨伯峻：《春秋左传注》，中华书局，2015年，第617～619页。
② 《舆地纪胜》卷一百五十九《合州》，中华书局，2007年，第4321页。
③ 《史记》卷五《秦本纪》，中华书局，1982年，第213页。

期，三峡东部的楚人势力渐强，巴楚两个民族之间常有交流，文献中对此有过较多的记载。廪君之先祖曾活动于巫山地区，到了夏商时期，廪君巴人则以部落联盟的方式主要活动于清江流域，并曾有过穴居的历史。

关于楚人、楚民族和楚国，文献中记载颇多。楚人南迁或始于商末周初，其后深入鄂西，至西周早期，楚实力渐强，占领了整个鄂西地区，成为周王朝的方国并建造了"丹阳"王城。春秋战国时期，楚人的势力逐渐向瞿塘峡以西地区扩张，与巴人的关系也历经了结盟修好、联姻杂居和战争等阶段。

第四节 对三峡地区巴楚文化的分析

巴、楚文化关系研究的学者较多，主要有林奇[1]、邓辉[2]、张正明[3]、段渝[4]、蔡靖泉[5]、丁明山[6]等。目前，随着三峡库区大规模田野考古的结束，人们在三峡地区发现的秦汉及其以前的巴、楚遗存越来越多，对曾在三峡地区活动过的巴、楚民族的认识也更加深入。对于巴、楚民族间的文化关系，学术界多从楚文化对巴文化影响的角度来探讨，学术界越来越重视楚文化西渐的课题，段渝、黄尚明、余静、赵炳清、邹芙都、白九江、陈伯桢等纷纷著文论述了楚文化的西渐问题，郭立新和夏寒也在专著《峡江地区古代族群互动与文化变迁》中以专门章节论述了楚文化的西渐问题[7]，余西云在《巴史——以三峡考古为证》中也有单独章节对楚文化西渐问题提出了独到的见解[8]，朱萍也著有《楚文化的西渐——楚国经营西部的考古学观察》[9]。本节中，我们将综合上述专家学者们的观点，以文献典籍的记载为线索并辅以考古学证据，按照时代发展的序列厘清三峡地区巴、楚两国的关系，同时也谈谈楚文化西渐的问题。

---

[1] 林奇：《巴楚关系初探》，《江汉论坛》1980年第4期。
[2] 邓辉：《试论巴、楚文化交流》，《湖北省考古学会论文选集》（第一集），武汉大学学报编辑部，1987年。
[3] 张正明：《巴楚文化关系述要》，《湖北民族学院学报（社会科学版）》1990年第2期。
[4] 段渝：《略论巴、蜀与楚的文化交流关系》，《长江文化论集》（第一辑），湖北教育出版社，1995年；段渝：《先秦巴文化与巴楚文化的形成》，《华中师范大学学报》2004年第6期。
[5] 蔡靖泉：《巴楚文化关系论略》，《巴楚文化研究》，中国三峡出版社，1997年。
[6] 丁明山：《巴人源流及巴楚文化概说》，《巴楚文化研究》，中国三峡出版社，1997年。
[7] 郭立新、夏寒：《峡江地区古代族群互动与文化变迁》，科学出版社，2010年，第85~90页。
[8] 余西云：《巴史——以三峡考古为证》，科学出版社，2010年，第214~268页。
[9] 朱萍：《楚文化的西渐——楚国经营西部的考古学观察》，巴蜀书社，2010年。

一、西周时期

早在新石器时代晚期，巴人就在三峡地区活动了。西周初年，巴人因在商末参加了周武王伐纣的战役并立了大功，被周王室分封为姬姓诸侯国之一。《华阳国志·巴志》记载："武王既克殷，以其宗姬封于巴，爵之以子。"而楚人，在商代由北方中原南迁至汉水流域时，虽亲附了周人，但在周成王时期才被封为"子男之田"[①]。又《左传·昭公九年》记载周臣詹桓伯之说："及武王克商……巴、濮、楚、邓，吾南土也。"将巴国排在楚国前面，可见当时的巴、楚虽同为周王朝的诸侯国，但巴人在周王朝心目中的地位要高于楚人，这也反映了当时巴人在鄂西及三峡地区的强盛之势，而楚人还只能守土自居于汉水流域。从三峡地区这一时期的考古发现来看，其出土遗物也多是单纯的巴文化遗物，很少见有楚文化的遗物，如在宜昌路家河、上磨垴，秭归鲢鱼山，长阳香炉石，忠县哨棚嘴等遗址的西周文化层中，所出土的遗物如陶制尖底杯、圜底釜、尖底盏等，即都是巴文化的典型器物。

到了西周中期，楚国的势力逐渐增强，开始觊觎西部巴国的国土和资源。楚国先在鄂西北的荆山一带立足，《左传·昭公十二年》中记载了春秋晚期右尹子革对楚灵王说："昔我先王熊绎，辟在荆山，筚路蓝缕以处草莽，跋涉山林以事天子。"表明西周初年，楚在荆山一带活动。至鲁昭公二十三年（前519年），楚地由当初的"土不过同"拓展至"上数圻"[②]，面积大为增加。所以，《左传·哀公六年》记载楚昭王时（前516～前489年在位）说："江、汉、沮、漳，楚之望也。"这时楚国疆域包括长江中游至汉水流域及鄂西地区的沮漳二水，其地南北纵横千里，东西跨越也达千余里。

楚人在开疆拓土的过程中，逐渐沿长江向西部的巴国地域发展，进入现在的巴东、秭归和巫山一带。楚嗣熊挚还在此建立了夔子国。《史记·楚世家》司马贞《索引》曰："宋均注《乐纬》云：熊渠嫡嗣曰熊挚，有恶疾，不得为后，别居于夔，为楚附庸，后王命曰夔子也。"关于夔国的地望，目前学术界有三种观点。第一种观点认为其地在秭归，并为秭归柳林溪、庙坪、曲溪口等楚文化遗存所证实[③]；第二种观点认为当在巫山，考古学的证据是，在巫山双堰塘遗址出土的陶鬲，其年代被划归为西周中期的晚段或西周晚期的早段，这与《太平寰宇记》称巫山县"本夔子熊挚所治"[④]

---

① 《史记·楚世家》，中华书局，1985年，第1691页。
② 《左传·昭公二十三年》，《春秋左传注》，中华书局，2015年，第1448页。杜预注："方百里为一同"，"方千里为一圻"。
③ 白九江：《从三峡地区的考古发现看楚文化的西进》，《江汉考古》2006年第1期。
④ （宋）乐史：《太平寰宇记》卷一百四十八《夔州》，中华书局，2007年，第2876页。

的记载相吻合；第三种观点是，夔国最初分封在巫山，后迁至秭归，文献依据为《水经注·江水》载："江水又东南迳夔城南……熊挚始治巫城后疾移此，盖夔徙也。"而在秭归和巫山，都发现了楚式鬲，湖北省文物考古研究所的黄凤春先生认为："确定了秭归庙坪和双堰塘陶鬲的年代为西周晚期的早段且其文化性质属楚，或可认为，楚文化就是在此时才开始沿江而上，进入到三峡地区的，并一直抵达至川东的巫山一带。"①换言之，巫山双堰塘和秭归庙坪遗址的楚文化遗存是迄今已知楚文化向三峡浸润的最早实物遗存。

西周晚期，楚国势力增强，楚文化对巴文化的影响加深，并开始由宜昌地区由东向西扩张。目前所能见到的楚文化因素遗存分布最西的是巫峡地区。在这一时期的遗址如宜昌白庙、秭归下尾子中，已出现楚式鬲；在官庄坪遗址中，还出现了楚器盂；在宜昌覃家沱和乔家坝遗址中，更出现了鬲、盂、豆、罐等楚文化早期的典型器物组合②。这表明，在西周晚期时，宜昌、秭归地区的文化中已有了楚文化的因素，但这些楚文化因素的遗迹遗物在以上遗址中仅为零星分布。根据白九江先生的研究，西周晚期时，秭归及其以东地区的楚文化色彩浓重，而巴东地区稍弱一些。在巫山大宁河内则开始出现了一些带有楚文化因素的陶器，显示楚文化已经影响到了巫山地区。但巫山双堰塘遗址的情况同时表明，楚文化并不占主导地位，这一时期巴文化遗存中的大口花边罐、素缘圜底罐、尖底杯等仍占压倒性优势。

二、春秋、战国时期

从西周晚期到春秋中期，楚文化是三峡地区考古学文化的构成因素之一，其出土陶器主要是鬲、甗、盆、罐、豆、钵等。鬲、甗、罐、钵等一般饰绳纹，盆和豆等或饰暗纹。陶器火候较高，制作较精，纹饰规整③。春秋中期，楚文化因素已到达巫峡地区，如在巫山的跳石、蓝家寨、大溪、涂家坝、张家湾、培石、上阳村、冬瓜包遗址等，巴东的吴家坝、雷家坪、高桅子、黎家沱遗址等，即见有楚文化遗物。而此时的楚文化，在西陵峡地区已经占有优势，考古人员在宜昌的前坪、小溪口、大坪、黄土包、朱家台、溜石板、覃家沱、周家湾，秭归柳林溪、曲溪口、台丘、渡口、河坎上、张家坪、官庄坪等遗址中发现的遗物，都是以楚文化遗物为主的。与此同时，

---

① 黄凤春：《秭归庙坪及巫山双堰塘陶鬲的年代和文化属性》，《中国考古学会第十三次年会论文集·2010年》，文物出版社，2011年，第160页。
② 余静：《从近年来三峡考古新发现看楚文化的西渐》，《江汉考古》2005年第1期。
③ 张昌平：《三峡地区的早期楚文化研究》，《中国考古学会第十三次年会论文集·2010年》，文物出版社，2011年，第146页。

巴文化的典型遗物也经常在楚文化遗存中发现，考古发现这一时期的楚墓中也多有巴式柳叶形剑的出土。到了春秋晚期，巴国的领土虽然扩大，"其地东至鱼腹，西至僰道，北接汉中，南极黔涪"①，但楚国的发展更为迅猛，因觊觎巴国丰富的盐业资源，楚的势力甚至扩张到了奉节一带。1994年，考古人员在奉节新浦遗址的上层遗存中发现了春秋晚期的楚文化陶器，包括鼎、鬲、方唇折沿盆、细柄豆等②。1995年，考古人员在奉节老关庙遗址中发现的器物与新浦遗址上层的出土陶器相当，故其亦应为楚文化遗存③。

战国时期，随着峡东地区楚文化因素的增强，典型的楚文化也进一步向西扩展，峡西地区所受楚文化的影响较春秋中晚期时更加明显，其影响范围已深入万州地区。考古发现，整个地区具备楚文化特征的遗存也逐渐增多，除云阳李家坝遗址外，云阳明月坝，万州中坝子、麻柳沱、黄陵嘴等遗址中，均出土了一定数量的楚式器物④。

云阳李家坝遗址的第二期遗物中，第一组陶器是新出现的，其主要特征与春秋晚期至战国时期的楚文化特征相近，如鼎、壶、盂、鬲、甗、折腹盆及凹圜底陶器等，都具有战国时期楚式陶器的特征⑤。在云阳李家坝的东周墓中，也发现了较多楚文化因素，如墓葬形制、随葬陶器等⑥。1997~1998年，北京大学发掘的忠县崖脚墓地，清理出楚墓近30座，随葬器物有楚式陶鼎、敦、壶、豆、罐、盆、铜剑等，总体特征与江陵楚墓基本一致。发掘者认为，崖脚墓地是迄今发现的最西端的楚人墓地，其年代大致为战国中期，与江陵楚国都城一带的楚墓在墓形、棺椁、器物组合及器形方面，都完全一致。这些墓葬或为远征巴国的将士之墓⑦。战国晚期，楚人的势力一度西进到涪陵地区，涪陵小田溪墓地的随葬器物中出土的楚人器物便可见一斑。但战国晚期以后，三峡地区楚文化的因素逐渐消退，只是遗风犹存，并在一定程度上继续影响着当地的文化。

---

① （晋）常璩撰，任乃强校注：《华阳国志校补图注》（卷一），上海古籍出版社，2007年，第5页。

② 吉林大学考古学系：《四川奉节县新浦遗址发掘报告》，《三峡考古发现》（二），湖北科学技术出版社，2000年，第142~154页。

③ 吉林大学考古学系、四川省文物考古研究所：《奉节县老关庙遗址第三次发掘》，《四川考古报告集》，文物出版社，1998年，第155~178页。

④ 朱萍：《楚文化的西渐——楚国经营西部的考古学观察》，巴蜀书社，2010年，第214页。

⑤ 四川大学历史文化学院考古系、云阳县文物管理所：《云阳李家坝遗址发掘报告》，《重庆库区考古报告集·1997卷》，科学出版社，2001年，第241页。

⑥ 四川大学历史文化学院考古系、云阳县文物管理所：《云阳李家坝东周墓地发掘报告》，《重庆库区考古报告集·1997卷》，科学出版社，2001年，第286页。

⑦ 北京大学考古文博学院三峡考古队、重庆市忠县文物管理所：《忠县崖脚墓地发掘报告》，《重庆库区考古报告集·1998卷》，科学出版社，2003年，第679~734页。

三、归纳和认识

综上所述，目前我们对三峡地区巴楚文化的分析，主要集中于两个问题，即先秦时期巴、楚民族在三峡地区的活动情况，以及楚文化西渐的过程。对这两个问题的研究，主要依据的是文献资料和考古发现。夏商时期，巴人就已经繁衍生息于三峡地区了。西周早期，巴国和楚国都是周王朝的诸侯国，此时巴人实力较为强大。到了西周中晚期，情况开始发生变化，楚人势力一度到达巫山地区，但巴人仍控制着三峡地区的大部分地区。春秋战国时期，楚人的势力继续向瞿塘峡以西发展，战国时期已深入巴人腹地，不仅建立了军事据点，还迁入了楚民，此时的楚人不仅与当地的巴人杂居，而且互通婚姻，这种情形除在文献中有较多记载外，也有不少楚墓及楚文化遗物予以佐证。战国晚期，由于秦灭巴楚，楚人的势力退出了三峡地区，但巴人遗风至今在三峡地区仍然保留。

第五节 关于廪君巴人的考古发现

廪君巴人是指由廪君带领的巴人部落。在许多历史文献中，其关于巴人起源于清江的学说中都有有关"廪君"的历史传说或记载，如西汉刘向所著的《世本》即有相关记载。此后南朝刘宋时的范晔的《后汉书》、北魏郦道元的《水经注》、唐人所撰的《晋书》等，也叙述了与《世本》基本相似的内容。以上典籍中记载较为详尽的当属《后汉书·南蛮西南夷列传》，文云："巴郡，南郡蛮，本有五姓：巴氏、樊氏、瞫氏、相氏、郑氏。皆出于武落钟离山。其山有赤、黑二穴，巴氏之子生于赤穴，四姓之子皆生黑穴。未有君长，俱事鬼神；乃共掷剑于石穴，约能中者，奉以为君。巴氏子务相乃独中之。众皆叹。又令各乘土船，约能浮者，当以为君，余姓悉沉，唯务相独浮，因共立之，是为禀（廪）君。"

对于"廪君"巴人的起源问题，无论是时间还是地点，一直众说纷纭，莫衷一是。"廪君"巴人出现的时间，有新石器时代说、夏代说、西周说、春秋说、战国说，甚至还有秦汉说[①]；"廪君"巴人出现的地点，有长阳武落钟离山说、重庆巫山说等。

---

① 江应樑：《中国民族史》（上），民族出版社，1990年，第265页。

一、廪君巴人与"巫诞""三苗"

《世本·氏姓篇》记载:"廪君之先,故出巫诞。"其后,晋干宝在《搜神记》卷十二中记述了廪君后人之事,称:"其先,廪君之苗裔也,能化为虎。"唐初成书的《晋书·李特载记》在追溯李氏族属时称其属"巴氏",并说其祖先为"廪君苗裔"。《晋中兴书》也记载:"賨者,廪君之苗裔也。"①

传说时期,南方有"三苗"民族,又称"有苗""苗民",分布在"江、淮、荆州"②及"左洞庭、右彭蠡"③之地,《山海经·大荒北经》说:"颛顼生驩(欢)头,驩头生苗民。"颛顼即高阳,故"三苗"亦高阳后裔。虽文献记载高阳为楚族先祖,但考古发现表明,三苗则更可能为天门石家河文化的主人。

《太平御览》引《寻江记》亦云:"羿屠巴蛇于洞庭,其骨若陵。"④晋人张僧鉴《浔阳记》亦云:"羿斩巴蛇于洞庭,委其骨成丘。"此"巴蛇"实应为巴人,可见,在上古时代时,"巴"与"三苗"都是洞庭湖流域的民族,或者,此二者实为一体。

根据以上记述和地望上的分析,廪君与"巫诞""三苗",应有一定的亲缘关系。关于"巫诞",段渝先生认为:"巫为地名,诞为族名,巫诞即巫地诞人。"⑤"巫地",是指重庆万州以东和湖北宜昌以西的长江三峡地段。而古代南方的"三苗",梁启超先生认为:"三苗的苗就是蛮,系一音之转,尧舜时称三苗,春秋时称蛮。"⑥蛮多是当时中原华夏族对南方民族的泛称或蔑称。古文献中常见将巴人称为"巴蛮""苗蛮""南蛮""廪君蛮""板楯蛮"(居渝东地区,古时是依附于巴族的小民族)的记述。《山海经·海外南经》郭璞注三苗国时说:"有苗之民,判入南海,为三苗国。"南海当指古洞庭湖,三苗国实际上就是古巴国⑦。"三苗民"的活动范围则大致上应如《战国策·魏策》吴起所云:"昔者三苗之居,左有彭蠡之波,右有洞庭之水,汶山在其南,而衡山在其北。"

20世纪50~70年代以来的考古发现表明,在以上文献记载的"三苗"区域里,从传说时代至夏商,一直存在着一支独特的、发展有序且上下衔接无空环的土著文化,

---

① (宋)乐史:《太平寰宇记》卷一百三十八《渠州》,中华书局,2007年,第2695页。
② 《史记》卷一《五帝本纪》,中华书局,1982年,第28页。
③ 《史记》卷六十五《孙子吴起列传》,中华书局,1982年,第2166页。
④ 《太平御览》卷一七一,中华书局影印本,第834页。
⑤ 段渝:《四川通史》(第一册),四川大学出版社,1993年,第197页。
⑥ 中国大百科全书总编辑委员会《民族》编辑委员会等:《中国大百科全书·民族卷》,中国大百科全书出版社,1986年,第388页。
⑦ 杨华:《远古时期巴族与三苗文化的关系》,《四川文物》1995年第4期。

即城背溪文化→大溪文化→屈家岭文化→湖北龙山文化（亦称石家河文化）→夏商巴人文化。时间距今7000年以前到公元前约11世纪，前后延续时间长达4000余年，其分布区域大致上是东至鄂东地区，南至洞庭湖流域，西至长江三峡地区，北至伏牛山麓一带，与文献史籍中记载的"三苗"或"巴"的地望基本相符。

20世纪70年代末，我国著名的考古学家俞伟超先生一行深入两湖地区实地调查后，将考古发现资料与古史传说及文献史籍资料结合在一起进行分析，他认为，长江中游以"屈家岭文化为中心的原始文化"当为三苗文化遗存[①]。不少学者又在此基础上进行了更深入、系统的研究，如武汉大学历史系的李龙章、湖北省考古研究所的林邦存、荆州博物馆的张绪球等学者，都曾撰文对此进行过论证[②]。北京大学考古系的严文明先生也认为："石家河文化很可能就是三苗系的文化。"[③] 石家河文化是由屈家岭文化直接发展而来的，这一观点现已为史学界所公认。由此可见，这一区域考古学发现的资料不仅印证了文献典籍记载的真实性，同时也为我们研究远古巴人在长江流域活动的大致范围提供了重要线索。

二、廪君巴人的活动范围——清江流域的考古发现

清江流域发现的新石器时期及夏商时期的古聚落遗址及西周时期的古墓群，被直接确认为巴人遗存的主要是夏商时期的几处遗址；这几处遗址中，以长阳西端渔峡口香炉石遗址的文化内涵最为丰富。经对香炉石遗址出土文物内涵的分析及与鄂西、湘西、三峡、渝东地区同时期巴人遗物的比较，可知香炉石遗址的文化内涵包括有夏、商、西周三个时代。出土的各类陶器、石器等，其形态特征总的面貌与鄂西、湘西、三峡、渝东等地区同时期的巴人遗物风格基本一致，尤其是与鄂西、长江三峡地区的同时期巴人遗物更接近。

香炉石遗址反映的文化，自夏代至东周，上下时代连接，自身文化内涵单纯，地层叠压清楚，出土遗物发展演变有序，时间前后跨越接近2000年。考虑到遗址的第三文化层中发现了较多的楚人遗物，如将此段暂不归入早期巴人遗存而仅考虑夏至西周这一时段，其前后跨越时间也长达1000余年，这在整个鄂西、三峡地区考古发现的同

---

① 俞伟超：《楚文化的渊源与三苗文化的考古学推测》，《先秦两汉考古学论集》，文物出版社，1985年。
② 李龙章：《江汉新石器时代文化族属考》，《江汉考古》1988年第2期；林邦存：《三苗与濮关系初探》，《湖北省考古学会论文集》（1），武汉大学学报编辑部，1987年；张绪球：《长江中游新石器时代文化概论》，湖北科学技术出版社，1992年，第23页。
③ 白寿彝：《中国通史》（第二卷），上海人民出版社，1994年，第291页。

时期的数百处早期巴人遗址中也是不多见的。正因为香炉石遗址的文化面貌特别，故该遗存被考古研究者命名为"香炉石文化"①。香炉石早期巴人遗址的发现，为研究和探索早期巴人在清江流域活动的历史树立了一个科学断代的标尺，增加了我们对巴人开发清江历史的新认识。

从目前考古发现的"早期巴人遗存"来看，巴人遗迹分布最密集的地区当在鄂西，尤以西陵峡地区最为集中。由此看来，多年来学术界流传的巴人起源于"鄂西"一说应是事出有因的。鄂西地区的早期巴人遗址不仅分布密集，而且时代也都偏早，如西陵峡地区的秭归下尾子遗址，宜昌中堡岛、路家河、白庙子、下岸遗址，江陵张家山、荆南寺遗址等，其地层中皆出土了相当于中原夏文化（即二里头文化）早期的遗物。从地层的叠压关系来看，这些遗物一般又都直接叠压在新石器时代晚期即湖北龙山文化的地层之上。更为重要的是，考古专家运用考古"类型学"方法进行研究时发现，这类夏文化阶段的遗物中，有一些遗物与湖北龙山文化的遗物有密切联系，具体地说，夏商时期巴族居民使用的一些日常生活用具尤其是陶器，都是由湖北龙山文化直接发展演变而来的。这样，我们又把20世纪70年代考古发现并确认为"夏商时期巴人遗存"的历史往前推进到了新石器时代晚期。据考古研究，湖北龙山文化（即石家河文化）在屈家岭文化父系氏族公社的基础上，青龙泉三期文化（即石家河文化）时期又有了进一步的发展，以后在经历了重大变革之后，最终跨入文明时代。前已述及，屈家岭文化是在大溪文化的基础上发展而来的，故近年来不少学者据此研究认为，南方巴族文化的渊源应可向前追溯到大溪文化时期。

清江流域确认为"早期巴人遗存"的遗址主要分布在清江中下游地区，如前述之考古发现的几处夏商时期的巴人遗址，即香炉石、桅杆坪、南岸坪、深潭湾遗址，就都分布在清江中下游地段，而清江下游地段的巴人遗址也多分布在清江出口处的宜都境内。

在长阳县境以西的巴东、恩施、利川等清江上游地区，相当于新石器时代至夏商时期的巴人遗址至今不见报道。鄂西自治州博物馆邓辉、朱世学、王晓宁等先生在清江上游的沿岸地区做过多次文物调查和勘探，仅发现了零星的商时期遗物，但未能找到科学的考古"地层学"依据，更没有见到考古"类型学"的同时期遗物的比较资料，因而无法判明新石器时期至夏商时期人类在这一地区活动的确凿证据。在这一地区，约自春秋以后的古居住遗址则多有发现，并出土过一些巴人使用过的青铜器。例如，《湖北通志》卷九十三记载，清嘉庆九年（1804年）在施南府发现"大小二虎钮錞于，大者50余斤，小者20余斤"。又如20世纪50年代，在建始县三里公社水坪出土了春秋战国时期的青铜单虎纽錞于一件，重26.5千克；又在景阳草坦坎出土了双虎纽錞

---

① 湖北省清江隔河岩考古队：《湖北清江香炉石遗址的发掘》，《文物》1995年第9期。

于一件，重12.7千克；另有铜钟一件，重2.5千克。城关镇土产门市部还收购到巴蜀铜矛一件，长21厘米，重150克；在茅田、猫坪还出土了东周时期的铜编钟[①]等。此外，在利川、巴东、宣恩等地，也有东周时期及汉代的巴人青铜器出土。

据以上资料，我们认为，廪君巴人在清江的历史最早只能在夏商时期，其主要活动区域也越不出清江中下游地区的范围，约自西周以后，巴人才开始向清江上游发展。

三、廪君巴人出现的时间及迁徙路线

文献典籍对廪君巴人是有过反映的，《世本·氏姓篇》说："廪君之先，故出巫诞。"《晋中兴书》又说："賨者，廪君之苗裔也。""巫诞"，实为远古时期曾聚集在长江三峡地区的巫地诞人。在长江三峡地区，考古发现有大溪文化、屈家岭文化、龙山文化、夏商时期巴文化等遗存，而这些遗存的文化属性，与远古时期的"巫诞"族有着密切的关系。结合历史文献的有关记载分析，上述这些遗存应该就是"巫诞"或其后裔的遗存。因此我们可以推测，"廪君"巴人出现于长江三峡的时间约在新石器时代末期或夏代初年，也就是中国历史上的传说时期。

前面我们已经论说过，传说中的南方"三苗"民族，其活动区域东至鄂东，南达洞庭，北及河南伏牛山，西到长江三峡地区，其中心区域应在江汉平原、洞庭湖北部及鄂西一带，包括长江三峡尤其是西陵峡沿岸区域。而此中心区域恰与"巫地诞人"的活动区域是一致的。需要说明的是，此"巫地"非特指巫山地区而应指信奉巫术的诞民族聚居地，而卜巫之术在西陵峡地区及清江流域的民间至今仍有遗存。

战国时期的史官在记述"廪君"的族属时，还未能将三峡地区的"巫诞"部落与三苗集团联系在一起，因而《世本》中仅记载"廪君之先，故出巫诞"，而未能道出巴人部族本属三苗的真谛。随着研究的深入及认识水平的提高，研究者逐渐认识和注意到了廪君巴人与三苗的亲缘关系，从而认识到廪君巴人的族属实际是属于三苗民族的。

在重庆东部的巫山地区，考古发现的巫山大溪遗址地层中不仅出土了丰富的大溪文化遗物，同时其上层文化中还见有相当于屈家岭文化时期的遗物[②]。而大溪文化、屈家岭文化的中心主要在江汉、鄂西、湘北地区。因此，从考古学的角度判断，即便巫山地区的远古先民，同样也应当是三苗民族的族民。

至于廪君巴人的迁徙路线，根据清江流域、鄂西及三峡地区的考古发现资料，对

---

① 湖北省地方志编纂委员会：《湖北市县概况》，湖北省编纂委员会办公室，1984年，第752页。
② 杨宝成、黄锡全：《湖北考古发现与研究》，武汉大学出版社，1995年，第45页。

照有关清江巴人的历史记载，我们认为，当时的巴人是由清江下游的今宜都市境溯江而上沿途向上游发展的。在清江出口地段，发现了分布密集的早期巴人遗址，如石板巷子、鸡脑河、茶店子、王家渡、花庙堤、红花套、毛溪套、城背溪等，遗址的时代多在新石器时代晚期至夏商时期。这些巴人遗址与鄂西、三峡的巴人遗址同处于一个文化区域（或文化圈）。

以廪君为代表的巴人部落即巴氏、瞫氏、樊氏、相氏、郑氏组成的部落联盟由清江下游沿途向清江上游开发，其最西端也只是到达了今长阳西部的渔峡口一带。而观渔峡口一带的地望，与《后汉书·南蛮西南夷列传》记载的"此地广大，鱼盐所出"是相符的。据研究，这一地带确实是古代巴人活动的中心地区之一，渔峡口镇北的白虎垄，自古以来就传说是"廪君死，魂魄化为白虎"的升天处[①]。另外，考古发现的"香炉石遗址"第7层（最底层）标本的测定年代为距今（3745±80）年，经树轮校正为距今（4090±100）年；第6层标本的测定年代为距今（3290±80）年，经树轮校正为距今（3520±130）年。再将第7、6层的出土器物与同时期鄂西地区夏商遗址中的出土器物进行比较，我们认为，香炉石遗址第7层文化的年代约相当于夏时期，第6层文化的年代约相当于早商时期。这样，我们推定"廪君"巴人进入清江上游的历史也应是在夏商时期。故以廪君为代表的巴人诸部落在清江流域的历史，当超不出夏代。

为了部落的繁荣兴旺，廪君率部族沿清江向上游发展，其目的是找到一个理想的居住地。渔峡口一带有鱼、有盐，还可狩猎和种植，适宜居住、发展，廪君便决定在这里定居下来。从当时的社会发展情况看，这一决定无疑是正确的，符合族民的心意。因此《后汉书·南蛮西南夷列传》记载"四姓皆臣之"，即是众望所归了。

四、归纳和认识

通过以上有关廪君巴人的文献记载及考古发现的介绍，我们可以得出以下几点认识。

第一，廪君巴人与"巫诞""三苗"之间是有承续关系的。根据文献记载和考古发现，我们了解到，"廪君之先"的"巫诞"是远古时期聚集在长江三峡地区的一支泛巴部落，它与古史传说中的"三苗"民族的活动区域具有大范围的交集，因而实际上也属于"三苗民族"。而战国时期的史官在记述"廪君"巴人的族属时，未能将"巫诞"部落本身应属三苗民族的关系弄清楚，故在《世本》中只简单叙述"廪君之先，故出巫诞"，而没有将廪君巴人归于三苗民族的后裔。

第二，从三峡地区发现的新石器时代的大溪文化、屈家岭文化、龙山文化和夏

---

① 长阳土家族自治县地方志编纂委员会：《长阳县志》，中国城市出版社，1992年，第291页。

商文化遗存来看，都与廪君之先的"巫诞"有密切关系，或者说，这些遗存都是属于"巫诞"的。因此，在新石器时代末至夏时期初，即历史上的传说时期，"巫诞"部落就已在三峡地区繁衍生息，并开创了早于廪君的先巴文化。

第三，据清江流域发现的廪君巴人遗存，分析其在清江活动的历史最早为夏时期，主要的活动区域为清江中下游地区，大约自西周以后，廪君巴人才开始向清江的上游发展。

第四，廪君巴人迁徙的路线问题。过去有学者认为，廪君巴人是从瞿塘峡出口的大溪镇进入飞鸟水（巫山大溪河），然后逆飞鸟水再进入清江上游的。但是，从目前的考古发现来看，沿这条路线经巫山大溪河上游、奉节、大溪河相邻地区以及湖北利川、恩施等地，几乎都没有发现先秦时期的遗址或墓葬。在恩施州北部的建始、恩施州东部，虽零星发现了商周时期的遗址，但这些遗址也都位于清江边上。另外，虽发现过一些商周时期的青铜器，但数量较少，说明这条路线没有廪君巴人迁徙的痕迹。而在西陵峡地区和清江的中下游地区，则都发现了大量的夏商周时期的巴人遗址，因此我们认为，廪君巴人的迁徙路线应是沿长江三峡顺江而下到达清江下游后，再逆江而上的。

第六节 巴人人骨体质特征的考古发现

20世纪50年代以后，学术界对古代巴人源流的研究成果较一致的看法是，三峡地区新石器时代至春秋战国时期的考古文化遗存应是有关历史文献记载及神话传说中的巴人遗存，世代生活在这一地区的土家族居民当是由古代巴人直接演化而来的。不过，也有学者对三峡地区新石器时代及夏商时期的考古遗存为巴人遗存的观点持怀疑态度。

近30年来，考古工作者在三峡及周邻地区发掘出了大批新石器时代、夏商周及春秋战国时期的墓葬，不少墓葬中均有保存较好的人骨架。对部分重要人骨标本，考古学家会同人类学、医学、古动物学等方面的专家对其进行了观察、测量，并结合我国其他地区考古发现的人骨标本做了比较和研究，尤其是从人种学角度进行了研究，取得了一系列成果。

一、三峡地区新石器时代人骨标本

三峡地区出土的新石器时代人骨标本相对较多。在枝江关庙山，宜都红花套，宜昌白狮湾、杨家湾、中堡岛、三斗坪，秭归柳林溪、东门头、庙坪、旧州河，巴东红庙岭、店子头、李家湾，长阳桅杆坪、深潭湾，巫山魏家梁子、大溪，奉节老关庙，忠县哨棚嘴等遗址的墓葬中，都发现了人骨标本。只是有的遗址墓葬中较多，有的遗址墓葬中较少。如在宜昌杨家湾遗址墓葬中，清理出的人骨标本多达100余具；在巫山大溪遗址墓葬中，清理出的人骨更多达300余具。而多数遗址的墓葬中，则往往只有几具甚至仅1具。考古部门对以上新石器时代的人骨标本都曾做过鉴定，但多止于性别、年龄方面。而从人种学角度，则仅对巫山大溪和长阳桅杆坪两处遗址中的人骨进行过测量、观察和分析研究的。其情况如下。

1959年，四川省长江流域文物保护委员会文物队及四川大学历史系对著名的巫山大溪新石器时代遗址进行了考古发掘，在新石器时代地层中发掘出墓葬74座。墓葬排列紧密，从上至下共有4层，多有重叠和打破关系。因墓内填土土质松散，并与地层堆积的土质土色相同，故绝大多数墓葬的墓边不是很清楚。墓葬内都有人骨架，保存较完好。没有发现葬具的痕迹。人骨标本数量较多，但当时采集、包装和运输时，多数人骨标本破碎。经对完整的人骨标本进行的鉴定和观察，确认大溪人的形态特征与东亚蒙古人种较为接近[1]。

鉴于当时仅仅只对巫山大溪遗址墓葬中的少数人骨标本进行了鉴定和分析，故其鉴定结果并不完美。为了进一步弄清巫山大溪遗址新石器时代居民的种属问题，在事隔30年后的20世纪90年代初，人类学专家们又将巫山大溪组的颅骨测量数据与在时间、空间或文化性质上有关的11个其他新石器时代的人类颅骨进行了综合性对比和分析。根据人类体质特征的相似与否，研究者将我国新石器时代居民的体质特征划分为北方类型和南方类型。欧几里得距离系数聚类分析结果显示，大溪组与福建县石山组、广西甑皮岩组以及三峡北侧的湖北房县七里河组，关系密切。最后分析结果是，大溪文化居民的种族类型当属我国新石器时代居民中的南方类型。再与近代组进行比较，显示大溪新石器组与我国华南近代组最为接近，其次与华北近代组也有某些接近。这一研究结果表明，大溪新石器时代的人类具有南亚人种和东亚人种的混合特征，并且含有更多的南亚人种的体质因素[2]。

1991、1992年，在清江中游南岸的湖北长阳桅杆坪遗址新石器时代地层中，清理出了一批墓葬，发现人骨40余具。这些人骨材料分别出自第2层的上部（2B层）和下部（2C层），其中下部层位中清理出人骨18具，上部层位中清理出人骨30具。上部层位中人骨的时代，据对同层位中出土遗物的分析，判定其时代属龙山文化（即石家河

---

[1] 潘其风：《中国古代居民种系分布初探》，《考古学文化论集》，文物出版社，1987年。
[2] 陈山：《大溪文化居民种族类型初探》，《徐州博物馆三十年纪念文集》，北京燕山出版社，1992年。

文化）末期至夏代初期，其墓葬应为早期巴人墓葬；下层部位墓葬中人骨的时代，据对同层位中出土遗物的分析，判定其时代为大溪文化晚期。墓葬中的人骨多为迁葬，即二次葬。墓葬方向，上层多为头西脚东，个别或极少数为头东脚西；下层均为南北向，即头北脚南。其中一座较完好的墓葬中的人骨，鉴定后确认该个体为一30～35岁的壮年男性，身高在175～180厘米，属于高身体类型，人骨体质特征基本上表现出一般的蒙古人种特征，其年代约在距今6800年左右。另外一批时代稍晚的新石器时代人骨标本的体质特征具有明显的华南人或南亚蒙古人的特征[①]。

关于巫山大溪遗址新石器时代居民的体质特征，经体质人类学家前后几次的观察比较分析后认为，大溪组具有南亚人种和东北亚人种的混合特征，但含有更多的南亚人种的体质因素，也就是说，南亚人种的体质因素要占主导地位。在三峡地区，巫山大溪组材料并非孤立，长阳桅杆坪遗址新石器时代人骨标本的体质特征再次证明了该地区新石器时代居民的人种问题。无疑，上述人骨材料的研究成果说明，三峡地区新石器时代大溪文化居民的体质不属于东亚人种体系。这一结论不仅从人种学方面证明三峡地区新石器时代居民的体质特征属于南亚蒙古人种，而且也为我们探讨巴人起源的研究提供了一些重要线索，因为有不少学者曾从考古学领域研究认为，巴人的起源可追溯到新石器时代大溪文化时期，甚至还可以往前追溯到距今7000多年前的新石器时代早期（偏晚时期）城背溪文化时期。由此可见，三峡地区新石器时代大溪组人种体质方面研究取得的新成果，如果从人种学研究角度看，过去传统的"巴人起源于北方西羌说"是难以成立的。

二、三峡地区夏商时期人骨标本

夏商时期，三峡地区主要是巴人的活动区域。在三峡地区，考古人员发掘出了大批夏商时期的巴人遗址。在这类遗址中，人骨材料相对较少且分布零散，更何况发掘者对墓葬中不多的人骨遗存一般都没有予以收集，因而对人骨材料的鉴定更见稀少。例如，在秭归官庄坪遗址中发掘出了一批相当于中原二里头文化时期的墓葬，其中的M19中人骨架保存基本完好，但发掘者却未对该人骨进行测量和分析。其他也仅仅只是对一批东周时期墓葬中的人骨进行了观察、测量[②]。在宜昌杨家嘴遗址中，也发掘出了一批商时期的墓葬，发掘报告对其中的M3、M5、M7～M9进行了介绍，从绘制的墓

---

① 湖北省清江隔河岩考古队、湖北省文物考古研究所：《清江考古》，科学出版社，2004年，第37～40页。

② 周蜜：《秭归官庄坪东周时期墓葬出土人骨的形态学研究》，《秭归官庄坪》，科学出版社，2005年。

葬平、剖面图来看，墓内人骨架保存较好。可惜的是，发掘报告除对死者性别、年龄做了鉴定以外，再未做其他方面的分析。1999年，忠县中坝遗址清理出了一批可能是夏时期的早期墓葬，墓内人骨架多数保存完好，可是，发掘报告中仅记录了个别墓葬的主人为女性的信息，其余墓葬的信息则至今没有公布①。类似的情形还有很多。截至目前，我们还没有见到专门从人种学方面对三峡地区夏商时期人骨材料的分析报告。不过，在西陵峡南岸清江流域的长阳县，考古人员发掘了几处夏商周时期的遗址，从中清理出了较多的人骨材料，并做了相应的鉴定分析。其情况如下。

1989年12月～1990年1月，在清江下游北岸的长阳县津洋口镇深潭湾一洞穴中，考古人员清理出了一批人骨架，其时代为新石器时代大溪文化时期和商末西周时期。深潭湾洞穴遗址自上而下可分9个层位，从第2层开始到第8层，均有人骨出土，以第3、2层中人骨最多。8个层位中，共清理出人骨架122具。据测定，这批人骨的年代在距今3100～2200年。中国社会科学院考古研究所张振标先生对这批人骨标本进行了观察和测量，他分析后认为，我国青铜时代的居民可分为北部地区和南部地区类型，长阳青铜时代的人类颅骨，其性状、特征无论在外部形态结构或尺寸大小方面，均与现代亚洲蒙古人种南亚类型较接近。这一点与我国长江以南的居民在体征上接近南亚类型的分化趋势相一致，属于南部地区类型。长阳青铜时代先民的体质特征与长阳桅杆坪新石器时代先民的体质特征有许多相似之处，如面部低而不宽且较前突，鼻部低而宽，鼻梁低平等。据此，研究者认为，长阳地区青铜时代的先民可能是由清江流域新石器时代先民发展而来的。此外，经对现代湘西土家族、广西壮族和贵州少数民族活体体征的调查，并将其与长阳青铜时代先民颅骨面部所显示的容貌特征两相比较，结果表明，他们面部的共同特点是低而不宽，鼻部短而偏宽，鼻梁较低平。这些特征与长阳青铜时代先民的颜面特征完全一致。因此，推测现代土家族居民体征类型应是从清江流域新石器时代先民经以深潭湾为代表的青铜时代先民发展而来②。

关于这批人骨的族属问题，考古研究者根据各层位中出土的器物做出判断。如第6层出土的陶器尖底杯，第4层出土的陶器圜底釜等，这些器物是三峡地区西周时期巴文化遗存中常见的器类。又有研究者对这批人骨标本中男女成人骨骼的平均身高做过分析，认为他们与现在清江流域长阳地区生活的早期巴人的正宗后裔土家族人的平均身高相同，因而认为深潭湾崖墓的墓主人应属于我国早期的巴人③。

---

① 湖北省文物考古研究所：《湖北宜昌杨家嘴遗址发掘简报》，《江汉考古》1994年第1期。
② 张振标、王善才：《湖北长阳青铜时代人骨的研究》，《人类学学报》1992年第3期。
③ 湖北省清江隔河岩考古队、湖北省文物考古研究所：《清江考古》，科学出版社，2004年，第19页。

三、三峡地区东周、汉代人骨标本

据《华阳国志·巴志》记载，东周时巴国疆域辽阔，"其地东至鱼复（今奉节），西至僰道（今宜宾），北接汉中，南及黔涪"[①]，囊括了今陕南、川东北、川北、重庆、湘西北、鄂西南、黔北等地。考古人员在这一地域里发现了大量的巴人居住遗址、墓群、悬棺葬、窖藏坑等。在三峡地区，此类发现尤多且大致与古文献的记载相符。春秋时期，奉节以东地区已被楚人占领，故瞿塘峡以东地区发现的遗址、墓葬等，文化性质主要属于楚文化，其次是巴文化。不仅如此，在瞿塘峡以西地区的奉节县，其中的一些遗址中也发现了相当数量的春秋时期楚文化因素遗物。朱萍先生在《楚文化的西渐——楚国经营西部的考古学观察》中指出："巫山、奉节在春秋中晚期被纳入楚国的版图后，楚文化由此打开了进入峡西地区的大门，通过巫山、奉节这一文化边地源源不断地将自身文化因素输入到峡西地区。"[②]战国中期，楚人势力继续沿江向西扩展并深入巴国腹地。考古人员在忠县石匣子、洞天堡、崖脚一带，发现了大批楚人墓葬，其数量、规模等都远远超过了此地巴人的墓葬。毫无疑问，这一现象说明战国中期时忠县沿长江地带已被楚国控制。此外，考古人员还在三峡地区江北的云阳李家坝、开州余家坝、宣汉罗家坝等遗址的巴人墓地中发现了不少楚文化因素的典型器物。

在三峡地区的东周时期墓葬中，多有人骨发现，但保存较差，因而对其中绝大多数的人骨材料都没有进行测量和分析。即便经过测量和分析的人骨材料也只有极少数，从其公布的材料中我们仍能获知，属于巴人体质特征和楚人体质特征的因素都有发现。这里我们对其中几处墓地的人骨材料情况做如下介绍。

1996、1997、1999、2000~2003年，文物考古部门对长江支流香溪河畔的秭归官庄坪遗址进行了数次大规模的考古发掘，清理出了一大批古墓葬，其中东周时期的楚墓共60余座。墓葬中人骨多残损变形，经体质人类学研究者拼对和修复，选出38例成年人的颅骨进行了观察、测量和比较分析。这38例中，男性32例，女性6例，年龄多在35岁左右。这批颅骨的颅顶缝较为简单，犬齿窝欠发达，鼻根凹，鼻棘较低矮，眶型较高，面型扁平，铲形门齿出现的频率很高，依据这些种族特点来分析，鉴定者认为，该遗址东周时期的居民在人种属性上应属亚洲蒙古人种范围，其颅骨面部形态与现代蒙古人种东亚类型有着更多接近的关系，与近现代颅骨组比较，官庄坪组体质特

[①] （晋）华璩撰，任乃强校注：《华阳国志校补图注》（卷一），上海古籍出版社，2007年，第5页。

[②] 朱萍：《楚文化的西渐——楚国经营西部的考古学观察》，巴蜀书社，2010年，第266页。

征上最接近华南组和华北组。若与我国古代的其他人类颅骨组比较，官庄坪组则与陕西省铜川市瓦窑沟、山西侯马市上马青铜时代墓葬中的颅骨相似，同属于东亚蒙古人种，而与内蒙古自治区凉城县崞县窑子组（北亚类型，时代为春秋战国时期）、福建闽侯县石山组（第六次发掘时出土人骨，其在种族属性上与南亚人种最为接近）之间的关系相对颇为疏远。①

三峡地区有较多的悬棺葬分布其间。在奉节、巫山、巫溪、巴东、秭归、宜昌、恩施、建始、利川、长阳等地，皆有分布。据考古调查，在西南地区，此类悬棺葬除在四川南部的宜宾珙县、兴文县等地有较多分布外，长江三峡地区也是我国悬棺葬保留最多的地区②。这些悬棺葬墓的时代包括战国时期、西汉时期、东汉时期及以后的宋元明时期。宜昌小峰、秭归兵书宝剑峡及奉节风箱峡、盔甲洞等地的悬棺葬墓，皆属于战国时期；巫溪荆竹坝、南门湾、凤凰山等地的悬棺葬墓，则属于西汉和东汉时期。悬棺葬墓墓主的族属当为巴人，因为在秭归兵书宝剑峡、奉节风箱峡、盔甲洞等悬棺葬墓中，皆出土了典型的巴人遗物。在这些棺木内都发现了保存较完整的人骨，据体质人类学家的观察和测量，确认这些悬棺葬墓的墓主人是古代濮、越民族的后裔，同属僚人。③四川大学的林向先生认为，《华阳国志·巴志》记载，三峡地区的居民"其属有濮、賨、苴、共、奴、獽、夷、蜒之蛮"，而此地崖葬墓中出土了巴式铜器，从而推测其可能是古代獽、蜒等巴国"蛮民"的遗存。④此外，体质人类学者对奉节白帝城博物馆收藏的两具三峡悬棺墓中的颅骨进行了92个项目的测量和32个非测量性状的观察，发现其颅骨两侧的特征与"僰人"较为接近，似乎可以从一个侧面支持三峡地区悬棺葬墓主人与"僰人"同属"僚人"的判断⑤。

2001~2004年，文物考古部门先后对万州大坪墓地进行了五次发掘，清理出东周至六朝时期的墓葬400余座，其中东周时期的巴人墓67座。绝大多数墓葬中的人骨架保存不完整，有的甚至腐朽无存。经对人骨架保存较完整的两座墓葬（M136、M158）中人骨的测量和分析，M136主人的年龄在20~25岁，M158主人的年龄在40~45岁。观察者将大坪战国墓葬人骨体质特征与岭南地区人骨体质特征相比较发现，万州大坪人

---

① 国务院三峡工程建设委员会办公室、国家文物局：《秭归官庄坪》，科学出版社，2005年，第631页。

② 陈明芳：《中国悬棺葬》，重庆出版社，1992年，第88页。

③ 陈保亚、杨海潮、汪锋等：《滇僰古道上的僰人（孤人）调查研究》，《云南民族大学学报（哲学社会科学版）》2009年第2期。

④ 林向：《川东峡江地区的崖葬——巴蜀境内獽、蜒民族葬俗调查研究》，《民族学研究》（第4辑），民族出版社，1982年。

⑤ 胡兴宇、罗传富、蓝顺清等：《三峡悬棺人颅的测量与悬棺主人族属的探讨》，《泸州医学院学报》2008年第5期。

骨的顶骨相对较为轻薄。两墓葬中出土了铜鍪、铜勺、铜釜甑、铜钺、铜剑、陶罐、陶豆等，这些都是三峡地区战国时期巴人墓葬中的常见器类，大坪墓地的其他一些战国巴人墓葬中也多有类似的随葬品。显然，墓主人的族属应为三峡地区的古代巴人。

20世纪90年代，中国协和医科大学、中国医学科学院等单位联合对中国人类基因进行研究的同时，专门对三峡地区巫溪南门湾悬棺葬墓中M1的墓主人人骨进行了人体基因分析，研究者同时又对现今生活在南门湾附近的居民及渝东、鄂西地区的土家族居民进行了人体基因分析，并将两者的人体基因成分进行了比较。研究认为，古时南门湾一带的人群与现在渝东、鄂西地区的土家族居民的基因成分是相同的。由此可见，现代高科技研究成果证明，三峡地区战国时期或西汉时期崖墓的墓主人与现在生活在这一地区的土家族居民是血脉相连的，或者说，"悬棺葬墓（崖葬墓）主的后裔就（活动）在长江三峡及西、南周边地区"①。此外，在20世纪末，中央民族大学民族学系庄孔韶教授等一行数次赴鄂西、三峡地区，与湖北省文物考古研究所及当地有关文博单位联合对这一地区的东周时期巴人墓葬中的人骨进行了血液基因成分分析，同时又在当地的土家族居民中挑选出多人进行抽血化验分析，经对古代巴人与现代土家族居民的血液成分比较，获得的结果是，现在该地区的土家族居民与古代巴人人体的基因成分基本是相似的②。

2001年，复旦大学文博系在万州石地磅遗址清理出了一批古墓葬，其中四座墓葬（M1、M2、M3、M5）的时代为东汉时期，墓葬中的人骨保存较差，仅M1和M2中残留部分人体骨骼。发掘者邀请了复旦大学现代人类学研究中心的黄颖、李辉二位先生对这两座墓葬中的人骨进行了DNA检测分析。在M1内采得一块保存较完好的骨骼样本，检测者成功提取了其中蕴含的DNA片段，进行PCR扩增，对其线粒体DNA相关区段和Y染色体相关SNP位点进行了测试，其结果是，M1墓葬个体极有可能为南方土著居民，在族属上与百越民族相去甚远，而与汉藏语系民族或三苗民族的亲缘关系较近，M1的墓主人极有可能为西南土著居民③。同时从该墓中出土的器物来看，有实用性的灰陶器、铜釜、铁釜等，皆具传统久远的地方土著文化特色，尤其在M2中出土的辫索状竖环耳铜釜等，都属战国时期巴人墓葬中的典型器物，具有巴人同一谱系的承递关系，与中原铜器有显著差别④。通过对墓葬中人体的DNA检测，再结合墓葬中出土器物的考古类型学分析，两者的结果是相吻合的。

---

① 廖渝方：《试解三峡悬棺谜》，《三峡文化研究》（第二集），重庆大学出版社，1999年，第145页。
② 杨华：《巴文化考古研究》，中国言实出版社，2009年，第322、323页。
③ 黄颖、李辉：《遗传基因技术与三峡考古实践》，《东南文化》2002年第3期。
④ 黄颖：《考古类型学的实践与思考——重庆万州石地磅汉代M2初步研究》，《文化遗产研究集刊》，上海古籍出版社，2003年。

四、归纳和认识

从体质人类学领域来对三峡地区先秦时期古代居民族属的由来去踪进行研究，主要是在三峡大坝工程上马以后才开展的，虽然过去也做过体质人类学方面的零星分析和研究，但限于人骨材料欠缺，因此研究未能达到令人满意的效果。目前，有关三峡地区人类起源、人类体质特征和类型及人类种族的变异等方面，体质人类学研究已取得了一些成果，这使我们对三峡地区先秦时期居民的渊源和族属有了一些粗略的认识，尤其是为夏商周时期巴人种族的由来和去踪的探讨提供了重要的参考证据。综合上述介绍和分析，我们可做如下归纳和总结。

（1）新石器时代大溪文化时期居民的种属类型主要属于我国新石器时代居民中的南方类型，其次也有接近华北近代组的成分。夏商时期居民的种族类型与三峡地区新时石器时代大溪文化时期居民的种属类型基本相似，具有明显的华南人或南亚蒙古人种的特征。从人类学分析和研究的成果来看，似乎证明，夏商时期巴人的体质特征与该地区新石器时代居民的体质特征有着密切的关系，他们并非来自我国的其他民族地区。过去的所谓巴人西来说、北来说、东来说等，与三峡地区人骨材料反映出的真实情况不符。

（2）商末至西周时期的人骨材料主要来自清江流域，这批材料的数量较多，其体质特征与该地区新石器时代居民的体质特征相同，具有明显的华南人或南亚蒙古人种的特征。遗址地层中出土的典型的巴人遗物，证明这些遗址为商末至西周时期的巴人遗址。当时生活在这里的居民与先前新石器时代居民的关系密切，可以说，这一时期的古代居民是由该地区新石器时代的居民逐渐演变发展而来的。结合现代土家族活体体征的比较分析，发现古代巴人与现代土家人的体质特征完全一致。这为现今土家族由来于古代巴人说提供了佐证。

（3）大约从西周晚期开始，楚人势力逐渐进入三峡东部的鄂西地区，春秋战国时期，奉节以东地区亦皆为楚国占领。考古人员在西陵峡地区秭归官庄坪东周楚墓中清理出的人骨标本，其种属属于亚洲蒙古人种范围，其颅骨面部形态与现代蒙古人种东亚类型接近，而与南亚人种疏远。西陵峡出口东部楚墓中的系列人骨标本与峡区内楚墓中人骨标本有着共同的体质特征，都具有东亚蒙古人种的体质特征。西陵峡地区东周楚墓中人骨的体质特征与沮漳河下游荆门、江陵地区同时期楚墓中的人骨体质特征相似。这反映了三峡地区楚人与巴人在人种属性上的差别和他们各自民族来源的不同。

教学重点：

（1）文献史籍中对巴、楚民族在三峡地区活动的历史记载。

（2）巴文化考古发现的基本情况。

（3）瞿塘峡以西地区考古发现的楚墓群。

（4）巴、楚文化各自在陶器、铜器上的组合与特征。

（5）巴人墓葬中发现的楚文化因素的器物。

教学难点：

（1）从三峡地区考古发现看巴、楚文化的融合。

（2）楚文化西渐及巴文化在三峡地区逐渐衰落。

（3）西周、春秋、战国时期楚文化向西发展的历程。

后　　记

　　2005年，我从湖北宜昌博物馆被引进到重庆师范大学历史与文博学院（现历史与社会学院），从地方文博单位进入高校工作，这对我来说是一个跨越。一所高校的文博学院，是需要具有田野考古实践和考古资料研究的人员的，而我的工作经历，或许符合这一工作的需要。我从1975年起，就开始在三峡地区从事文物考古调查及发掘工作，30年间，积累了大量田野考古调查与发掘的经验和第一手资料，并利用这些资料尝试着从历史、民族、民俗、考古、水文、历史、地理等多角度去探讨一些问题，发表了一系列的学术研究论文，尤其在三峡考古与巴文化研究方面，成果较为突出。这应该就是我实现这一跨越的原因。

　　初来重庆师范大学时我即获知，重庆师范大学作为地方高校，其招生对象多以重庆地区生源为主，而历史与文博学院之文物与博物馆专业从2004年开始招收本科生，直至2020年，历届一样，本地学生均占多数。此一时段内，恰逢三峡工程建设期间文物抢救发掘获得的文物资料需要大量的专业人才参与管理与研究。而三峡本地学生参与三峡考古研究，无疑有更多的优势。检索三峡考古资料，共出土各类文物多达25万件（套），其中较珍贵的文物亦有6万余件（套），堆积如山的文物资料真实地反映了三峡地区远古至明清时期历史发展的方方面面，其管理及研究之人才需要，正好与重庆师范大学历史与文博学院对本科生和研究生的培养结合在了一起。因此，基于教学的需要，我结合自己数十年来在工作实践中积累的经验和研究成果，为文物与博物馆学的本科生、研究生开设了《中国三峡考古文化》《巴文化考古》《考古与实践教学》《西南考古》等课程。同时也在重庆市的其他几所高校相继开设了《中国三峡考古文化》课程。

　　自参与文物考古至今，其间整整三十年的时间我都打拼在三峡考古第一线，其后十五年的时间耕耘在三尺讲台上（但每年仍然有半年的野外实习课程，即带学生们参加考古发掘），40多个春夏秋冬，付出与收获，足堪欣慰。现在马上就要退休了，而在退休之前能完成《三峡考古文化教程》的编写，这在我的工作征途上，或可画上一个圆满的句号，同时也可能为三峡考古文化教学的后继者，提供一些有益的帮助。我热爱三峡文物考古及对三峡考古文化的研究，也热爱教育事业，更热爱跟随我学习和参加实践工作的同学们，乐意为同学们奉献，关心同学们的学习与成长。即便退休了，我仍会一如既往，尽力地去帮助他们。

  本教程的完成是全体课题组成员共同努力的结果。其中第三章第五节由刘前风完成。本院赵昆生教授近几年来一直关心本教程的编写进程，初稿完成后，赵教授认真审阅后提出了宝贵的修改意见，大大提高了本教程的编写质量。该教程的出版得到了重庆师范大学教务处、重庆三峡文化与社会发展研究院、重庆市"十二五"重点学科"考古学"、重庆师范大学历史与社会学院的大力支持。另外，封面瞿塘峡照片由奉节县诗城博物馆赵贵林先生提供。现借该教程即将付梓问世之际，特在此表示诚挚的感谢！

杨　华
2020年2月
中国重庆师范大学师大苑55栋1号

旧石器时代

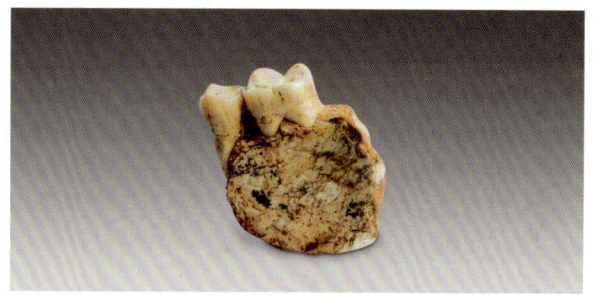
巫山人牙齿化石　巫山龙骨坡遗址出土

石片石器　丰都烟墩堡遗址出土

石器　丰都井水湾遗址出土

石器　丰都高家镇遗址出土

新石器时代

陶盘　城背溪文化
宜都城背溪遗址出土

陶钵　城背溪文化
宜都城背溪遗址出土

陶钵　城背溪文化
宜都城背溪遗址出土

陶壶　城背溪文化
宜都城背溪遗址出土

陶釜　城背溪文化
宜都城背溪遗址出土

陶釜　城背溪文化
宜都枝城北遗址出土

陶鼎　城背溪文化
宜都枝城北遗址出土

陶盆　城背溪文化
宜都枝城北遗址出土

陶罐　城背溪文化
秭归朝天嘴遗址出土

陶支座　城背溪文化
秭归朝天嘴遗址出土

陶罐　城背溪文化
秭归东门头遗址出土

陶钵　城背溪文化
枝江青龙山遗址出土

陶碗　玉溪下层文化
丰都玉溪遗址出土

陶罐　玉溪下层文化
丰都玉溪遗址出土

丰都玉溪遗址远景

石雕人像　柳林溪文化
秭归柳林溪遗址出土

骨笄　玉溪下层文化
丰都玉溪遗址出土

太阳人石刻　城背溪文化
秭归东门头遗址采集

石斧　城背溪文化　宜都城背溪遗址出土

巫山大溪遗址远景

陶圈足罐　大溪文化
巫山大溪遗址出土

彩陶瓶
大溪文化
巫山大溪遗
址出土

陶支座　大溪文化
巫山大溪遗址出土

合葬墓　大溪文化　巫山大溪遗址发现

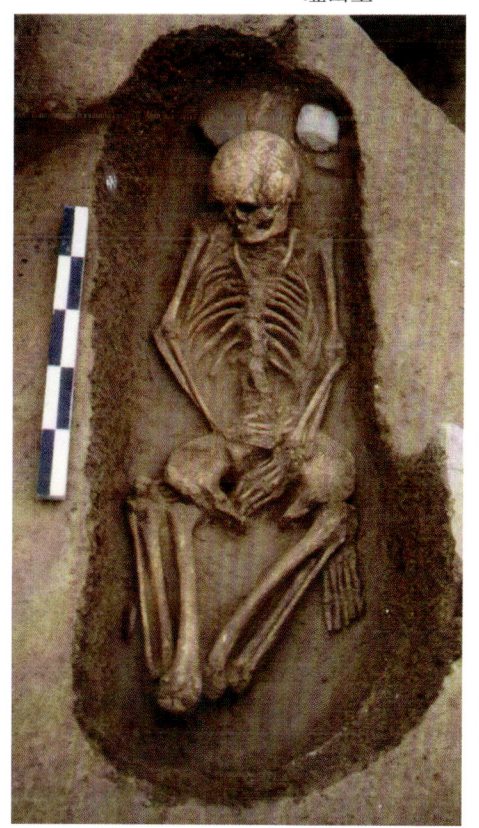

跪屈葬　大溪文化　巫山大溪遗址发现

巫山大溪遗址发掘现场

陶球　大溪文化
巫山大溪遗址出土

陶尊　大溪文化
宜昌中堡岛遗址出土

陶支座　大溪文化
宜昌中堡岛遗址出土

陶圈足器　大溪文化
宜昌杨家湾遗址出土

陶簋　大溪文化
宜昌杨家湾遗址出土

陶壶　玉溪上层文化
巴南熊家湾遗址出土

陶罐　玉溪上层文化
巴南熊家湾遗址出土

陶尊形器　玉溪上层文化
丰都玉溪坪遗址出土

陶矮领罐　玉溪上层文化　合川河嘴屋基遗址出土

石斧　玉溪坪文化
丰都玉溪坪遗址出土

玉珮　大溪文化　巫山大溪遗址出土

玉玦　大溪文化
宜昌青鱼背遗址出土

石钺　大溪文化　巫山大溪遗址出土

玉璜　大溪文化
宜昌青鱼背遗址出土

玉璜　大溪文化　巫山大溪遗址出土

丰都玉溪坪遗址全景

秭归官庄坪遗址全景

秭归官庄坪遗址发掘现场

陶罐　玉溪坪文化
丰都玉溪坪遗址出土

陶罐　玉溪坪文化
丰都玉溪坪遗址出土

陶罐　玉溪坪文化
万州苏和坪遗址出土

陶罐　玉溪坪文化
北碚大土遗址出土

陶罐　屈家岭文化
巴东李家湾遗址出土

陶壶　屈家岭文化
巴东李家湾遗址出土

陶豆　屈家岭文化
巴东李家湾遗址出土

陶豆　屈家岭文化
巴东李家湾遗址出土

陶簋形器　屈家岭文化　巴东李家湾遗址出土

陶盂形器　屈家岭文化　巴东李家湾遗址出土

陶杯　屈家岭文化
宜昌中堡岛遗址出土

陶盂形器　屈家岭文化　宜昌杨家湾遗址出土

石锛 屈家岭文化 宜昌杨家湾遗址出土

石锛 屈家岭文化 宜昌中堡岛遗址出土

石锄 屈家岭文化 宜昌中堡岛遗址出土

石镯 屈家岭文化 宜昌杨家湾遗址出土

石镯 屈家岭文化 宜昌白狮湾遗址出土

忠县中坝遗址全景

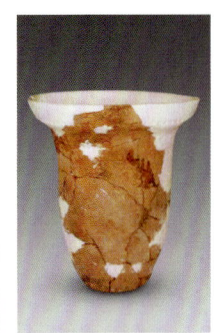
陶罐 中坝文化 忠县中坝遗址出土

陶罐 中坝文化 忠县中坝遗址出土

陶豆 中坝文化 忠县中坝遗址出土

陶釜 石家河文化 秭归庙坪遗址出土

陶鼎 石家河文化 秭归庙坪遗址出土

陶缸 石家河文化 巴东雷家坪遗址出土

夏商周时期

陶缸　夏代　秭归官庄坪遗址出土

陶罐　夏代　秭归柳林溪遗址出土

陶罐　夏代　秭归柳林溪遗址出土

陶罐　商代　忠县王家堡遗址出土

陶鬶　商代　宜昌中堡岛遗址出土

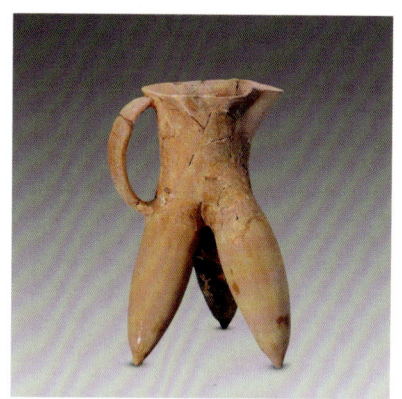
陶鬶　商代　万州中坝子遗址出土

陶盉　商代　忠县王家堡遗址出土

陶盉　商代　秭归朝天嘴遗址出土

觚形器　商代　忠县老鸹冲遗址出土

陶勺柄　商代　涪陵蔺市遗址出土

陶豆　商代　宜昌中堡岛遗址出土

陶缸　商代　宜昌中堡岛遗址出土

陶杯　商代　忠县王家堡遗址出土

陶杯　商代　忠县老鸹冲遗址出土

陶杯　商代　涪陵镇安遗址出土

陶器座　商代　万州苏和坪遗址出土

青铜尊　商代　巫山双堰塘遗址出土

陶鬲　西周　秭归庙坪遗址出土

陶鬲　西周　巫山双堰塘遗址出土

陶豆　西周　合川河嘴屋基遗址出土

陶器座　西周　合川河嘴屋基遗址出土

陶器盖　西周　合川河嘴屋基遗址出土

陶罐　西周　忠县中坝遗址出土

陶钵　西周　忠县中坝遗址出土

陶杯　西周　丰都石地坝遗址出土

骨雕神鸟像　西周　巫山双堰塘遗址出土

陶敦　战国　巫山瓦岗槽墓地出土

铜鼎　战国　开县余家坝墓地出土

铜盔形器　战国
涪陵小田溪墓地出土

铜壶　战国
涪陵小田溪墓地出土

铜釜甑　战国
涪陵小田溪墓地出土

铜鸟形尊　战国
涪陵小田溪墓地出土

铜甬钟　战国　涪陵小田溪墓地出土

铜錞于　战国　万州甘宁采集

铜斧　战国　万州大坪墓地出土

铜矛　战国　奉节永安镇墓地出土

铜矛　战国　奉节永安镇墓地出土

铜戈　战国　云阳李家坝遗址出土

铜戈　战国　云阳李家坝遗址出土

铜矛　战国
巴东红苗岭
遗址出土

铜剑　战国
云阳李家坝墓地
出土

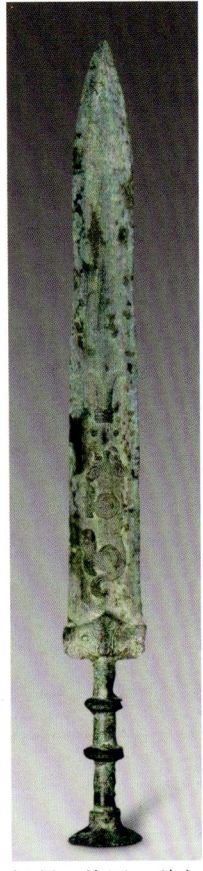

铜剑　战国　秭归
牛口墓地出土

铜剑　战国
秭归沙湾子墓地
出土

铜钺　战国
云阳李家坝遗址
出土

铜镦　战国
云阳李家坝墓地出土

贴金铜鞘短剑　战国　涪陵小田溪墓地出土

铜杖首和杖镦　战国　秭归卜庄河墓地出土

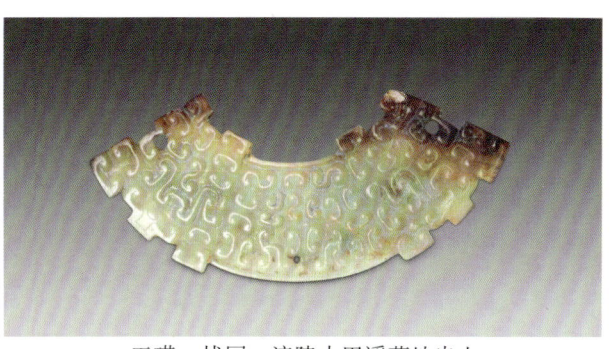

玉璜　战国　涪陵小田溪墓地出土

玉璜　战国　涪陵小田溪墓地出土

铜印　战国　开县余家坝遗址出土

玉璧　战国　巫山土城坡墓地出土　　玉璧　战国　涪陵小田溪墓地出土　　玉环　战国　涪陵小田溪墓地出土

 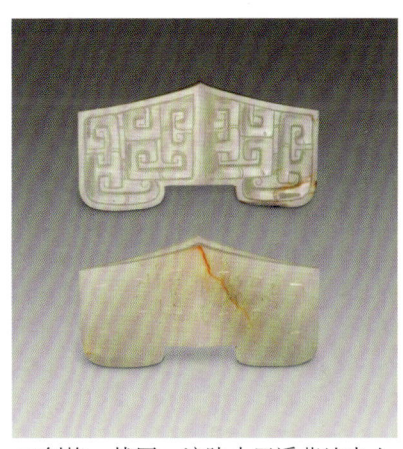 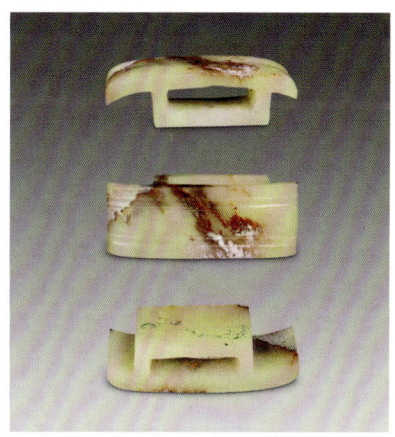

玉笄首　战国　云阳塘坊遗址出土　　玉剑格　战国　涪陵小田溪墓地出土　　玉剑璏　战国　涪陵小田溪墓地出土

奉节永安镇墓地全景

陶壶 东周 秭归庙坪墓地出土

涪陵江北墓地全景

陶鬲 东周 秭归官庄坪遗址出土

涪陵江北墓地（转转堡墓地M2）

铜瓿 东周 奉节永安镇墓地出土

铜敦 东周 奉节永安镇墓地出土

汉时期

陶鼎　西汉　秭归卜庄河墓地出土

陶钫　西汉　秭归卜庄河墓地出土

铜鼎　西汉　巫山西坪墓地出土

铜鼎　西汉　秭归卜庄河墓地出土

铜壶　西汉　秭归卜庄河墓地出土

铜钫壶　西汉　宜昌前坪墓地出土

铜卮　西汉　万州礁芭石墓地出土

铜釜　西汉　忠县老鸹冲墓地出土

铜雁形尊　西汉　巫山水泥厂墓地出土

铜印章　西汉　宜昌前坪墓地出土

铁釜　西汉　忠县老鸹冲墓地出土

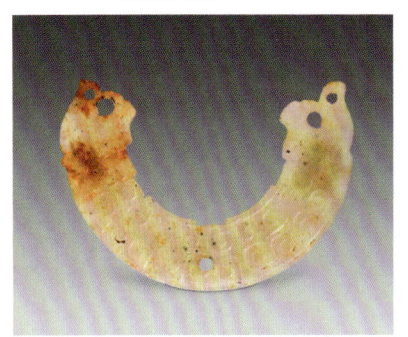
玉璜　西汉　涪陵小田溪墓地出土

玉剑璏　西汉　宜昌前坪墓地出土

玉觽　西汉　宜昌前坪墓地出土

陶鸟　东汉　丰都秦家院子遗址出土

陶屋　东汉　忠县涂井崖墓出土

陶摇钱树座　东汉晚至蜀汉　丰都林口墓地出土

巫山荆竹坝悬棺葬

铜俑 东汉 开县红华崖墓出土

金印 东汉 重庆中国三峡博物馆珍藏

陶壶　汉代　忠县火电厂遗址出土　　陶博炉　汉代　万州武陵遗址出土　　陶摇钱树座　汉代　合川南津街墓地出土

铜壶　汉代　宜昌前坪墓地出土　　铜镜　汉代　兴山古夫墓地出土　　铜錞于　汉代　秭归屈原纪念馆珍藏

铜灯　汉代　巫山龙洞墓地出土　　铜带钩　汉代　涪陵北拱墓地出土　　铜弩机　汉代　巫山博物馆珍藏

唐宋元明时期

三彩陶罐　唐代　巫山出土

瓷壶　唐代　巫山南陵老官庙遗址出土

瓷俑　唐代
万州冉仁才墓地出土

瓷俑　唐代　万州
冉仁才墓地出土

奉节白帝城外景

瓷壶　唐代　秭归老屈原祠大慈寺出土

香炉　唐代　巫山土城坡墓地出土

铜镜　唐代　忠县佑溪村墓群出土

鎏金造像　唐代　丰都玉溪坪遗址出土

石刻佛像　唐代　云阳明月坝遗址出土

陶瓦当　唐代
巴东旧县坪遗址出土

陶瓦当　宋代
巴东旧县坪遗址出土

三彩陶俑　宋代
奉节李家坝遗址墓地出土

瓷玉壶春瓶　宋代
忠县中坝窖藏出土

7号窑炉　宋代　南岸黄桷垭窑址

涪陵露在江面的龙脊石题刻　宋代

万州天生城门

瓷玉壶春瓶　宋代　巫山土城坡墓地出土　　影青瓷瓶　宋代　宜昌中堡岛墓地出土　　影青粉盒　宋代　宜昌中堡岛遗址出土

瓷罐　宋代　巫山土城坡墓地出土　　石串珠　宋代　巫山古城遗址出土　　石刻经幢　宋代　奉节李家坝遗址出土　　瓷杯　元代　秭归屈原纪念馆

涪陵下湾墓地全景　明代

陶楼　明代　秭归县屈原纪念馆藏

瓷壶　明代　秭归卜庄河墓地出土

观音岩摩崖造像　明代

丰都县铺子河冶炼遗址2号冶炼炉（明）

反应分子式　$ZnO+CO \longrightarrow Zn+CO_2$

锌反应罐流程示意

丰都冶锌　明代

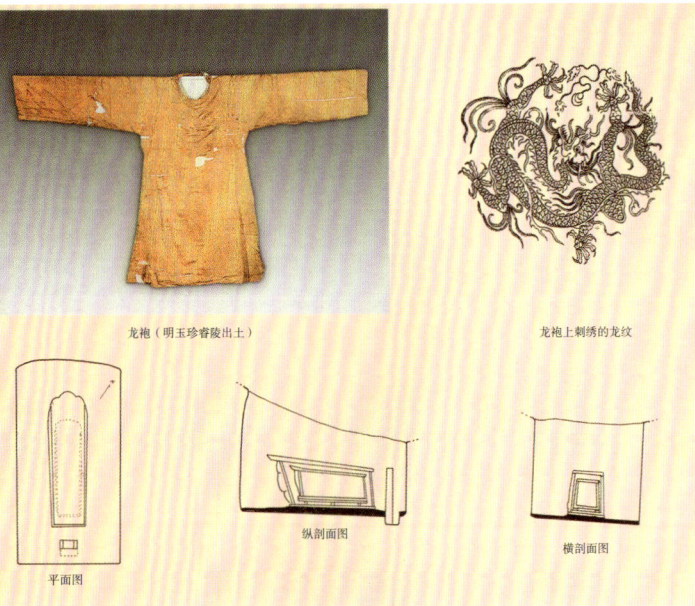

龙袍（明玉珍睿陵出土）

龙袍上刺绣的龙纹

平面图　纵剖面图　横剖面图

江北针织厂明玉珍墓葬示意图